PFLANZEN-
FÜHRER

GARTEN
Wissen

PFLANZEN-
FÜHRER

Die **3000** besten Gartenpflanzen

DORLING KINDERSLEY

DORLING KINDERSLEY
London, New York, Melbourne,
München und Delhi

Programmleitung Jonathan Metcalf
Projektleitung Liz Wheeler
Cheflektorat Esther Ripley
Lektorat Helen Fewster
Projektbetreuung Caroline Reed
Bildredaktion Elaine Hewson,
Joanne Doran, Alison Donovan
Art Director Peter Luff
Herstellung Joanna Byrne,
Luca Frassinetti, Mandy Inness

DK Indien
Redaktion Nidhilekha Mathur
Gestaltung Nitu Singh
DTP-Design Pushpak Tyagi,
Anurag Trivedi

Erstausgabe
Projektbetreuung Simon Maughan
Redaktion Tracie Lee
Bildredaktion Ursula Dawson
Cheflektorat Louise Abbott

Für die deutsche Ausgabe:
Programmleitung Monika Schlitzer
Projektbetreuung Manuela Stern
Herstellungsleitung
Dorothee Whittaker
Herstellung Mareike Hutsky

Bibliografische Information
Der Deutschen Bibliothek
Die Deutsche Bibliothek verzeichnet
diese Publikation in der
Deutschen Nationalbibliografie;
detaillierte bibliografische Daten
sind im Internet über
http://dnb.ddb.de abrufbar.

Titel der englischen Originalausgabe:
RHS Good plant guide

Übersetzung Dr. Nadja Biedinger,
Dr. Rüdiger Seine, Dr. Elvira Groß,
Reinhard Ferstl

ISBN 978-3-8310-2078-2

Printed and bound in Singapore by
Star Standard

Besuchen Sie uns im Internet
www.dorlingkindersley.de

Inhalt

EINLEITUNG

Gartenfreunde haben heutzutage reichlich Auswahl beim Pflanzenkauf. Die Züchter bringen beständig neue Sorten auf den Markt. Außerdem sind Pflanzen nicht nur in Gärtnereien und Baumschulen, sondern auch in Supermärkten und Einkaufszentren im Angebot. In diesen, traditionell nicht auf Pflanzen ausgerichteten Geschäften sind Hinweise und Ratschläge nur selten zu bekommen. Es ist deshalb nicht verwunderlich, dass Gartenfreunde es gelegentlich schwierig finden, die richtige Pflanze auszuwählen.

Dieses Buch wurde zusammengestellt, um Gärtnern die Auswahl hervorragender, zuverlässiger Pflanzen zu ermöglichen. Da alle Pflanzen in diesem Buch von der Royal Horticultural Society (RHS) empfohlen werden und die Mehrheit sogar die Auszeichnung Award of Garden Merit (AGM, siehe S. 10–12) erhielt, können auch Anfänger hier die richtigen Pflanzen aussuchen.

Allerdings beziehen sich die Empfehlungen nur auf die Pflanzenarten und -sorten, nicht auf die Gärtnereien oder Händler, denn es ist unmöglich, die Qualität jeder einzelnen Pflanze zu garantieren, die irgendwo verkauft wird. Die folgenden Seiten geben Hinweise darauf, wie man gesunde, gut gewachsene Pflanzen oder Zwiebeln auswählt, richtig transportiert und ihnen einen guten Start im Garten ermöglicht.

Wachsende Auswahl Exotische Pflanzen wie dieser blaue Mohn (*Meconopsis grandis*) sind sehr attraktiv, man sollte aber vor dem Kauf prüfen, welche Bedürfnisse sie haben.

FÜR DEN GARTEN AUSWÄHLEN

Es ist wichtig, passende Pflanzen für die Standortbedingungen im eigenen Garten auszuwählen. Die Vorlieben der Pflanzen sind im Kapitel *Prämierte Pflanzen von A–Z* angegeben. Gut vorbereiteter Boden, Düngung und, unter trockenen Bedingungen, Bewässerung in der Anfangsphase sind wichtige Voraussetzungen für das pflanzliche Wohlergehen. In *Pflanzen für jeden Standort* wird auch auf Arten für nährstoffarme oder trockene Stellen hingewiesen. Die Einträge in diesem Pflanzenführer geben auch grundlegende Pflegehinweise, Ratschläge zur Beschneidung und, bei empfindlichen Pflanzen, zum Schutz im Winter. Wenn Sie diesen Hinweisen folgen, sollten sich die Pflanzen gut entwickeln und als Zier- oder Nutzpflanzen die Erwartungen erfüllen, die eine Empfehlung durch die Royal Horticultural Society weckt.

WIE MAN DIESES BUCH BENUTZT

Dieser Pflanzenführer soll die Auswahl von Pflanzen auf zwei verschiedene Weisen erleichtern.

DAS A–Z PRÄMIERTER PFLANZEN

In diesem Kapitel werden über 1000 Pflanzen mit vollständigen Einträgen und Fotos vorgestellt. Sie finden Details über Pflanzen, die Sie in einer Gartenzeitung, im Internet oder im Fernsehen gesehen haben. Die Beschreibungen enthalten Angaben zur Art der Pflanze, ihrem Wuchs, dem Zierwert, dem besten Standort, der wirkungsvollsten Verwendung und zur Pflege. Die wichtigsten Kulturansprüche werden zum schnellen Überblick auch in Symbolen angegeben (siehe rechts).

DIE PFLANZENEMPFEHLUNG

Das Kapitel *Pflanzen für jeden Standort* enthält praktische »Einkaufslisten« mit Pflanzenempfehlungen, etwa für feuchte, schattige Stellen oder für Themenpflanzungen. Zusätzlich gibt es Vorschläge für Pflanzen, die Vögel, Bienen und Schmetterlinge anlocken. Auf die Einträge im alphabetischen Teil wird mit Seitenzahlen verwiesen.

Blickfang (rechte Seite) Auf Pflanzenausstellungen kann man neue Pflanzensorten kennenlernen.

ERKLÄRUNG DER SYMBOLE

🏆 Prämierte Pflanze

Feuchtebedürfnis/Feuchtetoleranz

- ○ Wasserdurchlässiger Boden
- ◑ Feuchter Boden
- ● Nasser Boden

Lichtbedürfnis/Lichttoleranz

- ☼ Volle Sonne
- ◐ Halbschatten: entweder lichter Schatten oder zeitweise Schatten
- ● Schatten

Hinweis: Wenn zwei Symbole einer Kategorie erscheinen, gedeiht die Pflanze unter verschiedenen Bedingungen.

Angaben zur Winterhärte:

❄ Pflanzen aus warmen, frostfreien Klimaten, die im Gewächshaus oder im Wintergarten gedeihen. Manche können im Sommer im Freien stehen und einige im Beet oder im Topf im Freiland kultiviert werden. Alle müssen sie aber frostfrei überwintert werden (z. B. Dahlien).

❄ Pflanzen, die in gemäßigten Breiten im Freiland gedeihen, aber nur zwischen -6 und -12 °C vertragen. Richtig kalte Winter überleben sie meist nicht.

❄❄ Winterharte Pflanzen, die Temperaturen bis -20 °C aushalten

❄❄❄ Voll winterharte Pflanzen überstehen problemlos kältere Temperaturen als -20 °C.

DIE PFLANZEN IN DIESEM BUCH

Die Auswahl von über 3000 Pflanzen, die in diesem Buch vorgestellt werden, wurde sehr sorgfältig getroffen, damit alle Pflanzentypen vorhanden sind und für jeden Platz im Garten eine Pflanze gefunden werden kann. Die meisten dieser Pflanzen sind in Deutschland erhältlich und sollten mit etwas Ausdauer und der Unterstützung einer guten Gärtnerei auch zu bekommen sein. Die meisten in diesem Buch enthaltenen Pflanzen haben den Preis der Royal Horticultural Society, den Award of Garden Merit (AGM), erhalten. Der stilisierte Pokal, das Zeichen für den Preis, hat sich mit der Zeit in Großbritannien und weit darüber hinaus zu einem Qualitätsmerkmal in Gartenkatalogen, auf Etiketten und in Gartenbüchern etabliert.

DER AGM

Die bedeutende Auszeichnung der Royal Horticultural Society, der Award of Garden Merit (AGM), wird für herausragende Pflanzen verliehen. Alle Zierpflanzen, ob aus dem Freiland oder dem Gewächshaus, auch Obst- und Gemüsepflanzen, können mit dem Preis ausgezeichnet werden. Jede Art von Pflanze, von Bäumen bis hin zu winzigen Alpenpflanzen, kann bei den Testverfahren angemeldet werden.

Der AGM ist die höchste Auszeichnung, die die Royal Horticultural Society vergibt, er soll aber vor allem einen praktischen Nutzen für den Gärtner haben und ihm die

***Geranium clarkei* 'Kaschmir White'** Vielseitige, leicht zu kultivierende Pflanzen erhalten den AGM, weil sie äußerst nützlich sind.

***Camellia x williamsii* 'Brigadoon'** Ausgewählte Sorten blühender Pflanzen werden besonders hervorgehoben.

***Hydrangea macrophylla* 'Altona'** Die besten Sorten von Gartenklassikern werden empfohlen.

Auswahl von Pflanzen erleichtern. Jede der prämierten Pflanzen erfüllt die folgenden Kriterien:
- Ausgezeichnete Zierpflanze für das Gewächshaus oder das Freiland.
- Gute Konstitution.
- Im Gartenhandel erhältlich oder wenigstens zur Vermehrung zugänglich.
- Nicht besonders anfällig für Schädlinge oder Krankheiten.
- Benötigt keine aufwendige Pflege, abgesehen von besonderen Standortbedingungen (z. B. kalkfreier Boden).
- Die vegetativen und floralen Merkmale sind relativ stabil.

Der letzte Punkt bezieht sich vor allem auf Pflanzen mit ungewöhnlichen, von der Art abweichenden Merkmalen, wie gefüllten Blüten oder panaschierten Blättern. Solche Pflanzen stammen häufig von einem einzelnen, natürlich mutierten Individuum ab und neigen dazu, zur normalen Blütenform oder Blattfarbe zurückzuschlagen, besonders wenn die Vermehrung über Samen erfolgt. Diese speziellen Merkmale können erst durch mehrere Generationen gezielter Vermehrung und Auswahl so weit stabilisiert werden, dass ein Sortenname (meist vom Züchter gewählt) eingetragen und die Pflanzen gehandelt werden können. Viele Mutanten lassen sich nie aus Samen nachziehen und müssen über vegetative Methoden, wie Stecklinge, vermehrt werden.

WIE PFLANZEN DEN PREIS ERHALTEN

Der AGM wird entweder nach Sichtungsverfahren vergeben, die gewöhnlich im Ausstellungsgarten der Royal Horticultural Society in Wisley, England, durchgeführt werden. Er kann aber auch an Orten,

Prunus laurocerasus Diese Immergrüne ist ganzjährig interessant und als Hecke oder Solitärpflanze einsetzbar.

***Anemone blanda* 'White Splendour'** Reichblühende Sorten für jeden Standort und Jahreszeit erhalten den AGM.

***Cornus alba* 'Spaethii'** Pflanzen mit panaschiertem Laub sollten nicht zu stark zurückgeschnitten werden.

an denen besondere Fachkenntnisse vorhanden sind, oder durch eine Expertengruppe vergeben werden. Es gibt keine Abstufung innerhalb des AGM, gute Pflanzen werden nicht von besseren und besten Pflanzen unterschieden. Allerdings sind die Anforderungen bei Gruppen, die viele Sorten umfassen, besonders hoch, um zu gewährleisten, dass die Auszeichnung sinnvoll und für Gärtner nützlich ist.

WEITERE PFLANZEN IN DIESEM BUCH

In einigen Pflanzengruppen, etwa bei Einjährigen (besonders für Sommerbeete) und Gemüse, gibt es so viele neue Sorten, die jährlich ihre Vorgänger ablösen, dass die Versuche und Begutachtungen für die Verleihung des AGM kaum noch schnell genug sind, um mit der Entwicklung mitzuhalten. Um bei diesen Gruppen eine größere Auswahl zu bieten, wurden im Kapitel *Pflanzen für jeden Standort* auch andere, ausgewählte Sorten aufgenommen, die sich über Jahre hinweg als zuverlässig erwiesen haben. Einige wurden in den Gärten der Royal Horticultural Society in Wisley und andernorts kultiviert,

Pflanzenztest Auf diesem Versuchsfeld im RHS-Garten in Wisley werden die besten Daliensorten ausgewählt.

andere werden von verschiedenen Organisationen, wie der niederländischen Fleuroselect, empfohlen, die sich auf ein- und zweijährige Pflanzen von erstklassigen Züchtern spezialisiert hat und deren Auszeichnungen europaweit anerkannt werden.

PFLANZEN FINDEN

In diesem Buch werden durchgehend die botanischen oder wissenschaftlichen Namen der Pflanzen verwendet. Einerseits sind dies ohnehin die Namen, die man auf Etiketten und in Versandkatalogen findet, andererseits sind sie international anerkannt und überbrücken Sprachbarrieren.

Auf den Anfänger mag die Nomenklatur (Namengebung) von Pflanzen verwirrend wirken. Eine kurze Einführung befindet sich auf den Seiten 24–25. Es ist wichtig festzuhalten, dass der AGM nur für einzelne Pflanzen innerhalb einer Gattung vergeben wird, auch wenn sich die ausgezeichnete Sorte auf den ersten Blick nicht sehr von einer nahe verwandten unterscheidet. Dieser Pflanzenführer listet bei einer Reihe von Pflanzen bekannte Synonyme auf. Die deutschen Namen der Pflanzen erscheinen im A–Z der prämierten Pflanzen und im Register.

DER KAUF GUTER PFLANZEN

Der erste Schritt zu einem Garten mit gesunden Pflanzen liegt in sorgfältiger Auswahl und Einkauf.

WO SOLL MAN KAUFEN

Pflanzen werden heutzutage an so vielen Stellen und im Internet verkauft, dass es keine einfachen, festen Regeln für den richtigen Händler mehr gibt. Grundsätzlich sollte man Pflanzen aber nur kaufen, wenn man relativ sicher ist, dass die angebotenen Exemplare richtig etikettiert sind, sorgfältig kultiviert wurden und keine Schädlinge und Krankheiten in den Garten einschleppen.

DER EINKAUF PER POST

Pflanzen im Versandhandel zu kaufen gehört zu den einfachsten Wegen, spezielle Arten zu beziehen. Die Auswahl ist viel größer als in den meisten Gartenbaubetrieben. Mit Internet, Pflanzenkatalogen und Versandlisten ausgestattet, kann man fast jede Pflanze ganz bequem von zu Hause aus finden und erhält dann in der Regel sehr gesunde Exemplare. Die meisten Versandhändler ersetzen beim Transport beschädigte Pflanzen aber auch anstandslos. Gewöhnlich werden die Pflanzen mit einem kleinen Erdballen geliefert und sollten dann sofort gepflanzt werden.

EINKAUFS- UND PFLANZZEITEN

Laubabwerfende Bäume, Sträucher und Rosen sind mit Ballen oder mit freiliegenden Wurzeln erhältlich. Immergrüne Gehölze werden nur mit Ballen angeboten. Doch diese Pflanzen sind nur in der Ruhezeit im Angebot: Am besten kauft man sie im Spätherbst oder im zeitigen Frühjahr und pflanzt sie sofort ein. Containerware, die das ganze Jahr angeboten wird, erfreut sich immer größerer Beliebtheit. Diese Pflanzen können während des gesamten Jahres gesetzt werden, aber auch für sie sind die traditionellen Pflanzzeiten mit den ausgeglichenen Wetterbedingungen am geeignetsten. Pflanzen sollten niemals in gefrorenen oder ausgetrockneten Boden gesetzt werden, sondern in ihren Töpfen bleiben, bis die Bedingungen günstiger geworden sind.

In frostgefährdeten Gebieten dürfen nur voll winterharte Pflanzen im Winter gepflanzt werden. Im Frühjahr sollten empfindlichere Pflanzen gesetzt werden. Pflanzen für Sommerbeete sollten keinesfalls zu früh gekauft werden, egal wie groß die Verlockung nach den dunklen, kahlen Wintertagen auch sein mag.

Beetpflanzen, die im zeitigen und mittleren Frühjahr angeboten werden, sind für Gewächshausbesitzer gedacht, die sie bis zum Ende der Frostgefahr unter Glas vorkultivieren können. Wenn man Beetpflanzen zu frühzeitig im Garten auspflanzt, riskiert man den Verlust der Pflanzen durch späte Fröste.

DIE EINKAUFSLISTE

Ob Sie einen neuen Garten anlegen, eine Pflanze ersetzen oder einfach nur ein paar Veränderungen vornehmen wollen, eine sorgfältige, gut getroffene Auswahl ist der Schlüssel zum Erfolg. Es gilt, die vielen Standortfaktoren des eigenen Gartens zu bedenken (siehe S. 16–17), aber auch Einkaufstipps (siehe S. 18–19) helfen bei der Auswahl. Viele Gartenliebhaber gehen am liebsten mit einer genauen Vorstellung zum Einkauf. Mit diesem Buch ausgerüstet, können Sie auch spontan die richtigen Pflanzen aussuchen und teure Fehlkäufe vermeiden.

Sorgfältig kultivierte Pflanzen Gesunde, klar beschriftete Pflanzen sind ein Merkmal, an dem man ausgezeichnete Gärtnereien erkennt.

DIE AUSWAHL DER RICHTIGEN PFLANZEN

Obwohl es Mittel und Wege gibt, die Klima- und Bodenansprüche der Pflanzen zu erfüllen, spart man doch viel Mühe und Ausgaben, wenn man Pflanzen erwirbt, denen die Bedingungen des eigenen Gartens zusagen.

DIE FROSTHÄRTE

Optimismus ist ein schlechter Ersatz für Schutzmaßnahmen, wenn frostempfindliche Pflanzen überleben sollen. Am besten überwintern sie in einem Gewächshaus, einem frostfreien Schuppen oder einem kühlen Arbeitsraum. In wirklich kalten Lagen lohnt es sich, einjährige Beetpflanzen zu nutzen. Die wärmeren Stellen sollten für wärmeliebende Sträucher und Stauden reserviert werden, die im Winter mit einer dicken Mulchschicht geschützt werden können.

Mehr Möglichkeiten
Kübelpflanzungen können gut für Gärtner sein, die Pflanzen mit speziellen Bodenbedürfnissen wie diese Azaleen behalten möchten, für die sich ihr Garten nicht eignet.

SONNE UND SCHATTEN

Es ist empfehlenswert, eine »Karte« anzulegen, die zeigt, wieviel Sonne verschiedene Bereiche zu unterschiedlichen Jahreszeiten erhalten. Gutes Wachstum erreicht man durch genaues Erfüllen der Lichtbedürfnisse der Pflanzen.

DER BODEN

Die meisten Pflanzen gedeihen auch auf nicht ganz optimalen Böden, viele wachsen sogar unter eher ungünstigen Bedingungen. Es ist immer besser, Pflanzen zu kaufen, die den Boden vertragen, als den Boden so zu verändern, dass er zu den gewünschten Pflanzen passt. Eine Veränderung des Bodens ist im Übrigen nie von Dauer, außerdem ökologisch fragwürdig, gerade wenn Torf im Spiel ist. Gleichwohl lohnt es sich, das Erdreich vor dem Bepflanzen zu verbessern. Die frisch gesetzten Gewächse wachsen dann schneller an und müssen weniger gegossen werden. Mit Kompost, Stallmist und Mulch verbessert man die Bodenstruktur. Besonders nährstoffarmen sandigen Böden tut zusätzlich etwas Dünger gut.

Die Bestimmung des Säure- oder Basengehalts des Bodens, des ph-Werts, ist wichtig. Die meisten Pflanzen vertragen einen großen ph-Bereich in der neutralen Zone. Es gibt aber auch Arten, die auf sehr sauren oder sehr alkalischen Böden wachsen können. Die Ansprüche solcher Pflanzen sollte man nicht ignorieren. Man sollte eher Pflanzen auswählen, die den vorhandenen Bodentyp bevorzugen oder, wenn man unbedingt eine spezielle Pflanzengruppe kultivieren will, die Pflanzen in Kübeln mit geeigneter Bodenmischung oder Topferde halten.

DER WASSERABFLUSS

Der Ausdruck »wasserdurchlässig aber feuchtigkeitsspeichernd« gehört zu den häufig gebrauchten, aber scheinbar irreführenden Begriffen im Gartenbau. Allerdings beschreibt er keinen Widerspruch, obwohl es auf den ersten Blick so wirkt. Vielmehr beschreibt er einen Boden, dessen Zusammensetzung weder von Kies oder Sandkörnern, die kein Wasser halten können, noch von Lehm dominiert wird, der Wasser bindet und als klebrige Masse festhält. Die Anwesenheit einer dunklen, faserigen Substanz namens Humus erlaubt dem Boden, gleichzeitig Feuchtigkeit zu halten und Luft an die Wurzeln der Pflanzen zu lassen. Die Struktur des Bodens kann man am besten dadurch verbessern, indem man Humus (siehe S. 21) einarbeitet – auch beim Setzen einzelner Pflanzen.

GESUNDE PFLANZEN AUSWÄHLEN

Vermeiden Sie es, Pflanzen in schlechtem Zustand zu kaufen, selbst wenn es das einzige Exemplar einer von Ihnen schon lange gesuchten Sorte sein sollte. Eine kranke Pflanze gesund zu pflegen kann gut und gerne eine ganze Wachstumsperiode dauern. Es gibt wohl kaum einen Gärtner, der nie Mitleid mit einer vernachlässigten Pflanze verspürt hat, doch sollten Sie immer darauf achten, dass von Krankheiten oder Schädlingen befallene Pflanzen diese auch auf andere Zöglinge übertragen können.

DER EINKAUF

Zum Verkauf angebotene Pflanzen sollten deutlich ausgezeichnet, gesund, unbeschädigt und frei von Krankheiten und Schädlingen sein. Prüfen Sie die Pflanzen eingehend. Bei Pflanzen mit Wurzelballen sollte der Ballen fest und etwas feucht und das umgebende Netz intakt sein. Topfpflanzen sollten auch in Töpfen gezogen sein. Kaufen Sie keine Pflanzen, die auf Feldern oder Anzuchtbeeten gezogen wurden und kurzfristig getopft wurden. Auf der Oberfläche sollten keine Wurzeln zu sehen sein. Unten aus dem Topf herauswachsende Wurzeln deuten darauf hin, dass die Pflanzen zu lange im Topf kultiviert wurden. Heben Sie den Topf an, um sicherzustellen, dass die Wurzeln nicht in den darunterliegenden Boden eingedrungen sind. Pflanzen mit im Topf zusammengedrängten Wurzeln wachsen nicht gut an.

GESUNDES WACHSTUM

Ein kräftiger, oberirdischer Wuchs ist wichtig. Kaufen Sie keine

Gutes Exemplar Diese *Skimmia* hat einen kompakten Wurzelballen in gutem Verhältnis zum oberirdischen Teil.

Gesunde Zwiebel Der gesunde Zwiebelhals, die intakte Haut und die basale Scheibe, an der die Wurzeln entspringen, sind ein gutes Zeichen für den Gärtner.

Schlechtes Exemplar Der schlecht abgeschnittene Hals, die verletzte Schale und basale Scheibe der Zwiebel verraten mangelhafte Lagerung: Diese Zwiebel wird nicht gedeihen.

Pflanzen mit blassem oder gelbem Laub, verletzten Triebspitzen oder etiolierten Trieben (weiche, blasse, überlange, schwache Triebe). Die Erde sollte nicht von Moosen oder Unkraut bedeckt sein.

Bei krautigen Pflanzen (Stauden, Sommerblumen etc.) sind kleine, gesunde Exemplare preiswerter als größere und wachsen schnell heran. Meist sind sie in Gruppen gesetzt attraktiver, als Einzelpflanzen wirken sie leicht verloren. Wählen Sie bei krautigen Pflanzen, auch bei jungen Einjährigen oder Beetpflanzen, die kräftigsten, buschigsten Exemplare mit möglichst vielen Blütenknospen aus.

BÄUME UND STRÄUCHER

Achten Sie beim Kauf der langlebigen Bäume und Sträucher auf Form und Gesundheit der Pflanzen. Sie sollten ein regelmäßiges Astwerk und einen im Vergleich zum Wurzelballen oder Topf nicht zu großen, oberirdischen Wuchs besitzen. Eine kräftige, vielstämmige Pflanze bildet die schönsten, gerundeten Sträucher, während junge Bäume von Beginn an nur einen geraden, glatten Stamm haben sollten. Ein einseitig gewachsener Strauch kann natürlich an einer Mauer gepflanzt werden, doch verzweigen sich Sträucher besser und bedecken mehr Platz, wenn die Triebspitzen erst nach dem Pflanzen beschnitten werden.

ZWIEBELPFLANZEN

Suchen Sie Blumenzwiebeln (siehe oben) nach denselben Kriterien aus wie Gemüsezwiebeln, und nehmen Sie keine weichen, verfärbten, kranken oder beschädigten Exemplare. Zwiebeln, die bereits etwas ausgetrieben haben, können Sie kaufen, sie sind jedoch nicht ideal geeignet.

VORBEREITUNG DES BODENS

Am besten sind diejenigen Pflanzen für Ihren Garten geeignet, die mit ihren Ansprüchen den gegebenen Bedingungen entsprechen. Die meisten Böden können jedoch verbessert werden, um die Auswahl der kultivierbaren Pflanzen zu erhöhen.

DER BODENTYP IHRES GARTENS

Um gut gedeihende Pflanzen zu gewährleisten, sollten sie die Qualität und Zusammensetzung des Bodens in Ihrem Garten untersuchen. Normalerweise ist er sand- oder tonhaltig, im Idealfall eine Mischung aus beidem. Wenn der Boden eine leichte, lockere Struktur und eine gute Durchlässigkeit besitzt, ist es vermutlich Sandboden. Er fühlt sich beim Zerreiben rau und grusig an und macht beim Umgraben ein knirschendes Geräusch. Er lässt sich leicht umgraben, ist jedoch nährstoffarm. Tonböden sind schwer, klebrig, im nassen Zustand leicht formbar und können staunass werden. Sie sind schwer zu bearbeiten, jedoch oft sehr nährstoffreich.

Weiterhin können Sie mit einfachen Testsets aus Gartencentern ermitteln, welchen pH-Wert der Boden hat und wie hoch die Anteile der verschiedenen Nährstoffe sind.

UNKRAUTJÄTEN

In einem neu anzulegenden Garten oder einem vorher nicht genutzten Teil sollten Sie zunächst Unkräuter und Abfälle entfernen. Vor dem Bepflanzen Unkraut zu jäten ist deshalb sehr wichtig, weil Unkräuter mit den Kulturpflanzen um Licht, Feuchtigkeit und Nährstoffe konkurrieren. Wenn der Boden sehr stark von ausdauernden Unkräutern überwuchert ist, können Sie die Fläche auch vor dem Bepflanzen mit einem systemischen Unkrautvernichter besprühen, der die Wurzeln zerstört. Dies ist in der Hauptwachstumsphase im Frühsommer am wirkungsvollsten. Die zeitliche Verzögerung zahlt sich später aber aus. Mehrere Anwendungen können nötig sein.

Einzelne ausdauernde Unkräuter sollten sorgfältig mit allen Wurzelteilen ausgegraben werden. Einjährige Unkräuter können direkt vor dem Pflanzen gejätet oder besprüht werden.

DEN BODEN BEARBEITEN

Umgraben oder Unterharken des Bodens lockert verdichtete Stellen auf und unterstützt die Belüftung. Je tiefer Sie umgraben, desto besser, doch der ärmere Unterboden sollte

Leichtes Umgraben Gutes Werkzeug und gute Technik erleichtern das Umgraben und schonen den Rücken. Prüfen Sie Gewicht und Höhe des Spatens beim Kauf. Arbeiten Sie stets mit einem geraden Rücken.

Auflockern Die Grabgabel in den Boden stechen, herausheben und umdrehen, um den Boden zu belüften. Bedecken Sie den Boden mit organischem Material, sodass es untergearbeitet wird.

auf keinen Fall an die Oberfläche befördert werden: Wenn Sie tief graben müssen, sollte der dunklere, nährstoffreichere Oberboden vorher entfernt und nach dem Umgraben wieder aufgebracht werden.

Schwere Tonböden sollten im Spätherbst umgegraben werden, damit winterlicher Frost und Kälte die Bodenstruktur verbessern können, indem die Erde in kleinere Stücke zerfällt. In nassem Zustand sollte der Boden nicht umgegraben werden, da dadurch die Bodenstruktur zerstört wird. Es spart Arbeit, wenn man gleich Dünger einarbeitet.

DEN BODEN VERBESSERN

Umgraben und Harken verbessert zwar die Struktur des Bodens, doch ist das Einbringen von Dünger unerlässlich. Die Durchlässigkeit, Belüftung, Nährstoffreichheit und Feuchtespeicherfähigkeit der meisten Böden kann durch die Zugabe von gut verrottetem, humusreichem, organischem Material verbessert werden – eine Wachstumsperiode früher durchführen, damit sich der Boden setzen kann. Gartenkompost oder Blattmulch eignen sich zum Anreichern von Sandböden. Regelmäßig zugegeben, verbessern sie auch die Struktur von Tonböden. Letztere können auch durch die Zugabe von Kies bis zu einer Tiefe von mindestens 30 cm aufgelockert werden. Gelegentlich werden organische Mulchmaterialien wie Rinde oder Kokosschalenstücke untergehoben.

DAS PFLANZEN

Welche Pflanzen Sie auch ausgewählt haben, alles sollte gut vorbereitet sein, damit sie prächtig gedeihen. Sorgfältiges Pflanzen spart Zeit und Geld, und gut ausgewählte Pflanzen, die optimal gesetzt werden, wachsen gut und können Schädlingen und Krankheiten trotzen.

PLANUNG VOR DEM PFLANZEN

Vor dem Pflanzen sollten Sie die mögliche Wuchshöhe und -breite abschätzen und genügend Platz lassen. Beim Zusammenstellen von Pflanzengruppen müssen die jahreszeitlichen Attraktionen und die Erscheinung im Winter abgestimmt werden.

Das Einpflanzen Pflanzen in einer Schüssel mit Wasser einweichen. Den Wurzelballen so einsetzen, dass er mit der Bodenoberfläche abschließt.

ZEITPUNKT DES PFLANZENS

Die besten Pflanzzeiten sind Frühjahr und Herbst. Das Pflanzen im Herbst ermöglicht ein rasches Anwachsen, da der Boden noch warm und feucht ist. Pflanzen, die keine feuchten Winter vertragen oder nicht voll frosthart sind, sollten im Frühjahr gepflanzt werden.

Stauden können zu jeder Zeit, außer bei extremen Bedingungen, gepflanzt werden. Wenn sie bei heißem oder trockenem Wetter gepflanzt werden, sollten Blüten und größere Blätter vor dem Pflanzen entfernt und eine Schattierung angebracht werden.

Boden auffüllen Das Loch mit Erde auffüllen und leicht andrücken, damit die Wurzeln Kontakt mit der Erde haben, dann wässern und den Wurzelbereich mit Mulch bedecken.

PFLANZTECHNIKEN

Pflanzen sie Topfpflanzen oder Pflanzen mit Wurzelballen in ein Loch, das zweimal so groß wie der Ballen ist. Pflanzen vorsichtig aus dem Topf nehmen und die Wurzeln mit den Fingern auflockern. Die Pflanze auf die korrekte Höhe in das Loch setzen und mit einer Mischung aus Kompost, Dünger und Erde auffüllen. Boden andrücken und reichlich gießen. Um die Pflanze herum mulchen, um das Wasser zurückzuhalten und der Unkrautbildung entgegenzuwirken.

Pflanzen ohne Wurzelballen werden im Prinzip genauso gepflanzt, wichtig ist, dass die Wurzeln vor dem Einpflanzen nicht austrocknen. Graben Sie das Loch vorher aus, und umhüllen oder lagern Sie die Pflanzen bei Verzögerungen in feuchtem Sand oder Gartenkompost. Das Loch muss so groß sein, dass die Breite die völlig ausgebreiteten Wurzeln fasst. Die Tiefe sollte so gewählt werden, dass die Pflanze genauso weit in der Erde steht wie vorher im Topf oder in der Anzucht. Nach dem Pflanzen die Erde leicht andrücken.

PFLANZEN AN MAUERN

Stellen Sie vor dem Pflanzen die Stützen auf. Sträucher und Kletterpflanzen mindestens 25 cm von Mauern oder Zäunen entfernt pflanzen, damit die Wurzeln nicht im Regenschatten stehen. Neigen Sie die Pflanzen leicht zur Wand hin. Binden sie die Haupttriebe an ihren Stützen fest. Sträucher und sich nicht selbst festhaltende Kletterer müssen mit zunehmendem Wachstum weiter angebunden werden: Windende Triebe benötigen oft eine Lenkung.

EINJÄHRIGE UND BEETPFLANZEN

Da diese Pflanzen nur für kurze Zeit blühen, sollten sie sorgsam gepflanzt werden. Feuchter Boden und regelmäßiges Auskneifen der abgeblühten Triebe sind dabei sehr wichtig. Beetpflanzen sollten während der gesamten Wachstumszeit gedüngt werden. Viele frostharte Einjährige blühen jedoch am besten in nicht gedüngtem Boden. Einjährige werden häufig als Sämlinge in Torftöpfchen angeboten, die unter Glas oder in Innenräumen weiterkultiviert werden. Beim Auspflanzen werden die Wurzeln kaum beschädigt, und die Pflanzen gedeihen schnell.

ZWIEBELN SETZEN

Zwiebeln werden meist in eine Tiefe gesetzt, die ein- bis dreimal ihrer Höhe entspricht. Kleine Zwiebeln relativ flach in die Erde und größere Blumenzwiebeln, z. B Tulpen oder Lilien etwas tiefer setzen.

PFLANZENNAMEN VERSTEHEN

In diesem Buch werden alle Pflanzen unter ihrem botanischen Namen geführt. Die grundlegende Einheit der Pflanzenklassifikation ist die Art, deren zweiteiliger Name kursiv geschrieben wird: Der erste Teil gibt die Gattung an und der zweite Teil die Artbezeichnung oder das »Artepitheton«.

GATTUNGEN

Eine Gattung ist eine Gruppe einer oder mehrerer Pflanzenarten, die viele gemeinsame Merkmale besitzen, wie z. B. *Chrysanthemum* oder *Rosa*. Der Gattungsname vereint Individuen, die eng miteinander verwandt sind. Hybridgattungen (Kreuzungen zwischen zwei Gattungen) werden durch ein »x« vor dem Gattungsnamen gekennzeichnet.

ARTEN

Arten sind Gruppen von Pflanzen, die in der Lage sind, dieselben Nachkommen miteinander zu erzeugen. In den zweiteiligen botanischen Namen unterscheidet das Artepitheton eine Art von anderen Arten derselben Gattung und ist mit unseren Vornamen vergleichbar. Das Artepitheton bezieht sich oft auf ein bestimmtes Merkmal der Art, wie *alpinum* oder *tricolor*, oder auch auf die Person, die die Pflanze zuerst entdeckt hat.

UNTERARTEN, VARIETÄTEN UND FORMEN

Natürliche Varianten einer Art – Unterarten, Varietäten oder Formen – tragen einen zusätzlichen, kursiv gesetzten Namen, dem die

Art *Malus floribunda* gehört zu derselben Gattung wie Äpfel (*Malus*).

Varietät *Dictamnus albus* var. *purpureus* hat purpurfarbene Blüten statt der für diese Gattung üblichen rosa-weißen.

Hybride Das »x« hinter dem Gattungsnamen bei *Osmanthus* x *burkwoodii* steht für eine Hybride.

Abkürzungen »subsp.«, »var.« oder »fo.« vorangestellt werden – diese kleineren Untergruppen unterscheiden sich geringfügig von der Art.

HYBRIDEN

Wenn unterschiedliche Arten derselben Gattung gemeinsam kultiviert werden, können sie sich kreuzbestäuben und Hybriden bilden, die dann die Merkmale beider Eltern tragen. Von diesem Prozess profitieren Gärtner, die die Eigenschaften zweier verschiedener Pflanzen kombinieren wollen. Die neue Hybride wird dann vegetativ vermehrt. Ein Beispiel ist *Camellia* x *williamsii*, deren Eltern *C. japonica* und *C. saluensis* sind.

SORTEN

Gezüchtete oder künstlich erzeugte Varianten erhalten einen gärtnerischen Namen, der in einfachen Anführungszeichen hinter dem Artnamen erscheint. Einige Sorten besitzen auch Handelsnamen, die im Handel oft anstatt des richtigen Sortennamens verwendet werden. Wenn die Eltern nicht bekannt oder die Kreuzung zu komplex sind, kann die Sorte auch direkt nach dem Gattungsnamen stehen, z. B. *Dahlia* 'Conway'. Sehr selten ist die Pflanze unter dem gängigen Handels- und nicht unter dem korrekten Sortennamen bekannt: Dann wird der handelsübliche Name vorangestellt, wie bei *Rosa* BONICA 'Meidomonac'.

GRUPPEN UND SERIEN

Sehr ähnliche Sorten werden der Einfachheit halber als Serien oder Gruppen bezeichnet. Manche von Ihnen sind Mischungen aus Sorten, die sich nur in der Blütenfarbe unterscheiden.

Sorte Komplexe Elternarten wie bei *Osteospermum* 'Buttermilk' sind nicht angegeben.

Sorte einer Art *Ophiopogon planiscapus* 'Nigrescens' wird wegen der schwarzen Blätter gern gehalten.

Serie *Antirrhinum majus* Sonnet-Serie ist eine Mischung leuchtend gefärbter Sorten für Sommerbeete.

SOMMER-BLUMEN

Hier finden Sie einige der schönsten Sommerblumen. Sie erfahren, wo und wie man sie am besten kultiviert. Mit diesen Gewächsen können Sie die verschiedensten Pflanzungen zusammenstellen – ob gedeckt oder farbenfroh, minimalistisch oder subtropisch, ländlich oder streng geometrisch. Weitere Sommerblumen finden Sie im Kapitel »Prämierte Pflanzen von A–Z«.

◄ *Abutilon* 'Souvenir de Bonn'

Die Schönmalve eignet sich für große Töpfe oder zur Zierde einer Rabatte im Sommer. Mit cremegelb gerandeten Blättern und orangefarbenen Blüten hat der Strauch viel zu bieten.

KULTUR: *In durchlässigem, nährstoffreichem, tonhaltigem Substrat in voller Sonne.*

☼ ◊ ◆ 🏆 ❄ ↕↔ bis 2 m

Agastache foeniculum 'Golden Jubilee' ►

Die Duftnessel wächst buschig, doch nicht ausladend. Über dem goldgrünen Laub erheben sich ab dem Juli haltbare, duftende, violette Blüten. Man pflanzt sie in Rabatten und als Saum.

KULTUR: *In nährstoffreichen, wasserdurchlässigen Böden an vollsonnigen Standorten.*

☼ ◊ ❄❄ ↕60 cm ↔ 30 cm

◄ *Ageratum houstonianum* 'Blue Lagoon'

Mit seiner niedrigen Buschform eignet sich der Leberbalsam ideal für sommerliche Pflanzungen. 'Blue Lagoon' trägt im Sommer Unmengen kräftig blauvioletter Blüten.

KULTUR: *Nährstoffreiche, feuchte, durchlässige Erde an sonnigen, geschützten Plätzen.*

☼ ◊ ◆ 🏆 ❄ ↕↔ 15–30 cm

◄ *Ageratum houstonianum* 'Shell Pink Hawaii'

Diese niedrige Leberbalsam-Sorte besitzt hellrosa Blüten. Sie bildet einen zarten Farbbusch und lässt sich gut mit weißen und blauen Sorten kombinieren.

KULTUR: *Nährstoffreiche, feuchte, aber wasserdurchlässige Böden an sonnigen, geschützten Plätzen.*

☼ ◊ ❄ ↕↔ 15–30 cm

Amaranthus caudatus ►

Der buschige, aufrechte Garten-Fuchsschwanz ziert mit seinen dunkelroten, bis 60 cm langen Blütenquasten jeden Garten. Die Einjährige pflanzt man am besten vor eine Mauer.

KULTUR: *In mäßig nährstoffreiche, humushaltige, feuchte Erde an vollsonnigen Standorten.*

☼ ♦ ❄❄❄
↕ 1–1,5 m ↔ 45–75 cm

◄ *Anagallis monellii* subsp. *linifolia*

Aus dem Mittelmeerraum stammt der niedrige, stark verzweigte Leinblättrige Gauchheil. Die ein- bis zweijährige Pflanze zeigt im Sommer eine Fülle (meist blauer) Blüten.

KULTUR: *In mäßig nährstoffreichen, feuchten, aber nicht nassen Böden an sonnigen Plätzen.*

☼ ◊ ♦ 🏆 ❄❄
↕ 10–20 cm ↔ 40 cm

◀ *Antirrhinum majus* Sonnet-Serie

Diese Löwenmäuler tragen den ganzen Sommer über duftende, zweilippige Blüten. Die Einjährigen eignen sich für Sommerbeete und als Schnittblumen. Ausputzen verlängert den Flor.

KULTUR: *In durchlässiger, nährstoffreicher Erde an sonnigen Standorten.*

↕30–60 cm ↔ 30 cm

Atriplex hortensis var. *rubra* ▶

Diese einjährige Garten-Melde setzt mit dem rotvioletten Laub einen auffallenden Kontrast zu weißen Nachbarpflanzen. Weil die Blütenknospen dabei stören, entfernt man sie.

KULTUR: *Durchlässige, trockene, magere bis mäßig nährstoffreiche Erde in voller Sonne.*

↕bis 1,2 m ↔ 30 cm

◀ *Begonia* 'Peardrop'

Vor den dunklen, zugespitzten Blättern dieser kompakten Begonie heben sich die pfirsichfarbenen Blüten ab. Mit ihrer rundlichen Form bietet sie sich für Gefäßbepflanzungen an. Sie blüht den ganzen Sommer über.

KULTUR: *In durchlässigem, nährstoffreichem Substrat. Direkte Sonne meiden.*

↕↔ 25 cm

◀ *Beta vulgaris* 'Bright Lights'

Diese Samenmischung des Stielmangolds entwickelt Blattstiele in Rot, Rosa, Gelb und Orange sowie große Blätter. Man zieht sie einjährig zwischen anderem Gemüse oder in Zierbeeten.

KULTUR: *In nährstoffreicher, feuchter, durchlässiger Erde. Sonne oder lichter Schatten.*

↕ 50 cm ↔ 45 cm

Bidens ferulifolia 'Golden Eye' ▶

Die gelben Blumen der einjährigen Goldmarie leuchten im Spätsommer an langen, dünnen Stängeln mit farnartigem Laub. Die Pflanze kann aus Blumenampeln, Töpfen und über niedrige Mauern quellen.

KULTUR: *In relativ nährstoffreicher, feuchter, durchlässiger Erde an sonnigen Plätzen.*

↕ 23–30 cm ↔ unbegrenzt

◀ *Bougainvillea* 'San Diego Red'

Die farbintensive Wintergartenpflanze kann im Sommer draußen stehen. Sie wertet Pflanzengruppen und große Gefäße mit nährstoffreicher, mineralischer Erde auf. Im Winter wenig gießen.

KULTUR: *Am besten in der vollen Sonne. Von Frühjahr bis Spätsommer gut gießen und düngen.*

↕↔ min. 30-cm-Topf

B

◀ *Brachyscome iberidifolia* Bravo-Mischung

Die Samenmischung des Blauen Gänseblümchens enthält weiße, blaue und violette Sorten. Sie eignet sich für Sommertöpfe und Balkonkästen, für den Wegrand und für Steingärten.

KULTUR: *In leichtem, nährstoffreichem, durchlässigem Boden in der Sonne.*

↕ 20–25 cm ↔ 25 cm

Brassica-oleracea-Sorten ▶

Zierkohl sieht im vorderen Bereich einer Rabatte gut aus – vor allem im Herbst und Winter, wenn die Kälte seine Laubfarbe intensiviert. Zum Verzehr ist er allerdings nicht geeignet.

KULTUR: *In nährstoffreicher, durchlässiger Erde und bei möglichst viel Sonne.*

↕ 45–60 cm ↔ 25 cm

◀ *Briza maxima*

Die kleinen Samenstände des Größten Zittergrases schmücken im Sommer ländliche Gärten. Sie sind anfangs rot oder violett, werden mit der Zeit aber hellbraun. Bei Gruppen wiegen sich die Halme reizvoll im Wind.

KULTUR: *In allen durchlässigen Böden an vollsonnigen Standorten.*

↕ 45–60 cm ↔ 25 cm

◀ *Brugmansia suaveolens*

Diese Engelstrompete ähnelt *B. sanguinea*, trägt im Sommer aber weiße, manchmal gelbe oder rosa Blüten, die am Abend süß duften. Sie bevorzugt geschützte Standorte. Vorsicht: giftig.

KULTUR: *Am besten in nährstoffreicher, durchlässiger Erde in voller Sonne. Gut gießen.*

↕ 2,7 m ↔ 2,5 m

Calendula 'Fiesta Gitana' ▶

Diese zwergige Ringelblume bildet vom Sommer bis zum Herbst Unmengen gefüllter Blumen in Orange oder Gelb. Die Blätter der buschigen, wüchsigen Einjährigen für Beete und Töpfe duften aromatisch. Gute Schnittblume.

KULTUR: *Durchlässige, magere bis mäßig nährstoffreiche Erde, Sonne bis Halbschatten.*

↕↔ 30 cm

◀ *Callistephus chinensis* Ostrich-Plume-Serie

Die einjährigen Sommerastern beleben mit ihren meist rosa und roten Blüten Spätsommer- und Herbstrabatten. Bei Trockenheit gut gießen, Welkes entfernen. Gute Schnittblume.

KULTUR: *Braucht feuchte, durchlässige, nährstoffreiche Böden in voller Sonne.*

↕ bis 60 cm ↔ 30 cm

C

◀ *Canna* 'President'

Diese Sorte des Blumenrohrs reckt im Spätsommer hochrote Blüten über die großen, spatelförmigen, blaugrünen Blätter. Sie wirkt herrlich als Bestandteil subtropischer Pflanzungen und zwischen Sommerblumen.

KULTUR: *Am besten in nährstoffreichen Böden in voller Sonne. Im Sommer gut gießen.*

☼ ◊ ♦ ❄ ↕1,2 m ↔ 50 cm

Canna 'Striata' ▶

Das beeindruckende Blumenrohr zeigt im Sommer orangefarbene Blüten über großen, gelbgrünen Blättern mit gelber Äderung. Schön in Gruppen, wenn Sonne durch das Laub scheint.

KULTUR: *In nährstoffreicher Erde an vollsonnigen Standorten. Gut gießen.*

☼ ◊ ♦ 🏆 ❄ ↕1,5 m ↔ 50 cm

◀ *Catharanthus roseus* 'Pacific Punch'

Unter den Pacific-Sorten des ausgezeichneten Zimmerimmergrüns finden sich farbenfrohe Frühjahrsblüher wie 'Punch' mit roten, weißen und rosaroten Blüten. Sie dienen als Lückenfüller in Rabatten oder in Töpfen.

KULTUR: *In mäßig nährstoffreichen, durchlässigen Böden in voller Sonne.*

☼ ◊ ❀ ↕↔ 30–35 cm

◀ *Celosia spicata* 'Flamingo Feather'

Ein grandioses Schauspiel zeigt der Hahnenkamm im Sommer: Die rosa, aufrechten Ähren verblassen allmählich und werden fast weiß. Frisch oder getrocknet sind sie exzellent für den Schnitt.

KULTUR: *Feuchte, durchlässige, nährstoffreiche Erde an vollsonnigen, geschützten Plätzen.*

☼ ◊ ◆ ❄
↕60–90 cm ↔ 45 cm

Centaurea cyanus Florence-Serie ▶

Im Sommer schmückt diese stark verzweigte, kompakte Kornblumen-Mischung mit kirschroten, rosa und weißen Blumen. Kornblumen passen als Bänder gut in Bauern- oder naturnahe Gärten.

KULTUR: *In durchschnittlich nährstoffreichen, durchlässigen Böden in der Sonne.*

☼ ◊ ❄❄❄ ↕35 cm ↔ 25 cm

◀ *Clarkia amoena* Azalea-Hybriden

Klein und buschig wächst diese Atlasblume. Die 5 cm breiten Blüten erscheinen im Sommer in verschiedenen Farben, oft haben sie einen weißen Rand oder eine kontrastierende Mitte.

KULTUR: *Für leicht saure, durchlässige Böden an hellen Standorten.*

☼ ◐ ◊ ◆ ❄❄
↕bis 20 cm ↔ 30 cm

◀ *Clarkia amoena* Satin-Serie

Klein und buschig wächst diese Atlasblume. Die 5 cm breiten Blüten erscheinen im Sommer in verschiedenen Farben, oft haben sie einen weißen Rand oder eine kontrastierende Mitte.

KULTUR: *Für leicht saure, durchlässige Böden an hellen Standorten.*

↕ bis 20 cm

Cleome hassleriana 'Helen Campbell' ▶

Straff aufrechte Stängel mit ungewöhnlichen, sehr schönen Blüten bietet diese weiße Spinnenblume auf. Optimale Wirkung erzielt die Einjährige in Gruppen gepflanzt, in der Mitte einer Rabatte.

KULTUR: *In leichten, nährstoffreichen, durchlässigen Böden in der Sonne.*

↕ bis 1,5 m ↔ 45 cm

◀ *Cleome hassleriana* 'Rose Queen'

Die Sorte ist erste Wahl für pastellfarbene Pflanzungen und zum Dämpfen allzu farbkräftiger Kombinationen. Ihre steifen, stachelig wirkenden Stängel tragen pinkfarbene Blüten.

KULTUR: *In leichten, nährstoffreichen, durchlässigen Böden in der Sonne.*

↕ bis 1,5 m ↔ 45 cm

◄ *Cleome hassleriana* 'Violet Queen'

Die rötlich violette Form der Spinnenblume kommt in einer einfarbigen Gruppe ebenso gut zur Geltung wie in einem Mix aus weißen und rosa Formen. Wer sie etwas niedriger halten will, sät sie erst in der Frühjahrsmitte aus.

KULTUR: *In leichten, nährstoffreichen, durchlässigen Böden in der Sonne.*

☼ ◇ ❀ ↕bis 1,5 m ↔ 45 cm

Cobaea scandens ►

Die Glockenrebe ist eine außerordentlich wüchsige, einjährige Kletterpflanze. Sie braucht viel Platz und eine tragfähige Stütze, etwa ein Rankgitter. Ihre fleischigen, glockenförmigen Blüten sind anfangs cremegrün, später violett.

KULTUR: *In leichten, nährstoffreichen, durchlässigen Böden an geschützten, sonnigen Plätzen.*

☼ ◇ ◆ ♆ ❀ ↕4–5 m

◄ *Consolida ajacis*

Der unkomplizierte, einjährige Hyazinthenblütige Sommer-Rittersporn passt gut in Bauerngärten. Seine aufrechten Triebe sind im Sommer dicht mit Blütenständen in mehreren Farben besetzt. Vor Schnecken schützen.

KULTUR: *Leichte, nährstoffreiche, durchlässige Böden in der vollen Sonne sind ideal.*

☼ ◇ ❄❄❄

↕30–120 cm ↔ 20–30 cm

◀ *Convolvulus tricolor* 'Royal Ensign'

In Steingärten und Blumenampeln oder als Lückenfüller in Rabatten bringt die Dreifarbige Winde den Sommer über zahlreiche Blüten hervor. Der kurzlebige, tiefblaue Flor schließt sich nachts.

KULTUR: *In karger bis mäßig nährstoffreicher, durchlässiger Erde, sonnig und geschützt.*

☼ ◊ ❄ ↕↔ 30 cm

Coreopsis tinctoria ▶

Mit seinem lockeren, offenen Wuchs und den gelben Blumen mit dunkelroter Mitte stellt das Färber-Mädchenauge eine ausgezeichnete einjährige Sommerblume für sonnige Beete dar.

KULTUR: *Braucht nährstoffreiche, durchlässige Böden in der Sonne oder im Halbschatten.*

☼ ◐ ◊ ❄❄❄
↕bis 1,2 m ↔ 30–45 cm

◀ *Cosmos bipinnatus* Sonata-Samenmischung

Diese einjährigen Schmuckkörbchen eignen sich gut für exponierte Gärten und den vorderen Bereich einer Rabatte. Sie tragen im Sommer viele rote, rosa oder weiße Blumen an dünnen Stängeln mit feinen Blättern.

KULTUR: *In durchschnittlichen, feuchten, aber durchlässigen Böden in voller Sonne.*

☼ ◊ ♦ 🏆 ❄ ↕↔ bis 30 cm

◀ *Crepis rubra*

Die leicht übergebogenen Stängel des staudigen Roten Pippau tragen ab Frühjahr lange haltende, kleine, rosarote Blüten über einer bodenaufliegenden Blattrosette. Schön am Rand einer Rabatte oder in einem Topf.

KULTUR: *In durchlässigen Böden an vollsonnigen Standorten.*

☼ ◊ ❄❄❄
↕30–40 cm ↔ 15 cm

Dianthus nanus 'Magic Charms' ▶

Die Mischung aus niedrigen, süß duftenden, roten, rosa und weißen staudigen Zwerg-Nelken eignet sich für Töpfe, Rabatten und Steingärten oder für einen schmalen Streifen neben Wegen.

KULTUR: *Gepflanzt wird in durchlässige Böden an vollsonnigen Plätzen.*

☼ ◊ ❄❄❄ ↕↔ 30 cm

◀ *Diascia* CORAL BELLE

Der staudige, doch nicht winterharte Elfensporn dient als Sommerblume am Beetrand oder in Hängekörben. CORAL BELLE trägt den ganzen Sommer über zahlreiche lachsrosa Blüten an drahtigen Stängeln.

KULTUR: *In feuchter, aber durchlässiger, nährstoffreicher Erde an sonnigen Standorten.*

☼ ◊ ♦ 🏆 ❄ ↕15 cm ↔ 30 cm

F

◀ *Felicia amelloides* 'Santa Anita'

Die Blaue Kapaster ist ein rundlicher, immergrüner Halbstrauch mit weiß gezeichnetem Laub. Die Körbchenblüten mit blauen Strahlen und gelber Scheibe öffnen sich ab Mai bis in den Herbst hinein. Gute Topfpflanze.

KULTUR: *In durchlässiger, nährstoffreicher Erde. Braucht Sonne, verträgt keine Nässe.*

↕↔ 30–60 cm

Fuchsia 'Patio Princess' ▶

Für Töpfe auf Hof- oder Terrassenflächen eignet sich diese aufrechte Fuchsie bestens. Sie trägt im Sommer Unmengen rosa und weißer Blütenglöckchen. Das Abzwicken von Trieben fördert einen buschigen Wuchs.

KULTUR: *In feuchten, durchlässigen Böden im Halbschatten.*

↕↔ 30 cm und mehr

◀ *Gaillardia* 'Kobold'

Diese einjährige Kokardenblume bringt Schwung in Rabatten. Ihre Blumen erscheinen den ganzen Sommer über. Sie fallen durch gelb gerandete, rote Strahlenblüten und ein rotes Auge auf. Gute Schnittblume.

KULTUR: *Am besten in nährstoffreichen, durchlässigen Böden an vollsonnigen Stellen.*

↕↔ 30 cm

◀ *Helianthus annuus* 'Russian Giant'

Man kann diese riesige Sonnenblume neben eine Zufahrt, an einen Weg oder in ein Kinderbeet setzen. Lassen Sie die Samen den Vögeln. Jungpflanzen muss man vor Schnecken schützen.

KULTUR: *In humusreichen, feuchten, durchlässigen Böden an vollsonnigen Standorten.*

☼ ◊ ♦ ❄❄❄

↕ bis 3,5 m ↔ 45 cm

Helianthus annuus 'Velvet Queen' ▶

Diese Sonnenblume trägt hübsche rötliche, in der Mitte dunkle Blumen. Man setzt sie in den hinteren Bereich einer Rabatte als Kontrast zu Pflanzen mit weißen und gelben Blüten.

KULTUR: *In humusreichen, feuchten, durchlässigen Böden in der vollen Sonne.*

☼ ◊ ♦ ❄❄❄ ↕ 1,5 m ↔ bis 45 cm

◀ *Helichrysum petiolare* 'Variegatum'

Die Lakritz-Strohblume ist ein Strauch mit weichen, samtigen, immergrünen Blättern an ausgebreiteten Trieben. Er dient als grüne Kulisse für Blütenpflanzen in Gefäßen.

KULTUR: *In feuchter, aber durchlässiger Erde an sonnigen Plätzen.*

☼ ◐ ◊ ♦ 🏆 ❄

↕ bis 50 cm ↔ 2 m und mehr

◄ *Hesperis matronalis* var. *albiflora*

Die hohe, süß duftende Nachtviole mit ihren weißen Blüten passt gut in naturnahe Gärten. Sie sät sich selbst aus und bildet einen Kontrast zu strengen Elementen wie geschnittenem Buchs.

KULTUR: *In nährstoffreichen, feuchten, durchlässigen Boden, Sonne bis Halbschatten.*

☼ ◐ ◇ ◆ ❄❄❄
↕ bis 90 cm ↔ 45 cm

Iberis umbellata Fairy-Serie ►

Im Frühjahr tragen diese Schleifenblumen Unmengen von Blüten in Weiß, Rosa und Violett. Für Töpfe, Lücken im Pflaster und Beetränder.

KULTUR: *Karge bis mäßig nährstoffreiche, feuchte, durchlässige Erde in voller Sonne.*

☼ ◇ ◆ ❄❄❄
↕ 15–30 cm ↔ bis 25 cm

◄ *Impatiens* New-Guinea-Hybriden

Fleißige Lieschen blühen den ganzen Sommer über in den verschiedensten Farbtönen. Manche Formen besitzen dazu noch auffallend panaschiertes Laub. Ideal als Topfpflanze und zwischen Sträuchern.

KULTUR: *In humusreicher, feuchter, aber durchlässiger Erde im Halbschatten.*

◐ ◇ ◆ ❄ ↕ 35 cm ↔ 30 cm

◀ *Ipomoea nil* 'Scarlet O'Hara'

Sie strebt mit viel Energie nach oben: Die staudige Blaue Prunkwinde mit roten Blüten erobert ein Stangenzelt ebenso wie Rankgitter oder Sträucher und schraubt sich dabei spiralig um ihre Stütze.

KULTUR: *In durchschnittlich nährstoffreicher, durchlässiger Erde an einem sonnigen Platz.*

↕5 m und mehr

Ipomoea quamoclit ▶

Die einjährige Zypressen-Prunkwinde aus den Tropen Südamerikas hat farnartige Blätter und kleine, leuchtend hellrote, mitunter weiße Prachtblüten. Man gibt ihr eine gitterartige Stütze zum Hochranken.

KULTUR: *Am besten in mäßig nährstoffreichen, durchlässigen Böden in voller Sonne.*

↕2 m und mehr

◀ *Lantana* 'Radiation'

Seine herrlich gelb und rot leuchtenden Blütenstände reckt das Wandelröschen 'Radiation' den Sommer hindurch über dem runzeligen, dunkelgrünen Laub nach oben. Man pflanzt den Halbstrauch in Töpfe oder Beete.

KULTUR: *In feuchtem, durchlässigem Substrat an sonnigen Plätzen. Monatlich düngen.*

↕45–60 cm ↔ 25 cm

◄ *Linaria maroccana* 'Northern Lights'

Die Sorte des einjährigen Marokko-Leinkrauts trägt im Sommer dauerhafte Blüten in verschiedenen Farben. Sie eignet sich gut als Schnittblume. Schön in Bauern- und mediterranen Gärten.

KULTUR: *Braucht mäßig nährstoffreiche, leichte, durchlässige Böden in voller Sonne.*

☼ ◊ ❄❄❄ ↕60 cm ↔ 15 cm

Linum grandiflorum 'Rubrum' ►

Die Form des einjährigen Roten Leins zeigt ständig karminrote Blüten mit dunklem Auge. Ein hübsches Paar bildet sie mit der weißen Schwestersorte 'Bright Eyes'. Guter Lückenfüller.

KULTUR: *In mäßig nährstoffreicher, humusreicher, stark durchlässiger Erde in der Sonne.*

☼ ◊ ❄❄❄ ↕bis 45 cm ↔ 15 cm

◄ *Lobelia erinus* Cascade-Mischung

Die Blaue Lobelie blüht vom Sommer bis in den Herbst. Die Einjährige oder Staude passt in Blumenampeln und Kästen, doch kaschieren ihre hängenden Triebe auch Wegränder.

KULTUR: *Am besten in tiefgründiger, nährstoffreicher, feuchter Erde, Sonne oder Halbschatten.*

☼ ◐ ♦ ❄ ↕↔ 15 cm

◀ *Lobularia maritima* 'Carpet of Snow'

Das staudige Strand-Silberkraut kann in Ritzen wachsen. 'Carpet of Snow' öffnet im Sommer dekorative Büschel aus weißen Blüten. Man pflanzt die Sorte abwechselnd mit 'Navy Blue'.

KULTUR: *In leichter, mäßig nährstoffreicher, durchlässiger Erde in voller Sonne.*

↕ bis 10 cm ↔ 20–30 cm

Lunaria annua 'Munstead Purple' ▶

In naturnahe Rabatten passt das violett blühende Einjährige Silberblatt. Die papierartigen Samenstände eignen sich für Trockensträuße.

KULTUR: *In nährstoffreicher, feuchter, durchlässiger Erde in Sonne oder Halbschatten.*

↕ 90 cm ↔ 30 cm

◀ *Lunaria annua* 'Variegata'

Die beliebte Bauerngartenblume trägt cremeweiß gerandete Blätter und rotviolette Blüten. Ihre papierartigen Samenstände bieten sich für Trockensträuße an.

KULTUR: *In nährstoffreichen, feuchten, aber durchlässigen Böden, Sonne bis Halbschatten.*

↕ 90 cm ↔ 30 cm

◀ *Malope trifida*

Die einjährige Trichtermalve trägt im Sommer und Herbst hell- bis dunkelrot-violette Blüten. Die Pflanze kann Lücken innerhalb einer Rabatte füllen. Gut passt sie in Bauerngärten.

KULTUR: *Durchschnittlich nährstoffreiche, feuchte, durchlässige Böden in der Sonne.*

☼ ◐ ◇ ◆ ❄❄❄
↕ bis 90 cm ↔ 20 cm

Matthiola longipetala subsp. *bicornis* ▶

Die unschätzbare einjährige Nacht-Levkoje verströmt ihren schweren Duft nachts. Die kleinen unscheinbaren Blüten sind rosa, rosalila oder violett gefärbt und erscheinen im Sommer.

KULTUR: *Ideal ist durchschnittlich nährstoffreiche, feuchte, aber durchlässige Erde.*

☼ ◇ ◆ ❄❄❄ ↕ 35 cm ↔ 25 cm

◀ *Mimulus naiandinus*

Die pflegeleichte Gauklerblume zeigt den ganzen Sommer hindurch rosa überlaufene Blüten. Mit dem breiten bis hängenden Wuchs passt die Staude für Körbe und andere Gefäße im Schatten. Sie braucht viel Wasser.

KULTUR: *In nährstoffreicher, humusreicher, feuchter Erde in der Sonne oder im Halbschatten.*

☼ ◐ ◆ ● 🏆 ❄❄ ↕ bis 20 cm ↔ 30 cm

◀ *Mirabilis jalapa*

Die leicht nach Zitronen duftenden Blüten der Wunderblume öffnen sich erst am Nachmittag, bei bedecktem Himmel bleiben sie geschlossen. Die Einjährige oder Staude trägt oft Blüten in unterschiedlichen Farben.

KULTUR: *Durchschnittlich nährstoffreiche, durchlässige Böden in voller Sonne. Gut gießen.*

↕↔ 60 cm und mehr

Mirabilis jalapa 'Red Glow' ▶

Diese Sorte ähnelt der Art (siehe oben), trägt aber rote, offene Blüten über sattgrünem Laub. Wenn sich der Flor bei sonnigem Wetter öffnet, entsendet er einen süßen Duft.

KULTUR: *Durchschnittlich nährstoffreiche, durchlässige Böden in voller Sonne. Gut gießen.*

↕↔ 60 cm

◀ *Myosotis sylvatica* 'Blue Ball'

Das kompakte, einjährige Wald-Vergissmeinnicht trägt vom Frühjahr bis zum Frühsommer runde, blaue Blüten. Es dient als Begleitpflanze für hohe Tulpen in Rot, Gelb, Weiß und Blau.

KULTUR: *Am besten in durchschnittlich nährstoffreichen bis mageren, feuchten, durchlässigen Böden, Sonne oder Halbschatten.*

↕↔ 15 cm

◀ *Nemesia strumosa* 'Sundrops'

Der leuchtende Farbmix enthält Sorten des einjährigen Elfenspiegels in warmem Apricot, Cremeweiß sowie in Rot-, Rosa- und Orangetönen. Die kompakten, buschigen Pflanzen blühen bunt im Früh- und Hochsommer.

KULTUR: *Durchschnittlich nährstoffreiche, feuchte, leicht saure Böden. Braucht Sonne.*

☼ ◊ ♦ ❄ ↕↔ 25 cm

Nemophila menziesii 'Penny Black' ▶

Mit ihren weiß gerandeten, dunkelvioletten Blüten bereichert diese Blaue Hainblume weiße Pflanzungen. Die Einjährige sät sich selbst aus.

KULTUR: *Nährstoffreiche, feuchte, durchlässige Böden an absonnigen bis sonnigen Plätzen.*

☼ ☀ ◊ ♦ ❄❄❄
↕ 20 cm ↔ 30 cm

◀ *Nicandra physalodes*

Die verzweigte, wüchsige, einjährige Giftbeere bringt vom Sommer bis zum Herbst immer neue blauviolette Blüten hervor. Auf sie folgen runde, grüne Beeren in einer papiernen Hülle, die in Trockensträuße passen.

KULTUR: *In nährstoffreicher, feuchter, aber durchlässiger Erde in der vollen Sonne.*

☼ ◊ ❄❄ ↕ bis 90 cm ↔ 30 cm

◀ *Nicotiana × sanderae* Domino-Serie

Der einjährige Niedere Zier-Tabak trägt Blüten in vielen Farben, es gibt auch zweifarbige Formen. Sie erscheinen im Sommer und sind eine wertvolle kleinere Variante des prächtigeren Flügel-Tabaks *Nicotiana alata*.

KULTUR: *Nährstoffreiche, feuchte, durchlässige Böden in der Sonne oder im Halbschatten.*

☼ ◐ ◊ ♦ ❄❄ ↕↔ 30–45 cm

Nolana paradoxa 'Blue Bird' ▶

Im Verbund mit anderen Sommerblumen machen die dunkelblauen bis blauvioletten Blüten dieser einjährigen Glockenwinde enormen Eindruck.

KULTUR: *In durchschnittlich nährstoffreichen, durchlässigen Böden an sonnigen Plätzen.*

☼ ◊ ❄

↕ 20–25 cm ↔ bis 60 cm

◀ *Osteospermum* 'Whirligig'

Die mehrjährigen Kapmargeriten tragen den ganzen Sommer über Blumen. Sie schließen sich nachts und bei bedecktem Himmel. Diese Sorte hat spatelförmige Blütenblätter.

KULTUR: *In feuchten, aber durchlässigen Böden in der Sonne.*

☼ ◊ ♦ 🏆 ❄ ↕↔ 35 cm

◄ *Papaver nudicaule* 'Flamenco'

Dieser Island-Mohn mit pastellrosa, am Rand weißen Blütenblättern bildet dekorative Kolonien in Sommerfarben. Die Staude eignet sich hervorragend für naturnahe Pflanzungen.

KULTUR: *In tiefgründiger, nährstoffreicher, durchlässiger Erde an einem sonnigen Platz.*

☼ ◊ ❄❄❄
↕ 40–50 cm ↔ 15 cm

Papaver nudicaule 'Meadow Pastels' ►

Die vielfältige Samenmischung enthält pastellfarbene und zweifarbige Formen. Die Blüten stehen an kräftigen Stängeln und bringen eine naturnahe Komponente in Gärten.

KULTUR: *Am besten in tiefgründigen, nährstoffreichen, durchlässigen Böden in der Sonne.*

☼ ◊ ❄❄❄ ↕ 60 cm ↔ 20 cm

◄ *Papaver rhoeas* Perlmutt-Gruppe

Die Sorten des einjährigen Klatsch-Mohns passen in dezente Pflanzungen. Die lila, blauen, pfirsichfarbenen, rosa, weißen und grauen Töne kommen vor einem dunkelgrünen Hintergrund schön zur Geltung.

KULTUR: *Für tiefgründigen, nährstoffreichen, durchlässigen Boden und viel Sonne sorgen.*

☼ ◊ ❄❄❄ ↕ 30 cm ↔ 15 cm

◀ *Pennisetum setaceum* 'Rubrum'

Das ein- bei zweijährige Lampenputzergras entwickelt im Spätsommer dekorative, bauschige rote Blütenstände, die sich über das dunkle Laub neigen. Verträgt Trockenheit. Für Pflanzgefäße.

KULTUR: *In durchlässigem Substrat an offenen, sonnigen Standorten.*

☼ ◑ ◊ 🏆 ❄ ↕↔ 90 cm

Petunia 'Prism Sunshine' ▶

Diese Petunie bringt leuchtende, sommerliche Farbtupfer in Rabatten und Blumenampeln. Ihre großen, gelben Blüten verblassen zu Cremegelb.

KULTUR: *In leichten, durchlässigen Böden. Braucht volle Sonne und geschützte Standorte.*

☼ ◊ ❄
↕ 20–30 cm ↔ 30–90 cm

◀ *Petunia* Surfinia-Hybriden

Durch ihren hängenden, stark verzweigten Wuchs eignen sich Surfinia-Hybriden für Blumenampeln. Ihre mittelgroßen Blüten vertragen Regen.

KULTUR: *In leichten, durchlässigen Böden. Braucht volle Sonne. Vor Wind schützen.*

☼ ◊ ❄
↕ 20–40 cm ↔ 30–90 cm

R

◀ *Ricinus communis* 'Carmencita'

Der hohe, ein- bis zweijährige Wunderbaum hat eine offene Form und trägt rotviolette Blätter sowie im Sommer leuchtend rote Blüten, denen hübsche Fruchtstände folgen.

KULTUR: *In nährstoffreicher, humusreicher, durchlässiger Erde an einem sonnigen Platz.*

☼ ◊ 🏆 ❄ ↕bis 2 m ↔ 1 m

Rudbeckia hirta 'Prairie Sun' ▶

Der kurzlebige Raue Sonnenhut blüht reich und wird am besten in Gruppen gepflanzt. Die gelben Blumen mit grüner Scheibe schmücken im Spätsommer.

KULTUR: *Relativ nährstoffreiche, feuchte Böden in der Sonne und im lichten Schatten.*

☼ ◐ ◊ ◆ ❄❄❄

↕60–90 cm ↔ 30 cm

◀ *Salpiglossis sinuata* Casino-Serie

Diese Mischung der aufrechten, einjährigen Trompetenzunge umfasst trichterförmige, auffallend geäderte Blüten in Blau, Gelb und Orange bis Rot. Sie erscheinen im Sommer und Herbst.

KULTUR: *In feuchter, aber durchlässiger, nährstoffreicher Erde in der Sonne.*

☼ ◊ ◆ ❄❄

↕bis 60 cm ↔ 30 cm

◀ *Salvia farinacea* 'Strata'

Der Mehlige Salbei trägt im Sommer und Herbst zweifarbig blau-weiße Blüten. Er leistet gute Dienste in gemischten Pflanzungen mit roten und gelben Blüten sowie in Gefäßen.

KULTUR: *Durchschnittliche, humusreiche, durchlässige, feuchte Böden in der Sonne.*

↕ bis 60 cm ↔ bis 30 cm

Sanvitalia procumbens 'Orange Sprite' ▶

Mit seiner langen Blütezeit und dem lockeren, hängenden Wuchs schmückt der einjährige orangegelbe Husarenknopf Pflanzgefäße. Oder man lässt ihn einfach nur über den Boden kriechen.

KULTUR: *Durchschnittlich nährstoffreiche, humusreiche, durchlässige Böden in der Sonne.*

↕ 10 cm ↔ 35 cm

◀ *Scaevola aemula*

Die wüchsige, einjährige Blauviolette Fächerblume bietet sich für den Beetrand und für Pflanzgefäße an. Sie trägt Unmengen dekorativer blauer Blüten, doch gibt es auch violette und rosalila Formen.

KULTUR: *In feuchter, aber durchlässiger, nährstoffreicher Erde an einem hellen Platz.*

↕↔ bis 50 cm

S

◄ *Schizanthus pinnatus* 'Hit Parade'

Diese hübsche einjährige Spaltblume trägt orchideenartige rosa Blüten mit gelbem Schlund. Sie erscheinen vom Frühjahr bis zum Herbst und bedecken das farnartige Laub fast völlig.

KULTUR: *In feuchten, aber durchlässigen Böden an vollsonnigen Standorten.*

↕ 20–50 cm ↔ 25–30 cm

Senecio cineraria 'Silver Dust' ►

Das dichte, immergrüne Silber-Greiskraut wird vor allem wegen seines dekorativen, silbrigen Laubs gezogen. Die unscheinbaren gelben Körbchenblüten erscheinen im Hochsommer am Strauch.

KULTUR: *Durchlässige, nährstoffreiche Erde in der Sonne. Blütenknospen evtl. abzwicken.*

↕↔ 30 cm

◄ *Solenostemon (Plectranthus) scutellarioides* Wizard-Serie

Die kompakten, lebhaften, strauchigen Buntnesseln tragen buntes Laub, das oft einen kontrastierenden Blattrand hat. Blüten werden abgezwickt.

KULTUR: *Am besten in humusreicher, feuchter, aber durchlässiger Erde an hellen Plätzen.*

↕↔ bis 20 cm

◀ *Tagetes erecta* 'Gold Coins'

Hohe Studentenblumen sind verlässliche Einjährige für Rabatten und Töpfe. Im Sommer öffnen sich viele Blumen über dunkelgrünem Laub. 'Gold Coins' besticht mit gelben Pomponblüten. Ausputzen regt die Blütenbildung an.

KULTUR: *In feuchten, durchlässigen Böden in der Sonne oder im Halbschatten.*

☼ ◑ ◊ ♦ ❄ ↕80 cm ↔50 cm

Tagetes 'Naughty Marietta' ▶

Viel Wirkung erzielt diese Einjährige mit ihren Blumen in leuchtenden Farben. Sie erscheinen vom späten Frühjahr bis zum Frühherbst. Die gelben Strahlenblüten sind unten rot markiert.

KULTUR: *Am besten in mäßig nährstoffreicher, durchlässiger Erde an vollsonnigen Plätzen.*

☼ ◊ ❄ ↕↔ 30–40 cm

◀ *Tagetes patula* 'Striped Marvel'

Diese Gewöhnliche Studentenblume wächst buschig in einheitlicher Höhe. Die kontrastreich gestreiften Blumen mit großem Auge wirken schön in Beeten wie in der Vase.

KULTUR: *Ideal sind durchschnittlich nährstoffreiche, durchlässige Erde und volle Sonne.*

☼ ◊ ❄ ↕↔ 60–75 cm

T

◀ *Thunbergia alata* Susie-Hybriden

Die gelben, orangefarbenen oder weißen Blüten der Schwarzäugigen Susanne haben ein dunkles Auge und erscheinen im Sommer und Herbst. Die Schlingpflanze wächst ein- bis mehrjährig.

KULTUR: *In nährstoffreichen, feuchten, aber durchlässigen Böden an sonnigen Standorten.*

↕1,5–2 m

Torenia fournieri Clown-Serie ▶

Die einjährige *Torenia* wertet Sommerblumenbeete mit weißen, blaulila, violetten und rosa Blüten auf, die etwas an Orchideen erinnern.

KULTUR: *Braucht nährstoffreiche, feuchte, aber durchlässige Erde im Halbschatten.*

↕20–25 cm ↔ 15–25 cm

◀ *Tropaeolum majus* 'Alaska Salmon Orange'

Die zwergige, buschige Echte Kapuzinerkresse hat gelbe bis rote Blüten und helles Laub mit cremeweißer Zeichnung. Schön wirkt die Einjährige im vorderen Bereich von Rabatten und in Töpfen.

KULTUR: *In durchschnittlich nährstoffreichen, feuchten, durchlässigen Böden in voller Sonne.*

↕30 cm ↔ bis 45 cm

◂ *Verbena* Tapien-Serie

Die Hänge-Verbene blüht von Mai bis zu den ersten Frösten in Pastelltönen. Der Halbstrauch wirkt schön in Blumenampeln. Das Abzwicken von Triebspitzen fördert Blüte und buschigen Wuchs.

KULTUR: *Durchschnittlich nährstoffreiche, durchlässige Erde an vollsonnigen Standorten.*

↕ bis 15 cm ↔ 90 cm

Viola Princess-Serie ▸

Die kurzlebigen Stauden sind äußerst unempfindlich gegen Frost und blühen vom Frühjahr bis in den Sommer hinein. Die Veilchen in dieser Farbmischung eignen sich besonders für Körbe und andere Gefäße.

KULTUR: *In feuchten, durchlässigen Böden an einem hellen Standort.*

↕↔ bis 30 cm

◂ *Zinnia × hybrida* 'Profusion Cherry'

Die einjährigen Zinnien öffnen im Sommer ein Meer aus Blüten an kompakten, reich verzweigten Pflanzen. Die Profusion-Mischung wartet mit weißen und orangefarbenen Blüten auf.

KULTUR: *Braucht nährstoffreiche, humusreiche, durchlässige Böden und volle Sonne.*

↕ 30–40 cm ↔ 15 cm

PRÄMIERTE PFLANZEN VON A–Z

In diesem Teil werden attraktive und zuverlässige Pflanzen für jeden Garten und für alle Gartenbereiche beschrieben, die meisten erhielten die begehrte Auszeichnung der Royal Horticultural Society. Neben dem Zierwert sollten vor dem Kauf einer Pflanze auch deren Frosthärte, Wuchsgröße, Standort- und Bodenansprüche bedacht werden.

Abelia 'Edward Goucher'

Dieser halb immergrüne Strauch mit überhängenden Ästen besitzt glänzende, dunkelgrüne Blätter, die im jungen Zustand bronzefarben überlaufen sind. Von Sommer bis Herbst erscheinen trompetenförmige, rosafarbene Blüten. Wie auch die meisten *Abelia*-Arten eignet sich diese Sorte für sonnige Rabatten.

KULTUR: *In gut durchlässigem, nährstoffreichem Boden in voller Sonne pflanzen und vor kalten, trockenen Winden schützen. Totes oder beschädigtes Holz im Frühjahr entfernen, einige der älteren Triebe nach der Blüte bis zum Boden zurückschneiden, um neues Wachstum zu fördern.*

☼ 💧 ❄❄ ↕1,5 m ↔ 2 m

Abelia floribunda

Ein immergrüner Strauch mit überhängenden Ästen, an denen im Frühsommer röhrenförmige, leuchtend rosarote Blüten in Büscheln hängen. Die Blätter sind oval und glänzend dunkelgrün. Ideal für sonnige Rabatten geeignet, überlebt aber kalte Winter nur an sehr geschützten Stellen.

KULTUR: *In durchlässigem, nährstoffreichem Boden in voller Sonne pflanzen, vor kalten, trockenen Winden schützen. Ältere Äste nach der Blüte zurückschneiden, im Frühling totes oder beschädigtes Holz entfernen.*

☼ 💧 🏆 ❄ ↕3 m ↔ 4 m

Abelia × grandiflora

Ein rundlicher, halb immergrüner Strauch mit überhängenden Ästen. Er wird wegen der attraktiven, glänzend dunkelgrünen Blätter und den von Hochsommer bis Herbst üppig entstehenden, duftenden, rosa getönten, weißen Blüten kultiviert.

KULTUR: *In gut durchlässigem, nährstoffreichem Boden in voller Sonne pflanzen, vor kalten, trockenen Winden schützen. Ältere Äste nach der Blüte zurückschneiden, im Frühling beschädigtes Holz entfernen.*

☼ ◇ 🏆 ❄ ↕3 m ↔4 m

Abutilon megapotamicum

Diese kletternde Schönmalven-Art ist ein halb immergrüner Strauch, der von Frühling bis Herbst hängende, glockige, rot und gelb gefärbte Blüten trägt. Die Blätter sind oval, an der Basis herzförmig und leuchtend grün. In kalten Klimaten an einer warmen Mauer pflanzen oder im Wintergarten halten.

KULTUR: *In wasserdurchlässigem, mäßig nährstoffreichem Boden in voller Sonne kultivieren. Im späten Winter oder zeitigen Frühjahr alle störenden Triebe entfernen.*

☼ ◇ 🏆 ❄ ↕↔2 m

Abutilon vitifolium 'Veronica Tennant'

Ein aufrechter, laubabwerfender, schnellwüchsiger Strauch, der sich zu einem kleinen, buschigen Baum entwickeln kann. Im frühen Sommer hängen an den graufilzigen, kräftigen Trieben zahlreiche große, becherförmige, malvenfarbene Blüten. Die grau behaarten Blätter sind scharf gesägt. In kalten Gegenden überleben sie möglicherweise nicht.

KULTUR: *In wasserdurchlässigem, mäßig nährstoffreichem Boden in voller Sonne. Jungpflanzen nach der Blüte in Form schneiden, ältere Pflanzen nicht beschneiden.*

☼ ◊ 🏆 ❄ ↕5 m ↔ 2,5 m

Acacia baileyana 'Purpurea'

Der strauchige kleine Baum trägt gefiederte, violett getönte Blätter. Wie die meisten Akazien wird er überwiegend wegen seiner kleinen, gelben Pomponblüten gezogen, die sich vom Winter bis zum Frühjahr öffnen. Die dunkle Tönung von 'Purpurea' ist beim frischen Austrieb besonders ausgeprägt.

KULTUR: *In durchlässiger, neutraler bis saurer Erde an vollsonnigen Standorten. Nach der Blüte evtl. zurückschneiden. Unter Glas in mineralischer Erde ziehen.*

☼ ◊ 🏆 ❄ ↕bis 8 m ↔ bis 6 m

Acaena microphylla

Diese Stachelnüsschen-Art ist eine mattenbildende Staude und trägt Köpfchen aus kleinen, mattroten Blüten mit stacheligen Brakteen, die sich zu dekorativen Klettenfrüchten entwickeln. Die fein zerteilten, mittelgrünen Blätter sind im jungen Zustand bronzefarben überlaufen und werden nur in den härtesten Wintern abgeworfen. Gut für Steingärten, Tröge oder Hochbeete geeignet.

KULTUR: *In mäßig nährstoffreichem, wasserdurchlässigem Boden an einen sonnigen oder halbschattigen Ort pflanzen. Bewurzelte Triebe am Rand entfernen, um das Wachstum einzudämmen.*

☼ ◑ ♢ 🏆 ❄❄❄ ↕5 cm ↔ 15 cm

Acanthus spinosus

Diese im Wuchs interessante Staude trägt lange, gebogene, dunkelgrüne Blätter, die tief eingeschnitten sind und stachelige Ränder besitzen. Vom Spätfrühjahr bis zum Hochsommer entstehen reinweiße, zweilippige Blüten mit purpurnen Brakteen an langen, kräftigen Trieben. Akanthus ist als Schnitt- und Trockenblume geeignet. In großflächige Rabatten pflanzen.

KULTUR: *Am besten in tiefem, nährstoffreichem, wasserdurchlässigem Boden in voller Sonne oder im Halbschatten pflanzen. Viel Raum geben, damit die elegante Wuchsform wirken kann.*

☼ ◑ ♢ 🏆 ❄❄❄ ↕1,5 m ↔ 60 cm

Acer griseum

Der langsamwüchsige, laubabwerfende, ausladende, baumförmige Zimt-Ahorn wird wegen seiner abschilfernden, orangebraunen Borke kultiviert. Die dunkelgrünen, in drei Blättchen unterteilten Blätter färben sich im Herbst von Orange bis Rot und Scharlachrot. Die winzigen, gelben Blüten erscheinen im zeitigen oder mittleren Frühjahr in hängenden Büscheln und reifen zu braunen, geflügelten Früchten heran.

KULTUR: *In feuchtem, gut durchlässigem Boden in der Sonne oder im Halbschatten pflanzen. Nur im Winter Triebe entfernen, die die Rinde des Stamms und die unteren Teile der Haupttriebe verdecken.*

☼ ◑ ◊ 🏆 ❄❄❄ ↕↔ 10 m

Acer grosseri var. *hersii*

Dieser laubabwerfende, aufrechte bis ausladende Baum besitzt eine kräftig weiß und grün gestreifte Rinde. Die dreilappigen, dreieckigen, leuchtend grünen Blätter färben sich im Herbst orangegelb. Im Frühjahr erscheinen hängende Büschel aus winzigen, blassgelben Blüten, die zu rosabraunen Flügelfrüchten heranreifen.

KULTUR: *In nährstoffreiche, feuchte, durchlässige Böden in Sonne oder Halbschatten pflanzen. Vor kalten Winden schützen. Im Winter Äste, die die Rinde des Stamms und der Haupttriebe verdecken, entfernen.*

☼ ◑ ◊ 🏆 ❄❄❄ ↕↔ 15 m

Acer japonicum 'Aconitifolium'

Dieser buschige, laubabwerfende, große Strauch oder Baum besitzt tief gelappte, mittelgrüne Blätter, die sich im Herbst dunkelrot färben. Im mittleren Frühjahr entstehen zahlreiche, aufrechte Büschel aus auffälligen, rotpurpurnen Blüten, die zu braunen Flügelfrüchten heranreifen.

KULTUR: *In nährstoffreichen, feuchten, gut durchlässigen Böden im Halbschatten. In Gebieten mit strengen Wintern den Wurzelbereich im Herbst mulchen. Nur im Winter schlecht gewachsene Triebe entfernen.*

☀ ◇ ♆ ❄❄❄ ↕5 m ↔ 6 m

Acer negundo 'Flamingo'

Ein rundkroniger, laubabwerfender Baum mit Blättern, die in zahlreiche, rosa umrandete Blättchen unterteilt sind. Sie verfärben sich im Sommer weiß. Regelmäßig beschnitten, kann er in Strauchrabatten gehalten werden. Die Blattfärbung wird intensiv und die Blätter werden größer. Die Blüten sind klein und unscheinbar.

KULTUR: *In feuchtem, gut durchlässigem Boden in voller Sonne oder Halbschatten pflanzen. Um strauchigen Wuchs zu erreichen, alle zwei Jahre im Winter auf ein bleibendes Astwerk zurückschneiden. Äste mit vollständig grünen Blättern entfernen.*

☼ ☀ ◇ ❄❄❄ ↕15 m ↔ 10 m

Acer palmatum

Die Kultivare vom Fächer-Ahorn sind meist kleine, rundkronige, laubabwerfende Sträucher. Einige, wie 'Sango-kaku', können auch zu kleinen Bäumen heranwachsen. Sie werden wegen des zarten, farbenfrohen Laubs geschätzt, das sich im Herbst auffällig umfärbt. Die Blätter von 'Butterfly' sind beispielsweise graugrün, weiß und rosa gezeichnet und leuchtend rot. Im mittleren Frühjahr erscheinen hängende Büschel aus kleinen, rötlich purpurnen Blüten, die später zu Flügelfrüchten heranreifen. Japanischer Ahorn eignet sich hervorragend für Gärten jeder Größe.

KULTUR: *In feuchtem, gut durchlässigem Boden in Sonne oder Halbschatten pflanzen. Nur Jungpflanzen beschneiden und hochziehen. Um ein regelmäßiges Astwerk zu erhalten, störende oder sich kreuzende Triebe im Winter entfernen. Ausgewachsene Pflanzen so wenig wie möglich beschneiden.*

1

↕↔5 m

2

↕3 m ↔1,5 m

3

↕2 m ↔3 m

4

↕6 m ↔3 m

1 *Acer palmatum* 'Bloodgood' **2** *A. palmatum* 'Butterfly' **3** *A. palmatum* 'Chitose-yama' **4** *A. palmatum* 'Garnet'

5

↕5 m ↔ 4 m

WEITERE FORMEN

'Burgundy Lace': sehr tief geteilte, rotviolette Blätter, 4 m hoch, breit ausladend.

A. p. var. *coreanum* 'Korean Gem': grünes Laub, das sich im Herbst karmin- bis hellrot färbt.

A. p. var. *dissectum* 'Crimson Queen': (s. Seite 588)

A. p. var. *dissectum*: (s. Seite 662)

A. p. var. *dissectum* 'Inabe-Shidare': tief geteilte, violettrote Blätter.

'Siryû': (s. Seite 662)

6

↕↔ 6 m

7

↕↔ 1,5 m

8

↕6 m ↔ 5 m

5 *A. palmatum* 'Linearilobum' **6** *A. palmatum* 'Osakazuki' 🏆 **7** *A. palmatum* 'Red Pygmy' 🏆 **8** *A. palmatum* 'Sango-kaku' (syn. 'Senkaki') 🏆

Acer pensylvanicum 'Erythrocladum'

Aufrechter, laubabwerfender Baum mit leuchtend grünen, im Herbst kräftig gelben Blättern. Im Winter geben die rosa oder roten Jungtriebe des Streifen-Ahorns einen farbenfrohen Gartenschmuck ab – mit zunehmendem Alter färben sie sich orangerot mit weißen Streifen. Kleine, grünlich gelbe, im Frühjahr erscheinende Blüten und geflügelte Früchte. Schön als Solitär.

KULTUR: *In nährstoffreichen, feuchten, aber durchlässigen Böden in der Sonne oder im Halbschatten. Überkreuzte und verletzte Triebe im Winter entfernen.*

☼ ◑ ◊ ❄❄❄
↕ 12 m ↔ 10 m

Acer platanoides 'Crimson King'

Diese Sorte des Spitz-Ahorns wächst wie die Art zu einem großen, ausladenden, laubabwerfenden Baum heran. Man kultiviert sie wegen ihres dunkelrot-violetten Laubs, das mit der Zeit dunkelviolett wird. Noch vor den Blättern erscheinen im Frühjahr kleine, rot getönte gelbe Blüten. Geflügelte Früchte. Ein farbenfroher Solitär.

KULTUR: *In nährstoffreicher, feuchter, aber durchlässiger Erde an sonnigen bis halbschattigen Standorten. Im Winter alle sich überkreuzenden, zu dichten und kranken Zweige herausnehmen.*

☼ ◑ ◊ 🏆 ❄❄❄
↕ 25 m ↔ 15 m

Acer platanoides 'Drummondii'

Die laubabwerfende, ebenso hohe wie breite Sorte ist wesentlich kleiner und ausladender als die Art. Ihre Blätter werden von einem breiten blassgrünen bis cremefarbenen Rand eingefasst und zeigen eine schöne Herbstfärbung. Im Frühjahr öffnen sich Büschel gelber Blüten, aus denen später geflügelte Früchte reifen. Ein auffallend leuchtender Solitär für mittelgroße Gärten.

KULTUR: *In nährstoffreicher, feuchter, aber durchlässiger Erde an sonnigen bis halbschattigen Standorten. Im Winter alle sich überkreuzenden, zu dichten und kranken Zweige herausnehmen.*

☼ ◑ ◊ ❄❄❄ ↕↔ 10–12 m

Acer pseudoplatanus 'Brilliantissimum'

Diese langsamwüchsige Kulturform des Berg-Ahorns ist ein laubabwerfender Baum mit dichter Krone. Seine fünflappigen Blätter färben sich mit zunehmendem Alter von Lachsrosa bis Gelb und Dunkelgrün um. Im Frühjahr erscheinen hängende Büschel aus gelbgrünen Blüten, die zu Flügelfrüchten heranreifen. Für kleinere Gärten sehr gut geeignet.

KULTUR: *In jeglichem Boden in Sonne oder Halbschatten pflanzen. Verträgt exponierte Standorte. Jungpflanzen im Winter beschneiden, um einen Hauptstamm und ein regelmäßiges Astwerk zu erhalten.*

☼ ◑ ◊ 🏆 ❄❄❄ ↕ 6 m ↔ 8 m

Acer rubrum 'October Glory'

Eine rundliche bis offene Krone und glänzendes, dunkelgrünes Laub, das sich im Frühherbst leuchtend rot färbt, sind die Kennzeichen dieser Sorte des Rot-Ahorns. Im Frühjahr trägt der laubabwerfende Baum aufrechte Büschel winziger roter Blüten, aus denen geflügelte Früchte reifen. Schöner Solitär.

KULTUR: *In allen nährstoffreichen, feuchten, aber durchlässigen Böden an vollsonnigen bis halbschattigen Plätzen, beste Herbstfärbung aber in saurer Erde. Überkreuzte Zweige und verdichteten Wuchs im Winter entfernen.*

☼ ◐ 💧 🏆 ❄❄❄

↕ 20 m ↔ 10 m

Acer tataricum subsp. *ginnala*

Der Feuer-Ahorn ist ein rundlicher, buschiger, laubabwerfender Baum mit schlanken, übergebogenen Zweigen und glänzenden, kräftig grünen, sehr tief gelappten Blättern. Im Herbst nimmt das Laub einen satten, rötlichen Bronzeton an. Aufrechte Büschel cremefarbener Blüten im Frühjahr. Rote, geflügelte Früchte. Schön als Solitär.

KULTUR: *In allen nährstoffreichen, feuchten, aber durchlässigen Böden an vollsonnigen bis halbschattigen Plätzen. Nur im Winter schneiden, um überkreuzte oder verdichtete Zweige herauszunehmen.*

☼ 💧 ❄❄❄ ↕ 10 m ↔ 8 m

Achillea ageratifolia

Die kleine, wüchsige, kriechende Schafgarbe bildet Polster aus silbrigen, behaarten Blattrosetten, über denen im Sommer kleine, weiße Blütenstände an aufrechten Stängeln erscheinen. Man zieht die Staude im Hintergrund einer sonnigen Rabatte oder in einem Stein- bzw. Geröllgarten, kann sie aber auch in Pflanzinseln in einer gepflasterten Fläche integrieren.

KULTUR: *In mäßig nährstoffreichen, stark durchlässigen Böden in der Sonne. Pflanzen, die sich zu sehr ausbreiten oder zu staksig geworden sind, im Frühjahr oder Herbst teilen. Abzwicken von welkem Flor fördert die Blüte.*

☼ ◊ 🏆 ❄❄❄ ↕5–8 cm ↔ bis 45 cm

Achillea 'Coronation Gold'

Die horstbildende Edelgarben-Sorte bildet große, flache Blütenstände aus goldgelben Blumen, die sich zwischen Hochsommer und Frühherbst öffnen. Das immergrüne, farnartige Laub harmoniert mit seiner silbergrauen Farbe gut mit dem Flor. Macht sich ausgezeichnet in Rabatten sowie als Schnitt- und Trockenblume. Die Blätter können allergische Hautausschläge verschlimmern.

KULTUR: *In feuchten, aber durchlässigen Böden an offenen, vollsonnigen Standorten. Große und verdichtete Horste teilen, um die Wuchskraft zu erhalten.*

☼ ◊ ♦ 🏆 ❄❄❄ ↕75–90 cm ↔ 45 cm

Achillea filipendulina 'Gold Plate'

Wüchsige, horstbildende, aufrechte, immergrüne Staude mit graugrünem Laub. Vom Frühsommer bis zum Frühherbst zeigt die Gold-Garbe flache Trugdolden aus sattgelben Blumen an kräftigen Stängeln. Gute Schnittblume. Für gemischte oder Staudenrabatten geeignet. Der Kontakt mit den Blättern kann allergische Hautausschläge verschlimmern.

KULTUR: *In feuchter, aber durchlässiger Erde an einem offenen, sonnigen Standort. Für gute Blühleistung große und verdichtete Horste teilen.*

☼ ◊ ♦ 🏆 ❄❄❄ ↕1,2 m ↔ 45 cm

Achillea 'Heidi'

Diese bezaubernde rosarote Staude bleibt relativ klein. Besonders wertvoll ist diese Garbe bei beschränktem Platz. Ihre flachen, tellerförmigen Blütenstände erscheinen im Hochsommer und locken viele Fluginsekten an, darunter auch Schmetterlinge. Wegen ihrer geringen Größe brauchen die Stängel nicht so sehr gestützt werden wie bei den größeren Sorten.

KULTUR: *In feuchten, aber durchlässigen Böden in der Sonne. Das Entfernen alter Blütenstände regt die Garbe zu neuer Blüte an. Große Horste im Frühjahr oder Herbst teilen.*

☼ ◊ ♦ 🏆 ❄❄❄
↕45 cm ↔ 45 cm und mehr

Achillea 'Moonshine'

Eine gruppenbildende, immergrüne Staude mit schmalen, fedrigen, graugrünen Blättern. Von Frühsommer bis Frühherbst erscheinen hellgelbe Blüten in abgeflachten Blütenköpfchen, die ein leicht dunkleres Zentrum besitzen. Diese Kulturform der Schafgarbe ist für Blumengestecke, Mischrabatten oder Wildblumen- und Landhausgärten geeignet. In kalten Regionen können sie oft ohne Schutz nicht überleben.

KULTUR: *In gut wasserdurchlässigem Boden an einen offenen, sonnigen Standort pflanzen. Alle zwei bis drei Jahre teilen, um die Wüchsigkeit zu fördern. Mit einem Wintermulch vor Kälte schützen.*

↕↔ 60 cm

Achillea 'Paprika' (Galaxy-Serie)

Mit ihren roten, in der Mitte weißen Blütenköpfchen sieht diese robuste Garbe in gemischten Rabatten hübsch aus. Wie viele staudige *Achillea*-Arten ist sie recht zäh und verträgt Trockenheit ebenso wie Hitze. Garben locken Insekten an und eignen sich daher für naturnahe Gärten. Gut auch als Schnittblume.

KULTUR: *In feuchtem, durchlässigem Boden in der Sonne, idealerweise mit Stütze. Alte Blütenstände entfernen, um die Pflanze zu neuerlicher Blüte anzuregen. Große Horste im Frühjahr oder Herbst teilen.*

↕ 60 cm ↔ 60 cm und mehr

Aconitum 'Bressingham Spire'

Eine kompakte Staude, die vom Hochsommer bis zum Frühherbst extrem aufrechte Blütenstände aus behelmten, tiefvioletten Blüten trägt. Die Blätter sind tief eingeschnitten und glänzend dunkelgrün. Sehr gut für Gehölzgärten oder halbschattige Rabatten geeignet. Alle Pflanzenteile vom Eisenhut sind giftig!

KULTUR: *Gedeiht am besten in kühlem, feuchtem, nährstoffreichem Boden im Halbschatten, verträgt jedoch die meisten Böden und volle Sonne. Die längsten Triebe sollten gestützt werden.*

☼ ◑ 💧 🏆 ❄❄❄ ↕ 90–100 cm ↔ 30 cm

Actaea simplex 'Brunette'

Die wertvolle Spätsommerstaude passt mit ihrem bräunlichen Laub bestens in schattige Gartenwinkel. Die Blütenstände erscheinen im Spätsommer und Herbst über dem geteilten Laub und ähneln weißen Flaschenbürsten. Besondere Wirkung erzielt dieses Christophskraut in Gruppen. Es steht am besten zwischen Farnen und anderen Schattengewächsen.

KULTUR: *Braucht feuchte, nährstoffreiche Böden im Halbschatten. Boden mit organischer Substanz anreichern. Große Horste im Frühjahr teilen.*

◑ 💧 🏆 ❄❄❄
↕ 1,2 m ↔ 60 cm und mehr

Actinidia kolomikta

Eine wüchsige, laubabwerfende Kletterpflanze mit großen, tiefgrünen Blättern, die im jungen Zustand purpurn überlaufen sind und später lebhaft rosa und weiß gefärbte Flecken ausbilden. Die weiblichen Pflanzen bilden kleine, eiförmige, gelbgrüne Kiwi-Früchte, jedoch nur, wenn die männlichen Pflanzen in der Nähe wachsen. An einer Wand oder durch Bäume ziehen.

KULTUR: *Gedeiht am besten in durchlässigen, nährstoffreichen Böden. Für maximale Fruchtproduktion in voller Sonne, vor starken Winden geschützt, pflanzen. Neutriebe beim Erscheinen anbinden. Im Sommer schlecht gewachsene Triebe entfernen.*

☼ ◊ 🏆 ❄❄❄ ↕5 m

Adiantum pedatum

Dieser laubabwerfende Frauenhaarfarn trägt lange, mittelgrüne Wedel von bis zu 1 m Länge. Sie besitzen glänzend dunkelbraune oder schwarze Stiele, die von kriechenden Rhizomen aufsteigen. In schattigen Rabatten oder lichten Gehölzgärten pflanzen.

KULTUR: *Gedeiht am besten in kühlem, feuchtem Boden im Voll- oder Halbschatten. Alte oder beschädigte Wedel im zeitigen Frühjahr entfernen. Alle paar Jahre die Rhizome teilen und wieder einsetzen.*

◐ ● ♦ 🏆 ❄❄❄ ↕↔ 30–40 cm

Adiantum venustum

Der Immergrüne Frauenhaarfarn hat dreieckige, mittelgrüne Wedel, die sich aus zahlreichen Blättchen zusammensetzen. Die Stiele sind dunkel. Das frische Laub zeigt beim Austrieb aus kriechenden Rhizomen im März und April eine bronzerosa Farbe. Blüht nicht und bleibt über -10 °C immergrün. Guter Bodendecker für Gehölzgruppen oder Rabatten im Schatten.

KULTUR: *In mäßig nährstoffreichen, durchlässigen Böden im Halbschatten. Alte und beschädigte Wedel im Frühjahr herausnehmen. Rhizome alle paar Jahre im zeitigen Frühjahr teilen.*

↕ 15 cm ↔ unbegrenzt

Aeonium haworthii

Sukkulenter Halbstrauch mit schlanken Zweigen, an deren Ende jeweils eine regelmäßige Rosette aus blaugrünen, fleischigen Blättern mit rotem Rand steht. Im Frühjahr trägt er hellgelbe bis rosaweiße Blüten in Büscheln. Beliebte Topfpflanze für Wintergärten und Veranden.

KULTUR: *Unter Glas bei gefiltertem Licht in Kakteenerde ziehen und Substrat zwischen den Wassergaben austrocknen lassen. Im Freiland in mäßig nährstoffreiche, durchlässige Erde im Halbschatten. Mindesttemperatur: 10 °C.*

↕↔ 60 cm

Aeonium 'Zwartkop'

Der aufrechte, sukkulente Halbstrauch entwickelt wenige Zweige, an deren Ende jeweils eine Rosette aus dunkelvioletten Blättern steht. Die großen, pyramidenförmigen Blütenstände aus kräftig gelben Blüten treten im späten Frühjahr in Erscheinung. Eine Topfpflanze mit ungewöhnlicher Färbung. Ähnlich auffällig ist *A. arboreum* 'Atropurpureum'.

KULTUR: *Unter Glas bei gefiltertem Licht in Kakteenerde. Substrat zwischen den Wassergaben austrocknen lassen. Im Freiland in durchschnittlich nährstoffreicher, durchlässiger Erde im Halbschatten. Mindesttemperatur: 10 °C.*

↕↔ bis 2 m

Aesculus × *carnea* 'Briotii'

Diese ausladende Sorte der Roten Rosskastanie fällt im Frühsommer durch ihre großen, aufrechten Kegel aus dunkel rosaroten Blüten ins Auge. Die dunkelgrünen Blätter des Baums setzen sich aus 5–7 Blättchen zusammen. Auf die Blüten folgen stachelige Früchte. Nur für große Gärten. Etwas kleiner bleiben *A.* × *neglecta* 'Erythroblastos' mit 10 m und *A. pavia* mit 5 m Höhe.

KULTUR: *In tiefgründiger, nährstoffreicher, feuchter, aber durchlässiger Erde an vollsonnigen bis halbschattigen Plätzen. Totes, krankes und überkreuzt wachsendes Holz im Winter entfernen.*

↕ 20 m ↔ 15 m

Aesculus parviflora

Ein großer, Dickichte bildender, laubabwerfender Strauch, der eng mit der Rosskastanie verwandt ist und großlappige, dunkelgrüne Blätter besitzt. Im jungen Zustand ist das Laub bronzefarben, im Herbst ist es gelb gefärbt. Im Hochsommer erscheinen aufrechte, weiße, bis zu 30 cm hohe Blütenstände, deren Blüten zu glattwandigen Früchten reifen.

KULTUR: *In feuchtem, wasserdurchlässigem, nährstoffreichem Boden in der Sonne oder im Halbschatten pflanzen, gedeiht nicht auf nassen Böden. Wenn nötig, das Wachstum nach dem Blattabwurf durch einen Rückschnitt bis zum Boden eindämmen.*

☼ ☀ 💧 💧 🏆 ❄❄❄ ↕3 m ↔ 5 m

Aethionema 'Warley Rose'

Ein kurzlebiger, immergrüner und halb immergrüner, kompakter Strauch, der im Spätfrühjahr und Frühsommer Büschel aus leuchtend rosafarbenen, kreuzförmigen Blüten trägt. Die kleinen, schmalen Blätter sind graugrün. Steintäschel eignet sich hervorragend für Steingärten oder zur Bepflanzung einer Mauer.

KULTUR: *Gedeiht am besten in gut wasserdurchlässigem, alkalischem Boden, verträgt aber auch magere, saure Böden. Einen Standort in der vollen Sonne wählen.*

☼ 💧 🏆 ❄❄❄ ↕↔ 15–20 cm

Agapanthus campanulatus subsp. *patens*

Eine wünchsige, gruppenbildende Staude mit Dolden aus glockigen, hellblauen Blüten. Diese erscheinen von Spätsommer bis Frühherbst an kräftigen, aufrechten Trieben. Die schmalen, graugrünen Blätter werden jährlich abgeworfen. Für Rabatten oder große Töpfe als spät blühende Staude geeignet.

KULTUR: *In feuchtem, aber gut wasserdurchlässigem, nährstoffreichem Boden oder Topferde in der vollen Sonne pflanzen. In der Wachstumsperiode reichlich, im Winter wenig gießen.*

☼ ♦ ♈ ❄❄ ↕45 cm ↔ 30 cm

Agapanthus 'Loch Hope'

Bei der standfesten Schmucklilien-Sorte handelt es sich um eine ausgezeichnete Spätsommerstaude mit großen Dolden aus dunkelblauen Blüten. Eingewachsene Horste blühen beeindruckend, nehmen mitunter aber viel Platz ein. Das üppig grüne, riemenförmige Laub zieht im Winter ein. Schmucklilien gedeihen in Töpfen mit tonhaltiger Blumenerde.

KULTUR: *In feuchtem, aber durchlässigem, nährstoffreichem Substrat, volle Sonne. Große Horste im Frühjahr teilen. Geschützt überwintern.*

☼ ◊ ♦ ♈ ❄❄

↕bis 1,5 m ↔ 60 cm und mehr

Agave victoriae-reginae

Eine frostempfindliche, sukkulente Staude mit grundständigen Rosetten aus dunkelgrünen Blättern mit weißen Flecken. Die in der Mitte stehenden Blätter tragen an der Spitze einen braunen Stachel. Im Sommer erscheinen aufrechte Blütenstände aus cremeweißen Blüten. Gute Solitärpflanze. In frostgefährdeten Gebieten in Töpfen halten und im Winter zum Schutz hereinnehmen.

KULTUR: *Gedeiht am besten in stark durchlässigem, leicht saurem Boden oder in Topferde für Kakteen. In die volle Sonne setzen. Mindesttemperatur: 2 °C.*

☼ ◊ 🏆 ❀ ↕↔ bis 50 cm

Ageratina altissima 'Chocolate'

Die einst der Gattung *Eupatorium* zugerechnete Weiße Natternwurz wächst im Schatten, sogar wenn es dort trocken ist. Die horstbildende Staude öffnet im Spätsommer kleine, weiße Blüten in Büscheln. Ihre gezähnten Blätter bleiben im Frühjahr und Sommer meistens ansprechend dunkelbraun, färben sich vor dem Einziehen im Winter aber grün.

KULTUR: *Gedeiht am besten in ziemlich feuchten Böden im Halbschatten. Pflanzen im Frühjahr bei Bedarf teilen.*

◑ ♦ 🏆 ❄❄❄

↕ 1 m ↔ 60 cm und mehr

Ajuga reptans 'Atropurpurea'

Eine immergrüne Staude, die sich mit Ausläufern üppig ausbreitet. Die dunkelblauen Blüten entstehen im Spätfrühjahr und Frühsommer in Wirteln an den aufrechten Trieben. Die glänzenden Blätter dieser Sorte des Kriechenden Günsels sind tief bronzepurpurn gefärbt. Ausgezeichnet zur Randbepflanzung von Rabatten, unter Sträuchern und robusten Stauden geeignet.

KULTUR: *Gedeiht am besten in feuchtem, aber gut wasserdurchlässigem, nährstoffreichem Boden, verträgt aber die meisten Böden. In Sonne oder Halbschatten.*

☼ ☀ ◊ ♦ ❄❄❄ ↕15 cm ↔ 1 m

Alchemilla mollis

Eine trockenheitstolerante, gruppenbildende, relativ hohe, bodendeckende Staude. Von Frühsommer bis Frühherbst erscheinen Büschel aus winzigen, leuchtend grünlich gelben Blüten. Die blassgrünen Blätter sind rundlich und haben geknitterte Ränder. Der Frauenmantel eignet sich für Wildblumengärten, große Steingärten und als Schnitt- oder Trockenblume in Sträußen.

KULTUR: *In feuchtem, wasserdurchlässigem, humosem Boden an einen offenen, sonnigen Standort pflanzen. Da sie sich reichlich aussät, sollten die Blüten direkt nach dem Verblühen entfernt werden.*

☼ ◊ ♦ 🍸 ❄❄❄ ↕60 cm ↔ 75 cm

Allium (Zierlauch)

Viele mit Zwiebeln überdauernde Staudenarten und Kultivare aus der Gattung *Allium* werden für gärtnerische Zwecke kultiviert. Die winzigen Sommerblüten stehen meist in reicher Zahl in kugeligen oder halbkugeligen Dolden dicht – wie bei *A. giganteum* – oder weniger dicht – wie bei den tiefrosa Köpfchen von *A. cernuum* – zusammen. Die abgespreizten Blätter geben zerrieben einen unangenehmen Geruch ab und zur Blütezeit sind sie häufig verwelkt. Die Fruchtstände der größeren Laucharten trocknen gut und bleiben bis in den Herbst hinein stehen. Einige, wie *A. moly*, säen sich reichlich aus und verwildern leicht.

KULTUR: *In nährstoffreichem, gut wasserdurchlässigem Boden in voller Sonne pflanzen. Zwiebeln im Herbst 5–10 cm tief setzen. Zur selben Zeit Gruppen älterer Pflanzen teilen und wieder einpflanzen. In Gebieten mit kalten Wintern* A. cristophii *und* A. karataviense *mit einem dicken Wintermulch versehen.*

☼ ◊ ❄❄–❄❄❄

1

↕1 m ↔15 cm

WEITERE FORMEN

A. carinatum subsp. *pulchellum:* violette Blüten, Höhe 30–45 cm.

A. cernuum 'Hidcote': nickende, rosa Blüten.

A. hollandicum: violettrosa Blüten, Höhe 1 m. Ähnelt sehr stark 'Purple Sensation'.

2

↕60 cm ↔2,5 cm

1 *Allium* 'Beau Regard' 🏆 **2** *A. caeruleum* 🏆

↕30–60 cm ↔ 18 cm

↕bis 35 cm ↔ 5 cm

↕1,5 m–2 m ↔ 15 cm

↕1,2 m ↔ 15 cm

↕80 cm ↔ 20 cm

↕1 m ↔ 7 cm

↕60 cm ↔ 10 cm

3 *A. cristophii* 🏆 **4** *A. flavum* 🏆 **5** *A. giganteum* 🏆 **6** *A.* 'Gladiator' 🏆 **7** *A.* 'Globemaster' 🏆 **8** *A. hollandicum* 'Purple Sensation' 🏆 **9** *A. sphaerocephalon*

Allium (Kleine Zierlauch-Arten)

Niedrige Zierlauche blühen im Sommer. Sie werden bevorzugt im vorderen Bereich von Rabatten und Steingärten eingesetzt. Die Zwiebelblumen bilden Gruppen und säen sich wie z. B. *A. moly* mitunter selbst aus. Ihre Blüten tragen sie in kugeligen, großen oder kleinen Blütenständen – die von *A. karataviense* können 8 cm Durchmesser erreichen. Die Palette der Blütenfarben reicht von kräftigem Goldgelb über Violett und Blau bis Blassrosa. Einen hohen Zierwert haben auch die trockenen Samenstände, die bis weit in den Winter halten. Die riemenförmigen Blätter ziehen bis zur Blüte oft ein, bei Zierformen des Schnittlauchs, etwa *A. schoenopraesum* 'Pink Perfection' und 'Black Isle Blush', sind sie sogar essbar.

KULTUR: *Am besten in durchlässiger, humusreicher Erde in voller Sonne. Zwiebeln im Herbst 5–10 cm tief setzen. Alte oder verdichtete Horste im Herbst oder Frühjahr teilen.* A. karataviense *in rauen Lagen im Winter mit trockener Mulchschicht abdecken.*

☼ ◊ ❄❄ – ❄❄❄

↕10–25 cm ↔10 cm

↕15–25 cm ↔5 cm

↕5–20 cm ↔3 cm

↕30–60 cm ↔5 cm

1 *Allium karataviense* 🏆 **2** *A. moly* **3** *A. oreophilum* **4** *A. schoenoprasum* 'Pink Perfection'

Alnus glutinosa 'Imperialis'

Die hübsche Form der Schwarz-Erle wächst als breit kegelförmiger Baum mit tief eingeschnittenen, gelappten, mittelgrünen Blättern. Ihre gelbbraunen Kätzchen erscheinen im Spätwinter in Gruppen und entwickeln sich im Sommer zu kleinen, ovalen Zapfen. Der dekorative Laubbaum eignet sich vor allem für Gewässerränder, da er karge, nasse Böden verträgt.

KULTUR: *In mäßig nährstoffreichen, feuchten, aber nicht staunassen Böden und voller Sonne. Nach dem Laubfall bei Bedarf verletzte und überkreuzt stehende Zweige herausnehmen.*

☼ ♦ ♀ ❄❄❄ ↕ 25 m ↔ 5 m

Aloe vera

Die wüchsige, kälteempfindliche Sukkulente ist zu Recht als Zimmerpflanze beliebt. Sie bildet Horste aus fleischigen, lanzettlichen, hellgrünen Blättern, deren Saft leichte Verbrennungen und Hautreizungen lindert. In der kalten Jahreszeit zieht man sie in einem Topf auf dem Küchenfenster, im Sommer dagegen gedeiht sie draußen an einem hellen Standort, sofern man sie gut wässert.

KULTUR: *Als Topfpflanze in durchlässiger Erde mit hohem Lehmanteil ziehen. Jährlich in frische Erde eintopfen und Horste bei Bedarf teilen.*

☼ ◊ ♀ ❀ ↕ 60 cm ↔ unbegrenzt

Alonsoa warscewiczii

Die Maskenblume wird in erster Linie wegen ihrer leuchtend hellroten, bisweilen auch weißen Blüten gezogen, die sich im Sommer und Herbst inmitten des dunkelgrünen Laubs zeigen. Man setzt die relativ kleine, buschige Einjährige in Sommerblumenbeeten und gemischten Rabatten ein, doch liefert sie auch ansehnliche Schnittblumen.

KULTUR: *Im Freiland in allen nährstoffreichen, durchlässigen Böden an vollsonnigen Standorten oder in tonhaltiger Topferde. Mäßig gießen.*

☼ ◊ ❀
↕ 45–60 cm ↔ 30 cm

Alstroemeria 'Apollo'

Die nützliche Staude schmückt ab Hochsommer durch weiße, lilienartige Blüten mit gelber Mitte die Rabatten. Sie sind mit tiefroten Streifen gezeichnet und erscheinen wochenlang über den länglich lanzettlichen, grünen Blättern. Als Schnittblume leistet die Inkalilie gute Dienste, doch muss man beim Abschneiden Handschuhe tragen, da der Saft Hautreizungen verursachen kann.

KULTUR: *In leichten, durchlässigen Böden in voller Sonne. Kann in milden Regionen im Freien überwintern, dafür tief pflanzen und im Winter den Wurzelhals mit Mulch vor Frost schützen.*

☼ ◊ ♕ ❄ ❄ ↕ 1 m ↔ 90 cm

Amelanchier × *grandiflora* 'Ballerina'

Ein laubabwerfender Baum, der wegen seiner weißen Frühjahrsblüte und farbenprächtigen Herbstfärbung kultiviert wird. Jung sind die glänzenden Blätter bronzefarben getönt, sie werden im Sommer mittelgrün, im Herbst rot oder purpurfarben. Die süßen, saftigen Früchte dieser Kulturform der Felsenbirne sind zunächst rot und bei Reife purpurschwarz. Gekocht essbar.

KULTUR: *In feuchtem, wasserdurchlässigem, neutralem bis saurem Boden in voller Sonne oder Halbschatten pflanzen. Der natürliche Wuchs sollte belassen und nur wenig, wenn nötig, im Winter geschnitten werden.*

☼ ◑ ◇ ◆ 🏆 ❄❄❄ ↕6 m ↔ 8 m

Amelanchier lamarckii

Die vielstämmige, laubabwerfende, baumförmige Kupfer-Felsenbirne hat im jungen Zustand bronzefarbene Blätter, die im Sommer dunkelgrün und im Herbst leuchtend rot-orange gefärbt sind. Hängende Büschel weißer Blüten entstehen im Frühjahr. Die reifen Früchte sind für Vögel attraktiv und gekocht essbar. Auch unter dem Namen *A. canadensis* bekannt.

KULTUR: *In humosem, feuchtem, wasserdurchlässigem, neutralem bis saurem Boden in voller Sonne oder im Halbschatten pflanzen. Der natürliche Wuchs sollte belassen und nur wenig im Winter geschnitten werden.*

☼ ◑ ◇ ◆ 🏆 ❄❄❄ ↕10 m ↔ 12 m

Amsonia hubrichtii

Die sternförmigen, hellblauen Blüten dieser Staude setzen im Frühsommer kühle Akzente im Garten. Das ungewöhnliche, grazile, hellgrüne Laub nimmt im Herbst eine braungoldene Färbung an. Die horstbildende Staude lockt zahlreiche Schmetterlinge an und passt perfekt in Gärten mit Wildblumen und in Gehölzbereiche.

KULTUR: *In frischen, durchlässigen Böden in der vollen Sonne oder im Streuschatten. Verträgt etwas Trockenheit.*

☼ ◑ ◊ ❁❁❁
↕bis 1 m ↔ bis 1,2 m

Anaphalis triplinervis 'Sommerschnee'

Diese gruppenbildende Zierform des Perlkörbchens trägt blass graugrüne, weißwollige Blätter. Die winzigen, gelben Blütenköpfchen sind von weißen Brakteen umgeben und erscheinen von Hoch- bis Spätsommer in dichten Büscheln. Sehr gute Schnitt- und Trockenblume. Bietet einen hübschen Laubkontrast, auch in feuchten Rabatten.

KULTUR: *In ausreichend wasserdurchlässigem, mäßig nährstoffreichem Boden, der im Sommer nicht austrocknet, pflanzen. In volle Sonne oder Halbschatten setzen.*

☼ ◑ ◊ 🝖 ❁❁❁ ↕80–90 cm ↔ 45–60 cm

Anchusa azurea 'Loddon Royalist'

Eine gruppenbildende Staude, die sich wegen ihrer Blütenstände aus intensiv dunkelblauen Blüten hervorragend für Staudenrabatten eignet. Die Blüten dieser Ochsenzungen-Sorte erscheinen im Frühsommer an verzweigten Trieben über den lanzettlichen und behaarten, mittelgrünen Blättern, die am Grund der Stängel stehen.

KULTUR: *In tiefe, feuchte, wasserdurchlässige, nährstoffreiche Böden sonnig pflanzen. Häufig kurzlebig, kann aber durch Wurzelschnittlinge vermehrt werden. Wenn sie üppig wachsen, sollten sie gestützt werden.*

☼ ◊ ♆ ❄❄❄ ↕90 cm ↔ 60 m

Andromeda polifolia 'Compacta'

Wegen der ledrigen, linealischen Blätter, die denen des Rosmarins ähneln, heißt dieser Strauch Kahle Rosmarinheide. Im Gegensatz dazu mag er es feucht und trägt im Frühjahr und Frühsommer hängende Büschel aus rosa Glockenblüten. Die kleine Form 'Compacta' bietet sich für den schattigen Bereich eines Steingartens mit saurem Boden an.

KULTUR: *In feuchtem, saurem, mit reichlich organischer Substanz angereichertem Boden in der vollen Sonne oder im Halbschatten. Im Frühjahr bei Bedarf zurückschneiden.*

☼ ☀ ◊ ♦ ♆ ❄❄❄

↕bis 30 cm ↔ bis 20 cm

Androsace carnea subsp. *laggeri*

Der Fleischrote Mannsschild ist eine immergrüne, kissenbildende Staude mit im Spätfrühjahr erscheinenden, kleinen Büscheln aus winzigen, tiefrosa Blüten mit gelbem Saftmal. Die zugespitzten Blätter stehen in dichten Rosetten. In der Natur kommen sie auf alpinen Wiesen und in Felsspalten vor, sie eignen sich daher hervorragend für Steingärten oder Tröge.

KULTUR: *In feuchtem, wasserdurchlässigem, grushaltigem Boden in voller Sonne pflanzen. Mit Grus oder Kies bedecken, um Triebe und Blätter trocken zu halten.*

☼ 💧 🏆 ❄❄❄ ↕ 5 cm ↔ 8–15 cm

Anemone blanda 'White Splendour'

Diese Anemonen-Art ist eine frühjahrsblühende Staude, welche Büschel aus vielen Trieben bildet, die knorrigen Knollen entspringen. Einzelne aufrechte, abgeflachte, weiße Blüten mit rosa Unterseiten stehen über breit ovalen, dunkelgrünen Blättern, die in zart gekippte Blättchen unterteilt sind. Eignet sich hervorragend zum Auswildern an sonnigen oder schattigen Standorten mit guter Drainage.

KULTUR: *In wasserdurchlässigem, humusreichem Boden in volle Sonne oder Halbschatten pflanzen.*

☼ ◐ 💧 🏆 ❄❄❄ ↕↔ 15 cm

Anemone hupehensis 'Hadspen Abundance'

Eine aufrechte, basal verholzte, spät blühende Rabattenstaude, die sich durch an den Wurzeln entspringende Triebe ausbreitet. Im Hoch- und Spätsommer erscheinen Blütenstände mit rosaroten, langsam weiß verblassenden Blüten an den Enden verzweigter Triebe. Die tief geteilten, langstieligen, dunkelgrünen Blätter sind oval und scharf gesägt.

KULTUR: *In feuchtem, nährstoffreichem, humosem Boden in Sonne oder Halbschatten pflanzen. In kalten Gebieten mulchen.*

☼ ◑ ◊ ♦ 🏆 ❄❄❄ ↕60–90 cm ↔ 40 cm

Anemone × *hybrida* 'Honorine Jobert'

Diese Anemonen-Sorte ist eine aufrechte, basal verholzte Staude mit verzweigten, drahtigen Trieben, die sich hervorragend als lange blühende Bepflanzung für Spätsommerrabatten eignet. Von Spätsommer bis Mitte Herbst erscheinen einzelne, reinweiße Blüten mit rosa getönter Unterseite und goldgelben Staubblättern oberhalb der tief geteilten, mittelgrünen Blätter. Kann wuchern.

KULTUR: *In feuchtem, wasserdurchlässigem, mäßig nährstoffreichem Boden in Sonne oder Halbschatten pflanzen.*

☼ ◑ ◊ ♦ 🏆 ❄❄❄
↕1,2–1,5 m ↔ unbegrenzt

Anemone nemorosa 'Robinsoniana'

Diese Sorte des Buschwindröschen ist eine wüchsige Staude, die zahlreiche große, sternförmige, blass lavendelblaue Blüten bildet. Sie entstehen von Frühjahr bis Frühsommer an kastanienbraunen Trieben über tief geteilten Blättern, die im Hochsommer abwelken. Wie alle Buschwindröschen eignet sie sich zur Unterpflanzung in Strauchrabatten oder Gehölzgärten und lässt sich leicht auswildern.

KULTUR: *In lockerem, feuchtem, aber gut wasserdurchlässigem, humusreichem Boden im lichten Schatten pflanzen.*

◐ ◊ 🏆 ❄❄❄

↕ 8–15 cm ↔ 30 cm oder mehr

Anemone ranunculoides

Das frühjahrsblühende, sich ausbreitende, ausdauernde Gelbe Windröschen eignet sich sehr gut zur Auswilderung in feuchten Gehölzgärten. Die großen, einzelnen, hahnenfußartigen, gelben Blüten entstehen über einem »Kragen« aus kurz gestielten, rundlichen, tief gelappten, frischgrünen Blättern.

KULTUR: *In feuchtem, aber gut wasserdurchlässigem, humusreichen Boden im Halbschatten oder im durchbrochenen Sonnenlicht setzen. Verträgt während der Ruhephase im Sommer trockenere Bedingungen.*

◐ ◊ ◑ 🏆 ❄❄❄ ↕ 5–10 cm ↔ bis 45 cm

Antennaria microphylla

Eine mattenbildende, halb immergrüne Staude mit dicht weiß behaarten, spatelförmigen, graugrünen Blättern. Im Spätfrühjahr und Frühsommer erscheinen Blütenstande mit flaumigen, rosaroten Blütenköpfchen an kurzen Trieben. In Steingärten, als niedrige Bodendecker im Vordergrund von Rabatten, in Mauerspalten oder in Pflasterritzen verwenden. Die Blütenstände dieses Katzenpfötchens ergeben dekorative Trockenblumen.

KULTUR: *In gut wasserdurchlässigem, nur mäßig nährstoffreichem Boden an einen vollsonnigen Standort setzen.*

☼ ◊ ❄❄❄ ↕5 cm ↔ bis 45 cm

Anthemis punctata subsp. *cupaniana*

Diese mattenbildende, immergrüne, ausdauernde Hundskamille bildet im Frühsommer in einem Schwung viele, später nur noch wenige, kleine, aber langlebige, margeritenartige Blütenköpfchen. Die weißen Köpfchen mit gelbem Zentrum erscheinen einzeln an kurzen Ästen zwischen dem dichten, fein zerteilten, silbrig grauen Laub, das im Winter stumpf graugrün wird. Hervorragend als Rabattenbegrenzung geeignet.

KULTUR: *In wasserdurchlässigem Boden an einen geschützten, sonnigen Standort setzen. Nach der Blüte zurückschneiden.*

☼ ◊ ♈ ❄❄ – ❄❄❄ ↕30 cm ↔ 45 cm

Aquilegia canadensis

Hübsch wirkt die Staude in Gehölzpartien und Rabatten. Die Rote Akelei zeichnet sich durch offenen Wuchs und nickende rote und gelbe, gespornte Blüten aus, die sich im Spätfrühling öffnen. Die nektargefüllten Sporne locken größere Insekten wie Hummeln und Schmetterlinge an. Weil sich die Art mit anderen Akeleien kreuzt, entfernt man Farbvariationen.

KULTUR: *In allen feuchten, aber durchlässigen Böden im Streuschatten. Vermehrung durch Samen.*

◑ ◇ ◆ 🏆 ❄❄❄
↕ bis 90 cm ↔ bis 30 cm

Aquilegia vulgaris 'Nivea'

Gewöhnliche Akelei ist eine aufrechte, wüchsige, gruppenbildende Staude mit beblätterten Büscheln aus im Spätfrühjahr und Frühsommer erscheinenden, kurz gespornten, nickenden, reinweißen Blüten. Die graugrünen Blätter sind in gelappte Blättchen unterteilt. Eignet sich sehr gut für lichte Gehölzgärten oder Staudenrabatten. Manchmal unter dem Namen 'Munstead's White' erhältlich.

KULTUR: *In feuchtem, wasserdurchlässigem, nährstoffreichem Boden kultivieren und einen voll besonnten oder halbschattigen Standort wählen.*

☼ ◑ ◇ 🏆 ❄❄❄ ↕ 90 cm ↔ 45 cm

Aquilegia vulgaris 'Nora Barlow'

Diese aufrechte, wüchsige Staude wird gerne wegen der beblätterten Büschel aus trichterförmigen, gefüllten, pomponförmigen Blüten kultiviert. Bei dieser Form der Gewöhnlichen Akelei sind sie rosa und weiß gefärbt, haben grüne Blütenblattspitzen und erscheinen vom Spätfrühjahr bis zum Frühsommer. Die graugrünen Blätter sind tief in schmale Lappen unterteilt. Für Staudenrabatten und Landhausgärten geeignet.

KULTUR: *In feuchtem, wasserdurchlässigem, nährstoffreichem Boden kultivieren und einen offenen, sonnigen Standort wählen.*

☼ ♢ 🏆 ❄❄❄ ↕ 90 cm ↔ 45 cm

Arabis procurrens 'Variegata'

Eine mattenbildende, immergrüne oder halb immergrüne Staude mit lockeren Büscheln aus im Spätfrühjahr erscheinenden, kreuzförmigen, weißen Blüten an hohen, schlanken Stängeln. Die schmalen Blätter stehen in flachen Rosetten, besitzen cremeweiße Ränder und sind zuweilen rosa getönt. Diese Ungarische Gänsekresse ist für Steingärten geeignet.

KULTUR: *In gut wasserdurchlässigem Boden in voller Sonne pflanzen. Alle Triebe mit vollständig grünen Blättern entfernen.*

☼ ♢ 🏆 ❄❄❄ ↕ 5–8 cm ↔ 30–40 cm

Aralia elata 'Variegata'

Diese Sorte der laubabwerfenden Japanische Aralie wirkt recht exotisch. Die großen Blätter setzen sich aus Blättchen mit unregelmäßig panaschiertem Rand zusammen. Im Spätsommer erscheinen Blütenstände aus kleinen, weißen Blüten, denen schwarze Beeren folgen. Für Schattenbeete und Gehölzbereiche an Bächen. Neigt nicht so stark zur Bildung von Ausläufern wie die grüne Art.

KULTUR: *In nährstoff- und humusreicher, feuchter Erde in der Sonne oder im Halbschatten. Triebe mit grünem Laub entfernen. Braucht einen geschützten Standort, denn starke Winde schädigen das Laub.*

◐ ♦ 🝖 ❄❄❄ ↕↔ 5 m

Araucaria heterophylla

Die stattliche, kegelförmige Zimmertanne wird wegen ihrer ebenmäßigen Form und der ungewöhnlichen Zweige mit quirlständigen, zähen, hellgrünen, schuppenförmigen Blättern geschätzt. Blüten fehlen. Ein ausgezeichneter, wüchsiger Baum für Gärten an der Küste, der auch Stürme aushält. Eignet sich in kühlen Regionen als Zimmerpflanze.

KULTUR: *In mäßig nährstoffreicher, feuchter, aber durchlässiger Erde an einem offenen Standort. Junge Exemplare vertragen Halbschatten.*

☼ ◊ ♦ 🝖 ❄

↕ 25–40 m ↔ 6–8 m

Arbutus × andrachnoides

Der breite, bisweilen strauchige Bastard-Erdbeerbaum fällt durch seine abblätternde, rotbraune Rinde ins Auge. Er trägt mittelgrünes, fein gezähntes, glänzendes Laub. Die kleinen, weißen Blüten öffnen sich vom Herbst bis zum Frühjahr, doch fruchtet der Baum nur selten. Ideal für große Strauchrabatten oder als Solitär. In Mitteleuropa nicht zuverlässig frosthart.

KULTUR: *In nährstoffreicher, durchlässiger Erde mit viel organischer Substanz. Braucht geschützte, sonnige Standorte. Vor kalten Winden schützen. Nur im Winter und so wenig wie möglich schneiden. Verträgt alkalische Erde.*

☼ ◊ 🏆 ❄ ↕↔ 8 m

Arbutus unedo

Der immergrüne Westliche Erdbeerbaum hat eine attraktive abschilfernde, rotbraune, raue Borke. Hängende Büschel aus kleinen, urnenförmigen, weiß bis rosa getönten Blüten erscheinen im Herbst, wenn die roten, erdbeerähnlichen Früchte des Vorjahres reifen. Die glänzenden, tiefgrünen Blätter sind schwach gezähnt. Hervorragend für große Strauchrabatten geeignet, wenn sie vor Wind geschützt werden.

KULTUR: *Am besten in wasserdurchlässigem, humusreichem, saurem Boden geschützt und sonnig pflanzen. Verträgt leicht alkalische Bedingungen. Im Frühjahr die unteren Äste nur wenig beschneiden.*

☼ ◊ 🏆 ❄❄❄ ↕↔ 8 m

Arctostaphylos uva-ursi

Die Bärentraube ist ein winterharter, immergrüner, niedriger Strauch mit glänzenden, kleinen Blättern. Seine in Büscheln stehenden, kleinen, rosa oder weißen, nektarreichen Blüten öffnen sich im Sommer und gehen roten Beeren voran. Das Laub wird mit der Zeit bronzebraun. Man setzt die Pflanze als Bodendecker in Steingärten oder im vorderen Bereich einer Rabatte ein. 'Massachusetts' besitzt Laub, das widerstandsfähig gegen Krankheiten ist.

KULTUR: *Gedeiht am besten an offenen, vollsonnigen Standorten mit durchlässigen, sauren Böden. Verträgt Trockenheit und die Bedingungen an der Küste.*

☼ ◐ 💧 ❄❄❄ ↕10 cm ↔ bis 50 cm

Arenaria montana

Diese niedrigwüchsige, ausladende, üppig wachsende, immergrüne Staude bildet im Frühsommer zahlreiche flach becherförmige, weiße Blüten. Die kleinen, schmal lanzettlichen, graugrünen Blätter stehen an drahtigen Trieben und bilden lockere Matten. Alpen-Sandkraut ist leicht in Mauer- oder Pflasterritzen oder in Steingärten zu kultivieren.

KULTUR: *In sandigem, feuchtem, aber sehr gut wasserdurchlässigem, magerem Boden in voller Sonne kultivieren. Benötigt ausreichende Feuchtigkeit.*

☼ 💧 🏆 ❄❄❄ ↕2–5 cm ↔ 30 cm

Argyranthemum 'Jamaica Primrose'

Eine buschige, immergrüne Staude, die margeritenartige, primelgelbe Blüten mit einem dunkler gelbem Zentrum ausbildet. Die Köpfchen erscheinen im gesamten Sommer über dem farnartigen Laub. In frostgefährdeten Regionen nur in Sommerbeeten oder Töpfen, die im Winter geschützt werden können, pflanzen.

KULTUR: *In gut wasserdurchlässigem Boden oder Topferde an eine warme, sonnige Stelle setzen. Draußen gehaltene Pflanzen mit einem dicken Mulch schützen. Triebspitzen auskneifen, um ein buschiges Wachstum zu fördern. Mindesttemperatur: 2 °C.*

☼ ◊ 🏆 ❀ ↕1,1 m ↔ 1 m

Argyranthemum 'Vancouver'

Dieser kompakte, sommerblühende, immergrüne Halbstrauch wird wegen seiner gefüllten, margeritenartigen, rosa Blütenköpfchen und des farnartigen, graugrünen Laubs geschätzt. Für gemischte oder krautige Rabatten geeignet. In frostgefährdeten Gebieten in Sommerbeete oder Töpfe, die unter frostfreien Bedingungen überwintert werden, pflanzen.

KULTUR: *In wasserdurchlässigem, wenig nährstoffreichem Boden in die Sonne setzen. Beetpflanzen mit dickem Mulch schützen. Triebspitzen auskneifen, um buschiges Wachstum zu fördern. Mindesttemperatur: 2 °C.*

☼ ◊ 🏆 ❀ ↕90 cm ↔ 80 cm

Armeria juniperifolia

Dieser kleine, polsterbildende, immergrüne Grasnelken-Halbstrauch besitzt kleine, purpurrosa bis weiße Blüten, die in kurz gestielten, kugeligen Büscheln im späten Frühjahr entstehen. Die kleinen, graugrünen Blätter sind behaart, besitzen stachelige Spitzen und stehen in lockeren Rosetten. Die Pflanze kommt auf Bergwiesen und in Felsspalten vor und eignet sich daher für Steingärten oder Tröge. Auch als *A. caespitosa* bekannt.

KULTUR: *In gut wasserdurchlässigem, magerem bis mäßig nährstoffreichem Boden an einer offenen Stelle in voller Sonne pflanzen.*

☼ ◊ ♈ ❄❄ ↕5–8 cm ↔ bis 15 cm

Armeria juniperifolia 'Bevan's Variety'

Ein kompakter, kissenbildender, immergrüner Halbstrauch mit kleinen, tiefrosa Blüten, die in kurz gestielten, rundlichen Büscheln im späten Frühjahr über Rosetten aus schmalen, kleinen, zugespitzten, graugrünen Blättern entstehen. Eignet sich für Steingärten und Tröge oder für den Vordergrund von Rabatten.

KULTUR: *In gut wasserdurchlässigem, magerem bis mäßig nährstoffreichem Boden an einer offenen Stelle in voller Sonne pflanzen.*

☼ ◊ ♈ ❄❄ ↕bis 5 cm ↔ bis 15 cm

Artemisia ludoviciana 'Silver Queen'

Aufrechte, buschige, gruppenbildende, halb immergrüne Staude mit schmalen, flaumig behaarten Blättern, die manchmal am Rand gezackt sind. Im jungen Zustand sind sie silbrig weiß, später werden sie grüner. Von Hochsommer bis Herbst erscheinen schlanke, weißwollige Büschel aus bräunlich gelben Blütenköpfchen. Für in Silber gehaltene Rabatten unverzichtbar.

KULTUR: *In gut wasserdurchlässigem Boden an einer offenen, sonnigen Stelle pflanzen. Im Frühjahr zurückschneiden, um die beste Laubausbildung zu erzielen.*

☼ ◊ 🏆 ❄❄❄

↕75 cm ↔ 60 cm oder mehr

Artemisia 'Powis Castle'

Diese wüchsige, strauchige, basal verholzte, ausdauernde Beifuss-Sorte besitzt dichte, bauschige Büschel aus fein zerteilten, aromatischen, silbergrauen Blättern. Im Spätsommer erscheinen Büschel aus unscheinbaren, gelb getönten, silbrigen Blütenköpfen. Hervorragend für Steingärten oder Rabatten geeignet. In Gebieten mit kalten Wintern überlebt sie manchmal nicht.

KULTUR: *In gut wasserdurchlässigem, nährstoffreichem Boden in die volle Sonne setzen. In schweren, schlecht dränierten Böden lässt sie stark nach und kann kurzlebig sein. Im Herbst bis zum Grund zurückschneiden, um den kompakten Wuchs zu erzielen.*

☼ ◊ 🏆 ❄❄ ↕60 cm ↔ 90 cm

Arum italicum subsp. *italicum* 'Marmoratum'

Die dekorative Sorte des Italienischen Aronstabs trägt vom Herbst bis zum April cremefarben geäderte, dunkelgrüne, glänzende Blätter. Die grünen Früchte erscheinen im Sommer und färben sich im Verlauf des Winters rot. Sobald die letzten von ihnen vertrocknen, treibt schon wieder Laub aus. Man setzt die Staude zwischen früh blühende Zwiebelblumen.

KULTUR: *Knollen im Herbst oder Frühjahr in feuchte, aber durchlässige, humusreiche Böden pflanzen. Braucht einen offenen, sonnigen Platz, um gut zu blühen und zu fruchten.*

☼ ☀ ◊ ♦ ♈ ❄❄❄ ↕↔ 30 cm

Aruncus dioicus

Der Geißbart bildet eindrucksvolle Horste aus sattgrünem Laub, über denen im Mai lockere, übergebogene, creme- bis grünweiße Blütenstände erscheinen. Der elegante Waldbewohner kommt mit feuchten Böden im Schatten zurecht, etwa am Rand eines Teichs, verträgt aber auch Sonne, solange das Erdreich frisch bleibt. Er sät sich bereitwillig selbst aus.

KULTUR: *Feuchte, nährstoffreiche Erde in der Sonne oder im Schatten. Verblühtes im Herbst kräftig zurückschneiden.*

☼ ☀ ● ♦ ♦ ♈ ❄❄❄

↕ 2 m ↔ 1,2 m

Asplenium scolopendrium

Der Streifenfarn ist eine aufrechte, immergrüne Staudenpflanze mit unregelmäßigen Büscheln aus federballartig angeordneten, zungenförmigen, ledrigen, leuchtend grünen Wedeln (bis 40 cm lang). An der Basis sind sie herzförmig und haben oft gewellte Ränder. Auf der Unterseite ausgewachsener Wedel entstehen rostfarbene Sporenhaufen, die im Fischgrätenmuster angeordnet sind. Gut für alkalische Böden geeignet.

KULTUR: *In feuchtem, aber gut wasserdurchlässigem, nährstoffreichem, humusreichem, am besten alkalischem Boden mit zusätzlichem Gras im Halbschatten halten.*

☀ ◇ ♦ 🏆 ❄❄❄ ↕ 45–70 cm ↔ 60 cm

Aster alpinus

Die ausladende, gruppenbildende, ausdauernde Alpen-Aster wird wegen der Fülle ihrer margeritenartigen, purpurblauen oder rosapurpurnen Blütenköpfchen mit tiefgelbem Zentrum kultiviert. Die Köpfchen entstehen im Früh- und Hochsommer an aufrechten Trieben über den kurz gestielten, schmalen Blättern. Diese niedrigwüchsige Aster eignet sich für den Vordergrund von Rabatten oder Steingärten. Einige besonders attraktive Sorten sind erhältlich.

KULTUR: *In gut durchlässigem, mäßig nährstoffreichem Boden in der Sonne. Jährlich nach dem Rückschnitt im Herbst mulchen.*

☼ ◇ 🏆 ❄❄❄ ↕ bis 25 cm ↔ 45 cm

Aster amellus 'King George'

Eine gruppenbildende, buschige Staude mit lockeren Büscheln aus großen, margeritenartigen, violettblauen Blütenköpfchen mit gelbem Zentrum, die sich vom Spätsommer bis zum Herbst öffnen. Die rauen, mittelgrünen Blätter sind behaart und lanzettlich. Diese Sorte der Berg-Aster ist eine hervorragende spät blühende Rabattenpflanze.

KULTUR: *In offenem, gut wasserdurchlässigem, mäßig nährstoffreichem Boden in der vollen Sonne halten. Gedeiht am besten auf alkalischen Böden.*

☼ ◊ 🏆 ❄❄❄ ↕↔ 45 cm

Aster 'Andenken an Alma Pötschke'

Diese wüchsige, aufrechte, gruppenbildende Staude bildet Büschel aus großen, margeritenartigen, lachsrosa Blütenköpfchen mit gelbem Zentrum aus. Die Köpfchen öffnen sich von Spätsommer bis Herbst an steifen, nahezu verholzten Trieben über rauen, lanzettlichen, stängelumfassenden Blättern. Gute Schnittblume, für Herbstpflanzungen bestens geeignet.

KULTUR: *In feuchtem, gut durchlässigem, nährstoffreichem Boden in Sonne oder Halbschatten pflanzen. Alle drei Jahre teilen und wieder einpflanzen, um Wüchsigkeit und Blütenqualität zu fördern. Braucht evtl. Stützen.*

☼ ◐ ◊ ❄❄❄ ↕1,2 m ↔ 60 cm

Aster × frikartii 'Mönch'

Diese aufrechte, buschige, ausdauernde Astern-Sorte bildet von Spätsommer bis Frühherbst eine ununterbrochene Attraktion durch die langlebigen, margeritenartigen, rotvioletten Blütenköpfchen mit orangefarbenem Zentrum. Die dunkelgrünen Blätter sind rau und länglich. Sehr gut geeignet als farbenfrohe Ergänzung in Spätsommer- oder Herbstbeeten.

KULTUR: *Gedeiht am besten in durchlässigem, mäßig nährstoffreichem Boden an einer offenen, sonnigen Stelle. Jährlich nach dem Rückschnitt im Spätherbst mulchen.*

☼ ◊ 🏆 ❄❄❄ ↕70 cm ↔ 35–40 cm

Aster lateriflorus var. horizontalis

Diese reich verzweigte, gruppenbildende, ausdauernde Aster bildet von Hochsommer bis Mitte Herbst Büschel aus margeritenartigen, weißen, manchmal rosa getönten Blütenköpfchen mit dunklerem Zentrum. Die schlanken, behaarten Triebe tragen kleine, lanzettliche, mittelgrüne Blätter. Sehr gut als spät blühende Staude in Mischrabatten zu verwenden.

KULTUR: *In feuchtem, aber gut durchlässigem, mäßig nährstoffreichem Boden im Halbschatten. Im Sommer feucht halten.*

◐ ◊ 🏆 ❄❄❄ ↕60 cm ↔ 30 cm

Aster 'Little Carlow'

Eine gruppenbildende, aufrechte Staude, die im frühen und mittleren Herbst große Büschel aus margeritenartigen, violettblauen Blütenköpfchen mit gelbem Zentrum bildet. Die dunkelgrünen Blätter sind oval bis herzförmig und gezähnt. Diese Astern-Sorte ist für Herbstbeete und als Schnitt- und Trockenblume geeignet.

KULTUR: *In feuchtem, mäßig nährstoffreichem Boden im Halbschatten pflanzen, verträgt aber auch gut durchlässige Böden in voller Sonne. Jährlich nach dem Rückschnitt im Spätherbst mulchen.*

☼ ◑ ◊ ◆ 🏆 ❄❄❄ ↕ 90 cm ↔ 45 cm

Astilbe × *crispa* 'Perkeo'

Eine sommerblühende, gruppenbildende Staude, die im Vergleich mit anderen Prachtspieren-Arten niedrigwüchsig ist und fedrige Blütenstände aus winzigen, sternförmigen, tiefrosa Blüten trägt. Die steifen, fein zerteilten, zerknitterten, dunkelgrünen Blätter sind im jungen Zustand bronzefarben getönt. Für Rabatten oder Steingärten geeignet. Die besten Blütenfarben entstehen im lichten Schatten.

KULTUR: *Im Halbschatten in ausreichend feuchtem, nährstoffreichem Boden pflanzen, der reich an organischem Material ist.*

◑ ◆ 🏆 ❄❄❄ ↕ 15–20 cm ↔ 15 cm

Astilbe 'Fanal'

Eine gruppenbildende Staude, die wegen der langlebigen, zugespitzten, fedrigen Blütenstände aus winzigen, dunkel karminroten Blüten im Frühsommer kultiviert wird. Diese werden später braun und behalten bis in den Winter hinein ihre Form. Die dunkelgrünen Blätter dieser Prachtspiere sind in kleine Blättchen unterteilt und stehen an kräftigen Trieben. In feuchten Rabatten, Gehölzgärten oder an Gewässerrändern pflanzen.

KULTUR: *In feuchtem, nährstoffreichem, am besten humusreichem Boden in der vollen Sonne oder im Halbschatten pflanzen.*

☼ ◑ 💧 🏆 ❄❄❄ ↕60 cm ↔ 45 cm

Astilbe 'Sprite'

Eine sommerblühende, gruppenbildende, zwergige Staude, die sich zur Pflanzung an Gewässerrändern eignet. Die fedrigen, zugespitzten Blütenstände mit winzigen, sternförmigen, muschelrosa Blüten biegen sich dekorativ über üppig wachsende, breite, mittelgrüne Blätter mit vielen schmalen Blättchen.

KULTUR: *In ausreichend feuchtem, nährstoffreichem Boden pflanzen, der reich an organischem Material ist. In den Halbschatten setzen.*

◑ 💧 🏆 ❄❄❄ ↕50 cm ↔ bis 1 m

Astrantia major 'Sunningdale Variegated'

Die gruppenbildende, ausdauernde Große Sterndolde trägt attraktive tief gelappte, grundständige Blätter, die unregelmäßig gemusterte, cremegelbe Ränder besitzen. Ab dem Frühsommer erscheinen an drahtigen Trieben kuppelförmige Blütenstände aus winzigen grünen oder rosa, oft auch tief purpurroten Blüten mit einem sternförmigen Kragen aus blassrosa Brakteen. Gedeiht gut in feuchten Rabatten, Gehölzgärten oder an Ufern.

KULTUR: *In feuchtem, aber gut durchlässigem, nährstoffreichem Boden halten. Für optimale Blattfärbung in volle Sonne setzen.*

↕ 30–90 cm ↔ 45 cm

Astrantia maxima

Diese mattenbildende Staude besitzt im Sommer und Herbst kuppelförmige, rosa Blütenstände mit einem sternförmigen Kragen aus papierartigen, grünlich rosa Brakteen an kräftigen Trieben. Die mittelgrünen Blätter sind in drei gezähnte Lappen unterteilt. Sterndolden eignen sich als Schnitt- und Trockenblumen wie auch für Landhausgärten.

KULTUR: *In feuchtem, nährstoffreichem, am besten humusreichem Boden in der Sonne oder im Halbschatten halten. Verträgt trockenere Bedingungen.*

↕ 60 cm ↔ 30 cm

Athyrium filix-femina

Der Wald-Frauenfarn besitzt fein zerteilte, hellgrüne Wedel, ca. 1 m lang, die jährlich abgeworfen werden, in aufrechten, federballartigen Rosetten stehen und sich mit dem Alter nach außen biegen. Die Fiederung der Wedel ist sehr unterschiedlich, und die Stiele sind manchmal rotbraun. Eignet sich für schattige Standorte wie Gehölzgärten.

KULTUR: *In feuchtem, nährstoffreichem, neutralem bis saurem Boden halten, der mit Gartenkompost oder Blattmulch angereichert wurde. An eine schattige, geschützte Stelle setzen.*

☀ 💧🏆❄❄❄ ↕ bis 1,2 m ↔ 60–90 cm

Aubrieta 'Red Cascade' (Cascade-Serie)

Wie andere Blaukissen auch bildet diese Form eine ausgedehnte Matte aus grünem Laub und blüht im Frühjahr. Man setzt die Staude als Bodendecker ein oder lässt sie über Trockenmauern und Hochbeetränder an vollsonnigen Plätzen quellen. Auch in Steingärten sehen Blaukissen gut aus. Die kleinen, vierzähligen Blüten dieser Sorte leuchten rot.

KULTUR: *In mäßig nährstoffreichem, durchlässigem, am besten neutralem bis alkalischem Boden in der vollen Sonne. Pflanze nach der Blüte zurückschneiden, um sie klein zu halten.*

☼ 💧🏆❄❄❄ ↕ 15 cm ↔ 1 m und mehr

Aucuba japonica 'Crotonifolia' (weiblich)

Die panaschierte Form dieser Aukube ist ein rundlicher, immergrüner Strauch mit großen, glänzend dunkelgrünen Blättern, die kräftig goldgelb getupft sind. Im mittleren Frühjahr erscheinen aufrechte Büschel aus kleinen, purpurnen Blüten, die im Herbst zu roten Beeren reifen.

KULTUR: *In jeglichem (außer staunassem) Boden, für beste Blattfärbung in die Sonne, sonst in den Schatten setzen. In kalten Gebieten schützen. Zusammen mit männlichen Formen pflanzen. Verträgt jederzeit leichten Beschnitt. Im Frühjahr schneiden, um buschiges Wachstum zu erhalten.*

↕↔ 3 m

Aurinia saxatilis

Eine immergrüne Staude, die im Spätfrühjahr dichte Büschel aus leuchtend gelben Blüten bildet. Die ovalen, behaarten, graugrünen Blätter stehen in Gruppen. Hervorragend für Steingärten, Mauern und Böschungen geeignet. Felsen-Steinkresse ist auch unter dem Namen *Alyssum saxatile* im Handel erhältlich.

KULTUR: *In mäßig nährstoffreichem, gut durchlässigem Boden an sonnigem Standort pflanzen. Nach der Blüte zurückschneiden, um einen kompakten Wuchs zu fördern.*

↕ 20 cm ↔ bis 30 cm

Ballota pseudodictamnus

Ein immergrüner Halbstrauch, der Büschel aus rundlichen, gelblich graugrünen Blättern an aufrechten, weißwolligen Trieben bildet. Im Spätfrühjahr und Frühsommer erscheinen Wirtel aus kleinen, weißen oder rosaweißen Blüten, die von einem blassgrünen Trichter umgeben werden. In Gebieten mit kalten, nassen Wintern überlebt diese Gottvergess-Art möglicherweise nicht.

KULTUR: *In magerem, sehr wasserdurchlässigem Boden in voller Sonne, im Winter vor starker Nässe geschützt kultivieren. Im zeitigen Frühjahr zurückschneiden.*

☼ ◇ 🏆 ❄ – ❄❄ ↕ 45 cm ↔ 60 cm

Baptisia australis

Diese Färberhülsen-Art ist eine sich leicht ausbreitende, aufrechte Staude mit einem lang andauernden Zierwert. Die leuchtend blaugrünen Blätter an graugrünen Trieben sind in drei kleine Blättchen unterteilt. Während des Frühsommers erscheinen Blütenstände aus indigoblauen, oft weiß oder cremefarben gezeichneten Blüten. Die dunkelgrauen Hülsen können getrocknet werden.

KULTUR: *In tiefem, feuchtem, wasserdurchlässigem, nährstoffreichem, neutralem bis saurem Boden in die volle Sonne pflanzen. Nach dem Pflanzen soll sie nicht mehr gestört werden.*

☼ ◇ 🏆 ❄❄❄ ↕ 1,5 m ↔ 60 cm

Begonia (Begonien mit attraktiven Blättern)

Diese ausdauernden Begonien werden meist als Einjährige gezogen und wegen der attraktiven Blätter in zahlreichen Farben gehalten. So sind die Blätter 'Merry Christmas' grün umrandet: Das Laub von *B. metallica* ist dunkelgrün und metallisch gefärbt. Einige Blätter werden auch wegen ihrer Zeichnung kultiviert (z. B. besitzen die Blätter von *B. masoniana* eine kräftige, kreuzförmige Zeichnung). Unter günstigen Bedingungen kann 'Thurstonii' strauchförmig werden, aber die meisten wie auch 'Munchkin' sind kompakter. In Sommerbeeten, im Wintergarten oder als Zimmerpflanzen halten.

KULTUR: *In nährstoffreichem, gut wasserdurchlässigem, neutralem bis saurem Boden oder Topferde in durchbrochenem Schatten halten. In der Wachstumsperiode regelmäßig einen stickstoffreichen Dünger verabreichen. Mindesttemperatur: 15 °C.*

1
↕↔ 60 cm

2
↕50 cm ↔ 45 cm

1 *Begonia listada* 🏆 **2** *B. masoniana* 🏆

↕25 cm ↔30 cm

↕90 cm ↔60 cm

↕20 cm ↔25 cm

↕30 cm ↔45 cm

↕2 m ↔45 cm

↕20 cm ↔25 cm

3 *B.* 'Merry Christmas' 🏆 **4** *B. metallica* 🏆 **5** *B.* 'Munchkin' 🏆
6 *B.* 'Silver Queen' 🏆 **7** *B.* 'Thurstonii' 🏆 **8** *B.* 'Tiger Paws' 🏆

Begonia (Begonien mit attraktiven Blüten)

Üppig blühende Begonien werden meist als Einjährige gehalten und sind in Größe und Form sehr unterschiedlich, wodurch sich viele Möglichkeiten für Sommerbepflanzungen bieten. Informationen zum Wuchs können Etiketten entnommen werden. Aufrechte oder kompakte Begonien wie 'Pin Up' und 'Irene Nuss' eignen sich für Sommerbeete, als Topf- oder Ampelpflanzen können hängende oder kriechende Formen wie 'Illumination Orange' genutzt werden. Begonien können auch als Zimmerpflanzen gehalten werden.

Die Blüten sind in vielen Farben und Formen, ungefüllt oder gefüllt erhältlich und stehen im Sommer in lockeren Büscheln.

KULTUR: *In humusreichem, neutralem bis saurem Boden oder Topferde mit guter Wasserdurchlässigkeit kultivieren. Sie blühen am besten im Halbschatten und leiden bei direkter Sonne. In der Wachstumsperiode Volldünger verabreichen. 'Irene Nuss' überlebt nicht unter 15 °C.*

◐ ◇ ❀ – ❄

1

↕ bis 45 cm ↔ bis 35 cm

2

↕↔ bis 40 cm

3

↕ 20 cm ↔ 20–22 cm

4

↕ 60 cm ↔ 30 cm

1 *B.* 'Alfa Pink' ❄ **2** *Begonia* 'All Round Dark Rose Green Leaf' ❄
3 *B.* 'Expresso Scarlet' 🏆❄ **4** *B.* 'Illumination Orange' 🏆❄

↕bis 35 cm ↔ bis 30 cm

↕75 cm ↔ 60 cm

↕↔ 30 cm

↕↔ bis 20 cm

↕60 cm ↔ 45 cm

↕25 cm ↔ 20 cm

↕75 cm ↔ 45 cm

5 *B.* 'Inferno Apple Blossom' ❄ **6** *B.* 'Irene Nuss' 🏆 ❁ **7** *B.* 'Nonstop' 🏆❄ **8** *B.* 'Olympia White' 🏆❄ **9** *B.* 'Orange Rubra' 🏆 ❁ **10** *B.* 'Pin Up' 🏆❄ **11** *B.* sutherlandii 🏆 ❁

Bellis perennis 'Pomponette'

Diese gefüllte Form des Gewöhnlichen Gänseblümchens wird meist als Zweijährige für Frühjahrsbepflanzung genutzt. Vom späten Winter bis Frühling erscheinen rosa, rote oder weiße Blütenköpfchen mit federkielförmigen äußeren Blüten über den dichten Büscheln aus spatelförmigen, leuchtend grünen Blättern.

KULTUR: *In gut wasserdurchlässigem, mäßig nährstoffreichem Boden in voller Sonne oder im Halbschatten pflanzen. Abgeblühte Köpfchen entfernen, um die Blütezeit zu verlängern und Selbstaussaat zu vermeiden.*

☼ ◐ ◇ ❄❄❄ ↕↔ 10–20 cm

Berberis darwinii

Diese Berberitzen-Art ist ein wüchsiger, überhängender, immergrüner Strauch, der von Mitte bis Ende des Frühjahrs eine Fülle von kleinen, tief goldorangefarbenen Blüten an bestachelten Trieben trägt: Diese reifen im Herbst zu blauen Beeren heran. Die Blätter sind glänzend dunkelgrün und bestachelt. Kann als schwer durchdringbare Hecke gepflanzt werden.

KULTUR: *In jeglichem (außer staunassem) Boden in voller Sonne oder im Halbschatten pflanzen und vor kalten, austrocknenden Winden schützen. Wenn nötig, nach der Blüte beschneiden.*

☼ ◐ ◇ ◆ 🏆 ❄❄

↕ 3 m oder mehr ↔ 3 m

Berberis × *ottawensis* 'Superba'

Dieser bestachelte, rundliche, laubabwerfende, im Frühjahr blühende Strauch bildet Büschel aus kleinen, blassgelben, rot getönten Blüten, die im Herbst zu roten Beeren heranreifen. Die purpurroten Blätter färben sich, bevor sie abfallen, in Karminrot um. Dekorativer Solitärstrauch und auch für Strauchrabatten geeignet.

KULTUR: *In nahezu jeglichem gut durchlässigem Boden, am besten in voller Sonne. Zur Wintermitte dichten Wuchs ausdünnen.*

↕↔ 2,5 m

Berberis × *stenophylla* 'Corallina Compacta'

Ein kleiner, immergrüner Strauch mit tiefgrünen Blättern mit stacheliger Spitze, die an überhängenden, bestachelten Trieben stehen. Vom mittleren Frühjahr an erscheinen winzige, hellorangefarbene Blüten, die zu kleinen, blauschwarzen Beeren reifen. Diese Berberitzen-Sorte kann als lockere Hecke gepflanzt werden.

KULTUR: *Gedeiht am besten in nährstoffreichem, humusreichem, verlässlich wasserdurchlässigem Boden in voller Sonne. Nach der Blüte stark zurückschneiden.*

↕↔ bis 30 cm

Berberis thunbergii 'Bagatelle'

Ein sehr kompakter, bestachelter, laubabwerfender Strauch mit tief purpurroten Blättern, die sich im Herbst orange und rot umfärben. Die blassgelben Blüten dieser Berberitzen-Sorten reifen zu glänzenden, roten Früchten heran. Für Steingärten geeignet, überlebt aber in Gebieten mit kalten Wintern möglicherweise nicht.

KULTUR: *In gut durchlässigem Boden in voller Sonne halten, um die beste Laub- und Blattfärbung zu erhalten. Dichten und ungeordneten Wuchs von Mitte bis Ende des Winters ausdünnen.*

☼ ◇ 🏆 ❄❄❄ ↕30 cm ↔ 40 cm

Berberis thunbergii 'Rose Glow'

Ein kompakter, bestachelter, laubabwerfender Strauch mit rötlich purpurnen Blättern, die im Lauf der Wachstumszeit nach und nach weiß gefleckt werden. Im mittleren Frühjahr erscheinen winzige, blassgelbe Blüten, die zu roten Beeren heranreifen. Gut als undurchdringliche Hecke geeignet.

KULTUR: *In jeglichem (außer staunassem) Boden in voller Sonne oder im Halbschatten pflanzen. Im Sommer abgestorbene Triebe herausschneiden.*

☼ ◐ ◇ ◆ 🏆 ❄❄❄
↕2 m oder mehr ↔ 2 m

Berberis verruculosa

Ein langsamwüchsiger, kompakter im Frühjahr blühender Strauch, der sich gut als Solitärstrauch setzen lässt. Die becherförmigen, goldgelben Blüten stehen zwischen den glänzenden, dunkelgrünen, stechend spitzen Blättern an bestachelten, überhängenden Trieben. Im Herbst entwickeln sich bei dieser Berberitzen-Art birnenförmige, schwarze Beeren.

KULTUR: *Gedeiht am besten in gut wasserdurchlässigem, humus- und nährstoffreichem Boden in voller Sonne. Das Beschneiden auf ein Minimum reduzieren.*

☼ ◊ 🏆 ❄❄❄ ↕↔ 1,5 m

Berberis wilsoniae

Ein sehr stark bestachelter halb immergrüner, überhängender Strauch, der dichte Büschel aus graugrünem Laub bildet, das sich im Herbst rot und orange verfärbt. Im Sommer entstehen Büschel aus blassgelben Blüten, die zu hellrosa bis rosaroten Beeren heranreifen. Gut als undurchdringliche Hecke geeignet. Aus Samen gezogene Hybriden vermeiden, da sie weniger wüchsig sein können.

KULTUR: *In jeglichem, gut wasserdurchlässigem Boden in Sonne oder Halbschatten setzen. Die beste Blüten- und Laubfärbung bilden sie in voller Sonne. Dichtes Astwerk zur Wintermitte ausdünnen.*

☼ ◐ ◊ ❄❄❄ ↕ 1 m ↔ 2 m

Bergenia 'Ballawley'

Diese gruppenbildende, immergrüne Staude gehört zu den ersten im Frühjahr erblühenden Pflanzen und trägt leuchtend karminrote Blüten an kräftigen, roten Trieben. Die ledrigen, ovalen Blätter dieser Bergenie färben sich im Winter bronzerosa. Für Gehölzgärten oder, in Gruppen gepflanzt, als Begrenzung von Rabatten geeignet.

KULTUR: *In jeglichem, gut wasserdurchlässigem Boden in Sonne oder lichten Schatten setzen. Vor kalten Winden schützen. Im Herbst mulchen.*

☼ ◑ ◊ ♦ 🏆 ❄❄❄ ↕bis 60 cm ↔ 60 cm

Bergenia 'Silberlicht'

Eine im Frühjahr blühende, gruppenbildende Staude mit dichten Büscheln aus becherförmigen, weißen, oft rosa überlaufenen Blüten. Die mittelgrünen Blätter sind rund und ledrig und haben gesägte Ränder. Gut zur Unterpflanzung von Sträuchern geeignet, die im Winter für etwas Schutz sorgen.

KULTUR: *In jeglichem, gut wasserdurchlässigem Boden in voller Sonne oder im Halbschatten pflanzen. Vor kalten Winden schützen, um Blattverbrennungen zu vermeiden. Im Herbst mulchen.*

☼ ◑ ◊ ♦ 🏆 ❄❄❄ ↕30 cm ↔ 50 cm

Betula nigra

Die Schwarz-Birke ist ein hoher, konischer bis ausladender, laubabwerfender Baum mit glänzenden, rhombischen Blättern. Die Rinde ist gescheckt, rotbraun und schält sich bei jungen Bäumen in Schichten ab. Bei älteren Bäumen wird die Rinde schwarz oder grauweiß und bildet Risse. Im Frühjahr erscheinen die auffälligen, gelbbraunen, männlichen Kätzchen. Schöner Solitärbaum, allerdings nur für große Gärten geeignet.

KULTUR: *In feuchtem, wasserdurchlässigem, mäßig nährstoffreichem Boden in voller Sonne pflanzen. Im späten Herbst altes, totes oder beschädigtes Astwerk entfernen.*

☼ ◊ 🏆 ❄❄❄ ↕18 m ↔ 12 m

Betula pendula 'Youngii'

Diese Trauerform der Sand-Birke ist ein kuppelförmiger, laubabwerfender Baum, der häufig breiter als hoch wird und einen eleganten, überhängenden Wuchs besitzt. Gelbbraune, männliche Kätzchen erscheinen im zeitigen Frühjahr vor den dreieckigen, glänzenden Blättern: Im Herbst färbt sich das Laub goldgelb. Attraktiver Baum für kleine Gärten.

KULTUR: *In feuchtem, wasserdurchlässigem Boden an einen offenen, sonnigen Standort pflanzen. Nur minimal beschneiden: Äste, die am nackten Hauptstamm entstehen, im späten Winter entfernen.*

☼ ◊ ❄❄❄ ↕8 m ↔ 10 m

Betula utilis var. *Jacquemontii*

Eine offen, breit konische, laubabwerfende, baumförmige Birke mit glatter, abschilfernder, weißer Borke. Im zeitigen Frühjahr erscheinen die attraktiven Kätzchen, das dunkelgrüne Laub färbt sich im Herbst satt goldgelb. Einzeln oder in Gruppen setzen, in großen Gärten am besten an Stellen, an denen die Wintersonne die attraktive Borke anstrahlen kann.

KULTUR: *In feuchtem, wasserdurchlässigem Boden in die Sonne setzen. Totes oder beschädigtes Holz der jungen Bäume im späten Herbst entfernen. Später den Beschnitt auf ein Minimum reduzieren.*

☼ ◊ 🏆 ❄❄❄ ↕15 m ↔ 7,5 m

Blechnum chilense

Der auffällige immergrüne Rippenfarn bildet große Horste aus ledrigen, gerippten Wedeln. Er erreicht die für Farne ungewöhnliche Höhe von bis zu 1,6 m und sorgt in waldähnlichen Pflanzungen für üppigen Unterwuchs. Mit der Zeit entwickeln seine Horste kurze Stämme. In Gegenden mit strengen Wintern setzt man ihn an einen geschützten Standort.

KULTUR: *Schattige Plätze in feuchter, neutraler bis saurer, mit organischer Substanz angereicherter Erde. Verträgt in verlässlich feuchten Böden auch etwas Sonne.*

☼ ◐ ● ◊ ♦ 🏆 ❄❄❄

↕bis 1,8 m ↔ unbegrenzt

Brachyglottis 'Sunshine'

Ein buschiger, polsterbildender, immergrüner Strauch mit ovalen Blättern, die im jungen Zustand silbrig grau, später dunkelgrün und unterseits filzig weiß werden. Vom frühen bis mittleren Sommer erscheinen margeritenartige, gelbe Blütenköpfchen. Einige Gärtner ziehen sie als Grünpflanze und knipsen die Knospen ab, bevor sie sich öffnen. Gedeiht an Küstenstandorten.

KULTUR: *In gut wasserdurchlässigem Boden an einen sonnigen, geschützten Standort pflanzen. Nach der Blüte in Form schneiden. Im Frühjahr kräftig zurückschneiden.*

☼ ◊ ♀ ❄ ↕ 1–1,5 m ↔ 2 m oder mehr

Bracteantha Bright-Bikini-Serie

Diese Strohblumen sind aufrechte Einjährige oder kurzlebige Stauden, die von Spätfrühjahr bis Herbst papierartige, gefüllte Blütenköpfchen in Rot, Rosa, Orange, Gelb und Weiß bilden. Die Blätter sind graugrün und lanzettlich. Zur Begrenzung von Rabatten oder in Blumenkästen pflanzen. Sie eignen sich gut als langlebige Schnitt- und Trockenblumen.

KULTUR: *In feuchtem, wasserdurchlässigem, mäßig nährstoffreichem Boden an einen vollsonnigen Standort setzen.*

☼ ◊ ❄ ↕ bis 30 cm ↔ 30 cm

Brunnera macrophylla 'Hadspen Cream'

Eine gruppenbildende Staude mit attraktivem Laub, die hervorragend als Bodendecker in Rabatten und unter laubabwerfenden Bäumen geeignet ist. Mitte und Ende Frühjahr erscheinen aufrechte Büschel aus kleinen, leuchtend blauen Blüten oberhalb der herzförmigen Blätter, die einen unregelmäßigen, cremeweißen Rand besitzen.

KULTUR: *In feuchtem, wasserdurchlässigem, humusreichem Boden pflanzen. An einen kühlen, leicht schattigen Standort setzen.*

◑ ◇ ◆ 🏆 ❄❄❄ ↕ 45 cm ↔ 60 cm

Buddleja alternifolia

Dieser dichte, laubabwerfende, strauchige Sommerflieder besitzt schlanke, überhängende Äste. Im Frühsommer erscheinen duftende, fliederpurpurne Blüten zwischen den schmalen, graugrünen Blättern. Kann gut an einer Mauer gezogen oder auch mit einem Hauptstamm als auffälliger Solitärstrauch gepflanzt werden. Wird gerne von Insekten besucht.

KULTUR: *Am besten in kalkhaltigem Boden pflanzen, gedeiht aber in jedem durchlässigen Boden in voller Sonne. Triebe nach der Blüte auf kräftige Knospen zurückschneiden, im Frühjahr kräftiger Rückschnitt.*

☼ ◇ 🏆 ❄❄❄ ↕↔ 4 m

Buddleja davidii

Alle Kultivare des Schmetterlingsflieders sind schnellwüchsige, laubabwerfende Sträucher in vielen Blütenfarben. Wie der deutsche Name anzeigt, werden sie gerne von Schmetterlingen und anderen Insekten besucht. Die langen, gebogenen Triebe tragen lanzettliche, mittel- bis graugrüne Blätter, bis zu 25 cm lang. Konische Blütenstände aus leuchtenden, duftenden Blüten, bis 30 cm lang, stehen von Sommer bis Herbst am Ende der überhängenden Triebe. Die Blütenstände von 'Royal Red' sind am längsten. Die Sträucher vertragen im Frühjahr kräftige Rückschnitte, was sie auch für kleine Gärten geeignet macht.

KULTUR: *In gut wasserdurchlässigem Boden in der Sonne halten. Jeden Frühling auf niedriges Astwerk zurückschneiden, auch um eine bessere Blüte auszulösen. Blütenstände nach der Blüte auf die nächsten Blätter oder Seitentriebe zurückschneiden, um die Selbstaussaat zu verhindern: So kann eine zweite Blüte ausgelöst werden.*

☼ ◊ ❄❄❄

1

↕3 m ↔5 m

2

↕3 m ↔5 m

3

↕3 m ↔5 m

1 *B. davidii* 'Empire Blue' 🏆 **2** *B. davidii* 'Royal Red' 🏆 **3** *B. davidii* 'White Profusion' 🏆

Buddleja globosa

Ein laubabwerfender oder halb immergrüner Strauch mit für Schmetterlingsflieder ungewöhnlichen, kugeligen Blütenständen aus winzigen, orangegelben Blüten im Frühsommer. Die lanzettlichen Blätter sind dunkelgrün mit wolliger Unterseite. Dieser große Strauch wird häufig im unteren Bereich kahl und verträgt keinen Rückschnitt, daher am besten im Hintergrund von gemischten Rabatten pflanzen.

KULTUR: *Gedeiht auf durchlässigen, kalkhaltigen Böden an einem sonnigen, vor kalten Winden geschützten Standort. So wenig wie möglich beschneiden, ansonsten bleibt die Blüte im Folgejahr aus.*

☼ ◊ ❀❀ ↕↔ 5 m

Buddleja 'Lochinch'

Ein kompakter, laubabwerfender Strauch, ähnelt sehr *B. davidii* (siehe S. 125), mit langen Blütenständen aus fliederblauen Blüten, die von Spätsommer bis Herbst erscheinen. Die Blätter sind im jungen Zustand flaumig behaart und grau, später sind sie glatt und unterseits weißfilzig. Werden rege von Schmetterlingen besucht.

KULTUR: *In gut wasserdurchlässigem, mäßig nährstoffreichem Boden in der Sonne kultivieren. Jedes Jahr mit Anschwellen der Knospen im Frühjahr alle Triebe bis fast auf den Grund zurückschneiden.*

☼ ◊ ❀❀ – ❀❀❀ ↕ 2,5 m ↔ 3 m

Buxus sempervirens 'Elegantissima'

Diese panaschierte Form des Buchsbaums ist ein dichter, immergrüner Strauch, der kleine, schmale, glänzende, leuchtend grüne Blätter trägt, die weiß berandet sind. Die Blüten sind unscheinbar. Da Buchsbaum gut beschnitten werden kann, eignet er sich als niedrige Hecke. Zusammen mit grün beblättertem Buchsbaum gepflanzt, sieht diese Form in Flechtgärten interessant aus.

KULTUR: *In wasserdurchlässigem Boden in Sonne oder lichten Schatten pflanzen. Im Frühjahr (auch kräftig) oder Sommer zurückschneiden.*

☼ ◑ ◊ ❄❄❄ ↕↔ 1,5 m

Buxus sempervirens 'Suffruticosa'

Eine sehr dichte, langsamwüchsige, immergrüne Buchsbaum-Sorte mit kleinen, glänzenden, leuchtend grünen Blättern. Wird häufig als Abgrenzung oder als in Form geschnittener Strauch genutzt. Im späten Frühjahr und Frühsommer entstehen unscheinbare Blüten. Hervorragend als Hecke geeignet.

KULTUR: *In wasserdurchlässigem Boden in Sonne oder Halbschatten pflanzen. Ein vollsonniger, trockener Standort kann Blattverbrennungen hervorrufen. Hecken im Sommer beschneiden, kräftige Rückschnitte nur im späten Frühjahr.*

☼ ◑ ◊ ❄❄❄ ↕ 1 m ↔ 1,5 m

Calamagrostis brachytricha

Schön wirkt das Diamant-Reitgras wegen der hohen, aufrechten Halme mit schmalen Rispen im Spätsommer. Die Blütenstände werden mit der Zeit lockerer. Sie verblassen zu silbrigem Grau mit rosa Hauch und halten bis in den Winter. Das ganzjährig attraktive Gras sieht in Bändern gepflanzt am besten aus. Die Staude bildet Horste aus übergebogenem Laub.

KULTUR: *In allen nährstoffreichen, feuchten, aber durchlässigen Böden in der Sonne oder im Halbschatten. Alte Blütenstände im Spätwinter abschneiden.*

☼ ◑ ◇ ◆ ♆ ❄❄

↕ bis 1,5 m ↔ 60 cm

Callicarpa bodinieri var. *giraldii* 'Profusion'

Ein laubabwerfender Strauch, der wegen seiner im Herbst erscheinenden, tiefvioletten, glänzenden Beeren kultiviert wird. Die zugespitzten, blaugrünen Blätter sind im Frühjahr bei ihrer Entfaltung bronzefarben, im Sommer erscheinen blassrosa Blüten. In Strauchrabatten ist der Liebesperlenstrauch lange Zeit attraktiv. Am besten in Gruppen setzen. In kalten Wintern überlebt er nicht verlässlich.

KULTUR: *In wasserdurchlässigem, nährstoffreichem Boden in Sonne oder lichtem Schatten. Jedes Jahr im Frühjahr einen von fünf Trieben bis zur Basis zurückschneiden.*

☼ ◑ ◇ ♆ ❄❄ ↕ 3 m ↔ 2,5 m

Callirhoe involucrata

Die wunderschöne, kriechende, einjährige Purpurne Mohnmalve trägt vom späten Frühjahr bis zum Sommer becherförmige, seidig magentarote Blüten. Sie eignet sich ideal für sonnige Steingärten, wird aber auch gern als Bodendecker in naturnahen Gärten eingesetzt.

KULTUR: *Durchlässige, sandige Lehmböden an vollsonnigen Standorten. Ein Umsetzen ist wegen der langen Pfahlwurzel schwierig, unter idealen Bedingungen sät sich die Pflanze aber selbst aus. Vor Winternässe schützen.*

☼ ◊ ❄❄❄

↕ bis 30 cm ↔ bis 1 m

Callistemon citrinus 'Splendens'

Diese attraktive Kulturform des Zylinderputzers ist ein immergrüner Strauch mit meist überhängenden Ästen. Dichte Blütenstände aus leuchtend roten Blüten erscheinen im Frühjahr und Sommer zwischen den graugrünen, nach Zitrone duftenden Blättern, die jung bronzerot sind. Vor sonnigen Mauern pflanzen, um sie vor Kälte zu schützen.

KULTUR: *Gedeiht am besten in wasserdurchlässigem, neutralem bis saurem Boden in voller Sonne. Triebspitzen der Jungpflanzen auskneifen, um buschiges Wachstum zu fördern. Kräftige Rückschnitte im Frühjahr.*

☼ ◊ ♈ ❄ ↕ 2–8 m ↔ 1,5–6 m

Calluna vulgaris

Kultivare der Besenheide sind aufrechte bis ausladende, fein beblätterte Heidekräuter. Sie sind ausgezeichnete immergrüne Bodendecker, wenn vor dem Pflanzen alle Unkräuter entfernt werden. Von Hoch- bis Spätsommer erscheinen Blütenstände aus glockenförmigen, rot, rosa oder weiß getönten Blüten. 'Kinlochruel' besitzt gefüllte, weiße Blüten in langen Büscheln. Einige Kultivare, wie 'Robert Chapman' und 'Beoley Gold', bleiben auf Grund ihrer herrlich gefärbten Beblätterung bis in den Winter attraktiv. Die Blüten ziehen Bienen und andere Insekten an und eignen sich als Begleitpflanzung von Zwerg-Koniferen.

KULTUR: *Gedeiht am besten in wasserdurchlässigem, humusreichem, saurem Boden an einem offenen, sonnigen Standort, der dem natürlichen Wuchsort in Moorhabitaten entspricht. Im zeitigen Frühjahr Blütentriebe beschneiden, überlange Triebe bis zu deren Ansatzpunkt unter dem Blütenflor abschneiden.*

☼ ◊ ❄❄❄

1
↕25 cm ↔ 35 cm

2
↕35 cm ↔ bis 75 cm

3
↕25 cm ↔ 40 cm

4
↕25 cm ↔ 65 cm

1 *C. vulgaris* 'Beoley Gold' 🏆 **2** *C. vulgaris* 'Darkness' 🏆 **3** *C. vulgaris* 'Kinlochruel' 🏆
4 *C. vulgaris* 'Robert Chapman' 🏆

Caltha palustris

Die Sumpfdotterblume ist eine gruppenbildende Staude, die gut in Sumpfgärten oder am Rand von Fließgewässern und Teichen gedeiht. Die becherförmigen, wachsigen, leuchtend gelben Blüten stehen im Frühjahr an hohen Trieben über den nierenförmigen, glänzenden, grünen Blättern.

KULTUR: *Gedeiht am besten in sumpfigem Boden an offenen, sonnigen Stellen. Das Wurzelwachstum kann durch Pflanzkörbe für Wasserpflanzen, die in höchstens 23 cm tiefes Wasser gesetzt werden, eingeschränkt werden. Bevorzugt jedoch flacheres Wasser.*

☼ ♦ 🏆 ❄❄❄ ↕10–40 cm ↔ 45 cm

Camellia 'Inspiration'

Diese Kamelien-Sorte ist ein dichter, aufrechter, immergrüner Strauch oder kleiner Baum, der von der Wintermitte bis zum Spätfrühjahr zahlreiche schalenförmige, halb gefüllte, tiefrosa Blüten trägt. Die dunkelgrünen Blätter sind oval und ledrig. Eignet sich zur Pflanzung im Hintergrund von Rabatten oder als Solitärstrauch.

KULTUR: *Gedeiht am besten in feuchtem, wasserdurchlässigem, neutralem bis saurem Boden, geschützt im Halbschatten. Den Wurzelbereich mit geschredderter Borke mulchen. Junge Pflanzen nach der Blüte zurückschneiden, um buschiges, regelmäßiges Wachstum zu fördern.*

◑ ◊ ♦ 🏆 ❄❄ ↕4 m ↔ 2 m

Camellia japonica

Die langlebigen, eleganten, immergrünen Sträucher oder kleinen Bäume brauchen saure Böden. Japanische Kamelien bereichern Strauchrabatten und Gehölzgruppen, können aber auch allein an offenen Plätzen oder im Kübel gezogen werden. Ihre ovalen, glänzenden, dunkelgrünen Blätter heben die Pracht der einfachen bis vollgefüllten Blüten hervor, die sich früh im Jahr öffnen. Einfache und halb gefüllte Blüten zeigen ein Bündel gelber Staubblätter. Spätfröste können den Flor schädigen.

KULTUR: *In feuchter, durchlässiger, humusreicher, saurer Erde im Halbschatten. Vor Morgensonne, kalten Winden und Spätfrösten schützen. Nicht zu tief pflanzen: Die Oberfläche des Topfballens muss eben mit der festgedrückten Erde abschließen. 5–7 cm dick mit Laubhumus oder Rindenhäcksel mulchen. Braucht kaum Schnitt, doch durch leichtes Stutzen hält man junge Exemplare in Form.*

1
↕5 m ↔8 m

2
↕9 m ↔8 m

3
↕9 m ↔8 m

4
↕2 m ↔1 m

5
↕9 m ↔8 m

6
↕9 m ↔8 m

1 *Camellia japonica* 'Adolphe Audusson' **2** 'Alexander Hunter' **3** 'Berenice Boddy'
4 'Bob's Tinsie' **5** 'Coquettii' **6** 'Elegans'

WEITERE SORTEN

'Akashigata': dunkelrosa Blüten.

'Bob Hope': dunkelrot.

'C. M. Hovey': karmin- bis hellrot.

'Doctor Tinsley': weißrosa.

'Grand Prix': kräftig rot, gelbe Staubblätter.

'Hagoromo': blassrosa.

'Masayoshi': rot, mit weißen Flecken.

'Miss Charleston': rubinrot.

'Nuccio's Gem': weiß.

7

↕9 m ↔ 8 m

8

↕9 m ↔ 8 m

9

↕9 m ↔ 8 m

10

↕9 m ↔ 8 m

11

↕9 m ↔ 8 m

12

↕9 m ↔ 8 m

13

↕9 m ↔ 8 m

14

↕9 m ↔ 8 m

7 *Camellia japonica* 'Gloire de Nantes' 🏆 **8** 'Guilio Nuccio' 🏆 **9** 'Jupiter' (syn. 'Paul's Jupiter') 🏆 **10** 'Lavinia Maggi' 🏆 **11** 'Mrs. D. W. Davis' **12** 'R. L. Wheeler' 🏆 **13** 'Rubescens Major' 🏆 **14** 'Tricolor' 🏆

Camellia 'Lasca Beauty'

Der offene, aufrechte Strauch wird wegen seiner sehr großen, halb gefüllten blassrosa Blüten geschätzt, die sich zur Frühjahrsmitte öffnen. Sie heben sich reizvoll von dem dunkelgrünen Laub ab. Man zieht die Sorte im kühlen Gewächshaus und bringt sie im Frühsommer ins Freie an einen halbschattigen Standort.

KULTUR: *In Moorbeeterde an einem hellen Standort mit gefiltertem Licht. Während der Wachstumszeit reichlich, im Winter mäßiger mit weichem Wasser gießen. Im April und Juli je einmal einen Volldünger verabreichen.*

☀ ◇ ♦ ❄ ↕2–5 m ↔ 1,5–3 m

Camellia 'Leonard Messel'

Dieser ausladende, immergrüne Strauch mit ovalen, ledrigen, dunkelgrünen Blättern gehört zu den frosthärtesten Sorten. Vom zeitigen bis späten Frühjahr erscheint eine Fülle großer, abgeflachter bis becherförmiger, halb gefüllter, rosafarbener Blüten. Diese Kamelien-Sorte ist für Strauchrabatten geeignet.

KULTUR: *Gedeiht am besten in feuchtem, wasserdurchlässigem, neutralem bis saurem Boden im Halbschatten mit Schutz vor kalten Winden. Den Wurzelbereich mit Mulch aus Blättern oder geschredderter Borke schützen. Muss nicht beschnitten werden.*

☀ ◇ ♦ 🏆 ❄❄❄ ↕4 m ↔ 3 m

Camellia 'Mandalay Queen'

Der große, ausladende Strauch trägt im Frühjahr tief rosarote, halb gefüllte Blüten. Seine breiten, ledrigen Blätter sind dunkelgrün. Man zieht ihn am besten im kühlen Gewächshaus und bringt ihn im Sommer nach draußen.

KULTUR: *In Moorbeeterde an einem hellen Platz mit gefiltertem Licht. Während des Wachstums reichlich, im Winter mäßiger mit weichem Wasser gießen. Im April und Juli einen Volldünger verabreichen.*

↕bis 15 m ↔ 5 m

Camellia sasanqua 'Narumigata'

Hoch im Kurs steht der aufrechte Strauch oder kleine Baum wegen seines späten Flors: Die duftenden, einfachen, weißen Blüten erscheinen erst in der zweiten Herbsthälfte. Dunkelgrünes Laub. Gute Heckenpflanze, sollte aber zumindest an einer sonnigen Mauer stehen. 'Crimson King' ist ähnlich, hat aber rote Blüten.

KULTUR: *In feuchter, durchlässiger, humusreicher, saurer Erde. Dick mulchen. Braucht vollsonnige bis halbschattige Standorte und Schutz vor kaltem Wind. Verträgt nach der Blüte starken Rückschnitt.*

↕bis 6 m ↔ bis 3 m

Camellia × williamsii

Kultivare von *C. × williamsii* sind immergrüne, strauchförmige Kamelien, die wegen der glänzenden, leuchtend grünen Blätter und der eleganten, rosenartigen Blüten geschätzt werden. Die Blüten-Farbe reicht von Weiß bis zu Karminrot. Die meisten Sorten blühen von Mitte bis Ende des Frühjahrs, 'Anticipation' und 'Mary Christian' bereits im späten Winter. Viele sind frosthart und können in jedem Klima gehalten werden, die Blüten aber sind frostempfindlich. Für kühle Gewächshäuser oder Strauchrabatten geeignet. 'J. C. Williams' kann an kalten Wänden gezogen werden. Standorte mit Morgensonne sollten vermieden werden.

KULTUR: *Gedeiht am besten in feuchtem, gut durchlässigem, saurem bis neutralem Boden im Halbschatten. Vor kalten Winden schützen und mit geschredderter Borke mulchen. Jungpflanzen nach der Blüte beschneiden, um buschiges Wachstum zu fördern. Wandgezogene Sträucher sollten einen kräftigen Mitteltrieb entwickeln.*

☀ ◇ ◆ ❄❄❄

1
↕4 m↔2 m

2
↕3 m↔2,5 m

3
↕5 m↔2,5 m

1 *C. × williamsii* 'Anticipation' 🏆 **2** *C. × williamsii* 'Brigadoon' 🏆
3 *C. × williamsii* 'Donation' 🏆

4

↕↔ 4 m

5

↕ 4 m ↔ 2,5 m

6

↕ 4 m ↔ 2,5 m

7

↕ 4 m ↔ 2,5 m

8

↕ 4 m ↔ 2,5 m

9

↕↔ 3 m

4 *C.* × *williamsii* 'George Blandford' 🏆 **5** *C.* × *williamsii* 'Joan Trehane' 🏆 **6** *C.* × *williamsii* 'J. C. Williams' 🏆 **7** *C.* × *williamsii* 'Mary Christian' 🏆 **8** *C.* × *williamsii* 'Saint Ewe' 🏆 **9** *C.* × *williamsii* 'Water Lily' 🏆

Campanula cochleariifolia

Die Zwerg-Glockenblume ist eine niedrigwüchsige, rosettenbildende Staude, die im Hochsommer üppige Büschel mit offenen, glockenförmigen, malvenblauen oder weißen Blüten bildet. Die leuchtend grünen Blätter sind herzförmig. Sie breiten sich mit kriechenden Trieben aus und können wuchern. Vor allem hübsch, wenn sie Kies oder Ritzen auf trockenen Mauern bewachsen.

KULTUR: *Bevorzugt feuchte, wasserdurchlässige Böden in Sonne oder Halbschatten. Um das Wachstum einzudämmen, überzählige Pflanzen ausreißen.*

☼ ◑ ◊ 🏆 ❄❄❄

↕ 8 cm ↔ 50 cm oder mehr

Campanula glomerata 'Superba'

Diese schnellwüchsige, gruppenbildende, ausdauernde Sorte der Geknäuelten Glockenblume bildet im Sommer dichte Köpfchen aus großen, glockenförmigen, purpurvioletten Blüten. Die lanzettlichen bis ovalen Blätter stehen in Rosetten am Grund der Pflanze und an den Trieben. Hervorragend für Staudenrabatten oder Landhausgärten geeignet.

KULTUR: *Bevorzugt feuchte, aber gut wasserdurchlässige, neutrale bis alkalische Böden in der Sonne oder im Halbschatten. Nach der Blüte zurückschneiden, um eine zweite Blüte anzuregen.*

☼ ◑ ◊ ◆ 🏆 ❄❄❄

↕ 75 cm ↔ 1 m oder mehr

Campanula lactiflora 'Loddon Anna'

Eine aufrechte, verzweigte Staude, die im Hochsommer Büschel aus großen, nickenden, glockenförmigen, zart fliederrosa Blüten bildet. Die ovalen Blätter stehen in Rosetten an der Basis der Pflanze und zerstreut an den Trieben. Hervorragend für Rabatten geeignet, an exponierten Standorten ist evtl. eine Stütze nötig.

KULTUR: *Gedeiht am besten in feuchtem, aber gut wasserdurchlässigem, nährstoffreichem Boden in Sonne oder im Halbschatten. Nach der Blüte beschneiden, um eine zweite, allerdings weniger üppige Blüte anzuregen.*

☼ ☀ ◊ ♦ 🏆 ❄❄❄

↕ 1,2–1,5 m ↔ 60 cm

Campanula portenschlagiana

Diese Glockenblumen-Art ist eine robuste, polsterbildende, immergrüne Staude, die von Hoch- bis zum Spätsommer lange, glockenförmige, tief purpurfarbene Blüten bildet. Die Blätter sind gezähnt und mittelgrün. Gut für Steingärten oder sonnige Böschungen geeignet. Kann wuchern.

KULTUR: *Gedeiht am besten in feuchtem, aber gut wasserdurchlässigem Boden in der Sonne oder im Halbschatten. Da sie sehr wüchsig ist, sollte sie von kleineren, weniger robusten Arten entfernt gepflanzt werden.*

☼ ☀ ◊ 🏆 ❄❄❄

↕ 15 cm ↔ 50 cm oder mehr

Campsis × *tagliabuana* 'Madame Galen'

Eine Kletterpflanze mit verholzten Trieben, die sich mit Luftwurzeln befestigt und gut an Mauern, Zäunen, Säulen oder Mauern gezogen werden kann. Von Spätsommer bis Herbst erscheinen an dieser Trompetenblume Büschel aus trompetenförmigen, orangeroten Blüten zwischen den ovalen, gezähnten Blättern.

KULTUR: *Am besten in feuchtem, durchlässigem Boden sonnig und geschützt pflanzen. Neuzuwachs anbinden, bis das Astwerk dicht geworden ist. Im Winter kräftig zurückschneiden, um buschigen Wuchs zu fördern.*

☼ ◊ ♦ 🏆 ❄❄ ↕ 10 m oder mehr

Cardiocrinum giganteum

Riesenlilien sind beeindruckende, im Sommer blühende Zwiebelpflanzen, die trompetenförmige, weiße Blüten mit einem gepunkteten Schlund ausbilden. Die Triebe sind kräftig, die Blätter oval und glänzend grün. Auch an guten Standorten können sieben Jahre vergehen, bis sie blühen. In Gehölzgärten oder in geschützten Rabatten in den Schatten pflanzen.

KULTUR: *Am besten in tiefem, feuchtem, gut wasserdurchlässigem, kühlem, humusreichem Boden in den Halbschatten pflanzen. Verträgt keine heißen, trockenen Bedingungen. Schneckenfraß kann auftreten.*

☼ ♦ ❄❄ ↕ 1,5–4 m ↔ 45 cm

Carex elata 'Aurea'

Diese Sorte der Steifen Segge ist eine farbenfrohe, horstbildende Staude, die jährlich ihre leuchtenden, schmalen, goldgelben Blätter abwirft. Sie eignet sich für feuchte Rabatten, Sumpfgärten oder Gewässerränder. Im Frühjahr und Frühsommer erscheinen kleine Blütenstände aus relativ unscheinbaren, dunkelbraunen Blüten über den Blättern. Wird häufig als *C.* 'Bowles Golden' angeboten.

KULTUR: *In feuchtem oder nassem, ausreichend nährstoffreichem Boden in der vollen Sonne oder im Halbschatten pflanzen.*

☼ ◑ 💧 💧 🏆 ❄❄❄

↕ bis 70 cm ↔ 45 cm

Carex hachijoensis 'Evergold'

Eine sehr beliebte, immergrüne, panaschierte Segge mit leuchtenden, dicht büschelig stehenden, schmalen, dunkelgrünen Blättern mit gelben Streifen. Im mittleren und späten Frühjahr erscheinen Blütenstände aus winzigen, dunkelbraunen Blüten. Verträgt stärker durchlässige Böden als die meisten Seggen und eignet sich für Mischrabatten.

KULTUR: *Benötigt feuchte, gut wasserdurchlässige, nährstoffreiche Böden in der Sonne oder im Halbschatten. Abgestorbene Blätter im Sommer entfernen.*

☼ ◑ 💧 💧 🏆 ❄❄❄ ↕ 30 cm ↔ 35 cm

Carpenteria californica

Ein im Sommer blühender, immergrüner Strauch mit großen, duftenden weißen Blüten und attraktiven, gelben Staubblättern. Die glänzenden, schmal ovalen Blätter sind dunkelgrün. Kann an Mauern hochgezogen werden, wodurch dem kriechenden Wuchs entgegengewirkt werden kann. In kalten Gegenden an einer warmen, geschützten Mauer ziehen.

KULTUR: *In gut wasserdurchlässigem Boden in voller Sonne mit Schutz vor kalten Winden kultivieren. Im Frühjahr abgeblühte Äste bis zur Basis zurückschneiden.*

☼ ◊ 🏆 ❄ ↕ 2 m oder mehr ↔ 2 m

Caryopteris × *clandonensis* 'Heavenly Blue'

Diese Sorte der Bartblume ist ein kompakter, laubabwerfender Strauch, der wegen der im Spätsommer erscheinenden Büschel aus intensiv dunkelblau gefärbten Blüten kultiviert wird. Die unregelmäßig gesägten Blätter sind graugrün. In kalten Gebieten an warmen Mauern pflanzen.

KULTUR: *In wasserdurchlässigem, leichtem Boden in volle Sonne pflanzen. Triebe im Frühjahr bis zu den unteren Knospen zurückschneiden. Es entwickelt sich ein verholztes Astwerk, in das nicht hineingeschnitten werden sollte.*

☼ ◊ ❄❄ ↕↔ 1 m

Cassiope 'Edinburgh'

Ein heideähnlicher, aufrechter, immergrüner Strauch mit nickenden, glockigen, im Frühjahr erscheinenden, weißen Blüten mit kleinen, grünlich braunen äußeren Blütenblättern. Die schuppenartigen, dunkelgrünen Blätter stehen dicht überlappend am Trieb. Für Steingärten geeignet (nicht zwischen Kalksteine) oder in Torfbeete pflanzen.

KULTUR: *In verlässlich feuchtem, humusreichem, saurem Boden in den Halbschatten pflanzen. Nach der Blüte beschneiden.*

◑ 💧 🏆 ❄❄❄ ↕↔ bis 25 cm

Catalpa bignonioides 'Aurea'

Diese Sorte des Trompetenbaums schmückt sich mit hellem Laub. Man pflanzt den Baum am besten als Solitär oder setzt ihn in den hinteren Bereich einer gemischten Rabatte. Dort wird er jährlich bis auf einen Stumpen zurückgeschnitten – er bildet daraufhin eine üppige Laubkrone. Seine gelblich grünen, herzförmigen Blätter sind anfangs bronzerot. Im Frühjahr erscheinen weiße Blüten, aus denen sich bohnenähnliche Hülsen entwickeln.

KULTUR: *In nährstoffreichen, feuchten, aber durchlässigen Böden in der Sonne.*

☼ 💧 💧 ❄❄❄ ↕↔ 10 m

Ceanothus 'Autumnal Blue'

Ein wüchsiger, immergrüner Strauch, der von Spätsommer bis Herbst zahlreiche winzige, aber lebhaft gefärbte, satt himmelblaue Blüten ausbildet. Die Blätter sind breit oval und glänzend dunkelgrün. Eine der frosthärtesten Säckelblumen-Sorten, für offene Rabatten oder zum Hochziehen an Mauern geeignet. In kalten Gegenden an einer warmen Mauer pflanzen.

KULTUR: *In wasserdurchlässigem, nährstoffreichem Boden geschützt in die volle Sonne pflanzen. Verträgt Kalkböden. Jungpflanzen im Frühjahr leicht trimmen und ausgewachsene Pflanzen nach der Blüte beschneiden.*

☼ ◊ 🏆 ❄ ↕↔ 3 m

Ceanothus 'Blue Mound'

Diese polsterbildende, im späten Frühjahr blühende Säckelblumen-Sorte ist ein immergrüner Strauch, der eine Fülle satt dunkelblauer Blüten ausbildet. Die Blätter sind fein gezähnt und glänzend dunkelgrün. Hervorragend als Bodendecker, zum Überwachsen von Böschungen oder niedrigen Mauern oder für große, sonnige Steingärten geeignet. In kalten Wintern kann er absterben.

KULTUR: *In wasserdurchlässigen, nährstoffreichen Böden in der Sonne. Im Frühjahr Spitzen der jungen Pflanzen beschneiden, etablierte Pflanzen nach der Blüte trimmen.*

☼ ◊ 🏆 ❄ ↕ 1,5 m ↔ 2 m

Ceanothus × *delilianus* 'Gloire de Versailles'

Diese laubabwerfende Säckelblumen-Sorte ist ein schnellwüchsiger Strauch, der von Hochsommer bis Frühherbst blüht. Große Blütenstände winziger, blassblauer Blüten stehen zwischen breit ovalen, fein gesägten Blättern. Gut für Mischrabatten geeignet. Er sollte jährlich stärker als andere Sorten beschnitten werden.

KULTUR: *In wasserdurchlässigem, leichtem Boden in volle Sonne pflanzen. Verträgt Kalkböden. Im Frühjahr die Triebe des Vorjahres zur Hälfte einkürzen oder ganz bis zu einem niedrigen Astwerk zurückschneiden.*

☼ ◊ 🏆 ❄❄❄ ↕↔ 1,5 m

Ceanothus thyrsiflorus var. *repens*

Diese polsterbildende, niedrigwüchsige Säckelblume ist ein immergrüner Strauch, der im Frühsommer rundliche Büschel aus winzigen blauen Blüten trägt. Die Blätter sind dunkelgrün und glänzend. Eignet sich für Lücken an sonnigen oder leicht schattigen Böschungen, muss aber in kalten Gegenden an warmen, sonnigen Standorten gepflanzt werden.

KULTUR: *Am besten in durchlässigem, leichtem, nährstoffreichem Boden in Sonne oder Halbschatten setzen. Nach der Blüte trimmen, um kompakten Wuchs zu bewahren.*

☼ ◑ ◊ 🏆 ❄ ↕ 1 m ↔ 2,5 m

Ceratostigma plumbaginoides

Die Chinesische Bleiwurz ist ein ausladender, basal verholzter Halbstrauch, der im Spätsommer Büschel aus leuchtend blauen Blüten ausbildet. Ovale, hellgrüne Blätter stehen an aufrechten, schlanken, roten Trieben und sind im Herbst rot überlaufen. Gut als Steingartenpflanze und als Bodendecker geeignet.

KULTUR: *In leichtem, feuchtem, aber gut wasserdurchlässigem, mäßig nährstoffreichem Boden pflanzen. An einen geschützten, vollsonnigen Standort pflanzen. Triebe im mittleren Frühjahr auf etwa 2,5–5 cm über dem Boden einkürzen.*

☼ ◊ 🏆 ❄❄❄ ↕45 cm ↔ 30 cm oder mehr

Cercidiphyllum japonicum

Der wüchsige, ausladende Katsurabaum trägt kleine, herzförmige Blätter, die anfangs bronzefarben und später grün sind, aber erst im Herbst mit einem Feuerwerk aus Hellgelb, Orange, Rot und Rosa so richtig auftrumpfen. In dieser Zeit duftet die Pflanze außerdem angenehm nach Karamellzucker. Beste Laubfärbung entwickeln Bäume in neutralen bis sauren Böden.

KULTUR: *Nährstoffreicher, feuchter, aber durchlässiger Boden. Die Wurzeln brauchen viel Raum und daher tiefgründiges Erdreich.*

☼ ☀ ◊ ♦ 🏆 ❄❄❄

↕bis 20 cm ↔ bis 15 cm

Cercis canadensis 'Forest Pansy'

Der Kanadische Judasbaum verblüfft mit hellrosa Blüten, die an den Zweigen noch vor dem Austrieb der herzförmigen Blätter im Frühjahr erscheinen. Diese Sorte schmückt sich obendrein mit rotviolettem Laub, das im Herbst eine violette und goldgelbe Tönung annimmt. Als Solitär entwickelt das Gehölz eine runde Form, doch kann es auch an einem Zaun oder einer Wand bzw. in einer gemischten Rabatte stehen.

KULTUR: *Verträgt die meisten durchlässigen Böden, sogar über Kalkgestein, und gedeiht besonders an heißen, trockenen Standorten.*

☼ ◑ ◊ ♆ ❄❄❄ ↕↔ 5 m

Cercis siliquastrum

Der Judasbaum ist ein attraktiver, ausladender, laubabwerfender Baum, der nach und nach eine runde Krone ausbildet. Büschel aus wickenartigen, leuchtend rosa Blüten entstehen am Vorjahresholz vor oder mit dem Austrieb der herzförmigen Blätter im Frühjahr. Das Laub ist im jungen Zustand bronzefarben, später dunkel blaugrau und im Herbst gelb gefärbt. Blüht am besten nach langen, heißen Sommern.

KULTUR: *In tiefem, wasserdurchlässigem Boden in voller Sonne oder lichtem Schatten pflanzen. Junge Bäume im Frühsommer in Form schneiden und frostgeschädigte Triebe entfernen.*

☼ ◑ ◊ ♆ ❄❄ ↕↔ 10 m

Chaenomeles speciosa 'Moerloosei'

Ein schnellwüchsiger, ausladender, laubabwerfender Strauch, der im Frühjahr große, weiße, dunkelrosa überhauchte Blüten ausbildet. Die verschlungenen, stacheligen Äste tragen ovale, glänzend dunkelgrüne Blätter. Die Blüten dieser Zierquitte reifen im Herbst zu apfelförmigen, aromatischen, gelbgrünen Früchten heran.

KULTUR: *In wasserdurchlässigem, nährstoffreichem Boden, für schöne Blüte in voller Sonne, sonst im Halbschatten. An Mauern sollten Seitentriebe im Frühjahr bis auf drei Blätter gekürzt werden. Frei stehende Sträucher müssen nur wenig beschnitten werden.*

☼ ◑ ◇ 🏆 ❄❄❄ ↕2,5 m ↔ 5 m

Chaenomeles × *superba* 'Crimson and Gold'

Dieser ausladende, laubabwerfende Zierquittenstrauch trägt von Frühling bis Sommer eine Fülle dunkelroter Blüten mit auffälligen, goldgelben Staubbeuteln. Die dunkelgrünen Blätter erscheinen kurz nach der ersten Blütezeit an den bestachelten Ästen. Gut als Bodendecker oder niedrige Hecke geeignet, überlebt in kalten Gegenden nicht verlässlich.

KULTUR: *In wasserdurchlässigem, nährstoffreichem Boden in voller Sonne. Nach der Blüte trimmen. An Mauern Seitentriebe bis auf zwei oder drei Blätter zurückschneiden.*

☼ ◇ 🏆 ❄❄ ↕1 m ↔ 2 m

Chamaecyparis lawsoniana

Die Kultivare von *C. lawsoniana* sind beliebte, immergrüne Scheinzypressen und in vielen Formen, Größen und Laubfärbungen erhältlich. Sie besitzen eine rotbraune Rinde und dichte Kronen aus Ästen, die an den Spitzen überhängen. Wegen der abgeflachten Büschel aus dichtem, aromatischem Laub, die manchmal kleine, rundliche Zapfen ausbilden, eignen sie sich sehr gut als dichte Heckenpflanzen. Attraktiv sind die blaugraue 'Pembury Blue' oder die goldgelbe 'Lane'. Kompakte Kultivare in kleineren Gärten pflanzen. Zwergige Kultivare wie die langsamwüchsige 'Ellwood's Gold' eignen sich als attraktive, aufrechte Gehölze für Steingärten oder Rabatten.

KULTUR: *In feuchtem, gut wasserdurchlässigem Boden sonnig pflanzen. Vertragen kalkhaltige Böden. Regelmäßig bis zum Herbst trimmen, nicht in altes Holz schneiden. Für Hecken mit Formschnitt muss bereits bei jungen Pflanzen mit dem Beschneiden begonnen werden.*

☼ ◊ ❄❄❄

1

↕1,5 m oder mehr ↔ 60 cm

2

↕bis 15 m ↔ bis 5 m

3

↕bis 15 m ↔ 2-5 m

1 *C. lawsoniana* 'Ellwood's Gold' 🏆 **2** *C. lawsoniana* 'Lanei Aurea' 🏆
3 *C. lawsoniana* 'Pembury Blue' 🏆

Chamaecyparis nootkatensis 'Pendula'

Diese große, immergrüne Scheinzypresse mit herabhängenden Ästen bildet im ausgewachsenen Zustand eine offene Krone aus. Von den überhängenden Ästen hängen Büschel aus dunkelgrünem Laub herab, die im Frühjahr kleine, rundliche Zapfen ausbilden. In großen Gärten bildet der ungewöhnliche Wuchs einen interessanten Blickfang.

KULTUR: *Gedeiht am besten in voller Sonne in feuchtem, aber gut durchlässigem, neutralem bis leicht saurem Boden. Regelmäßiger Beschnitt ist nicht nötig.*

☼ ◊ ♦ ❄❄❄ ↕bis 30 m ↔ bis 8 m

Chamaecyparis obtusa 'Nana Gracilis'

Diese zwergige Form ist ein immergrüner Nadelbaum mit dichtem, pyramidenförmigem Wuchs. Das aromatische, sattgrüne Laub steht in gerundeten, abgeflachten Büscheln, die kleine, im reifen Zustand gelbbraune Zapfen bilden. Gut für große Steingärten geeignet, vor allem, wenn sie in orientalischem Stil gehalten sind.

KULTUR: *In feuchtem, aber gut durchlässigem, neutralem bis leicht saurem Boden in voller Sonne halten. Verträgt auch kalkhaltige, trockene Böden. Regelmäßiger Beschnitt ist nicht nötig.*

☼ ◊ 🏆 ❄❄❄ ↕3 m ↔ 2 m

Chamaecyparis pisifera 'Boulevard'

Eine breite, immergrüne Konifere, die sich zu einem konischen Baum mit offener Krone entwickelt. Das weiche, blaugrüne Laub steht in abgeflachten Büscheln zusammen mit eckigen, grünen Zapfen, die bei Reife braun werden. Mit sehr regelmäßigem, kompaktem Wuchs und ausgezeichnet als Solitärbaum für schlecht wasserdurchlässige, feuchte Standorte geeignet.

KULTUR: *In verlässlich feuchtem, am besten neutralem bis saurem Boden in der vollen Sonne pflanzen. Regelmäßiger Beschnitt ist nicht nötig.*

☼ 💧 💧 🏆 ❄❄❄ ↕10 m ↔ bis 5 m

Chamaerops humilis

Die buschige Europäische Zwergpalme mit mehreren faserigen Stämmen wird von fächerartigen Blättern mit stacheligen Stielen gekrönt. Im Frühjahr öffnen sich unscheinbare Blüten. Da die Pflanze bestenfalls kurzzeitig leichte Minustemperaturen übersteht, zieht man die Palme als Solitär im Gewächshaus oder in einem Kübel, um sie im Winter nach drinnen bringen zu können.

KULTUR: *Durchlässige, nährstoffreiche Böden in der Sonne. Bei Topfkultur mineralische Erde wählen und im Sommer monatlich düngen.*

☼ ◐ 💧 🏆 ❄ ↕2–3 cm ↔ 1–2 m

Chimonanthus praecox 'Grandiflorus'

Ein wüchsiger, aufrechter, laubabwerfender Strauch, der wegen seiner duftenden Winterblüten geschätzt wird. Die Blüten sind groß, becherförmig und tiefgelb mit kastanienbraunen Streifen an der Innenseite. Die Blätter sind mittelgrün. Diese Winterblüten-Sorte in Strauchrabatten oder an einer warmen Mauer ziehen.

KULTUR: *In wasserdurchlässigem, nährstoffreichem Boden sonnig und geschützt pflanzen. Junge Pflanzen nicht beschneiden, damit sich reifes, blühendes Astwerk entwickeln kann. Im Frühjahr blühende Triebe wandgezogener Pflanzen zurückschneiden.*

☼ ◊ 🏆 ❄❄❄ ↕4 m ↔ 3 m

Chionodoxa luciliae

Eine kleine Zwiebelpflanze, die im zeitigen Frühjahr sternförmige, reinblaue Blüten mit weißem Saftmal ausbildet. Die glänzenden, grünen Blätter sind meist zurückgebogen. In sonnige Steingärten pflanzen oder unter Bäumen auswildern. Manchmal wird sie im Gartenhandel als *C. gigantea* geführt.

KULTUR: *In jeglichem gut durchlässigen Boden an einem sonnigen Standort setzen. Zwiebeln im Herbst 8 cm tief pflanzen.*

☼ ◊ 🏆 ❄❄❄ ↕15 cm ↔ 3 cm

Choisya ternata

Die Orangenblume ist ein schnellwüchsiger, rundlicher, immergrüner Strauch, der wegen des attraktiven Laubs und der duftenden Blüten geschätzt wird. Die dunkelgrünen Blätter sind in 3 Blättchen unterteilt, Büschel aus sternförmigen, weißen Blüten erscheinen im Frühjahr. Ein hervorragender Strauch für Stadtgärten, kann jedoch an exponierten Standorten Frostschäden erleiden.

KULTUR: *In gut durchlässigem, nährstoffreichem Boden an einem sonnigen Standort setzen. Bildet meist ohne Beschnitt formschöne Büsche aus. Der Rückschnitt der abgeblühten Triebe fördert eine zweite Blüte.*

☼ ◊ 🏆 ❄ ↕↔ 2,5 m

Choisya ternata
SUNDANCE

Diese langsamwüchsigere, strauchförmige, immergrüne Sorte der Mexikanischen Orangenblume besitzt leuchtend gelbes Laub. Die in drei Blättchen unterteilten Blätter sind stumpf gelbgrün gefärbt, wenn die Pflanzen im Schatten stehen. Blüten entstehen selten. An warmen Mauern ziehen.

KULTUR: *Gedeiht am besten in durchlässigem, nährstoffreichem Boden, für optimale Blattfärbung in voller Sonne. Vor Wind schützen. Unregelmäßige Triebe im Sommer, frostgeschädigte Äste im Frühjahr entfernen.*

☼ ◊ 🏆 ❄❄ ↕↔ 2,5 m

Chrysanthemum (Garten-Chrysanthemen)

Die Garten-Chrysanthemen genannten, aufrechten und buschigen Stauden werden vor allem wegen der leuchtend gefärbten, attraktiven Blütenköpfchen in vielen Formen und Farben kultiviert. Sie werden traditionell als Ausstellungs- oder Schnittblumen genutzt. Die gelappten oder fedrigen Blätter sind aromatisch und dunkelgrün. Die Blüten entstehen je nach Sorte im frühen, mittleren oder späten Herbst. 'Pennine Flute' erblüht bereits im Spätsommer. Die Form der Köpfchen ist sehr variabel: Bei 'Pennine Alfie' sind sie margeritenähnlich, bei 'George Griffiths' sind die äußeren Blütchen zurückgebogen. Winterharte Pflanzen bleiben im Boden.

KULTUR: *In feuchtem, aber gut wasserdurchlässigem, neutralem bis leicht saurem, mit gut verrottetem Mist angereichertem Boden pflanzen. Die Blütentriebe benötigen evtl. eine Stütze. Im Wachstum bis zum Erscheinen der Knospen einen ausgewogenen Volldünger verabreichen.*

☼ 💧 💧 ❄❄

1

↕1,2 m ↔ 75 cm

2

↕1,2 m ↔ 60–75 cm

3

↕1 m ↔ 60–75 cm

4

↕50 cm ↔ 25 cm

5

↕30–60 cm ↔ 60 cm

6

↕1,1 m ↔ 60–75 cm

1 *Chrysanthemum* 'Amber Enbee Wedding' 🏆 **2** *C.* 'Amber Yvonne Arnaud' 🏆 **3** *C.* 'Angora' 🏆 **4** *C.* 'Bravo' 🏆 **5** *C.* 'Bronze Fairie' 🏆 **6** *C.* 'Cherry Nathalie' 🏆

7

↕1,1 m ↔ 60–75 cm

9

↕1,3–1,5 m ↔ 75 cm

8

↕90 cm ↔ 30 cm

10

↕1,2 m ↔ 75 cm

11

↕90 cm ↔ 30 cm

12

↕60 cm ↔ 30 cm

13

↕90 cm ↔ 30 cm

14

↕1,2 m ↔ 75 cm

15

↕1,2 m ↔ 75 cm

7 *C.* 'Eastleigh' 🏆 **8** *C.* 'Flo Cooper' **9** *C.* 'George Griffiths' 🏆 **10** *C.* 'Madeleine' 🏆 **11** *C.* 'Mancetta Bride' 🏆 **12** *C.* 'Mavis' 🏆 **13** *C.* 'Myss Madi' 🏆 **14** *C.* 'Pennine Alfie' 🏆 **15** *C.* 'Pennine Flute' 🏆

18
↕1,2 m ↔ 60–75 cm

16
↕70 cm ↔ 30 cm

17
↕65 cm ↔ 30 cm

19
↕1 m ↔ 45 cm

20
↕1,2 m ↔ 75 cm

21
↕30–60 cm ↔ 60 cm

22
↕1,2 m ↔ 60–75 cm

23
↕85 cm ↔ 45 cm

WEITERE SORTEN

'Margaret': rosa, zurückgebogene Blütenblätter.

'Max Riley': gelb.

'Pennine Signal': hellrot.

'Yellow Pennine Oriel': kleine, gelbe Köpfchen an verzweigten Stängeln.

24
↕1,2 m ↔ 60–75 cm

25
↕1,2 m ↔ 60–75 cm

16 *Chrysanthemum* 'Pennine Lace' 🏆 **17** *C.* 'Pennine Marie' 🏆 **18** *C.* 'Pennine Oriel' 🏆 **19** *C.* 'Primrose Allouise' 🏆 **20** *C.* 'Purple Pennine Wine' 🏆 **21** *C.* 'Salmon Fairie' 🏆 **22** *C.* 'Salmon Margaret' **23** *C.* 'Southway Swan' 🏆 **24** *C.* 'Wendy' 🏆 **25** *C.* 'Yvonne Arnaud' 🏆

Chrysanthemum (Spät blühende Chrysanthemen)

Die Stauden blühen vom Herbst bis in den Winter und brauchen daher den Schutz eines Warmhauses. Frost vertragen sie nicht, doch kann man sie im Sommer nach draußen bringen. Ihre prachtvollen Blütenköpfchen sind in den verschiedensten Formen und Größen erhältlich. Ebenso vielfältig ist das Farbspektrum, das etliche Goldgelb-, Bronze-, Gelb-, Orange-, Rosa- und Rottöne umfasst. Wer die Pflanzen vor den Unbilden der Witterung schützt, kann perfekte Blumen von Ausstellungsqualität erwarten. Spät blühende Chrysanthemen werden in Töpfen oder Gewächshausbeeten gezogen.

KULTUR: *Am besten in guter tonhaltiger Topferde, die stets leicht feucht gehalten wird. Für helles, gefiltertes Licht sorgen. Pflanzen während des Wachstums stützen. Flüssigdünger verabreichen, bis die Blütenknospen erscheinen. Für ausreichende Lüftung und eine Mindesttemperatur von 10 °C sorgen.*

1

↕1,2 m ↔ 60 cm

2

↕1,2–1,5 m ↔ 60 cm

3

↕1,4 m ↔ 60 cm

WEITERE SORTEN

'Apricot Shoesmith Salmon': apricot.
'Bronze Cassandra'
'Dark Red Mayford Perfection': dunkelrot.
'Pink Gin': hellviolett.
'Rose Mayford Perfection': rosa.
'Rynoon': hellrosa.

4

↕1,2 m ↔ 75–100 cm

5

↕1,2 m ↔ 60–75 cm

1 *Chrysanthemum* 'Beacon' 🏆 **2** *C.* 'Golden Cassandra' 🏆 **3** *C.* 'Roy Coopland' 🏆
4 *C.* 'Satin Pink Gin' 🏆 **5** *C.* 'Yellow John Hughes' 🏆

Chusquea culeou

Der elegante Bambus bildet ein Dickicht aus kaskadenartig wachsenden, olivgrünen Halmen mit papierenen weißen Blattscheiden und schmalen, grünen, gesprenkelten Blättern. Der perfekte Solitär ist für ausgedehnte Gehölzpflanzungen, aber auch als Sichtschutz unschätzbar. Verträgt die Bedingungen an der Küste.

KULTUR: *Braucht feuchte, aber durchlässige, mit organischer Substanz verbesserte Böden in der Sonne oder im Halbschatten.*

☼ ◑ ◊ ♦ 🏆 ❄❄

↕ bis 6 m ↔ 2,5 cm und mehr

Cistus × *aguilarii* 'Maculatus'

Diese schnellwüchsige, immergrüne, strauchförmige Zistrosen-Sorte trägt große, einzelne, weiße Sommerblüten mit goldgelben Staubblättern, die von fünf karminroten Flecken umgeben sind. Die lanzettlichen Blätter sind aromatisch und leuchtend grün. Hervorragend für sonnige Böschungen oder Töpfe geeignet. Kann in kalten Gegenden eingehen.

KULTUR: *In wasserdurchlässigem, magerem bis nährstoffreichem Boden sonnig und geschützt pflanzen. Verträgt kalkhaltige Böden. Im Frühjahr oder nach der Blüte leicht trimmen, nicht stark beschneiden.*

☼ ◊ 🏆 ❄

↕↔ 1,2 m

Cistus × dansereaui 'Decumbens'

Diese immergrüne Zistrose kann als strauchiger Bodendecker dienen. Vom Früh- bis zum Hochsommer trägt sie weiße, in der Mitte gelbe, rot gefleckte, sehr haltbare Blüten. Ihre schmalen, glänzenden, dunkelgrünen Blätter stehen an klebrigen Trieben. Zistrosen brauchen Sonne und eignen sich für Steingärten, Hochbeete und Steinmauern. Sie vertragen Böden über Kalk.

KULTUR: *In durchlässigen Böden an sonnigen Standorten. Nach der Blüte Triebspitzen abzwicken. Aus der Reihe tanzende Triebe entfernen, aber nicht hart zurückschneiden.*

☼ ◊ ♈ ❄ ↕60 cm ↔1 m

Cistus × purpureus

Dieser sommerblühende, rundliche, immergrüne Strauch trägt Büschel mit dunkelrosa Blüten, die am Grund jedes Kornblatts einen kastanienbraunen Fleck tragen. Die dunkelgrünen Blätter stehen an aufrechten, rot überlaufenen Trieben. Diese Zistrosen-Hybride eignet sich für Steingärten, sonnige Böschungen oder als Topfpflanze. Übersteht kalte Winter manchmal nicht.

KULTUR: *In gut wasserdurchlässigem, magerem bis nährstoffreichem Boden geschützt und sonnig pflanzen. Verträgt kalkhaltige Böden. Wenn nötig, nach der Blüte leicht trimmen, jedoch nicht stark beschneiden.*

☼ ◊ ♈ ❄ ↕↔1 m

Clematis (Früh blühende Waldreben)

Früh blühende Waldreben werden wegen ihrer Attraktivität im Frühjahr und Frühsommer geschätzt. Es handelt sich meist um laubabwerfende Kletterpflanzen mit mittel- bis dunkelgrünen Blättern. Die Blüten der am frühesten blühenden Arten haben meist glockige Blüten. Die Blüten der später blühenden *C. montana* und Sorten sind flach oder schalenförmig. Die Blüten reifen oft zu hübschen Fruchtständen. Viele Wildreben, vor allem aus der *C.-montana*-Gruppe, sind ideal zur Begrünung unattraktiver Mauern geeignet. Wenn sie durch laubabwerfende Sträucher gezogen werden, blühen sie oft vor dem Blattaustrieb des Trägerstrauchs.

KULTUR: *In gut durchlässigem, nährstoffreichem, humosem Boden in Sonne oder Halbschatten setzen. Wurzeln und Basis sollten im Schatten sein. Jungen Zuwachs vorsichtig anbinden und Äste, die den vorgesehenen Platz überwachsen, direkt nach der Blüte entfernen.*

☼ ◐ ◊ ❄❄❄

↕2-3 m ↔1,5 m

↕2-3 m ↔1,5 m

↕10 m ↔4 m

↕10 m ↔2-3 m

↕5 m ↔2-3 m

WEITERE SORTEN

'White Columbine': weiße Blüten.

'Helsingborg': dunkelblau und braun.

C. cirrhosa var. *balearica* und *C. cirrhosa* 'Freckles': cremegelbe, rosabraun gesprenkelte Blüten.

1 *Clematis* 'Frances Rivis' 🏆 **2** *C.* 'Markham's Pink' 🏆 **3** *C. montana* var. *grandiflora* 🏆 **4** *C. montana* var. *rubens* **5** *C. montana* var. *rubens* 'Tetrarose' 🏆

Clematis (Mitte der Saison blühende Waldreben)

Die meisten dieser Waldreben-Hybriden sind windende, laubabwerfende Kletterpflanzen, die während des Sommers eine Fülle attraktiver Blüten bilden. Die Blüten sind groß, schalenförmig, nach außen weisend und in zahlreichen Formen und Farben erhältlich. Gegen Ende des Sommers werden die Blüten oft dunkler. Die blass- bis mittelgrünen Blätter sind in kleine Blättchen unterteilt. Sie eignen sich zum Klettern an anderen Sträuchern, vor allem wenn sie vor oder nach ihnen zur Blüte kommen. Die obersten Pflanzenteile können in strengen Wintern Schaden nehmen, erholen sich aber meist rasch.

KULTUR: *In wasserdurchlässigem, nährstoffreichem, humosem Boden mit der Basis im Schatten, den oberen Teilen in der Sonne pflanzen (pastellfarbene Blüten im Halbschatten). Im späten Winter den Wurzelbereich mulchen. Zuwachs anbinden und im Winter ältere Triebe auf kräftige Knospen zurückschneiden.*

☼ ◑ ◊ ❄❄❄

1
↕2,5 m ↔1 m

2
↕2,5 m ↔1 m

3
↕2-3 m ↔1 m

1 *Clematis* 'Bees' Jubilee' **2** *C.* 'Doctor Ruppel' **3** *C.* 'Elsa Späth'

5

↕bis 3 m ↔ 1 m

6

↕2,5 m ↔ 1 m

7

↕2,5 m ↔ 1 m

10

↕3 m ↔ 1 m

8

↕3 m ↔ 1 m

11

↕2,5 m ↔ 1 m

9

↕2,5 m ↔ 1 m

12

↕2-3 m ↔ 1 m

5 *C.* 'Fireworks' **6** *C.* 'Gillian Blades' 🏆 **7** *C.* 'H. F. Young' 🏆 **8** *C.* 'Henryi' 🏆 **9** *C.* 'Lasurstern' 🏆 **10** *C.* 'Marie Boisselot' 🏆 **11** *C.* 'Miss Bateman' 🏆 **12** *C.* 'Nelly Moser' 🏆

13

↕2-3 m ↔1 m

14

↕2-3 m ↔1 m

15

↕2 m ↔1 m

16

↕2 m ↔1 m

WEITERE SORTEN

'Lord Nevill': dunkelblaue Blüten mit rotvioletten Staubblättern.

'Mrs. Cholmondely': lila, braune Staubblätter.

'Will Goodwin': blassblaue Blüten mit gelben Staubblättern.

17

↕2-3 m ↔1 m

18

↕2-3 m ↔1 m

13 *C.* 'Niobe' 🏆 **14** *C.* 'Richard Pennell' 🏆 **15** *C.* 'Royalty' 🏆 **16** *C.* 'Silver Moon'
17 *C.* 'The President' 🏆 **18** *C.* 'Vyvyan Pennell'

Clematis (Spät blühende Waldreben)

Viele großblütige Waldreben-Hybriden blühen von Hoch- bis Spätsommer. Die Blüten der *C.-viticella*-Gruppe sind meist kleiner, aber üppiger. Die spät blühenden Clematis sind laubabwerfend oder immergrün und haben eine unendliche Fülle verschiedener Blattformen wie auch Blütenformen und -farben. Viele, wie 'Perle d'Azur', sind sehr wüchsig und können große Flächen einer Wand oder unansehnlicher Gebäude bedecken. Viele bilden dekorative, silbergraue Fruchtstände aus, die bis lange in den Winter halten. Alle außer 'Bill Mackenzie' können als kleine Bäume hochgezogen werden.

KULTUR: *In humusreichem, nährstoffreichem, gut durchlässigem Boden mit dem Grund im Schatten und den oberen Teilen im Halbschatten oder in der Sonne pflanzen. Im späten Winter nur den Wurzelbereich mulchen. Jedes Jahr vor Beginn des Wachstums im zeitigen Frühjahr kräftig zurückschneiden.*

☼ ◑ ♢ ❄❄❄

1

↕4 m ↔1,5 m

2

↕7 m ↔2-3 m

3

↕2,5 m ↔1,5 m

1 *C.* 'Alba Luxurians' 🏆 **2** *C.* 'Bill Mackenzie' 🏆 **3** *C.* 'Duchess of Albany'

4

↕2–3 m ↔1 m

5

↕3–5 m ↔1,5 m

6

↕3 m ↔1 m

7

↕3 m ↔1,5 m

8

↕3 m ↔1 m

9

↕3 m ↔1 m

10

↕3 m ↔1 m

11

↕3 m ↔1 m

12

↕6–7 m ↔2–3 m

4 *C.* 'Comtesse de Bouchaud' 🏆 **5** *C.* 'Etoile Violette' 🏆 **6** *C.* 'Jackmanii' 🏆
7 *C.* 'Madame Julia Correvon' 🏆 **8** *C.* 'Minuet' 🏆 **9** *C.* 'Perle d'Azur'
10 *C.* 'Venosa Violacea' 🏆 **11** *C. viticella* 'Purpurea Plena Elegans' 🏆 **12** *C. rehderiana* 🏆

Clianthus puniceus

Ein immergrüner, kletternder Strauch mit verholztem Trieb und kriechenden Ästen. Die hängenden Büschel leuchtend roter Blüten dieser Prachtwicken-Art erscheinen im Frühjahr und Frühsommer. Die mittelgrünen Blätter sind in viele, schmal längliche Blättchen unterteilt. Zum Hochziehen an Mauern geeignet. In frostgefährdeten Gebieten im kühlen Wintergarten halten.

KULTUR: *In wasserdurchlässigem, nährstoffreichem Boden sonnig und geschützt pflanzen. Spitzen junger Pflanzen auskneifen, um einen buschigen Wuchs zu fördern. Später so wenig wie möglich beschneiden.*

☼ ◊ 🏆 ❄ ↕4 m ↔3 m

Codonopsis convolvulacea

Eine schlanke, krautige, im Sommer blühende Kletterpflanze mit windenden Ästen und zierlichen, glocken- bis schalenförmigen, zart blauvioletten Blüten. Die Blätter der Glockenwinde sind lanzettlich bis oval und leuchtend grün gefärbt. In Staudenrabatten oder Gehölzgärten pflanzen, wo sie an anderen Pflanzen hochklettern können.

KULTUR: *In feuchtem, wasserdurchlässigem, nährstoffreichem Boden in durchbrochenen Schatten setzen. Pflanzen stützen oder durch benachbarte Sträucher ziehen. Im Frühjahr bis zum Grund zurückschneiden.*

☼ ◊ ◑ ❄❄❄ ↕bis 2 m

Colchicum speciosum 'Album'

Diese Herbstzeitlosen-Sorte ist eine mit Knollen überdauernde Staude, die dicke, wetterbeständige, kelchförmige, reinweiße Blüten ausbildet. Die schmal ovalen, mittelgrünen Blätter erscheinen im Winter oder Frühjahr nach dem Abwelken der Blüten. An der Vorderseite von Rabatten, am Fuß von Böschungen oder in Steingärten pflanzen. Alle Pflanzenteile sind hochgiftig.

KULTUR: *In feuchtem, wasserdurchlässigem Boden in voller Sonne pflanzen. Knollen im Frühherbst 10 cm unterhalb der Oberfläche eines tiefen, nährstoffreichen Bodens setzen.*

☼ ◊ 🏆 ❄❄❄ ↕ 18 cm ↔ 10 cm

Convallaria majalis

Maiglöckchen sind Stauden, die sich mit Rhizomen ausbreiten und kleine, sehr stark duftende, weiße Blüten ausbilden, die im Spätfrühjahr oder Frühsommer von gebogenen Trieben hängen. Die schmal ovalen Blätter sind mittel- bis dunkelgrün. Eine hervorragende, bodendeckende Pflanze für Gehölzgärten und andere schattige Standorte. Breitet sich unter günstigen Bedingungen rasch aus.

KULTUR: *In verlässlich feuchtem, nährstoffreichem, humosem, laubreichem Boden in tiefen Schatten oder Halbschatten pflanzen und im Herbst mit Blattmulch bedecken.*

◑ ● 💧 🏆 ❄❄❄ ↕ 23 cm ↔ 30 cm

Convolvulus cneorum

Dieser kompakte, rundliche, immergrüne Strauch trägt von Frühjahr bis Sommer eine Fülle trichterförmiger, weißer Blüten mit gelbem Zentrum. Die schmal lanzettlichen Blätter sind silbrig grau. Eine relativ große Pflanze für Steingärten oder eine sonnige Böschung. In Gebieten mit kalten, nassen Wintern sollte diese Winden-Art in Töpfe gepflanzt und im Winter in ein kühles Gewächshaus gestellt werden.

KULTUR: *In grushaltigem, wasserdurchlässigem, magerem bis nährstoffreichem Boden an einen sonnigen, geschützten Standort setzten. Wenn nötig, nach der Blüte zurückschneiden.*

☼ ◊ 🏆 ❄ ↕60 cm ↔ 90 cm

Convolvulus sabatius

Die kleine, ausdauernde Kriechende Winde besitzt trichterförmige, lebhaft blaupurpurne Blüten, die von Sommer bis Frühherbst erscheinen. Die schlanken Triebe sind von kleinen, ovalen, mittelgrünen Blättern bedeckt. Sieht in Felsspalten apart aus. In kalten Gebieten am besten in Töpfe pflanzen und unter Glas überwintern. Wird manchmal als *C. mauritanicus* angeboten.

KULTUR: *In gut wasserdurchlässigem, grushaltigem, magerem bis mäßig nährstoffreichem Boden pflanzen. Einen geschützten Standort in voller Sonne wählen.*

☼ ◊ 🏆 ❄ ↕15 cm ↔ 50 cm

Coreopsis verticillata 'Moonbeam'

Den ganzen Sommer über verschwinden die hellgrünen, gefiederten Blätter dieser Mädchenaugen-Sorte fast völlig unter dem Meer aus zitronengelben Körbchenblüten, die Bienen anlocken. Die kleine, gegen Trockenheit unempfindliche, hübsche Staude wird bevorzugt als Saumpflanzung für Wege und in Rabatten eingesetzt.

KULTUR: *In nährstoffreichen, durchlässigen Böden an vollsonnigen bis halbschattigen Standorten. Das Ausputzen welker Blüten verlängert den Flor.*

☼ ◊ ♦ ❄❄❄ ↕↔ bis 50 cm

Cornus alba 'Sibirica'

Ein laubabwerfender Strauch, der meist wegen seiner attraktiven, roten, jungen Wintertriebe angepflanzt wird. Kleine Büschel aus cremeweißen Blüten erscheinen bei dieser Sorte des Tatarischen Hartriegels im Spätfrühjahr zwischen ovalen, dunkelgrünen, im Herbst rot gefärbten Blättern. Besonders an Gewässern effektvoll oder in Bereichen, wo die Triebe im Winter gut zu sehen sind.

KULTUR: *In mäßig nährstoffreichem Boden sonnig kultivieren. Für beste Triebfärbung sollten ausgewachsene Pflanzen im Frühjahr zurückgeschnitten und gedüngt werden, obwohl dies auf Kosten der Blüten geht.*

☼ ◊ ♦ 🏆 ❄❄❄ ↕↔ 3 m

Cornus alba 'Spaethii'

Ein wüchsiger, laubabwerfender Strauch mit leuchtend grünen, elliptischen Blättern mit gelbem Rand. Diese Sorte des Tatarischen Hartriegels wird meist wegen der im Winter attraktiven, roten Jungtriebe kultiviert. Im Spätfrühjahr erscheinen kleine Büschel aus cremeweißen Blüten zwischen dem Laub. Sehr effektvoll an Stellen, die im Winter gut zu sehen sind.

KULTUR: *In mäßig, nährstoffreichem Boden sonnig kultivieren. Für beste Triebfärbung sollten ausgewachsene Pflanzen im Frühjahr zurückgeschnitten und gedüngt werden, obwohl dies auf Kosten der Blüten geht.*

☼ ◊ ♦ 🏆 ❄❄❄ ↕↔ 3 m

Cornus florida 'Cherokee Chief'

Der kleine Baum mit runder Krone bietet etliche Vorzüge: Blütenstände mit auffallenden rubinrosa Hochblättern im Frühjahr, rote Früchte und rötliche Blätter im Herbst. Wegen seiner bruchfesten Äste bietet er sich für Standorte neben befestigten Flächen an, kommt aber auch im Hintergrund einer Rabatte sowie als Solitär im Rasen zur Geltung.

KULTUR: *Nährstoff- und humusreiche, durchlässige, neutrale bis saure Böden. Vor Nachmittagssonne schützen. Bei Trockenheit gut gießen.*

☼ ◐ ♦ 🏆 ❄❄❄ ↕ bis 6 m ↔ bis 8 m

Cornus kousa var. *chinensis*

Dieser breit konische, laubabwerfende Baum mit einer flockig abschilfernden Rinde wird wegen der dunkelgrünen, ovalen Blätter geschätzt, die sich im Herbst tief karminpurpurn färben. Im Frühsommer erscheinen Blüten, die von langen, weißen Brakteen umgeben sind und sich rosarot umfärben. Dieser Hartriegel ist ein effektvoller Solitärbaum, besonders in Gehölzgärten.

KULTUR: *Am besten in durchlässigen, nährstoffreichen, neutralen bis sauren, humusreichen Böden in voller Sonne oder Halbschatten. So wenig wie möglich beschneiden.*

☼ ◑ ◊ 🏆 ❄❄❄ ↕7 m ↔5 m

Cornus mas

Die Kornelkirsche ist ein wüchsiger und ausladender, laubabwerfender Strauch oder kleiner Baum. Büschel aus kleinen, gelben Blüten erscheinen im späten Winter an den unbelaubten Trieben. Die ovalen, dunkelgrünen Blätter werden im Herbst rotpurpurn, und gleichzeitig entstehen die schön rot gefärbten Früchte. Besonders attraktiv als Solitärbaum in Gehölzgärten.

KULTUR: *Verträgt jeden wasserdurchlässigen Boden in der Sonne oder im Halbschatten. So wenig wie möglich beschneiden.*

☼ ◑ ◊ ❄❄❄ ↕↔5 m

Cornus sericea 'Flaviramea'

Dieser wüchsige, laubabwerfende Strauch sieht im Winter durch seine kahlen, gelbgrünen Triebe hübsch aus. Im Frühjahr entstehen ovale, dunkelgrüne Blätter, im Spätfrühjahr und Frühsommer erscheinen Büschel weißer Blüten. Im Herbst färbt sich das Laub dieser Hartriegel-Sorte rot. Hervorragend für Sumpfgärten oder die Nähe von Gewässern geeignet.

KULTUR: *In feuchtem Boden in voller Sonne kultivieren. Jährlich je einen von vier Trieben ausschneiden. Für optimale Färbung der Wintertriebe im zeitigen Frühjahr alle Triebe stark zurückschneiden und düngen.*

☼ ♦ 🏆 ❄❄❄ ↕2 m ↔4 m

Correa backhousiana

Dieser dichte, ausladende, immergrüne Strauch bildet vom späten Herbst bis zum Spätfrühjahr kleine Büschel mit röhrenförmigen, blass rotgrünen oder cremefarbenen Blüten. Die behaarten, rostroten Triebe sind von den ovalen, dunkelgrünen Blättern bedeckt. In kalten Gegenden an einer warmen Mauer pflanzen oder überwintern.

KULTUR: *In gut wasserdurchlässigem, nährstoffreichem, saurem bis neutralem Boden in voller Sonne pflanzen. Wenn nötig, nach der Blüte zurückschneiden.*

☼ ◊ 🏆 ❄ ↕1–2 m ↔1,5–2,5 m

Cortaderia selloana 'Aureolineata'

Diese Kulturform des Pampasgrases hat sattgelb berandete, später goldgelbe, gebogene Blätter. Die immergrüne, gruppenbildende Staude wird auch als 'Gold Band' gehandelt. Fedrige Blütenstände aus silbrigen Blüten erscheinen im Spätsommer an langen Trieben. Nicht verlässlich frosthart. Die Blütenstände sind als Trockenblume geeignet.

KULTUR: *In gut wasserdurchlässigem Boden in voller Sonne pflanzen. Im späten Winter totes Laub und Verblühtes entfernen, dabei mit Handschuhen die Hände schützen.*

☼ ◇ 🏆 ❄ ❄

↕ bis 2,2 m ↔ 1,5 m oder mehr

Cortaderia selloana 'Sunningdale Silver'

Dieses immergrüne Pampasgras ist eine gruppenbildende, wetterunempfindliche Staude. Im Spätsommer erscheinen silbrige, fedrige Blütenstände mit silbrig cremefarbenen Blüten an kräftigen, aufrechten Trieben über den schmalen, überhängenden, scharfkantigen Blättern. Bei Kälte obere Pflanzenteile mit trockenem Wintermulch schützen.

KULTUR: *In gut wasserdurchlässigem, nicht zu schwerem Boden sonnig pflanzen. Im späten Winter totes Laub und Verblühtes entfernen. Mit Handschuhen arbeiten, um die Hände vor dem Laub zu schützen.*

☼ ◇ 🏆 ❄ ❄

↕ 3 m oder mehr ↔ bis 2,5 m

Corydalis solida 'George Baker'

Eine niedrigwüchsige, gruppenbildende, krautige Staude mit aufrechten Blütenständen und intensiv lachsrosa Blüten. Diese erscheinen im Frühjahr über dem aparten, tief eingeschnittenen, graugrünen Laub. Der Gewöhnliche Gefingerte Lerchensporn ist sehr gut für Steingärten oder Alpinhäuser geeignet.

KULTUR: *In stark durchlässigem, mäßig nährstoffreichem Boden oder Topferde kultivieren. In die volle Sonne setzen, verträgt aber auch lichten Schatten.*

↕ bis 25 cm ↔ bis 20 cm

Corylopsis pauciflora

Dieser laubabwerfende Strauch trägt im Frühjahr hängende, kätzchenartige Blütenstände mit kleinen, duftenden, blassgelben Blüten an nackten Trieben. Die ovalen, leuchtend grünen Blätter sind bei der Entfaltung bronzefarben. Da Scheinhaseln häufig ohne Beschnitt wohlgeformt sind, eignen sie sich als Solitärsträucher. Die Blüten können durch Fröste geschädigt werden.

KULTUR: *In feuchtem, wasserdurchlässigem, humusreichem, saurem Boden im Halbschatten vor Winden geschützt pflanzen. Sträucher mit ausreichendem Platz pflanzen und, um die natürliche Wuchsform nicht zu stören, nur totes Holz entfernen.*

↕ 1,5 m ↔ 2,5 m

Corylus avellana 'Contorta'

Diese Korkenzieherhasel ist ein laubabwerfender Strauch, dessen gedrehte Triebe im Winter reizvoll aussehen. Sie können auch in Blumengestecken genutzt werden. Im Winter erscheinen die ebenfalls attraktiven, blassgelben Kätzchen. Die mittelgrünen Blätter sind fast rund und gesägt.

KULTUR: *In jeglichem wasserdurchlässigen, nährstoffreichen Boden in Sonne oder Halbschatten pflanzen. Bei ausgewachsenen Pflanzen neigen die Äste dazu, zu dicht zu stehen und zu brechen, daher im späten Winter ausdünnen.*

☼ ◑ ◊ ❄❄❄ ↕↔ 15 m

Corylus maxima 'Purpurea'

Diese Kulturform der Lambertsnuss ist ein wüchsiger, offener, laubabwerfender Strauch, der unbeschnitten ein kleiner Baum werden kann. Im Winter erscheinen purpurne Kätzchen, bevor sich die rundlichen, purpurnen Blätter entfalten. Die essbaren Nüsse reifen im Herbst. Hervorragend als Solitärstrauch, in Strauchrabatten oder für Gehölzgärten geeignet.

KULTUR: *In wasserdurchlässigem, nährstoffreichem Boden in Sonne oder Halbschatten setzen. Um die beste Laubfärbung zu erzielen, sollten die Sträucher im zeitigen Frühjahr kräftig zurückgeschnitten werden.*

☼ ◑ ◊ 🏆 ❄❄❄ ↕ bis 6 m ↔ 5 m

Cosmos bipinnatus 'Sonata White'

Eine verzweigte, kompakte, einjährige Kosmeen-Sorte mit ungefüllten, schalenförmigen Blütenköpfchen mit gelbem Zentrum, die von Sommer bis Herbst an den Spitzen aufrechter Triebe erscheinen. Die Blätter sind leuchtend grün und federartig zerteilt. Hervorragend für exponierte Gärten geeignet. Gute Schnittblume.

KULTUR: *In feuchtem, wasserdurchlässigem, nährstoffreichem Boden in der vollen Sonne pflanzen. Abgeblühte Köpfchen auskneifen, um die Blüte zu verlängern.*

☼ ◊ ♦ 🏆 ❄❄ ↕↔ 30 cm

Cotinus coggygria 'Royal Purple'

Dieser laubabwerfende Perückenstrauch wird wegen der rundlichen, purpurroten Blätter, die sich im Herbst scharlachrot färben, kultiviert. Lockere Blütenstände winziger, rosapurpurner Blüten entstehen nur in Gebieten mit langen, heißen Sommern am älteren Holz. Gut für Strauchrabatten oder als Solitärbaum geeignet. Braucht in Gruppen viel Platz.

KULTUR: *In feuchtem, wasserdurchlässigem Boden in Sonne oder Halbschatten pflanzen. Für die beste Laubfärbung sollte jedes Frühjahr vor Einsetzen des Wachstums auf bleibendes Astwerk zurückgeschnitten werden.*

☼ ☀ ◊ ♦ 🏆 ❄❄❄ ↕↔ 5 m

Cotinus 'Grace'

Ein schnellwüchsiger, laubabwerfender Strauch mit ovalen, purpurnen Blättern, die im späten Herbst durchscheinend rot werden. Die lockeren, fedrigen Blütenstände aus winzigen, rosapurpurnen Blüten erscheinen in reicher Zahl in heißen Sommern. Diese Perückenstrauch-Sorte ist wegen der attraktiven Herbstfärbung gut für Strauchrabatten oder als Solitärstrauch geeignet.

KULTUR: *In feuchtem, wasserdurchlässigem, nährstoffreichem Boden in Sonne oder Halbschatten pflanzen. Für beste Laubfärbung in jedem Frühjahr vor Einsetzen des Wachstums stark zurückschneiden.*

☼ ◑ ◊ ◆ ❄❄❄ ↕6 m ↔ 5 m

Cotoneaster atropurpureus 'Variegatus'

Diese kompakte, niedrigwüchsige, strauchige Zwergmispel-Sorte, auch unter dem Namen *C. horizontalis* 'Variegatus' bekannt, bildet im Sommer unscheinbare rote Blüten, die im Herbst zu orangeroten Früchten heranreifen. Die kleinen ovalen, weiß berandeten, grünen Blätter werden im Herbst rosarot. Schön als Bodendecker oder in Steingärten.

KULTUR: *In wasserdurchlässigem, nährstoffreichem Boden in voller Sonne kultivieren. Verträgt auch trockene Böden und Halbschatten. So wenig wie möglich beschneiden.*

☼ ◑ ◊ 🏆 ❄❄❄ ↕45 cm ↔ 90 cm

Cotoneaster conspicuus 'Decorus'

Ein dichter, büscheliger Strauch, der wegen der glänzenden, roten Beeren kultiviert wird. Die Früchte reifen im Herbst und bleiben häufig bis zum späten Winter an der Pflanze. Kleine, weiße Blüten stehen im Sommer zwischen den dunkelgrünen Blättern. Diese Zwergmispel-Zierform ist gut für Strauchrabatten oder als Unterpflanzung laubabwerfender Bäume geeignet.

KULTUR: *In gut wasserdurchlässigem, mäßig nährstoffreichem Boden vollsonnig setzen, verträgt aber auch Schatten. Wenn nötig, nach der Blüte leicht schneiden.*

☼ ◑ ◊ 🏆 ❄❄❄ ↕1,5 m ↔ 2–2,5 m

Cotoneaster horizontalis

Ein laubabwerfender Strauch mit ausladenden Ästen im Fischgrätenmuster. Die winzigen weißrosa Blüten erscheinen im Sommer. Leuchtend rote Beeren reifen im Herbst heran und die glänzenden, grünen Blätter werden im Herbst rot, bevor sie abfallen. Guter Bodendecker, sieht aber flach an einer Mauer hochgezogen am eindrucksvollsten aus.

KULTUR: *Gedeiht in jedem, außer staunassem Boden. Für die beste Beerenfärbung in die Sonne, sonst in den Halbschatten setzen. Wenig beschneiden. An der Wand im späten Winter nach außen weisende Äste kürzen.*

☼ ◑ ◊ 💧 🏆 ❄❄❄ ↕1 m ↔ 1,5 m

Cotoneaster lacteus

Diese dichte, immergrüne, strauchige Zwergmispel besitzt überhängende Äste, an denen von Früh- bis Hochsommer Büschel kleiner, becherförmiger, milchweißer Blüten stehen. Diese reifen im Herbst zu roten Beeren. Die ovalen Blätter sind dunkelgrün, ledrig, mit grauwolligen Unterseiten. Ideal für naturnahe Gärten, da die Zwergmispel eine Nahrungsquelle für Bienen und Vögel bietet. Auch gut als Windschutz oder Hecke geeignet.

KULTUR: *In wasserdurchlässigem, nährstoffreichem Boden in Sonne oder Halbschatten pflanzen. Wenn nötig, Hecken im Sommer leicht trimmen, wenig beschneiden.*

☼ ◑ ◊ 🏆 ❄❄ ↕↔ 4 m

Cotoneaster simonsii

Ein aufrechter laubabwerfender oder halb immergrüner Strauch mit kleinen, becherförmigen weißen Blüten, die im Sommer erscheinen. Die orangeroten Beeren reifen im Herbst heran und stehen häufig weit in den Winter hinein an der Pflanze. Die glänzend dunkelgrünen Blätter färben sich im Herbst rot. Gut als Hecke geeignet, kann relativ stark in Form geschnitten werden.

KULTUR: *In jedem wasserdurchlässigem Boden in Sonne oder Halbschatten pflanzen. Hecken im späten Winter oder Frühjahr schneiden oder ungestört wachsen lassen.*

☼ ◑ ◊ 🏆 ❄❄❄ ↕ 3 m ↔ 2 m

Cotoneaster sternianus

Dieser elegante, immergrüne oder halb immergrüne Strauch besitzt überhängende Äste, an denen bei dieser Zwergmispel-Art im Sommer Büschel aus rosa getönten, weißen Blüten stehen. Diese reifen im Herbst zu großen, orangeroten Beeren heran. Die graugrünen Blätter besitzen weiße Unterseiten. Sehr gut als Hecke geeignet.

KULTUR: *In jedem wasserdurchlässigem Boden in Sonne oder Halbschatten pflanzen. Hecken nach der Blüte wenig trimmen. Am besten so wenig wie möglich beschneiden.*

☼ ◐ ◇ ♀ ❄❄ ↕↔ 3 m

Cotoneaster × *watereri* 'John Waterer'

Ein schnellwüchsiger, immergrüner oder halb immergrüner Strauch, der wegen der Fülle roter Herbstbeeren geschätzt wird. Im Sommer erscheinen Büschel weißer Blüten zwischen den lanzettlichen, dunkelgrünen Blättern. Gut als Solitärbaum oder im Hintergrund von Strauchrabatten.

KULTUR: *In jedem, außer staunassem Boden, in Sonne oder Halbschatten pflanzen. Im jungen Zustand sollten alle störenden Äste herausgeschnitten werden, damit sich ein regelmäßiges Astwerk entwickelt. Danach so wenig wie möglich beschneiden.*

☼ ◐ ◇ ◆ ♀ ❄❄❄ ↕↔ 5 m

Crambe cordifolia

Eine hohe, gruppenbildende, wüchsige Staude, die wegen ihrer duftenden, luftigen, überhängenden Blütenstände aus kleinen, weißen Blüten kultiviert wird. Diese ziehen Bienen an und stehen im Sommer an kräftigen Trieben oberhalb der eleganten, großen, dunkelgrünen Blätter. Diese Meerkohl-Sorte ist sehr gut für Staudenrabatten geeignet. Sie benötigt allerdings ausreichend Platz.

KULTUR: *In jeglichen gut durchlässigen, am besten tiefen Boden in voller Sonne oder im Halbschatten pflanzen. Vor starken Winden schützen.*

↕bis 2,5 m ↔ 1,5 m

Crataegus laevigata 'Paul's Scarlet'

Dieser rundliche, bedornte, laubabwerfende, baumförmige Weißdorn wird wegen seiner lange andauernden Attraktivität geschätzt. Von Spätfrühjahr bis Sommer erscheinen viele Büschel gefüllter, dunkelrosa Blüten, die im Herbst zu kleinen roten Früchten reifen. Die Blätter sind in drei oder fünf Lappen unterteilt und glänzend mittelgrün. Schöner Solitärstrauch in Stadt- oder Küstengärten sowie für exponierte Gärten.

KULTUR: *In jedem, außer staunassem Boden in Sonne oder Halbschatten pflanzen. So wenig wie möglich beschneiden.*

↕↔ 8 m

Crataegus × lavalleei 'Carrierei'

Dieser wüchsige Weißdorn ist ein ausladender, halb immergrüner Baum mit dornigen Trieben und ledrigen, grünen (im Herbst und Winter roten) Blättern. Flache Sommer-Blütenstände weißer Blüten reifen im Herbst zu roten, runden Früchten heran, die bis in den Winter an der Pflanze bleiben. Ist gegenüber Luftverschmutzung tolerant und eignet sich daher gut für Stadtgärten. Wird häufig nur als *C. × lavallei* geführt.

KULTUR: *In jedem, außer staunassem Boden in voller Sonne oder Halbschatten pflanzen. Wenig beschneiden.*

↕ 7 m ↔ 10 m

Crinodendron hookerianum

Dieser aufrechte, immergrüne Strauch besitzt große, scharlach- bis karminrote Blüten, die im Spätfrühjahr und Frühsommer von den aufrechten Trieben hängen. Die Blätter sind schmal und glänzend dunkelgrün. Verträgt keine alkalischen Böden und ist in kalten Wintern nicht verlässlich frosthart.

KULTUR: *In feuchtem, wasserdurchlässigem, nährstoffreichem, humusreichem, saurem Boden im Halbschatten geschützt pflanzen. Verträgt sonnige Standorte, wenn die Wurzeln kühl und schattig gehalten werden. Wenn nötig, nach der Blüte leicht trimmen.*

↕ 6 m ↔ 5 m

Crinum × *powellii* 'Album'

Eine kräftige Zwiebelpflanze mit Büscheln aus bis zu zehn großen, duftenden, weit abspreizenden, reinweißen Blüten, die im Spätsommer und Herbst an aufrechten Trieben erscheinen. Die grundständigen, riemenförmigen Blätter dieser Hakenlilien-Sorte sind überhängend, bis 1,5 m lang. In kalten Gegenden geschützt setzen und ruhende Zwiebeln im Winter mit Mulch schützen.

KULTUR: *In tiefem, feuchtem, wasserdurchlässigem, nährstoffreichem, humusreichem Boden in der vollen Sonne mit Schutz vor kalten, austrocknenden Winden pflanzen.*

☼ ♁ 🏆 ❄ ↕1,5 m ↔ 30 cm

Crocosmia × *crocosmiiflora* 'Solfatare'

Diese gruppenbildende, ausdauernde Montbretien-Sorte bildet im Hochsommer Blütenstände mit trichterförmigen, aprikotgelben Blüten an gebogenen Trieben. Die bronzegrünen Blätter sind riemenförmig und entspringen Knollen. In Rabatten wirkt sie sehr attraktiv. Gute Schnittblume. Sie ist nicht verlässlich frosthart.

KULTUR: *In feuchtem, wasserdurchlässigem, nährstoffreichem, humusreichem Boden in der vollen Sonne pflanzen. Im Winter mit trockenem Mulch schützen.*

☼ ♁ 🏆 ❄❄ ↕60–70 cm ↔ 8 cm

Crocosmia 'Lucifer'

Eine robuste, gruppenbildende Montbretie mit Knollen am Grund der Triebe. Aus ihnen entspringen gefältelte, leuchtend grüne Blätter und im Sommer gebogene Blütentriebe mit nach oben weisenden, roten Blüten. Ausgesprochen attraktiv am Rand von Strauchrabatten oder an einem Teich.

KULTUR: *In feuchtem, wasserdurchlässigem, mäßig nährstoffreichem, humusreichem Boden in der vollen Sonne oder im lichten Schatten kultivieren.*

☼ ◑ ◊ ♦ 🏆 ❄❄ ↕1–1,2 m ↔ 8 cm

Crocosmia masoniorum

Eine robuste, im Spätsommer blühende Staude mit zinnoberroten, nach oben weisenden Blüten, die an überhängenden Ästen über dem dunkelgrünen Laub stehen. Die Blüten und Blätter entspringen den zwiebelartigen Knollen. Gedeiht gut in Küstengärten. In Gebieten mit Frost an einer warmen Mauer pflanzen.

KULTUR: *In feuchtem, wasserdurchlässigem, nährstoffreichem, humusreichem Boden in Sonne oder Halbschatten pflanzen. Mit einem trockenen Wintermulch schützen.*

☼ ◑ ◊ 🏆 ❄ ↕1,2 m ↔ 8 cm

Crocus (Frühjahrsblühende Krokusse)

Frühjahrsblühende Krokusse bringen als zwergige Stauden in dieser Jahreszeit hübsche Farbtupfer in den Garten. Einige Kultivare von *C. sieberi*, wie 'Tricolor' oder 'Hubert Edelstein' blühen im späten Winter. Die kelchförmigen Blüten entspringen den unterirdischen Knollen gleichzeitig mit oder kurz vor den schmalen, fast aufrechten Blättern. Die Blätter sind mittelgrün mit silbergrauen Mittelstreifen und wachsen beträchtlich, wenn die Blüten abwelken. Sehr attraktiv in Reihen an der Vorderseite gemischter oder krautiger Rabatten. Auffällig wirken sie, in reicher Zahl gepflanzt, in Steingärten oder Hochbeeten.

KULTUR: *In grushaltigem, durchlässigem, magerem bis nährstoffreichem Boden sonnig pflanzen. In der Wachstumsperiode reichlich gießen und monatlich einen stickstoffarmen Dünger verabreichen.* C. corsicus *muss im Sommer völlig trocken gehalten werden. Können ausgewildert werden.*

☼ ◊ ❄❄❄

1

↕8-10 cm ↔ 4 cm

2

↕7 cm ↔ 5 cm

3

↕5-8 cm ↔ 2,5 cm

4

↕5-8 cm ↔ 2,5 cm

5

↕5-8 cm ↔ 2,5 cm

1 *C. corsicus* 🏆 **2** *C. chrysanthus* 'E. A. Bowles' 🏆 **3** *C. sieberi* 'Albus' 🏆
4 *C. sieberi* 'Tricolor' 🏆 **5** *C. sieberi* 'Hubert Edelstein' 🏆

Crocus (Herbstblühende Krokusse)

Diese Krokusse werden wegen ihrer spät erscheinenden, kelchförmigen Blüten geschätzt. Es sind zwergige Stauden mit unterirdischen Knollen, aus denen die Blätter und Blüten im Herbst entspringen. Die Blätter sind schmal, mittelgrün, mit silbernen Mittelstreifen und erscheinen mit oder kurz nach den Blüten. Alle Arten sind unter geeigneten Bedingungen gut zu kultivieren und sehen in Gruppen in Steingärten attraktiv aus. Sich schnell ausbreitende Krokusse wie *C. ochroleucus* eignen sich zum Auswildern in Rasenflächen oder unter laubabwerfenden Sträuchern. *C. banaticus* sieht im Vordergrund von Rabatten effektvoll aus, darf aber nicht von größeren Pflanzen überwachsen werden.

KULTUR: *In grushaltigem, gut durchlässigem, magerem bis nährstoffreichem Boden sonnig pflanzen. Bei allen Krokussen, außer* C. banaticus, *das Gießen im Sommer einschränken.* C. banaticus *bevorzugt feuchtere Böden und verträgt Halbschatten.*

↕10 cm ↔5 cm

↕10 cm ↔5 cm

↕6–8 cm ↔5 cm

↕8 cm ↔2,5 cm

↕5 cm ↔2,5 cm

↕10–12 cm ↔4 cm

1 *C. banaticus* **2** *C. goulimyi* **3** *C. kotschyanus* **4** *C. medius* **5** *C. ochroleucus* **6** *C. pulchellus*

Cryptomeria japonica 'Bandai-sugi'

Japanische Sicheltannen sind eine wertvolle Alternative zu anderen Nadelbäumen. Die verlässlichen Gehölze wechseln ihre Nadelfarbe im Lauf der Jahreszeiten. 'Bandai-sugi' gibt eine gute Hecke ab. Allein auf sich gestellt, bildet sie einen rundlichen Strauch. Ihr mittelgrünes Laub färbt sich im Winter bronzebraun.

KULTUR: *Feuchte, aber durchlässige, mit organischer Substanz angereicherte Erde an geschützten, sonnigen bis halbschattigen Standorten. Formschnitt ist nicht notwendig.*

☼ ◑ ◊ ♦ 🏆 ❄❄❄ ↕↔ 2 m

Cryptomeria japonica 'Elegans Compacta'

Diese kleine, langsamwüchsige Sicheltannen-Sorte sieht in Heidebeeten oder Steingärten mit anderen Zwerg-Koniferen auffällig aus. Sie besitzt fedrige Büschel aus schlanken, zartgrünen Blättern, die sich im Winter bronzepurpurn verfärben. Die ausgewachsenen Bäume haben meist eine regelmäßige, konische Form.

KULTUR: *In jedem durchlässigen Boden in Sonne oder Halbschatten kultivieren. Müssen nicht in Form geschnitten werden, für einen Erneuerungsschnitt bei unregelmäßigem Wuchs sollten sie im Frühjahr jedoch bis auf 70 cm zurückgeschnitten werden.*

☼ ◑ ◊ 🏆 ❄❄❄ ↕2–4 m ↔ 2 m

× *Cuprocyparis leylandii* 'Gold Rider'

Bastardzypressen sind für ihre Wüchsigkeit bekannt: Ohne Schnitt erreichen die Gehölze rasch stattliche Höhen. Aus diesem Grund dürfen sie nie zu nah an Gebäuden stehen. 'Gold Rider' allerdings bleibt im Rahmen. Die Sorte mit dekorativem, leuchtend gelbgrünem, immergrünem Laub hat sich als dichte Sicht- und Windschutzhecke bewährt.

KULTUR: *In allen tiefgründigen, durchlässigen Böden. Beste Laubfärbung in voller Sonne. Regelmäßig schneiden.*

☼ ◑ ◊ ◆ ❄❄❄ ↕↔ 3 m

× *Cuprocyparis leylandii* 'Haggerston Grey'

Diese Sorte der Bastardzypresse ist recht verbreitet. Das Nadelgehölz mit spitz zulaufender Kegelform trägt dichtes, graugrünes Laub und wächst schnell, weshalb sie binnen Kurzem als Sicht- oder Windschutz dienen kann. Blüten fehlen.

KULTUR: *In tiefgründigem, durchlässigem Boden an vollsonnigen bis halbschattigen Standorten. Schnitt ist nur bei architektonischen Hecken nötig, dann aber 2- bis 3-mal in der Wachstumszeit.*

☼ ◑ ◊ ❄❄❄ ↕ bis 35 m ↔ bis 5 m

Cyananthus lobatus

Die breitwüchsige, mattenbildende Staude wird wegen ihrer kräftig blauvioletten, breit trichterförmigen Blüten mit behaartem, braunem Kelch gezogen, die im Spätsommer an einzelnen Stängeln erscheinen. Ihre fleischigen, mattgrünen Blätter sind tief gelappt. Schön sieht die Gelappte Blauröhre in Steingärten und Trögen aus.

KULTUR: *In mageren bis mäßig nährstoffreichen, feuchten, aber gut durchlässigen, bevorzugt neutralen bis leicht sauren Böden mit viel organischer Substanz. Braucht Halbschatten.*

↕5 cm ↔ bis 30 cm

Cyclamen cilicium

Schlanke, nickende weiße oder rosa Blüten kennzeichnen dieses Alpenveilchen. Ihr Flor erscheint im Herbst und Winter zwischen silbrig gezeichneten, rundlichen bis herzförmigen mittelgrünen Blättern. Die elegante Knollenpflanze legt im Sommer eine Ruhephase ein und muss in dieser Zeit trocken und warm stehen. Zum Schutz vor übermäßiger Nässe stellt man sie besser ins Gewächshaus oder unter Gehölze.

KULTUR: *In mäßig nährstoffreicher, durchlässiger, mit organischer Substanz angereicherter Erde im Halbschatten. Wenn nach der Blüte die Blätter welken, mit Laubhumus mulchen.*

↕5 cm ↔ 8 cm

Cyclamen coum Pewter-Gruppe

Dieses von Winter bis Frühjahr blühende Alpenveilchen eignet sich zum Auswildern unter Bäumen und Sträuchern. Die kompakten Blüten besitzen nach oben geschwungene Kronblätter und variieren farblich von Weiß bis zu Karminrottönen. Die Blüten entspringen den unterirdischen Knollen zur selben Zeit wie die silbergrünen Blätter. Im Winter tief und trocken mulchen.

KULTUR: *In grusigem, wasserdurchlässigem Boden, der im Sommer austrocknet, in der Sonne oder im lichten Schatten pflanzen. Jährlich mit Abwelken der Blätter mulchen.*

☼ ◑ ◊ 🏆 ❄ – ❄❄❄ ↕ 5–8 cm ↔ 10 cm

Cyclamen hederifolium

Ein herbstblühendes Alpenveilchen mit federballartigen Blüten, die von Blass- bis Dunkelrosa variieren und an der Öffnung kastanienbraun überlaufen sind. Die efeuartigen Blätter sind silbern und grün gesprenkelt und entspringen nach der Blüte der unterirdischen Knolle. Sät sich selbst aus und bildet unter Bäumen und Sträuchern große Kolonien, wenn es vor Sommerregen geschützt ist.

KULTUR: *In gut durchlässigem, nährstoffreichem Boden in Sonne oder Halbschatten kultivieren. Nach dem Abwelken der Blätter mulchen.*

☼ ◑ ◊ 🏆 ❄❄❄ ↕ 10–13 cm ↔ 15 cm

Cynara cardunculus

Eine gruppenbildende, aufrechte, im späten Sommer blühende Staude, die in Rabatten ungewöhnliche Akzente setzt. Die großen, purpurnen Blütenköpfe, die gerne von Bienen besucht werden, stehen über tief eingeschnittenen, silbrigen Blättern an kräftigen, wollig grau behaarten Trieben. Die Blüten können gut als Trockenblumen verwendet werden. Die Blaustiele der Gemüseartischocke können blanchiert gegessen werden.

KULTUR: *In jedem durchlässigen, nährstoffreichen Boden sonnig und geschützt pflanzen. Für optimales Laub sollten die Blütenstände beim Austrieb entfernt werden.*

☼ 💧 🏆 ❄❄❄ ↕1,5 m ↔1,2 m

Cytisus battandieri

Dieser halb immergrüne Strauch entwickelt einen lockeren, offenen, verzweigten Wuchs und bildet von Früh- bis Spätsommer dichte Büschel aus nach Ananas duftenden, gelben Blüten. Die silbergrauen Blätter sind in drei Blättchen unterteilt. Geißklee bildet einen schönen Hintergrund in krautigen oder gemischten Rabatten. In kalten Gegenden am besten an einer sonnigen Mauer pflanzen.

KULTUR: *In jedem durchlässigen, nicht zu reichen Boden sonnig pflanzen. Wenig schneiden. Nach der Blüte kann altes Holz ausgeschnitten werden, dadurch wird ein kräftiger Neuaustrieb gefördert. Pflanzen nicht versetzen.*

☼ 💧 🏆 ❄❄❄ ↕↔5 m

Cytisus × *beanii*

Diese langsamwüchsige und halb kriechende, strauchige, laubabwerfende, im Frühjahr blühende Geißklee-Sorte bildet eine Fülle wickenartiger, sattgelber Blüten an überhängenden Trieben. Die Blätter sind klein und dunkelgrün. Dieser farbenprächtige Busch eignet sich für Steingärten oder Hochbeete und sieht attraktiv aus, wenn er über eine Mauer wächst und überhängt.

KULTUR: *In gut wasserdurchlässigem, magerem bis nährstoffreichem Boden in der vollen Sonne pflanzen. Nach der Blüte leicht trimmen, jedoch nicht in altes Holz schneiden.*

☼ 💧 🏆 ❄❄❄ ↕ bis 60 cm ↔ bis 1 m

Cytisus × *praecox* 'Allgold'

Dieser kompakte, laubabwerfende Strauch ist vom mittleren bis späten Frühjahr von einer Fülle wickenartiger, dunkelgelber Blüten übersät. Die winzigen, graugrünen Blätter stehen an überhängenden Trieben. Für Strauchrabatten oder große Steingärten geeignet.

KULTUR: *In wasserdurchlässigem, saurem bis neutralem Boden sonnig kultivieren. Triebspitzen auskneifen, um buschigen Wuchs zu fördern. Nach der Blüte den Neuaustrieb um bis zu zwei Drittel kürzen, nicht in altes Holz schneiden. Alte Pflanzen ersetzen.*

💧 🏆 ❄❄❄ ↕ 1,2 m ↔ 1,5 m

Daboecia cantabrica 'Bicolor'

Diese wuchernde, strauchige Sorte der Irischen Glanzheide trägt von Frühjahr bis Herbst schlanke Blütenstände aus urnenförmigen Blüten. Diese sind weiß, rosarot, manchmal zweifarbig gestreift. Die Blätter sind klein und dunkelgrün. Gut geeignet, um Lücken in Heidebeeten aufzufüllen, oder zur Pflanzung zwischen anderen Arten, die sauren Boden lieben.

KULTUR: *In sandigem, wasserdurchlässigem, saurem Boden sonnig pflanzen, verträgt neutrale Böden und lichten Schatten. Im Frühjahr wenig trimmen und abgewelkte Blüten entfernen, nicht in altes Holz schneiden.*

☼ ◑ ◊ 🏆 ❄❄❄ ↕45 cm ↔ 60 cm

Daboecia cantabrica 'William Buchanan'

Ein wüchsiger, kompakter Strauch mit schlanken Blütenständen und glockigen, purpur-karminroten Blüten, die von Spätfrühjahr bis Mitte Herbst erscheinen. Die schmalen Blätter sind oberseits dunkelgrün und unterseits silbergrau. Kann mit anderen säureliebenden Pflanzen gesetzt werden oder zwischen Koniferen in einem Steingarten stehen.

KULTUR: *In gut wasserdurchlässigem, saurem bis neutralem Boden sonnig pflanzen, verträgt auch lichten Schatten. Im Frühjahr leicht trimmen und alte Blüten entfernen, nicht jedoch in altes Holz schneiden.*

☼ ◑ ◊ 🏆 ❄❄❄ ↕45 cm ↔ 60 cm

Dahlia (Dahlien)

Dahlien sind attraktive, laubabwerfende Stauden, die in Deutschland meist als Einjährige gezogen werden. Ihre unterirdischen Knollen sollten in kalten Regionen frostfrei überwintert werden. Sie werden wegen der Fülle leuchtender Blütenköpfe geschätzt, die von Hochsommer bis Herbst blühen, wenn die meisten Pflanzen ihren Höhepunkt überschritten haben. Die Blätter sind mittel- bis dunkelgrün und zerteilt. Sie sehen in großen Gruppen effektvoll aus. In kleinen Gärten sollten zwergige Sorten für Lücken in Rabatten oder Topfbepflanzungen gewählt werden. Hervorragende Schnittblumen.

KULTUR: *Gedeihen am besten in gut durchlässigem Boden in der Sonne. In frostgefährdeten Gebieten Knollen im Winter in kühlem Torf lagern. Wenn die Frostgefahr vorüber ist, auspflanzen. Im Frühsommer wöchentlich stickstoffreich düngen. Höhere Sorten abstützen, verblühte Köpfchen entfernen, um die Blütezeit zu verlängern.*

☼ ◊ ✿ – ❄❄

1

↕1,1 m ↔ 45 cm

2

↕1,1 m ↔ 60 cm

5

↕1,1 m ↔ 60 cm

3

↕60 cm ↔ 45 cm

4

↕1,2 m ↔ 60 cm

1 *D.* 'Bishop of Llandaff' 🏆 **2** *D.* 'Clair de Lune' 🏆 **3** *D.* 'Fascination' (zwergig) 🏆
4 *D.* 'Hamari Accord' 🏆 **5** *D.* 'Conway'

6

↕1,2 m ↔ 60 cm

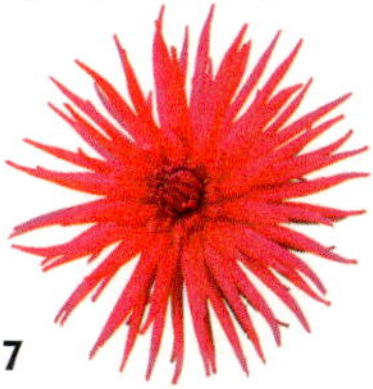
7

↕1,1 m ↔ 60 cm

8

↕1,2 m ↔ 60 cm

9

↕1 m ↔ 45 cm

10

↕↔ 45–50 cm

11

↕1,1 m ↔ 60 cm

12

↕1,1 m ↔ 60 cm

13

↕60 cm ↔ 45 cm

14

↕1,2 m ↔ 60 cm

15

↕1,2 m ↔ 60 cm

6 *D.* 'Hamari Gold' 🏆 **7** *D.* 'Hillcrest Royal' 🏆 **8** *D.* 'Kathryn's Cupid' 🏆 **9** *D.* 'Rokesley Mini' 🏆 **10** *D.* 'Sunny Yellow' (zwergig) **11** *D.* 'So Dainty' 🏆 **12** *D.* 'Wootton Cupid' 🏆 **13** *D.* 'Yellow Hammer' (zwergig) 🏆 **14** *D.* 'Zorro' 🏆 **15** *D.* 'Wootton Impact' 🏆

Daphne bholua 'Gurkha'

Ein aufrechter, laubabwerfender Strauch mit Büscheln duftender, weißer und purpurrosa Röhrenblüten, die im Winter an nackten Ästen erscheinen. Sie reifen zu kugeligen, schwarzpurpurnen Früchten heran. Die lanzettlichen Blätter sind dunkelgrün und ledrig. Gut für Winterbeete, in kalten Gebieten müssen Steinröschen jedoch geschützt werden. Alle Pflanzenteile sind bei Verzehr hochgiftig!

KULTUR: *In wasserdurchlässigem, feuchtem Boden in Sonne oder Halbschatten setzen. Pflanzen mulchen, um die Wurzeln kühl zu halten. Am besten nicht beschneiden.*

↕ 2–4 m ↔ 1,5 m

Daphne tangutica Retusa-Gruppe

Diese zwergigen, immergrünen, strauchigen Seidelbast-Sorten, manchmal als *D. retusa* bezeichnet, werden wegen der Büschel stark duftender, weißer bis rosa Blüten im Spätfrühjahr und Frühsommer geschätzt. Die lanzettlichen Blätter sind glänzend dunkelgrün. Sie können z. B. in Steingärten, Strauchrabatten oder Mischpflanzungen genutzt werden. Alle Pflanzenteile sind giftig!

KULTUR: *In gut durchlässigem, nährstoffreichem, humusreichem Boden, der nicht austrocknet, in Sonne oder lichten Schatten pflanzen. Muss nicht beschnitten werden.*

↕↔ 75 cm

Darmera peltata

Eine hübsche, sich ausbreitende Staude, die manchmal zur Gattung *Peltiphyllum* gestellt wird und eindrucksvolle, schirmartige Büschel aus großen, mittelgrünen, im Herbst roten Blättern, bis 60 cm im Durchmesser, bildet. Das Laub treibt nach den im Frühjahr erscheinenden dichten Büscheln aus sternförmigen, weißen bis leuchtend rosa Blüten aus. Das Schildblatt ist gut für Sumpfgärten oder den Rand von Gewässern geeignet.

KULTUR: *In verlässlich feuchtem Boden in Sonne oder Halbschatten pflanzen, verträgt auch trockenere Standorte im Schatten.*

☼ ◑ 💧 🏆 ❄❄❄ ↕ bis 2 m ↔ 1 m

Davidia involucrata

Wegen der großen, weißen Hochblätter, die ab Mai die Zweige zieren, heißt dieses Gehölz Taschentuchbaum. Um es bewundern zu können, zieht man es am besten frei stehend als Solitär. Wenn der Baum nicht blüht, wirkt er eher unscheinbar, ist aber mit seiner ansprechenden kegeligen Form, den kräftig grünen, herzförmigen Blättern und der abblätternden, orangebraunen Borke dennoch schön anzusehen.

KULTUR: *Für feuchte, durchlässige, nährstoffreiche Böden an sonnigen bis halbschattigen Plätzen. Blütenstände entfernen, bevor im Frühjahr der Neuaustrieb erscheint.*

☼ ◑ 💧 💧 🏆 ❄❄❄ ↕ 15 m ↔ 10 m

Delphinium (Rittersporne)

Rittersporn-Arten und -Kultivare sind gruppenbildende Stauden, die wegen der hohen Trauben aus attraktiven, flach becherförmigen, gespornten, ungefüllten oder gefüllten Blüten kultiviert werden. Sie entstehen von Früh- bis Hochsommer und sind in einer breiten Farbpalette erhältlich: von Cremeweiß über Fliederrosa und Himmelblau bis zu tief Indigoblau. Die gezähnten und gelappten, mittelgrünen Blätter stehen an der Basis der Triebe. Hoch wachsende Rittersporne in gemischten Rabatten oder Einzelbeeten mit Schutz pflanzen, damit sie nicht von starken Winden heruntergedrückt werden.

KULTUR: *In wasserdurchlässigem, nährstoffreichem Boden sonnig kultivieren. Im Frühjahr wöchentlich Volldünger verabreichen, die Jungtriebe, wenn sie 7 cm erreichen, ausdünnen. Die meisten Kulturformen müssen gestützt werden. Abgeblühte Triebe entfernen und im Herbst Pflanzen vollständig zurückschneiden.*

☼ ◊ ❄❄❄

1

↕1,7 m ↔ 60–90 cm

2

↕2 m ↔ 60–90 cm

3

↕1,7 m ↔ 60–90 cm

1 *Delphinium* 'Blue Nile' 🏆 **2** *D.* 'Bruce' 🏆 **3** *D.* 'Cassius' 🏆

4

↕bis 2 m ↔ 60–90 cm

5

↕bis 1,5 m ↔ 60–90 cm

6

↕1,7 m ↔ 60–90 cm

7

↕2 m ↔ 60–90 cm

8

↕1,7 m ↔ 60–90 cm

4 *D.* 'Claire' ♀ **5** *D.* 'Conspicuous' ♀ **6** *D.* 'Emily Hawkins' ♀ **7** *D.* 'Fanfare'
8 *D.* 'Giotto' ♀

WEITERE SORTEN

'Blue Dawn': blaurosa Blüten mit braunem Auge.

'Constance Rivett': weiß.

'Faust': kornblumenblau, indigoblaues Auge.

'Fenella': dunkelblau, schwarzes Auge.

'Gillian Dallas': weiß.

'Loch Leven': mittelblau, mit weißem Auge.

'Michael Ayres': violett.

'Min': rosalila, tiefviolettes, braunes Auge.

'Oliver': hellblau oder lilarosa, Augen dunkel.

'Spindrift': kobaltblau, cremegelbes Auge.

'Tiddles': graublau.

9

↕bis 2 m ↔ 60–90 cm

10

↕bis 1,5 m ↔ 60–90 cm

11

↕bis 1,5 m ↔ 60–90 cm

9 *D.* 'Kathleen Cooke' **10** *D.* 'Langdon's Royal Flush' 🏆 **11** *D.* 'Lord Butler' 🏆

12
↕2 m ↔ 75 cm

13
↕1,7 m ↔ 60–90 cm

14
↕bis 1,5 m ↔ 60–90 cm

15
↕bis 1,5 m ↔ 75 cm

16
↕bis 1,5 m ↔ 60–90 cm

17
↕1,2 m ↔ 60–90 cm

18
↕1,7 m ↔ 60–90 cm

12 *D.* 'Mighty Atom' **13** *D.* 'Our Deb' 🏆 **14** *D.* 'Rosemary Brock' 🏆 **15** *D.* 'Sandpiper' 🏆 **16** *D.* 'Sungleam' 🏆 **17** *D.* 'Thamesmead' 🏆 **18** *D.* 'Walton Gemstone' 🏆

Deschampsia cespitosa 'Goldtau'

Die relativ kleine, halb immergrüne, horstbildende Rasen-Schmiele reckt im Sommer ihre luftigen rötlich braunen Ähren hoch, die im Herbst eine goldgelbe Färbung annehmen – ebenso wie ihr linealisches, dunkelgrünes Laub. Das staudige Gras eignet sich für Massenpflanzungen, als Saum und als Bodendecker.

KULTUR: *In trockenen, bis leicht feuchten, neutralen bis sauren Böden an sonnigen bis halbschattigen Plätzen. Blütenstände vor dem Neuaustrieb im zeitigen Frühjahr abschneiden.*

☼ ☀ 💧 ❄❄❄ ↕70 cm ↔ 50 cm

Deutzia × *elegantissima* 'Rosealind'

Dieser kompakte, rundliche, laubabwerfende Strauch bildet üppige Büschel aus kleinen, tief karminrosa Blüten. Sie stehen vom Spätfrühjahr bis zum Frühsommer zwischen den ovalen, mattgrünen Blättern. Diese Deutzien-Sorte ist gut für gemischte Rabatten geeignet.

KULTUR: *In jedem wasserdurchlässigen, nährstoffreichen, nicht austrocknenden Boden in Sonne oder Halbschatten pflanzen. Junge Spitzen beschneiden, um buschigen Wuchs zu fördern. Nach der Blüte Pflanzen durch Schneiden älterer Triebe ausdünnen.*

☼ ☀ 💧 🏆 ❄❄❄ ↕1,2 m ↔ 1,5 m

Dianthus (Nelken – Ein- und Mehrjährige)

Zu dieser *Dianthus*-Gruppe gehören mittelhohe Einjährige und immergrüne Mehrjährige, die gut in gemischte und Staudenrabatten passen. Ihre Blüten öffnen sich zur Mitte des Sommers und sind schöne Schnittblumen. Jeder Blütenstiel trägt fünf oder mehr gefüllte Blüten mit mindestens 25 Kronblättern, die einen Durchmesser von bis zu 8 cm haben. Sie sind einfarbig wie bei 'Golden Cross' oder zart gefleckt wie bei 'Grey Dove'. Viele andere Sorten haben weiße, in kräftigen Farben gestreifte Kronblätter. Einige duften nach Klee. Die schmalen Blätter aller Nelken sind blaugrau oder graugrün.

KULTUR: *In wasserdurchlässigen, neutralen bis alkalischen Böden, die mit gut verrottetem Mist oder Gartenkompost angereichert wurden. Im Frühjahr düngen. Einen Standort in der vollen Sonne wählen und die Pflanze im späten Frühjahr stützen. Welke Blüten entfernen, um die Blütezeit zu verlängern.*

☼ ◊ ❄❄❄

1
↕45–60 cm ↔45 cm

2
↕45–60 cm ↔45 cm

3
↕45–60 cm ↔45 cm

4
↕45–60 cm ↔45 cm

5
↕45–60 cm ↔45 cm

6
↕45–60 cm ↔45 cm

1 *Dianthus* 'David Russell' 🏆 **2** *D.* 'Devon Carla' 🏆 **3** *D.* 'Golden Cross' 🏆 **4** *D.* 'Grey Dove' 🏆 **5** *D.* 'Ruth White' 🏆 **6** *D.* 'Spinfield Wizard' 🏆

Dianthus (Beetnelken)

Nelken als Sommerblumen haben mit ihren bezaubernden, oft nach Gewürznelken riechenden Blüten und den schmalen, blaugrauen Blättern einen hohen Zierwert. Die Stauden blühen an drahtigen Stängeln und halten als Schnittblumen lange. Es existieren Tausende von Sorten, deren farbliche Bandbreite von Rosa und Weiß über Karminrot und Lachsrosa bis Rosalila reicht, wobei es einfarbige Züchtungen ebenso gibt wie kontrastreich zweifarbige und gerandete Formen. Die Blüten können einfach oder gefüllt sein. Meist geben Nelken vorzügliche Beetblumen ab. Winzige alpine Nelken wie 'Pike's Pink' und die magentafarbene 'Joan's Blood' bieten sich für Steingärten und Hochbeete an.

KULTUR: *Am besten in durchlässiger, neutraler bis alkalischer Erde an offenen, sonnigen Plätzen. Alpine Nelken brauchen stark durchlässigen Boden. Im Frühjahr düngen. Welke Blüten entfernen, um den Flor zu fördern und einen kompakten Wuchs zu erhalten.*

☼ ◊ ❄❄❄

↕25–45 cm ↔40 cm

↕25–45 cm ↔40 cm

↕25–45 cm ↔40 cm

↕25–45 cm ↔40 cm

↕25–45 cm ↔40 cm

↕25–45 cm ↔40 cm

1 *Dianthus* 'Becky Robinson' 🏆 **2** *D.* 'Devon Pride' 🏆 **3** *D.* 'Doris' 🏆
4 *D.* 'Gran's Favourite' 🏆 **5** *D.* 'Haytor White' 🏆 **6** *D.* 'Houndspool Ruby' 🏆

7
↕25–45 cm ↔ 40 cm

8
↕8–10 cm ↔ 20 cm

9
↕25–45 cm ↔ 40 cm

10
↕25–45 cm ↔ 40 cm

11
↕25–45 cm ↔ 40 cm

12
↕25–45 cm ↔ 40 cm

WEITERE SORTEN

D. alpinus (Alpen-Nelke): hell gefleckte, rosa Blüten.

D. alpinus 'Joan's Blood': tiefrosa Blüten mit dunklerer Mitte.

'Bovey Belle': magenta, mit Gewürznelkenduft.

'Coronation Ruby': warmrosa Blüten mit rubinroter Zeichnung. Duft nach Gewürznelken.

'Inschriach Dazzler': Zwerg-Nelke, karminrote, gefranste Blüten.

'Valda Wyatt': gefüllte, lila Blüten. Duft nach Gewürznelken.

13
↕8–10 cm ↔ 20 cm

14
↕25–45 cm ↔ 40 cm

15
↕25–45 cm ↔ 40 cm

16
↕25–45 cm ↔ 40 cm

7 *D.* 'Kathleen Hitchcock' 🏆 **8** *D.* 'La Bourboule' 🏆 **9** *D.* 'Monica Wyatt' 🏆 **10** *D.* 'Natalie Saunders' 🏆 **11** *D.* 'Oakwood Romance' 🏆 **12** *D.* 'Oakwood Splendour' 🏆 **13** *D.* 'Pike's Pink' 🏆 **14** *D.* 'Suffolk Pride' 🏆 **15** *D.* 'Trisha's Choice' 🏆 **16** *D.* 'White Joy' 🏆

Diascia barberae 'Blackthorn Apricot'

Eine mattenbildende, ausdauernde Doppelhörnchen-Sorte mit lockeren Trauben aus aprikotfarbenen Blüten. Diese werden über einen längeren Zeitraum von Sommer bis Herbst über den schmal herzförmigen, mittelgrünen Blättern gebildet. Gut für Steingärten, den Vordergrund von Rabatten oder eine sonnige Böschung geeignet.

KULTUR: *In feuchtem, wasserdurchlässigem, nährstoffreichem Boden in voller Sonne pflanzen. In kalten Gegenden vor starken Frösten schützen und junge Pflanzen unter Glas überwintern.*

☼ ◊ 🏆 ❄❄–❄❄❄ ↕25 cm ↔ bis 50 cm

Diascia rigescens

Diese kriechende Staude wird wegen der langen Trauben aus lachsrosa Blüten kultiviert. Die Blütenstände erscheinen während des Sommers über den herzförmigen, mittelgrünen Blättern. Hervorragend für Steingärten oder Hochbeete sowie für den Vordergrund von Rabatten geeignet. In kalten Gegenden am Grund einer warmen, sonnigen Mauer pflanzen.

KULTUR: *In feuchtem, wasserdurchlässigem, nährstoffreichem, humusreichem Boden in die volle Sonne setzen. Junge Pflanzen unter Glas überwintern.*

☼ ◊ 🏆 ❄ ↕30 cm ↔ bis 50 cm

Dicentra spectabilis

Das Tränende Herz ist eine elegante, horstbildende Staude, die von Spätfrühjahr bis Frühherbst einseitswendige, überhängende Trauben mit hängenden, rosarot-weißen, herzförmigen Blüten bildet. Die Blätter sind tief eingeschnitten und mittelgrün. Eine wunderschöne Pflanze für schattige Rabatten oder Gehölzgärten.

KULTUR: *In verlässlich feuchten, nährstoffreichen, humusreichen, neutralen oder leicht alkalischen Boden, am besten im Halbschatten. Verträgt aber auch volle Sonne.*

☼ ◑ 💧 ❄❄❄ ↕bis 1,2 m ↔ 45 cm

Dicentra spectabilis 'Alba'

Diese Form des Tränenden Herzes hat zwar weiße Blüten, ähnelt ansonsten aber sehr stark der Art (oben). Um eine Verwechslung zu vermeiden, kauft man sie daher am besten während der Blütezeit. Die Staude trägt tief gelappte, hellgrüne Blätter und von Juni bis Juli herzförmige Blüten an langen, übergeneigten Stängeln.

KULTUR: *In verlässlich feuchten, aber durchlässigen Böden mit gut verrotteter organischer Substanz. Bevorzugt Halbschatten, verträgt aber volle Sonne.*

☼ ◑ 💧 ❄❄❄ ↕bis 1,2 m ↔ 45 cm

Dicentra 'Stuart Boothman'

Eine sich ausbreitende Staude, die im Spätfrühjahr und Sommer herzförmige, rosa Blüten an den Spitzen überhängender Triebe trägt. Das fein eingeschnittene Laub dieser Form des Tränenden Herzes ist farnartig und graugrün. Sehr attraktiv in schattigen Rabatten oder Gehölzgärten.

KULTUR: *In feuchtem, durchlässigem, humusreichem, neutralem bis leicht alkalischem Boden im Halbschatten kultivieren. Im zeitigen Frühjahr oder nach Absterben der Blätter teilen und wieder einpflanzen.*

↕ 30 cm ↔ 40 cm

Dicksonia antarctica

Pflanzenfreunde haben die Wahl zwischen mehreren Baumfarnen, wohl keiner ist so hart wie dieser. Sein faseriger Stamm trägt eine Krone aus großen, gefiederten, hellgrünen Wedeln, die bis über 3 m Länge erreichen. In einem kühlen Gewächshaus oder Wintergarten bewährt er sich als Solitär. Er wächst langsam und trägt keine Blüten.

KULTUR: *In humusreicher, feuchter, neutraler bis saurer Erde an vollsonnigen bis halbschattigen Plätzen. Kann im Freiland nicht überwintern.*

↕ 4 m und mehr ↔ 4 m

Dictamnus albus var. *purpureus*

Dieser purpurblütige, ausdauernde Diptam ist in allen anderen Merkmalen mit der Art identisch. Die aufrechten Blütentrauben entstehen im Frühsommer über den stark aromatischen, hellgrünen Blättern. Er sieht in gemischten oder krautigen Rabatten auffällig aus.

KULTUR: *In jeglichem trockenen, mäßig nährstoffreichen Boden in der vollen Sonne oder im Halbschatten kultivieren.*

☼ ◑ ◇ 🏆 ❄❄❄ ↕40–90 cm ↔ 60 cm

Digitalis × *mertonensis*

Eine immergrüne, gruppenbildende, kurzlebige Staude, die wegen der von Spätfrühjahr bis Frühsommer erscheinenden Blütenstände aus weit geöffneten, erdbeerrosa Blüten kultiviert wird. Die Blätter sind dunkelgrün und lanzettlich. Diese Fingerhut-Hybride eignet sich für Misch- oder Staudenrabatten sowie für Gehölzgärten.

KULTUR: *Gedeiht am besten in feuchtem, aber gut wasserdurchlässigem Boden im Halbschatten, verträgt aber auch volle Sonne und trockene Böden.*

☼ ◑ ◇ ◐ 🏆 ❄❄❄ ↕bis 90 cm ↔ 30 cm

Digitalis purpurea fo. *albiflora*

Diese weiße Form des Roten Fingerhuts ist eine hoch wachsende Zweijährige, die im Sommer robuste, einseitswendige Trauben aus röhrenförmigen, reinweißen Blüten bildet. Die raubehaarten, lanzettlichen Blätter sind leuchtend grün. Sehr aparte Bereicherung für Gehölzgärten oder Mischrabatten. Wird auch als *D. purpurea* 'Alba' angeboten.

KULTUR: *In feuchten, aber gut durchlässigen Boden im Halbschatten setzen. Verträgt auch trockene Standorte in der vollen Sonne.*

☼ ◑ ♦ ◊ ♆ ❄❄❄ ↕ 1–2 m ↔ bis 60 cm

Disanthus cercidifolius

Man sieht den rundlichen Strauch selten in Gärten, dabei bringt die Doppelblüte eine schöne Herbstfärbung, die auf sauren Böden am schönsten ausfällt. Die herzförmigen Blätter entflammen im Herbst vor dem Laubfall in verschiedenen Orange-, Rot-, Violett- und Gelbtönen. Ebenfalls im Herbst erscheinen die schwach duftenden, roten Blüten. Vor Spätfrösten schützen.

KULTUR: *Feuchtes, aber durchlässiges, neutrales bis saures Erdreich an absonnigen bis halbschattigen, geschützten Plätzen. Strenge Spätfröste nach dem Öffnen der Knospen können die Pflanze vernichten.*

◑ ◊ ♦ ♆ ❄❄ ↕↔ 3 m

Dodecatheon meadia fo. *album*

Die Götterblume ist eine krautige Staude und wird wegen der offenen Büschel cremeweißer Blüten mit zurückgeschlagenen Petalen geschätzt. Die Blüten stehen an gebogenen Stängeln und erscheinen vom mittleren bis zum späten Frühjahr oberhalb der Rosetten aus ovalen, blassgrünen, gezähnten Blättern. Für Gehölzgärten oder schattige Steingärten geeignet. Nach der Blüte folgt eine Ruhephase.

KULTUR: *In feuchtem, humusreichem Boden in den Halbschatten setzen. Im Frühjahr kann Schneckenfraß auftreten.*

☼ ♦ ❀❀❀ ↕40 cm ↔ 25 cm

Dryopteris filix-mas

Der Gewöhnliche Wurmfarn ist eine laubabwerfende Staude die große Büschel aus lanzettlichen, mittelgrünen Wedeln ausbildet. Diese entspringen im Frühjahr aus kräftigen, beschuppten Rhizomen. Ideal für schattige Rabatten oder Ecken, Ränder von Fließ- oder Stehgewässern und Gehölzgärten geeignet.

KULTUR: *In verlässlich feuchtem, humusreichem Boden in den Halbschatten setzen. Vor kalten, austrocknenden Winden schützen.*

☼ ♦ ❀❀❀ ↕↔ 1 m

Dryopteris wallichiana

Eine laubabwerfende, ausdauernde Wurmfarn-Art mit stark aufrechten, federballähnlichen Büscheln aus im Frühjahr gelbgrünen Wedeln, im Sommer färben sie sich dunkelgrün. Eine architektonisch interessante Solitärpflanze für feuchte, schattige Standorte.

KULTUR: *In feuchtem, humusreichem Boden pflanzen. Einen geschützten Standort im Halbschatten auswählen.*

◐ 💧 ♀ ❄❄❄ ↕1–2 m ↔ 75 cm

Eccremocarpus scaber

Die Schönranke ist eine schnellwüchsige Kletterpflanze mit Büscheln aus leuchtend orangeroten Röhrenblüten, die im Sommer erscheinen. Die Blätter sind geteilt und mittelgrün. Als kurzlebige Staude zur Begrünung von Bögen oder Pergolen verwenden oder durch große Sträucher ziehen. In frostgefährdeten Gebieten als rankende Einjährige kultivieren.

KULTUR: *In gut durchlässigem, nährstoffreichem Boden an einen geschützten, sonnigen Standort pflanzen. Im Frühjahr bis auf 30–60 cm zurückschneiden.*

☼ 💧 ❄ ↕3–5 m, manchmal mehr

Echinacea purpurea 'Magnus'

Von dieser Spätsommerstaude stehen inzwischen etliche Farbvarianten zur Auswahl. Die Körbchenblüten des Purpurroten Scheinsonnenhuts mit kegeliger Mitte öffnen sich zu einer Zeit, in der sich andere Sommerstauden schon verabschieden, und verlängern die Blühsaison dadurch nicht unwesentlich. 'Magnus' öffnet große, bläulich rosa Blüten mit orangefarbener Mitte.

KULTUR: *In allen tiefgründigen, durchlässigen Böden in der Sonne. Vor dem Pflanzen gut verrottete organische Substanz in das Erdreich einarbeiten. Bei Bedarf im Frühjahr teilen.*

☼ ◊ ♦ ❄❄❄ ↕↔ 60 cm

Echinops ritro

Diese Kugeldistel-Art ist eine kompakte Staude, die Gruppen aus auffälligen, kugeligen Blütenköpfchen bildet. Die Köpfchen sind zunächst metallisch blau und mit Öffnen der Blüten leuchtender blau gefärbt. Die ledrigen, grünen Blätter sind unterseits weiß flaumig behaart. Für Wildblumengärten geeignet. Sehr attraktive Schnittblumen, wenn sie vor dem vollen Aufblühen der kleinen Blüten geerntet werden.

KULTUR: *In durchlässige, magere bis nährstoffreiche Böden sonnig setzen, verträgt auch Halbschatten. Köpfchen nach der Blüte entfernen, um Selbstaussaat zu verhindern.*

☼ ◑ ◊ 🏆 ❄❄❄ ↕ 60 cm ↔ 45 cm

Elaeagnus × ebbingei 'Gilt Edge'

Eine große, dichte, immergrüne, strauchige Ölweiden-Sorte, die wegen der ovalen, dunkelgrünen, satt goldgelb berandeten Blätter kultiviert wird. Die unscheinbaren, jedoch stark duftenden Blüten werden im Herbst gebildet. Ein hervorragender, schnellwüchsiger, schön geformter Solitärstrauch. Kann auch als lockere Hecke gepflanzt werden.

KULTUR: *In gut durchlässigem, nährstoffreichem Boden sonnig pflanzen. Verträgt keine sehr kalkreichen Böden. Im Spätfrühjahr in Form schneiden. Alle Triebe entfernen, die einfarbig grüne Blätter ausbilden.*

↕↔ 4 m

Elaeagnus pungens 'Maculata'

Dieser große, immergrüne Strauch besitzt ovale, dunkelgrüne Blätter, die in der Mitte üppig gelb gefärbt sind. Die kleinen, sehr stark duftenden Blüten dieser Ölweiden-Sorte erscheinen vom mittleren Herbst an und reifen zu roten Früchten heran. Verträgt Küstenbedingungen.

KULTUR: *Gedeiht am besten in wasserdurchlässigem, nährstoffreichem Boden. Verträgt sehr kalkhaltige Böden nicht. Im Frühjahr, wenn nötig leicht trimmen. Alle Triebe entfernen, die einfarbig grüne Blätter ausbilden.*

↕ 4 m ↔ 5 m

Elaeagnus 'Quicksilver'

Eine schnellwüchsige, strauchige Ölweiden-Sorte mit einem offenen Wuchs. Im Sommer erscheinen kleine, gelbe Blüten, die zu gelben Früchten heranreifen. Die silbernen, sommergrünen Blätter sind lanzettlich und stehen an silbernen Trieben. Hervorragender Solitärstrauch, eignet sich auch zur Kombination mit anderen silberblättrigen Pflanzen. Wird zuweilen als *E. angustifolia* var. *caspica* angeboten.

KULTUR: *In jedem, außer kalkhaltigen, nährstoffreichen, gut durchlässigen Boden in volle Sonne setzen. Verträgt trockene Böden und Küstenwinde. Wenig beschneiden.*

☼ ♢ ❄❄❄ ↕↔ 4 m

Enkianthus campanulatus

Ein ausladender, laubabwerfender Strauch, der wegen seiner dichten, hängenden Büschel aus glockigen, cremegelben, im Spätfrühjahr erscheinenden Blüten kultiviert wird. Die matten, grünen Blätter färben sich im Herbst orangerot um. Für offene Standorte in Gehölzgärten geeignet. Kann mit dem Alter baumförmig werden.

KULTUR: *In feuchtem, gut wasserdurchlässigem, torfhaltigem oder humusreichem, saurem Boden pflanzen. Gedeiht am besten in der Sonne, verträgt aber Schatten. Wenig beschneiden.*

☼ ☀ ♢ ♦ ❄❄❄ ↕↔ 4–5 m

Epimedium × *perralchicum*

Eine robuste, gruppenbildende, immergrüne, ausdauernde Sockenblume, die von Mitte bis Ende des Frühlings Trauben aus aparten, leuchtend gelben Blüten über glänzend dunkelgrünem Laub bildet. Die Blätter sind im jungen Zustand bronzefarben getönt. Sehr gut als Bodendecker unter Bäumen oder Sträuchern geeignet. Wird auch Elfenblume genannt.

KULTUR: *In feuchten, aber gut durchlässigen, nährstoffreichen, mit Humus angereicherten Böden im Halbschatten pflanzen. Vor kalten, austrocknenden Winden schützen.*

↕ 40 cm ↔ 60 cm

Epimedium × *rubrum*

Eine kompakte Staude, die im Frühjahr lockere Büschel aus hübschen, karminroten Blüten mit gelben Spornen ausbildet. Die geteilten Blätter dieser Sockenblumen-Hybride sind im jungen Zustand bronzerot getönt, werden später mittelgrün und färben sich im Herbst rötlich um. In feuchten, schattigen Rabatten oder Gehölzgärten in Gruppen pflanzen.

KULTUR: *In feuchtem, wasserdurchlässigem, nährstoffreichem, humusreichem Boden in den Halbschatten setzen. Im späten Winter alles Laub zurückschneiden, damit die Blüten im Frühjahr zur Geltung kommen.*

↕↔ 30 cm

Epimedium × youngianum 'Niveum'

Eine gruppenbildende, ausdauernde Sockenblumen-Sorte, die im Spätfrühjahr hübsche Büschel kleiner, weißer Blüten ausbildet. Das leuchtend grüne Laub ist im jungen Zustand bronzefarben überlaufen und verbleibt bis in den Winter hinein an der Pflanze. Guter Bodendecker in schattigen Rabatten oder Gehölzgärten.

KULTUR: *In feuchtem, wasserdurchlässigem, nährstoffreichem, humusreichem Boden in den Halbschatten setzen. Im späten Winter altes Laub zurückschneiden, damit die Blüten im Frühjahr zur Geltung kommen.*

↕20–30 cm ↔ 30 cm

Eranthis hyemalis

Der Kleine Winterling ist eine der zeitigsten, frühjahrsblühenden Zwiebelpflanzen und bildet butterblumenähnliche, leuchtend gelbe Blüten aus. Sie sitzen oberhalb einer Krause aus hellgrünen Blättern, die vom späten Winter bis zum zeitigen Frühjahr den Boden bedecken. Hervorragend geeignet für das Auswildern unter laubabwerfenden Bäumen und großen Sträuchern.

KULTUR: *In feuchtem, wasserdurchlässigem, nährstoffreichem Boden, der nicht austrocknet, pflanzen. Gedeiht am besten in lichtem Schatten.*

↕5–8 cm ↔ 5 cm

Erica arborea var. *alpina*

Diese Baum-Heide ist ein aufrechter Strauch, größer als alle anderen Heiden, und vom späten Winter bis Frühjahr dicht mit kleinen, nach Honig duftenden Blüten besetzt. Die immergrünen Blätter sind nadelartig und dunkelgrün. Ein schöner Blickfang für einen Heidegarten.

KULTUR: *In gut durchlässigem, sandigem Boden offen und sonnig pflanzen. Verträgt alkalische Bedingungen. Junge Pflanzen im Frühjahr um zwei Drittel zurückschneiden, um buschigen Wuchs zu fördern. Später muss nicht mehr beschnitten werden. Verträgt kräftige Erneuerungsschnitte.*

☼ ◊ 🏆 ❄❄ ↕2 m ↔85 cm

Erica x *veitchii* 'Exeter'

Ein aufrechter, offener, immergrüner Strauch, der von Winter bis Frühjahr eine Fülle stark duftender, röhren- bis glockenförmiger, weißer Blüten ausbildet. Die nadelartigen Blätter dieser Heide-Sorte sind leuchtend grün. Gut für große Steingärten mit Koniferen oder zwischen niedrigen Heiden geeignet. Nicht verlässlich frosthart.

KULTUR: *In sandigem, gut wasserdurchlässigem Boden sonnig pflanzen. Am besten sauren, auch leicht alkalischen Boden wählen. In jungem Zustand im Frühjahr um zwei Drittel zurückschneiden, um schönen Wuchs zu fördern. Ältere Pflanzen weniger beschneiden.*

☼ ◊ 🏆 ❄ ↕2 m ↔65 cm

Erica (Früh blühende Heiden)

Die niedrigwüchsigen, früh blühenden Heiden sind immergrüne Sträucher und werden wegen der im Winter und Frühjahr erscheinenden, urnenförmigen Blüten geschätzt. Die weißen oder rosa Blüten bilden eine farbige Bereicherung der Wintermonate. Auch die Blätter können auffällig gefärbt sein. *E. erigena* 'Golden Lady' hat goldgelbe Blätter, und *E. carnea* 'Foxhollow' trägt gelbe Blätter mit bronzefarbenen Spitzen, die bei kaltem Wetter orange werden. Hervorragend als Bodendecker geeignet – entweder in Gruppen gepflanzt oder mit anderen Heiden und zwergigen Koniferen zusammen.

KULTUR: *In offenem, durchlässigem, saurem Boden pflanzen, vertragen aber auch alkalische Bedingungen. Vollsonnige Standorte wählen. Blütentriebe zurückschneiden und altes Holz entfernen. Kultivare von* E. erigena *können durch Fröste geschädigt werden, beschädigte Triebe im Frühjahr entfernen.*

☼ 💧 ❄❄ – ❄❄❄

↕15 cm ↔25 cm

↕15 cm ↔40 cm

↕15 cm ↔45 cm

↕15 cm ↔35 cm

↕30 cm ↔60 cm

↕30 cm ↔40 cm

1 *E. carnea* 'Ann Sparkes' 🏆 **2** *E. carnea* 'Foxhollow' 🏆 **3** *E. carnea* 'Springwood White' 🏆 **4** *E. carnea* 'Vivellii' 🏆 **5** *E.* x *darleyensis* 'Jenny Porter' 🏆 **6** *E. erigena* 'Golden Lady' 🏆

Erica (Spät blühende Heiden)

Die meist niedrigen, ausladenden, sommerblühenden Heiden bilden frostharte, immergrüne Sträucher. Sie sehen als Solitärpflanzen oder mit anderen Heiden und zwergigen Koniferen attraktiv aus. Die Blüten entstehen über längere Zeiträume: *E. × stuartii* 'Irish Lemon' beginnt im späten Frühjahr, und Kultivare von *E. ciliaris* und *E. vagans* blühen weit in den Herbst hinein. Ihre Saison kann durch die Auswahl farbig belaubter Sorten verlängert werden. Die Jungtriebe von *E. williamsii* 'P. D. Williams' haben im Frühjahr gelbe Spitzen und das goldene Laub von *E. cinerea* 'Windlesbrooke' wird im Winter tiefrot.

KULTUR: *In gut durchlässigem, saurem Boden pflanzen, obwohl* E. vagans *und* E. williamsii *alkalische Bedingungen vertragen. Einen offenen, sonnigen Standort wählen. Im zeitigen Frühjahr leicht trimmen und kräftige Triebe bis unter die Blütenstände zurückschneiden oder mit der Heckenschere trimmen.*

☼ ◊ ❄❄–❄❄❄

1
↕22 cm ↔35 cm

2
↕bis 40 cm ↔45 cm

3
↕20 cm ↔50 cm

4
↕25 cm ↔50 cm

5
↕15 cm ↔45 cm

1 *E. ciliaris* 'Corfe Castle' **2** *E. ciliaris* 'David McClintock' **3** *E. cinerea* 'Eden Valley' 🏆 **4** *E. cinerea* 'C. D. Eason' 🏆 **5** *E. cinerea* 'Windlebrooke' 🏆 **6** *E. cinerea* 'Fiddler's Gold' 🏆

6

↕25 cm ↔ 45 cm

7

↕25 cm ↔ 50 cm

8

↕20 cm ↔ 30 cm

9

↕30 cm ↔ 50 cm

10

↕25 cm ↔ 50 cm

11

↕30 cm ↔ 45 cm

12

↕15 cm ↔ 30 cm

13

↕20 cm ↔ bis 85 cm

14

↕30 cm ↔ 45 cm

7 *E.* x *stuartii* 'Irish Lemon' 🏆 **8** *E. tetralix* 'Alba Mollis' 🏆 **9** *E. vagans* 'Birch Glow' 🏆 **10** *E. vagans* 'Lyonesse' 🏆 **11** *E. vagans* 'Mrs. D. F. Maxwell' 🏆 **12** *E. vagans* 'Valerie Proudley' 🏆 **13** *E.* x *watsonii* 'Dawn' 🏆 **14** *E.* x *williamsii* 'P. D. Williams' 🏆

Erigeron karvinskianus

Diese teppichbildende, immergrüne, ausdauernde Berufkraut-Art mit graugrünem Laub entwickelt im Sommer zahlreiche margeritenähnliche Blütenköpfchen mit gelbem Zentrum. Die äußeren Blütchen sind zunächst weiß, später rosa und purpurn. Hervorragend für Mauer- oder Pflasterritzen geeignet. Sie überlebt in frostgefährdeten Gegenden nicht immer. Wird auch Feinstrahl genannt und manchmal als *E. mucronatus* angeboten.

KULTUR: *In wasserdurchlässigem, nährstoffreichem Boden in die volle Sonne setzen, am besten mit etwas Schatten zur Mittagszeit.*

☼ ◊ 🏆 ❄❄

↕ 15–30 cm ↔ 1 m oder mehr

Erinus alpinus

Der Alpenbalsam ist eine kleine, kurzlebige, immergrüne Staude, die im späten Frühjahr und Sommer kurze Ähren aus rosa-, purpurfarbenen oder weißen Blüten bildet. Die lanzettlichen bis keilförmigen Blätter sind weich, klebrig und mittelgrün. Hervorragend für Steingärten oder Ritzen in alten Mauern geeignet.

KULTUR: *In leichtem, mäßig nährstoffreichem, gut wasserdurchlässigem Boden pflanzen. Verträgt Halbschatten, gedeiht aber am besten in voller Sonne.*

☼ ◐ ◊ 🏆 ❄❄❄

↕ 8 cm ↔ 10 cm

Eryngium alpinum

Diese stachelige, aufrechte, ausdauernde Alpendistel bildet im Sommer zapfenförmige, purpurblaue Blütenköpfchen aus. Diese werden von auffälligen, fedrigen Brakteen umgeben. Die tief gesägten, mittelgrünen Blätter stehen am Grund der Triebe. Eine formschöne Pflanze für sonnige Gärten. Die Blütentriebe eignen sich als Schnitt- und Trockenblumen.

KULTUR: *In sehr gut durchlässigem, nicht zu trockenem, magerem bis mäßig nährstoffreichem Boden in die volle Sonne pflanzen. Einen im Winter nicht zu nassen Standort wählen.*

☼ 💧 🏆 ❄❄❄ ↕ 70 cm ↔ 45 cm

Eryngium × *oliverianum*

Eine aufrechte, krautige Staude mit zapfenförmigen, silberblauen Blütenköpfchen, die von einem flachen Kranz aus silbrigen, schwertartigen Brakteen umgeben sind. Die Köpfchen dieser Edeldistel-Hybride entstehen von Hochsommer bis Frühherbst über den stachelig gezähnten, dunkelgrünen Blättern. Eine architektonisch interessante Ergänzung für trockene, sonnige Rabatten mit silber- oder graublättrigen Pflanzen.

KULTUR: *In gut durchlässigem, nährstoffreichem Boden sonnig pflanzen. Im Winter nicht zu starker Nässe aussetzen.*

☼ 💧 🏆 ❄❄❄ ↕ 90 cm ↔ 45 cm

Eryngium × *tripartitum*

Diese zarte, aber stachelige, aufrechte Staude bildet im Spätsommer und Herbst zapfenartige Köpfchen aus winzigen, metallisch blauen Blüten. Die Köpfchen dieser Edeldistel-Sorte werden von einem Kranz aus zugespitzten Brakteen umgeben und stehen an den Spitzen der drahtigen, blau getönten Triebe.

KULTUR: *In sehr gut wasserdurchlässigem, mäßig nährstoffreichem Boden in der vollen Sonne pflanzen. Im Winter vor Nässe schützen. Nach der Blüte leicht beschneiden, um einen sparrigen Wuchs zu verhindern.*

☼ ◊ 🏆 ❄❄❄ ↕ 60–90 cm ↔ 50 cm

Erysimum 'Bowles' Mauve'

Der wüchsige, strauchige Schöterich zählt zu den am längsten blühenden Staudenarten. Er bildet rundliche, immergrüne Büsche mit schmalen, graugrünen Blättern und dichten Blütenständen mit kleinen, vierzähligen, malvenfarbenen Blüten, die im Frühjahr und Sommer erscheinen. Sollte in frostgefährdeten Gebieten an warmen Mauern gepflanzt werden.

KULTUR: *In gut durchlässigem, am besten alkalischem Boden sonnig pflanzen. Nach der Blüte leicht trimmen, um kompakten Wuchs zu fördern. Oft kurzlebig, kann im Sommer durch Stecklinge vermehrt werden.*

☼ ◊ 🏆 ❄❄ ↕ bis 75 cm ↔ 60 cm

Erysimum 'Wenlock Beauty'

Eine buschige, immergrüne Staude, die vom zeitigen bis späten Frühjahr Büschel aus bläulich, lachsrosa und bronzefarben getönten Blüten ausbildet. Die lanzettlichen Blätter sind weich behaart und mittelgrün. Diese Schöterich-Sorte bringt früh im Jahr Farbe in sonnige Steingärten oder an eine trockene Mauer. Bei kalten Wintern warmen Standort auswählen.

KULTUR: *In magerem oder mäßig nährstoffreichem, am besten alkalischem, gut durchlässigem Boden sonnig pflanzen. Nach der Blüte leicht trimmen, um einen kompakten Wuchs beizubehalten.*

☼ ◊ ❄❄ ↕↔ 45 cm

Erythronium dens-canis

Der Europäische Hundszahn wächst in Wäldern und auf Bergwiesen, im Garten gedeiht die Staude an feuchten, halbschattigen Standorten. Die horstbildende Staude mit paarigen, mittelgrünen, bronzerot gezeichneten Blättern bildet im Frühjahr und Frühsommer zarte weiße, rosa- oder lilafarbene, hängende Blüten mit zurückgebogenen Kelchblättern. Gute Wirkung erzielt sie in Gruppen.

KULTUR: *Zwiebeln im Herbst in humusreichen Boden im Streuschatten setzen. Bei der Lagerung leicht feucht halten. Mindestens 10 cm tief pflanzen.*

☀ ◊ ♈ ❄❄❄ ↕ 10–15 cm ↔ 10 cm

Erythronium 'Pagoda'

Diese Hundszahn-Sorte ist eine sehr wüchsige, gruppenbildende Zwiebelpflanze und sieht in Gruppen unter laubabwerfenden Bäumen und Sträuchern attraktiv aus. Büschel aus blass schwefelgelben Blüten hängen im Frühjahr an schlanken Trieben über großen, ovalen, bronzefarben gesprenkelten, glänzend dunkelgrünen Blättern.

KULTUR: *In feuchtem, aber gut wasserdurchlässigem, humusreichem Boden in den Halbschatten pflanzen.*

◐ 💧 💧 🏆 ❄❄❄ ↕15–35 cm ↔ 10 cm

Escallonia 'Apple Blossom'

Ein kompakter, immergrüner Strauch mit dichtem, glänzend dunkelgrünem Laub. Von Früh- bis Hochsommer erscheinen bei dieser Escallonie viele kleine, rosa getönte, weiße Blüten. Für Strauchrabatten geeignet, kann aber auch als Hecke, Begrenzung oder Windschutz gepflanzt werden. Gedeiht gut unter Küstenbedingungen, wenn der Wind nicht zu kalt ist.

KULTUR: *In jeglichem, gut durchlässigem, nährstoffreichem Boden in die volle Sonne setzen. In sehr kalten Gegenden vor Winden schützen. Nach der Blüte altes oder beschädigtes Holz herausschneiden.*

☼ 💧 🏆 ❄❄❄ ↕↔ 2,5 m

Escallonia 'Iveyi'

Ein wüchsiger, aufrechter, immergrüner Strauch, der im Sommer große Büschel duftender, reinweißer Blüten bildet. Die rundlichen Blätter glänzen dunkelgrün. In Strauchrabatten oder – bei milden Wintern – als Hecke pflanzen. Das Laub bekommt bei kaltem Wetter häufig einen bronzefarbenen Überzug, die Pflanzen sollten in frostgefährdeten Gebieten geschützt gesetzt werden.

KULTUR: *In jedem nährstoffreichen, wasserdurchlässigen Boden in die volle Sonne setzen und vor kalten, austrocknenden Winden schützen. Beschädigte Teile im Herbst oder bei später Blütezeit im Frühjahr entfernen.*

☼ ◊ ♆ ❄❄ ↕↔ 3 m

Escallonia 'Langleyensis'

Dieser elegante, halb immergrüne Strauch bildet zahlreiche Büschel aus kleinen, rosa Blüten. Sie entstehen vom frühen bis mittleren Sommer über ovalen, glänzenden, grünen Blättern. Gedeiht in milden Küstengebieten als lockere Hecke oder in Strauchrabatten.

KULTUR: *Gedeiht am besten in durchlässigem, nährstoffreichem Boden in der Sonne. In frostgefährdeten Gebieten vor kalten Winden schützen. Nach der Blüte toten oder beschädigten Wuchs entfernen. Alte Pflanzen im Frühjahr durch Erneuerungsschnitt zum Wachstum anregen.*

☼ ◊ ♆ ❄❄❄ ↕ 2 m ↔ 3 m

Eschscholzia caespitosa

Eine büschelige, einjährige Goldmohn-Art, die im Sommer zahlreiche, duftende, leuchtend gelbe Blüten ausbildet. Die blaugrünen Blätter sind fein zerteilt und nahezu fadenartig. Für sonnige Rabatten, Steingärten oder Kiesgärten geeignet. Die Blüten schließen sich bei bedecktem Wetter.

KULTUR: *In gut wasserdurchlässigem, magerem Boden an einem vollsonnigen Standort pflanzen. Für eine frühe Blüte im Folgejahr Samen direkt im Herbst draußen aussäen.*

☼ ○ ♀ ❄❄ ↕↔ bis 15 cm

Eschscholzia californica

Das Schlafmützchen ist eine mattenbildende Einjährige, die während des Sommers becherförmige Blüten an schlanken Trieben bildet. Sie erscheinen in einer Vielzahl von Farben, z. B. Weiß, Rot oder Gelb, meist sind sie jedoch orange. Die Blätter sind fein zerteilt und graugrün. In sonnigen Rabatten oder Steingärten pflanzen. Die Blüten halten sich als Schnittblumen lange.

KULTUR: *Gedeiht am besten sonnig in leichtem, magerem Boden mit guter Dränage. Für eine frühe Blüte im Folgejahr Samen direkt im Herbst draußen aussäen.*

☼ ○ ♀ ❄❄❄ ↕ bis 3 cm ↔ bis 15 cm

Eucalyptus gunnii

Ein immergrüner Baum, der in milden Regionen als schnellwüchsige Zierde für neu angelegte Gärten geeignet ist. Die junge gelb- oder gräulich grüne Rinde zeigt sich im Spätsommer unter der alten, abschilfernden, weiß-grünen Schicht. Junge Pflanzen besitzen rundliche, graublaue Blätter. Bei ausgewachsenen Bäumen sind die Blätter lanzettlich. In kalten Gegenden junge Pflanzen mit dickem Wintermulch schützen.

KULTUR: *In durchlässigem, nährstoffreichem Boden sonnig pflanzen. Im Frühjahr stark zurückschneiden, um kompakten Wuchs und Bildung schöner Jugendblätter zu fördern.*

☼ ◊ ♈ ❄ ↕ 10–25 m ↔ 6–15 m

Eucalyptus pauciflora subsp. *niphophila*

Dieser silbrige, immergrüne, baumförmige Eukalyptus besitzt offene, ausladende Äste und eine sich attraktiv abschälende, weiße und graue Rinde. Die Blätter der Jungpflanzen sind oval und matt blaugrün. An ausgewachsenen Trieben erscheinen lanzettliche, tief blaugrüne Blätter. Die Blüten sind weniger auffällig.

KULTUR: *In gut durchlässigem, nährstoffreichem Boden in der Sonne. Jedes Jahr im Frühling kräftig zurückschneiden, um das Ausbilden schöner Jugendblätter zu fördern.*

☼ ◊ ♈ ❄❄ ↕↔ bis 6 m

Eucryphia × *nymansensis* 'Nymansay'

Ein säulenförmiger, immergrüner Baum, der von Spätsommer bis Frühherbst zwischen ovalen, dunkelgrünen Blättern Büschel aus großen, duftenden, glitzernd weißen Blüten bildet. Wunderschöner, attraktiv blühender Solitärbaum. Gedeiht am besten in milden, feuchten, frostfreien Regionen.

KULTUR: *In gut durchlässigem, feuchtem Boden am besten sonnig, mit den Wurzeln im Schatten pflanzen, verträgt aber auch Halbschatten. Vor kalten Winden schützen. Im Frühjahr beschädigte Teile entfernen.*

☼ ◊ ♦ ♕ ❄❄ ↕15 m ↔ 5 m

Euonymus alatus

Diese Spindelstrauch-Art ist ein dichter, laubabwerfender Strauch mit geflügelten Trieben, der wegen der spektakulären Herbstfärbung kultiviert wird. Die kleinen roten Früchte platzen auf und entlassen orangefarbene Samen während sich die ovalen, tiefgrünen Blätter, scharlachrot färben. Die Blüten sind weniger auffällig. Hervorragend für Strauchrabatten und lichte Gehölzgärten geeignet. Die Früchte sind giftig!

KULTUR: *In jedem durchlässigen, nährstoffreichen Boden. Verträgt lichten Schatten, aber die beste Färbung entwickelt sich in der Sonne. So wenig wie möglich beschneiden.*

☼ ◑ ◊ ♕ ❄❄❄ ↕2 m ↔ 3 m

Euonymus europaeus ‘Red Cascade’

Diese Zierform des Pfaffenhütchens ist ein baumähnlicher, laubabwerfender Strauch mit attraktiver Herbstfärbung. Die unscheinbaren Blüten erscheinen im Frühsommer und reifen zu rosaroten Früchten heran, die aufspringen und orangefarbene Samen freigeben. Die Blätter färben sich im Herbst scharlachrot. Die Früchte sind giftig!

KULTUR: *In jedem nährstoffreichen, durchlässigen, am besten kalkhaltigen Boden pflanzen. Verträgt lichten Schatten, aber in der Sonne bildet sich die beste Herbstfärbung aus. Zwei oder mehr Pflanzen sind für den Fruchtansatz nötig. Wenig beschneiden.*

☼ ◐ ◊ ♆❄❄❄ ↕3 m ↔ 2,5 m

Euonymus fortunei ‘Emerald ’n’ Gold’

Kleiner, immergrüner Strauch, der an einer Stütze hochklettern kann. Die grünen, ovalen Blätter dieser Spindelstrauch-Sorte haben breite, goldgelbe Ränder. Sie färben sich bei kalter Witterung rosa – die Frühjahrsblüte ist unscheinbar. An einer Wand hochziehen oder in Strauchrabatten verwenden.

KULTUR: *In jeglichem, außer staunassem Boden pflanzen. Die Blattfarbe entwickelt sich am besten in voller Sonne, verträgt jedoch auch lichten Schatten. An einer Wand gezogen, kann er eine Höhe von bis zu 5 m erreichen.*

☼ ◐ ◊ ◑ ♆❄❄❄

↕60 cm oder mehr ↔ 90 cm

Euonymus fortunei 'Silver Queen'

Diese Spindelstrauch-Sorte ist ein kompakter, aufrechter oder kriechender, immergrüner Strauch, der am besten als Kletterpflanze, an einer Mauer oder als Baum gezogen, wirkt. Die dunkelgrünen Blätter besitzen breite, weiße Ränder, die sich bei längeren Frösten rosa färben. Im Frühjahr erscheinen unscheinbare, grünlich weiße Blüten.

KULTUR: *In jedem, außer staunassem Boden sonnig oder im lichten Schatten pflanzen. In der Sonne entwickelt sich das prächtigste Laub. Sträucher im Frühjahr trimmen. Kletterpflanzen können 6 m erreichen.*

☼ ☀ ◊ ♦ ❄❄❄ ↕2,5 m ↔ 1,5 m

Eupatorium maculatum Atropurpureum-Gruppe

Diese stattliche Staude zeigt ab September Rispen aus altrosa Blüten an hohen, roten Stängeln und lockt Schmetterlinge und Bienen an. Ihre dekorativen Samenstände halten bis in den Winter hinein. Man setzt Gruppen des Gefleckten Wasserdosts in den hinteren Bereich einer Rabatte oder kombiniert ihn mit Ziergräsern. 'Gateway' ist eine kleinere Form.

KULTUR: *In feuchter, nährstoffreicher, wasserdurchlässiger Erde an vollsonnigen bis halbschattigen Plätzen. Bei Bedarf teilen.*

☼ ☀ ♦ 🏆 ❄❄❄ ↕bis 2,2 m ↔ bis 1 m

Euphorbia amygdaloides var. *robbiae*

Diese Varietät der Mandelblättrigen Wolfsmilch, auch als *E. robbiae* geführt, ist eine ausladende, immergrüne Staude, die im Frühjahr offene, gelblich grüne Blütenstände bildet. Die dunkelgrünen Blätter stehen in Rosetten am Grund der Triebe. Besonders an schattigen Standorten nutzbar. Kann wuchern.

KULTUR: *In wasserdurchlässigem, feuchtem Boden in Sonne oder Halbschatten setzen. Verträgt trockene, magere Böden. Wuchernde Wurzeln ausgraben. Der Milchsaft kann zu Hautreizungen führen.*

☼ ☀ ◊ ♦ ♈ ❄❄ ↕75–80 cm ↔ 30 cm

Euphorbia characias subsp. *wulfenii* 'John Tomlinson'

Die strauchige Wolfsmilch-Sorte bildet größere Blütenstände als die oben beschriebene Art. Die Blüten stehen in kugeligen, leuchtend gelbgrünen Blütenständen oberhalb der schmalen, graugrünen Blätter. In frostgefährdeten Gegenden am besten am Grund einer warmen, sonnigen Mauer pflanzen.

KULTUR: *In leichtem, gut durchlässigem Boden sonnig pflanzen. Vor kalten Winden schützen. Blütentriebe im Herbst weit zurückschneiden. Mit Handschuhen arbeiten, da der Milchsaft die Haut reizen kann.*

☼ ◊ ♈ ❄❄ ↕↔ 1,2 m

Euphorbia × martini

Dieser aufrechte, gruppenbildende, immergrüne Halbstrauch bildet Trauben gelbgrüner Blüten, die sehr auffällige, dunkelrote Nektardrüsen besitzen. Sie stehen von Frühjahr bis Sommer an roten Trieben oberhalb der lanzettlichen, grünen, jung oft purpurn überlaufenen Blätter. Diese Wolfsmilch-Sorte ist für heiße, trockene Standorte geeignet. Kann in kalten Wintern Schaden nehmen.

KULTUR: *In leichtem, gut durchlässigem Boden sonnig pflanzen. Vor kalten Winden schützen. Nach der Blüte die Blütenstände abschneiden, dabei mit Handschuhen arbeiten, da der Milchsaft die Haut reizen kann.*

☼ ◊ 🏆 ❄❄ ↕↔ 1 m

Euphorbia myrsinites

Diese Wolfsmilch-Art ist eine kleine, immergrüne Staude mit liegenden Trieben, die dicht mit spiralig angeordneten, fleischigen, elliptischen, blaugrünen Blättern bedeckt sind. Büschel aus gelbgrünen Blüten stehen im Frühjahr an den Stängelspitzen. Hervorragend für sonnige, trockene Steingärten geeignet. Oder über die Kante eines Hochbeets hängen lassen.

KULTUR: *In leichtem, gut durchlässigem Boden in die volle Sonne pflanzen. Nach der Blüte die Blütenstände entfernen, da die Staude sich stark aussät. Mit Handschuhen arbeiten, da der Milchsaft die Haut reizen kann.*

☼ ◊ 🏆 ❄❄ ↕ 10 cm ↔ bis 30 cm

Euphorbia polychroma

Diese immergrüne Wolfsmilch-Art bildet regelmäßige, gerundete Büschel aus weich behaartem, mittelgrünem Laub. Im Frühjahr erscheinen über lange Zeit hinweg Büschel grünlich gelber Blüten. Sieht mit Frühjahrszwiebeln in Rabatten oder in lichten Gehölzgärten attraktiv aus. Verträgt viele Bodentypen. Auch als *E. epithymoides* angeboten.

KULTUR: *In leichtem, gut durchlässigem Boden sonnig oder in humusreichem Boden in lichten Schatten pflanzen. Nach der Blüte die Blütenstände abschneiden. Der Milchsaft kann zu Hautreizungen führen.*

☼ ☀ 💧 💧 🏆 ❄❄❄ ↕40 cm ↔ 60 cm

Euphorbia schillingii

Diese wüchsige, gruppenbildende, ausdauernde Wolfsmilch-Art stirbt – sonst untypisch für die Gattung – im Winter ab. Von Hochsommer bis Mitte Herbst erscheinen Büschel aus langlebigen, gelblich grünen Blüten. Die lanzettlichen Blätter sind dunkelgrün und haben blassgrüne oder weiße Mittelnerven. Gut als aufhellendes Element für Gehölzgärten oder schattige Wildblumengärten geeignet.

KULTUR: *In verlässlich feuchtem, humosem Boden in den lichten Schatten pflanzen. Nach der Blüte die Blütenstände entfernen. Der Milchsaft kann die Haut reizen.*

☀ 💧 🏆 ❄❄❄ ↕1 m ↔ 30 cm

Exochorda × *macrantha* 'The Bride'

Ein dichter, ausladender, laubabwerfender Strauch, der wegen seines leicht überhängenden Wuchses und der Fülle aus duftenden, reinweißen Blüten geschätzt wird. Die Blüten entstehen im Spätfrühjahr und Frühsommer zwischen den ovalen, frischgrünen Blättern. Ein eleganter Hintergrund für andere Pflanzen in gemischten Rabatten.

KULTUR: *In jedem, gut durchlässigem Boden in volle Sonne oder lichten Schatten setzen. Verträgt keine flachgründigen Kalkböden. Muss nur sehr wenig beschnitten werden.*

☼ ◑ ◊ 🏆 ❄❄❄ ↕2 m ↔3 m

Fagus sylvatica 'Dawyck Gold'

Die Gold-Buche wächst aufrecht und mehr kegelförmig als die Rot-Buche. Sie trägt im Frühjahr lebhaft goldenes Laub, das sich im Verlauf des Sommers langsam hellgrün färbt, um im Herbst wieder gelb zu werden. Weil die getrockneten, kupferbraunen Blätter den ganzen Winter an den Zweigen des Gehölzes bleiben, ist die Pflanze ein guter Sichtschutz.

KULTUR: *Durchlässige Erde in der Sonne bis Halbschatten. Die goldene Blattfarbe ist im Halbschatten am besten ausgeprägt. Kranke und sich kreuzende Zweige im Winter herausnehmen.*

☼ ◑ ◊ ♦ 🏆 ❄❄❄ ↕18 m ↔7 m

Fargesia nitida

Dieser Schirmbambus ist eine langsamwüchsige Staude, die dichte Gruppen aus aufrechten, dunkel purpurgrünen Bambusrohren bildet. Im zweiten Jahr nach dem Pflanzen bilden sich an den Spitzen der Rohre zahlreiche schmale, dunkelgrüne Blätter. Eine attraktive Pflanze für Wildblumengärten. In Kübeln pflanzen, um das Wachstum einzuschränken. Wird auch als *Sinarundinaria nitida* angeboten.

KULTUR: *In verlässlich feuchtem Boden in lichten Schatten setzen. Vor kalten, austrocknenden Winden schützen.*

☀ 💧 🏆 ❄❄❄

↕ bis 5 m ↔ 1,5 m oder mehr

× *Fatshedera lizei*

Die Efeuaralie ist ein immergrüner Strauch, der wegen der großen, attraktiven, glänzend dunkelgrünen Blätter gehalten wird. Im Herbst erscheinen kleine, weiße Blüten. Für schattige Standorte geeignet, in kalten Gegenden an einen sonnigen, geschützten Platz pflanzen. Mit Stützen kann sie an Mauern hochgezogen werden. Auch gut für Zimmer oder Wintergarten geeignet.

KULTUR: *Gedeiht am besten in feuchtem, gut durchlässigem, nährstoffreichem Boden in Sonne oder Halbschatten. Ein regelmäßiger Rückschnitt ist nicht nötig. Pflanze an ihrer Stütze anbinden.*

☼ ☀ 💧 💧 🏆 ❄

↕ 1,2–2 m oder mehr ↔ 3 m

Fatsia japonica

Die Zimmeraralie ist ein ausladender, immergrüner Strauch, der wegen der großen, glänzenden, grünen Blätter kultiviert wird. Breite, aufrechte Dulden kugeliger, cremeweißer Blütenköpfchen erscheinen im Herbst. Eine interessante Pflanze für schattige Bereiche. Verträgt Luftverschmutzung und gedeiht in milden Regionen an geschützten Stellen im Freiland.

KULTUR: *In jedem gut durchlässigen Boden in Sonne oder Schatten kultivieren. Vor allem im jungen Zustand vor kalten Winden und starken Frösten schützen. Im Frühjahr unschöne oder beschädigte Triebe herausschneiden, ansonsten wenig beschneiden.*

☼ ☀ ◊ 🏆 ❄ ↕↔ 1,5–4 m

Festuca glauca 'Blaufuchs'

Diese Zierform des Schwingels ist eine dichte, immergrüne, ausdauernde Grassorte. Sie ist gut für Rabatten oder Steingärten als Hintergrund für andere Pflanzen geeignet. Rispen aus unscheinbaren, violett getönten, blaugrünen Blüten erscheinen im Frühsommer über den Blättern. Sie wird vor allem wegen ihrer schmalen, blauen Blätter kultiviert.

KULTUR: *In trockenem, durchlässigem, magerem bis nährstoffreichem Boden sonnig pflanzen. Um die beste Laubfärbung zu erreichen, die Pflanzen alle zwei bis drei Jahre teilen und wieder einpflanzen.*

☼ ◊ 🏆 ❄❄❄ ↕ bis 30 cm ↔ 25 cm

Ficus carica 'Brown Turkey'

Ob als Solitär oder Spalier an einer sonnigen Wand, der Feigenbaum fällt durch seine großen, gelappten, kräftig grünen Blätter auf. Die Feigenfrüchte reifen allerdings nur in langen, heißen Sommern aus. Während das Laub im Herbst abfällt, vertrocknen die unreifen Feigen an den Zweigen. Spalierexemplare sind leichter zu ziehen als Solitäre.

KULTUR: *Feuchte, aber durchlässige Böden in der Sonne sind ideal. Eine Begrenzung des Wurzelraums fördert den Fruchtansatz. Im Frühjahr vor Spätfrösten schützen.*

↕ 3 m und mehr ↔ 4 m

Filipendula purpurea

Eine aufrechte, horstbildende, ausdauernde Mädesüß-Art, die in Gruppen einen Teppich eleganter, dunkelgrüner Blätter bildet. Fedrige Rispen aus rotpurpurnen Blüten entstehen im Sommer an purpurn getönten Trieben oberhalb des Laubs. Geeignet für Gewässerränder oder Sumpfgärten, kann auch in feuchten Gehölzgärten ausgewildert werden.

KULTUR: *In verlässlich feuchtem, nährstoffreichem, humusreichem Boden im Halbschatten. Kann in volle Sonne gesetzt werden, wenn der Boden nicht austrocknet.*

↕ 1,2 m ↔ 60 cm

Filipendula rubra 'Venusta'

Die wüchsige, ausdauernde, aufrechte Mädesüß-Sorte bildet im Hochsommer fedrige Rispen winziger, zartrosa Blüten an großen, verzweigten Trieben. Die großen, dunkelgrünen Blätter sind am Rand in gezackte Zipfel unterteilt. Hervorragend für Sumpfgärten, feuchte Standorte an Gewässern oder feuchte Wildblumengärten geeignet.

KULTUR: *In verlässlich feuchtem, mäßig nährstoffreichem, humusreichem Boden im Halbschatten pflanzen. Gedeiht in nassen oder sumpfigen Böden und verträgt dort auch volle Sonne.*

☀ 💧 💧 🏆 ❄❄❄ ↕2–2,5 m ↔ 1,2 m

Forsythia × *intermedia* 'Lynwood Variety'

Eine wüchsige, laubabwerfende, strauchige Forsythien-Sorte mit aufrechten Trieben, die an den Spitzen leicht überhängen. Die goldgelben Blüten erscheinen im zeitigen Frühjahr an nackten Ästen. Die ovalen Blätter entstehen nach der Blüte. Ein verlässlicher Strauch für Mischrabatten oder lockere Hecken, mit Zwiebelpflanzen im Frühjahr sehr attraktiv.

KULTUR: *In gut durchlässigem, nährstoffreichem Boden in voller Sonne pflanzen. Verträgt Halbschatten, blüht dort aber weniger reich. Bei ausgewachsenen Sträuchern einige ältere Triebe nach der Blüte entfernen.*

☀ ☀ 💧 🏆 ❄❄❄ ↕↔ 3 m

Forsythia suspensa

Dieser aufrechte, laubabwerfende Strauch ist eine weniger buschige Forsythie als *F. x intermedia* und besitzt stärker überhängende Äste. Sie wird wegen der nickenden, gelben Blüten geschätzt, die sich vom zeitigen bis mittleren Frühjahr an den nackten Trieben öffnen. Die Blätter sind oval und mittelgrün. Eignet sich als Solitärstrauch, als lockere Hecke oder für Strauchrabatten.

KULTUR: *Am besten in durchlässigem, nährstoffreichem Boden in voller Sonne. Im Schatten ist die Blüte weiniger attraktiv. Bei ausgewachsenen Sträuchern im Frühjahr ältere Triebe nach der Blüte entfernen.*

☼ ◑ ◊ ❄❄❄ ↕↔ 3 m

Fothergilla major

Der Große Federbuschstrauch ist ein langsamwüchsiger, aufrechter, laubabwerfender Strauch, der im Spätfrühjahr flaschenputzerähnliche Ähren aus duftenden, weißen Blüten bildet. Die glänzend dunkelgrünen Blätter werden zum Herbst hin gelb, orange und dann rot. Eine attraktive Ergänzung für Strauchrabatten und lichte Gehölzgärten.

KULTUR: *Gedeiht am besten in feuchtem, gut durchlässigem, humusreichem Boden. Für die beste Blüten- und Herbstfärbung sollte ein vollsonniger Standort gewählt werden. Nur sehr wenig beschneiden.*

☼ ◊ ◆ ▽ ❄❄ ↕2,5 m ↔ 2 m

Fremontodendron 'California Glory'

Ein wüchsiger, aufrechter, halb immergrüner Strauch mit großen, becherförmigen, goldgelben Blüten, die von Spätfrühjahr bis Mitte Herbst erscheinen. Die rundlichen Blätter sind gelappt und dunkelgrün. In frostgefährdeten Gebieten an einer sonnigen Mauer pflanzen.

KULTUR: *Gedeiht am besten in durchlässigem, magerem bis nährstoffreichem, neutralem bis alkalischem Boden in der Sonne. Vor kalten Winden schützen. Am besten nicht beschneiden, an einer Mauer gezogene Pflanzen können im Frühjahr getrimmt werden.*

☼ ◇ ♈ ❀ – ❄ ↕6 m ↔ 4 m

Fritillaria imperialis 'Rubra'

Diese rot blühende Sorte der Kaiserkrone schiebt im Frühling hohe, aufrechte Schäfte mit hängenden Glockenblüten über Quirlen aus frischgrünem Laub. Über den Blüten wächst ein Bündel schmaler Blätter. Die beeindruckend hohe Staude bietet sich für große Rabatten an. Man pflanzt ihre Zwiebeln im Spätsommer. Die Art trägt orangefarbene Blüten.

KULTUR: *In einer sonnigen Rabatte mit nährstoffreicher, wasserdurchlässiger Erde. Ungestört wachsen lassen.*

☼ ◇ ◆ ❄❄❄ ↕1,5 m ↔ 1 m und mehr

Fritillaria meleagris

Die Gewöhnliche Schachblume ist eine Zwiebelpflanze, die sich in Gegenden mit kühlen, feuchten Sommern gut in Rasenflächen auswildern lässt. Die hängenden, glockenförmigen Blüten sind rosa, rosapurpurn oder weiß und schachbrettartig gemustert. Sie entstehen einzeln oder paarig im Frühjahr. Die schmalen Blätter sind graugrün.

KULTUR: *In jeglichem feuchten, aber gut wasserdurchlässigen, humusreichen Boden in der vollen Sonne oder im lichten Schatten pflanzen. Im Spätsommer Zwiebeln teilen und wieder einpflanzen.*

☼ ◑ ◊ ◊ ♀ ❄❄❄ ↕bis 30 cm ↔ 5–8 cm

Fritillaria pallidiflora

Im Spätfrühjahr bildet diese robuste Zwiebelpflanze glockenförmige, faulig riechende Blüten oberhalb der graugrünen, lanzettlichen Blätter. Sie sind cremegelb mit grüner Basis und innen rotbraun gescheckt. Für Steingärten oder Rabatten in Gebieten mit kühlen, feuchten Sommern geeignet. Kann gut in feuchten Wiesen ausgewildert werden.

KULTUR: *In feuchtem, aber gut durchlässigem, mäßig nährstoffreichem Boden in Sonne oder Halbschatten setzen. Im Spätsommer Zwiebeln teilen und wieder einpflanzen.*

☼ ◑ ◊ ◊ ♀ ❄❄❄ ↕bis 40 cm ↔ 5–8 cm

Fuchsia (Frostharte Fuchsien)

Frostharte Fuchsien sind ausgesprochen vielseitige Sträucher. Sie eignen sich für Mischrabatten, als blühende Hecken, können als Spalierpflanzen an warmen Mauern gezogen oder als frei stehende Hochstämmchen oder Säulen gesetzt werden. Die hängenden, gefüllten bis angefüllten Blüten erscheinen von Sommer bis Herbst. Auch frostharte Fuchsien können nach schweren Frösten in Teilen zurückfrieren. Sie erholen sich aber schnell. Die meisten behalten ihr Laub, wenn sie im kühlen Gewächshaus überwintert werden oder die Temperatur nicht unter 4 °C fällt. Die frosthärteste Sorte ist 'Genii'.

KULTUR: *In durchlässigem, feuchtem, nährstoffreichem Boden pflanzen. Einen sonnigen oder halbschattigen, geschützten Standort wählen. Im Winter dicht mulchen. Spitzen der Jungpflanzen auskneifen, um buschigen Wuchs zu fördern. Im Frühjahr geschädigte Triebe entfernen, gesunde Äste auf niedrigste Knospen zurückschneiden.*

☼ ◐ ◊ ♦

1 ↕↔75–90 cm

2 ↕15–30 cm ↔45 cm

3 ↕↔1–1,1 m

4 ↕2–3 m ↔1–2 m

5 ↕↔15–30 cm

6 ↕bis 3 m ↔2–3 m

1 *F.* 'Genii' 🏆❄❄❄ **2** *F.* 'Lady Thumb' 🏆❄ **3** *F.* 'Mrs. Popple' 🏆❄❄
4 *F.* 'Riccartonii' 🏆❄❄ **5** *F.* 'Tom Thumb' 🏆❄❄ **6** *F. magellanica* 'Versicolor' ❄❄

Fuchsia (Bedingt frosthart oder frostempfindlich)

Diese attraktiven Sträucher müssen in kalten Gebieten im Winter geschützt werden. Dafür bieten sie im Sommer eine große Blütenvielfalt. Von den zahlreichen Blütenblättern der Sorte 'Swingtime' bis zu den verlängerten Röhren von 'Thalia'. Sie können im Sommer draußen gehalten werden und sind als Solitärsträucher in Kübeln oder als in Form geschnittene, dichte Büsche sowie als Säulen oder Hochstämmchen attraktiv. In frostgefährdeten Gebieten während der Wintermonate im Gewächshaus oder kühlen Wintergarten halten. 'Thalia' ist die frostempfindlichste Sorte und benötigt eine Mindesttemperatur von 10 °C.

KULTUR: *In durchlässigem, feuchtem, nährstoffreichem Boden in Sonne oder Halbschatten. Junge Pflanzen trimmen, um buschigen Wuchs zu fördern. Nach der Blüte beschneiden, verblühte Blüten entfernen. Im zeitigen Frühjahr auf bleibendes Astwerk zurückschneiden.*

☼ ◐ ◊ ◆

1

↕↔ 30–60 cm

2

↕bis 60 cm ↔45 cm

3

↕bis 4 m ↔1–1,2 m

1 *Fuchsia* 'Annabel' ♀❄❄ **2** *F.* 'Billy Green' ♀❄ **3** *F. boliviana* var. *alba* ♀❄

4
↕↔ 45–75 cm

5
↕ bis 90 cm ↔ bis 75cm

6
↕ bis 90 cm ↔ bis 60 cm

7
↕ 1,5 m ↔ bis 80 cm

8
↕ bis 45 cm ↔ bis 60 cm

9
↕ bis 75 cm ↔ bis 60 cm

4 *Fuchsia* 'Celia Smedley' 🏆❄❄ **5** *F.* 'Checkerboard' 🏆❄❄ **6** *F.* 'Coralle' 🏆❄
7 *F. fulgens* 🏆❀ **8** *F.* 'Joy Patmore' ❄❄ **9** *F.* 'Leonora' ❄❄

10
↕↔ 30–60 cm

11
↕ bis 45 cm ↔ 45 cm

12
↕ bis 75 cm ↔ bis 60 cm

13
↕ 60 cm ↔ 45 cm

14
↕ bis 60 cm ↔ 75 cm

15
↕↔ 45–90 cm

WEITERE SORTEN

'Brookwood Belle' ❄❄: kirschrote und weiße Blüten.

'Pacquesa' ❄❄: rote und rot geäderte, weiße Blüten.

'Winston Churchill' ❄❄: lila und rosa.

10 *F.* 'Mary' 🏆❄ **11** *F.* 'Nellie Nuttall' 🏆❄❄ **12** *F.* 'Royal Velvet' 🏆❄❄
13 *F.* 'Snowcap' 🏆❄ **14** *F.* 'Swingtime' 🏆❄❄ **15** *F.* 'Thalia' 🏆❄

Fuchsia (Hängende Fuchsien)

Fuchsien-Sorten mit hängendem oder kriechendem Wuchs sind hervorragend dafür geeignet, von einem Kübel, einem Blumenkasten oder einer Ampel herunterzuhängen, denn so kommen ihre hängenden Blüten am besten zur Geltung. Sie blühen während des gesamten Sommers bis in den Frühherbst hinein und können bis zum Ende der Wachstumszeit an Ort und Stelle belassen werden. Danach sollten sie entfernt und im Folgejahr durch neue Pflanzen ersetzt werden. Sie können auch als Hochstämme mit Trauerform gezogen und in Kübeln, die im Winter vor Frost geschützt werden, gehalten werden.

KULTUR: *In nährstoffreichem, feuchtem, wasserdurchlässigem Boden oder Topferde in Sonne oder Halbschatten setzen. Vor kalten, trockenen Winden schützen. Wenig beschneiden, lediglich unschöne Triebe entfernen. Jungpflanzen regelmäßig trimmen, um buschigen, regelmäßigen Wuchs zu fördern.*

☼ ◐ ○ ● ❄ – ❄❄

1

↕15–30 cm ↔45 cm

2

↕15–30 cm ↔45 cm

3

↕45 cm ↔60 cm

4

↕bis 60 cm ↔75 cm

1 *F.* 'La Campanella' **2** *F.* 'Golden Marinka' **3** *F.* 'Jack Shahan' **4** *F.* 'Lena'

Gaillardia 'Dazzler'

Diese buschige, kurzlebige, staudige Kokardenblumen-Sorte besitzt große, margeritenähnliche Blütenköpfchen, die über einen längeren Zeitraum im Sommer blühen. Sie haben orangefarbene Zungenblüten mit gelben Spitzen und ein orangerotes Zentrum. Die Blätter sind weich, lanzettlich und mittelgrün. Sieht in sonnigen Misch- oder Staudenrabatten attraktiv aus, gut als Schnittblume geeignet. Ist in kalten Gebieten nicht verlässlich frosthart.

KULTUR: *In durchlässigem, mäßig nährstoffreichem Boden sonnig pflanzen. Ist oft kurzlebig, kann aber durch Teilung im Winter wieder zum Wachstum angeregt werden.*

☼ ◊ 🏆 ❄❄ ↕ 60–85 cm ↔ 45 cm

Galanthus elwesii

Diese robuste Schneeglöckchen-Art ist eine Zwiebelpflanze, die im späten Winter schlanke, nach Honig duftende, reinweiße Blüten über dem blaugrünen Laub bildet. Die inneren Blütenblätter tragen grüne Flecken. Gut für Rabatten und Steingärten geeignet. Lässt sich gut in lichten Gehölzgärten auswildern.

KULTUR: *In feuchtem, aber gut durchlässigem, humusreichem Boden, der im Sommer nicht austrocknet, pflanzen. Einen Standort im Halbschatten wählen.*

☼ ◊ ♦ 🏆 ❄❄❄ ↕ 10–15 cm ↔ 8 cm

Galanthus 'Magnet'

Diese große Schneeglöckchen-Sorte ist eine wüchsige Zwiebelpflanze, die im späten Winter und zeitigen Frühjahr hängende, birnenförmige, reinweiße Blüten trägt. Die inneren Blütenblätter besitzen tiefgrüne, V-förmige Flecken an ihren Spitzen. Die riemenförmigen, graugrünen Blätter stehen am Grund der Pflanze. Eignet sich zum Auswildern in Rasenflächen oder Gehölzgärten.

KULTUR: *In feuchtem, aber gut durchlässigem, nährstoffreichem Boden pflanzen, der im Sommer nicht austrocknet. Einen halbschattigen Standort auswählen.*

↕20 cm ↔ 8 cm

Galanthus nivalis 'Flore Pleno'

Diese robuste Zwiebelpflanze ist eine gefüllte Form des Schneeglöckchens. Vom späten Winter bis zum zeitigen Frühling erscheinen hängende, birnenförmige, reinweiße Blüten mit grünen Flecken an den Spitzen der inneren Blütenblätter. Die schmalen Blätter sind graugrün. Gut zum Auswildern unter laubabwerfenden Bäumen oder Sträuchern geeignet.

KULTUR: *In feuchtem, gut durchlässigem, nährstoffreichem Boden in lichtem Schatten pflanzen. Alle paar Jahre teilen und wieder einpflanzen, um die Wüchsigkeit zu erhalten.*

↕↔ 10 cm

Galanthus 'S. Arnott'

Diese nach Honig duftende Schneeglöckchen-Sorte ist eine schnellwüchsige Zwiebelpflanze, die sogar größere Blüten als 'Magnet' ausbildet. Die nickenden, birnenförmigen, reinweißen Blüten erscheinen vom späten Winter bis zum zeitigen Frühjahr und tragen jeweils ein V-förmiges, grünes Zeichen auf den Spitzen der inneren Blütenblätter. Die schmalen Blätter sind graugrün. Für Steingärten oder Hochbeete geeignet.

KULTUR: *In feuchtem, gut wasserdurchlässigem, nährstoffreichem Boden in durchbrochenen Schatten pflanzen. Im Sommer feucht halten. Nach der Blüte teilen und wieder einpflanzen.*

☀ ◊ ♦ 🏆 ❄❄❄ ↕20 cm ↔ 8 cm

Garrya elliptica 'James Roof'

Dieser aufrechte, immergrüne Strauch wird im Alter baumförmig. Man schätzt ihn wegen der langen, silbergrauen Kätzchen, die im Winter und zeitigen Frühjahr von den Ästen hängen. Die Blätter sind dunkelgrün und besitzen gewellte Ränder. Hervorragend für Strauchrabatten, an einer schattigen Mauer oder als Hecke geeignet. Verträgt Küstenbedingungen.

KULTUR: *In wasserdurchlässigem, nährstoffreichem Boden in Sonne oder Halbschatten pflanzen. Verträgt auch magere, trockene Böden. Wenn nötig, nach der Blüte trimmen.*

☼ ☀ ◊ 🏆 ❄❄❄ ↕↔ 4 m

Gaultheria mucronata 'Mulberry Wine' (weibliche Pflanze)

Diese immergrüne, strauchige Scheinbeeren-Sorte – geschätzt wegen ihrer kugeligen, purpurnen Herbstbeeren – wird manchmal in die Gattung *Pernettya* eingeschlossen. Sie kontrastieren zum gezähnten, dunkelgrünen Laub. Im Sommer erscheinen kleine, weiße Blüten.

KULTUR: *In feuchtem, torfigem, saurem bis neutralem Boden in Halbschatten oder Sonne pflanzen. Nahe einer männlichen Pflanze setzen, um guten Fruchtansatz zu gewährleisten. Ausstrahlende Wurzeln mit Spaten abstechen, um die Größe zu beschränken.*

☼ ◑ 💧 ♈ ❄❄❄ ↕↔ 1,2 m

Gaultheria mucronata 'Wintertime' (weibliche Pflanze)

Ein immergrüner, ausladender Strauch, manchmal in die Gattung *Pernettya* eingeschlossen, mit großen, auffälligen, weißen Beeren, die im Winter an der Pflanze bleiben. Ab Spätfrühjahr erscheinen kleine, weiße Blüten. Die dunkelgrünen Blätter sind elliptisch und gezähnt.

KULTUR: *In feuchtem, saurem bis neutralem, torfigem Boden im lichten Schatten pflanzen, verträgt aber auch Sonne. Nahe an männliche Pflanzen setzen, um den Fruchtansatz zu fördern. Sich ausbreitende Wurzeln entfernen, um den Wuchs zu beschränken.*

☼ ◑ 💧 ♈ ❄❄❄ ↕↔ 1,2 m

Gaultheria procumbens

Die Niederliegende Scheinbeere, ein kriechender Strauch, trägt im Sommer hängende, krugförmige, weiße oder rosa Blüten. Auf sie folgen duftende, hellrote Blüten, die meist bis zum Frühjahr an den Zweigen haften und im Winter Farbtupfer im Garten setzen. Die glänzenden, dunkelgrünen Blätter duften beim Zerreiben intensiv. Guter Bodendecker für schattige Bereiche.

KULTUR: *In sauren bis neutralen, torfreichen, feuchten Böden im Halbschatten. Verträgt volle Sonne nur in ständig feuchtem Boden. Nach der Blüte stutzen.*

◐ 💧 🏆 ❄❄❄ ↕ 15 cm ↔ über 1 m

Gaura lindheimeri

Die hohe, horstbildende Staude mit grundständigen Blättern und schlanken Trieben trägt ab Mai bis in den Herbst hinein lockere Rispen aus rosaweißen Knospen, aus denen sich morgens weiße Blüten entfalten. Die elegante Prachtkerze passt in gemischte Rabatten. Sie verträgt Hitze und Trockenheit.

KULTUR: *In nährstoffreicher, feuchter, aber durchlässiger Erde. Bevorzugt volle Sonne, verträgt aber auch Halbschatten. Horste im Frühjahr evtl. teilen.*

☼ 💧 💧 🏆 ❄❄❄ ↕ bis 1,5 m ↔ 90 cm

Gazanien

Obwohl es sich bei diesen wertvollen Sommerblumen um wüchsige, breitwüchsige Stauden handelt, werden sie meist einjährig gezogen. Man schätzt sie wegen ihrer langen Blüte. Die farbenfrohen Körbchenblüten ähneln denen von Sonnenblumen, schließen sich jedoch bei bedecktem Himmel und kühler Witterung. Ihre orangefarbenen, weißen, goldgelben, beigen, bronzebraunen oder kräftig rosa Blumen besitzen oft eine kontrastierende Zone in der Mitte des Auges. Beliebt sind ferner Sortenmischungen mit unterschiedlich gefärbten Blumen. Die Unterseite der dunkelgrünen, lanzettlichen Blätter ist seidig weiß behaart.

KULTUR: *In leichten, durchlässigen Sandböden an vollsonnigen Plätzen. Ältere oder welke Blütenköpfchen abknipsen, um die Blüte zu verlängern. Während der Wachstumszeit reichlich gießen. Gazanien ziehen beim ersten Frost ein.*

☼ ◊ ❀

1

↕20 cm ↔25 cm

2

↕20 cm ↔25 cm

WEITERE SORTEN

Chansonette-Serie: verschiedene Farben, kontrastierende Mittelzone.

Mini-Star-Serie: mit mehr- oder einfarbiger Zone.

Talent-Serie: mehr- oder einfarbig.

3

↕20 cm ↔25 cm

4

↕20 cm ↔25 cm

5

↕20cm ↔25 cm

1 *Gazania* 'Aztec' 🏆 **2** *G.* 'Cookei' 🏆 **3** *G.* 'Daybreak Garden Sun' **4** *G.* 'Michael' 🏆 **5** *G. rigens* var. *uniflora* 🏆

Genista aetnensis

Diese Ginster-Art ist ein aufrechter, fast unbeblätterter, laubabwerfender Strauch, der sich sehr gut an heißen, sonnigen Orten als Einzelpflanze oder als Hintergrund von Rabatten eignet. Im Hochsommer erscheinen zahlreiche, duftende, wickenartige, goldgelbe Blüten, die die überhängenden, mittelgrünen Triebe bedecken.

KULTUR: *In gut durchlässigem, leichtem, magerem bis mäßig nährstoffreichem Boden in die volle Sonne pflanzen. Wenig beschneiden. Alte, sparrige Pflanzen ersetzen.*

↕↔ 8 m

Genista lydia

Dieser niedrigwüchsige, laubabwerfende Strauch bildet Büsche aus überhängenden, spitzstacheligen Ästen, die im Frühjahr von gelben, wickenartigen Blüten übersät sind. Die kleinen, schmalen Blätter sind blaugrün. Dieser Ginster eignet sich für heiße, trockene Standorte wie Steingärten oder Hochbeete.

KULTUR: *In gut durchlässigem, leichtem, magerem bis mäßig nährstoffreichem Boden in der vollen Sonne. Kaum beschneiden und alte, sparrige Pflanzen am besten ersetzen.*

↕ bis 60 cm ↔ bis 1 m

Genista 'Porlock'

Der halb immergrüne, mittelgroße Strauch trägt schwere Büschel aus duftenden, leuchtend gelben Schmetterlingsblüten, die sich im Frühjahr öffnen. Die mittelgrünen Blätter des Ginsters setzen sich aus drei Fiederblättchen zusammen. Man schneidet diese Ginster-Sorte gleich nach der Blüte zurück, um ihre Form zu erhalten, einen harten Rückschnitt allerdings verträgt sie schlecht. Gut für Gärten in Küstennähe.

KULTUR: *Durchlässige, nährstoffreiche Böden in der Sonne.*

↕↔ 2,5 m

Gentiana acaulis

Der Keulen-Enzian ist eine mattenbildende, immergrüne Staude, die im Frühjahr große, trompetenförmige, lebhaft blaue Blüten bildet. Die Blätter sind oval und glänzend dunkelgrün. Gut für Steingärten, Hochbeete oder Tröge geeignet. Gedeiht gut in Gegenden mit kühlen, feuchten Sommern.

KULTUR: *In feuchtem, aber gut wasserdurchlässigem, humusreichem Boden in voller Sonne oder im Halbschatten pflanzen. In Gebieten mit warmen, heißen Sommern vor heißer Sonne schützen.*

↕ 8 cm ↔ bis 30 cm

Gentiana asclepiadea

Der Schwalbenwurz-Enzian ist eine überhängende, gruppenbildende Staude mit im Spätsommer und Herbst erscheinenden, trompetenförmigen, dunkelblauen Blüten. Sie sind innen oft purpurn gestreift oder gepunktet. Die Blätter sind lanzettlich und frischgrün. Für Rabatten oder große Steingärten geeignet.

KULTUR: *In feuchtem, nährstoffreichem, humusreichem Boden am besten in den Schatten setzen. Verträgt auch Sonne, wenn der Boden verlässlich feucht ist.*

☀ 💧 🏆 ❄❄❄ ↕ 60–90 cm ↔ 45 cm

Gentiana septemfida

Dieser spät blühende Enzian ist eine niederliegende bis aufrechte, gruppenbildende Staude. Büschel aus schmal glockenförmigen, leuchtend blauen Blüten mit weißem Schlund stehen zwischen den ovalen, mittelgrünen Blättern. Gut für Steingärten oder Hochbeete geeignet. Gedeiht gut in Gegenden mit kühlen, feuchten Sommern.

KULTUR: *In feuchtem, aber gut durchlässigem, humosem Boden in der vollen Sonne oder im Halbschatten pflanzen. In Gebieten mit warmen, trockenen Sommern vor der heißen Sonne schützen.*

☼ ☀ 💧 💧 🏆 ❄❄❄

↕ bis 15–20 cm ↔ bis 30 cm

Geranium (Kleine, frostharte Storchschnäbel)

Die niedrigwüchsigen Vertreter der Gattung *Geranium* (oft fälschlich als Geranien bezeichnet, s. S. 404–409) sind vielseitige Pflanzen, die sich für den Vordergrund von Rabatten, Steingärten oder als Bodendecker eignen. Diese voll frostharten, immergrünen, ausdauernden Storchschnäbel sind langlebig und anspruchslos und vertragen viele Böden und Standorte. Die gelappten, gesägten Blätter sind oft panaschiert oder aromatisch. Im Sommer erscheinen schalenförmige Blüten in Farben von Weiß über Zartblau, wie die von 'Johnson's Blue' bis zu Rosa, wie bei *G. cinereum* var. *caulescens*, mit häufig kontrastierenden Adern, Saftmalen oder Zeichnungen.

KULTUR: *In kräftig durchlässigem, humusreichem Boden in der vollen Sonne pflanzen. Im Wachstum monatlich einen Volldünger geben. Im Winter wenig gießen. Abgeblühte Triebe und alte Blätter entfernen, um das Wachstum anzuregen.*

☼ ◊ ❄❄❄

1

↕bis 45 cm ↔1 m oder mehr

2

↕bis 15 cm ↔ bis 30 cm

1 *G.* 'Ann Folkard' 🏆 **2** *G.* 'Ballerina' 🏆

3

↕bis 15 cm ↔ bis 30 cm

4

↕bis 45 cm ↔ unbegrenzt

5

↕bis 15 cm ↔ 50 cm

6

↕30 cm ↔ 60 cm

7

↕bis 45 cm ↔ 75 cm

8

↕bis 30 cm ↔ bis 1 m

9

↕30 cm ↔ 1,2 m

3 *G. subcaulescens* 🏆 **4** *G. clarkei* 'Kashmir White' 🏆 **5** *G. dalmaticum* 🏆 **6** *G. himalayense* 'Gravetye' 🏆 **7** *G.* 'Johnson's Blue' 🏆 **8** *G.* x *riversleaianum* 'Russell Prichard' 🏆 **9** *G. wallichianum* 'Buxton's Variety' 🏆

Geranium (Große, frostharte Storchschnäbel)

Die größeren, gruppenbildenden, frostharten Storchschnäbel – sie sollten nicht mit Geranien verwechselt werden (siehe S. 404–409) – sind in Rabatten oder zwischen Sträuchern gepflanzt attraktiv und benötigen wenig Pflege. Besonders hübsch sehen sie in Landhausgärten oder zwischen Rosen aus. Die gelappten, immergrünen Blätter können gefärbt oder aromatisch sein. Im Sommer erscheinen zahlreiche schalenförmige, weiße, blau, rosa oder purpurn getönte Blüten. Zeichnungen auf den Blüten variieren von kräftig kontrastierenden Saftmalen wie bei *G. psilostemon* bis zu der zarten Aderung von *G. sanguineum* var. *striatum*.

KULTUR: *In gut durchlässigem, ausreichend nährstoffreichem Boden in volle Sonne oder Halbschatten pflanzen. Verträgt jeglichen, außer staunassen Boden. Alte Blätter und abgeblühte Triebe entfernen, um das Wachstum anzuregen.*

☼ ◐ ◯ ◖ ❄❄❄

1
↕45 cm ↔60 cm

2
↕↔60 cm

3
↕↔50 cm

1 *G. endressii* ♕ **2** *G.* x *magnificum* ♕ **3** *G.* ROZANNE ('Gerwat') ♕

4

↕60–90 cm ↔ 60 cm

5

↕60–120 cm ↔ 60 cm

6

↕↔ 30 cm

7

↕10 cm ↔ 30 cm

8

↕60 cm ↔ 90 cm

9

↕60 cm ↔ 90 cm

4 *G. pratense* 'Mrs. Kendall Clark' ♀ **5** *G. psilostemon* ♀ **6** *G. renardii* **7** *G. sanguineum* var. *striatum* ♀ **8** *G. sylvaticum* 'Mayflower' ♀ **9** *G.* x *oxonianum* 'Wargrave Pink' ♀

Geum 'Lady Stratheden'

Eine gruppenbildende, ausdauernde Nelkenwurz-Sorte mit gefüllten, leuchtend gelben Blüten, die über längere Zeit im Sommer blühen. Die mittelgrünen Blätter sind groß und gelappt. Eine anspruchslose, langlebige Pflanze, die Misch- oder Staudenrabatten bereichern kann.

KULTUR: *In feuchtem, aber gut wasserdurchlässigem Boden in der vollen Sonne pflanzen. Nicht an Stellen pflanzen, die im Winter staunass werden können.*

☼ ◊ ♦ 🏆 ❄❄❄ ↕ 40–60 cm ↔ 60 cm

Geum montanum

Die kleine, gruppenbildende, ausdauernde Bergnelkenwurz wird wegen der einzelnen, becherförmigen, tief goldgelben Blüten kultiviert. Sie erscheinen im Frühjahr und Frühsommer oberhalb der großen, gelappten, dunkelgrünen Blätter. Hervorragend für Steingärten, Hochbeete oder Tröge geeignet.

KULTUR: *In gut wasserdurchlässigem, am besten grushaltigem, nährstoffreichem Boden in die volle Sonne pflanzen. Verträgt im Winter keine Staunässe.*

☼ ◊ 🏆 ❄❄❄ ↕ 15 cm ↔ bis 30 cm

Gillenia trifoliata

Eine aufrechte, elegante Staude, die Büschel aus olivgrünen, im Herbst rot verfärbten Blättern bildet. Zarte, weiße Blüten mit schlanken Blütenblättern entstehen im Sommer an drahtigen, roten Trieben. Eindrucksvoll in einer schattigen Rabatte oder in lichten Gehölzgärten. Langlebige Schnittblumen.

KULTUR: *In feuchtem, aber gut durchlässigem, nährstoffreichem Boden kultivieren. Gedeiht am besten im Halbschatten, verträgt jedoch etwas Sonne, wenn sie während der heißesten Zeit des Tages schattiert wird.*

◑ ○ ◐ 🏆 ❄❄❄ ↕ bis 1 m ↔ 60 cm

Gladiolus communis subsp. *byzantinus*

Im Spätfrühjahr bildet die aufrechte, Knollen ausbildende Wiesen-Siegwurz eine Fülle von magentaroten Blüten mit einer purpurn gefleckten Lippe. Die Blütentrauben stehen über Fächern aus schmalen, mittelgrünen Blättern. Eine elegante Bereicherung für Misch- oder Staudenrabatten, auch gut als Schnittblumen geeignet.

KULTUR: *In nährstoffreichem Boden sonnig kultivieren. Knollen auf Sand pflanzen, um die Dränage zu verbessern. Die Knollen müssen im Winter nicht herausgenommen werden, sollten aber in frostgefährdeten Gebieten einen Wintermulch erhalten.*

☼ ○ 🏆 ❄❄ ↕ bis 1 m ↔ 8 cm

Gladiolus murielae

Diese aufrechte Knollenpflanze bildet stark duftende, weiße Blüten mit purpurrotem Schlund aus. Die Blüten dieser Gladiolen-Art hängen im Sommer an eleganten Trieben oberhalb der Fächer aus schmalen, mittelgrünen Blättern. Ideal für Mischrabatten. Schöne Schnittblumen. Übersteht kalte Winter nicht.

KULTUR: *In nährstoffreichem Boden in voller Sonne kultivieren. Auf eine Lage Sand pflanzen, um die Drainage zu verbessern. In frostgefährdeten Gebieten Knollen beim Abwelken der Blätter herausnehmen, Blätter entfernen und frostfrei lagern.*

☼ ◊ 🏆 ❄ ↕70–100 cm ↔ 5 cm

Gleditsia triacanthos 'Sunburst'

Diese schnellwüchsige Lederhülsenbaum-Sorte ist ein breit konischer, laubabwerfender Baum mit attraktivem Laub und einer lichten Krone. Die fein zerteilten Blätter sind beim Entfalten im Frühjahr goldgelb, werden später dunkelgrün und im Herbst erneut gelb. Schöner Baum für kleine Gärten, der Luftverschmutzung verträgt. Wird auch Gleditschie genannt.

KULTUR: *In jedem gut durchlässigen, nährstoffreichen Boden in die volle Sonne pflanzen. Vom Spätsommer bis Mitte Winter totes, beschädigtes oder krankes Holz entfernen, sonst nicht beschneiden.*

☼ ◊ 🏆 ❄❄❄ ↕12 m ↔ 10 m

Griselinia littoralis 'Variegata'

Der dichte und hübsche immergrüne Strauch hat glänzende Blätter mit einer unregelmäßigen Musterung aus cremeweißen Rändern sowie grauen Streifen. Die Sorte eignet sich gut als Solitärstrauch – vor allem an der Küste – und wächst rasch ein. Sie reagiert gut auf einen Schnitt im Frühjahr und kann bei Bedarf sogar stark eingekürzt werden. Unscheinbare Blüten.

KULTUR: *In gut wasserdurchlässigen Böden an sonnigen Standorten.*

☼ ♢ 🏆❄❄❄ ↕8 m ↔ 5 m

Gunnera manicata

Voluminöse, gruppenbildende Staude, die innerhalb der frostharten Pflanzen die größten Blätter, bis zu 2 m, ausbildet. Diese sind rundlich, gelappt, scharf gesägt, dunkelgrün und besitzen bestachelte Blattstiele. Große Blütenstände aus winzigen, grünlich roten Blüten erscheinen im Sommer. Imposante Pflanze an Gewässern oder in Sumpfgärten. Muss im Winter geschützt werden.

KULTUR: *Am besten in dauerfeuchtem, nährstoffreichem Boden in Sonne oder Halbschatten pflanzen. Vor Wind schützen. Vor Frost schützen, indem die abgestorbenen Blätter über die Ruheknospe gefaltet werden.*

☼ ◐ ♦♦ 🏆❄

↕2,5 m ↔ 3–4 m oder mehr

Gymnocarpium dryopteris 'Plumosum'

Als laubabwerfender Bodendecker für schattige Stellen mit feuchtem Boden ist der zarte Eichenfarn von unschätzbarem Wert. Die charakteristischen dreieckigen Wedel entspringen im Frühjahr langen, kriechenden Rhizomen und werden mit der Zeit dunkler. Obwohl sich die unterirdischen Organe über eine relativ große Fläche ausbreiten, wuchert die Waldstaude nicht. Die Vermehrung erfolgt aus Rhizomen im Frühjahr.

KULTUR: *In feuchten Böden im lichten Schatten.*

☀ 💧 🏆 ❄❄❄ ↕ 20 cm ↔ unbegrenzt

Gypsophila paniculata 'Bristol Fairy'

Diese krautige, ausdauernde Schleierkraut-Sorte bildet Büschel aus leicht fleischigen, lanzettlichen, blaugrünen Blättern an sehr schlanken, drahtigen Trieben. Im Sommer entstehen unzählige winzige, gefüllte, weiße Blüten und überziehen die Pflanze mit einem Schleier. Effektvoll als Hintergrund für aufrecht wachsende Pflanzen mit klaren Konturen.

KULTUR: *In gut wasserdurchlässigem, tiefem, mäßig nährstoffreichem, am besten alkalischem Boden in der vollen Sonne halten. Nach dem Einpflanzen nicht mehr stören.*

☼ 💧 🏆 ❄❄❄ ↕↔ bis 1,2 m

Gypsophila 'Rosenschleier'

Eine buschige, ausdauernde Schleierkraut-Sorte mit niederliegenden Trieben, die über eine Mauer wachsend attraktiv aussieht. Im Sommer entstehen winzige, gefüllte, weiße Blüten, die sich im Alter rosa färben, in luftigen Rispen. Die leicht fleischigen Blätter sind lanzettlich und blaugrün. Schöne Trockenblumen.

KULTUR: *In durchlässigem, tiefem, mäßig nährstoffreichem, am besten alkalischem Boden in der vollen Sonne halten. Wurzeln nach dem Einpflanzen nicht mehr stören.*

↕ 40–50 cm ↔ 1 m

Hakonechloa macra 'Aureola'

Diese farbenfrohe, Gras-Sorte ist eine im Winter einziehende Staude, die einen Horst aus schmalen, überhängenden, leuchtend gelben Blättern mit cremefarbenen und grünen Streifen bildet. Im Herbst färben sie sich rot und verbleiben bis weit in den Winter hinein an der Pflanze. Rötlich braune Blütenähren erscheinen im Spätsommer. Eine vielseitige Pflanze für Rabatten, Steingärten oder Kübel.

KULTUR: *In feuchtem, aber gut durchlässigem, nährstoffreichem, humusreichem Boden. Die Blattfärbung ist im Halbschatten am besten, verträgt auch volle Sonne.*

↕ 35 cm ↔ 40 cm

× *Halimiocistus sahucii*

Ein kompakter Strauch, der Büsche aus linealen, dunkelgrünen, unterseits flaumig behaarten Blättern bildet. Während des Sommers entsteht eine Fülle schalenförmiger, weißer Blüten. Für Rabatten, den Grund einer warmen Mauer oder Steingärten geeignet.

KULTUR: *Gedeiht am besten in gut wasserdurchlässigem, magerem bis mäßig nährstoffreichem, leichtem, grushaltigem Boden an einem sonnigen Standort. Im Winter vor zu starker Nässe schützen.*

☼ ◊ 🏆 ❄ ↕ 45 cm ↔ 90 cm

× *Halimiocistus wintonensis* 'Merrist Wood Cream'

Ein ausladender, immergrüner Strauch, der im Spätfrühjahr und Frühsommer cremegelbe Blüten mit roten Streifen und einem gelben Zentrum trägt. Die lanzettlichen Blätter sind graugrün. Gut für den Vordergrund von Mischrabatten, die Basis einer warmen Mauer, Hochbeete oder Steingärten geeignet. Nicht verlässlich frosthart.

KULTUR: *In gut durchlässigem, magerem bis mäßig nährstoffreichem Boden in der vollen Sonne pflanzen. Im Winter vor zu starker Nässe schützen.*

☼ ◊ 🏆 ❄ ↕ 60 cm ↔ 90 cm

Halimium lasianthum

Der breite, immergrüne Strauch trägt graugrünes Laub und im Juni und Juli Büschel flacher, goldgelber Blüten. Am Ansatz der Blütenblätter befindet sich normalerweise eine braunrote Zeichnung. Die Arten der Gattung *Halimium* blühen in Gegenden mit langen, warmen Sommern am besten, diese aber eignet sich auch für Gärten an der Küste.

KULTUR: *In durchlässigen, mäßig nährstoffreichen, sandigen Böden. Vor kalten, austrocknenden Winden schützen. Eingewachsene Exemplare reagieren empfindlich auf ein Umsetzen. Nach der Blüte in Form schneiden.*

☼ ◇ 🏆 ❄ ↕ 1 m ↔ 1,5 m

Halimium 'Susan'

Ein kleiner, ausladender, immergrüner Strauch, der wegen der ungefüllten oder halb gefüllten Blüten, die im Sommer erscheinen, geschätzt wird. Die Blüten sind leuchtend gelb mit purpurnen Flecken. Die Blätter sind oval und graugrün. In warmen Küstenbereichen gut für Steingärten geeignet. In Gebieten mit kalten Wintern an einer warmen Mauer pflanzen. Blüht am besten in langen, heißen Sommern.

KULTUR: *In durchlässigem, nährstoffreichem, leichtem, sandigem Boden in voller Sonne kultivieren. Vor kalten Winden schützen. Wenn nötig, im Frühjahr leicht trimmen.*

☼ ◇ 🏆 ❄ ↕ 45 cm ↔ 60 cm

Hamamelis (Zaubernuss)

Die ausladenden, laubabwerfenden Sträucher werden wegen ihrer großen, gelben, spinnenartigen Blüten kultiviert. Sie erscheinen im Spätwinter an kahlen Zweigen – lediglich bei *H. vernalis* können Blattaustrieb und Blüte zusammenfallen. Jede Blüte trägt vier schmale Kronblätter und verströmt einen angenehmen Duft. Die meisten als Gartenpflanzen genutzten Arten haben ferner dekoratives Herbstlaub zu bieten: Ihre breiten, leuchtend grünen Blätter färben sich vor dem Abfallen rot und gelb. Zaubernüsse eignen sich als Solitäre ebenso wie als Gruppe in einer Strauchrabatte oder Gehölzpartie.

KULTUR: *In mäßig nährstoffreicher, feuchter, aber durchlässiger, saurer bis neutraler Erde an vollsonnigen bis halbschattigen, offenen, nicht jedoch exponierten Standorten. Verträgt auch tiefgründige, humusreiche Böden über Kalkgestein. Aus der Reihe tanzende oder sich überkreuzende Triebe im Winter oder zeitigen Frühjahr herausnehmen.*

☼ ◑ ◊ ❄❄❄

1

↕↔ 4 m

2

↕↔ 4 m

1 *Hamamelis* x *intermedia* 'Arnold Promise' 🏆 **2** *H.* x *intermedia* 'Barmstedt Gold' 🏆

3

↕↔ 4 m

4

↕↔ 4 m

5

↕↔ 4 m

6

↕↔ 4 m

7

↕↔ 5 m

3 *H.* x *intermedia* 'Diane' 🏆 **4** *H.* x *intermedia* 'Jelena' 🏆 **5** *H.* x *intermedia* 'Pallida' 🏆
6 *H.* x *intermedia* 'Aphrodite' 🏆 **7** *H. vernalis* 'Sandra' 🏆

Hebe albicans

Die schön geformte, dichte Strauchveronika besitzt dicht stehendes, graugrün bereiftes Laub. Sie trägt am Zweigende kurze, dichte Büschel aus weißen Blüten, die sich in der ersten Sommerhälfte zeigen. Die immergrüne Heckenpflanze erweist sich als wertvoll in milden Küstenregionen und eignet sich für Strauchrabatten.

KULTUR: *In mageren bis mäßig nährstoffreichen, feuchten, durchlässigen, neutralen bis leicht alkalischen Böden in der Sonne oder im Halbschatten. Vor kaltem, austrocknendem Wind schützen. Braucht kaum Schnitt.*

☼ ☀ ◊ ♦ 🏆 ❄ ↕60 cm ↔ 90 cm

Hebe cupressoides 'Boughton Dome'

Ein zwergiger, immergrüner Strauch, wird wegen des regelmäßigen, kuppelförmigen Wuchses kultiviert. Diese Strauchveronika-Sorte blüht selten. Die kompakten, schlanken, gräulich grünen Äste tragen schuppenartige, blassgrüne Blätter. Hervorragend für Steingärten geeignet. Wächst ohne Beschnitt formschön. Gedeiht in Küstengärten.

KULTUR: *In feuchtem, gut wasserdurchlässigem, magerem bis nährstoffreichem Boden in Sonne oder Halbschatten pflanzen. Ein regelmäßiger Rückschnitt ist nicht nötig.*

☼ ☀ ◊ ♦ ❄ ↕30 cm ↔ 60 cm

Hebe 'Great Orme'

Ein offener, rundlicher, immergrüner Strauch mit schlanken Trauben aus kleinen, tiefrosa Blüten, die weiß verblassen. Die Blüten erscheinen vom Hochsommer bis Mitte Herbst zwischen den lanzettlichen, glänzend dunkelgrünen Blättern. Diese Strauchveronika-Sorte eignet sich gut für gemischte oder strauchige Rabatten. In kalten Gebieten am Grund einer warmen Mauer setzen.

KULTUR: *In feuchtem, durchlässigem, magerem bis nährstoffreichem Boden in Sonne oder lichten Schatten pflanzen. Vor Winden schützen. Rückschnitt ist nicht nötig, sparrige Pflanzen im Frühjahr zurückschneiden.*

☼ ☀ ◊ ♦ ♈ ❄❄ ↕↔ 1,2 m

Hebe macrantha

Der aufrechte, breitwüchsige Strauch hat ledrige, grüne Blätter. Er trägt für eine Strauchveronika relativ große Blüten in Ständen, die im Frühsommer in Dreiergruppen erscheinen. Wertvoll als immergrüne Randbepflanzung für Küstengärten in milden Gegenden.

KULTUR: *In feuchter, aber durchlässiger, relativ nährstoffreicher, neutraler bis leicht alkalischer Erde an vollsonnigen bis halbschattigen Plätzen. Vor kalten, austrocknenden Winden schützen. Braucht wenig Schnitt.*

☼ ☀ ◊ ♦ ♈ ❄ ↕ 60 cm ↔ 90 cm

Hebe ochracea 'James Stirling'

Der kompakte Strauch zeigt seine weißen Blüten im Juni und Juli. Wie andere immergrüne Strauchveronikas hat die Art kleine, schuppenartige Blätter, die wie bei einer Zwergkonifere nah an den Zweigen anliegen. Sie eignet sich vorzüglich für Steingärten. Das ockergelbe Laub ziert sie im Winter.

KULTUR: *In feuchter, durchlässiger, neutraler bis leicht alkalischer Erde. Für vollsonnige bis halbschattige Standorte. Vor kalten, austrocknenden Winden schützen. Möglichst nicht schneiden.*

↕ 45 cm ↔ 60 cm

Hebe pinguifolia 'Pagei'

Ein niedrigwüchsiger, immergrüner Strauch mit purpurnen Trieben und in vier Zeilen stehenden, ledrigen, ovalen, blaugrünen Blättern. Im Spätfrühjahr und Frühsommer erscheinen an den Spitzen der Triebe zahlreiche Büschel aus weißen Blüten. In Gruppen als Bodendecker oder in Steingärten pflanzen.

KULTUR: *In feuchtem, aber gut durchlässigem, magerem bis mäßig nährstoffreichem Boden in der Sonne oder im Halbschatten pflanzen. Wenn nötig, im zeitigen Frühjahr in Form schneiden.*

↕ 30 cm ↔ 90 cm

Hebe rakaiensis

Ein rundlicher, immergrüner Strauch, der im Früh- und Hochsommer Trauben aus weißen Blüten trägt. Die Blätter sind elliptisch, glänzend und leuchtend grün. Die Strauchveronika-Art ist hervorragend als kleiner, ausladender Einzelstrauch oder als Blickfang in einem großen Steingarten geeignet.

KULTUR: *In feuchtem, gut wasserdurchlässigem, magerem bis mäßig nährstoffreichem Boden in der Sonne oder im Halbschatten pflanzen. Vor kalten, trockenen Winden schützen. Wenn nötig, im zeitigen Frühjahr in Form schneiden.*

☼ ◑ ◊ ◆ ♈ ❄❄ ↕1 m ↔ 1,2 m

Hebe 'Silver Queen'

Ein dichter, rundlicher, immergrüner Strauch mit mittelgrünen, ovalen, cremeweiß gesäumten Blättern. Die zum Laub schön kontrastierenden, purpurfarbenen Blüten erscheinen im Sommer und Herbst in dichten Trauben. Diese Strauchveronika eignet sich gut für Mischrabatten oder Steingärten und verträgt Luftverschmutzung. In kalten Gegenden am Fuß einer warmen Mauer pflanzen.

KULTUR: *In feuchte, durchlässige, magere bis nährstoffreiche Böden in Sonne oder lichten Schatten pflanzen. Vor kalten Winden schützen. Muss nicht geschnitten werden.*

☼ ◑ ◊ ◆ ♈ ❄ ↕↔ 60–120 cm

Hedera algeriensis 'Ravensholst'

Die wüchsige, immergrüne Sorte des Algerischen Efeus wächst selbstklimmend, blüht nicht und eignet sich mit ihren flach gelappten, glänzenden, immergrünen Blättern bestens als Bodendecker oder zum Kaschieren von nackten Wänden. Weil das Gehölz nicht völlig frosthart ist, hält es nur in sehr milden Gegenden im Freiland aus und kann selbst dort erfrieren. In der Regel treibt es aber wieder neu aus.

KULTUR: *In nährstoffreichen, feuchten, durchlässigen Böden mit viel organischer Substanz. Verträgt Schatten und kann ganzjährig geschnitten werden.*

↕5 m

Hedera colchica 'Dentata'

Diese Efeu-Sorte ist eine immergrüne, sich selbst anheftende Kletterpflanze mit großen, herzförmigen, herabhängenden, glänzenden, grünen Blättern. Die Triebe und Blattstiele sind purpurn überlaufen. Eine hübsche Pflanze, um eine unschöne Wand im Schatten zu begrünen. Auch als Bodendecker geeignet.

KULTUR: *In feuchtem, wasserdurchlässigem, nährstoffreichem, am besten alkalischem Boden in Halbschatten oder tiefen Schatten pflanzen. Zu beliebiger Zeit beschneiden, um die Größe zu beschränken.*

↕10 m

Hedera colchica 'Sulphur Heart'

Eine sehr wüchsige, sich selbst anheftende, kletternde Efeu-Sorte, die auch als Bodendecker geeignet ist. Die großen, herzförmigen Blätter sind dunkelgrün und cremegelb überlaufen. Im Alter wird die Färbung gleichmäßig. Begrünt schnell eine Mauer im Schatten.

KULTUR: *In feuchtem, durchlässigem, nährstoffreichem, am besten alkalischem Boden pflanzen. Verträgt Halbschatten, die Blattfärbung wird jedoch in der Sonne intensiver. Zu beliebiger Zeit im Jahr zurückschneiden, um die Größe zu beschränken.*

↕5 m

Hedera hibernica

Diese Efeu-Art ist eine wüchsige, immergrüne, sich selbst anheftende Kletterpflanze, die wegen der ovalen, dunkelgrünen, graugrün geaderten Blätter mit fünf dreieckigen Lappen kultiviert wird. Zur Begrünung von Mauern. Zum Hochziehen an einem robusten Baum oder als schnellwüchsiger Bodendecker unter Bäumen und Sträuchern geeignet.

KULTUR: *Gedeiht in feuchtem, gut wasserdurchlässigem, nährstoffreichem, am besten alkalischem Boden im Halb- bis Vollschatten. Um das Wachstum einzuschränken, zu beliebiger Zeit zurückschneiden.*

↕bis 10 m

Hedera (Efeu)

Hedera helix, der Gewöhnliche Efeu, ist eine immergrüne, basal verholzte, sich selbst anheftende Kletterpflanze und die Elternpflanze unzähliger Kulturformen. Die Blätter variieren von herzförmig bis tief gelappt und in der Färbung von golden ('Buttercup') bis tiefpurpur ('Altropurpurea'). Sie eignen sich als Bodendecker, vertragen trockenen Schatten und begrünen unschöne Mauern. Unkontrolliert schädigen sie jedoch Fassadenfarbe oder Dachrinnen. Panaschierte Formen eignen sich für dunkle Ecken. Kleine Efeus können gut als Zimmerpflanzen gehalten und an Drahtgestellen hochgezogen werden. Kann in Gebieten mit starken Frösten Schaden nehmen.

KULTUR: *Gedeiht am besten in feuchtem, gut durchlässigem, humosem, alkalischem Boden in Sonne oder Schatten. Panaschierte Formen können im Schatten ihre Färbung verlieren. Zurückschneiden, um den Wuchs zu beschränken. 'Goldschild' und 'Little Diamond' können in Gebieten mit starken Frösten Schaden nehmen.*

☼ ☀ ◇ ◆

1
↕8 m

2
↕2 m

3
↕2 m

4
↕1 m

5
↕1 m

6
↕30 cm

1 *H. helix* 'Atropurpurea' ❄❄❄ **2** *H. helix* 'Buttercup' 🏆❄❄❄ **3** *H. helix* 'Glacier' 🏆❄❄❄
4 *H. helix* 'Goldchild' 🏆❄❄ **5** *H. helix* 'Ivalace' 🏆❄❄❄ **6** *H. helix* 'Little Diamond' ❄❄

Helenium 'Moerheim Beauty'

Man schätzt die Sonnenbraut wegen ihrer einnehmenden, satt kupferroten Körbchenblüten, die zum Sommerende erscheinen, wenn viele andere Blumen ihren Zenit bereits überschritten haben. Im Verbund mit Ziergräsern, *Echinacea* und *Rudbeckia* belebt diese Sorte spätsommerliche Gärten. Entfernen Sie welke Blumen und teilen Sie große Horste, um die Pflanze wüchsig zu halten.

KULTUR: *In feuchten, aber durchlässigen Böden in der Sonne.*

↕90 cm ↔60 cm

Helenium 'Sahin's Early Flowerer'

Der um 1990 entdeckte Zufallssämling ist für seine lange Blütezeit bekannt. Die rötlich orangefarbenen bis gelben Körbchenblüten erscheinen früher als die der meisten anderen Sonnenbräute – manchmal schon vor dem Hochsommer – und zeigen sich mitunter bis zum Herbstende. Farblich lassen sie sich mit orangefarbenen und roten Dahlien und Montbretien sowie den meisten Taglilien (*Hemerocallis*) kombinieren.

KULTUR: *In feuchten, aber durchlässigen Böden in der Sonne.*

↕↔60 cm

Helianthemum 'Henfield Brilliant'

Dieses Sonnenröschen ist ein kleiner, immergrüner Strauch, der im Spätfrühjahr und Frühsommer schalenförmige, ziegelrote Blüten ausbildet. Die Blätter sind schmal und graugrün. Sieht in Gruppen an sonnigen Böschungen effektvoll aus. Auch für Steingärten, Hochbeete oder den Vordergrund von Rabatten geeignet.

KULTUR: *In mäßig nährstoffreichem, durchlässigem, neutralem bis alkalischem Boden sonnig pflanzen. Nach der Blüte trimmen. Ist oft kurzlebig, kann aber im Spätfrühjahr durch Grünstecklinge vermehrt werden.*

↕ 20–30 cm ↔ 30 cm oder mehr

Helianthemum 'Rhodanthe Carneum'

Eine lange blühende Sonnenröschen-Sorte, auch als 'Wisley Pink' bekannt. Dieser ausladende, immergrüne Strauch bildet vom Spätfrühjahr bis Sommer blassrosafarbene, schalenförmige Blüten mit gelb überhauchter Mitte zwischen schmalen, graugrünen Blättern. In Steingärten, Hochbeeten oder Mischrabatten setzen.

KULTUR: *Gedeiht in gut durchlässigem, mäßig nährstoffreichem, neutralem bis alkalischem Boden. In der vollen Sonne pflanzen. Nach der Blüte trimmen, um erneute Blütenbildung anzuregen.*

↕ bis 30 cm ↔ bis 45 cm oder mehr

Helianthemum 'Wisley Primrose'

Diese Sonnenröschen-Sorte ist ein schnellwüchsiger, immergrüner Strauch. Über längere Zeit im Spätfrühjahr und Sommer erscheint eine Fülle primelgelber, schalenförmiger Blüten mit goldener Mitte. Die Blätter sind schmal, länglich und graugrün. In Steingärten, Hochbeten oder an sonnigen Böschungen in Gruppen pflanzen.

KULTUR: *In gut durchlässige, mäßig nährstoffreiche, am besten neutrale bis alkalische Böden sonnig pflanzen. Nach der Blüte trimmen, um erneute Blütenbildung anzuregen.*

☼ ◊ 🍷 ❄❄❄ ↕ bis 30 cm ↔ bis 45 cm

Helianthus 'Loddon Gold'

Diese gefüllte Zierform der Sonnenblume ist eine große, ausladende Staude mit rauen, ovalen, mittelgrünen Blättern, die an aufrechten Trieben stehen. Sie besitzt attraktive, große, gelbe Blütenköpfe, die sich vom Spätsommer bis zum Frühherbst öffnen. Gut geeignet, um in Stauden- oder Mischrabatten einen spät blühenden Akzent zu setzen.

KULTUR: *In feuchtem bis gut durchlässigem, humusreichem, mäßig nährstoffreichem Boden an einen geschützten Ort in die Sonne pflanzen. Blüht am besten in langen, heißen Sommern. Blütentriebe stützen.*

☼ ◊ 💧 🍷 ❄❄❄ ↕ bis 1,5 m ↔ 90 cm

Helianthus 'Monarch'

Diese halb gefüllte Sonnenblumen-Sorte ist eine große, ausladende Staude mit kräftigen, aufrechten Trieben, an denen ovale, gezähnte, mittelgrüne Blätter stehen. Von Spätsommer bis Herbst erscheinen große, sternförmige, leuchtend goldgelbe Blütenköpfchen mit gelbbraunem Zentrum. Eine schön gewachsene, spät blühende Bereicherung für Stauden- oder Mischrabatten.

KULTUR: *In jedem durchlässigen, mäßig nährstoffreichen Boden geschützt und sonnig pflanzen. Triebe sollten gestützt werden.*

☼ ◊ 🏆 ❄❄❄ ↕ bis 2 m ↔ 1,2 m

Helichrysum splendidum

Eine kompakte, weißwollige, immergrüne Staude mit linealen, silbergrauen Blättern. Diese Strohblumen-Art bildet von Hochsommer bis Herbst kleine, gelbe Blütenköpfchen an den Triebspitzen, die bis in den Winter halten. Für Mischrabatten oder Steingärten geeignet. Die Blüten können als Trockenblumen genutzt werden. Nicht verlässlich frosthart.

KULTUR: *In gut wasserdurchlässigem, magerem bis nährstoffreichem, neutralem bis alkalischem Boden sonnig pflanzen. Abgestorbene Äste im Frühjahr entfernen und sparrige Triebe bis auf das alte Holz zurückschneiden.*

☼ ◊ 🏆 ❄❄ ↕↔ 1,2 m

Helictotrichon sempervirens

Der graublaue, immergrüne Blaustrahl-Wiesenhafer bewährt sich in Pflanzenkombinationen. Ab Mai bilden sich über den Blättern haferartige, elegante Rispen mit nickenden Spitzen, die den ganzen Sommer bestehen bleiben. Man pflanzt die Staude mit anderen blau und silbrig belaubten Gewächsen oder präsentiert sie als Solisten. Im Herbst oder Frühjahr ausputzen und teilen.

KULTUR: *In durchlässigen, am besten alkalischen Böden in der vollen Sonne oder im lichten Schatten.*

☼ ♢ 🏆 ❄❄❄ ↕ bis 1,4 m ↔ 60 cm

Heliopsis helianthoides var. *scabra* 'Light of Loddon'

Die goldgelben, halb gefüllten Blumen des Rauen Sonnenauges erscheinen von Juli bis Oktober. Im Frühjahr stellt man unauffällige Stützen zum Hindurchwachsen für die wüchsige Staude auf. Sie sieht besser aus und blüht länger, wenn man regelmäßig ausputzt. Große Horste werden im Frühjahr zum Erhalt der Wuchskraft geteilt. Gute Schnittblume.

KULTUR: *In nährstoffreichen, feuchten, aber durchlässigen Böden an sonnigen Standorten.*

☼ ♢ ♦ 🏆 ❄❄❄ ↕ bis 1,1 m ↔ 60 cm

Helleborus argutifolius

Diese große Nieswurz-Art, auch unter dem Namen *H. corsicus* bekannt, ist eine früh blühende, gruppenbildende, immergrüne Staude, die Büschel aus nickenden, blassgrünen Blüten ausbildet. Die Blüten erscheinen im Winter und Frühjahr oberhalb dunkelgrüner Blätter, die in drei scharf gesägte Blättchen unterteilt sind. Als frühzeitiger Blickfang in Gehölzgärten oder Mischrabatten geeignet.

KULTUR: *In feuchtem, nährstoffreichem, am besten neutralem bis alkalischem Boden in voller Sonne oder im Halbschatten pflanzen. Ist häufig kurzlebig, sät sich aber leicht aus.*

☼ ◑ 💧🏆❄❄ ↕ bis 1,2 m ↔ 90 cm

Helleborus × *hybridus*

Diese Nieswurz-Hybride zeigt im Winter und zeitigen Frühjahr monatelang einfache oder gefüllte, zur Seite geneigte, tellerförmige Blüten in Weiß, Gelb, Rosa oder Violett, oft gefleckt oder mit dunklem Rand. Die immergrünen Stauden tragen große, gezähnte, geteilte Blätter. Eingesetzt werden sie als Bodendecker oder Unterpflanzung höherer Gewächse.

KULTUR: *Am besten in feuchtem, neutralem bis alkalischem Erdreich im Streuschatten, verträgt aber alle Böden, wenn sie nicht staunass oder trocken sind. Lenzrosen müssen vor heftigen Winterwinden geschützt werden. Sie kreuzen sich untereinander und säen sich selbst aus.*

◑ 💧 ❄❄❄ ↕↔ bis 45 cm

Helleborus niger

Die gruppenbildende, meist immergrüne, ausdauernde Christrose wird wegen der im Winter und zeitigen Frühjahr erscheinenden, nickenden Büschel aus becherförmigen, weißen Blüten kultiviert. Die dunkelgrünen Blätter sind in mehrere Blättchen unterteilt. Hübsch gemeinsam mit Schneeglöckchen unter im Winter blühenden Sträuchern. Lässt sich jedoch nicht verlässlich auswildern.

KULTUR: *In tiefem, nährstoffreichem, neutralem bis alkalischem, feuchtem Boden pflanzen. Einen vor kalten, trockenen Winden geschützten Standort im lichten Schatten wählen.*

↕bis 30 cm ↔ 45 cm

Helleborus × nigercors

Wüchsigkeit und lange haltender Flor sind die Stärken dieser Nieswurz-Hybride, die vom Spätwinter bis in das zeitige Frühjahr hinein blüht. Ihre großen, grün getönten, weißen Blüten bieten im Winter eine willkommene Abwechslung. Das derbe, grüne Laub wächst sehr dicht und muss zurückgeschnitten werden, wenn es die Blüten nicht überdecken soll. Alte Blütentriebe werden im späten Frühjahr entfernt.

KULTUR: *In feuchten, aber gut durchlässigen Böden in der Sonne oder im Schatten.*

↕bis 30 cm ↔ 90 cm

Hemerocallis (Taglilien)

Diese gruppenbildenden, krautigen Stauden werden Taglilien genannt, da ihre attraktiven Blüten jeweils nur etwa einen Tag lang halten. Bei nachtblühenden Taglilien öffnen sich die Blüten am Spätnachmittag und sind die Nacht hindurch geöffnet. Sie bilden viele hintereinander erscheinende Blüten, die je nach Sorte vom zeitigen Frühjahr bis zum Spätsommer erblühen. Die Blüten variieren von rund bis spinnenförmig und von Gelb bis Orange. Die Blätter sind riemenförmig und immergrün. Große Taglilien sind eine Bereicherung für Misch- oder Staudenrabatten. Zwergige Sorten, wie 'Stella de Oro', eignen sich für kleine Gärten oder Töpfe.

KULTUR: *In gut durchlässigem, feuchtem Boden sonnig pflanzen. 'Corky' und 'Green Flutter' vertragen Halbschatten. Im Frühjahr mulchen und bis zur Knospenbildung alle zwei Wochen Volldünger geben. Alle paar Jahre im Frühjahr oder Herbst teilen und wieder einpflanzen.*

☼ ◐ ◊ ♦ ❄❄❄

↕60 cm ↔1 m

↕90 cm ↔45 cm

↕50 cm ↔1 m

↕↔1 m

↕60 cm ↔1 m

↕30 cm ↔45 cm

1 *H.* 'Buzz Bomb' **2** *H.* 'Golden Chimes' 🏆 **3** *H.* 'Green Flutter' 🏆 **4** *H. lilioasphodelus* 🏆 **5** *H.* 'Oriental Ruby' **6** *H.* 'Stella de Oro'

Hepatica nobilis

Das kleine, langsamwüchsige, halb immergrüne, ausdauernde Dreilappige Leberblümchen besitzt schalenförmige, purpurfarbene, weiße oder rosa Blüten. Diese erscheinen im zeitigen Frühjahr, meist bevor sich die mittelgrünen, ledrigen, zuweilen gesprenkelten, dreilappigen Blätter entfalten. Gut für schattige Steingärten geeignet.

KULTUR: *In feuchtem, aber gut durchlässigem, nährstoffreichem, neutralem bis alkalischem Boden im Halbschatten. Im Herbst oder Frühjahr mit Blattmulch abdecken.*

↕10 cm ↔15 cm

Heuchera micrantha var. *diversifolia* 'Palace Purple'

Eine gruppenbildende Staude, die wegen des glitzernden, dunkel purpurroten, fast metallischen Laubs, über dem im Sommer duftige Büschel weißer Blüten stehen, kultiviert wird. Die Blätter besitzen fünf zugespitzte Zipfel. In Gruppen als Bodendecker an schattigen Stellen pflanzen. Breitet sich manchmal langsam aus.

KULTUR: *In feuchtem, gut durchlässigem, nährstoffreichem Boden in Sonne oder Halbschatten setzen. Verträgt vollen Schatten bei feuchtem Boden. Alle paar Jahre nach der Blüte Gruppen herausnehmen und teilen.*

↕↔ 45–60 cm

Heuchera 'Red Spangles'

Diese gruppenbildende, immergrüne Staude wird wegen ihrer Rispen aus kleinen, glockenförmigen, karminscharlachroten Blüten geschätzt. Sie erscheinen im Frühsommer und erneut im Spätsommer an dunkelroten Trieben oberhalb gelappter, herzförmiger, purpurgrüner Blätter. In Gruppen als Bodendecker geeignet.

KULTUR: *In feuchtem, aber gut durchlässigem, nährstoffreichem Boden in Sonne oder Halbschatten setzen. Verträgt vollen Schatten bei verlässlich feuchtem Boden. Alle drei Jahre nach der Blüte Gruppen herausnehmen und teilen.*

☼ ☀ ◊ ♦ ❄❄❄ ↕ 50 cm ↔ 25 cm

Hibiscus syriacus 'Oiseau Bleu'

Diese Roseneibisch-Sorte, auch als 'Blue Bird' bekannt, ist ein wüchsiger, aufrechter, laubabwerfender Strauch mit großen, fliederfarbenen Blüten mit rotem Zentrum. Sie erscheinen vom Hoch- bis Spätsommer zwischen tiefgrünen Blättern. Für Misch- oder Strauchrabatten, in kalten Gegenden an warmen Mauern pflanzen.

KULTUR: *In feuchtem, durchlässigem, nährstoffreichem, neutralem bis leicht alkalischem Boden sonnig pflanzen. Jungpflanzen im Spätfrühjahr kräftig beschneiden, um basale Verzweigungen zu fördern. Ausgewachsene Pflanzen wenig beschneiden.*

☼ ◊ ♦ 🏆 ❄❄❄ ↕ 3 m ↔ 2 m

Hibiscus syriacus 'Woodbridge'

Eine schnellwüchsige, laubabwerfende, strauchförmige Roseneibisch-Sorte mit großen, tiefrosa Blüten mit kastanienbraunen Flecken um das Zentrum. Die Blüten entstehen von Spätsommer bis Herbst zwischen gelappten, dunkelgrünen Blättern. Wird wegen seiner späten Blüte geschätzt. In kalten Gegenden an warmen Mauern pflanzen, um die besten Blüten zu erhalten.

KULTUR: *In feuchte, durchlässige, nährstoffreiche, neutrale bis leicht alkalische Böden sonnig pflanzen. Jungpflanzen im Spätfrühjahr kräftig beschneiden, um Verzweigung zu fördern. Später wenig beschneiden.*

☼ ◊ ◊ ✿✿✿ ↕3 m ↔ 2 m

Hippophae rhamnoides

Der Gewöhnliche Sanddorn ist ein stacheliger, laubabwerfender Strauch mit attraktiven Früchten und Blättern. Die kleinen, gelben Blüten im Frühjahr reifen bei weiblichen Pflanzen zu orangefarbenen Beeren heran, die bis in den Winter an der Pflanze bleiben. Die silbergrauen Blätter sind schmal. Vor allem in Küstengebieten gut als Hecke geeignet.

KULTUR: *In sandigem, feuchtem, durchlässigem Boden sonnig, für guten Fruchtansatz männliche und weibliche Pflanzen zusammen pflanzen. Wenig beschneiden, Hecken im Spätsommer trimmen.*

☼ ◊ ◊ ✿✿✿ ↕↔ 6 m

Hoheria glabrata

Der laubabwerfende, ausladende Baum mit elegantem Wuchs öffnet seine becherförmigen, duftenden weißen Blüten im Hochsommer. Sie werden gern von Schmetterlingen besucht. Die breit eiförmigen, dunkelgrünen Blätter färben sich im Herbst gelb. Für den Berg-Neuseelandeibisch empfiehlt sich ein Platz vor einer sonnigen Mauer.

KULTUR: *In mäßig nährstoffreicher, durchlässiger, neutraler bis alkalischer Erde an vollsonnigen bis halbschattigen Standorten. Vor kalten, austrocknenden Winden schützen. Frostgeschädigte Zweige im Frühjahr entfernen.*

☼ ◑ ◊ ❄ ↕↔ 7 m

Hoheria sexstylosa

Der immergrüne Baum oder Strauch trägt schmale, glänzende, mittelgrüne, gezähnte Blätter. Man schätzt ihn wegen seines eleganten Wuchses und der zahlreichen weißen Blüten, die im Spätsommer erscheinen und Schmetterlinge anlocken. In Gegenden mit kalten Wintern platziert man ihn am besten vor einer warmen, sonnigen Wand. Gut ist die Sorte 'Stardust'.

KULTUR: *In mäßig nährstoffreicher, durchlässiger, neutraler bis alkalischer Erde an vollsonnigen bis halbschattigen Standorten. Wurzelraum im Winter mit einer dicken Mulchschicht schützen. Muss kaum geschnitten werden.*

☼ ◑ ◊ ❄❄ ↕8 m ↔6 m

Hosta (Funkien)

Funkien sind laubabwerfende Stauden, die wegen ihrer dichten Büschel aus großen überlappenden, lanzettlichen bis herzförmigen Blätter kultiviert werden. Sehr unterschiedliche Laubfärbungen reichen von Blaugrün bei 'Halcyon' bis zu Gelbgrün bei 'Golden Tiara'. Viele Blätter sind am Rand gelb oder weiß gezeichnet. *H. fortunei* var. *albopicta* besitzt große, cremeweiße Flecken in der Mitte. Aufrechte Trauben mit weißen über lavendelfarbenen bis zu purpurnen Trichterblüten erscheinen im Sommer an aufrechten Trieben. Funkien eignen sich für den Vordergrund von Mischrabatten, als Kübelpflanzen oder Bodendecker unter laubabwerfenden Bäumen.

KULTUR: *In gut durchlässigem, verlässlich feuchtem Boden in Sonne oder Halbschatten mit Schutz vor kalten Winden pflanzen. Gelbblättrige Formen am besten sonnig mit Mittagsschattierung setzen. Im Frühjahr mulchen, um im Sommer die Feuchtigkeit zu halten.*

↕50 cm ↔ 1 m

↕55 cm ↔ 1 m

↕55 cm ↔ 1 m

↕55 cm ↔ 1 m

↕60 cm ↔ 1 m

↕30 cm ↔ 50 cm

1 *Hosta crispula* 🏆 **2** *H. fortunei* var. *albopicta* 🏆 **3** *H. fortunei* var. *aureomarginata* 🏆 **4** *H.* 'Francee' 🏆 **5** *H.* 'Frances Williams' 🏆 **6** *H.* 'Golden Tiara' 🏆

↕1 m ↔75 cm

↕45 cm ↔75 cm

↕45 cm ↔1 m

↕60 cm ↔1,2 m

↕45 cm ↔75 cm

↕1 m ↔1,2 m

7 *Hosta* 'Honeybells' 🏆 **8** *H. lancifolia* 🏆 **9** *H.* 'Love Pat' 🏆 **10** *H.* 'Royal Standard' 🏆 **11** *H.* 'Shade Fanfare' 🏆 **12** *H. sieboldiana* var. *elegans* 🏆

13

↕75 cm ↔ 1,2 m

14

↕35–40 cm ↔ 70 cm

15

↕1 m ↔ 45 cm

16

↕45 cm ↔ 70 cm

17

50 cm ↔ 1 m

18

↕5 cm ↔ 25 cm

19

↕75 cm ↔ 1 m

3 *H.* 'Sum and Substance' 🏆 **14** *H.* Tardiana-Gruppe 'Halcyon' 🏆 **15** *H. undulata* var. *ndulata* 🏆 **16** *H. undulata* var. *univittata* 🏆 **17** *H. ventricosa* 🏆 **18** *H. venusta* 🏆 **9** *H.* 'Wide Brim' 🏆

Humulus lupulus 'Aureus'

Diese Kulturform des Gewöhnlichen Hopfens ist eine windende, ausdauernde Kletterpflanze, die wegen der gelappten, leuchtend goldgelben Blätter kultiviert wird. Hängende Büschel zapfenförmiger, gräulich grüner Blütenstände erscheinen im Herbst. Gute Spalierpflanze, auch als Trockenblume geeignet.

KULTUR: *In feuchtem, durchlässigem, nährstoffreichem, humusreichem Boden pflanzen. Verträgt Halbschatten, die Blattfärbung ist jedoch in der vollen Sonne prächtiger. Windende Triebe stützen. Im Frühjahr abgestorbene Teile bis zum Grund zurückschneiden.*

☼ ◑ ◊ ◆ ♀ ❄❄❄ ↕6 m

Hyacinthoides italica

Das Italienische Hasenglöckchen bleibt kleiner als das westeuropäische Atlantische Hasenglöckchen. Die hübschen blauen und violetten Sternblüten der Zwiebelblume erscheinen im Frühjahr in Trauben aus bis zu 30 Blüten an aufrechten Stängeln über dem schmalen Laub und bereichern Rabatten im Schatten und in Gehölzzonen. Die Zwiebeln werden im Herbst gepflanzt, Horste nach der Blüte aufgenommen und geteilt.

KULTUR: *In feuchten, aber gut wasserdurchlässigen Böden im lichten Schatten.*

◑ ◊ ◆ ♀ ❄❄❄ ↕10–20 cm ↔ 5 cm

Hyacinthus orientalis 'Blue Jacket'

Diese Hyazinthen-Sorte ist eine Zwiebelpflanze, die dichte, aufrechte Trauben duftender, glockiger Blüten mit purpurnen Adern entwickelt. Die Blüten erscheinen im zeitigen Frühjahr über lanzettlichen, grünen Blättern. Ideal für Frühjahrsbeete. Speziell vorbehandelte Zwiebeln können im Herbst in Töpfe gepflanzt werden, damit sie im Zimmer eine frühe Blüte hervorbringen.

KULTUR: *In gut durchlässigen, mäßig nährstoffreichen Böden oder in Topferde in Sonne oder Halbschatten pflanzen. Topfgezogene Pflanzen im Winter vor Nässe schützen.*

☼ ◑ ◊ 🏆 ❄❄❄ ↕20–30 cm ↔ 8 cm

Hyacinthus orientalis 'City of Haarlem'

Diese primelgelbe Hyazinthen-Sorte ist eine frühjahrsblühende Zwiebelpflanze mit aufrechten Trauben aus duftenden Glockenblüten. Die lanzettlichen, grünen Blätter erscheinen am Grund der Pflanze. Ideal für Frühjahrsbeete oder Töpfe. Speziell vorbehandelte Zwiebeln können im Herbst in Töpfe gepflanzt werden, damit sie im Zimmer eine frühe Blüte hervorbringen.

KULTUR: *In gut durchlässigem, relativ nährstoffreichem Boden oder Topferde in Sonne oder Halbschatten setzen. Topfgezogene Pflanzen im Winter vor Nässe schützen.*

☼ ◑ ◊ 🏆 ❄❄❄ ↕20–30 cm ↔ 8 cm

Hyacinthus orientalis 'Pink Pearl'

Diese Zwiebeln ausbildende Hyazinthen-Sorte bildet im Frühjahr dichte, aufrechte Trauben aus duftenden, glockenförmigen, tiefrosa Blüten mit blasseren Rändern. Die Blätter sind schmal und leuchtend grün. Gut für Misch- oder Staudenrabatten geeignet. Speziell vorbehandelte Zwiebeln können im Herbst in Töpfe gepflanzt werden, damit sie im Zimmer eine frühe Blüte hervorbringen.

KULTUR: *In jedem gut durchlässigen, mäßig nährstoffreichen Boden oder in Topferde in Sonne oder Halbschatten setzen. Topfpflanzen im Winter vor Nässe schützen.*

☼ ◑ ◊ 🏆 ❄❄❄ ↕20–30 cm ↔ 8 cm

Hydrangea anomala subsp. *petiolaris*

Diese kletternde Tellerhortensie, auch als *H. petiolaris* im Handel, ist eine verholzte, laubabwerfende, sich selbst anheftende Kletterpflanze, die häufig wegen der sommerblühenden Blütenstände aus cremeweißen Blüten an schattigen Mauern gezogen wird. Die mittelgrünen Blätter sind oval und grob gesägt. Wächst nicht leicht an und ist nicht verlässlich frosthart.

KULTUR: *In jedem verlässlich feuchten, nährstoffreichen Boden in Sonne oder tiefen Schatten setzen. Wenig beschneiden. Wenn sie die Pflanzstelle ausfüllt, überlange Triebe nach der Blüte zurückschneiden.*

☼ ● ♦ 🏆 ❄❄ ↕15 m

Hydrangea arborescens 'Annabelle'

Ein aufrechter, laubabwerfender Strauch mit von Hochsommer bis Frühherbst erscheinenden großen, kugeligen Blütenständen dichter, cremeweißer Blüten. Die grünen Blätter sind breit, oval und zugespitzt. Diese Hortensien-Sorte ist als Solitärstrauch oder für Strauchrabatten geeignet. Die Blütenstände eignen sich zum Trocknen.

KULTUR: *In feuchtem, gut durchlässigem, mäßig nährstoffreichem, humusreichem Boden in Sonne oder Halbschatten. Wenig beschneiden oder jedes Frühjahr kräftig auf ein niedriges Astwerk zurückschneiden.*

↕1,5 m ↔ 2,5 m

Hydrangea aspera Villosa-Gruppe

Eine Gruppe ausladender, strauchförmiger, später unter optimalen Bedingungen baumförmiger Tellerhortensien. Im Spätsommer erscheinen flache Blütenstände kleiner, violetter oder blauer Blüten mit weißlichen oder rosa Randblüten. Die Blätter sind lanzettlich und dunkelgrün. Für Gehölzgärten geeignet, in kalten Gegenden an einer warmen Mauer ziehen.

KULTUR: *In feuchtem, aber gut durchlässigem, mäßig nährstoffreichem, humusreichem Boden in der vollen Sonne oder im Halbschatten halten. Wenig beschneiden.*

↕1–4 m

Hydrangea macrophylla

Die Kultivare dieser Hortensien-Art sind rundliche, laubabwerfende Sträucher mit ovalen, dunkelgrünen Blättern. Die großen Blütenstände erscheinen von Hoch- bis Spätsommer und sind in zwei Typen erhältlich: Tellerhortensien, wie 'Veitchii', haben abgeflachte Blütenstände und Gartenhortensien, wie 'Altona', bilden kugelige Blütenköpfchen aus. Mit Ausnahme der weißen Formen kann die Blütenfarbe direkt durch den pH-Wert des Bodens beeinflusst werden: Saure Böden rufen blaue und alkalische Böden rosa Blüten hervor. Hortensien sind für zahlreiche Gartenstandorte geeignet und die Blütenstände können getrocknet werden.

KULTUR: *In feuchtem, durchlässigem, nährstoffreichem Boden in Sonne oder Halbschatten mit Schutz vor kalten Winden pflanzen. Im Frühjahr stark beschneiden und Triebe auf kräftige Knospen zurückschneiden. Auf neutralen Böden kann die Blütenfarbe beeinflusst werden.*

☼ ◐ ◇ ◆ ❄❄ – ❄❄❄

1

↕1 m ↔1,5 m

2

↕2 m ↔2,5 m

3

↕↔1,5 m

4

↕2 m ↔2,5 m

5

↕2 m ↔2,5 m

1 *H. macrophylla* 'Altona' (Gartenhortensie) 🏆 **2** *H. macrophylla* 'Mariesii Perfecta' (Tellerhortensie) 🏆 **3** *H. macrophylla* 'Lanarth White' (Tellerhortensie) 🏆 **4** *H. macrophylla* 'Générale Vicomtesse de Vibraye' (Gartenhortensie) 🏆 **5** *H. macrophylla* 'Veitchii' (Tellerhortensie

Hydrangea paniculata

Kultivare dieser Hortensien-Art sind schnellwüchsige, aufrechte, laubabwerfende Sträucher mit ovalen, mittel- bis dunkelgrünen Blättern. Die großen Blütenstände erscheinen meist im Spätsommer und Frühherbst. Einige Kultivare, wie 'Praecox' blühen früher im Sommer. Die Blüten sind meist cremeweiß und färben sich bei einigen Formen, wie bei 'Floribunda', im Alter rosa. Die vielseitigen Sträucher eignen sich einzeln oder in Gruppen sowie als Kübelpflanzen für zahlreiche Standorte im Garten. Hervorragend zum Trocknen geeignet.

KULTUR: *In feuchtem, gut durchlässigem, nährstoffreichem Boden in Sonne oder Halbschatten mit Schutz vor kalten Winden pflanzen. Ein Rückschnitt ist nicht notwendig, die Pflanzen blühen jedoch üppiger, wenn sie jährlich im zeitigen Frühjahr auf ein bleibendes Astwerk zurückgeschnitten werden.*

☼ ◑ ◇ ◆ ❄❄❄

↕3-7 m ↔2,5 m

↕3-7 m ↔2,5 m

↕3-7 m ↔2,5 m

1 *H. paniculata* 'Floribunda' **2** *H. paniculata* 'Grandiflora' ♀ **3** *H. paniculata* 'Praecox'

Hydrangea quercifolia

Diese Hortensie ist ein buschiger, laubabwerfender Strauch, der von Hochsommer bis Herbst konische Blütenköpfchen aus weißen, sich rosa verfärbenden Blüten bildet. Die tief gelappten, mittelgrünen Blätter sind im Herbst bronzepurpurn getönt. Für zahlreiche Standorte im Garten geeignet.

KULTUR: *Bevorzugt feuchte, aber gut wasserdurchlässige, mäßig nährstoffreiche Böden in der Sonne oder im Halbschatten. Auf flachen, kalkhaltigen Böden können die Blätter gelb werden. Im Frühjahr so wenig wie möglich beschneiden.*

☼ ◑ 💧 🍷 ❄ ❄ ↕2 m ↔ 2,5 m

Hydrangea serrata 'Bluebird'

Eine kompakte, aufrechte, laubabwerfende, lang blühende Strauchhortensie mit abgeflachten Blütenständen. Sie erscheinen von Sommer bis Herbst und bestehen aus winzigen, blauen Blüten, die von größeren, blassblauen Randblüten umgeben sind. Die ovalen, zugespitzten, mittelgrünen Blätter färben sich im Herbst rot. Gut als Trockenblumen geeignet.

KULTUR: *In feuchtem, durchlässigem, nährstoffreichem, humusreichem Boden in Sonne oder Halbschatten kultivieren. Auf alkalischen Böden können die Blüten rosa werden. Im Frühjahr schwache Triebe schneiden.*

☼ ◑ 💧 🍷 ❄ ❄ ↕↔ 1,2 m

Hydrangea serrata 'Rosalba'

Eine aufrechte, kompakte, laubabwerfende Hortensien-Sorte, die wegen der von Sommer bis Herbst erscheinenden, abgeflachten Blütenstände geschätzt wird. Sie bestehen aus winzigen, rosa Blüten mit größeren, weißen, im Alter rot gefleckten Randblüten. Die Blätter sind oval, grün und zugespitzt. Als Solitärstrauch oder für Strauchrabatten geeignet.

KULTUR: *In durchlässigem, feuchtem, nährstoffreichem, humusreichem Boden in Sonne oder Halbschatten pflanzen. Auf sauren Böden können die Blüten blau werden. Wenig beschneiden.*

☼ ◑ 💧 🏆 ❄ ❄ ↕↔ 1,2 m

Hypericum 'Hidcote'

Dieser dichte, immergrüne oder halb immergrüne Strauch bildet zahlreiche Büschel mit großen, becherförmigen, goldgelben Blüten, die sich vom Hochsommer bis zum Frühherbst öffnen. Die Blätter sind dunkelgrün und lanzettlich. Johanniskraut eignet sich für Strauchrabatten.

KULTUR: *In gut wasserdurchlässigem, aber feuchtem, mäßig nährstoffreichem Boden an einen sonnigen oder halbschattigen Standort setzen. Abgewelkte Blüten regelmäßig auskneifen und jährlich im Frühjahr trimmen, um die Blühfähigkeit zu fördern.*

☼ ◑ 💧 💧 🏆 ❄ ❄ ❄ ↕ 1,2 m ↔ 1,5 m

Hypericum kouytchense

Diese auch als *H.* 'Sungold' angebotene Art des Johanniskrauts bildet einen rundlichen, halb immergrünen Busch mit übergeneigten Trieben. Der Halbstrauch trägt dunkelblaugrüne Blätter. Auffälligstes Merkmal sind die großen Büschel aus goldgelben, sternförmigen Blüten, die im Sommer und Herbst zahlreich erscheinen und von kräftig bronzeroten Früchten abgelöst werden. Für Strauch- oder gemischte Rabatten.

KULTUR: *In durchlässiger, karger bis mäßig nährstoffreicher, neutraler bis alkalischer Erde in voller Sonne. Nach der Blüte bei Bedarf leicht zurechtstutzen.*

☼ ◑ ◊ ♦ 🏆 ❄❄❄
↕ bis 30 cm ↔ bis 40 cm

Iberis sempervirens

Die Immergrüne Schleifenblume ist ein ausladender, immergrüner Halbstrauch mit dichten, runden Blütenständen aus kleinen, unregelmäßig geformten, weißen Blüten, die häufig rosa oder fliederfarben überlaufen sind. Sie erscheinen im Spätfrühjahr und Frühsommer und bedecken die spatelförmigen, dunkelgrünen Blätter. Sieht in Steingärten oder großen Mauerlücken attraktiv aus.

KULTUR: *In durchlässigem, magerem bis nährstoffreichem, neutralem bis alkalischem Boden sonnig setzen. Für einen regelmäßigen Wuchs nach der Blüte leicht trimmen.*

☼ ◊ 🏆 ❄❄❄
↕ bis 30 cm ↔ bis 40 cm

Ilex × *altaclerensis* 'Golden King' (weiblich)

Der kleine, immergrüne Strauch besitzt glänzendes, goldgelb gesäumtes Laub mit glatten oder gezähnten Blatträndern. Den unscheinbaren Blüten folgen rote Beeren im Herbst. Diese Stechpalme verträgt belastete Luft und Küstenbedingungen. Gut als Hecke und Windschutz in milden Gegenden.

KULTUR: *In feuchten, durchlässigen, mäßig nährstoffhaltigen Böden mit viel organischer Substanz. Sonniger Standort ist ideal. Trägt nur Beeren, wenn ein männliches Exemplar in der Nähe wächst. Bei Bedarf im März schneiden.*

↕ 6 m ↔ 4 m

Ilex × *altaclerensis* 'Lawsoniana' (weibliche Pflanze)

Diese dichte, buschige Stechpalme ist ein kompakter, immergrüner Baum oder Strauch mit großen, meist unbestachelten, ovalen, grünen Blättern, die in der Mitte golden und blassgrün gesprenkelt sind. Im Herbst reifen rotbraune, später rote Beeren heran.

KULTUR: *In feuchtem, gut durchlässigem Boden – für beste Laubfärbung sonnig pflanzen. Männliche Pflanzen daneben zu setzen, gewährleistet Fruchtansatz. Frei stehende Jungpflanzen benötigen evtl. Formschnitt. Reingrün beblätterte Triebe entfernen.*

↕ bis 6 m ↔ 5 m

Ilex aquifolium (Stechpalme)

Von der Gewöhnlichen Stechpalme wurden zahlreiche immergrüne, baum- oder strauchförmige Kultivare gezüchtet. Sie besitzen purpurne Triebe, eine graue Rinde und dichtes, glänzendes Laub. Die meisten Kultivare haben mehrfarbige, stachelige Blätter. Diejenigen von 'J. C. van Tol' sind unbestachelt und dunkelgrün. 'Ferox Argentea' hat sehr stachelige Blätter. Männliche und weibliche Blüten stehen an unterschiedlichen Pflanzen, daher sollten weibliche Sorten, wie 'Madame Briot', nahe an männlichen, wie 'Golden Milkboy' gepflanzt werden, um guten Fruchtansatz zu erhalten. Große Exemplare sind ein guter Windschutz.

KULTUR: *In feuchtem, aber gut durchlässigem, nährstoffreichem, humusreichem Boden pflanzen. Für eine schöne Laubfärbung in die volle Sonne setzen. Verträgt Halbschatten. Im Frühjahr beschädigtes Holz entfernen und Jungpflanzen in Form schneiden, Hecken im Spätsommer trimmen. Zu starkes Beschneiden vermeiden.*

☼ ◐ ◊ ❄❄ – ❄❄❄

↕bis 25 m ↔ 8 m

↕bis 6 m ↔ 2,5 m

↕bis 15 m ↔ 4 m

1 *Ilex aquifolium* ♕ **2** 'Amber' (weibl.) ♕ **3** 'Argentea Marginata' (weibl.) ♕

↕bis 8 m ↔ 4 m

↕6 m ↔ 4 m

↕8 m ↔ 5 m

↕6 m ↔ 4 m

↕6 m ↔ 5 m

↕6 m ↔ 5 m

↕6 m ↔ 4 m

↕6 m ↔ 4 m

↕10 m ↔ 4 m

4 'Ferox Argentea' (männl.) 🏆 **5** 'Golden Milkboy' (männl.) **6** 'Handsworth New Silver' (weibl.) 🏆 **7** 'J. C. van Tol' (weibl.) 🏆 **8** 'Madame Briot' (weibl.) 🏆 **9** 'Pyramidalis' (weibl.) 🏆 **10** 'Pyramidalis Fructo Luteo' (weibl.) 🏆 **11** 'Silver Milkmaid' (weibl.) **12** 'Silver Queen' (männl.) 🏆

Ilex crenata 'Convexa' (weibliche Pflanze)

Diese buschige Stechpalmen-Sorte ist ein dichter, immergrüner Strauch mit purpurgrünen Trieben und stachellosen, ovalen bis elliptischen, glänzenden, mittel- bis dunkelgrünen Blättern. Im Herbst reifen zahlreiche kleine, schwarze Beeren heran. Eignet sich als Hecke oder Formbaum.

KULTUR: *In feuchtem, durchlässigem, humusreichem Boden in Sonne oder Halbschatten setzen. Für einen guten Fruchtansatz männliche Sorten in die Nähe pflanzen. Im Frühjahr schlechte Triebe entfernen, im Sommer Formpflanzen trimmen.*

☼ ◑ ◊ 🍷 ❄❄ ↕bis 2,5 m ↔ 2 m

Ilex × meserveae 'Blue Princess' (weibliche Pflanze)

Ein wüchsiger, immergrüner Strauch mit ovalen, weich stacheligen, stark glänzenden, grünblauen Blättern. Im Spätfrühjahr erscheinen weiße bis rosa Blüten, die im Herbst zu roten Beeren heranreifen. Heckenpflanzen beschneiden, damit die purpurgrünen Jungtriebe gut zur Geltung kommen. Verträgt keine Küstenbedingungen.

KULTUR: *In feuchtem, durchlässigem, nährstoffreichem Boden in Sonne oder Halbschatten pflanzen. Für Fruchtansatz männliche Sorten in die Nähe setzen. Im Spätsommer in Form schneiden.*

☼ ◑ ◊ ❄❄❄ ↕↔ 3 m

Indigofera amblyantha

Der ausladende, laubabwerfende Indigostrauch mit gebogenen Trieben verdient sich seinen Platz im Garten mit hübschen Schmetterlingsblüten und graugrünem Laub. Die dichten, mehr oder weniger aufrechten Ähren aus kleinen, rosa Blüten erscheinen vom Frühsommer bis zum Herbst. In kalten Regionen zieht man den Indigostrauch am besten vor einer warmen, geschützten Mauer. Schneiden Sie im zeitigen Frühjahr alle Triebe bis knapp über dem Boden zurück.

KULTUR: *In nährstoffreichen, feuchten, aber durchlässigen Böden in der Sonne.*

☼ ◊ ♦ 🏆 ❄❄❄ ↕2 m ↔ bis 2,5 m

Indigofera heterantha

Diese Indigostrauch-Art ist ein mittelgroßer ausladender Strauch, der wegen der wickenartigen Blüten und der eleganten Beblätterung kultiviert wird. Die überhängenden Triebe tragen graugrüne Fiederblätter mit zahlreichen ovalen bis länglichen Fiedern. Dichte, aufrechte Büschel aus kleinen, purpurrosa Blüten erscheinen von Frühsommer bis Herbst.

KULTUR: *In gut durchlässigem, aber feuchtem, mäßig nährstoffreichem Boden in der vollen Sonne pflanzen. Im zeitigen Frühjahr bis kurz über den Boden zurückschneiden.*

☼ ◊ 🏆 ❄❄ ↕↔ 2–3 m

Ipheion uniflorum 'Froyle Mill'

Die Sorte der Sternblume ähnelt sehr stark 'Wisley Blue', trägt aber im Frühjahr dunkelviolette Blüten. Das grasartige Laub erscheint im Herbst lange vor dem Flor. Pflanzen Sie die Zwiebeln im Herbst 8 cm tief mit je 5 cm Abstand an einen sonnigen Platz. Wo die Temperaturen im Winter häufiger unter -10 °C fallen, braucht die Pflanze im Winter eine schützende Mulchschicht.

KULTUR: *In durchlässigen Böden an vollsonnigen Standorten.*

☼ ◊ ❀❀ ↕10–15 cm ↔ 5–10 cm

Ipheion uniflorum 'Wisley Blue'

Diese wüchsige Frühlingsstern-Sorte ist eine gruppenbildende, meist im Frühjahr blühende Zwiebelpflanze mit duftenden, sternförmigen, fliederblauen Blüten. Jedes Blütenblatt hat eine blasse Basis und einen dunklen Mittelstreifen. Schmale, riemenförmige, hellblaugrüne Blätter erscheinen im Herbst. Für Steingärten oder zur Unterpflanzung von Stauden geeignet.

KULTUR: *In gut durchlässigem, aber feuchtem, mäßig nährstoffreichem Boden in der vollen Sonne pflanzen. In kalten Gegenden im Winter mulchen.*

☼ ◊ ❀ ↕10–20 cm ↔ 5–8 cm

Ipomoea 'Heavenly Blue'

Diese sommerblühende, windende, schnellwüchsige Prunkwinden-Sorte, wird als einjährige Kletterpflanze gezogen. Die großen, blauen Trichterblüten mit weißem Schlund stehen einzeln, zu zweit oder dritt. Die herzförmigen, hell- bis mittelgrünen Blätter haben schlanke Spitzen. Für Sommerbeete geeignet, in denen sie zwischen anderen Pflanzen kriechen. Die Samen sind hochgiftig!

KULTUR: *In gut durchlässigem, mäßig nährstoffreichem Boden in der Sonne mit Schutz vor kalten, trockenen Winden pflanzen. Nach der Frostgefahr auspflanzen.*

☼ ◊ 🏆 ❀ ↕bis 3–4 m

Ipomoea indica

Diese Prunkwinde ist eine wüchsige, immergrüne Kletterpflanze, die in frostfreien Gegenden ausdauernd ist. Von Spätfrühjahr bis Herbst erscheinen zahlreiche satt purpurblaue, rot verblassende Trichterblüten als Büschel in Dreier- bis Fünfergruppen. Die mittelgrünen Blätter sind herzförmig oder dreilappig. In milden Gebieten als Einjährige im warmen Wintergarten oder in Sommerrabatten pflanzen. Die Samen sind bei Verzehr giftig!

KULTUR: *In durchlässigem, nährstoffreichem Boden sonnig pflanzen. Nach Forstgefahr auspflanzen. Mindesttemperatur: 7 °C.*

☼ ◊ 🏆 ❀ ↕bis 6 m

Iris (Schwertlilien für feuchte Standorte)

Schwertlilien, die auf verlässlich feuchten oder nassen Böden gedeihen, besitzen verdickte, waagerecht kriechende Triebe, die Rhizome genannt werden und direkt unter der Oberfläche liegen. Sie haben riemenförmige, manchmal gebogene Blätter, häufig in Fächern. Jedes wachsende Rhizom bildet jährlich mehrere Ableger und kann so unendlich weiterwachsen: In drei Jahren kann eine schnellwüchsige Art wie *I. pseudacorus* über 60 cm weiterwachsen. Die Triebe können verzweigt sein und bilden im Spätfrühjahr und Frühsommer Blüten in einer breiten Farbpalette. Gut für Gewässerränder und feuchte Rabatten geeignet. Einige, wie *I. laevigata*, vertragen flaches Wasser.

KULTUR: *In tiefem, feuchtem bis nassem, saurem, mit verrottetem organischem Material angereichertem Boden sonnig oder im lichten Schatten pflanzen. Gedeihen am besten in heißen Sommern. Rhizome im Frühherbst pflanzen.*

↕90 cm ↔ unbegrenzt

↕90 cm ↔ unbegrenzt

↕80 cm ↔ unbegrenzt

↕80 cm ↔ unbegrenzt

↕0,9–1,5 m ↔ unbegrenzt

↕0,9–1,5 m ↔ unbegrenzt

1 *Iris ensata* 'Flying Tiger' 🏆 **2** *I. ensata* 'Variegata' 🏆 **3** *I. laevigata* 🏆 **4** *I. laevigata* 'Variegata' 🏆 **5** *I. pseudacorus* 🏆 **6** *I. pseudacorus* 'Variegata' 🏆 **7** *I. sibirica* 'Annemarie Troeger' 🏆 **8** *I. versicolor* 🏆 **9** *I. sibirica* 'Crème Chantilly' 🏆 **10** *I. sibirica* 'Dreaming Yellow' 🏆

7
↕1 m ↔ unbegrenzt

8
↕20–80 cm ↔ unbegrenzt

9
↕1 m ↔ unbegrenzt

10
↕80 cm ↔ unbegrenzt

11
↕80 cm ↔ unbegrenzt

12
↕1 m ↔ unbegrenzt

13
↕1 m ↔ unbegrenzt

14
↕80 cm ↔ unbegrenzt

15
↕1 m ↔ unbegrenzt

16
↕80 cm ↔ unbegrenzt

17
↕bis 1 m ↔ unbegrenzt

18
↕bis 1 m ↔ unbegrenzt

11 *I. sibirica* 'Harpswell Happiness' 🏆 **12** *I. sibirica* 'Mikiko' 🏆 **13** *I. sibirica* 'Oban' 🏆 **14** *I. sibirica* 'Perfect Vision' 🏆 **15** *I. sibirica* 'Roisin' 🏆 **16** *I. sibirica* 'Smudger's Gift' 🏆 **17** *I. sibirica* 'Über den Wolken' **18** *I. sibirica* 'Zakopane' 🏆

Iris bucharica

Eine schnellwüchsige, im Frühjahr blühende Zwiebelpflanze mit bis zu sechs goldgelben bis weißen Blüten pro Trieb. Die glänzenden, riemenförmigen Blätter sterben nach der Blüte ab. Meist werden Sorten mit gelben und weißen Blüten angeboten.

KULTUR: *In reichem, aber gut wasserdurchlässigem, neutralem bis leicht alkalischem Boden in voller Sonne halten. Während des Wachstums mäßig gießen. Nach der Blüte eine trockene Ruhephase ermöglichen.*

☼ ◊ 🏆 ❄❄ – ❄❄❄ ↕20–40 cm ↔ 12 cm

Iris confusa

Diese sich stark ausbreitende, rhizombildende Schwertlilie mit bambusähnlichem Laub trägt im Frühjahr nacheinander bis zu 30 kurzlebige Blüten pro Trieb. Sie sind weiß mit gelben Kämmen, die von purpurnen oder gelben Punkten umgeben sind. Die Blätter stehen in Fächern am Grund der Pflanze. Für geschützte Misch- und Staudenrabatten.

KULTUR: *In feuchtem, aber gut durchlässigem, reichem Boden in der Sonne oder im Halbschatten pflanzen. Während des Wachstums mäßig gießen. Blütentriebe nach der Blüte entfernen.*

☼ ◐ ◊ 🏆 ❄

↕1 m oder mehr ↔ unbegrenzt

Iris delavayi

Die sommergrüne Staude bildet im Sommer dreifach verzweigte Blütenstängel, an deren Enden jeweils zwei hell- bis dunkelblauviolette Blüten stehen. Das rundliche Hängeblatt ist weiß und gelb gefleckt, das Laub graugrün. Die dekorative Rhizomiris mit hohen Stängeln lässt sich in feuchten Böden problemlos ziehen.

KULTUR: *In feuchten Böden an sonnigen bis halbschattigen Plätzen. Verdichtete Horste nach der Blüte teilen.*

☼ ◑ 💧 🏆 ❄❄❄

↕ bis 1,5 m ↔ unbegrenzt

Iris douglasiana

Eine robuste Rhizomstaude mit im Spätfrühjahr und Frühsommer erscheinenden, verzweigten Blütentrieben mit je zwei oder drei cremefarbenen, blauen, lavendelblauen oder rotpurpurnen Blüten. Die steifen, glänzenden, dunkelgrünen Blätter sind an der Basis häufig rot. Diese Schwertlilien-Art ist gut für Hochbeete oder Tröge geeignet.

KULTUR: *In gut wasserdurchlässigem, neutralem bis leicht saurem Lehm pflanzen. Für die beste Blüte in voller Sonne, sonst in lichtem Schatten pflanzen. Lässt sich nicht gut umsetzen.*

☼ ◑ 💧 🏆 ❄❄❄

↕ 15–70 cm ↔ unbegrenzt

Iris foetidissima 'Variegata'

Die immergrünen silbrigen, weiß gestreiften Blätter dieser Sorte der Übelriechenden Schwertlilie verströmen beim Zerreiben in der Tat einen unangenehmen Geruch. Im Frühjahr öffnet die wüchsige Rhizomstaude gelb überzogene, stumpf violette Blüten. Die daraus reifenden Samenkapseln platzen im Herbst auf und geben hellrote und gelbe, selten auch weiße Samen frei. Gut für trockenen Schatten.

KULTUR: *Bevorzugt durchlässige, neutrale bis leicht saure Lehmböden im Schatten. Verdichtete Horste im Herbst teilen.*

◐ ● ◇ 🏆❄❄❄

↕ 30 cm–90 cm ↔ unbegrenzt

Iris forrestii

Eine elegante, früh im Sommer blühende, rhizombildende Schwertlilien-Art mit schlanken Blütentrieben, die eine oder zwei duftende, blassgelbe Blüten mit brauner Zeichnung tragen. Die sehr schmalen, glänzenden Blätter sind oberseits mittelgrün und unterseits graugrün. Leicht in offenen Rabatten zu kultivieren.

KULTUR: *In feuchtem, aber gut durchlässigem, neutralem bis leicht alkalischem Lehm in voller Sonne oder im Halbschatten halten.*

☼ ◐ ◇ ◆ 🏆❄❄❄

↕ 35–40 cm ↔ unbegrenzt

Iris graminea

Die Grasblättrige Schwertlilie, auch Pflaumeniris genannt, ist eine laubabwerfende Rhizomstaude mit leuchtend grünen, riemenförmigen Blättern. Vom Spätfrühjahr an erscheinen einzelne oder paarige, sattpurpurne Blüten mit violett geaderten Hängeblättern mit weißen Spitzen: Häufig werden sie vom Laub verdeckt. Die Blüten duften fruchtig.

KULTUR: *In gut wasserdurchlässigem, neutralem bis leicht alkalischem Lehm halten. Einen vollsonnigen oder halbschattigen Standort wählen. Pflanzen nicht versetzen.*

☼ ◑ ◊ ◆ 🏆 ❄❄❄

↕ 20–40 cm ↔ unbegrenzt

Iris 'Katharine Hodgkin'

Diese sehr wüchsige, winzige, aber robuste, im Winter einziehende Zwiebelpflanze trägt im späten Winter und zeitigen Frühjahr zart gezeichnete, blassblaue und gelbe Blüten mit dunkelblauen und goldenen Flecken. Die blass- bis immergrünen Blätter erscheinen nach dem Abwelken der Blüten. Hervorragend für Steingärten oder den Vordergrund von Rabatten geeignet: Sie breiten sich langsam aus und bilden Gruppen.

KULTUR: *In feuchtem, aber gut durchlässigem, neutralem bis leicht saurem Boden an eine offene Stelle in die volle Sonne pflanzen.*

☼ ◊ 🏆 ❄❄❄

↕ 12 cm blühend ↔ 5–8 cm

Iris (Bartiris)

Die aufrechten Rhizomstauden bilden Fächer aus schwertförmigen Blättern mit einfachen oder verzweigten Blütenständen. Ihre Blüten setzen sich aus gut entwickelten, oft gefransten Hängeblättern und Domblättern sowie einem »Bart« weißer oder farbiger Haare auf dem Hängeblatt zusammen. Das Farbspektrum der Blüten ist groß. Bartiris sind die häufigsten Schwertlilien in Gärten und tragen in der Regel vom Frühjahr bis zum Frühsommer, mitunter auch später noch einmal, mehrere Blüten pro Stängel. Höhere Formen eignen sich für gemischte Rabatten, kleinere für Steingärten, Hochbeete oder Tröge.

KULTUR: *In durchlässiger, mäßig nährstoffreicher, neutraler bis leicht saurer Erde in voller Sonne. Rhizome im Spätsommer oder Frühherbst setzen und leicht mit Erde bedecken. Beschattung durch andere Pflanzen erforderlich. Nicht mulchen. Teilung im Frühherbst.*

☼ 💧 ❄❄❄

1

↕70 cm und mehr ↔60 cm

2

↕70 cm und mehr ↔60 cm

3

↕55 cm ↔45–60 cm

4

↕70 cm und mehr ↔60 cm

5

↕↔30 cm

1 *Iris* 'Apricorange' 🏆 **2** *I.* 'Breakers' 🏆 **3** *I.* 'Brown Lasso' 🏆 **4** *I.* 'Early Light' 🏆
5 *I.* 'Eyebright'

8
↕ bis 70 cm ↔ bis 60 cm

6
↕ bis 70 cm ↔ bis 60 cm

7
↕ 20–40 cm ↔ 30 cm

9
↕ bis 70 cm ↔ bis 60 cm

10
↕ bis 70 cm und mehr ↔ bis 60 cm

11
↕ bis 70 cm ↔ bis 60 cm

12
↕ bis 70 cm und mehr ↔ 60 cm

13
↕ bis 70 cm ↔ bis 60 cm

14
↕ bis 70 cm und mehr ↔ 60 cm

15
↕ 85 cm ↔ 60 cm

6 *I.* 'Happy Mood' 🏆 **7** *I.* 'Honington' **8** *I.* 'Katie-Koo' 🏆 **9** *I.* 'Maui Moonlight' 🏆 **10** *I.* 'Meg's Mantle' 🏆 **11** *I.* 'Miss Carla' **12** *I.* 'Nicola Jane' 🏆 **13** *I.* 'Orinoco Flow' 🏆 **14** *I.* 'Paradise' **15** *I.* 'Paradise Bird' 🏆

16

↕70 cm oder mehr ↔ 60 cm

17

↕40–70 cm ↔ 45–60 cm

18

↕70 cm oder mehr ↔ 60 cm

19

↕bis 70 cm ↔ bis 60 cm

16 *I.* 'Phil Keen' 🏆 **17** *I.* 'Pink Parchment' 🏆 **18** *I.* 'Precious Heather' 🏆 **19** *I.* 'Quark'

20

↕25 cm ↔ 30 cm

21

↕bis 70 cm ↔ bis 60 cm

24

↕70 cm oder mehr ↔ 60 cm

22

↕bis 70 cm ↔ bis 60 cm

23

↕bis 70 cm ↔ bis 60 cm

WEITERE SORTEN

'Arctic Fancy': Blüten weiß. Höhe 50 cm.

'Blue-Eyed Brunette': braune Blüten mit lila Mal. Höhe bis 90 cm.

'Bromyard': Blüten blaugrau und ockergelb. Höhe 30 cm.

'Stepping Out': Blüten weiß mit blauem Rand. Höhe 1 m.

25

↕bis 70 cm ↔ bis 60 cm

26

↕90 cm ↔ 60 cm

20 *I.* 'Rain Dance' 🏆 **21** *I.* 'Sherbet Lemon' 🏆 **22** *I.* 'Sparkling Lemonade' 🏆 **23** *I.* 'Sunny Dawn' 🏆 **24** *I.* 'Sun Miracle' **25** *I.* 'Templecloud' 🏆 **26** *I.* 'Vanity' 🏆

Iris lacustris

Diese zwergige, laubabwerfende, rhizombildende Schwertlilien-Art bildet im Spätfrühjahr kleine Blüten. Diese sind purpurblau bis himmelblau mit einem goldenen Kamm und einem weißen Fleck auf jedem Hängeblatt – sie entstehen zwischen den fächerförmig angeordneten, schmalen Blättern. Für Steingärten oder Tröge geeignet.

KULTUR: *In verlässlich feuchtem, kalkfreiem, humusreichem Boden in die Sonne oder den Halbschatten pflanzen. Während des Wachstums mäßig gießen.*

☼ ◐ 🌢 🏆 ❄❄❄

↕ 10 cm ↔ unbegrenzt

Iris pallida 'Variegata'

Die halb immergrüne, rhizombildende Bleiche Schwertlilie ist vermutlich die vielseitigste und attraktivste gemusterte Iris. Die riemenförmigen, leuchtend grünen Blätter besitzen klar abgetrennte, goldgelbe Streifen. Die großen, duftenden, zartblauen Blüten mit gelben Bärten stehen in Büscheln zu zweit bis sechst im späten Frühjahr und Frühsommer an verzweigten Trieben. In Misch- oder Staudenrabatten pflanzen.

KULTUR: *Gedeiht in gut wasserdurchlässigem, nährstoffreichem, leicht alkalischem Boden in der Sonne. Während des Wachstums mäßig gießen.*

☼ 🌢 🏆 ❄❄❄

↕ bis 1,2 m ↔ unbegrenzt

Iris setosa

Die Rhizomstaude blüht im späten Frühjahr und Frühsommer. Jeder ihrer Stängel trägt mehrere schöne blaue oder blauviolette Blüten über schmalen, mittelgrünen Blättern. Die Kultur dieser Schwertlilien-Art bereitet in feuchten Böden keine Probleme.

KULTUR: *In feuchten, neutralen bis leicht sauren Böden an vollsonnigen bis halbschattigen Standorten. Zu dicht gedrängte Horste aufnehmen und teilen.*

☼ ◑ ♦ ♕ ❄❄❄

↕ 15–90 cm ↔ unbegrenzt

Iris unguicularis

Eine schnellwüchsige, immergrüne, rhizombildende Schwertlilien-Art, auch als *I. stylosa* bekannt, mit kurzen Blütentrieben, an denen vom späten Winter bis zum zeitigen Frühjahr große, duftende Blüten stehen. Die blass lavendelfarbenen bis tiefvioletten Blüten tragen auf den Hängeblättern kontrastierende Adern und ein gelbes Band. Die Blätter sind grasartig und mittelgrün. An einer sonnigen Mauer pflanzen.

KULTUR: *In durchlässige, neutrale bis alkalische Böden sonnig und geschützt pflanzen. Pflanzen nicht stören. Im Spätsommer und Frühjahr abgewelkte Blätter entfernen.*

☼ ◊ ♕ ❄❄❄ ↕ 30 cm ↔ unbegrenzt

Iris variegata

Diese schlanke, robuste, im Winter einziehende, rhizombildende Bunte Schwertlilie trägt im Hochsommer an jedem verzweigten Blütentrieb drei bis sechs Blüten. Die auffälligen Blüten sind blassgelb und auf den Hängeblättern braun oder violett geadert. Zahlreiche andere Farbvarianten sind erhältlich. Die tiefgrünen Blätter sind stark gefältelt.

KULTUR: *In gut durchlässigem, neutralem bis alkalischem Boden in der Sonne oder im lichten Schatten pflanzen. Nicht mit organischem Material mulchen, da dadurch Fäule hervorgerufen werden kann.*

↕ 20–45 cm ↔ unbegrenzt

Itea ilicifolia

Diese Rosmarinweiden-Art ist ein immergrüner Strauch, der zunächst aufrechte, dann überhängende Triebe trägt. Die ovalen, stechpalmenähnlichen Blätter sind scharf gesägt. Winzige, grünlich weiße Blüten erscheinen von Hochsommer bis Frühherbst in kätzchenartigen Trauben. In kalten Gegenden an eine geschützte Stelle pflanzen.

KULTUR: *In gut wasserdurchlässigem, aber feuchtem, nährstoffreichem Boden am beste an einer Mauer in die volle Sonne pflanzen. Jungpflanzen im Winter mulchen.*

↕ 3–5 m ↔ 3 r

Jasminum mesnyi

Dieser Jasmin ist ein bedingt frostharter, klimmender, immergrüner Strauch, der im Frühjahr und Sommer große, meist halb gefüllte, gelbe Blüten trägt. Sie erscheinen einzeln in kleinen Büscheln zwischen glänzend dunkelgrünem Laub. Die Blätter sind aus drei länglichen bis lanzettlichen Fiedern zusammengesetzt. Kann an einer Stütze als Kletterpflanze kultiviert werden.

KULTUR: *In wasserdurchlässigem, nährstoffreichem Boden in voller Sonne oder im Halbschatten pflanzen. Im Sommer abgeblühte Triebe entfernen.*

☼ ◑ ◊ 🏆 ❄

↕ bis 3 m ↔ 1–2 m

Jasminum nudiflorum

Winterjasmin ist ein lichter, buschiger, laubabwerfender Strauch mit schlanken, überhängenden Trieben. Die kleinen, röhrenförmigen, gelben Blüten öffnen sich im späten Winter einzeln an den unbelaubten, grünen Trieben. Die dunkelgrünen Blätter erscheinen nach den Blüten und besitzen drei Fiedern. Das dauerhafte Astwerk an einer Wand befestigen oder die Pflanzen ohne Stütze wachsen lassen.

KULTUR: *In wasserdurchlässigem, nährstoffreichem Boden pflanzen. Winterjasmin verträgt Halbschatten, blüht aber an sonnigen Stellen besser. Rückschneiden abgeblühter Triebe fördert den Jungwuchs.*

☼ ◑ ◊ 🏆 ❄❄

↕↔ bis 3 m

Jasminum officinale 'Argenteovariegatum'

Eine wüchsige, verholzende, laubabwerfende oder halb immergrüne Kletterpflanze. Die graugrünen, cremefarben gerandeten Blätter bestehen aus fünf bis neun spitzen Fiedern. Gruppen duftender, weißer Blüten erscheinen von Sommer bis Frühherbst. Wenn die Pflanzen anfangs an einer Stütze festgebunden werden, klettern sie später selbstständig. Nicht verlässlich frosthart.

KULTUR: *In wasserdurchlässigem, mäßig nährstoffreichem Boden an einer warmen, sonnigen Wand pflanzen. Nach der Blütezeit zu dichte Triebe ausdünnen.*

☼ ◑ ◊ 🏆 ❄ ↕ bis 12 m

Juglans nigra

Mit seiner grobrissigen Borke und den großen, in viele Fiederblättchen geteilten Blättern ist die Schwarze Walnuss ein imposanter laubabwerfender Baum und braucht entsprechend viel Platz. Auf die Kätzchen im späten Frühjahr folgen essbare Nüsse. Gute Früchte liefern 'Broadview' und 'Buccaneer'.

KULTUR: *Tiefgründige, durchlässige Böden in der vollen Sonne oder im Halbschatten.*

☼ ◑ ◊ 🏆 ❄❄❄ ↕ 30 m ↔ 20 m

Juniperus communis 'Compressa'

Diese langsam wachsende, spindelförmige Zwergform des Wacholders besitzt immergrüne, aromatische, blaugrüne Nadeln. Sie sind schuppenförmig, spitz und stehen in dreizähligen Wirteln. Die kleinen, ovalen oder kugeligen Früchte reifen über drei Jahre hinweg von Grün über Graublau bis Schwarz. Diese Sorte eignet sich für die Bepflanzung von Kübeln und Trögen.

KULTUR: *In wasserdurchlässigem Boden, am besten in voller Sonne oder lichtem Halbschatten halten. Eine Beschneidung ist nicht notwendig.*

☼ ◑ ◊ 🏆 ❄❄❄ ↕bis 80 cm ↔ 45 cm

Juniperus × *pfitzeriana* 'Wilhelm Pfitzer'

Ein ausladender, flacher, dichter, immergrüner Strauch mit aufsteigenden, in Lagen angeordneten Ästen, die an der Spitze überhängen. Die flachen, schuppenartigen, graugrünen Nadeln stehen zu dritt in Wirteln. Die kugeligen Früchte dieses Wacholders sind anfangs dunkelpurpurn und werden mit dem Alter heller. Wirkt als Solitärpflanze oder in großen Steingärten sehr gut.

KULTUR: *In wasserdurchlässigem Boden, in Sonne oder Halbschatten pflanzen. Falls notwendig, kann ein geringer Rückschnitt im späten Herbst vorgenommen werden.*

☼ ◑ ◊ 🏆 ❄❄❄ ↕1,2 m ↔ 3 m

Juniperus procumbens 'Nana'

Die kompakte, mattenbildende Konifere kann an vielen Stellen als idealer Bodendecker eingesetzt werden. Die aromatischen, gelbgrünen oder hellgrünen Blätter des Japanischen Kriech-Wacholders stehen in dreizähligen Wirteln. Die beerenartigen, braunen bis schwarzen Früchte benötigen zwei bis drei Jahre, um zu reifen.

KULTUR: *In wasserdurchlässigem, auch sandigem, trockenem oder kalkhaltigem Boden pflanzen. Einen Platz in voller Sonne oder im lichten Halbschatten wählen. Rückschnitt ist nicht erforderlich.*

☼ ◑ 💧 🏆 ❄❄❄

↕ 15–20 cm ↔ 75 cm

Juniperus squamata 'Blue Star'

Niedriger, dichter, kompakter, rundlicher Wacholderstrauch mit rostfarbener, schuppiger Rinde. Die silberblauen Nadeln sind stechend spitz und stehen in dreizähligen Wirteln. Die reifen Früchte sind oval und schwarz. Als Bodendecker oder für Steingärten geeignet.

KULTUR: *In wasserdurchlässigem Boden in voller Sonne oder in lichtem Halbschatten pflanzen. Benötigt fast keinen Rückschnitt.*

☼ ◑ 💧 🏆 ❄❄❄

↕ bis 40 cm ↔ bis 1 m

Kalmia angustifolia

Die Schmalblättrige Lorbeerrose ist ein zäher, vor Nagerangriffen gefeiter Strauch mit auffälligen runden Büscheln aus kleinen, rosa bis tiefroten, gelegentlich auch weißen Blüten. Sie öffnen sich im Frühsommer inmitten des dunkelgrünen Laubs. Man setzt das niedrige Gehölz in Strauchrabatten oder Steingärten ein. Man kann es durch einen Schnitt in eine klare Form bringen.

KULTUR: *An halbschattigen Standorten in feuchtem, saurem Boden mit viel organischer Substanz. Verträgt nur in ständig feuchter Erde volle Sonne. Im Frühjahr mit Laubhumus oder Kiefernnadeln mulchen. Nach der Blüte stark schneiden.*

↕60 cm ↔ 1,5 m

Kalmia latifolia

Der Berglorbeer ist ein dichter, immergrüner Strauch mit großen Blütenbüscheln, die sich vom späten Frühjahr bis zum Hochsommer öffnen. Die Blüten sind becherförmig, rosa oder weiß und öffnen sich aus auffällig zerknitterten Knospen. Die ovalen Blätter sind glänzend dunkelgrün. Guter Solitärstrauch für Gehölzgärten. Die Pflanzen blühen am besten an sonnigen Standorten.

KULTUR: *In feuchtem, humusreichem, saurem Boden in Sonne oder Halbschatten pflanzen. Im Frühjahr mit Kiefernnadeln oder Laubkompost mulchen. Die Sträucher benötigen kaum Rückschnitt.*

↕↔ 3 m

Kerria japonica 'Golden Guinea'

Dieser wüchsige, Schösslinge bildende, laubabwerfende Ranunkelstrauch bildet am Grund dichte Gruppen überhängender Triebe. Im Frühjahr öffnen sich an den vorjährigen Trieben große, ungefüllte, gelbe Blüten. Die hellgrünen Blätter sind oval und scharf gesägt. Dieser Ranunkelstrauch ist für lichte Gehölzgärten geeignet.

KULTUR: *In wasserdurchlässigem, nährstoffreichem Boden sonnig oder halbschattig pflanzen. Abgeblühte Äste auf verschiedene Höhen zurückschneiden. Unerwünschte Triebe und Schösslinge entfernen, um das Wachstum zu begrenzen.*

☼ ◑ ◊ 🏆 ❄❄❄ ↕2 m ↔ 2,5 m

Kirengeshoma palmata

Die ansehnliche, aufrecht wachsende Staude trägt rundliche, gelappte, blassgrüne Blätter. Im Spätsommer und Frühherbst öffnen sich darüber lockere Blütenstände aus nickenden, blassgelben Blüten, die der Pflanze den Namen Wachsglocke gegeben haben. Sie bereichert Rabatten im Schatten, Teichränder und Gehölzgruppen mit ihrer dezenten Eleganz.

KULTUR: *Gedeiht in feuchten, kalkfreien Böden mit Laubhumusanteil an halbschattigen, windgeschützten Plätzen. Horste im Frühjahr bei Bedarf teilen.*

◑ ♦ 🏆 ❄❄❄

↕60–120 cm ↔ 75 cm

Kniphofia 'Bees' Sunset'

Diese Sorte der Fackellilie wird für ihre eleganten Blütenstände aus weichen, gelblich orangefarbenen Blüten geschätzt. Sie erscheinen im Sommer über Horsten aus übergebogenen, grasartigen Blättern. Die sommergrüne Staude ist eine gute Bienenweide.

KULTUR: *In tiefgründigen, nährstoffreichen, feuchten, aber durchlässigen, idealerweise sandigen Böden mit organischer Substanz. Für vollsonnige bis halbschattige Standorte. Jungpflanzen im ersten Winter mulchen.*

☼ ◐ ◊ ♦ 🏆 ❄ ❄

↕ 90 cm ↔ 60 cm

Kniphofia caulescens

Die immergrüne Staude schiebt vom Spätsommer bis zum Herbst ihre korallenroten Blütenstände. Diese färben sich mit der Zeit von unten nach oben gelb. Sie stehen hoch über grundständigen Rosetten aus übergebogenen, grasartigen, blaugrünen Blättern. Gut für Staudenrabatten. Verträgt die Bedingungen an der Küste.

KULTUR: *In tiefgründigen, nährstoffreichen, feuchten, durchlässigen, sandigen Böden mit organischer Substanz. Braucht vollsonnige bis halbschattige Plätze. Jungpflanzen im ersten Winter mulchen. Große Horste im Frühjahr teilen.*

☼ ◐ ◊ ♦ 🏆 ❄ ❄

↕ bis 1,2 m ↔ 60 cm

Kniphofia 'Little Maid'

Gruppenbildende, laubabwerfende Staude mit schlanken Blütenständen aus röhrenförmigen Blüten, die im Spätsommer und Frühherbst erscheinen. Die blassgrünen Knospen dieser Fackellilie öffnen sich zu blassgelben Blüten, die elfenbeinweiß verblassen. Die Blätter sind schmal und grasartig. Eine schöne, spät blühende Pflanze für Misch- und Staudenrabatten.

KULTUR: *In wasserdurchlässigem, tiefem, nährstoffreichem, humosem Boden in voller Sonne pflanzen. In der Wachstumszeit feucht halten. Im ersten Jahr und in kalten Gebieten im Winter eine Mulchschicht aus Stroh oder Blättern ausbringen.*

☼ ◊ ❄❄ ↕60 cm ↔45 cm

Kniphofia 'Royal Standard'

Gruppenbildende, ausdauernde, krautige Fackellilie mit hohen, konischen Blütenständen, die von Hoch- bis Spätsommer erscheinen. Die roten Knospen öffnen sich an den Blütenständen von unten nach oben zu gelben Röhrenblüten. Die überhängenden, grasartigen Blätter sterben im Winter ab.

KULTUR: *In tiefem, feuchtem, aber wasserdurchlässigem, humosem Boden in voller Sonne pflanzen. In der Wachstumszeit reichlich wässern. In kalten Regionen im Winter mulchen, besonders im ersten Jahr.*

☼ ◊ ♦ 🏆 ❄❄ ↕1 m ↔60 cm

Koelreuteria paniculata

Der Rispige Blasenbaum ist ein ansehnlicher, exotisch anmutender, laubabwerfender Baum. Er trägt große, lockere Rispen aus kleinen, gelben Blüten, die sich im Hochsommer öffnen und von ungewöhnlichen braunen, aufgeblähten Hülsen abgelöst werden. Schon das Laub wirkt attraktiv: Es ist im Frühjahr zunächst rötlich, wird bald grün und geht im Herbst in leuchtendes Gelb über. 'Coral Sun' zeichnet sich durch eine intensivere Blattfärbung aus.

KULTUR: *In gut wasserdurchlässiger Erde an vollsonnigen Standorten.*

☼ ◇ ♆ ❄❄ ↕↔ 10 m

Kolkwitzia amabilis 'Pink Cloud'

Schnellwachsender, Schösslinge bildender, laubabwerfender Strauch mit überhängenden Zweigen. Vom späten Frühjahr bis Frühsommer öffnen sich üppige Mengen glockenförmiger, in Gruppen stehender, rosa Blüten mit überlaufenem Schlund. Die breit ovalen Blätter sind dunkelgrün. Ausgezeichnet für Strauchrabatten oder als Solitärpflanze geeignet.

KULTUR: *In wasserdurchlässigem, nährstoffreichem Boden in der Sonne pflanzen. Jungpflanzen sollten sich zunächst ohne Rückschnitt entwickeln. Später die Pflanzen jährlich ausdünnen.*

☼ ◇ ♆ ❄❄❄ ↕3 m ↔ 4 m

Laburnum × *watereri* 'Vossii'

Dieser ausladende, laubabwerfende Goldregen trägt im späten Frühjahr und Frühsommer lange, hängende Blütenstände mit goldgelben, wickenartigen Blüten. Die dunkelgrünen Blätter bestehen aus drei ovalen Fiedern. Ein schöner Solitärbaum für kleine Gärten, der auch an Bögen oder Laubengängen gezogen werden kann. Alle Pflanzenteile sind giftig!

KULTUR: *In wasserdurchlässigem, mäßig nährstoffreichem Boden in der Sonne pflanzen. Im Winter oder zeitigen Frühjahr störende Zweige entfernen. Schösslinge am Grund des Stamms abschneiden.*

↕↔ 8 m

Lagerstroemia indica 'Hopi'

Der laubabwerfende große Strauch oder kleine Baum trägt im Sommer weiße oder rosa Blütenstände. Im Herbst färbt sich sein dunkelgrünes Laub orange bis tiefrot. Mit seinen dekorativen Samenständen und der hellgrauen, abblätternden Borke sieht er auch im Winter gut aus. Man kann ihn im Topf ziehen. Relativ klein bleibt die Form 'Seminole'.

KULTUR: *Nährstoffreiche, durchlässige Erde in der vollen Sonne. Verblühtes abschneiden, um das Gehölz zu einer weiteren Blüte anzuregen. Verträgt auch harten Rückschnitt.*

↕↔ bis 8 m

Lamium maculatum 'White Nancy'

Diese farbenfrohe Taubnessel ist eine halb immergrüne, mattenbildende Staude, die gut als Bodendecker zwischen Sträuchern eingesetzt werden kann. Im Sommer erscheinen oberhalb der dreieckigen bis herzförmigen Blätter Ähren reinweißer, zweilippiger Blüten. Die silbernen Blätter besitzen einen grünen Rand.

KULTUR: *In feuchtem, wasserdurchlässigem Boden im Schatten oder Halbschatten pflanzen. Die Pflanzen können wuchern, deshalb mit Abstand zu kleineren Pflanzen setzen und das Wachstum der Triebe begrenzen.*

↕ bis 15 cm ↔ bis 1 m

Lapageria rosea

Eine langlebige, windende, immergrüne Kletterpflanze. Von Sommer bis Spätherbst erscheinen große, schmal glockenförmige, wachsartige, rote Blüten, die entweder einzeln oder in kleinen Büscheln gebildet werden. Die ovalen Blätter sind dunkelgrün gefärbt. In kalten Gegenden benötigt sie den Schutz einer warmen, halbschattigen Wand.

KULTUR: *In wasserdurchlässigem, mäßig nährstoffreichem Boden, am besten im Halbschatten pflanzen. In frostgefährdeten Gebieten im Winter vor Wind schützen und mulchen. Möglichst wenig beschneiden und beschädigte Teile im Frühjahr entfernen.*

↕ 5 m

Larix decidua

Unter den Nadelbäumen ist die Europäische Lärche ein ganz besonderes Gehölz, denn sie wirft ihre weichen, hellgrünen Nadeln im Herbst ab, nachdem sie vorher eine hübsche strohgelbe Färbung angenommen haben. Der Baum mit grob kegeliger Form und glatter, schuppiger, grauer Rinde trägt im Frühsommer kleine, runde Zapfen, die meist länger an den Zweigen haften bleiben. Er ist leicht zu ziehen und verträgt die verschiedensten Bedingungen.

KULTUR: *Gut wasserdurchlässige Böden in der Sonne.*

☼ ◊ 🏆 ❄❄❄ ↕30 m ↔4–6 m

Lathyrus latifolius

Die Staudenwicke ist eine laubabwerfende Staude mit geflügelten Trieben, die mit Ranken klettert. Sie kann durch Sträucher oder über Böschungen gezogen werden. Im Sommer und Frühherbst werden Büschel rosapurpurner Blüten gebildet. Die blaugrünen Blätter besitzen zwei längliche Fiedern. Die Samen sind nicht genießbar.

KULTUR: *In wasserdurchlässigem, nährstoffreichem, humosem Boden in der Sonne oder im Halbschatten pflanzen. Im Frühjahr am Grund abschneiden und die Sprossspitzen auskneifen, um einen buschigen Wuchs zu erzielen. Verträgt keine Störungen.*

☼ ◐ ◊ 🏆 ❄❄❄ ↕2 m oder mehr

Lathyrus odoratus (Duft-Wicke)

Die zahlreichen Kultivare der Wicke sind einjährige Kletterpflanzen, die wegen der über lange Zeit hinweg erscheinenden, schönen und duftenden Blüten kultiviert werden. Die Blüten eignen sich sehr gut als Schnittblumen und sind in fast allen Farben, außer in Gelb erhältlich. Im Sommer und Frühherbst erscheinen die ein- oder zweifarbigen bis gemusterten Blüten in Büscheln. Die Samen sind nicht essbar. Wicken wirken am besten, wenn sie an einer Pyramide aus Stöcken oder an Spalieren gehalten werden oder zwischen Sträuchern und Stauden klimmen. In Gemüsegärten gepflanzte Wicken locken bestäubende Insekten an.

KULTUR: *In wasserdurchlässigem, nährstoffreichem Boden pflanzen. Die beste Blüte entsteht, wenn der Boden im Jahr vor der Aussaat mit altem Mist angereichert wurde. In Sonne oder Halbschatten setzen. Im Wachstum alle zwei Wochen flüssigen Volldünger geben. Regelmäßig schneiden. Klimmende Triebe abstützen.*

1

↕2–2,5 m

2

↕2–2,5 m

3

↕2–2,5 m

4

↕1 m

5

↕2–2,5 m

6

↕2–2,5 m

1 *Lathyrus odoratus* 'Aunt Jane' 🏆 **2** *L. odoratus* 'Evening Glow' 🏆 **3** *L. odoratus* 'Noel Sutton' 🏆 **4** *L. odoratus* 'Patio Mixed' **5** *L. odoratus* 'Teresa Maureen' 🏆 **6** *L. odoratus* 'White Supreme' 🏆

Laurus nobilis

Lorbeer ist ein konischer, immergrüner Baum, der wegen seiner ovalen, aromatischen, dunkelgrünen Blätter kultiviert wird und als Gewürz Verwendung findet. Im Frühjahr öffnen sich kleine, grünlich gelbe Blüten, die im Herbst zu schwarzen Beeren reifen. Als Formbaum sehr effektvoll.

KULTUR: *In wasserdurchlässigem, feuchtem, nährstoffreichem Boden in Sonne oder Halbschatten geschützt pflanzen. Männliche und weibliche Pflanzen müssen zusammen kultiviert werden, damit zuverlässig Beeren heranreifen. Junge Pflanzen im Frühjahr in Form schneiden, ältere Exemplare im Sommer schwach trimmen.*

☼ ☀ ◊ 🏆 ❄ ↕12 m ↔ 10 m

Laurus nobilis 'Aurea'

Diese Lorbeer-Sorte wächst konisch und besitzt goldgelbes, immergrünes, aromatisches Laub. Die Blätter sind oval und ledrig, sie können als Gewürz verwendet werden. Im Frühjahr erscheinen Büschel kleiner, grünlich gelber Blüten, die sich im Herbst an weiblichen Pflanzen zu schwarzen Beeren entwickeln. Als Formbaum und als Kübelpflanze geeignet.

KULTUR: *In wasserdurchlässige, feuchte, nährstoffreiche Böden sonnig bis halbschattig und geschützt setzen. Formschnitt bei jungen Pflanzen im Frühjahr vornehmen. Etablierte Pflanzen im Sommer leicht zu beschneiden fördert buschigen Wuchs.*

☼ ☀ ◊ 🏆 ❄ ↕12 m ↔ 10 m

Lavandula angustifolia 'Hidcote'

Ein kompakter Lavendel mit silbergrauen, dünnen Blättern und purpurnen Blüten. Dieser immergrüne Strauch eignet sich als Randbepflanzung. Die dichten Ähren duftender Röhrenblüten erscheinen im Sommer an langen, unverzweigten Trieben. Die Blüten zum Trocknen ernten, bevor sie sich ganz geöffnet haben.

KULTUR: *In wasserdurchlässigem, nährstoffreichem Boden sonnig pflanzen. Im Herbst abgeblühte Triebe zurückschneiden und das Laub schwach stutzen. In frostgefährdeten Regionen im Frühjahr beschneiden. Nicht auf altes Holz zurückschneiden.*

☼ ◊ 🏆 ❄❄❄ ↕60 cm ↔75 cm

Lavandula angustifolia 'Twickel Purple'

Dieser immergrüne Strauch ist nahe mit 'Hidcote' verwandt, besitzt aber einen ausladenderen Wuchs, blassere Blüten und grünere Blätter. Dichte Ähren duftender, purpurner Blüten erscheinen im Hochsommer über schmal länglichen, graugrünen Blättern. Für Strauchrabatten geeignet. Die Blüten locken viele Bienen an.

KULTUR: *In wasserdurchlässigem, relativ nährstoffreichem Boden in voller Sonne pflanzen. Im Herbst trimmen, in frostgefährdeten Gebieten erst im Frühjahr beschneiden. Nicht auf altes Holz zurückschneiden.*

☼ ◊ ❄❄❄ ↕60 cm ↔1 m

Lavandula × intermedia Dutch-Gruppe

Dieser robuste, buschige Lavendel trägt silbrige, aromatische Blätter und hohe, schlanke Ähren aus duftenden, lilablauen Blüten. Ein Zwergstrauch für sonnige Strauchrabatten oder große Stein- und Geröllgärten. Bei regelmäßigem Schnitt gut als niedrige Hecke. 'Grappenhall' ist ähnlich, verträgt aber nicht ganz so tiefe Temperaturen.

KULTUR: *In durchlässiger, relativ nährstoffreicher Erde in der Sonne. Im Frühjahr stutzen. Nicht in altes Holz schneiden.*

☼ ◊ ❄❄❄ ↕↔ 1,2 m

Lavandula pedunculata subsp. *pedunculata*

Schopflavendel ist ein kompakter, immergrüner Strauch, der im späten Frühjahr und Sommer blüht. Dichte, lang gestielte Ähren winziger, duftender, dunkelpurpurner Blüten tragen an der Spitze purpurrosa Brakteen. Die Blätter sind schmal, behaart und silbergrau. Wirkungsvoll in Strauchrabatten und Steingärten. Kann in kalten Regionen Schaden erleiden.

KULTUR: *In wasserdurchlässigem, nährstoffreichem Boden sonnig pflanzen. Im Frühjahr zurückschneiden. In frostfreien Klimaten nach der Blüte trimmen. Nicht in altes Holz zurückschneiden.*

☼ ◊ 🏆 ❄ ↕↔ 60 cm

Lavatera × *clementii* (Strauchige Malve)

Die aufrechten Blütensträucher mit steifen Trieben und hellgrünen Blättern blühen in der Regel vom Hochsommer bis zum Herbst in Rosa- und Violetttönen. Sie sind zwar kurzlebig, wachsen in durchlässigen Böden aber schnell, weshalb sie gern in Gärten integriert werden, in denen man rasch Ergebnisse sehen will. Sie kommen auch mit flachgründigen, trockenen Böden und Küstenbedingungen zurecht. Sie vertragen sogar salzige Winde, müssen aber an exponierten Stellen gestützt werden. In Gegenden mit strengen Frösten platziert man sie vor einer warmen, sonnigen Wand.

KULTUR: *In mageren bis mäßig nährstoffreichen, durchlässigen bis trockenen Böden in voller Sonne. In Gegenden mit strengem Frost vor kalten, austrocknenden Winden schützen. Frostgeschädigte Exemplare im Frühjahr am besten bis zum Grund zurückschneiden, um den Neuaustrieb zu fördern.*

☼ ◊ ❄

3

↕↔2 m

1

↕↔2 m

2

↕↔2 m

4

↕↔2 m

5

↕↔2 m

1 *Lavatera* × *clementii* 'Barnsley' **2** *L.* × *clementii* 'Bredon Springs' 🏆 **3** *L.* × *clementii* 'Burgundy Wine' 🏆 **4** *L.* × *clementii* 'Candy Floss' 🏆 **5** *L.* × *clementii* 'Rosea' 🏆

Lavatera trimestris (Einjährige Malve)

Die standfesten, buschigen, einjährigen Becher-Malven eignen sich vorzüglich für Gruppenpflanzungen in Staudenrabatten und Sommerblumenpflanzungen. Die weich oder flaumig behaarten Pflanzen mit schwach gelappten, mattgrünen Blättern tragen vom Hochsommer bis in den Herbst hinein ununterbrochen offen trichterförmige, weiße, rosa, rosarote bis violette Blüten, die sich schön vor dem Laub abheben. Obwohl einjährige Malven Gärten nur kurzzeitig bereichern, wirken sie mit ihrem Bauerngartenflair, als gehörten sie seit Langem zum festen Bestandteil der Pflanzungen. Sie eignen sich vor allem für trockene, sonnige Standorte und geben gute Schnittblumen ab.

KULTUR: *In leichter, mäßig nährstoffreicher, durchlässiger Erde an vollsonnigen Standorten. Jungpflanzen müssen regelmäßig gegossen werden, bis sie eingewachsen sind. Danach vertragen sie auch längere Trockenheit. Junger Wuchs ist anfällig für Blattläuse.*

☼ ◊ ❄

1
↕bis 60 cm ↔ 45 cm

2
↕bis 60 cm ↔ 45 cm

3
↕bis 60 cm ↔ 45 cm

4
↕bis 70 cm ↔ 45 cm

5
↕bis 60 cm ↔ 45 cm

6
↕bis 70 cm ↔ 45 cm

1 *Lavatera trimestris* 'Beauty Formula Mixture' 🏆 **2** *L. trimestris* 'Pink Beauty' 🏆
3 *L. trimestris* 'Salmon Beauty' 🏆 **4** *L. trimestris* 'Silver Cup' 🏆
5 *L. trimestris* 'White Beauty' 🏆 **6** *L. trimestris* 'White Cherub'

Leiophyllum buxifolium

Die aufrechte bis mattenbildende, immergrüne Staude fällt durch ihr glänzendes, dunkelgrünes Laub und die unzähligen sternförmigen, rosaweißen Blüten ins Auge, die sich im Juni und Juli öffnen. Das Laub nimmt im Winter einen bronzeroten Ton an. Gut als reich blühende Unterpflanzung für Strauchrabatten und Gehölzgruppen.

KULTUR: *In feuchten, aber durchlässigen, sauren Böden mit viel organischer Substanz. Bevorzugt Halb- oder Vollschatten mit Schutz vor kalten, austrocknenden Winden. Nach der Blüte schneiden, da ansonsten zu starke Ausbreitung.*

↕ 30–60 cm ↔ 60 cm und mehr

Leptospermum rupestre

Niedriger, immergrüner Strauch mit dichtem Laub und sternförmigen, weißen Blüten, die von Frühjahr bis Sommer gebildet werden. Die kleinen, aromatischen Blätter dieser Teebaum-Art sind elliptisch und glänzen dunkelgrün. Die Art stammt aus den Küstenregionen Tasmaniens und kann in milden Klimaten in küstennahen Gärten kultiviert werden.

KULTUR: *In wasserdurchlässigem, nährstoffreichem Boden in Sonne oder Halbschatten pflanzen. Im Frühjahr Jungwuchs zurückschneiden, um buschigen Wuchs zu erzielen, aber nicht in altes Holz einschneiden.*

↕ 0,3–1,5 m ↔ 1–1,5 m

Leptospermum scoparium 'Kiwi'

Ein kompakter Strauch mit überhängenden Zweigen und vielen kleinen, flachen, karminroten Blüten, die im späten Frühjahr und Frühsommer erscheinen. Die kleinen, aromatischen Blätter sind anfangs purpurn überlaufen und werden später dunkelgrün. Für große Steingärten und Alpinhäuser geeignet. Die Pflanzen vertragen keine kalten Winter.

KULTUR: *In wasserdurchlässigem, mäßig nährstoffreichem Boden in Sonne oder Halbschatten pflanzen. Für buschigen Wuchs den Jungwuchs im Frühjahr trimmen, aber nicht in altes Holz schneiden.*

☼ ◑ ◊ 🏆 ❄ ↕↔ 1 m

Leucanthemum × *superbum* 'Wirral Supreme'

Diese Margerite ist eine kräftige, gruppenbildende Staude, die manchmal als Chrysanthemum verkauft wird. Sie bildet von Frühsommer bis Frühherbst dicht gefüllte, weiße Blütenköpfchen, die einzeln am Ende langer Blütentriebe stehen. Die gesägten, lanzettlichen Blätter sind dunkelgrün. Gute Schnittblume.

KULTUR: *In feuchtem, aber wasserdurchlässigem Boden in voller Sonne oder im Halbschatten pflanzen. Muss manchmal gestützt werden.*

☼ ◑ ◊ ♦ 🏆 ❄❄❄ ↕ 90 cm ↔ 75 cm

Leucojum aestivum 'Gravetye Giant'

Eine robuste Sorte der Knotenblume, die im Frühjahr blüht. Die Zwiebelpflanze besitzt aufrechte, riemenförmige, bis 40 cm lange, dunkelgrüne Blätter. Die schwach nach Schokolade duftenden, hängenden, weißen Glockenblüten mit grünen Spitzen stehen in Büscheln. Die Pflanzen gedeihen in der Nähe von Gewässern und können gut in Grasflächen ausgewildert werden.

KULTUR: *In zuverlässig feuchtem, humosem Boden am besten in der Nähe von Gewässern pflanzen. Einen halbschattigen Ort wählen.*

↕1 m ↔ 8 cm

Leucojum autumnale

Schlanke, im Spätsommer blühende Zwiebelpflanze mit Trieben, die zwei bis vier hängende, glockenförmige, weiße Blüten tragen. Die Kronblätter sind am Grund rot überlaufen. Die schmalen, grasartigen Blätter erscheinen zusammen mit oder kurz nach den Blüten. Für Steingärten geeignet.

KULTUR: *In feuchtem, aber wasserdurchlässigem Boden in voller Sonne pflanzen. Nach dem Abwelken der Blätter die Zwiebeln teilen und wieder einpflanzen.*

↕10–15 cm ↔ 5 cm

Lewisia cotyledon

Diese immergrüne Staude bildet dichte Gruppen weit trichterförmiger, gewöhnlich rosapurpurner, weißer, cremefarbener, gelber oder aprikotfarbener Blüten. Sie erscheinen von Frühjahr bis Sommer an langen Trieben. Die dunkelgrünen, fleischigen, lanzettlichen Blätter sind in grundständigen Rosetten angeordnet. Diese Bitterwurz-Art kann in Mauerritzen kultiviert werden.

KULTUR: *In sehr gut wasserdurchlässigem, relativ nährstoffreichem, humosem, neutralem bis saurem Boden pflanzen. Einen Platz mit lichtem Schatten wählen, an dem die Pflanzen im Winter vor Nässe geschützt sind.*

◑ ◊ 🏆 ❄ ❄

↕ 15–30 cm ↔ 20–40 cm

Leycesteria formosa

Nicht umsonst wird dieser Blütenstrauch aus dem Himalaja Schöne Leycesterie genannt: Mit seinen bambusartigen, dunkelgrünen, jungen Trieben, den Ketten aus weißen Blüten mit dunkelroten Hochblättern, die im Sommer und Frühherbst von den Zweigen hängen, und den kastanienbraunen bis schwarzvioletten, von Vögeln begehrten Früchten, wirkt er überaus attraktiv. Im Frühjahr wird er leicht gestutzt oder radikal zurückgeschnitten.

CULTIVATION: *Feuchte, aber durchlässige Erde in Vollsonne bis Halbschatten.*

☼ ◑ ◊ ♦ 🏆 ❄ ❄ ↕↔ bis 6 m

Ligularia 'Gregynog Gold'

Große, kräftige, gruppenbildende Staude mit pyramidenförmigen Ähren margeritenartiger, im Zentrum brauner, orangegoldener Blütenköpfchen. Sie erblühen im Spätsommer und Frühherbst an langen, aufrechten Trieben, die die rundlichen, gesägten, mittelgrünen Blätter überragen. Eine ausgezeichnete Pflanze für Uferbegrünungen, die sich auf feuchten Böden leicht auswildern lässt.

KULTUR: *In zuverlässig feuchtem, tiefem, mäßig nährstoffreichem Boden pflanzen. Vor starken Winden geschützt an einer sonnigen Stelle mit etwas Mittagsschatten setzen.*

☼ ◑ 💧 🏆 ❄❄❄ ↕ bis 2 m ↔ 1 m

Ligustrum lucidum

Dieser Glänzende Liguster ist ein wüchsiger, konischer, immergrüner Strauch mit glänzenden, dunkelgrünen, ovalen Blättern. Im Spätsommer und Frühherbst tragen lockere Rispen kleine, weiße Blüten, die zu ovalen, blauschwarzen Früchten reifen. Eine gute Heckenpflanze, die aber auch in Strauchrabatten elegant wirkt.

KULTUR: *Am besten in wasserdurchlässigem Boden in voller Sonne oder im Halbschatten pflanzen. Im Winter unerwünschte Zweige entfernen.*

☼ ◑ 💧 🏆 ❄❄ ↕↔ 10 m

Ligustrum lucidum 'Excelsum Superbum'

Eine panaschierte Form der vorangegangenen Art, die gelb gerandete, hellgrüne Blätter besitzt. Der schnellwüchsige, konische Strauch trägt im Spätsommer und Frühherbst lockere Rispen kleiner, cremeweißer Blüten, die zu ovalen, blauschwarzen Früchten reifen.

KULTUR: *In wasserdurchlässigem Boden in voller Sonne pflanzen, damit sich die Blätter optimal färben. Im Winter unerwünschte Zweige herausschneiden. Triebe mit einfarbigen Blättern sofort entfernen.*

☼ ◊ 🏆 ❄❄ ↕↔ 10 m

Lilium candidum

Die Madonnen-Lilie ist eine aufrechte Zwiebelpflanze mit bis zu 20 stark duftenden, trompetenförmigen Blüten pro Trieb. Diese besitzen weiße, am Grund gelb überlaufene Blütenblätter und gelbe Staubblätter. Die lanzettlichen, glänzenden, hellgrünen Blätter werden nach der Blütezeit gebildet und überdauern meist den Winter.

KULTUR: *In wasserdurchlässigem, neutralem bis alkalischem Boden pflanzen, der viel gut verrottetes, organisches Material enthält. Verträgt trockenere Böden als andere Lilien und sollte in voller Sonne, aber mit der Basis im Schatten gepflanzt werden.*

☼ ◊ 🏆 ❄❄❄ ↕ 1–2 m

Lilium formosanum var. *pricei*

Elegante, gruppenbildende Staude mit duftenden, schlanken, trompetenförmigen Blüten, die im Sommer einzeln oder in Gruppen bis zu drei Stück erscheinen. Die weißen Blütenblätter sind an der Spitze zurückgebogen und außen purpurn überlaufen. Die meisten der länglichen, dunkelgrünen Blätter stehen am Grund des Triebs. Hübsche Pflanze für unbeheizte Gewächshäuser und Wintergärten.

KULTUR: *In feuchtem, neutralem bis saurem, humusreichem Boden sonnig, aber mit der Basis im Schatten pflanzen. Vor zu heißer Sonneneinstrahlung schützen.*

☼ ♦ ❄❄❄ ↕0,6–1,5 m

Lilium henryi

Schnellwüchsige, gruppenbildende Staude, die im Spätsommer zahlreiche, schwach duftende, turbanförmige Blüten mit weit zurückgeschlagenen Blütenblättern trägt. Diese sind dunkelorange, braun gefleckt, besitzen rote Staubblätter und stehen an purpurn gemusterten, grünen Trieben oberhalb der lanzettlichen Blätter. Hervorragend für Wildblumengärten und Gehölzgärten geeignet.

KULTUR: *In wasserdurchlässigem, neutralem bis alkalischem Boden mit Laubkompost oder stark zersetztem, organischem Material pflanzen. Im Halbschatten setzen.*

◑ ◊ 🝖 ❄❄❄ ↕1–3 m

Lilium longiflorum

Schnellwüchsige Staude mit kompakten Gruppen aus ein bis sechs reinweißen, stark duftenden, trompetenförmigen Blüten mit gelben Staubblättern. Diese Lilien blühen im Hochsommer oberhalb der zerstreut angeordneten, lanzettlichen, dunkelgrünen Blätter. Eine relativ kleine, winterharte Lilie, die in Töpfen und unter Glas gut wächst.

KULTUR: *Am besten in wasserdurchlässigem Boden oder Topferde mit zusätzlichem Boden oder Topferde mit zusätzlichem organischem Material im Halbschatten pflanzen. Verträgt kalkhaltigen Boden.*

◐ ◇ 🏆 ❄❄❄ ↕40–100 cm

Lilium martagon var. *album*

Die weiße Form der Türkenbund-Lilie ist eine gruppenbildende, wüchsige Staude, die Gruppen kleiner, nickender, weißer Blüten trägt. Die Blütenblätter der turbanförmigen Blüten sind stark zurückgebogen. Die elliptischen bis lanzettlichen Blätter stehen meist in dichten Wirteln. Im Gegensatz zu den meisten Lilien riechen diese Pflanzen eher unangenehm und sollten deshalb in Rabatten oder Wildblumengärten gepflanzt werden.

KULTUR: *Am besten in wasserdurchlässigem Boden in voller Sonne oder Halbschatten pflanzen. In der Wachstumszeit oft gießen.*

☼ ◐ ◇ 🏆 ❄❄❄ ↕1–2 m

Lilium monadelphum

Kräftige, gruppenbildende Staude, auch als *L. szovitsianum* bekannt, mit bis zu 30 großen, trompetenförmigen Blüten. Die blassgelben, außen braun überhauchten, innen kastanienbraun-purpurn gefleckten Blüten erscheinen im Frühsommer an steifen Trieben. Die zerstreut stehenden, hellgrünen Blätter sind schmal oval. Sehr gut als Topfpflanze geeignet, da sie trockene Bedingungen besser als andere Lilien verträgt.

KULTUR: *In wasserdurchlässigem Boden in voller Sonne pflanzen. Die Pflanzen gedeihen auch auf kalkhaltigen oder relativ schweren Böden.*

↕ 1–1,5 m

Lilium Pink-Perfection-Gruppe

Diese kurzstämmigen Lilien tragen im Hochsommer Gruppen großer, duftender, trompetenförmiger Blüten mit zurückgeschlagenen Blütenblättern. Die Blütenfarbe variiert von dunkelpurpurrot bis purpurrosa, die Staubblätter sind leuchtend orange gefärbt. Die mittelgrünen Blätter sind riemenförmig. Eine ausgezeichnete Schnittblume.

KULTUR: *In wasserdurchlässigem, mit Laubkompost oder gut verrottetem organischem Material angereichertem Boden pflanzen. Einen sonnigen Platz wählen, an dem die Basis der Pflanze im Schatten liegt.*

↕ 1,5–2 m

Lilium pyrenaicum

Eine niedrige, zwiebelbildende Lilie, deren Triebe im Früh- und Hochsommer bis zu 12 nickende, grüngelbe oder gelbe, purpurn gefleckte Blüten tragen. Die Blütenblätter sind stark zurückgeschlagen. Die grünen, manchmal purpurn gefleckten Triebe tragen lanzettliche, hellgrüne, am Rand manchmal silbrige Blätter. Diese Lilie ist für Innenhöfe nicht geeignet, weil sie unangenehm riecht.

KULTUR: *In wasserdurchlässigem, neutralem oder alkalischem Boden mit zusätzlichem Laubkompost oder gut zersetztem organischem Material in voller Sonne oder im Halbschatten pflanzen.*

☼ ◑ ◊ ❄❄ ↕30–100 cm

Lilium regale

Die Königslilie ist eine kräftige Zwiebelpflanze mit stark duftenden, trompetenförmigen Blüten, die sich im Hochsommer öffnen. Bis zu 25 Blüten bilden eine Gruppe: Sie sind weiß und außen purpurn oder purpurbraun überlaufen. Die zahlreichen, schmalen Blätter sind dunkelgrün. Königslilien sind auffällige Pflanzen für Mischrabatten, können aber auch in Töpfen kultiviert werden.

KULTUR: *In wasserdurchlässigem, mit organischem Material angereichertem Boden pflanzen. Verträgt keine stark alkalischen Böden. Sonnig oder halbschattig setzen.*

☼ ◑ ◊ 🏆 ❄❄❄ ↕0,6 m–2 m

Limnanthes douglasii

Die Sumpfblume ist eine aufrecht bis ausladende Einjährige, die im Sommer und Herbst üppige Mengen weiß gerandeter, gelber Blüten bildet. Die tief gezähnten, glänzenden, gelbgrünen Blätter stehen an schlanken Trieben. Die Pflanzen eignen sich zur Aufhellung von Steingärten und Wegrändern. Sie locken Schwebfliegen an, die Blattläuse reduzieren.

KULTUR: *In feuchtem, aber wasserdurchlässigem, nährstoffreichem Boden in voller Sonne pflanzen. Im Frühjahr oder Herbst im Freiland säen. Sumpfblumen säen sich selbst reichlich aus.*

☼ ◊ ♆ ❄ ↕↔ bis 15 cm oder mehr

Limonium sinuatum 'Forever Gold'

Aufrechte Staude mit dichten Gruppen gelber Blüten, die im Sommer und Frühherbst erscheinen. Die steifen Triebe sind etwas geflügelt. Die dunkelgrünen Blätter stehen meist in einer grundständigen Rosette. Dieser Strandflieder eignet sich für sonnige Rabatten und Kiesgärten, die Blüten können getrocknet werden. Wie andere Meerlavendel-Arten wird diese Sorte meist als Einjährige kultiviert, weil sie kalte Winter nicht übersteht.

KULTUR: *In wasserdurchlässigem, am besten sandigem Boden in voller Sonne pflanzen. Verträgt trockene, steinige Böden.*

☼ ◊ ❀ ↕ bis 60 cm ↔ 30 cm

Liquidambar styraciflua 'Worplesdon'

Oft verwechselt man den Amerikanischen Amberbaum mit einem Ahorn, denn sein Laub und die strahlenden, zwischen Gelb, Orange, Violett und Karminrot angesiedelten Herbstfarben ähneln sich. Zu den verlässlichsten Formen gehört diese Sorte mit intensiv roter, orangefarbener und gelber Laubfärbung zum Ende der Wachstumszeit. Die schmal kegelförmigen, laubabwerfenden Bäume zeichnen sich durch eine dekorative Borke aus.

KULTUR: *In gut wasserdurchlässigen Böden an sonnigen Standorten.*

☼ ◊ ◈ 🏆 ❄❄❄ ↕25 m ↔ 12 m

Liriodendron tulipifera

Der stattliche, laubabwerfende Tulpenbaum hat einen breit säulenförmigen Wuchs und wird im Alter ausladend. Die kantigen, gekippten, dunkelgrünen Blätter färben sich im Herbst gelb. Im Sommer erscheinen tulpenförmige, blassgrüne, am Grund orange Blüten, die zu zapfenartigen Früchten reifen. Ausgezeichneter Solitärbaum für große Gärten.

KULTUR: *In feuchtem, aber wasserdurchlässigem, am besten schwach saurem Boden in voller Sonne oder im Halbschatten pflanzen. Etablierte Pflanzen möglichst wenig beschneiden.*

☼ ☀ ◊ ◈ 🏆 ❄❄❄ ↕30 m ↔ 15 m

Liriope muscari

Diese kräftige, immergrüne Staude bildet dichte Gruppen dunkelgrüner, riemenförmiger Blätter. Im Herbst öffnen sich an Ähren zwischen dem Laub kleine, purpurviolette Blüten, die zu schwarzen Beeren reifen können. Die Lilientraube ist für Gehölzrabatten und als Bodendecker für trockene, schattige Stellen geeignet.

KULTUR: *In leichtem, feuchtem, aber wasserdurchlässigem, relativ nährstoffreichem Boden pflanzen. Bevorzugt saure Böden. Im Schatten oder Halbschatten setzen und vor kalten, austrocknenden Winden schützen. Kann Trockenperioden gut überstehen.*

◐ ☀ ◇ ◆ 🏆 ❄❄ ↕30 cm ↔ 45 cm

Lithodora diffusa 'Heavenly Blue'

Kriechender, immergrüner Strauch, wird auch als *Lithospermum* 'Heavenly Blue' verkauft. Die trichterförmigen, azurblauen Blüten werden vom späten Frühjahr bis zum Sommer in üppigen Mengen gebildet. Die elliptischen Blätter sind dunkelgrün und behaart. Dieser Steinsame ist besonders für offene Stellen in Steingärten oder Hochbeeten geeignet.

KULTUR: *In wasserdurchlässigem, humosem, saurem Boden in voller Sonne pflanzen. Nach dem Ende der Blütezeit schwach zurückschneiden.*

☀ ◇ 🏆 ❄❄❄

↕15 cm ↔ 60 cm oder mehr

Lobelia cardinalis 'Queen Victoria'

Kurzlebige, gruppenbildende Staude mit Ähren leuchtend roter, zweilippiger Blüten, die von Spätsommer bis Mitte Herbst erscheinen. Die Blätter und Triebe dieser Lobelie sind dunkelpurpurrot gefärbt. Eine beeindruckende Pflanze für Mischrabatten und Gewässerränder. Überlebt in kalten Klimaten nicht immer.

KULTUR: *In tiefem, zuverlässig feuchtem, nährstoffreichem Boden in voller Sonne pflanzen. Die Pflanzen sind kurzlebig, können aber leicht durch Teilung im zeitigen Frühjahr vermehrt werden.*

☼ 💧🏆❄❄ ↕1 m ↔ 30 cm

Lobelia 'Crystal Palace'

Eine kompakte, buschige Staude, die nicht als Einjährige kultiviert wird und von Sommer bis Herbst üppige Blütenbüschel hervorbringt. Die Blüten dieser Lobelie sind zweilippig und leuchtend dunkelblau gefärbt. Die winzigen, dunkelgrünen Blätter sind bronzefarben überlaufen. Als Randbepflanzung und Topfpflanze attraktiv.

KULTUR: *In tiefem, nährstoffreichem, dauerhaft feuchtem Boden oder Topferde in voller Sonne oder im Halbschatten pflanzen. Im Frühjahr nach Ende der Frostgefahr setzen*

☼ ◐ 💧🏆❄❄

↕bis 10 cm ↔ 10–15 cm

Lonicera × italica

Das wüchsige, laubabwerfende Italienische Geißblatt wächst als windendes Klettergehölz oder als Spreizklimmer und öffnet im Sommer und Frühherbst unzählige große Quirle aus röhrenförmigen, intensiv duftenden, fleischrosa, rotviolett überlaufenen Blüten mit gelbem Schlund, auf die rote Beeren folgen. Die dunkelgrünen Blätter sind oval. An einer Mauer oder einem kleinen Baum ziehen.

KULTUR: *In feuchter, aber durchlässiger, nährstoffreicher, humusreicher Erde an vollsonnigen bis halbschattigen Standorten. Triebe eingewachsener Pflanzen nach der Blüte um ein Drittel kürzen.*

↕ 7 m

Lonicera nitida 'Baggesen's Gold'

Dichter, immergrüner Strauch mit winzigen, ovalen, hellgelben Blättern an überhängenden Zweigen. Die unauffälligen, gelbgrünen Blüten erscheinen im Frühjahr und reifen evtl. zu kleinen, blauen Beeren heran. Gute Heckenpflanze für Gärten in Innenstädten. Dieses Geißblatt verträgt Luftverschmutzung.

KULTUR: *In wasserdurchlässigem Boden in voller Sonne oder im Halbschatten pflanzen. Hecken von Frühjahr bis Herbst mindestens dreimal trimmen. Pflanzen, die an der Basis kahl werden, treiben nach einem starken Rückschnitt wieder neu aus.*

↕↔ 1,5 m

Lonicera periclymenum 'Graham Thomas'

Verholzende, laubabwerfende Kletterpflanze, die lange und üppig blüht und stark duftende, weiße Röhrenblüten trägt. Die Blüten dieses Wald-Geißblatts erscheinen im Sommer und werden mit der Zeit gelb. Die mittelgrünen Blätter sind oval.

KULTUR: *In feuchtem, aber wasserdurchlässigem, nährstoffreichem, humosem Boden pflanzen. Die Sorte gedeiht in voller Sonne, am besten, wenn die Basis im Schatten steht. An älteren Pflanzen die Zweige um bis zu max. ein Drittel zurückschneiden.*

☼ ☀ ◊ ♦ ♕ ❄❄❄ ↕7 m

Lonicera periclymenum 'Serotina'

Schnell wachsende, laubabwerfende, windende Kletterpflanze mit duftenden, purpurnen Blüten, die im Sommer gebildet werden. Gelegentlich reifen die Blüten des Wald-Geißblatts zu roten Beeren. Die Blätter sind oval und mittelgrün. Bei ausreichendem Platzangebot ist kaum Rückschnitt erforderlich.

KULTUR: *In wasserdurchlässigem, feuchtem, humosem, nährstoffreichem Boden sonnig, mit Schatten an der Basis, pflanzen. Zweige an der Wand gezogener Exemplare nach der Blüte um ein Drittel kürzen.*

☼ ☀ ◊ ♦ ♕ ❄❄❄ ↕7 m

Lonicera sempervirens

Das halb immergrüne, windende Trompeten-Geißblatt, ein Gehölz, :rägt eiförmige Blätter und lachsrote)is orangefarbene Röhrenblüten im Sommer und Frühherbst. Aus ihnen :ntwickeln sich rote Beeren im Winter. Man kann die Pflanze in einen großen Topf mit Rankgitter setzen oder über :in Gerüst bzw. einen Zaun wachsen assen. *L. sempervirens* fo. *sulphurea* ist :ine gelbblütige Form.

ULTUR: *In nährstoffreichen, feuchten, aber lurchlässigen Böden in der Sonne oder im Ialbschatten. Jungen Wuchs bald nach der Blüte zurückschneiden.*

↕ bis 4 m

,onicera × tellmanniana

/indende, laubabwerfende, verhol-ende Kletterpflanze, die vom späten 'rühjahr bis zum Hochsommer Grup-en röhrenförmiger, kupferorangefar-ener Blüten trägt. Die dunkelgrünen, lliptischen Blätter sind unterseits läulich weiß gefärbt. An Wänden, Zäu-en oder in großen Sträuchern ziehen.

ULTUR: *In feuchtem, wasserdurchlässigem, ährstoffreichem, humosem Boden pflanzen. :e verträgt volle Sonne, blüht aber an schat-:en Stellen besser. Nach der Blütezeit die :weige um ein Drittel kürzen.*

↕ 5 m

Lotus hirsutus (Dorycnium hirsutum)

Graugrüne, stark filzig behaarte Blätter sind das Erkennungsmerkmal dieses silbrigen Strauchs. Im Sommer und Frühherbst trägt er obendrein rosa überlaufene, cremeweiße Schmetterlingsblüten in Büscheln, aus denen sich rötlich braune Samenhülsen entwickeln. Gut aufgehoben ist dieses Gehölz in geschützten Steingärten und mediterranen Rabatten, wo es im Frühjahr bei Bedarf leicht zurückgeschnitten werden kann.

KULTUR: *Der Strauch braucht durchlässige Böden und Sonne. Er verträgt keine Winternässe.*

☼ ◊ 🏆 ❄ ↕ bis 60 cm ↔ bis 1 m

Lupinus arboreus

Ein schnell wachsender, aufsteigender, halb immergrüner Strauch, der wegen seiner im Sommer erscheinenden Ähren duftender, gelber Blüten kultiviert wird. Die zusammengesetzten Blätter sind hell graugrün. Die Baumlupine stammt aus Gebüschen im küstennahen Kalifornien und kann Küstenbedingungen ertragen, überstel aber keine kalten Winter.

KULTUR: *In leichtem oder sandigem, wasser durchlässigem, nährstoffreichem, schwach saurem Boden in der Sonne pflanzen. Verblühtes entfernen, um Selbstaussaat zu verhindern. Durch Schnitt nach der Blüte bleiben die Pflanzen kompakt.*

☼ ◊ 🏆 ❄ ↕↔ 2 1

Lychnis chalcedonica

Die Brennende Liebe ist eine gruppenbildende Staude mit leicht gewölbten, leuchtend roten Blütenständen, die im Früh- und Hochsommer erscheinen. Die Blütenstände stehen oberhalb der ovalen, mittelgrünen Grundblätter. Die Einzelblüten sind klein und kreuzförmig. Für sonnige Rabatten und Wildblumengärten geeignet, muss aber etwas gestützt werden.

KULTUR: *In feuchtem, aber wasserdurchlässigem, nährstoffreichem, humosem Boden in voller Sonne oder lichtem Halbschatten pflanzen.*

↕ 1–1,2 m ↔ 30 cm

Lycoris radiata

Erst ab August tritt die Rosarote Spinnenlilie in Erscheinung, wenn die Zwiebelpflanze einen Schaft mit spinnenartigen Blüten treibt. In milden Klimazonen folgen riemenförmige Blätter, die bis zum Beginn der Ruhephase im Frühjahr aushalten. In Gegenden mit trockenen Sommern setzt man sie in ein sonniges Beet, in kühlen oder nassen Regionen dagegen pflanzt man sie in einen Topf und überwintert sie frostfrei.

KULTUR: *Nährstoffreiche, durchlässige, im Sommer austrocknende Böden an vollsonnigen Standorten. Alle drei Jahre ausgraben und teilen.*

↕ 30–40 cm ↔ bis 15 cm

Lysichiton americanus

Die Gelbe Scheinkalla ist eine auffällige, farbenfrohe Staude, die im zeitigen Frühjahr blüht und sich für Uferbepflanzungen eignet. Die Kolben tragen dichte, winzige, grünlich gelbe Blüten, sind von einer leuchtend gelben Spatha umgeben und verströmen einen unangenehmen, moschusartigen Geruch. Große, 50–120 cm lange, dunkelgrüne Blätter stehen an der Basis der Pflanze.

KULTUR: *In feuchtem, nährstoffreichem, humosem Boden in der Sonne oder im Halbschatten pflanzen. Genügend Platz für die Blätter bieten.*

☼ ☀ 💧 🏆 ❄❄❄ ↕ 1 m ↔ 1,2 m

Lysichiton camtschatcensis

Die Weiße Scheinkalla ist eine kräftige Staude für Gewässerränder. Im zeitigen Frühjahr erscheinen schwach nach Moschus duftende Kolben mit winzigen, grünen Blüten. Jeder Kolben ist von einer weißen Spatha umhüllt. Die großen, bis zu 1 m langen, dunkelgrünen Blätter stehen am Grund der Pflanze. Eine ideale Pflanze für die Ränder von Bächen oder Teichen.

KULTUR: *In feuchtem, nährstoffreichem, humosem Boden an Gewässerrändern pflanzen – an einem ausreichend großen Platz in voller Sonne oder im Halbschatten.*

☼ ☀ 💧 🏆 ❄❄❄ ↕↔ bis 1 m

Lysimachia clethroides

Ausladende, gruppenbildende Staude, die wegen ihrer schlanken Ähren winziger, sternförmiger, weißer Blüten kultiviert wird. Die Blütenstände hängen anfangs und richten sich im Hoch- und Spätsommer beim Erblühen auf. Die schmalen Blätter sind zuerst gelbgrün, später mittelgrün und unterseits ɔlasser. Der Entenschnabel-Felberich kann in Wildblumen- und Sumpfgärten ausgewildert werden.

KULTUR: *In zuverlässig feuchtem, humusreichem Boden in Sonne oder Halbschatten pflanzen. Muss manchmal gestützt werden.*

☼ ◑ 💧 🏆 ❄❄❄ ↕1 m ↔ 60 cm

Lysimachia nummularia 'Aurea'

Eine üppig wachsende, kriechende, immergrüne Staude, die ein ausgezeichneter Bodendecker ist. Die leuchtend goldgelben Blätter dieses Pfennigkrauts sind breit oval und am Grund herzförmig. Die gelben, fächerförmigen Blüten erscheinen im Sommer und verstärken die Farbwirkung der Pflanze.

KULTUR: *In zuverlässig feuchtem, mit gut verrottetem organischem Material angereichertem Boden kultivieren. Einen Ort mit voller Sonne oder Halbschatten auswählen.*

☼ ◑ 💧 🏆 ❄❄❄

↕ bis 5 cm ↔ unbegrenzt

Macleaya × *kewensis* 'Kelway's Coral Plume'

Diese gruppenbildende Federmohn-Staude wird wegen des Laubs und der fedrigen Rispen rosa bis gelber Blüten kultiviert. Im Frühsommer öffnen sich rosa Knospen oberhalb der olivgrünen Blätter. Zwischen Sträuchern pflanzen oder als Gruppen setzen, die als durchsichtige Abtrennung dienen können.

KULTUR: *Am besten in feuchtem, wasserdurchlässigem, mäßig nährstoffreichem Boden in der Sonne oder in lichtem Schatten pflanzen. Vor kalten Winden schützen. Kann wuchern, deshalb sollten die Wurzeln am Rand der Pflanzen gekürzt werden.*

☼ ◑ ◊ ♦ 🏆 ❄❄❄

↕ 2,2 m ↔ 1 m oder mehr

Magnolia grandiflora 'Exmouth'

Diese relativ winterharte Sorte ist ein dichter, immergrüner Baum mit glänzenden, dunkelgrünen Blättern, die unterseits rostbraun behaart sind. *M. grandiflora* unterscheidet sich deutlich von anderen Magnolien, indem sie sporadisch von Spätsommer bis Herbst blüht. Die Blüten sind groß, becherförmig, cremeweiß und duften stark.

KULTUR: *Am besten in wasserdurchlässigem feuchtem, humosem, saurem Boden in voller Sonne oder lichtem Schatten pflanzen. Im Frühjahr mit Laubkompost mulchen. Möglichst wenig beschneiden.*

☼ ◑ ◊ ♦ 🏆 ❄❄

↕ 6–18 m ↔ bis 15 m

Magnolia grandiflora 'Goliath'

Diese Sorte ist weniger frosthart als die vorhergehende Sorte 'Exmouth', bildet aber deutlich größere, bis 30 cm breite Blüten. Ein dichter, konischer Baum mit leicht gewellten, dunkelgrünen Blättern. Die becherförmigen, stark duftenden, cremeweißen Blüten erscheinen von Spätsommer bis Herbst.

KULTUR: *Am besten in wasserdurchlässigem, feuchtem, humosem, saurem Boden in voller Sonne oder im lichten Schatten pflanzen. Verträgt auch trockene, alkalische Böden. Im Frühjahr mit Laubkompost mulchen. Möglichst wenig beschneiden.*

☼ ☀ ◊ ♦ ❄❄

↕6–18 m ↔ bis 15 m

Magnolia liliiflora 'Nigra'

Dichter, sommerblühender Strauch mit kelchförmigen, purpurroten Blüten. Die elliptischen, dunkelgrünen Blätter werden im Herbst abgeworfen. Als Solitärstrauch oder mit weiteren Gehölzen setzen. Im Gegensatz zu anderen Magnolien blüht diese Sorte bereits in jungen Jahren.

KULTUR: *In feuchtem, wasserdurchlässigem, nährstoffreichem, saurem Boden in der Sonne oder im Halbschatten pflanzen. Im zeitigen Frühjahr mulchen. Junge Pflanzen im Hochsommer beschneiden, um eine ausgewogene Form zu erreichen. An älteren Pflanzen ist fast kein Schnitt notwendig.*

☼ ☀ ◊ ♦ 🏆 ❄❄❄ ↕3 m ↔ 2,5 m

Magnolia (Frühjahrsblühende Magnolien)

Im Frühjahr blühende Magnolien sind hübsche, laubabwerfende Sträucher oder Bäume, die wegen ihres eleganten Wuchses und der schönen, häufig duftenden Blüten geschätzt werden, die sich oft vor dem Laubaustrieb öffnen. Die Blütenformen reichen von den kräftigen, aber zart wirkenden, sternförmigen Blüten von *M. stellata* bis zu den exotischen, kelchförmigen Blüten von Hybriden wie 'Ricki'. Im Herbst reifen die roten Samen heran. Besonders bei frei stehenden Exemplaren ist im Winter das unbelaubte Astwerk attraktiv. *M.* x *soulangeana* 'Rustica Rubra' kann auch an einer Wand kultiviert werden.

KULTUR: *Am besten in tiefem, feuchtem, wasserdurchlässigem, neutralem bis saurem Boden sonnig oder halbschattig pflanzen.* M. wilsonii *verträgt alkalische Böden. Nach dem Erziehungsschnitt an Jungpflanzen sollten nur noch kranke oder tote Zweige nach der Blüte entfernt werden.*

☼ ◐ ◇ ◑

1

↕10 m ↔8 m

2

↕15 m ↔10 m

3

↕↔10 m

4

↕10 m ↔6 m

1 *Magnolia* x *loebneri* 'Merrill' ❄❄❄ **2** *M. campbellii* 'Charles Raffill' ❄❄–❄❄❄
3 *M. denudata* ❄❄❄ **4** *M.* 'Elizabeth' ❄❄❄

5

↕↔ 4 m

6

↕ 8 m ↔ 6 m

7

↕ 10 m ↔ 5 m

8

↕↔ 6 m

9

↕ 9 m ↔ 6 m

10

↕ 8 m ↔ 6 m

11

↕ 3 m ↔ 4 m

5 *M.* 'Ricki' ❄❄❄ **6** *M.* x *loebneri* 'Leonard Messel' 🏆❄❄❄ **7** *M. salicifolia* 🏆❄❄ – ❄❄❄ **8** *M.* x *soulangeana* 'Rustica Rubra' 🏆❄❄ – ❄❄❄ **9** *M. salicifolia* 'Wada's Memory' 🏆❄❄❄ **10** *M. wilsonii* ❄❄ **11** *M. stellata* 🏆❄❄❄

Mahonia aquifolium 'Apollo'

Eine niedrige, immergrüne, strauchförmige Mahonie mit dunkelgrünen, in mehrere stachelige Fiedern geteilten Blättern, die sich im Winter purpurbraun färben. Im Frühjahr erscheinen dichte Gruppen dunkelgoldgelber Blüten, die zu kleinen, blauschwarzen Beeren reifen. Kann als Bodendecker eingesetzt werden.

KULTUR: *In feuchtem, wasserdurchlässigem, nährstoffreichem Boden im Halbschatten pflanzen. Die Pflanzen vertragen auf feuchten Böden auch volle Sonne. Bodendeckende Pflanzen sollten alle 2 Jahre nach der Blüte knapp über dem Boden gekappt werden.*

☼ ◑ ◊ ◆ 🏆 ❄❄❄ ↕60 cm ↔ 1,2 m

Mahonia japonica

Dichter, aufrechter, immergrüner Strauch mit großen, glänzenden, dunkelgrünen Blättern, die aus stacheligen Fiedern bestehen. Im späten Winter und zeitigen Frühjahr öffnen sich an langen, schlanken Ähren duftende, blassgelbe Blüten, die zu purpurblauen Früchten reifen. Diese Mahonie eignet sich für schattige Rabatten und Gehölzgärten.

KULTUR: *In wasserdurchlässigem, feuchtem, mäßig nährstoffreichem, humosem Boden pflanzen. Die Art bevorzugt Schatten, verträgt aber auf feuchten Böden auch Sonne. Die Beschneidung auf das Entfernen von totem Holz nach der Blütezeit beschränken.*

☼ ◑ ◊ ◆ 🏆 ❄❄ ↕2 m ↔ 3 m

Mahonia × media 'Buckland'

Wüchsiger, aufrechter, immergrüner Strauch mit dichtem Laub. Die dunkelgrünen Blätter bestehen aus sehr stacheligen Fiedern. Die kleinen, duftenden, hellgelben Blüten erscheinen von Spätsommer bis Frühherbst an überhängenden Ähren. Ein robuster Strauch für Begrenzungen und Vorgärten.

KULTUR: *In feuchtem, wasserdurchlässigem, nährstoffreichem, humosem Boden pflanzen. Gedeiht am besten im Halbschatten, vergeilt aber im Schatten. Beschneidung ist kaum erforderlich: Zu lange Triebe können nach der Blüte niedrig gestutzt werden.*

◑ ◊ ◆ 🝖 ❄❄❄ ↕5 m ↔ 4 m

Mahonia × media 'Charity'

Schnell wachsender, immergrüner Strauch, der 'Buckland' ähnelt, aber aufrechtere, dichtere Ähren bildet. Die dunkelgrünen Blätter sind sehr stachelig, die Pflanzen eignen sich daher als Begrenzung oder für vandalismusbedrohte Pflanzungen. Die duftenden, gelben Blüten öffnen sich von Spätherbst bis Frühling.

KULTUR: *In feuchtem, wasserdurchlässigem, mäßig nährstoffreichem Boden im Halbschatten pflanzen. Wird im Schatten unschön. Zu große Triebe können nach der Blüte kräftig zurückgeschnitten werden, um niedrigeren Jungwuchs zu fördern.*

◑ ◊ ◆ ❄❄❄ ↕5 m ↔ 4 m

Malus floribunda

Ein dichter, laubabwerfender Apfelbaum, der über lange Zeit hinweg attraktiv wirkt. Die eleganten, überhängenden Zweige tragen dunkelgrünes Laub, und von Mitte bis Ende Frühjahr öffnen sich üppige Mengen blassrosa Knospen. Die Blüten reifen zu kleinen, gelben Holzäpfeln, die im Winter eine wertvolle Nahrungsquelle für Tiere sind.

KULTUR: *In feuchtem, aber wasserdurchlässigem, mäßig nährstoffreichem Boden in der Sonne oder in lichtem Schatten pflanzen. Jungpflanzen in den Wintermonaten in Form schneiden. Ältere Bäume brauchen kaum Rückschnitt.*

☼ ☀ ◊ ♦ 🏆 ❄❄❄ ↕↔ 10 m

Malus 'John Downie'

Wüchsiger, laubabwerfender Zierapfel, der anfangs aufrecht wächst, später konisch wird. Die blassrosa Knospen öffnen sich im Frühjahr zu großen, becherförmigen, weißen Blüten, die zu eiförmigen, orangen oder roten Holzäpfeln reifen. Die ovalen Blätter sind anfangs hellgrün und werden später dunkelgrün. Ideal für kleine Gärten.

KULTUR: *In wasserdurchlässigem, feuchtem, nährstoffreichem Boden pflanzen. In voller Sonne entwickeln sich Blüten und Früchte am besten. Verträgt auch etwas Schatten. Beschädigte Äste entfernen, damit sich eine wohlgeformte Krone entwickelt. Starken Rückschnitt älterer Äste vermeiden.*

☼ ☀ ◊ ♦ 🏆 ❄❄❄ ↕ 10 m ↔ 6 m

Malus tschonoskii

Der Wollapfel ist ein aufrechter, laubabwerfender Baum mit nach oben weisenden Ästen und rosa überhauchten, weißen Blüten im späten Frühjahr. Im Herbst reifen die rot überlaufenen, gelben Holzäpfel heran. Die Blätter verfärben sich im Herbst von Grün über leuchtendes Goldgelb nach Purpurrot. Die Pflanze wird größer als die meisten Zieräpfel, kann aber auch in kleinen Gärten gepflanzt werden.

KULTUR: *In wasserdurchlässigem, mäßig nährstoffreichem Boden am besten in der Sonne pflanzen. Verträgt auch etwas Schatten. Bildet ohne Formschnitt eine schöne Krone, verträgt keinen kräftigen Rückschnitt.*

☼ ◑ ◊ 🏆 ❄❄❄ ↕12 m ↔7 m

Malus × zumi 'Golden Hornet'

Pyramidenförmiger, laubabwerfender Baum mit dunkelrosa Knospen im Frühjahr und becherförmigen, rosa überhauchten, weißen Blüten. Später reifen die kleinen, gelben Holzäpfel, die bis in den Winter halten. Deren Wirkung wird im Herbst durch die Umfärbung des Laubs von Dunkelgrün nach Goldgelb unterstrichen.

KULTUR: *Auf allen nicht staunassen Böden in voller Sonne pflanzen, um optimale Blüh- und Fruchtergebnisse zu erreichen. Jungpflanzen in der Ruhezeit in Form schneiden und tote oder beschädigte Äste entfernen. Ältere Pflanzen nicht mehr beschneiden.*

☼ ◑ ◊ ◐ 🏆 ❄❄❄ ↕10 m ↔8 m

Malva moschata fo. *alba*

Die Moschus-Malve ist eine buschige, aufrechte Staude mit weißen bis hellrosa Blüten, die sich für Wildblumengärten oder Rabatten eignet. Die äußerst attraktiven Blüten erscheinen von Früh- bis Spätsommer in Büscheln zwischen dem schwach nach Moschus riechenden, mittelgrünen Laub.

KULTUR: *In feuchtem, aber wasserdurchlässigem, mäßig nährstoffreichem Boden in voller Sonne pflanzen. Hohe Pflanzen müssen gestützt werden. Moschusmalven sind oft kurzlebig, säen sich aber reichlich selbst aus.*

☼ ○ 🏆 ❄❄❄ ↕ 1 m ↔ 60 cm

Matteuccia struthiopteris

Der Europäische Straußenfarn bildet dichte Gruppen aufrechter oder schwach überhängender, blassgrüner Wedel, die im Winter absterben. Im Sommer erscheinen im Zentrum der Rosetten kleinere, dunkelbraune Wedel, die bis weit in den Winter stehen bleiben. Eine ausgezeichnete, ausdauernde Grünpflanze für feuchte, schattige Rabatten, Gehölzgärten und Uferbepflanzungen.

KULTUR: *In feuchtem, wasserdurchlässigem, humosem, neutralem bis saurem Boden in lichtem Halbschatten pflanzen.*

◑ ○ ◐ 🏆 ❄❄❄ ↕ 1–1,5 m ↔ 45–75 cm

Meconopsis betonicifolia

Dieser Scheinmohn ist eine gruppenbildende Staude mit aufrechten Trieben, die blaue oder häufig purpurblaue oder weiße Blüten tragen. Die Blüten öffnen sich im Frühsommer oberhalb der ovalen, bläulich grünen Blätter. Die Art kann gut in Gehölzgärten ausgewildert werden.

KULTUR: *Am besten in feuchtem, wasserdurchlässigem, nährstoffreichem, saurem Boden setzen. Im Halbschatten geschützt pflanzen. Besonders in warmen oder trockenen Gebieten können die Pflanzen kurzlebig sein. Gruppen nach der Blütezeit teilen, um sie wüchsig zu halten.*

↕1,2 m ↔ 45 cm

Meconopsis grandis

Aufrechte, gruppenbildende Staude, die *M. betonicifolia* ähnelt, aber größere, in kleineren Gruppen stehende, sattblaue bis purpurblaue Blüten trägt. Diese erscheinen im Frühsommer oberhalb der mittel- bis dunkelgrünen Blätter. Dieser Scheinmohn wirkt in großen Gruppen in Gehölzgärten besonders attraktiv.

KULTUR: *In feuchtem, laubreichem, saurem Boden im Halbschatten mit Schutz vor kalten, austrocknenden Winden pflanzen. Großzügig mulchen und in Trockenperioden wässern. Auf zu trockenen Böden werden manchmal keine Blüten gebildet.*

↕1–1,2 m ↔ 60 cm

Melianthus major

Der Echte Honigstrauch ist ein aufrechter bis ausladender Strauch mit attraktivem Laub. Vom späten Frühjahr bis zum Hochsommer erscheinen Ähren blutroter Blüten oberhalb der grau- bis blaugrünen, geteilten Blätter. In kalten Regionen als Staude behandeln, in wärmeren Gebieten ein guter Baum für küstennahe Gärten.

KULTUR: *In feuchtem, wasserdurchlässigem, nährstoffreichem Boden pflanzen. Einen sonnigen Platz wählen, der vor kalten Winden und im Winter vor Nässe geschützt ist. In kalten Regionen den vorjährigen Wuchs im Frühjahr zurückschneiden. In warmen Gegenden abgeblühte Zweige im Herbst kürzen.*

☼ ◊ 🏆 ❀ ↕2–3 m ↔ 1–3 m

Metasequoia glyptostroboides

Mit seiner schmal kegelförmigen Silhouette ist der Urweltmammutbaum eine elegante Konifere. Sehr gut sieht er als Strukturpflanze am Wasserrand aus. Sein weiches, farnartiges, beim Austrieb smaragdgrünes Laub kontrastiert reizvoll mit der struppigen, zimtbraunen Borke. Vor dem Laubfall im Herbst nehmen die Blätter ein warmes goldenes Rotbraun an. 'Gold Rush' hat goldgelbes Laub.

KULTUR: *Ideal ist jedwede feuchte Erde und ein vollsonniger Platz.*

☼ ☀ ◊ ♦ 🏆 ❄❄❄

↕20–40 m ↔ 5 m

Mimulus cardinalis

Kriechende Staude mit röhrenförmigen, scharlachroten, manchmal gelb gemusterten Blüten, die während des Sommers gebildet werden. Diese Gauklerblume trägt an behaarten Trieben ovale, hellgrüne Blätter. Sie eignet sich als farbige Bereicherung für warme Rabatten. In kalten Klimaten ist sie nicht immer frosthart.

KULTUR: *In wasserdurchlässigem, nährstoffreichem, humosem Boden pflanzen. Verträgt relativ trockene Bedingungen. An einem sonnigen oder leicht beschatteten Ort setzen. Die manchmal kurzlebigen Pflanzen lassen sich im Frühjahr durch Teilung vermehren.*

☼ ☀ ◊ 🏆 ❄❄ ↕1 m ↔ 60 cm

Miscanthus sinensis 'Flamingo'

Unter den Chinaschilf-Auslesen gehört diese Sorte zu den Besten. Ihre zartrosa Blütenstände neigen sich ab Spätsommer grazil über das elegant gebogene Laub. Das staudige Gras gehört an sonnige Standorte und wird entweder in großen Töpfen gezogen oder es bereichert Pflanzungen bis weit in den Winter hinein durch seinen ornamentalen Wuchs. Im zeitigen Frühjahr zurückschneiden.

KULTUR: *Am besten eignen sich feuchte, durchlässige Böden in der vollen Sonne.*

☼ ☀ ◊ ♦ 🏆 ❄❄❄

↕bis 2 m ↔ 1,5 m

Molinia caerulea 'Variegata'

Das Pfeifengras ist eine büschelige Staude, die Horste schmaler, cremefarben gestreifter, dunkelgrüner Blätter bildet. Die dichten, purpurnen Blütenstände erscheinen über lange Zeit vom Frühjahr bis zum Herbst und stehen an hohen, ockerfarben überlaufenen Trieben. Eine formschöne Pflanze, die sich für Rabatten und Gehölzgärten eignet.

KULTUR: *In feuchtem, aber wasserdurchlässigem, am besten saurem bis neutralem Boden in voller Sonne oder im Halbschatten pflanzen.*

☼ ◑ ◊ 🏆 ❄❄❄

↕ bis 60 cm ↔ 40 cm

Monarda 'Cambridge Scarlet'

Eine gruppenbildende Staude mit fransigen Blütenköpfen. Die satt scharlachroten Röhrenblüten öffnen sich von Hochsommer bis Frühherbst in üppigen Mengen oberhalb der aromatischen Blätter. Diese Indianernessel lockt sehr viele Bienen an und ist eine farbenfrohe Bereicherung für Misch- und Staudenrabatten.

KULTUR: *Bevorzugt feuchte, aber wasserdurchlässige, mäßig nährstoffreiche, humose Böden in voller Sonne oder im lichten Halbschatten. Im Sommer feucht halten, aber im Winter vor übermäßiger Nässe schützen.*

☼ ◑ ◊ ♦ 🏆 ❄❄❄ ↕ 1 m ↔ 45 cm

Monarda 'Croftway Pink'

Gruppenbildende, krautige Staude, die 'Cambridge Scarlet' ähnelt, aber rosa Blüten und kleinere, hellgrüne Blätter besitzt. Von Hochsommer bis Frühherbst stehen die fransigen Blütenköpfe oberhalb der aromatischen Blätter. Diese Indianernessel eignet sich für Misch- und Staudenrabatten und lockt Bienen an.

KULTUR: *In wasserdurchlässigem, relativ nährstoffreichem, humosem Boden pflanzen, der im Sommer feucht bleibt. An einer sonnigen oder leicht beschatteten Stelle pflanzen, die im Winter vor übermäßiger Nässe geschützt ist.*

☼ ◐ 💧 🏆 ❄❄❄ ↕1 m ↔45 cm

Muscari armeniacum

Diese Traubenhyazinthe ist eine wüchsige Zwiebelpflanze, die im zeitigen Frühjahr dichte Ähren sattblauer Röhrenblüten trägt. Die mittelgrünen, riemenförmigen Blätter erscheinen ab dem Herbst. In großen Gruppen in Rabatten pflanzen oder in Rasenflächen auswildern, allerdings können sich die Pflanzen stark ausbreiten.

KULTUR: *In feuchtem, aber wasserdurchlässigem, relativ nährstoffreichem Boden in voller Sonne pflanzen. Im Sommer zu dichte Gruppen von Zwiebeln teilen.*

☼ 💧 🏆 ❄❄❄ ↕20 cm ↔5 cm

Muscari aucheri

Diese Zwiebelpflanze wuchert weniger als die auf der vorherigen Seite behandelte *M. armeniacum*. Sie trägt im Frühjahr dichte, manchmal von blassblauen Blüten gekrönte Ähren kleiner, leuchtend blauer Blüten, die oberhalb der grundständigen Büschel mittelgrüner, riemenförmiger Blätter stehen. Eine für Steingärten geeignete Traubenhyazinthe. Die Art wird manchmal als *M. tubergianum* bezeichnet.

KULTUR: *In feuchtem, aber wasserdurchlässigem, mäßig nährstoffreichem Boden in voller Sonne pflanzen.*

☼ ◊ 🏆 ❄❄❄ ↕ 10–15 cm ↔ 5 cm

Myrtus communis

Die Braut-Myrte ist ein rundlicher Strauch mit immergrünem Laub. Von Hochsommer bis Frühherbst erscheinen zwischen den kleinen, dunkelgrünen Blättern zahlreiche duftende, weiße Blüten, die auffällige Staubblattbüschel besitzen. Später reifen purpurschwarze Beeren heran. Brautmyrte kann als lockere Hecke oder als Solitärstrauch gehalten werden. In Gebieten mit kalten Wintern an einer warmen, sonnigen Wand kultivieren.

KULTUR: *Am besten in wasserdurchlässigem, feuchtem, nährstoffreichem Boden sonnig und geschützt pflanzen. Im Frühjahr trimmen, verträgt keinen kräftigen Schnitt.*

☼ ◊ 🏆 ❄ ↕↔ 3 m

Myrtus communis subsp. *tarentina*

Diese Braut-Myrte ist ein dichter, immergrüner Strauch. Die Blätter sind klein, die cremeweißen Blüten rosafarben überlaufen. Die Blüten öffnen sich von Mitte Frühjahr bis zum Frühherbst und reifen zu weißen Beeren. In Rabatten oder als lockere Hecke pflanzen. In kalten Klimaten oft nicht winterhart.

KULTUR: *In feuchtem, wasserdurchlässigem, mäßig nährstoffreichem Boden pflanzen. Einen sonnigen Platz wählen, der vor kalten Winden geschützt ist. Im Frühjahr zurückschneiden, verträgt eine kräftige Trimmung.*

☼ ◊ ♈ ❄ ↕↔ 1,5 m

Nandina domestica

Aufrechter, immergrüner oder halb immergrüner Strauch mit hübscher Frühjahrs- und Herbstfärbung. Die zusammengesetzten Blätter sind beim Austrieb rot, später grün und färben sich im späten Herbst wieder rot. Die konischen Büschel kleiner, weißer, im Zentrum gelber Blüten erscheinen im Hochsommer und reifen in warmen Klimaten zu langlebigen roten Früchten. Übersteht keine kalten Winter.

KULTUR: *In feuchtem, wasserdurchlässigem Boden sonnig pflanzen. Beim Setzen zurückschneiden, danach im Frühjahr schneiden. Welke Blütenstände auskneifen.*

☼ ♦ ♈ ❄ ↕ 2 m ↔ 1,5 m

Narcissus (Kleine Narzissen)

Zwergige Narzissen sind frühjahrsblühende Zwiebelpflanzen, die ebenso im Freiland wie im Zimmer gehalten werden. Sie werden wegen ihrer eleganten, gelben oder weißen Blüten kultiviert, deren Form variabel ist. Die Blüten stehen einzeln oder in Büscheln an aufrechten, unbelaubten Trieben oberhalb der grundständigen, riemenförmigen Blätter. Alle kleinen Narzissen eignen sich für Steingärten und wirken in Gruppen attraktiv. Wegen ihrer geringen Größe können sie auch als Zimmerpflanzen genutzt werden. Einige Arten, wie *N. bulbocodium*, lassen sich in kurzem Gras auswildern.

KULTUR: *Am besten in wasserdurchlässigem, nährstoffreichem, während des Wachstums feuchtem Boden sonnig pflanzen. Nach Ende der Blüte einen Volldünger geben, damit im nächsten Jahr Blüten gebildet werden. Abgewelkte Blüten entfernen und die Blätter natürlich absterben lassen. Nicht in Bündel zusammenbinden.*

☼ 💧

1

↕35 cm ↔8 cm

2

↕10–15 cm ↔5–8 cm

3

↕30 cm ↔8 cm

4

↕15–20 cm ↔5–8 cm

5

↕30 cm ↔8 cm

6

↕30 cm ↔8 cm

1 *Narcissus* 'Avalanche' ♀❄❄ **2** *N. bulbocodium* ♀❄❄–❄❄❄ **3** *N.* 'Charity May' ♀❄❄❄
4 *N. cyclamineus* ♀❄❄❄ **5** *N.* 'Dove Wings' ♀❄❄❄ **6** *N.* 'February Gold' ♀❄❄❄

7

↕17 cm ↔ 5-8 cm

8

↕20 cm ↔ 8 cm

11

↕10-15 cm ↔ 5-8 cm

9

↕20 cm ↔ 8 cm

10

↕17 cm ↔ 5-8 cm

12

↕15 cm ↔ 5-8 cm

13

↕10-25 cm ↔ 5-8 cm

7 N. 'Hawera' ♀❄❄❄ **8** N. 'Jack Snipe' ♀❄❄❄ **9** N. 'Jetfire' ♀❄❄❄
10 N. 'Jumblie' ♀❄❄❄ **11** N. *minor* ♀❄❄❄ **12** N. 'Tête-à-tête' ♀❄❄❄ **13** N. *triandrus* ♀❄❄

Narcissus (Große Narzissen)

Große Narzissen sind hohe, leicht zu kultivierende Zwiebelpflanzen, die wegen ihrer hübschen, weißen oder gelben Blüten gehalten werden. Die Blüten stehen einzeln oder in Gruppen an aufrechten, unbelaubten Trieben, die die langen, grundständigen, riemenförmigen Blätter überragen. Viele Blütenformen sind erhältlich, die hier abgebildeten Sorten sind gute Schnittblumen. Die Blüten von 'Sweetness' halten sich in der Vase besonders lange. Viele Narzissen sehen in Gruppen zwischen Sträuchern oder in Rabatten gut aus. Einige lassen sich auf Rasen oder unter Bäumen im Gehölzgarten auswildern.

KULTUR: *Am besten in wasserdurchlässigem, nährstoffreichem Boden in voller Sonne pflanzen. Während der Wachstumszeit den Boden dauerhaft feucht halten und einen Volldünger geben, damit die Pflanzen auch im folgenden Jahr reich blühen. Welke Blüten ausputzen und die Blätter von selbst welken lassen.*

☼ ◊ ❄❄❄

1

↕45 cm ↔15 cm

2

↕40 cm ↔12 cm

3

↕40 cm ↔12 cm

4

↕40 cm ↔15 cm

1 *N.* 'Actaea' 🏆 **2** *N.* 'Empress of Ireland' 🏆 **3** *N.* 'Ceylon' 🏆 **4** *N.* 'Cheerfulness' 🏆

↕40 cm ↔15 cm

↕45 cm ↔15 cm

↕35 cm ↔15 cm

↕45 cm ↔15 cm

↕40 cm ↔15 cm

↕40 cm ↔8 cm

↕45 cm ↔15 cm

↕45 cm ↔15 cm

↕40 cm ↔8 cm

14

↕45 cm ↔15 cm

5 *N.* 'Ice Follies' 🏆 **6** *N.* 'Kingscourt' 🏆 **7** *N.* 'Merlin' 🏆 **8** *N.* 'Mount Hood' 🏆 **9** *N.* 'Passionale' 🏆 **10** *N.* 'Suzy' 🏆 **11** *N.* 'Saint Keverne' 🏆 **12** *N.* 'Tahiti' 🏆 **13** *N.* 'Sweetness' 🏆 **14** *N.* 'Yellow Cheerfulness' 🏆

Nepeta racemosa

Die Traubige Katzenminze mit aromatischem, graugrünem Laub trägt im Sommer lebhaft blaue Blütenähren. Katzen und Schmetterlinge lieben sie. Die breitwüchsige Staude kommt mit wenig Wasser aus und eignet sich als Randbepflanzung oder für den mittleren Bereich einer sonnigen Rabatte. Im Herbst kann man zerzaust wirkende Pflanzen zurückschneiden.

KULTUR: *Durchlässige Böden an sonnigen bis halbschattigen Standorten.*

☼ ◑ ○ ♕ ❄❄❄

↕ bis 30 cm ↔ 50 cm und mehr

Nerine bowdenii

Diese kräftige Staude ist eine der besten spät blühenden Zwiebelpflanzen. Im Herbst trägt sie Büschel mit trompetenförmigen, schwach duftenden, hellrosa Blüten mit gewellten, zurückgebogenen Blütenblättern. Die riemenförmigen, frischgrünen Blätter erscheinen nach den Blüten an der Basis der Pflanze. Trotz ihres exotischen Aussehens kann sie geschützt am Grund einer warmen Mauer den Winter im Freiland überstehen. Eine gute Schnittblume.

KULTUR: *In wasserdurchlässigem Boden an einer sonnigen, geschützten Stelle pflanzen. Im Winter trockene Mulchschicht ausbringen.*

☼ ○ ♕ ❄

↕ 45 cm ↔ 12–15 cm

Nicotiana 'Lime Green'

Eine auffällige, einjährige Tabakpflanze, die aufrecht wächst, sehr reich blüht und sich für Sommerpflanzungen eignet. Von Hoch- bis Spätsommer erscheinen lockere Gruppen nachts duftender, gelbgrüner Blüten mit langer Röhre und flach ausgebreiteten Kronzipfeln. Die länglichen Blätter sind mittelgrün. Auch für Innenhöfe geeignet, in denen der abendliche Duft der Blüten besonders gut zur Geltung kommt.

KULTUR: *In feuchtem, wasserdurchlässigem, nährstoffreichem Boden pflanzen. Einen sonnigen oder halbschattigen Standort wählen.*

☼ ◐ ◊ 🏆 ❄❄ ↕60 cm ↔ 25 cm

Nigella damascena 'Miss Jekyll'

Schlanke, hohe Einjährige mit hübschen, himmelblauen Blüten, die im Sommer erscheinen und von fein zerschlitzten, hellgrünen Blättern umgeben sind. Die Blüten reifen später zu attraktiven, aufgeblasenen Kapseln. Jungfer im Grünen liefert langlebige Schnittblumen und die getrockneten Kapseln eignen sich für Gestecke.

KULTUR: *In wasserdurchlässigem Boden in voller Sonne setzen. Wie alle Schwarzkümmel-Arten sät sich die Pflanze reichlich selbst aus, der Nachwuchs kann aber etwas anders aussehen als die reine Sorte.*

☼ ◊ 🏆 ❄❄❄

↕bis 45 cm ↔ bis 23 cm

Nymphaea (Seerosen)

Die staudigen Wasserpflanzen sind wegen ihrer prachtvollen, mitunter duftenden Blüten im Sommer und der runden, schwimmenden Blätter beliebt für Teiche. Der Schatten, den ihr Laub wirft, reduziert das Algenwachstum im Wasser. Ihre Blüten sind meist weiß, gelb oder rot und bergen gelbe Staubblätter. Seerosen breiten sich unterschiedlich stark aus, deshalb muss man sie auf die Gewässergröße abstimmen. Die Pflanztiefe reicht von 45 cm bis 1 m, lediglich 'Pygmaea Helvola' wächst in nur 15 cm tiefem Wasser. Man pflanzt Seerosen in Körbe aus Gitterdraht, damit sie sich leichter herausnehmen lassen.

KULTUR: *In stehenden Gewässern in der vollen Sonne. In Sand-Lehm-Mischung pflanzen, Rhizome knapp unter die Substratoberfläche setzen und mit Kies fixieren. Jungpflanzen auf Ziegel stellen, damit die Triebspitzen bis zur Wasseroberfläche reichen, und allmählich tiefer stellen. Welkende Blätter entfernen. Im Frühjahr teilen und düngen.*

☼ ❄❄❄

1

↔ 1,2–1,5 m

2

↔ 1,5–2,5 m

3

↔ 0,9–1,2 m

4

↔ 0,9–1,2 m

5

↔ 1,2–1,5 m

6

↔ 25–40 cm

1 *Nymphaea* 'Escarboucle' 🏆 **2** *N.* 'Gladstoniana' 🏆 **3** *N.* 'Gonnère'
4 *N.* 'James Brydon' 🏆 **5** *N.* 'Marliacea Chromatella' 🏆 **6** *N.* 'Pygmaea Helvola' 🏆

Nyssa sinensis

Als Ziergewächs wird der laubabwerfende, kegelförmige Chinesische Tupelobaum vor allem wegen seines dekorativen Laubs geschätzt: Die eleganten Blätter leuchten frisch nach dem Austrieb bronzebraun, werden mit der Zeit aber dunkelgrün und entfachen im Herbst ein Abschlussfeuerwerk in Orange, Rot und Gelb. Die Blüten dagegen sind unscheinbar. Ideal als Solitär an Gewässern.

KULTUR: *In nährstoffreichen, feuchten, durchlässigen, neutralen bis sauren Böden an sonnigen bis halbschattigen, vor kalten Winden geschützten Plätzen. Zu dichten Wuchs im Winter ausdünnen.*

☼ ◑ ◊ ♦ 🏆 ❄❄❄ ↕↔ 10 m

Nyssa sylvatica

Der Wald-Tupelobaum wird höher als *N. sinensis* (oben), hat aber eine ähnliche Form mit hängenden unteren Zweigen. Sein dunkelgrünes Laub färbt sich im Herbst strahlend orange, gelb oder rot. Deshalb wird er in erster Linie gepflanzt, doch sieht auch die braungraue Borke gut aus, die sich an reifen Exemplaren in großen Stücken abschält. Er verträgt saure Böden.

KULTUR: *In feuchtem, nährstoffreichem, neutralem bis saurem Boden an sonnigen bis halbschattigen Standorten. Vor kalten, austrocknenden Winden schützen. Im Winter evtl. schneiden.*

☼ ◑ ◊ ♦ 🏆 ❄❄❄ ↕ 20 m ↔ 10 m

Oenothera fruticosa 'Fyrverkeri'

Aufrechte, gruppenbildende Staude mit hübschem Laub und Büscheln kurzlebiger becherförmiger, gelber Blüten, die sich nacheinander vom späten Frühjahr bis zum Spätsommer öffnen. Die lanzettlichen Blätter dieser Nachtkerze sind anfangs purpurrot überhaucht und kontrastieren hervorragend mit den roten Trieben. Wirkt besonders mit anderen bronze- oder kupferfarbenen Pflanzen sehr schön. Auch als 'Fireworks' bekannt.

KULTUR: *In sandigem, wasserdurchlässigem, gut gedüngtem Boden an einer sonnigen Stelle pflanzen.*

☼ 💧🏆❄❄❄ ↕30–100 cm ↔ 30 cm

Oenothera macrocarpa

Die wüchsige Staude, die früher *O. missouriensis* hieß, trägt ähnliche Blüten wie *O. fruticosa* 'Fyrverkeri' (oben), eignet sich mit ihrem kriechenden Wuchs aber besser für den Rand von Rabatten. Der goldgelbe Flor öffnet sich im späten Frühjahr und Frühsommer inmitten lanzettlicher, mittelgrüner Blätter. Man kann die Missouri-Nachtkerze auch in Geröll- und Steingärten einsetzen.

KULTUR: *In durchlässiger, magerer bis mäßig nährstoffreicher Erde. An vollsonnige Standorte ohne übermäßige winterliche Nässe pflanzen.*

☼ 💧🏆❄❄❄

↕15 cm ↔ bis 50 cm

Olearia macrodonta

Im Sommer blühender, immergrüner Strauch oder kleiner Baum mit aufrechtem, breit säulenförmigem Wuchs. Die großen Gruppen duftender, margeritenartiger, weißer, im Zentrum gelber Blütenköpfchen stehen zwischen den scharf gesägten, glänzenden, dunkelgrünen Blättern. In milden Regionen eine gute Hecken- oder Windschutzpflanze für küstennahe Gärten.

KULTUR: *In wasserdurchlässigem, nährstoffreichem Boden in voller Sonne pflanzen. Vor kalten, austrocknenden Winden schützen. Im späten Frühjahr beschädigte oder störende Triebe entfernen.*

☼ ◊ ♈ ❄❄ ↕6 m ↔5 m

Omphalodes cappadocica

Gruppenbildende, schattenliebende, immergrüne Staude mit Büscheln kleiner, azurblauer, im Zentrum weißer Blüten, die an Vergissmeinnicht erinnern. Die Blüten öffnen sich im zeitigen Frühjahr oberhalb der spitzen, mittelgrünen Blätter. Als Gruppen in Gehölzgärten gepflanzt besonders attraktiv.

KULTUR: *In feuchtem, humosem, mäßig nährstoffreichem Boden im Halbschatten pflanzen.*

☼ ♦ ♈ ❄❄
↕bis 25 cm ↔ bis 40 cm

Omphalodes cappadocica 'Cherry Ingram'

Gruppenbildende, immergrüne Staude, die der Art (vorherige Seite) sehr ähnelt, aber größere, dunkler blaue Blüten mit weißem Zentrum trägt. Die Blüten erscheinen im zeitigen Frühjahr oberhalb der spitzen, fein behaarten, mittelgrünen Blätter. Für Gehölzgärten geeignet.

KULTUR: *Am besten in dauerhaft feuchtem, mäßig nährstoffreichem, humosem Boden im Halbschatten pflanzen.*

◑ ◊ 🏆 ❄❄

↕ bis 25 cm ↔ bis 40 cm

Onoclea sensibilis

Der Perlfarn bildet eine wunderbar strukturierte Menge überhängender, fein zerteilter, breit lanzettlicher, sommergrüner Wedel. Das Laub ist im Frühjahr beim Austrieb bronzerosa gefärbt und reift blassgrün heran. Perlfarn gedeiht an Gewässerrändern oder in feuchten, schattigen Rabatten.

KULTUR: *In feuchtem, humosem, am besten saurem Boden im Halbschatten pflanzen, weil direkte Sonne die Wedel verbrennt.*

◑ ◊ ♦ 🏆 ❄❄

↕ 60 cm ↔ unbegrenzt

Ophiopogon planiscapus 'Nigrescens'

Immergrüne, ausladende Staude, die Büschel grasartiger, gebogener, fast schwarzer Blätter besitzt. Auf kiesbedecktem Boden wirkt dieser Schlangenbart ungewöhnlich. Ähren kleiner, röhrenförmiger, weißer bis fliederfarbener Blüten erscheinen im Sommer und reifen im Herbst zu kugeligen, blauschwarzen Früchten.

KULTUR: *In feuchtem, wasserdurchlässigem, humosem, nährstoffreichem, schwach saurem Boden in voller Sonne oder im Halbschatten pflanzen. Wenn möglich, im Herbst mit Laubkompost düngen.*

☼ ◑ ◇ ◆ 🏆 ❄ ↕20 cm ↔30 cm

Origanum laevigatum

Der Halbstrauch schmückt sich mit zierlichen, lockeren Blütenständen aus kleinen, röhrenförmigen, violettrosa Blüten, die vom Spätfrühling bis zum Herbst erscheinen. Die ovalen, dunkelgrünen Blätter duften aromatisch, besonders wenn sie zerrieben werden. Dieser Dost eignet sich für Steingärten und Geröllbeete. Die Blüten locken Bienen an. Nur in milden Regionen übersteht er den Winter im Freien.

KULTUR: *In durchlässiger, karger bis mäßig nährstoffreicher, nach Möglichkeit alkalischer Erde. Für vollsonnige Standorte. Blütentriebe im März einkürzen.*

☼ ◇ 🏆 ❄

↕bis 60 cm ↔45 cm

Origanum laevigatum 'Herrenhausen'

Niedrige Staude, die frosthärter als die Dost-Art (vorherige Seite) ist, purpurn überlaufene junge Blätter trägt und im Sommer dichtere Wirtel rosafarbener Blüten bildet. Ausgereifte Blätter sind dunkelgrün und aromatisch. Kann in mediterranen Pflanzungen oder Steingärten eingesetzt werden.

KULTUR: *In sehr gut wasserdurchlässigem, magerem bis mäßig nährstoffreichem, am besten alkalischem Boden in voller Sonne pflanzen. Im zeitigen Frühjahr abgeblühte Zweige zurückschneiden.*

☼ ♢ 🏆 ❄❄❄ ↕↔ 45 cm

Origanum vulgare 'Aureum'

Diese Sorte des Oreganos besitzt winzige, goldgelbe Blätter, die grünlich gelb altern. Im Sommer erscheinen gelegentlich kurze Ähren winziger, hübscher, rosa Blüten. Die äußerst aromatischen Blätter können als Küchenkraut verwendet werden. Als Bodendecker für sonnige Böschungen und Kräutergärten geeignet, breitet sich manchmal stark aus.

KULTUR: *In wasserdurchlässigem, magerem bis mäßig nährstoffreichem, alkalischem Boden in voller Sonne pflanzen. Nach der Blüte trimmen, um eine kompaktere Form zu erhalten.*

☼ ♢ 🏆 ❄❄❄ ↕↔ 30 cm

Osmanthus × *burkwoodii*

Dichter, rundlicher, immergrüner Strauch, der manchmal als x *Osmarea burkwoodii* verkauft wird. Die ledrigen, dunkelgrünen Blätter sind oval und schwach gesägt. Im Frühjahr erscheinen Gruppen kleiner, stark duftender, weißer Blüten mit langer Röhre und flach ausgebreiteten Kronzipfeln. Ein idealer Strauch für Hecken und Strauchrabatten.

KULTUR: *In wasserdurchlässigem, nährstoffreichem Boden in Sonne oder Halbschatten pflanzen. Einen geschützten Standort wählen. Nach der Blütenzeit in Form schneiden und Hecken im Sommer nochmals trimmen.*

↕↔ 3 m

Osmanthus heterophyllus 'Goshiki'

Die langsam wachsende, rundliche Stachelblättrige Duftblüte hat viel zu bieten. Der Strauch trägt mehrfarbige, stechpalmenartige Blätter, die rosa, korallenrot, cremeweiß und gelb gefleckt sind. Im Herbst bringt er unscheinbare, aber duftende weiße Blüten hervor, aus denen schwarze Beeren reifen. Man nutzt ihn als niedrige Hecke, Solitär oder Topfpflanze.

KULTUR: *Nährstoffreiche, durchlässige Böden in der Sonne oder im Halbschatten mit Schutz vor kalten, austrocknenden Winden.*

↕↔ 2 m

Osmunda regalis

Der Königsfarn ist ein stattlicher, gruppenbildender, ausdauernder Farn mit hellgrünen, fein zerteilten Wedeln. Die auffälligen, rostbraunen, fertilen Wedel werden im Sommer im Zentrum der Büschel gebildet. Ausgezeichnet für feuchte Rabatten und Ufer von Bächen oder Teichen geeignet.

KULTUR: *In sehr feuchtem, nährstoffreichem, humosem Boden im Halbschatten pflanzen. Auf dauerhaft feuchten Böden verträgt der Königsfarn auch volle Sonne.*

☼ ☀ ◊ ◆ 🏆 ❄❄❄ ↕ 2 m ↔ 4 m

Osteospermum jucundum

Hübsche, gruppenbildende, am Grund verholzende Staude mit großen, margeritenartigen, malvenrosa Blütenköpfchen, die außen bronzepurpurn überhaucht sind. Die Köpfchen öffnen sich nacheinander vom späten Frühjahr bis zum Herbst. Eine ideale Pflanze für Mauerritzen und den Vordergrund von Rabatten. Sie ist auch als *O. barberiae* bekannt.

KULTUR: *In leichtem, wasserdurchlässigem, relativ nährstoffreichem Boden pflanzen. Eine sonnige Stelle wählen. Die Blütezeit durch Auskneifen welker Blüten verlängern.*

☼ ◊ 🏆 ❄

↕ 10–50 cm ↔ 50–100 cm

Osteospermum-Hybriden

Kapmargeriten sind immergrüne Halbsträucher mit auffallenden Blütenköpfen – sogar Formen mit löffelförmigen Strahlenblüten oder kontrastierender Scheibe sind erhältlich. Die Körbchen stehen einzeln oder in lockeren Gruppen und erscheinen über einen langen Zeitraum hinweg vom späten Frühjahr bis zum Herbstende. Das Farbspektrum der zahlreichen Sorten reicht von tiefem Pink über Weiß bis Rosa und Gelb. Kapmargeriten brauchen sonnige Rabatten, denn im Schatten schließen sich die Blumen. Die nicht frostharten Formen zieht man einjährig oder in Gefäßen, sodass man sie im Winter in ein Gewächshaus oder einen Wintergarten bringen kann.

KULTUR: *In leichten, mäßig nährstoffreichen, durchlässigen Böden an geschützten, vollsonnigen Standorten. Möglichst frostfrei überwintern. Regelmäßiges Abzwicken von welkem Flor fördert die Blühfreude.*

☼ ◊

1

↕↔ 60 cm

2

↕30 cm ↔45 cm

3

↕↔ 60 cm

4

↕↔ 45 cm

5

↕35 cm ↔45 cm

6

↕↔ 60 cm

1 *Osteospermum* 'Buttermilk' 🏆❅ **2** *O.* 'Hopleys' 🏆❄ **3** *O.* 'Pink Whirls' 🏆❅
4 *O.* 'Stardust' ❄ **5** *O.* 'Weetwood' 🏆❄ **6** *O.* 'Whirligig' 🏆❅

Oxalis adenophylla

Knollenpflanze mit Gruppen hübscher, graugrüner Blätter, die in viele herzförmige Fiedern unterteilt sind. Im späten Frühjahr trägt dieser Sauerklee weit trichterförmige, purpurrosa Blüten, die einen schönen Kontrast zum Laub bilden. Die Art stammt aus den Anden und eignet sich für wasserdurchlässige Steingärten, Tröge und Hochbeete.

KULTUR: *In mäßig nährstoffreichem Boden mit sehr guter Drainage in voller Sonne pflanzen.*

☼ ◊ ♆ ❄❄ ↕ 10 cm ↔ bis 15 cm

Pachysandra terminalis

Sich stark ausbreitender, buschiger, ausdauernder, immergrüner Bodendecker für Strauchrabatten und Gehölzgärten. Die ovalen, glänzenden, dunkelgrünen Blätter stehen gedrängt an der Spitze der Triebe. Im Frühsommer erscheinen Ähren kleiner, weißer Blüten.

KULTUR: *In nicht zu trockenen, humusreichen Boden pflanzen. Einen halbschattigen oder schattigen Standort wählen.*

☼ ☀ ◊ ♆ ❄❄❄

↕ 20 cm ↔ unbegrenzt

Paeonia delavayi

Diese Pfingstrose ist ein aufrechter, wenig verzweigter, laubabwerfender Strauch mit nickenden, schalenförmigen, satt dunkelroten Blüten, die im Frühsommer erscheinen. Die dunkelgrünen Blätter sind tief zerschlitzt und besitzen blaugrüne Unterseiten. Eine hohe Strauchpäonie, die sich für Strauchrabatten eignet.

KULTUR: *In tiefem, feuchtem, wasserdurchlässigem, nährstoffreichem Boden mit hohem Humusanteil pflanzen. Vor kalten Winden geschützt in der Sonne oder im Halbschatten setzen. Gelegentlich im Herbst einzelne alte Triebe zur Basis zurückschneiden, aber nicht regelmäßig beschneiden.*

☼ ◑ ◊ ♦ 🏆 ❄❄❄ ↕2 m ↔ 1,2 m

Paeonia lactiflora 'Bowl of Beauty'

Eine krautige, gruppenbildende, ausdauernde Pfingstrose mit sehr großen, schalenförmigen Blüten, die im Frühsommer erscheinen. Die rot überhauchten, karminroten Blütenblätter umgeben eine dichte Gruppe cremeweißer Staubblätter. Die mittelgrünen Blätter sind in viele Fiedern zerteilt. Ideale Staude für Misch- und Staudenrabatten.

KULTUR: *In tiefem, feuchtem, aber wasserdurchlässigem, nährstoffreichem, humosem Boden in der Sonne oder im Halbschatten setzen. Die Pflanzen sollten geschützt werden und vertragen keine Störungen.*

☼ ◑ ◊ ♦ 🏆 ❄❄❄ ↕↔ 80–100 cm

Paeonia lactiflora 'Sarah Bernhardt'

Diese krautige Pfingstrose ähnelt 'Duchesse de Nemours' und trägt sehr große, rosarote Blüten. Die Blüten erscheinen im Frühsommer oberhalb des dichten, mittelgrünen, tief zerschlitzten Laubes. Eine hübsche Bereicherung für sommerblühende Rabatten.

KULTUR: *In feuchtem, aber wasserdurchlässigem, tiefem, humosem, nährstoffreichem Boden in Vollsonne oder Halbschatten pflanzen. Blühende Triebe stützen. Die Pflanzen vertragen keine Störungen des Wurzelraums.*

☼ ☀ ◊ ♦ ♀ ❄❄❄ ↕↔ bis 1 m

Paeonia ludlowii

Wüchsige, laubabwerfende Strauchpäonie mit aufrechtem, offenem Wuchs. Im späten Frühjahr öffnen sich zwischen dem hellgrünen Laub große, gelbe, nickende Blüten. Die Blätter sind aus mehreren Fiedern zusammengesetzt. Für Strauchrabatten und als Solitärpflanzen geeignet.

KULTUR: *In tiefem, wasserdurchlässigem, nährstoffreichem, humosem Boden pflanzen. Eine sonnige oder halbschattige Stelle wählen und vor kalten Winden schützen. Keinen kräftigen Rückschnitt durchführen, aber gelegentlich alte, zu lange Triebe im Herbst bis zum Boden zurückschneiden.*

☼ ☀ ◊ ♦ ♀ ❄❄ ↕↔ 1,5 m

Paeonia officinalis 'Rubra Plena'

Diese Pfingstrose ist eine langlebige, gruppenbildende Staude, die eine schöne, im Frühsommer blühende Bereicherung für Rabatten darstellt. Die großen, gefüllten, lebhaft karminroten Blüten besitzen gekräuselte, satinartige Blütenblätter, die einen attraktiven Kontrast zu den dunkelgrünen, zusammengesetzten Blättern bilden.

KULTUR: *In wasserdurchlässigem, feuchtem, nährstoffreichem, humosem Boden in voller Sonne oder im Halbschatten pflanzen. Blütentriebe abstützen.*

☼ ◐ ◇ ◆ 🏆 ❄❄❄ ↕↔ 70–75 cm

Panicum virgatum 'Shenandoah'

Die Ruten-Hirse bildet schmale Horste aus aufrechten, länglichen, grünen Blättern. Wenn sich deren Spitzen im Spätsommer rot färben, erscheinen Halme mit zarten, luftigen, rosa Blütenrispen. Im Herbst nimmt das Laub ein tiefes Weinrot an. Man pflanzt das Gras in kleinen Gruppen in gemischte Rabatten.

KULTUR: *Mäßig nährstoffreiche, durchlässige Böden an vollsonnigen Plätzen. Im Spätwinter zurückschneiden und bei Bedarf teilen. Sät sich mitunter selbst aus.*

☼ ◇ ◆ ❄❄❄ ↕ 1 m ↔ 75 cm

Papaver orientale 'Beauty of Livermere'

Ein Türkischer Mohn mit karminroten Blüten und aufrechtem, gruppenbildendem Wuchs. Die Blüten öffnen sich vom späten Frühjahr bis zum Hochsommer und reifen zu großen Samenkapseln. Jedes Blütenblatt trägt an der Basis einen großen, schwarzen Fleck. Die mittelgrünen, zusammengesetzten Blätter stehen an aufrechten, borstigen Trieben. Eine schöne Rabattenpflanze.

KULTUR: *In wasserdurchlässigem, magerem bis mäßig nährstoffreichem Boden pflanzen. Einen Standort in voller Sonne wählen.*

☼ ◊ ❄❄❄ ↕ 1–1,2 m ↔ 90 cm

Papaver orientale 'Black and White'

Eine gruppenbildende Mohnstaude mit weißen Blüten, die am Grund karminschwarze Flecken besitzen. Die Blüten erscheinen im Frühsommer an den Spitzen borstig behaarter, aufrechter Triebe oberhalb des mittelgrünen Laubs. Die Blüten reifen zu auffälligen Samenkapseln. Eine schöne Staude für Rabatten.

KULTUR: *Am besten in tiefem, mäßig nährstoffreichem Boden mit guter Dränage pflanzen. Einen sonnigen Platz wählen.*

☼ ◊ 🏆 ❄❄❄

↕ 45–90 cm ↔ 60–90 cm

Papaver orientale 'Cedric Morris'

Mohnstaude mit sehr großen, rosafarbenen Blüten, die schwarze Flecken am Grund der Blütenblätter besitzen und sich gut gegen das grau behaarte Laub absetzen. Die Pflanze bildet aufrechte Gruppen und eignet sich besonders für Kraut- und Mischrabatten. Die Blüten reifen zu auffälligen Samenkapseln heran.

KULTUR: *In tiefem, mäßig nährstoffreichem, wasserdurchlässigem Boden in voller Sonne pflanzen.*

☼ 👁 🏆 ❄❄❄

↕ 45–90 cm ↔ 60–90 cm

Papaver rhoeas Shirley Mixed

Sommerblühende, einjährige Mohnpflanzen mit ungefüllten, halb gefüllten oder gefüllten, schüsselförmigen Blüten in Gelb-, Orange-, Rosa- oder Rottönen. Die Blüten erscheinen oberhalb der fein zerteilten, hellgrünen Blätter an aufrechten Trieben. Diese Klatschmohn-Mischung kann auch in Wildblumenwiesen ausgewildert werden.

KULTUR: *Am besten in wasserdurchlässigem, magerem bis mäßig nährstoffreichem Boden in voller Sonne pflanzen. Gruppen im Frühjahr teilen und verpflanzen.*

☼ 👁 ❄❄❄ ↕ bis 1 m ↔ bis 30 cm

Parahebe perfoliata

Ausladende, immergrüne Staude mit kurzen Ähren blauer, schalenförmiger Blüten, die im Spätsommer erscheinen. Die blau- oder graugrünen, einander überlappenden Blätter sind oval und schwach ledrig. Für Lücken in alten Mauern oder Steingärten geeignet.

KULTUR: *In magerem bis mäßig nährstoffreichem, wasserdurchlässigem Boden in voller Sonne. In frostgefährdeten Regionen vor kalten, austrocknenden Winden schützen.*

☼ ◊ ♕ ❄

↕ 60–75 cm ↔ 45 cm

Parrotia persica

Das Eisenholz, ein hervorragendes Solitärgehölz, wächst recht langsam. Der laubabwerfende Baum mit kurzem Stamm und abblätternder, hellbrauner Borke trägt sattgrüne Blätter, die im Herbst in strahlenden Gelb-, Orange- und Rotviolетttönen entflammen. Im zeitigen Frühjahr dagegen beeindruckt er mit kleinen, roten Blüten an nackten Zweigen. Die Sorte 'Vanessa' wächst mehr aufrecht.

KULTUR: *Tiefgründige, nährstoffreiche, feuchte, aber durchlässige Erde in der vollen Sonne oder im Halbschatten. Verträgt Kalk, nimmt seine schönste Herbstfärbung aber in sauren Böden an.*

☼ ◑ ♦ ♕ ❄❄❄

↕ 8 m ↔ 10 m

Parthenocissus henryana

Diese Jungfernrebe ist eine verholzende, windende, laubabwerfende Kletterpflanze, deren Laub sich im Herbst leuchtend färbt. Die unauffälligen Blüten reifen zu blauschwarzen Beeren. Die weiß geäderten Blätter bestehen aus drei bis fünf Fiedern und färben sich im Herbst hellrot. An einer Wand oder einem kräftigen Zaun klettern lassen.

KULTUR: *In durchlässigem, feuchtem, nährstoffreichem Boden pflanzen. Verträgt Sonne, die Blätter färben sich im Schatten besser. Jungpflanzen müssen gestützt werden. Unerwünschte Triebe im Herbst entfernen.*

☼ ☀ ◊ ♦ 🏆 ❄❄ ↕10 m

Parthenocissus tricuspidata

Wüchsige, laubabwerfende Kletterpflanze mit wunderschöner Herbstfärbung. Die verschieden gelappten Blätter dieser Jungfernrebe sind im Sommer hellgrün und färben sich im Herbst erst leuchtend rot, später purpurfarben. Bildet auf kalten, nackten Wänden eine interessante Struktur.

KULTUR: *In feuchtem, wasserdurchlässigem, nährstoffreichem Boden mit hohem Humusanteil pflanzen. Einen halbschattigen oder schattigen Standort wählen. Jungpflanzen müssen manchmal abgestützt werden. Im Herbst alle unerwünschten Triebe entfernen.*

◑ ☀ ◊ ♦ 🏆 ❄❄❄ ↕20 m

Passiflora caerulea

Diese Passionsblume ist eine schnell wachsende, immergrüne Kletterpflanze, die wegen ihrer großen, exotischen Blüten mit blau und purpurn gestreiften Nebenkronen geschätzt wird. Von Sommer bis Herbst öffnen sich zwischen den dunkelgrünen, zerteilten Blättern die Blüten. Die Pflanze kann in mitteleuropäischen Klimaten im Freiland überwintert werden.

KULTUR: *Am besten in feuchtem, aber wasserdurchlässigem, mäßig nährstoffreichem Boden an einer geschützten, sonnigen Stelle pflanzen.*

☼ ◊ ♦ 🏆 ❄❄ ↕10 m oder mehr

Passiflora caerulea 'Constance Elliott'

Diese Form der Passionsblume ist eine schnell wachsende, immergrüne Kletterpflanze mit weißen Blüten, die von Sommer bis Herbst erscheinen. Die dunkelgrünen Blätter sind tief in drei bis neun Lappen zerteilt. Eine schöne Pergolapflanze für warme Klimate, die in mitteleuropäischen Regionen im Freiland überwintert werden kann.

KULTUR: *In feuchtem, wasserdurchlässigem, nährstoffreichem Boden geschützt in voller Sonne pflanzen. Im Frühling schwache Triebe entfernen und nach der Blütezeit abgeblühte Zweige zurückschneiden.*

☼ ◊ ♦ 🏆 ❄❄ ↕10 m oder mehr

Passiflora racemosa

Große, leuchtend rote Blüten in hängenden Büscheln sind die Spezialität dieser wüchsigen Kletterpflanze mit glänzendem, derbem Laub. Sie öffnen sich im Sommer und Herbst und werden von dunkelgrünen Früchten abgelöst. Man kann die Rote Passionsblume nicht im Freiland ziehen, im beheizten Gewächshaus oder Wintergarten aber zeigt sie sich von ihrer besten Seite.

KULTUR: *In einem Beet im Gewächshaus oder in einem großen Gefäß mit tonhaltigem Substrat. Braucht viel Licht, verträgt aber keine pralle Sonne. Im Winter spärlich gießen, im März schneiden. Mindesttemperatur: 16 °C.*

↕ 5 m

Patrinia scabiosifolia

Die aufrechte Staude bildet akkurat geformte Büsche aus dekorativem Laub. Ihre lockeren Dolden aus winzigen gelben Blüten präsentieren sich vom Spätsommer bis in den Herbst hinein an hohen Stängeln über dem Laub. Man setzt den Goldbaldrian an einen Platz in einer gemischten Rabatte, wo er gut mit anderen Stauden harmoniert.

KULTUR: *Zieht zwar durchlässige, feuchte, humusreiche Böden und volle Sonne vor, kommt aber auch mit trockenem Erdreich und feuchter Hitze zurecht. Die Blütenstängel müssen mitunter gestützt werden.*

↕ bis 1 m ↔ bis 60 cm

Pelargonium (Mit attraktivem Laub)

Pelargonien sind frostempfindliche, immergrüne Stauden. Viele werden wegen ihres dekorativen oder duftenden Laubs kultiviert. Die Blattformen variieren von glatten bis zu runzeligen Oberflächen, auffällig sind hängende Efeupelargonien, die sich für Ampeln eignen. Häufig ist das Laub der Pflanzen weiß, gelb oder cremefarben gemustert. Duftpelargonien haben einen süßen oder würzigen Geruch, wie die nach Zitronen duftende *P. crispum* 'Variegatum' und die nach Pfefferminze duftende *P. tomentosum*. Diese Arten als Wegeinfassung verwenden, bei Berührung setzen sie dann ihren attraktiven Duft frei.

KULTUR: *In wasserdurchlässigem, nährstoffreichem, neutralem bis alkalischem Boden oder Topferde sonnig pflanzen. Welke Blüten auskneifen. Frostfrei überwintern und um ein Drittel zurückschneiden. Bei einsetzendem Wachstum umtopfen. Mindesttemperatur: 2 °C.*

☼ 💧 ❀

↕50 cm ↔25–30 cm

↕↔60 cm

↕60–90 cm ↔60 cm

↕bis 1,2 m ↔30 cm

↕45 cm ↔20–25 cm

↕35–45 cm ↔15 cm

1 *Pelargonium* 'Attar of Roses' 🏆 **2** *P.* 'Bolero' 🏆 **3** *P.* 'Charity' 🏆 **4** *P.* 'Citriodorum' 🏆 **5** *P.* 'Copthorne' 🏆 **6** *P. crispum* 'Variegatum' 🏆

↕60 cm ↔30 cm

↕↔ 60 cm

↕30–40 cm ↔20 cm

↕↔ 60 cm

↕30–35 cm ↔15 cm

↕90 cm ↔30 cm

↕30–40 cm ↔30 cm

↕30–35 cm ↔25 cm

↕60 cm ↔30 cm

↕45–50 cm ↔25 cm

↕75–90 cm ↔ bis 75 cm

7 *P.* 'Gemstone' 🏆 **8** *P.* 'Grace Thomas' 🏆 **9** *P.* 'Lady Plymouth' 🏆 **10** *P.* 'Lara Starshine' 🏆 **11** *P.* 'Mabel Grey' 🏆 **12** *P.* 'Nervous Mabel' 🏆 **13** *P.* 'Orsett' 🏆 **14** *P.* 'Peter's Luck' 🏆 **15** *P.* 'Royal Oak' 🏆 **16** *P.* 'Sweet Mimosa' 🏆 **17** *P. tomentosum* 🏆

Pelargonium (Mit attraktiven Blüten)

Diese oft »Geranien« genannten Pelargonien sind frostempfindliche, immergrüne Stauden. Die meisten Kultivare sind buschig, es gibt aber auch hängende Formen. Die Blütenformen reichen von dichten, gekräuselten Blüten bei 'Apple Blossom Rosebud' bis zu zarten Blüten mit schmalen Kronblättern bei 'Bird Dancer'. Die Blütenfarben reichen von Orange über Rosa und Rot bis zu Purpur, manche Sorten haben auch gemustertes Laub. Pelargonien sind beliebte Balkon- und Beetpflanzen, die im Frühjahr und Sommer blühen: Viele Sorten blühen über 7 °C ganzjährig und sind daher für Wintergärten und Wohnräume geeignet.

KULTUR: *In wasserdurchlässigem, nährstoffreichem, neutralem bis alkalischem Boden oder in Topferde pflanzen. Sonnig oder halbschattig setzen und regelmäßig auskneifen. Frostfrei überwintern und um ein Drittel zurückschneiden. Im späten Winter bei einsetzendem Wachstum umtopfen. Mindesttemperatur: 2 °C.*

☼ ◑ ◊ ❀

1

↕25–30 cm ↔ bis 25 cm

2

↕bis 30 cm ↔ 25 cm

3

↕30–40 cm ↔ 20–25 cm

1 *Pelargonium* 'Alice Crousse' 🏆 **2** *P.* AMETHYST 'Fisdel' 🏆 **3** *P.* 'Apple Blossom Rosebud' 🏆

4

↕15–20 cm ↔15 cm

5

↕25–30 cm ↔15 cm

6

↕45–60 cm ↔ bis 25 cm

7

↕10–12 cm ↔7–10 cm

8

↕40–45 cm ↔25 cm

4 *P.* 'Bird Dancer' ♀ **5** *P.* 'Dolly Varden' ♀ **6** *P.* 'Flower of Spring' ♀
7 *P.* 'Francis Parrett' ♀ **8** *P.* 'Happy Thought' ♀

↕40–45 cm ↔ bis 30 cm

↕25–30 cm ↔ 12 cm

WEITERE SORTEN

'Ashfield Serenade': lilarosa, obere Blütenblätter rosa, mit weißer Basis.

'Belinda Adams': Miniatursorte mit rosa überlaufenen, weißen Blüten.

'Ben Franklin': rosarote Blüten, silbriges Laub.

'Dame Anna Neagle': hellrosa Blüten, Blätter goldgelb und bronzebraun.

'Madame Crousse': blassrosa Blüten, hängend.

'Vancouver Centennial': orangerote Blüten, (bronze-)braune Blätter.

↕bis 30 cm ↔ 30 cm

↕40–45 cm ↔ 20 cm

↕20 cm ↔ 18 cm

↕bsi 60 cm ↔ bis 25 cm

↕bis 60 cm ↔ 25 cm

9 *P.* 'Irene' 🏆 **10** *P.* 'Mr. Henry Cox' 🏆 **11** *P.* Multibloom-Serie 🏆
12 *P.* 'Paton's Unique' 🏆 **13** *P.* 'The Boar' 🏆 **14** *P.* 'Voodoo' 🏆 **15** *P.* Video-Serie 🏆

Pelargonium (Edelpelargonien)

Die buschigen, nicht frostharten Stauden und Halbsträucher begeistern mit prachtvollem, fülligem Flor. Sie tragen ihre roten, rosa, violetten, orangefarbenen, weißen und schwarzroten Blüten in Büscheln, manche Sorten sind sogar mehrfarbig. Ihre Hauptblütezeit ist das Frühjahr und der Frühsommer. Man zieht Edelpelargonien in Mitteleuropa als Topfpflanzen für drinnen oder draußen, doch kann man sie auch in Sommerblumenbeeten einsetzen.

KULTUR: *In feuchter, durchlässiger Topferde an hellen, aber vor praller Sonne geschützten Standorten. Während des Wachstums mäßig gießen, alle 14 Tage düngen. Beim Überwintern im frostfreien Gewächshaus spärlich gießen. Im Spätwinter um ein Drittel kürzen und umtopfen. Draußen in nährstoffreiche, neutrale bis alkalische, durchlässige Böden in voller Sonne pflanzen. Welke Blüten entfernen. Mindesttemperatur: 7 °C.*

☼ ◊ ◑ ❀

↕45 cm ↔ bis 25 cm

↕45cm ↔ bis 25 cm

↕45 cm ↔ bis 25 cm

WEITERE SORTEN

'Chew Magna': rosa Blütenblätter mit rotem Mal.

'Leslie Judd': lachsrosa und weinrot.

'Lord Bute': schwarzrote Blüten.

'Spellbound': rosa, mit weinrot gezeichneten Blütenblättern.

↕30–40 cm ↔ bis 20 cm

↕30–40 cm ↔ bis 20 cm

1 *P.* 'Ann Hoystead' 🏆 **2** *P.* 'Bredon' 🏆 **3** *P.* 'Carisbrooke' 🏆
4 *P.* 'Lavender Grand Slam' 🏆 **5** *P.* 'Sefton' 🏆

Penstemon (Bartfaden)

Bartfaden-Arten sind elegante, halb immergrüne Stauden, die wegen ihrer schlanken Blütenstände mit Röhrenblüten kultiviert werden. Diese sind weiß, rosa oder purpurn und stehen oberhalb lanzettlicher Blätter. Kleinere Arten, wie *P. newberryi*, eignen sich für Steingärten oder Einfassungen, während größere Bartfäden zuverlässige, sommer- oder herbstblühende Rabattenpflanzen sind. 'Andenken an Friedrich Hahn' und 'Schoenholzeri' gehören zu den frosthärtesten Sorten, in kalten Regionen sollten aber auch diese mit dickem Mulch vor starken Frösten geschützt werden. Bartfaden ist oft kurzlebig und sollte nach einigen Jahren ersetzt werden.

KULTUR: *Rabattenpflanzen in wasserdurchlässigem, humosem Boden setzten, zwergige Sorten in gut durchlässigem, grusigem, magerem bis mäßig nährstoffreichem Boden pflanzen. Einen sonnigen oder halbschattigen Standort wählen. Regelmäßig welke Blüten auskneifen.*

1
↕1,2 m ↔45 cm

2
↕↔45–60 cm

3
↕75 cm ↔60 cm

1 *Penstemon* 'Alice Hindley' **2** *P.* 'Apple Blossom'
3 *P.* 'Andenken an Friedrich Hahn' (syn. *P.* 'Garnet')

4

↕ 90 cm ↔ 75 cm

5

↕ 45–60 cm ↔ 30 cm

6

↕ 25 cm ↔ 30 cm

7

↕ 90 cm ↔ 60 cm

8

↕ 60 cm ↔ 45 cm

4 *P.* 'Chester Scarlet' 🏆❄❄ **5** *P.* 'Evelyn' 🏆❄❄ **6** *P. newberryi* 🏆❄❄❄
7 *P.* 'Schoenholzeri' 🏆❄❄❄ (syn. *P.* 'Firebird', *P.* 'Ruby') **8** *P.* 'White Bedder' 🏆❄❄

Perilla frutescens var. *crispa*

Eine aufrechte, buschige, einjährige Schwarznessel, die wegen ihrer gefransten, spitzen, mittelgrünen, dunkelpurpurn gefleckten Blätter kultiviert wird. Im Sommer erscheinen Ähren mit kleinen, weißen Blüten. Das dunkelgrüne Laub bildet einen guten, kontrastierenden Hintergrund für die leuchtenden Blüten der meisten sommerblühenden Beetpflanzen.

KULTUR: *In feuchtem, wasserdurchlässigem, nährstoffreichem Boden pflanzen. Sonnig oder halbschattig setzen. Im Frühjahr nach Ende der Frostgefahr auspflanzen.*

☼ ◑ ◊ ♦ 🏆 ❄❄ ↕ bis 1 m ↔ bis 30 cm

Perovskia 'Blue Spire'

Aufrechter, laubabwerfender Halbstrauch, der wegen seines Laubs und der Blüten kultiviert wird und sich für Misch- und Staudenrabatten eignet. Verzweigte, lockere Blütenstände mit blauvioletten Blüten erscheinen im Spätsommer und Frühherbst in üppigen Mengen oberhalb der silbergrauen, zusammengesetzten Blätter.

KULTUR: *In mäßig nährstoffreichem, wasserdurchlässigem Boden sonnig pflanzen. Verträgt auch kalkhaltige Böden. Ein buschiger Habitus ergibt sich durch einen jährlichen, kräftigen Rückschnitt auf ein niedriges Astwerk im Frühjahr.*

☼ ◊ 🏆 ❄❄❄ ↕ 1,2 m ↔ 1 m

Persicaria affinis 'Superba'

Wüchsiger, immergrüner Knöterich, der früher zur Gattung *Polygonum* gestellt wurde. Die Staude bildet dichte Matten lanzettlicher, dunkelgrüner Blätter, die im Herbst einen satten Braunton annehmen. Von Hochsommer bis Mitte Herbst stehen oberhalb des Laubs dichte Ähren langlebiger blassrosa Blüten, die sich nach Dunkelrosa verfärben. Als Bodendecker verwenden oder im Vordergrund von Rabatten pflanzen.

KULTUR: *In feuchtem Boden in voller Sonne oder im Halbschatten setzen. Im Frühjahr oder Herbst wuchernde Wurzeln ausgraben.*

☼ ◐ 💧 🏆 ❄❄ ↕ bis 25 cm ↔ 60 cm

Persicaria (Bistorta) amplexicaulis 'Firetail'

Der Kerzen-Wiesenknöterich trägt als wertvolle Beetstaude im Spätsommer langlebige Blüten. Die ersten zeigen sich bereits im Hochsommer, die letzten halten bis zu den ersten Frösten im Herbst durch. Für sich sind die leuchtend roten Blüten recht klein, doch erzielen sie in Ähren an langen Stängeln über dem spitz zulaufenden Laub eine starke Wirkung. 'Alba' hat weiße Blüten.

KULTUR: *Am besten in feuchten Böden an vollsonnigen bis halbschattigen Standorten.*

☼ ◐ 💧 🏆 ❄❄❄ ↕↔ 1,2 m

Persicaria bistorta 'Superba'

Diese schnell wachsende, halb immergrüne Sorte des Wiesen-Knöterichs ist ein attraktiver Bodendecker. Die Art wurde früher zur Gattung *Polygonum* gestellt. Von Frühsommer bis Mitte Herbst erscheinen dichte, zylindrische, blassrosa Blütenstände oberhalb des mittelgrünen Laubs.

KULTUR: *Am besten in wasserdurchlässigem, dauerhaft feuchtem Boden in voller Sonne oder im Halbschatten pflanzen. Verträgt auch trockene Böden.*

☼ ◑ ◊ ♦ ❄❄❄ ↕75 cm ↔ 90 cm

Persicaria vacciniifolia

Kriechende, immergrüne Staude, die früher zur Gattung *Polygonum* gestellt wurde. Dieser Knöterich besitzt glänzende, mittelgrüne Blätter, die sich im Herbst rot färben. Im Spätsommer und Herbst erscheinen an rot überhauchten Trieben Ähren rosa gefärbter Blüten. Für Steingärten in der Nähe von Gewässern und den Vordergrund von Rabatten geeignet. Ein effektiver Bodendecker.

KULTUR: *In feuchtem Boden in Sonne oder Halbschatten pflanzen. Die Ausbreitung durch Ausgraben wuchernder Wurzeln im Frühjahr oder Herbst begrenzen.*

☼ ◑ ♦ ❄❄❄

↕20 cm ↔ 50 cm oder mehr

Petrorhagia saxifraga

Die kriechenden, drahtigen Triebe der Steinbrech-Felsennelke wurzeln ein und bilden Matten aus grasartigen, sattgrünen Blättern, die den ganzen Sommer über mit vielen winzigen weißen oder rosa Blüten übersät sind. Die Staude gedeiht in mageren Böden und leistet wertvolle Dienste als Bodendecker und saubere Einfassung sonniger Rabatten, bietet sich aber auch für Steingärten an.

KULTUR: *In allen mageren bis mäßig nährstoffreichen, durchlässigen Böden in der Sonne.*

☼ ◊ 🏆 ❄❄❄

↕ 10 cm ↔ bis 20 cm

Phalaris arundinacea 'Picta'

Dieses Glanzgras ist eine immergrüne, horstbildende Staude mit schmalen, weiß gestreiften Blättern. Hohe Rispen blassgrüner Ährchen erscheinen von Früh- bis Hochsommer an aufrechten Trieben und reifen lohfarben aus. Ein guter Bodendecker, der allerdings wuchern kann.

KULTUR: *In jedem Boden in der Sonne oder im Halbschatten pflanzen. Im Frühsommer alle, außer den jüngsten Trieben abschneiden, um den Jungwuchs zu fördern. Die Ausbreitung durch regelmäßiges Aufnehmen und Neupflanzen beschränken.*

☼ ◑ 💧 🏆 ❄❄❄

↕ bis 1 m ↔ unbegrenzt

Philadelphus 'Beauclerk'

Ein schwach überhängender, laubabwerfender Pfeifenstrauch, der wegen der Büschel großer, duftender, weißer Blüten kultiviert wird, die im Zentrum rosa überhaucht sind. Diese erscheinen im Sommer zwischen breit ovalen, dunkelgrünen Blättern. In Strauchrabatten, als Sichtschutz oder als Solitärpflanze setzen.

KULTUR: *In wasserdurchlässigem, nährstoffreichem Boden, auch auf kalkhaltigen Böden pflanzen. Verträgt Halbschatten, blüht aber an sonnigen Standorten besser. Nach der Blütezeit ein Viertel der Äste bis zur Basis zurückschneiden.*

☼ ◑ ◊ 🏆 ❄❄❄ ↕↔ 2,5 m

Philadelphus 'Belle Etoile'

Überhängender, laubabwerfender Strauch, der 'Beauclerk' ähnelt, aber kompakter wächst. Im späten Frühjahr und Frühsommer öffnen sich üppige Mengen stark duftender, großer, weißer Blüten mit hellgelben Staubblättern. Die Blätter laufen spitz zu und sind dunkelgrün. Für Mischrabatten geeignet.

KULTUR: *In mäßig nährstoffreichem, wasserdurchlässigem Boden pflanzen. Die Blütenbildung ist in voller Sonne am besten. Er verträgt aber auch Halbschatten. Nach der Blütezeit ein Viertel der Äste an der Basis kappen.*

☼ ◑ ◊ 🏆 ❄❄❄
↕ 1,2 m ↔ 2,5 m

Philadelphus coronarius 'Variegatus'

Aufrechter, laubabwerfender Pfeifenstrauch mit attraktiven, mittelgrünen, weiß gerandeten Blättern. Kurze Büschel stark duftender, weißer Blüten öffnen sich im Frühsommer. Diese Sorte kann eingesetzt werden, um den Hintergrund von Strauchrabatten oder Gehölzgärten aufzuhellen, wirkt aber auch als Solitärstrauch sehr gut.

KULTUR: *In nährstoffreichem, wasserdurchlässigem Boden in Sonne oder Halbschatten pflanzen. Die besten Blühergebnisse werden an sonnigen Stellen erzielt. Nach der Blüte einige Äste tief zurückschneiden.*

☼ ◐ 💧 🏆 ❄❄❄ ↕2,5 m ↔ 2 m

Philadelphus 'Manteau d'Hermine'

Niedriger, ausladender, laubabwerfender Strauch mit langlebigen, gefüllten, stark duftenden, cremeweißen Blüten. Diese erscheinen im Früh- und Hochsommer zwischen den blass- bis mittelgrünen, elliptischen Blättern.

KULTUR: *In wasserdurchlässigem, relativ nährstoffreichem Boden in voller Sonne oder im Halbschatten pflanzen. Die Blütenbildung ist in der Sonne besser. Nach Ende der Blütezeit ein Viertel der Äste bis zum Grund zurückschneiden, um den Jungwuchs zu fördern.*

☼ ◐ 💧 🏆 ❄❄❄ ↕1 m ↔ 1,5 m

Phlomis fruticosa

Dieses Brandkraut ist ein kissenförmiger, ausladender, immergrüner Strauch mit salbeiartigen, aromatischen, unterseits wollig behaarten, graugrünen Blättern. Kurze Ähren dunkel goldgelber Blüten erscheinen im Früh- und Hochsommer. Als dichte Gruppe in Rabatten pflanzen.

KULTUR: *Am besten in leichtem, wasserdurchlässigem, magerem bis mäßig nährstoffreichem Boden in der Sonne pflanzen. Im Frühjahr schwache und zu hohe Triebe entfernen.*

☼ ◊ 🏆 ❄❄❄ ↕ 1 m ↔ 1,5 m

Phlomis russeliana

Aufrechte, immergrüne Rabattenstaude, die manchmal als *P. samia* oder *P. viscosa* verkauft wird. Die spitzen, mittelgrünen Blätter dieses Brandkrauts sind behaart. Vom späten Frühjahr bis zum Herbst erscheinen an den Trieben kugelige Gruppen helmförmiger, blassgelber Blüten. Die Blütenstände bleiben bis in den Winter hinein attraktiv.

KULTUR: *In wasserdurchlässigem, mäßig nährstoffreichem Boden in voller Sonne oder im lichten Schatten pflanzen. Kann sich selbst aussäen.*

☼ ◑ ◊ 🏆 ❄❄❄ ↕ bis 1 m ↔ 75 cm

Phlox divaricata 'Chattahoochee'

Dieser Phlox ist eine kurzlebige, halb immergrüne Rabattenstaude, die viele stieltellerförmige, lavendelblaue Blüten mit rotem Zentrum hervorbringt. Die Blüten erscheinen vom Sommer bis zum Frühherbst an purpur überhauchten Trieben zwischen den lanzettlichen Blättern.

KULTUR: *In feuchtem, wasserdurchlässigem, humosem, nährstoffreichem Boden pflanzen. Einen halbschattigen Platz wählen.*

◑ ◇ ◆ ♀ ❄❄❄ ↕ 15 cm ↔ 30 cm

Phlox douglasii 'Boothman's Variety'

Eine niedrige, kriechende, immergrüne Phlox-Staude, die Polster schmaler, dunkelgrüner Blätter bildet. Im späten Frühjahr und Frühsommer öffnen sich rosaviolette, im Zentrum dunkle, stieltellerförmige Blüten. Für Steingärten, Mauern oder als Randbepflanzung für Hochbeete geeignet.

KULTUR: *In wasserdurchlässigem, nährstoffreichem Boden in voller Sonne pflanzen. In Gebieten mit geringen Niederschlägen in leichtem Halbschatten setzen.*

☼ ◑ ◇ ♀ ❄❄❄ ↕ 20 cm ↔ 30 cm

Phlox drummondii in Sorten

Phlox stammt aus dem Griechischen und bedeutet »Flamme« – ein Hinweis auf die leuchtenden Farben der Blüten. *P. drummondii*, der Sommer-Phlox, ist die Elternpflanze vieler überwiegend in sommerlichen Blumenbeeten genutzter Sorten. Diese aufrechten bis breitwüchsigen, buschigen Einjährigen öffnen im späten Frühjahr Büschel aus behaarten violetten, rosa, roten, blauvioletten oder weißen Blüten, die in der Mitte oft blasser als am Rand sind und Blütenblätter mit kontrastierendem Mal tragen. Die Blätter sind mittelgrün und stängelumfassend. Phlox kann in Steingärten, Staudenrabatten, Blumenbeeten oder Gefäßen eingesetzt werden. Im Gewächshaus blüht er meistens etwas früher.

KULTUR: *In verlässlich feuchten, durchlässigen, sandigen Böden in voller Sonne. Vor dem Pflanzen viel organische Substanz einarbeiten. Einmal wöchentlich Flüssigdünger geben. Junge Pflanzen sind anfällig für Schneckenfraß.*

↕10–45 cm ↔25 cm

↕10–45 cm ↔25 cm

↕10–45 cm ↔25 cm

↕10–45 cm ↔25 cm

↕10–45 cm ↔25 cm

↕10–45 cm ↔25 cm

1 *Phlox drummondii* 'Beauty Mauve' **2** 'Beauty Pink' **3** 'Brilliancy Mixed' **4** 'Brilliant' **5** 'Buttons Salmon with Eye' **6** 'Phlox of Sheep'

Phlox 'Kelly's Eye'

Wüchsige, immergrüne, polsterbildende Phlox-Staude. Im späten Frühjahr und Frühsommer bietet sie eine lang anhaltende Farbenpracht aus langröhrigen, blassrosa Blüten mit ausgebreiteten Kronzipfeln und rotpurpurnem Zentrum. Die dunkelgrünen Blätter sind schmal. Für Steingärten und Mauerritzen geeignet.

KULTUR: *In nährstoffreichem Boden mit guter Dränage in voller Sonne pflanzen. In trockenen Gebieten im Halbschatten setzen.*

↕ 15 cm ↔ 20 cm

Phlox maculata 'Alpha'

Der Wiesen-Phlox ist eine aufrechte Staude mit drahtigen Trieben. Er zeichnet sich durch hohe, dicke Blütenstände aus lilarosa Blüten aus, die in der ersten Sommerhälfte über dem Laub erscheinen. Seinen idealen Platz findet er in einer feuchten Rabatte. Der duftende Flor leistet gute Dienste als Schnittblume.

KULTUR: *In nährstoffreicher, feuchter Erde an vollsonnigen bis halbschattigen Plätzen. Das Entfernen welken Flors fördert die Blüte. Im Herbst bis zum Ansatz zurückschneiden. Bei Bedarf stützen.*

↕ bis 90 cm ↔ 45 cm

Phlox paniculata (Hoher Sommerphlox)

Die Sorten von *P. paniculata* sind Stauden, die kuppelförmige oder konische Blütenstände über lanzettlichen, gesägten, mittelgrünen Blättern tragen. Diese Phlox-Kultivare blühen von Sommer bis Herbst. Die stieltellerförmigen Blüten duften zart, sind weiß, rosa, purpurn, rot oder blau und in der Mitte häufig kontrastierend gefärbt. Sie halten sich als Schnittblumen lange. Größere Blüten werden gebildet, wenn man im Frühjahr an den noch jungen Pflanzen die schwächeren Triebe entfernt. Alle Sorten eignen sich für Staudenrabatten, meist ist eine Stütze erforderlich. Einige Kultivare, wie 'Fujiyama' haben sehr kräftige Triebe und müssen nicht gestützt werden.

KULTUR: *In zuverlässig feuchtem, nährstoffreichem Boden in Sonne oder Halbschatten. Im Frühjahr flüssigen Volldünger geben und durch regelmäßiges Auskneifen welker Blüten die Blütezeit verlängern. Nach Ende der Blüte alle Triebe bis zum Boden zurückschneiden.*

1
↕1,2 m ↔ 60 cm

2
↕90 cm ↔ 45 cm

3
↕1,2 m ↔ 60 cm

4
↕1,1 m ↔ bis 1 m

5
↕1 m ↔ 45 cm

6
↕1,2 m ↔ 60–100 cm

1 *Phlox paniculata* 'Brigadier' **2** 'Eventide' **3** 'Mount Fuji' (syn. *P.* 'Fujiyama')
4 'Le Mahdi' **5** 'Mother of Pearl' **6** 'Windsor'

Phlox stolonifera 'Blue Ridge'

Hübsche Wogen aus tellerförmigen, lilablauen Blüten lässt der immergrüne Kriechende Phlox im Frühsommer durch den Garten wallen. Die Staude breitet sich rasch aus, ohne aber lästig zu werden. Man pflanzt ihn an den Rand einer Rabatte, in einen Steingarten oder eine Gehölzgruppe.

KULTUR: *Humusreiche, nährstoffreiche, feuchte, aber gut wasserdurchlässige Böden im Halbschatten.*

↕10–15 cm ↔ 30 cm

Phlox subulata 'Marjorie'

Die immergrüne, mattenbildende Staude trägt auffällig behaarte, nadelartige Blätter und im Frühsommer eine Vielzahl lebhaft rosa Blüten mit pinkfarbenen Linien, die ausgehend vom gelben Auge nach außen verlaufen. Sie passt gut in einen sonnigen Steingarten oder an den Fuß einer Mauer.

KULTUR: *Durchlässige, nährstoffreiche Böden in voller Sonne. Nach der Blüte stutzen.*

↕10 cm ↔ 20 cm

Phormium cookianum subsp. *hookeri* 'Cream Delight'

Der Kleine Neuseeländer Flachs bildet Rosetten aus übergebogenen, bis 1,5 m langen Blättern mit cremegelbem Band. Die hohen, aufrechten Blütenstände aus röhrenförmigen, gelbgrünen Blüten erscheinen im Sommer. Diese ungewöhnliche Pflanze wird oft als Blickfang eingesetzt. Sie eignet sich gut für große Gefäße und gedeiht auch an der Küste.

KULTUR: *In nährstoffreichen, feuchten, durchlässigen Böden in voller Sonne. Geschützt überwintern, da die Pflanze nicht zuverlässig winterhart ist.*

↕ bis 2 m ↔ 3 m

Phormium cookianum subsp. *hookeri* 'Tricolor'

Eine auffällige Staude, die Büschel überhängender, breiter, bis 1,5 m langer, hellgrüner Blätter mit roten und cremegelben Streifen an den Rändern bildet und ein schöner Blickfang für Rabatten ist. Im Sommer werden hohe Ähren grüngelber, röhrenförmiger Blüten gebildet. In kalten Gebieten im Topf kultivieren und im Gewächshaus oder Wintergarten überwintern.

KULTUR: *In feuchtem, wasserdurchlässigem Boden in voller Sonne pflanzen. In frostgefährdeten Gebieten einen dicken, trockenen Mulch für den Winter ausbringen.*

↕ 0,6–2 m ↔ 0,3–3 m

Phormium 'Sundowner'

Die horstbildende, immergrüne Staude besitzt eine schöne Form und eine auffällige Färbung. Die bronzegrünen Blätter mit cremig rosarotem Rand werden bis zu 1,5 m lang. Im Sommer treiben hohe, aufrechte Blütenstände mit röhrenförmigen, gelbgrünen Blüten aus. Ihnen folgen dekorative Samenstände, die den ganzen Winter halten. Für Küstengärten geeignet.

KULTUR: *In allen tiefgründigen Böden, die nie austrocknen, ideal aber ist ein warmer, nasser, geschützter Standort in voller Sonne. Kann nur in sehr milden Regionen ganzjährig im Freien stehen.*

☼ ◊ ♦ ♆ ❄ ↕↔ bis 2 m

Phormium tenax

Der immergrüne, staudige Neuseeländer Flachs bildet Rosetten aus derben, oberseits dunkelgrünen und unterseits blaugrünen Blättern, die unter Idealbedingungen bis 3 m lang werden können. Im Sommer erscheinen an sehr hohen, kräftigen, aufrechten Rispen mattrote Blüten. Eine der größten Arten der Gattung – eine unübersehbare Pflanze mit dekorativen Samenständen im Winter.

KULTUR: *In tiefgründigen, feuchten, aber durchlässigen Böden an warmen, geschützten Standorten in voller Sonne. Im Winter gut mulchen. Dichte Horste teilen.*

☼ ◊ ♦ ♆ ❄ ↕ 4 m ↔ 2 m

Phormium tenax Purpureum-Gruppe

Dieser Neuseeländische Hanf ist eine immergrüne Staude, die Gruppen langer, steifer, schwertförmiger Blätter bildet. Die grundständigen Blätter sind dunkel kupfern bis purpurrot. Im Sommer tragen große Ähren an purpurblauen Trieben dunkelrote Röhrenblüten. Eine ideale Pflanze für küstennahe Gärten, die aber in kalten Klimaten oft nicht frosthart ist. Kann als Topfpflanze gehalten werden.

KULTUR: *In tiefem, nährstoffreichem, humosem, dauerhaft feuchtem Boden pflanzen. An einer sonnigen, geschützten Stelle setzen und im Winter dick und trocken mulchen.*

☼ ◊ ♦ 🏆 ❄ ↕ 2–2,5 m ↔ 1 m

Phormium 'Yellow Wave'

Die immergrüne Staude bildet eine Rosette aus breiten, übergebogenen, gelbgrünen Blättern mit mittelgrünem Streifen, die sich im Herbst hellgrün färben. Im Sommer treiben aus der Mitte jeder Rosette Rispen aus röhrenförmigen roten Blüten aus. Besonders gut für Gärten an der Küste geeignet. Ein Blickfang in allen Rabatten.

KULTUR: *In nährstoffreichen, feuchten, aber durchlässigen Böden in voller Sonne. Hält nur in milden Gegenden den Winter unter einer dicken Mulchschicht im Freien aus.*

☼ ◊ ♦ 🏆 ❄ ↕ 3 m ↔ 2 m

Photinia × fraseri 'Red Robin'

Diese Glanzmispel ist ein aufrechter, kompakter, immergrüner Strauch, der oft als lockere Hecke gepflanzt wird, weil seine Blätter leuchtend rot austreiben. Durch leichten Beschnitt kann der Farbeffekt länger erhalten werden. Die ausgewachsenen Blätter sind ledrig, lanzettlich und dunkelgrün. Mitte Frühjahr öffnen sich Gruppen kleiner, weißer Blüten.

KULTUR: *In feuchtem, wasserdurchlässigem, nährstoffreichem Boden in voller Sonne oder im Halbschatten pflanzen. Hecken zwei- bis dreimal pro Jahr beschneiden, um den Farbeffekt länger zu erhalten.*

☼ ◐ ◊ ♦ 🏆 ❄❄❄ ↕↔ 5 m

Photinia villosa

Der breitwüchsige, stark verzweigte Baum trumpft mit schönen Blättern, Blüten und Früchten auf. Im späten Frühjahr erscheinen flache Blütenstände aus kleinen, weißen Blüten, aus denen sich dekorative rote Früchte entwickeln. Das Laub der Warzen-Glanzmispel ist jung bronzerot, später dunkelgrün und im Herbst orangefarben und rot. Die ganzjährig ansehnliche Pflanze verträgt ständig feuchte Böden.

KULTUR: *In nährstoffreichem, feuchtem, durchlässigem, neutralem bis saurem Boden an vollsonnigen bis halbschattigen Plätzen. Im Spätwinter schneiden.*

☼ ◐ ◊ ♦ 🏆 ❄❄❄ ↕↔ 5 m

Phygelius aequalis 'Yellow Trumpet'

Diese Kapfuchsie ist ein aufrechter, immergrüner Strauch, der im Sommer lockere Ähren hängender, cremegelber Röhrenblüten bildet. Die ovalen Blätter sind blaugrün. Die Sorte eignet sich für Misch- und Staudenrabatten, sollte in kalten Regionen aber an einer warmen, sonnigen Wand gehalten werden.

KULTUR: *In feuchtem, wasserdurchlässigem Boden sonnig halten. In kühlen Gebieten vor Wind schützen. Im Frühjahr abgestorbene Triebe bis zur Basis ausschneiden. Die Blütezeit durch Auskneifen verlängern. Unerwünschte Triebe ausgraben.*

☼ ◇ ◆ 🏆 ❄ – ❄❄ ↕↔ 1 m

Phygelius capensis

Die Kapfuchsie ist ein immergrüner Strauch, dessen aufrechte Rispen aus orangefarbenen Blüten den sommerlichen Garten bereichern. Sie wird oft für eine ungewöhnlich gefärbte Fuchsie gehalten. Man zieht die Pflanze mit dunkelgrünem Laub im hinteren Bereich einer Staudenrabatte, in kühleren Regionen vor einer warmen Mauer.

KULTUR: *In nährstoffreichen, feuchten, aber durchlässigen Böden in der vollen Sonne. Vor kalten, austrocknenden Winden schützen. Das Entfernen welken Flors regt die Blüte an. Winterhärte nicht bei allen Sorten sicher. Im Frühjahr bis zum Boden zurückschneiden.*

☼ ◇ ◆ 🏆 ❄ ↕ 1,2 m ↔ 1,5 m

Phygelius × *rectus* 'African Queen'

Aufrechter, immergrüner Rabattenstrauch, der lange Ähren hängender Röhrenblüten hervorbringt. Die Blüten dieser Kapfuchsie sind blassrot und an der Öffnung orange bis gelb gefärbt. Sie erscheinen im Sommer oberhalb der ovalen, dunkelgrünen Blätter. In kühlen Regionen am besten an einer warmen, sonnigen Mauer halten.

KULTUR: *In feuchtem, wasserdurchlässigem, nährstoffreichem Boden sonnig pflanzen. Vor kalten Winden schützen. Im Frühjahr frostgeschädigte Triebe bis zur Basis zurückschneiden. Welke Blüten auskneifen.*

☼ ○ ● 🏆 ❄ – ❄❄ ↕1 m ↔ 1,2 m

Phygelius × *rectus* 'Devil's Tears'

Der aufrechte, relativ kleine, immergrüne Strauch mit dunkelgrünem Laub öffnet im Sommer hängende, rosarote Blüten mit gelbem Schlund, die in Trauben stehen. Diese reich blühende Kapfuchsie fügt sich bestens in Stauden- oder gemischte Rabatten ein.

KULTUR: *In feuchten, durchlässigen, relativ nährstoffreichen Böden in der Sonne. Das Entfernen welker Blütenstände fördert den Flor. Falls Winterschäden auftreten, im Frühjahr bis zum Boden zurückschneiden, ansonsten nur Formschnitt.*

☼ ○ ● 🏆 ❄ – ❄❄ ↕↔ 1,5 m

Phygelius × *rectus* 'Salmon Leap'

Der aufrechte Strauch ähnelt sehr stark der Sorte 'Devil's Tears' (siehe vorherige Seite), hat aber orangefarbene Blüten, deren Petalen sich leicht zurückbiegen. Sie erscheinen in großen Rispen über dem dunkelgrünen Laub. Gut für gemischte oder Staudenrabatten.

KULTUR: *In feuchten, durchlässigen, relativ nährstoffreichen Böden in voller Sonne. Welke Blütenstände entfernen, um die Blüte zu fördern. Nicht zuverlässig winterhart. Im Frühjahr erfolgt nur ein Formschnitt.*

☼ ◊ ♦ 🏆 ❄ – ❄❄ ↕1,2 m ↔1,5 m

Phyllostachys nigra

Ein immergrüner Bambus mit überhängenden Trieben, die Gruppen bilden. Die zarten, lanzettlichen, dunkelgrünen Blätter stehen an schlanken, grünen Rohren, die sich im zweiten oder dritten Jahr schwarz färben. Als Sichtschutz oder als große Solitärpflanze setzen.

KULTUR: *In feuchtem, wasserdurchlässigem Boden in Sonne oder Halbschatten pflanzen und vor kalten, austrocknenden Winden schützen. Im Winter eine Mulchschicht ausbringen. Im Frühjahr oder Frühsommer beschädigte oder zu dicht stehende Rohre entfernen. Die Ausbreitung durch im Boden eingesenkte Barrieren begrenzen.*

☼ ◐ ◊ ♦ 🏆 ❄ ↕3–5 m ↔2–3 m

Phyllostachys nigra var. *henonis*

Diese gruppenbildende, immergrüne Sorte von *P. nigra* wächst ähnlich wie diese, aber die hellgrünen Rohre färben sich im zweiten oder dritten Jahr gelbgrün statt schwarz. Anfangs sind die lanzettlichen Blätter rau und filzig behaart.

KULTUR: *In wasserdurchlässigem, aber feuchtem Boden in voller Sonne oder im Halbschatten pflanzen. Vor kalten Winden schützen und im Winter mulchen. Im späten Frühjahr zu dicht stehende Triebe entfernen. Die Ausbreitung der Pflanze durch eine eingegrabene Barriere begrenzen.*

☼ ◑ ◊ ♦ ♀ ❄ ↕3–5 m ↔ 2–3 m

Physocarpus opulifolius 'Diabolo'

Schon die abblätternde, mehrfarbige Borke der Virginischen Blasenspiere sieht gut aus, schöner noch ist das dunkle, ahornartige, im Herbst bronzerot gefärbte Laub. Im Sommer erscheinen kleine, weiße oder rosa Blütenbüschel. Am besten wirkt der laubabwerfende Strauch als Solitär oder im Hintergrund einer Rabatte als dunkle Kulisse für helle Pflanzen.

KULTUR: *Bevorzugt feuchte, durchlässige, saure Böden in der vollen Sonne. Verkümmert in flachgründigem, kalkhaltigem Erdreich. Jährlich nimmt man einige der ältesten Triebe heraus, um den Strauch zu kräftigem Neuaustrieb anzuregen.*

☼ ◊ ♦ ♀ ❄❄❄ ↕↔2,5 m

Physostegia virginiana 'Vivid'

Aufrechte, dichte Gruppen bildende Rabattenstaude, die Ähren leuchtend purpurrosa gefärbter Röhrenblüten hervorbringt. Die Blütenstände erscheinen von Hochsommer bis Frühherbst über schmalen, mittelgrünen Blättern. Sie eignen sich als Schnittblumen. Die Einzelblüten können an ihren Stielen in eine andere Stellung gebogen werden und bleiben dann in der neuen Position, daher rührt ihr Name Gelenkblume.

KULTUR: *In relativ feuchtem, nährstoffreichem, humosem Boden in voller Sonne oder im Halbschatten pflanzen.*

☼ ☀ 💧🏆❄❄❄ ↕30–60 cm ↔ 30 cm

Picea glauca var. *albertiana* 'Conica'

Eine konische, immergrüne Form der Schimmel-Fichte mit dicht stehenden, blaugrünen Nadeln. Die kurzen, schlanken Nadeln stehen an lohweißen bis aschgrauen Zweigen. Im Sommer erscheinen ovale, anfangs grüne, später braune Zapfen. Ein ausgezeichneter, formschöner Solitärbaum für kleine Gärten.

KULTUR: *In tiefem, feuchtem, wasserdurchlässigem, am besten neutralem bis saurem Boden in voller Sonne pflanzen. Den Rückschnitt auf ein Minimum beschränken und, wenn nötig, im Winter durchführen.*

☼ 💧 💧 ❄❄❄ ↕2–6 m ↔ 1–2,5 m

Picea mariana 'Nana'

Diese zwergige, niedrige Form der Schwarz-Fichte ist ein polsterbildender Strauch mit schuppiger, graubrauner Borke. Die immergrünen, blaugrünen Nadeln sind weich und schlank. Für Steingärten und Koniferenpflanzungen oder als Begrenzung geeignet.

KULTUR: *Am besten in tiefem, feuchtem, aber wasserdurchlässigem, nährstoffreichem, humosem Boden im Halbschatten pflanzen. Alle wüchsigen aufrechten Zweige sofort entfernen.*

◐ 💧 🏆 ❄❄❄ ↕↔ 50 cm

Picea pungens 'Koster'

Diese konische, immergrüne Stech-Fichte besitzt attraktive, waagerecht stehende Äste und wird im Alter säulenförmig. Die langen, stechend spitzen Nadeln sind anfangs silberblau und werden langsam grüner. Im Sommer erscheinen zylindrische, grüne Zapfen, die blassbraun heranreifen. In großen Gärten ein schöner Solitärbaum.

KULTUR: *In wasserdurchlässigem, nährstoffreichem, neutralem oder saurem Boden in voller Sonne pflanzen. Im späten Herbst oder Winter beschneiden, falls notwendig. Möglichst wenig beschneiden.*

☼ 💧 🏆 ❄❄❄ ↕ 15 m ↔ 5 m

Pieris 'Forest Flame'

Ein aufrechter, immergrüner Weißglockenstrauch, der wegen seiner schlanken, glänzenden, lanzettlichen, roten Blätter geschätzt wird, die sich beim Ausreifen über Rosa und Cremeweiß nach Dunkelgrün verfärben. Im Frühjahr erscheinen Gruppen weißer Blüten, die einen schönen Kontrast zum farbigen Laub bilden. Ideal für Strauchrabatten oder torfigen, kalkfreien Boden. Gedeiht nicht auf kalkhaltigen Böden.

KULTUR: *In feuchtem, wasserdurchlässigem, nährstoffreichem, humosem, saurem Boden sonnig oder halbschattig pflanzen. In frostgefährdeten Gebieten vor kaltem Wind schützen. Nach der Blütezeit leicht trimmen.*

☼ ◑ ◊ ♦ 🏆 ❄❄❄ ↕4 m ↔ 2 m

Pieris formosa var. *forrestii* 'Wakehurst'

Dieser aufrechte, immergrüne Strauch liebt saure Böden. Das beim Austrieb rot gefärbte Laub reift dunkelgrün aus. Die großen, etwas nickenden Gruppen kleiner, duftender, weißer Blüten, die Mitte des Frühjahrs erscheinen, sind ebenfalls attraktiv. In Gehölzgärten oder Strauchrabatten pflanzen. Die Pflanzen sind in kalten Regionen nicht winterhart.

KULTUR: *In wasserdurchlässigem, feuchtem, nährstoffreichem, humosem, saurem Boden sonnig oder halbschattig pflanzen. In frostgefährdeten Klimaten vor kaltem Wind schützen. Nach der Blütezeit leicht trimmen.*

☼ ◑ ◊ ♦ 🏆 ❄ ↕5 m ↔ 4 m

Pieris japonica 'Blush'

Diese Japanische Lavendelheide ist ein rundlicher, immergrüner Strauch mit kleinen, rosa überhauchten, weißen Blüten, die im späten Winter und zeitigen Frühjahr erscheinen. Die Blüten stehen in langen, nickenden Blütenständen zwischen dem glänzenden, dunkelgrünen Laub. Schön für Rabatten, gedeiht aber nicht auf alkalischen Böden.

KULTUR: *In wasserdurchlässigem, feuchtem, nährstoffreichem, humosem, saurem Boden pflanzen. Eine Stelle in voller Sonne oder im Halbschatten wählen. Nach Ende der Blütezeit leicht trimmen und dabei abgestorbene, verletzte oder kranke Triebe entfernen.*

☼ ◑ ◇ ◆ ♆ ❄❄❄ ↕4 m ↔3 m

Pileostegia viburnoides

Eine langsam wachsende, verholzende, immergrüne Kletterpflanze, die im Spätsommer und Frühherbst mit lockeren Büscheln kleiner, cremeweißer Blüten bedeckt ist. Die glänzenden, dunkelgrünen, ledrigen Blätter wirken an großen Baumstümpfen und schattigen Wänden besonders attraktiv.

KULTUR: *In wasserdurchlässigem, nährstoffreichem Boden in voller Sonne oder im Schatten pflanzen. Wenn die Pflanze zu groß wird, können die Triebe nach der Blütezeit gekürzt werden.*

☼ ● ◇ ♆ ❄ ↕6 m

Pinus mugo 'Mops'

Diese Zwergform der Berg-Kiefer wächst fast kugelig und besitzt eine abschuppende, graue Borke. Die dicken, aufrechten Äste sind mit locker stehenden, dunkel- bis hellgrünen Nadeln bedeckt. Die dunkelbraunen, ovalen Zapfen benötigen mehrere Jahre, um zu reifen. Eine auffällige Pflanze für Steingärten oder, wenn genügend Platz vorhanden ist, für Gruppenpflanzungen.

KULTUR: *In wasserdurchlässigem Boden in voller Sonne pflanzen. Da die Pflanzen sehr langsam wachsen, ist ein Rückschnitt kaum erforderlich.*

☼ 💧 🏆 ❄❄❄ ↕bis 1 m ↔ bis 2 m

Pinus sylvestris Aurea-Gruppe

Die Formen dieser Gruppe wachsen langsam und eignen sich daher für kleine Gärten. Sie fallen vor allem im Winter auf, wenn sich die blaugrünen, immergrünen Nadeln goldgelb färben. Wald-Kiefern kommen mit verschiedensten Standorten zurecht, sie vertragen sogar die Bedingungen an der Küste und Trockenheit. Man lässt den Baum natürlich wachsen, ohne ihn zu schneiden.

KULTUR: *Durchlässige Böden an sonnigen Standorten.*

☼ 💧 🏆 ❄❄❄ ↕bis 10 m ↔ 5 m

Pittosporum tenuifolium

Säulenförmiger, immergrüner Strauch, der wegen seiner glänzenden, grünen Blätter geschätzt wird. Dieser Klebsame wächst anfangs schnell. Ältere Pflanzen werden langsam breiter und entwickeln sich zu einem Baum. Die winzigen, nach Honig duftenden Blüten öffnen sich im späten Frühjahr. Eine schöne Heckenpflanze, nicht für kalte Gebiete geeignet.

KULTUR: *In wasserdurchlässigem, feuchtem, nährstoffreichem Boden in Vollsonne oder Halbschatten pflanzen. Vor kalten Winden schützen. Formschnitt im Frühjahr, nicht mehr nach dem Hochsommer beschneiden.*

☼ ◑ ◊ ♦ ♈ ❀ ↕4–10 m ↔ 2–5 m

Pittosporum tenuifolium 'Tom Thumb'

Kompakter, rundlicher, immergrüner Strauch, der sich für ganzjährig attraktive Rabatten eignet. Die glänzenden, bronzepurpurnen Blätter sind elliptisch und am Rand gewellt. Die winzigen, duftenden, purpurnen Blüten öffnen sich im späten Frühling und Frühsommer. In kalten Regionen an einer warmen Wand halten.

KULTUR: *In wasserdurchlässigem, feuchtem, nährstoffreichem Boden pflanzen. In der Sonne entwickelt sich die Färbung am besten. Vor kaltem Wind schützen. Im Frühjahr trimmen, ältere Pflanzen benötigen kaum Schnitt.*

☼ ◑ ◊ ♦ ♈ ❀–❄ ↕bis 1 m ↔ 60 cm

Platycodon grandiflorus

Die Ballonblume ist eine gruppenbildende Staude, die Büschel großer, weit glockenförmiger, purpurner bis blauvioletter Blüten bildet. Die ballonförmigen Knospen öffnen sich im Spätsommer oberhalb der blaugrünen, ovalen Blätter. Für Steingärten oder Staudenrabatten geeignet.

KULTUR: *In tiefem, wasserdurchlässigem, lehmigem, nährstoffreichem Boden pflanzen, der nicht austrocknen darf. Einen sonnigen oder halbschattigen Platz wählen. Die Blütentriebe müssen manchmal abgestützt werden. Etablierte Pflanzen vertragen keine Störungen.*

☼ ◑ ○ ♆ ❄❄❄ ↕ bis 60 cm ↔ 30 cm

Pleioblastus variegatus

Aufrechter, immergrüner Bambus. Die lanzettlichen, grün und cremefarben längsgestreiften Blätter stehen an den Knoten der blassgrünen, fein weiß behaarten Triebe. Dieser Bambus eignet sich für sonnige Rabatten mit Sträuchern als Hintergrund. Die Pflanze verdrängt oft schwächere Nachbarn.

KULTUR: *In feuchtem, wasserdurchlässigem, nährstoffreichem, humosem Boden sonnig und geschützt pflanzen. Gruppen im späten Frühjahr ausdünnen. Ausbreitung durch eine unterirdische Barriere beschränken.*

☼ ○ ◑ ♆ ❄❄ ↕ 75 cm ↔ 1,2 m

Pleioblastus viridistriatus

Dieser aufrechte Bambus ist immergrün und wird wegen seiner grüngelb gestreiften Blätter gehalten. Die am Rand borstigen, lanzettlichen Blätter stehen an grünen Trieben. Sehr effektvoll in Lichtungen von Gehölzgärten, wenn die Pflanze vor Bäumen und hohen Sträuchern steht.

KULTUR: *In feuchtem, wasserdurchlässigem, nährstoffreichem, humosem Boden pflanzen. In voller Sonne entwickelt sich die beste Blattfärbung. Vor kaltem Wind schützen. Überzählige Triebe im Frühjahr oder Frühsommer entfernen, das Wachstum durch eine eingegrabene Barriere beschränken.*

↕↔ bis 1,5 m

Plumbago auriculata

Dieser Bleiwurz ist ein klimmender, halb immergrüner, frostempfindlicher Strauch, der oft als Kletterpflanze gehalten wird. Von Sommer bis Spätherbst erscheinen dichte Büschel langröhriger, himmelblauer Blüten zwischen den ovalen Blättern. Die Pflanzen werden unter Glas überwintert und im Sommer im Freiland gehalten. Auch als *P. capensis* bekannt.

KULTUR: *In wasserdurchlässigem, nährstoffreichem Boden oder Topferde in voller Sonne oder lichtem Schatten pflanzen. Die Spitzen junger Pflanzen auskneifen, um einen buschigen Wuchs zu erzielen, klimmende Sprosse aufbinden. Im zeitigen Frühjahr auf das dauerhafte Astwerk zurückschneiden.*

↕ 3–6 m ↔ 1–3 m

Polemonium 'Lambrook Mauve'

Diese gruppenbildende Staude ist eine Sorte der Jakobsleiter. Sie bildet rundliche Kissen hübscher, mittelgrüner, zusammengesetzter Blätter. Vom späten Frühjahr bis zum Frühsommer erscheinen große Mengen trichterförmiger, himmelblauer Blüten. Für Rabatten und Wildblumengärten geeignet.

KULTUR: *In wasserdurchlässigem, feuchtem mäßig nährstoffreichem Boden in voller Sonne oder im Halbschatten pflanzen. Welke Blüten regelmäßig auskneifen.*

☼ ☀ ◊ ♦ 🏆 ❄❄❄ ↕↔ bis 45 cm

Polygonatum × hybridum

Der Garten-Salomonsiegel ist eine Rhizomstaude für schattige Rabatten. Die leicht überhängenden Triebe tragen hängende Gruppen kleiner, weißer Röhrenblüten mit grünen Zipfeln. Die Blüten reifen zu kugeligen, blauschwarzen Beeren. Für Gehölzgärten geeignet.

KULTUR: *In feuchtem, aber wasserdurchlässigem, humosem, nährstoffreichem Boden pflanzen. Einen schattigen oder halbschattigen Platz wählen.*

☀ ☀ ◊ ♦ 🏆 ❄❄❄
↕ bis 1,5 m ↔ 30 cm

Polystichum acrostichoides

Ihren Namen Weihnachtsfarn verdient sich diese dekorative, glänzende Art wegen ihrer Wedel, die bis zum Jahresende grün bleiben. Im Frühjahr rollen sie sich wie Bischofsstäbe auf. Die horstbildende Staude eignet sich als Bodendecker oder Randbepflanzung, sie kann aber auch in Gehölzpartien verwildern.

KULTUR: *Feuchte, humusreiche, durchlässige Böden im Halb- oder Vollschatten. Welke Wedel vor dem Ausrollen der neuen entfernen. Wurzelhals vor Winternässe schützen.*

☀ ☀ 💧 ❄❄❄
↕60 cm ↔ 45 cm

Polystichum aculeatum

Der Dornige Schildfarn ist eine elegante, immergrüne Staude, die eine Rosette fein zerteilter, dunkelgrüner Wedel hervorbringt. Eine ausgezeichnete Grünpflanze für schattige Bereiche in Steingärten oder gut wasserdurchlässigen Rabatten.

KULTUR: *In nährstoffreichem, wasserdurchlässigem Boden im Schatten oder Halbschatten pflanzen. Der Standort sollte im Winter nicht übermäßig nass werden. Im Frühjahr vor dem Neuaustrieb die Wedel des Vorjahres entfernen.*

☀ ☀ 💧 🏆 ❄❄❄ ↕60 cm ↔ 1 m

Potentilla fruticosa

Kultivare von *P. fruticosa* sind rundliche, laubabwerfende Sträucher, die vom späten Frühjahr bis zum Hochsommer üppige Mengen von Blüten hervorbringen. Die dunkelgrünen Blätter bestehen aus mehreren länglichen Fiedern. Die schalenförmigen Blüten erinnern an Wildrosen, stehen einzeln oder in Dreiergruppen. Die meisten Sorten blühen gelb, es gibt aber auch weiße Blüten, wie bei 'Abbotswood' oder rosa überhauchte wie bei 'Daydawn'. Diese anspruchslosen Sträucher sind wertvolle Pflanzen für Strauchrabatten, können aber auch als niedrige Hecke gepflanzt werden.

KULTUR: *In wasserdurchlässigem, magerem bis mäßig nährstoffreichem Boden halten. Am besten in der Sonne setzen, verträgt aber auch Halbschatten. Nach der Blütezeit leicht trimmen, altes Holz bis zur Basis zurückschneiden und schwache Zweige entfernen. Alte Sträucher lassen sich zwar durch einen Verjüngungsschnitt erneuern, werden aber trotzdem besser ersetzt.*

☼ 💧 ❄❄❄

↕75 cm ↔1,2 m

↕1 m ↔1,5 m

↕1 m ↔1,2 m

↕1 m ↔1,5 m

1 *Potentilla fruticosa* 'Abbotswood' 🏆 **2** *P. fruticosa* 'Elizabeth' **3** *P. fruticosa* 'Daydawn' **4** *P. fruticosa* 'Primrose Beauty' 🏆

Potentilla 'Gibson's Scarlet'

Ein dichtes, gruppenbildendes, staudiges Fingerkraut, das wegen seiner leuchtend karminroten Blüten kultiviert wird, die sich nacheinander im Sommer öffnen. Die zartgrünen Blätter bestehen aus fünf Fiedern. Eine gute Steingartenpflanze, die auch Misch- und Staudenrabatten im Sommer mit ihrer kräftigen Farbe bereichert.

KULTUR: *In wasserdurchlässigem, magerem bis mäßig nährstoffreichem Boden in voller Sonne pflanzen.*

☼ ◊ 🏆 ❄❄❄ ↕ bis 45 cm ↔ 60 cm

Potentilla megalantha

Kompakte, gruppenbildende Staude mit zahlreichen aufrechten, becherförmigen, sattgelben Blüten, die im Hoch- und Spätsommer gebildet werden. Die schwach behaarten, mittelgrünen Blätter sind aus drei grob gebuchteten Fiedern zusammengesetzt. Im Vordergrund von Rabatten pflanzen.

KULTUR: *In magerem bis relativ nährstoffreichem Boden mit guter Dränage pflanzen. Einen Platz in voller Sonne wählen.*

☼ ◊ 🏆 ❄❄❄ ↕ 15–30 cm ↔ 15 cm

Potentilla nepalensis 'Miss Wilmott'

Ein sommerblühendes, ausdauerndes, staudiges Fingerkraut, das Gruppen mittelgrüner, gefingerter Blätter an drahtigen, rot überhauchten Trieben trägt. Die kleinen, rosa Blüten mit kirschrotem Zentrum stehen in lockeren Büscheln. Eine schöne Staude für den Vordergrund von Rabatten in Landhausgärten.

KULTUR: *In wasserdurchlässigem, magerem bis mäßig nährstoffreichem Boden in voller Sonne oder im Halbschatten pflanzen.*

☼ ◑ ◇ 🏆 ❄❄❄

↕ 30–45 cm ↔ 60 cm

Primula denticulata

Die Kugel-Primel ist eine kräftige, gruppenbildende Staude, die kugelige Büschel kleiner, purpurner Blüten mit gelbem Zentrum trägt. Sie erscheinen im Frühjahr und Sommer an kräftigen, aufrechten Trieben über grundständigen Rosetten länglicher bis spatelförmiger, mittelgrüner Blätter. Diese Art gedeiht auf feuchten, aber nicht staunassen Böden und ist ideal für Uferbepflanzungen.

KULTUR: *In feuchtem, humosem, neutralem bis saurem oder torfigem Boden pflanzen. Verträgt auf dauerhaft feuchten Böden volle Sonne, gedeiht aber besser im Halbschatten.*

☼ ◑ ◆ 🏆 ❄❄❄

↕↔ 45 cm

Primula elatior

Die Hohe Schlüsselblume ist eine halb immergrüne, mehrjährige Wildstaude mit variablem Aussehen. Im Frühjahr und Sommer schiebt sie aus einer grundständigen Rosette mittelgrüner, gebuchteter Blätter steife, aufrechte Stängel mit Büscheln röhrenförmiger gelber Blüten. Man pflanzt sie auf Feuchtwiesen in Gruppen, damit sie verwildert.

KULTUR: *In mäßig nährstoffreicher, tiefgründiger, feuchter, durchlässiger Erde. Ideal ist Halbschatten, doch verträgt sie in ständig feuchtem Boden auch volle Sonne.*

☼ ◐ ○ ◑ 🏆 ❄❄❄
↕30 cm ↔ 25 cm

Primula flaccida

Die rosettenbildende, sommergrüne Staude eignet sich für offene Gehölzpartien und Kalthäuser. Im Sommer tragen hohe Stängel kegelige Bündel trichterförmiger, nach unten gerichteter, mehlig bereifter, lilablauer Blüten über hell- bis mittelgrünen Blättern.

KULTUR: *An halb- bis vollschattigen Standorten in torfigem, kiesigem, feuchtem, aber stark durchlässigem, saurem Boden. Vor Winternässe schützen.*

◐ ● ○ ◑ ❄❄❄
↕50 cm ↔ 30 cm

Primula florindae

Diese sehr große Primel ist eine sommergrüne, sommerblühende Staude, die in der Natur an Tümpeln und Bächen vorkommt. Sie bildet Gruppen von Rosetten aus ovalen, gesägten, mittelgrünen Blättern. Die nickenden bis hängenden Gruppen aus bis zu vierzig süß duftenden, trichterförmigen, gelben Blüten stehen an aufrechten Trieben oberhalb des Laubs. Für Sumpfgärten und Uferbepflanzungen geeignet.

KULTUR: *In tiefem, dauerhaft feuchtem, humosem Boden im Halbschatten pflanzen. Auf dauerhaft feuchten Böden vertragen die Pflanzen auch volle Sonne.*

↕ bis 1,2 m ↔ 1 m

Primula frondosa

Die sommergrüne Staude bildet Rosetten spatelförmiger, mittelgrüner Blätter. Sie öffnet im Juni und Juli rosa bis violette Blüten mit gelbem Auge. Sie stehen in lockeren Blütenständen aus bis zu 30 Blüten am Ende aufrechter Stängel.

KULTUR: *In tiefgründigen, feuchten, neutralen bis sauren, mit organischer Substanz angereicherten Lehm- oder Torfböden. Bevorzugt Halbschatten, verträgt in feuchter Erde aber auch volle Sonne.*

↕ 15 cm ↔ 25 cm

Primula Gold-Laced-Gruppe

Diese halb immergrünen Primeln zeigen im Frühjahr ihre hübschen Blüten und eignen sich für Rabatten und Töpfe. Die sehr dunkel rotbraunen bis schwarzen Blüten mit goldenem Auge und dünn goldgelb gerandeten Blütenblättern stehen an aufrechten Stängeln über dem manchmal rötlich getönten Laub.

KULTUR: *In feuchten, tiefgründigen, neutralen bis sauren Lehm- oder Torfböden mit viel organischer Substanz. Bevorzugt Halbschatten, verträgt in verlässlich feuchter Erde aber auch volle Sonne.*

☼ ◑ ♦ 🏆 ❄❄❄

↕ 25 cm ↔ 30 cm

Primula 'Guinevere'

Eine schnell wachsende, immergrüne, gruppenbildende Staude, die auch als *P.* 'Garryarde Guinevere' bekannt ist. Sie trägt Gruppen blass purpurrosa gefärbter Blüten mit gelbem Zentrum, langer Kronröhre und flach ausgebreiteten Kronzipfeln. Die Blüten erscheinen im Frühjahr oberhalb der ovalen, dunkelbronzefarbenen Blätter. Gedeiht an feuchten, schattigen Stellen.

KULTUR: *In feuchtem, wasserdurchlässigem, neutralem bis saurem Boden im Halbschatten setzen. Verträgt volle Sonne nur, wenn der Boden immer feucht bleibt.*

☼ ◑ ♦ 🏆 ❄❄❄

↕ 12 cm ↔ 25 cm

Primula-elatior-Hybriden

Die Hohe Schlüsselblume ist eine rosettenbildende, immergrüne Staude. Die Sorten entstanden aus Kreuzungen zwischen verschiedenen Arten – u.a. *P. veris* (S. 451) und *P. elatior* (S. 445). Die Pflanzen bilden kräftige, grundständige Rosetten aus ovalen, tief geäderten Blättern, über die sich vom Spätwinter bis zum zeitigen Frühjahr farbenfrohe Büschel aus flachen Blüten recken. Sie sind in einer enorm breiten Palette von Primär- und Pastellfarben erhältlich, vor allem in Rot, Blauviolett, Orange, Gelb, Weiß oder Rosa mit gelber Mitte. Zu den beliebtesten Sortengruppen gehören die Crescendo- und Rainbow-Serie. Die pflegeleichten Beet- und Topfpflanzen bringen Farbe in Gärten, auf Terrassen und Fensterbänke.

KULTUR: *In mäßig nährstoffreicher, feuchter, aber durchlässiger, humusreicher Erde oder tonhaltigem Substrat an kühlen Plätzen in voller Sonne oder im Halbschatten. Aussaat im Sommer, Pflanzung im Herbst. Große Horste im Herbst teilen.*

1 ↕15 cm ↔30 cm

2 ↕15 cm ↔30 cm

3 ↕15 cm ↔30 cm

4 ↕15 cm ↔30 cm

1 *Primula* 'Crescendo Bright Red' **2** *P.* 'Crescendo Pink and Rose Shades'
3 *P.* 'Rainbow Blue Shades' **4** *P.* 'Rainbow Cream Shades'

Primula × kewensis

Diese Primel eignet sich für Fensterbänke, Gewächshäuser und Wintergärten. Die immergrüne Staude bildet Rosetten aus kräftig gezähnten, leicht mehlig bereiften, mittelgrünen Blättern. Im zeitigen Frühjahr glänzt sie mit Quirlen aus duftenden, gelben Blüten entlang aufrechter Stängel.

KULTUR: *Im Gefäß in ein tonhaltiges Substrat mit Kies- oder Torfanteil. Braucht als Zimmerpflanze einen hellen Standort mit gefiltertem Licht.*

☼ ◑ ♢ ♦ 🏆 ❀
↕ bis 45 cm ↔ 20 cm

Primula obconica 'Libre Magenta'

In kühleren Regionen geben einjährige Becher-Primeln einen farbenfrohen Blütenschmuck für unbeheizte Gewächshäuser ab. Diese Sorte zeichnet sich durch verzweigte Blütenstände aus magentaroten Blüten aus, die über derben, mittelgrünen Blättern an dunklen, lockeren Stängeln stehen. Gut auch als Haus- oder Wintergartenpflanze. Mindesttemperatur: 2 °C.

KULTUR: *Im Topf in tonhaltigem Substrat mit Zusatz von Feinkies. An einen hellen Platz mit gefiltertem Licht stellen. Während des Wachstums reichlich gießen und wöchentlich einen Flüssigdünger in halber Dosis verabreichen.*

☼ ◑ ♢ 🏆 ❀ ↕↔ 30 cm

Primula (Kandelaberprimeln)

Kandelaberprimeln sind robuste Stauden, die ihren Namen dem etagenförmigen Aufbau der Blütenstände verdanken. Die Blüten erscheinen im Frühjahr oder Sommer über grundständigen Rosetten mit breit ovalen Blättern. Einzelne Arten sind laubabwerfend, halb immergrün oder immergrün. Die Blüten besitzen lange Röhren und flach ausgebreitete Kronzipfel, eine breite Farbpalette ist im Handel: vom strahlenden Rot der 'Inverewe' bis zum Goldgelb von *P. prolifera*. Manche Arten wechseln die Farbe. Bei *P. bulleyana* verblassen die karminroten Blüten zu Orange. Kandelaberprimeln wirken am besten, wenn sie in Gruppen in Sumpfgärten oder an Ufern gepflanzt werden.

KULTUR: *In tiefem, feuchtem, neutralem bis saurem, humosem Boden im Halbschatten pflanzen. Auf dauerhaft feuchten Böden vertragen die Pflanzen auch volle Sonne. Im zeitigen Frühjahr teilen und umpflanzen.*

☼ ◑ ○ ● ❄❄❄

1

↕↔ 60 cm

2

↕↔ 60 cm

5

↕bis 1 m ↔ 60 cm

3

↕75 cm ↔ 60 cm

4

↕bis 1 m ↔ 60 cm

1 *P. bulleyana* 🏆 **2** *P. prolifera* 🏆 **3** *P.* 'Inverewe' 🏆 **4** *P. pulverulenta* 🏆
5 *P. pulverulenta* Bartley-Hybriden 🏆

Primula rosea

Eine sommergrüne, ausdauernde Primel, die im Frühjahr rundliche Büschel leuchtend rosa gefärbter, langröhriger Blüten an aufrechten Trieben trägt. Die Gruppen ovaler, gesägter, mittelgrüner Blätter erscheinen nach den Blüten und sind beim Austrieb bronzerot überhaucht. Für Sumpfgärten und Uferbepflanzungen geeignet.

KULTUR: *In tiefem, zuverlässig feuchtem, humosem, neutralem bis saurem oder torfigem Boden pflanzen. Die Art bevorzugt halbschattige Standorte, gedeiht aber auf dauerhaft feuchten Böden auch in voller Sonne.*

◑ 💧 🏆 ❄❄❄ ↕↔ 20 cm

Primula veris

Die Wiesen-Schlüsselblume ist eine halb immergrüne, frühjahrsblühende Staude mit relativ vielgestaltigem Aussehen. Kräftige Blütentriebe tragen dichte Gruppen kleiner, trichterförmiger, süß duftender, nickender, gelber Blüten oberhalb der lanzettlichen, geknitterten Blätter. Besondern hübsch, wenn die Pflanzen in feuchtem Grasland ausgewildert werden.

KULTUR: *Am besten in tiefem, feuchtem, wasserdurchlässigem, nährstoffreichem, humosem, torfigem Boden pflanzen. Im Halbschatten oder auf dauerhaft feuchtem Boden in voller Sonne setzen.*

☼ ◑ 💧 🏆 ❄❄❄ ↕↔ bis 25 cm

Primula 'Wanda'

Eine sehr wüchsige, halb immergrüne, ausdauernde Primel, die im Frühjahr über lange Zeit hinweg Gruppen stieltellerförmiger, weinroter Blüten mit gelbem Zentrum hervorbringt. Wirkt in Uferbepflanzungen sehr attraktiv.

KULTUR: *Am besten in tiefem, feuchtem, aber wasserdurchlässigem, nährstoffreichem Boden, der mit Humus angereichert wurde, pflanzen. Bevorzugt schattige Standorte, erträgt aber auf dauerhaft feuchtem Boden auch volle Sonne.*

☼ ☀ 💧 💧 🏆 ❄❄❄
↕ 10–15 cm ↔ 30–40 cm

Prunella grandiflora 'Loveliness'

Diese Sorte der Großblütigen Braunelle ist eine wüchsige, sich ausbreitende Staude mit dichten Ähren hellpurpurner Röhrenblüten im Sommer. Die grundständigen, lanzettlichen Blätter stehen in Büscheln. In Gruppen ein guter Bodendecker. Die Blüten locken nützliche Insekten an.

KULTUR: *In jedem Boden in Sonne oder Halbschatten pflanzen. Sollte genügend Platz zum Ausbreiten haben. Im Frühjahr oder Herbst teilen, um die Wüchsigkeit zu erhalten. Selbstaussaat durch regelmäßiges Entfernen welker Blüten verhindern.*

☼ ☀ 💧 💧 🏆 ❄❄❄
↕ 15 cm ↔ bis 1 m oder mehr

Prunus × cistena

Ein aufrechter, langsam wachsender, laubabwerfender Strauch, der besonders wegen des roten, später purpurroten Laubs geschätzt wird. Die schüsselförmigen, rosaweißen Blüten dieser Zierkirsche öffnen sich Mitte bis Ende Frühjahr und reifen gelegentlich zu kleinen, kirschförmigen, purpurschwarzen Früchten. Als Windschutzhecke geeignet.

KULTUR: *In jedem nicht staunassen Boden in voller Sonne pflanzen. Zu dicht stehende Zweige nach der Blüte entfernen. Bei Heckenpflanzen die Triebspitzen der Jungpflanzen beschneiden und im Hochsommer trimmen, um die Verzweigung zu fördern.*

☼ ◊ ♦ 🏆 ❄❄❄ ↕↔ 1,5 m

Prunus glandulosa 'Alba Plena'

Diese kleine Zierkirsche ist ein hübscher, rundlicher, laubabwerfender Strauch, der im späten Frühjahr dichte Gruppen reinweißer, schüsselförmiger, gefüllter Blätter bildet. Die schmal ovalen Blätter sind blass- und mittelgrün. Sorgt in Misch- und Strauchrabatten für einen schönen Anblick im Frühjahr.

KULTUR: *In jedem feuchten, wasserdurchlässigen, mäßig nährstoffreichen Boden in voller Sonne pflanzen. Diese Sorte kann jährlich nach der Blüte auf ein niedriges Astwerk zurückgeschnitten werden.*

☼ ◊ ♦ ❄❄❄ ↕↔ 1,5 m

Prunus 'Kiku-shidare-zakura'

Dieser laubabwerfende Zierkirschbaum wird wegen seiner hängenden Zweige und rosa Blüten kultiviert. Dichte Gruppen großer, gefüllter Blüten erscheinen im Frühjahr mit lanzettlichen, erst bronzefarben überhauchten, dann mittelgrünen Blättern. Gute Pflanze für kleine Gärten.

KULTUR: *In feuchtem, wasserdurchlässigem, mäßig nährstoffreichem Boden in voller Sonne pflanzen. Verträgt kalkhaltige Böden. Nach der Blütezeit nur totes, krankes oder beschädigtes Holz entfernen. Am Stamm entspringende Triebe sofort entfernen.*

☼ ◊ ◑ 🏆 ❄❄❄ ↕↔ 3 m

Prunus laurocerasus 'Otto Luyken'

Dieser Kirschlorbeer ist ein kompakter Strauch mit dichtem, glänzend dunkelgrünem Laub. Von Mitte bis Ende Frühjahr und oft nochmals im Herbst erscheinen zahlreiche Ähren weißer Blüten, die zu roten, später schwarzen Früchten reifen. Als Hecke oder in Gruppen pflanzen, um leere Stellen zu füllen.

KULTUR: *In feuchtem, aber wasserdurchlässigem, mäßig nährstoffreichem Boden in voller Sonne pflanzen. Im späten Frühjahr oder Frühsommer beschneiden, um die Größe zu begrenzen.*

☼ ◊ ◑ 🏆 ❄❄ ↕ 1 m ↔ 1,5 m

Prunus lusitanica subsp. *azorica*

Langsam wachsender, immergrüner Strauch, der im Frühsommer schlanke Trauben duftender, weißer Blüten trägt. Die ovalen, glänzend dunkelgrünen Blätter haben rote Blattstiele. Die Blüten reifen zu purpurnen Früchten heran. In milden Klimaten eine ganzjährig attraktive Pflanze für Flecken und dichten Sichtschutz.

KULTUR: *In feuchtem, wasserdurchlässigem, relativ nährstoffreichem Boden in der Sonne pflanzen. Vor kaltem Wind schützen. Im späten Frühjahr zurückschneiden, um die Größe zu beschränken oder zu dichte oder alte Zweige zu entfernen.*

☼ ◊ ♦ 🏆 ❄ – ❄❄ ↕↔ bis 20 m

Prunus serrula

Rundlicher, laubabwerfender Zierkirschbaum, der vor allem wegen seiner glänzenden, kupferbraunen bis mahagoniroten Borke, die sich im Alter abschält, kultiviert wird. Im Frühjahr öffnen sich kleine, schüsselförmige, weiße Blüten, die zu kirschartigen Früchten reifen. Die lanzettlichen, dunkelgrünen Blätter färben sich im Herbst gelb. Diese Art kommt als Solitärbaum am besten zur Geltung.

KULTUR: *In feuchtem, wasserdurchlässigem, mäßig nährstoffreichem Boden in voller Sonne pflanzen. Nach der Blütezeit tote oder beschädigte Äste zurückschneiden, Triebe am Stamm sofort entfernen.*

☼ ◊ ♦ 🏆 ❄❄❄ ↕↔ 10 m

Prunus (Zierkirschenbäume)

Zierkirschen werden vor allem wegen ihrer weißen, rosafarbenen oder roten Blüten kultiviert, die meist im späten Winter oder zeitigen Frühjahr in Massen an unbelaubten Ästen erscheinen. Kultivare von *P.* x *subhirtella* blühen im Frühjahr. Die beliebtesten Sorten haben nicht nur attraktive gefüllte Blüten, sondern auch andere Zierwerte, die sie auch nach der Blütezeit interessant machen. *P. sargentii* besitzt eine leuchtende Herbstfärbung, andere Kultivare haben eine glänzende, farbige Borke. Alle diese Eigenschaften machen Zierkirschen zu ausgezeichneten Solitärpflanzen für kleine Gärten.

KULTUR: *In feuchtem, wasserdurchlässigem, relativ nährstoffreichem Boden in voller Sonne pflanzen. Möglichst wenig beschneiden. Formschnitt nur an ganz jungen Pflanzen durchführen. Im Hochsommer tote oder kranke Zweige entfernen und den Stamm frei von Trieben halten.*

☼ ◊ ◆ ❄❄❄

1
↕20 m ↔10 m

2
↕↔12 m

3
↕10 m ↔8 m

4
↕10 m ↔8 m

5
↕15 m ↔10 m

6
↕10 m ↔8 m

1 *Prunus avium* 🏆 **2** *P. avium* 'Plena' 🏆 **3** *P.* 'Kanzan' 🏆 **4** *P.* 'Okame' 🏆
5 *P. padus* 'Colorata' 🏆 **6** *P.* 'Pandora' 🏆

7

↕15 m ↔10 m

8

↕↔8 m

9

↕bis 20 m ↔15 m

10

↕8 m ↔10 m

11

↕5 m ↔8 m

12

↕↔8 m

13

↕10 m ↔6 m

14

↕8 m ↔10 m

15

↕8 m ↔10 m

16

↕bis 15 m ↔10 m

7 *P. padus* 'Watereri' 🏆 **8** *P.* 'Pink Perfection' 🏆 **9** *P. sargentii* 🏆 **10** *P.* 'Shirofugen' 🏆 **11** *P.* 'Shôgetsu' 🏆 **12** *P.* x *subhirtella* 'Autumnalis Rosea' 🏆 **13** *P.* 'Spire' 🏆 **14** *P.* 'Taihaku' 🏆 **15** *P.* 'Ukon' 🏆 **16** *P.* x *yedoensis*

Pseudopanax lessonii 'Gold Splash'

Immergrüner, aufrechter oder ausladender Strauch oder Baum mit gelb gefleckten, dunkelgrünen, gesägten und fingerförmig geteilten Blättern. Im Sommer erscheinen zwischen dem Laub unauffällige Blütenstände mit gelbgrünen Blüten. Später reifen die purpurschwarzen Früchte heran. In frostgefährdeten Gebieten als Grünpflanze im Wintergarten halten.

KULTUR: *In wasserdurchlässigem, nährstoffreichem Boden oder Topferde in Sonne oder Halbschatten pflanzen. Rückschnitt im Frühjahr durchführen, um das Wachstum zu begrenzen. Mindesttemperatur: 2 °C.*

↕ 3–6 m ↔ 2–4 m

Pterostyrax hispida

Den Borstigen Flügelstorax schätzt man wegen seiner ausgesprochen hübschen, hängenden Rispen aus duftenden, weißen Blüten, die im Frühsommer zwischen den breiten, kräftig grünen Blättern erscheinen. Die abblätternde, graue Borke des kleinen, laubabwerfenden Baums oder Strauchs duftet aromatisch. Wirr wachsende und sich überkreuzende Zweige werden im Winter herausgeschnitten.

KULTUR: *Tiefgründige, nährstoffreiche, durchlässige, neutrale bis saure Böden an sonnigen bis halbschattigen Standorten.*

↕ 15 m ↔ 12 m

Pulmonaria 'Lewis Palmer'

Dieses Lungenkraut wird manchmal auch als *P.* 'Highdown' verkauft und ist eine sommergrüne Staude, die Büschel aufrechter Blütentriebe bildet. An der Spitze stehen lockere Gruppen von rosa Knospen, die sich im Frühjahr zu blauen, trichterförmigen Blüten öffnen. Die rauen, weich behaarten Blätter sind dunkelgrün mit weißen Flecken. In Wildblumengärten pflanzen.

KULTUR: *In feuchtem, nicht staunassem, nährstoffreichem, humosem Boden im Halbschatten oder Schatten pflanzen. Alle paar Jahre nach der Blüte teilen.*

↕ 35 cm ↔ 45 cm

Pulmonaria rubra

Die hübsche, polsterbildende, immergrüne Staude stellt einen guten Bodendecker für schattige Stellen dar. Das Ziegelrote Lungenkraut mit dekorativem, kräftig grünem Laub bringt von März bis Mai mit ihren trichterförmigen, leuchtend ziegelroten bis lachsrosa Blüten Farbe in den Garten. Der Flor lockt Bienen und andere nützliche Insekten an.

KULTUR: *In humusreicher, nährstoffreicher, feuchter, nicht staunasser Erde an sonnigen bis halbschattigen Plätzen. Alte Blätter nach der Blüte entfernen. Evtl. nach der Blüte oder im Herbst teilen.*

↕ bis 40 cm ↔ 90 cm

Pulmonaria saccharata Argentea-Gruppe

Diese immergrünen Stauden zeichnen sich durch fast völlig silberfarbene Blätter aus. Ein auffallender Farbkontrast ergibt sich im Spätwinter und zeitigem Frühjahr, wenn sich trichterförmige, rote Blüten öffnen, die sich mit der Zeit dunkelviolett färben. Das Großgefleckte Lungenkraut bildet schöne Horste im Vordergrund einer gemischten Schattenrabatte.

KULTUR: *In nährstoffreichen, feuchten, nicht staunassen Böden mit hohem Humusanteil an sonnigen bis halbschattigen Plätzen. Nach der Blüte alte Blätter entfernen und verdichtete Horste teilen.*

◑ ☀ ♦ 🏆 ❄❄❄ ↕ 30 cm ↔ 60 cm

Pulmonaria 'Sissinghurst White'

Diese Sorte des Echten Lungenkrauts ist eine gruppenbildende, immergrüne Staude, die wegen ihrer reinweißen Blüten und der weiß gefleckten Blätter geschätzt wird. Die elliptischen, dunkelgrünen Blätter stehen an aufrechten Trieben, an deren Spitze sich im Frühjahr blassrosa Knospen entwickeln. An schattigen Stellen als Bodendecker setzen.

KULTUR: *In feuchtem, nicht staunassem, humosem Boden pflanzen. In tiefem oder lichtem Schatten halten, verträgt aber auch Sonne. Gruppen alle drei Jahre nach der Blüte teilen und neu pflanzen.*

☼ ☀ ♦ 🏆 ❄❄❄ ↕ bis 30 cm ↔ 45 cm

Pulsatilla halleri

Die Staude mit seidiger Textur ist dicht mit langen, silbrigen Haaren bedeckt und wie geschaffen für Steingärten. Die aufrechten, glockenförmigen, violetten Blüten dieser Küchenschelle erscheinen im späten Frühjahr über fein geteiltem, hellgrünem Laub, die ersten oft schon bevor sich die neuen Blätter entfalten.

KULTUR: *In nährstoffreicher, sehr gut durchlässiger, kiesiger Erde an vollsonnigen Plätzen. Ältere Pflanzen nicht umpflanzen, da sie keine Störung vertragen.*

☼ ◊ 🏆 ❄❄❄ ↕ 20 cm ↔ 15 cm

Pulsatilla vulgaris

Die Gewöhnliche Küchenschelle ist eine kompakte Staude, die Büschel fein zerteilter, hellgrüner Blätter besitzt. Die glockenförmigen, nickenden, seidig behaarten Blüten öffnen sich im Frühjahr oberhalb der Blätter. Sie sind dunkel- bis blasspurpurn, gelegentlich auch weiß gefärbt und tragen in der Mitte goldgelbe Staubblätter. Für Steingärten, Geröllbeete, Tröge oder Lücken im Pflaster geeignet.

KULTUR: *Am besten in nährstoffreichem, sehr gut wasserdurchlässigem Boden pflanzen. An einer vor übermäßiger Nässe im Winter geschützten Stelle in voller Sonne setzen. Etablierte Pflanzen nicht stören.*

☼ ◊ 🏆 ❄❄❄ ↕ 10–20 cm ↔ 20 cm

Pulsatilla vulgaris 'Alba'

Die weiße Form der Gewöhnlichen Küchenschelle ist eine gruppenbildende Staude, die im Frühjahr nickende, glockenförmige, seidig behaarte, weiße Blüten mit gelben Staubblättern hervorbringt. Die Blüten stehen oberhalb der anfangs behaarten, fein zerteilten, hellgrünen Blätter. Eine sehr hübsche Pflanze für Steingärten oder Geröllbeete.

KULTUR: *Am besten in nährstoffreichem Boden mit sehr guter Dränage in voller Sonne pflanzen. Im Winter vor übermäßiger Nässe schützen. Etablierte Pflanzen vertragen keine Störung.*

☼ ◊ ♈ ❄❄❄ ↕ 10–20 cm ↔ 20 cm

Pyracantha 'Orange Glow'

Aufrechter bis ausladender, stacheliger, immergrüner Feuerdornstrauch mit üppigen Mengen kleiner, weißer Blüten, die im Frühjahr in Gruppen gebildet werden. Die orangeroten Beeren reifen im Herbst und bleiben bis in den Winter an der Pflanze. Die ovalen Blätter sind glänzend dunkelgrün. Gut als Hecke geeignet, die außerdem Brutvögel anlockt.

KULTUR: *In wasserdurchlässigem, nährstoffreichem Boden in Sonne oder Schatten pflanzen. Vor kaltem Wind schützen. Mitte Frühjahr beschneiden, Neuaustriebe im Sommer trimmen, damit die Beeren besser wirken.*

☼ ☀ ◊ ♈ ❄❄ ↕↔ 3 m

Pyracantha 'Watereri'

Dieser Feuerdorn ist ein wüchsiger aufrechter, stacheliger Strauch mit dichten, immergrünen Blättern. Im Frühjahr zieren Mengen weißer Blüten die Pflanzen, im Herbst leuchten rote Beeren zwischen dem Laub. Die Blätter sind elliptisch und dunkelgrün. Sehr gut für Hecken und Strauchrabatten geeignet, kann aber auch an schattigen Wänden gezogen werden. Lockt Brutvögel an.

KULTUR: *In wasserdurchlässigem, nährstoffreichem Boden sonnig oder schattig und geschützt pflanzen. Im Frühjahr ausdünnen. Im Sommer den Jungzuwuchs trimmen, um die Beeren freizulegen.*

↕↔ 2,5 m

Pyrus calleryana 'Chanticleer'

Eine sehr stachelige, baumförmige Zierbirne mit schmal konischem Wuchs, die in kleinen Gärten einen schönen Solitärbaum darstellt. Mitte Frühling öffnen sich attraktive Büschel kleiner, weißer Blüten, die im Herbst zu kugeligen, braunen Früchten reifen. Die ovalen, fein gebuchteten Blätter sind glänzend dunkelgrün und färben sich vor dem Laubfall im Herbst rot. Die Sorte verträgt städtische Luftverschmutzung.

KULTUR: *In wasserdurchlässigem, nährstoffreichem Boden sonnig pflanzen. Im Winter beschneiden.*

↕ 15 m ↔ 6 m

Pyrus salicifolia 'Pendula'

Laubabwerfender Zierbirnbaum mit silbergrauen, weidenartigen, anfangs filzig behaarten Blättern und trauerweidenartigem Wuchs. Im Frühjahr öffnen sich dichte Gruppen kleiner cremeweißer Blüten, die im Herbst zu grünen, birnenförmigen Früchten reifen. Ein hübscher, Luftverschmutzung ertragender Baum für Innenstadtgärten.

KULTUR: *In nährstoffreichem, wasserdurchlässigem Boden in voller Sonne pflanzen. Jungpflanzen im Winter beschneiden, um ein ausgeglichenes Astwerk zu erzielen.*

☼ ◊ 🏆 ❄❄❄ ↕8 m ↔ 6 m

Quercus palustris

Die wüchsige, laubabwerfende Sumpf-Eiche zeichnet sich durch ihre Pyramidenform und eine glatte, graue Borke aus. Im Herbst erstrahlt das Laub in Hellrot und Bronze – einige Blätter bleiben im Winter an den Zweigen. Der hervorragende Solitärbaum kommt besonders gut in Parks und am Teichrand zur Geltung.

KULTUR: *In feuchter, durchlässiger, neutraler bis leicht saurer Erde an vollsonnigen Standorten. Verträgt nasse Böden, belastete Luft und sogar Trockenheit, wird in alkalischen Böden allerdings chlorotisch.*

☼ ◊ ♦ 🏆 ❄❄❄
↕20 m ↔ 12 m

Ramonda myconi

Diese Felsenteller-Art ist eine kleine, hübsche, immergrüne Staude mit grundständiger Rosette aus dunkelgrünen, leicht runzeligen, breit ovalen Blättern. Im späten Frühjahr und Frühsommer tragen kurze Blütentriebe dunkel blauviolette Blüten, die sich oberhalb des Laubs öffnen. Es gibt auch rosa oder weiß blühende Sorten. In Steingärten oder Trockenmauern halten.

KULTUR: *In feuchtem, wasserdurchlässigem, mäßig nährstoffreichem, humosem Boden im Halbschatten setzen. Schräg pflanzen, um Fäulnis zu vermeiden. Bei starker Trockenheit welken die Blätter, erholen sich aber nach dem Gießen wieder.*

◑ ◊ ♦ 🏆 ❄❄❄ ↕ 10 cm ↔ bis 20 cm

Ranunculus aconitifolius 'Flore Pleno'

Diese Form des Eisenhutblättrigen Hahnenfußes ist eine gruppenbildende Staude mit kleinen, fast kugeligen, gefüllten, weißen Blüten, die im späten Frühling und Frühsommer für lange Zeit gebildet werden. Die tief gekippten, gesägten Blätter sind glänzend dunkelgrün. In Gehölzgärten pflanzen.

KULTUR: *In feuchtem, wasserdurchlässigem, humosem Boden pflanzen. Eine schattige oder halbschattige Stelle wählen.*

◑ ● ◊ ♦ 🏆 ❄❄❄
↕ 60 cm ↔ 45 cm

Ranunculus calandrinioides

Gruppenbildende Staude, die vom späten Winter bis zum zeitigen Frühjahr Büschel mit bis zu drei becherförmigen, weißen oder rosa überhauchten Blüten hervorbringt. Die lanzettlichen, blaugrünen Blätter erscheinen im Frühjahr an der Basis der Pflanze und sterben im Sommer ab. Diesen Hahnenfuß im Steingarten, Geröllbeet oder Alpinhaus halten. Kalte, feuchte Winter kann die Art nur im Alpinhaus überstehen.

KULTUR: *Am besten in grusigem, gut durchlässigem, humosem Boden sonnig pflanzen. In der Ruhezeit im Sommer wenig wässern.*

☼ ◊ 🏆 ❄ – ❄❄ ↕20 cm ↔15 cm

Rhamnus alaternus 'Argenteovariegata'

Dieser Kreuzdorn ist ein schnell wachsender, aufrechter bis ausladender, immergrüner Strauch mit ovalen, ledrigen, graugrünen Blättern, die cremeweiße Ränder besitzen. Im Frühjahr erscheinen Büschel winziger, gelbgrüner Blüten, die zu kugeligen, roten, später schwarzen Früchten reifen.

KULTUR: *In wasserdurchlässigem Boden in voller Sonne pflanzen. Im zeitigen Frühjahr unerwünschte Zweige entfernen. Alle Triebe mit einfarbig grünen Blättern sofort abschneiden.*

☼ ◊ 🏆 ❄❄ ↕5 m ↔ 4 m

Rheum palmatum 'Atrosanguineum'

Mit seinen rundlichen, grob gezähnten, dunkelgrünen, bis 90 cm breiten Blättern bietet sich der Handlappige Rhabarber vor allem als strukturbetonte Staude an. Junge Blätter der Sorte 'Atrosanguineum' sind rötlich gefärbt. Im Frühsommer erscheinen hohe, fiedrige, kirschrosa Blütenstände. Schön vor allem am Gewässerrand.

KULTUR: *Am besten in tiefgründigen, feuchten, sehr humusreichen Böden an vollsonnigen bis halbschattigen Plätzen.*

↕ 2,5 m ↔ 2 m

Rhodanthemum hosmariense

Ausladender Halbstrauch, der wegen seiner üppigen, margeritenartigen Blütenköpfchen geschätzt wird. Die Köpfchen besitzen weiße Zungenblüten und gelbe Röhrenblüten und werden vom zeitigen Frühjahr bis zum Herbst gebildet. Die fein zerteilten Blätter sind silbrig und weich behaart. Am Grund einer warmen Mauer oder im Steingarten halten. Im Alpinhaus blüht diese Art ganzjährig, wenn welke Blüten entfernt werden.

KULTUR: *In gut wasserdurchlässigem Boden sonnig pflanzen. Welke Blüten regelmäßig auskneifen, um die Blütezeit zu verlängern.*

↕ 10–30 cm ↔ 30 cm

Rhododendron (Immergrüne Azaleen)

Azaleen sind rundliche Sträucher, die wegen ihrer leuchtenden, oft duftenden Blüten geschätzt werden, die im Frühjahr zwischen dem dunkelgrünen Laub erscheinen. Es gibt verschiedene Blütengrößen, -formen und -farben. Azaleen eignen sich für viele Anwendungen: Zwergige oder kompakte Sorten, wie 'Beethoven', sind ausgezeichnete Topfpflanzen für schattige Innenhöfe, größere Sorten hellen schattige Bereiche auf. 'Hinomayo', 'Rosebud', 'Vuyk's Rosyred' und 'Vuyk's Scarlet' gedeihen an sonnigen Standorten, wenn der Boden nicht austrocknet.

KULTUR: *In feuchtem, wasserdurchlässigem, humosem, saurem Boden pflanzen. Idealerweise sollten Azaleen einen Teil des Tages im Schatten stehen. Es ist wichtig, die Pflanzen flach einzusetzen. Ein Formschnitt ist nur in geringem Umfang notwendig. Alte, zu dichte Pflanzen sollten im Frühsommer ausgelichtet werden.*

☼ ◐ ◇ ❄❄❄

1

↕↔ 1,2 m

2

↕↔ 1,3 m

3

↕↔ 60 cm

4

↕↔ 60 cm

5

↕↔ 60 cm

6

↕↔ 60 cm

1 *Rhododendron* 'Azuma-kagami' **2** *R.* 'Beethoven' 🏆 **3** *R.* 'Hatsugiri' **4** *R.* 'Hinodegiri' **5** *R.* (Obtusum-Gruppe) 'Hinomayo' 🏆 **6** *R.* 'Irohayama' 🏆

7

↕↔ 1,5 m

8

↕↔ 1,5 m

9

↕↔ 1,2 m

WEITERE SORTEN

'Addy Wery': zinnoberrote Blüten.

'Elsie Lee': hell lila-rote Blüten.

'Greeting': rotorange.

'Gumpo': rosaweiß.

'Hexe': karminrot.

'Hino-crimson': leuchtend rote Blüten.

'Kure-no-yuki': ('Snowflake') weiß.

'Louise Dowdle': lebhaft rotviolette Blüten.

'Vida Brown': rosarot.

'Wombat': rosa Blüten.

10

↕↔ 60–90 cm

11

↕↔ 1,2 m

12

↕↔ 1,2 m

7 *R.* 'John Cairns' **8** *R.* 'Kirin' **9** *R.* 'Palestrina' 🏆 **10** *R.* 'Rosebud' 🏆 **11** *R.* 'Vuyk's Scarlet' 🏆 **12** *R.* 'Vuyk's Rosyred' 🏆

Rhododendron (Laubabwerfende Azaleen)

Die frostharten Blütensträucher sind die einzigen Rhododendren, die ihr Laub vor dem Winter abwerfen. Ihre dunkelgrünen Blätter begeistern oft mit leuchtender Herbstfärbung. Laubabwerfende Azaleen sind die vielleicht schönsten Rhododendren. Sie tragen im Frühjahr und Frühsommer große Büschel weißer bis gelber, orangefarbener, rosa oder roter, mitunter duftender Blüten. Sie sind in zahlreichen Größen und Formen erhältlich und lassen sich im Garten vielfältig einsetzen, vor allem im lichten Schatten. *R. luteum* gedeiht in verlässlich feuchten Böden auch in der Sonne. Ist die Gartenerde ungeeignet, setzt man sie in Kübel.

KULTUR: *In feuchter, durchlässiger, saurer Erde mit viel organischer Substanz, idealerweise im Halbschatten. Flaches Einpflanzen ist wichtig. Mit einer dicken Schicht Laubhumus mulchen. Schnitt ist kaum erforderlich. Boden um die Pflanze nicht bearbeiten, um die Wurzeln nicht zu verletzen.*

☼ ◑ ◊ ♦ ❄❄❄

1

↕↔2,5 m

2

↕↔3 m

3

↕↔2,2 m

4

↕↔1,5-2,5 m

5

↕↔1,5 m

1 *R. albrechtii* **2** *R. austrinum* **3** *R.* 'Cecile' 🏆 **4** *R.* 'Corneille' 🏆 **5** *R.* 'Homebush' 🏆

7

↕↔ 4 m

6

↕↔ 2 m

8

↕↔ 1,5-2,5 m

WEITERE SORTEN

'Coccineum Speciosum': orangerote Blüten.

'Daviesii': weiß.

'Gibraltar': karminrote Knospen, orangefarbene Blüten mit gelbem Mal.

R. kaempferi: halb immergrün, rote Blüten.

'Klondyke': rote Knospen, orangegoldene Blüten.

'Satan': kräftig rot.

'Silver Slipper': weiße, rosa überlaufene Blüten mit orangefarbenem Mal.

'Spek's Brillant': leuchtend orange-hellrot.

9

↕↔ 2 m

10

↕↔ 2,5 m

11

↕↔ 2 m

6 *R.* 'Irene Koster' 🏆 **7** *R. luteum* 🏆 **8** *R.* 'Narcissiflorum' 🏆 **9** *R.* 'Persil' 🏆
10 *R.* 'Spek's Orange' 🏆 **11** *R.* 'Strawberry Ice' 🏆

Rhododendron (Große Rhododendren)

Große, waldbewohnende Rhododendren können eine baumförmige Statur haben und werden vor allem wegen ihrer leuchtenden Blüten kultiviert, die meist im Frühjahr in vielen Farben und Formen erscheinen. Sie sind ideale Pflanzen, um an schattigen Stellen und in Gehölzgärten Farbtupfer zu setzen. Die Blätter sind meist oval und dunkelgrün, bei *R. bureaui* ist der Austrieb hellbraun. Einige Kultivare, wie 'Cynthia' oder 'Purple Splendour', vertragen auf feuchten Böden volle Sonne. Sie sind daher vielseitig einsetzbar und eignen sich in großen Gärten als auffällige, frühjahrsblühende Hecke oder Sichtschutz.

KULTUR: *In feuchtem, wasserdurchlässigem, humosem, saurem Boden flach pflanzen. Die meisten Arten bevorzugen halbschattige, geschützte Gehölzstandorte. Formschnitte sind kaum erforderlich, die meisten Arten können nach der Blüte auf ausgeglichenes Astwerk zurückgeschnitten werden.*

☼ ◐ ◌ ◍ ❀ – ❄❄❄

↕↔ 3 m

↕↔ 3 m

↕↔ 3,5 m

1 *R.* 'Blue Peter' 🏆 **2** *R. bureaui* **3** *R.* 'Crest' 🏆

4

↕↔ 6 m

5

↕ bis 12 m ↔ 5 m

6

↕↔ 4 m

8

↕↔ 4 m

7

↕↔ 3 m

9

↕↔ 3 m

10

↕↔ 3 m

11

↕↔ 3 m

4 *R.* 'Cynthia' 🏆 **5** *R. falconeri* 🏆 **6** *R.* 'Fastuosum Flore Pleno' 🏆
7 *R.* 'Furnivall's Daughter' 🏆 **8** *R.* 'Loderi King George' 🏆 **9** *R.* 'Purple Splendour' 🏆
10 *R.* 'Sappho' **11** *R.* 'Susan' J. C. Williams 🏆

Rhododendron (Mittelgroße Rhododendren)

Diese immergrünen Rhododendren erreichen 1,5 m bis 3 m Höhe und werden wegen ihrer attraktiven, oft duftenden Blüten geschätzt. Die Blüten erscheinen im Frühjahr zwischen den dunkelgrünen Blättern. 'Yellow Hammer' bildet oft im Herbst die ersten Blüten. Das Laub von 'Winsome' hat nach dem Austrieb anfangs einen kupfernen Farbton. Die Auswahl an mittelgroßen Rhododendren ist riesengroß, alle eignen sich für Strauchrabatten oder Gruppenpflanzungen. Einige Sonne vertragende, niedrige Formen wie 'May Day' können als lockere Hecke gesetzt werden.

KULTUR: *In feuchtem, wasserdurchlässigem, humosem, saurem Boden pflanzen. Die meisten bevorzugen lichten Halbschatten. Rhododendren immer flach einpflanzen. 'Fragrantissimum' benötigt in kalten Gebieten besondere Pflege: nicht in Frosttaschen pflanzen und im Winter eine dicke Mulchschicht ausbringen. Falls notwendig, nach der Blüte beschneiden.*

☼ ◑ ○ ●

↕↔2 m

↕↔1,5 m

1 *R.* 'Fabia' 🏆❄❄❄ **2** *R.* 'Golden Torch' 🏆❄❄❄

↕↔2 m

↕↔1,5 m

↕↔1,5 m

↕↔2 m

↕↔2 m

↕↔1,5 m

3 *R.* 'Fragrantissimum' 🏆❄ **4** *R.* 'Hydon Dawn' 🏆❄❄❄ **5** *R.* 'May Day' 🏆❄❄❄
6 *R.* 'Titian Beauty' ❄❄❄ **7** *R.* 'Yellow Hammer' 🏆❄❄❄ **8** *R.* 'Winsome' 🏆❄❄❄

Rhododendron (Zwergige Rhododendren)

Zwergige Rhododendren sind niederliegende, immergrüne Sträucher mit mittel- bis dunkelgrünen, lanzettlichen Blättern. Sie blühen in vielen Farben und Formen während des Frühjahrs. Wenn alkalischer Boden die Kultur von Rhododendren in Beeten unmöglich macht, sind diese kompakten Sträucher ideal für Töpfe oder Kübel in schattigen Höfen geeignet. 'Ptarmigan' eignet sich für solche Zwecke besonders, weil er einige Zeit ohne Wasser auskommt. Zwergige Rhododendren passen auch gut in Steingärten. In kalten Gebieten werden die frühesten Blüten manchmal vom Frost beschädigt.

KULTUR: *In feuchtem, wasserdurchlässigem, laubreichem, saurem Boden pflanzen, der mit verrottetem organischen Material angereichert wurde. In Sonne oder Halbschatten setzen, tiefen Schatten unter Bäumen meiden. Am besten im Frühjahr oder Herbst pflanzen. Flach einsetzen. Eine Beschneidung ist nicht notwendig.*

☼ ◑ ◊

1
↕↔ 1,1 m

2
↕↔ 1,2 m

3
↕↔ 60 cm

4
↕↔ 45–90 cm

1 *R.* 'Cilpinense' ♀❄❄❄ **2** *R.* 'Doc' ❄❄❄ **3** *R.* 'Dora Amateis' ♀❄❄❄
4 *R.* 'Ptarmigan' ♀❄❄

Rhus typhina 'Dissecta'

Der Essigbaum, auch als *R. hirta* bekannt, ist ein aufrechter, laubabwerfender Strauch oder kleiner Baum mit samtroten Zweigen. Diese Sorte besitzt lange, aus vielen zerschlitzten Fiedern zusammengesetzte Blätter, die sich im Herbst leuchtend orangerot färben. Im Sommer erscheinen aufrechte Blütenstände mit unauffälligen, gelbgrünen Blüten, die zu Gruppen samtiger, dunkel karminroter Früchte ausreifen.

KULTUR: *In feuchtem, wasserdurchlässigem, relativ nährstoffreichem Boden in voller Sonne pflanzen, damit die Herbstfärbung sich voll ausprägt. Alle Schösslinge am Grund der Pflanze sofort entfernen.*

☼ ◊ ♦ 🏆 ❄❄❄ ↕2 m ↔3 m

Ribes sanguineum 'Brocklebankii'

Die langsam wachsende Blut-Johannisbeere ist ein aufrechter, laubabwerfender Strauch mit rundlichen, aromatischen, anfangs leuchtend gelben, später dunkler werdenden Blättern. Die blassrosa Blüten erscheinen im Frühjahr in hängenden Gruppen und reifen zu kleinen, blauschwarzen Früchten.

KULTUR: *In wasserdurchlässigem, relativ nährstoffreichem Boden pflanzen. Sonnig, mit etwas Schatten zur Mittagszeit setzen. Nach der Blütezeit ältere Zweige herausschneiden. Im Winter einen Renovierungsschnitt an überalterten Exemplaren durchführen.*

☼ ◑ ◊ 🏆 ❄❄❄ ↕↔ 1,2 m

Ribes sanguineum 'Pulborough Scarlet'

Diese wüchsige Sorte der Blut-Johannisbeere wird größer als 'Brocklebankii' und ist ein aufrechter, laubabwerfender Strauch. Im Frühjahr trägt er hängende Gruppen dunkelroter Blüten mit weißem Zentrum. Die aromatischen, dunkelgrünen Blätter sind rundlich mit gezähnten Lappen. Die kleinen, blauschwarzen Beeren reifen im Sommer heran.

KULTUR: *In wasserdurchlässigem, mäßig nährstoffreichem Boden sonnig pflanzen. Nach der Blüte ältere Äste herausschneiden. Überalterte Exemplare können im Winter oder zeitigen Frühjahr verjüngt werden.*

☼ ◇ ◆ 🏆 ❄❄❄ ↕2 m ↔ 2,5 m

Robinia hispida

Die Borstige Robinie ist ein aufrechter, laubabwerfender Strauch mit überhängenden, stacheligen Zweigen. Eine nützliche Pflanze für magere, trockene Böden. Die wickenartigen, dunkel rosaroten Blüten erscheinen im späten Frühjahr und Frühsommer in hängenden Trauben. Sie reifen zu braunen Hülsen heran. Die großen, dunkelgrünen Blätter bestehen aus zahlreichen, ovalen Fiedern.

KULTUR: *In jedem nicht staunassen Boden in voller Sonne pflanzen. Die brüchigen Zweige vor starkem Wind schützen. Eine Beschneidung ist nicht notwendig.*

☼ ◇ ❄❄❄ ↕2,5 m ↔ 3 m

Robinia pseudoacacia 'Frisia'

Diese Scheinakazie ist ein schnell wachsender, säulenförmiger, laubabwerfender Baum. Das zarte, anfangs goldgelbe, später gelbgrüne Laub färbt sich im Herbst orangegelb. Im Hochsommer tragen hängende Trauben kleine, duftende, weiße Blüten in geringer Zahl. Die zusammengesetzten Blätter stehen an meist bestachelten Ästen.

KULTUR: *In feuchtem, wasserdurchlässigem, nährstoffreichem Boden sonnig pflanzen. An Jungpflanzen einen Haupttrieb erziehen, indem Konkurrenztriebe früh entfernt werden. Ältere Pflanzen nicht beschneiden.*

☼ ◊ ♦ ♈ ❄❄❄ ↕15 m ↔ 8 m

Rodgersia pinnata 'Superba'

Diese Schaublatt-Sorte ist eine gruppenbildende Staude mit aufrechten Büscheln sternförmiger, hellrosa Blüten. Die Blütenstände erscheinen im Hoch- und Spätsommer über krautigen, stark geaderten, dunkelgrünen Blättern. Die langen, zusammengesetzten Blätter sind anfangs bronzepurpurn gefärbt. Kann gut in der Nähe von Gewässern oder an feuchten Gehölzrändern gepflanzt werden.

KULTUR: *Am besten in feuchtem, humosem Boden in voller Sonne oder im Halbschatten pflanzen. Vor kalten, austrocknenden Winden und Trockenheit schützen.*

☼ ◑ ♦ ♈ ❄❄❄ ↕bis 1,2 m ↔ 75 cm

Rosa (Großblütige Strauchrosen)

Die auch als Teehybriden bekannte Gruppe setzt sich aus laubabwerfenden Sträuchern zusammen, die meist in architektonischen Gestaltungen zum Einsatz kommen. Von anderen Rosen unterscheiden sie sich durch ihre großen Blüten, die einzeln oder in Zweier- und Dreiergruppen stehen. Die ersten Blüten erscheinen im Frühsommer. Danach blühen die Sträucher in Schüben bis zum Frühherbst. In geometrischen Beeten gruppiert man 5–6 Exemplare derselben Sorte und setzt, um die Höhe zu variieren, ein paar Hochstammrosen dazwischen. Strauchrosen lassen sich ferner gut mit anderen Sträuchern und Stauden in einer gemischten Rabatte kombinieren.

KULTUR: *In frischem, durchlässigem, nährstoffreichem Boden in der Sonne. Verblühte Stängel bis zum ersten Blatt zurückschneiden, um die Pflanze zu neuer Blüte anzuregen. Haupttriebe im März bis 25 cm über dem Boden einkürzen. Totes und krankes Holz herausnehmen.*

☼ ◊ ♦ ❄❄❄

1 ↕↔ 60 cm

2 ↕ bis 2 m ↔ 80 cm

3 ↕ 1,1 m ↔ 75 cm

4 ↕ 1,1 m ↔ 75 cm

5 ↕ 75 cm ↔ 60 cm

1 *Rosa* ABBEYFIELD ROSE 'Cocbrose' ♡ **2** *R.* ALEXANDER 'Harlex' ♡ **3** *R.* 'Blessings' ♡ **4** *R.* ELINA 'Dicjana' ♡ **5** *R.* FREEDOM 'Dicjem' ♡ **6** *R.* INDIAN SUMMER 'Peaperfume' ♡ **7** *R.* INGRID BERGMAN 'Poulman' ♡ **8** *R.* 'Just Joey' ♡ **9** *R.* LOVELY LADY 'Dicjubell' ♡

6
↕55 cm ↔60 cm

7
↕80 cm ↔65 cm

8
↕75 cm ↔70 cm

9
↕75 cm ↔60 cm

10
↕1 m ↔75 cm

11
↕1,2 m ↔1 m

14
↕80 cm ↔60 cm

12
↕1 m ↔60 cm

13
↕1 m ↔75 cm

15
↕1,1 m ↔60 cm

16
↕1 m ↔75 cm

10 *R.* PAUL SHIRVILLE 'Harqueterwife' 🏆 **11** *R.* PEACE 'Madame A. Meilland' 🏆
12 *R.* REMEMBER ME 'Cocdestin' 🏆 **13** *R.* ROYAL WILLIAM 'Korzaun' 🏆
14 *R.* SAVOY HOTEL 'Harvintage' 🏆 **15** *R.* 'Silver Jubilee' 🏆 **16** *R.* TROIKA 'Poumidor' 🏆

Rosa (Büschelig blühende Buschrosen)

Diese üppig blühenden Buschrosen sind auch als Floribundarosen bekannt. Die Auswahl an Blütenfarben ist groß. Anders als die großblütigen Buschrosen bringen diese Sträucher Büschel mit vielen relativ kleinen Blüten hervor. Fast alle duften, manche intensiv, andere dezenter. Sie passen gut in nicht formale Gärten oder Bauerngärten zu anderen Sträuchern und Stauden. Bedenken Sie die Farbe und große Zahl der Blüten bei der Auswahl benachbarter Pflanzen, da die Rosenblüten vom Frühsommer bis in den Frühherbst erscheinen.

KULTUR: *In feuchten, wasserdurchlässigen, nährstoffreichen Böden in der vollen Sonne. Welke Blüten entfernen. Die Haupttäste im zeitigen Frühjahr auf etwa 30 cm über dem Erdboden zurückschneiden. Wenn nötig, totes oder krankes Holz entfernen.*

☼ ◊ ♦ ❄❄❄

1

↕50 cm ↔ 60 cm

2

↕1 m ↔ 75 cm

3

↕75 cm ↔ 60 cm

4

↕1 m ↔ 60 cm

5

↕1,2 m ↔ 1m

6

↕80 cm ↔ 75 cm

1 *R.* AMBER QUEEN 'Harroony' 🏆 **2** *R.* ANISLEY DICKSON 'Dickimono' 🏆 **3** *R.* ANNA LIVIA 'Kormetter' 🏆 **4** *R.* 'Arthur Bell' 🏆 **5** *R.* 'Chinatown' 🏆 **6** *R.* CITY OF LONDON 'Harukfore' **7** *R.* ESCAPADE 'Harpade' 🏆 **8** *R.* 'Fragrant Delight' 🏆 **9** *R.* ICEBERG 'Korbin' 🏆

7

↕75 cm ↔60 cm

8

↕1 m ↔75 cm

9

↕80 cm ↔65 cm

10

↕↔75 cm

11

↕80 cm ↔60 cm

12

↕1,2 m ↔1 m

13

↕70 cm ↔60 cm

14

↕75 cm ↔60 cm

15

↕bis 2,2 m ↔1 m

10 *R.* MANY HAPPY RETURNS 'Harwanted' 🏆 **11** *R.* MARGARET MERRIL 'Harkuly' 🏆
12 *R.* MOUNTBATTEN 'Harmantelle' 🏆 **13** *R.* SEXY REXY 'Macrexy' 🏆 **14** *R.* TANGO 'Macfirwal'
15 *R.* 'The Queen Elizabeth'

Rosa (Kletterrosen)

Kletterrosen sind meist wüchsige Pflanzen, die je nach Sorte unterschiedliche Höhen erreichen. Ihre steilen, überhängenden Stämme sind oft dicht mit glänzenden, aus kleinen Fiedern zusammengesetzten Blättern besetzt. Die oft duftenden Blüten werden im Sommer gebildet – bei manchen in üppigem Flor, bei anderen in geringerer Zahl, aber mehrfach. Kletterrosen können an Zäunen, alten Bäumen, als Solitärpflanzen oder mit anderen Kletterpflanzen wie *Clematis* gesetzt werden. Zur Verschönerung hässlicher Bauten und als Hintergrund für Rabatten sind sie nützlich.

KULTUR: *Am besten in feuchtem, wasserdurchlässigem, relativ nährstoffreichem Boden in der Sonne pflanzen. Wenn keine Früchte gewünscht werden, welke Blüten entfernen. Ältere Pflanzen nach der Blüte auf die gewünschte Größe stutzen. Zur Verjüngung gelegentlich einen alten Stamm zur Basis zurückschneiden. In den beiden ersten Jahren niemals beschneiden.*

☼ ◊ ♦ ❄❄❄

1
↕↔ bis 6 m

2
↕3 m ↔2,5 m

3
↕↔2,2 m

4
↕bis 10 m ↔6 m

5
↕bis 5 m ↔4 m

1 *R. banksiae* 'Lutea' 🏆 **2** *R.* 'Compassion' 🏆 **3** *R.* DUBLIN BAY 'Macdub' 🏆
4 *R. filipes* 'Kiftsgate' 🏆 **5** *R.* 'Gloire de Dijon'

↕bis 3 m ↔ 2 m

↕3 m ↔ 2,2 m

↕↔ 2,5 m

↕5 m ↔ 3 m

↕3 m ↔ 2,5 m

↕bis 6 m ↔ 4 m

↕bis 3 m ↔ 2 m

6 *R.* 'Golden Showers' 🏆 **7** *R.* HÄNDEL 'Macha' 🏆 **8** *R.* 'Maigold' 🏆
9 *R.* 'Madame Alfred Carrière' 🏆 **10** *R.* 'New Dawn' 🏆
11 *R.* 'Madame Grégoire Staechelin' 🏆 **12** *R.* 'Zéphirine Drouhin'

Rosa (Rambler-Rosen)

Rambler-Rosen ähneln Kletterrosen, haben aber weichere, biegsame Stämme. Sie können so leichter an komplexen Stützen wie Bögen, Pergolen, Seilen oder Ketten getragen werden. Voraussetzung ist, dass die Stütze kräftig gebaut ist: Rambler-Rosen sind sehr wüchsig. Im Gegensatz zu Kletterrosen können sie unter Mehltau leiden, wenn sie an einer Wand kultiviert werden. Alle Sorten besitzen zusammengesetzte, glänzende, dunkelgrüne Blätter an stacheligen oder dornigen Trieben. Die Blüten erscheinen einzeln oder in Büscheln im Sommer. Manche Kultivare blühen einmal, andere zu einem späteren Zeitpunkt noch einmal, dann aber schwächer.

KULTUR: *In feuchtem, wasserdurchlässigem, nährstoffreichem Boden in voller Sonne halten. Die Triebe der Jungpflanzen festbinden, damit sich ein dauerhaftes Astwerk entwickelt, auf das jährlich nach der Blüte zurückgeschnitten wird. Tote oder kranke Triebe gelegentlich entfernen.*

☼ ◊ ◆ ❄❄❄

1

↕bis 5 m ↔3 m

2

↕bis 5 m ↔4 m

1 *R.* 'Albéric Barbier' 🏆 **2** *R.* 'Albertine' 🏆

3

↕ bis 10 m ↔ 6 m

4

↕ bis 5 m ↔ bis 4 m

5

↕↔ 6 m

6

↕ bis 6 m ↔ 4 m

7

↕↔ bis 4 m

8

↕↔ 4 m

3 *R.* 'Bobbie James' 🏆 **4** *R.* 'Félicité Perpétue' 🏆 **5** *R.* 'Rambling Rector' 🏆
6 *R.* 'Seagull' 🏆 **7** *R.* 'Sander's White Rambler' 🏆 **8** *R.* 'Veilchenblau' 🏆

Rosa (Patiorosen)

Diese Strauchrosen sind besonders kleine Züchtungen, die für viele Situationen einsetzbar sind. Sie besitzen sehr attraktive, duftende Blüten in den verschiedensten Farben und blühen über lange Zeit vom Sommer bis zum Herbst. Die glänzenden, dunkelgrünen Blätter werden im Herbst abgeworfen. Mit Ausnahme von 'Ballerina', die 1,5 m hoch wird, bleiben die meisten Sorten kleiner als 1 m und sind unentbehrlich für räumlich beschränkte, sonnige Stellen. In Kübeln, Töpfen oder Hochbeeten gepflanzt, sind sie eine ideale Dekoration für Innenhöfe und andere gepflasterte Bereiche.

KULTUR: *In wasserdurchlässigem, feuchtem, mäßig nährstoffreichem, humosem Boden pflanzen. Einen offenen, sonnigen Standort wählen. Im späten Winter alle Triebe bis auf die kräftigsten herausschneiden und diese um ein Drittel kürzen. Totes oder krankes Holz nach Bedarf entfernen.*

☼ ◊ ♦ ❄❄❄

1
↕45 cm ↔ 40 cm

2
↕bis 1,5 m ↔ 1,2 m

3
↕75 cm ↔ 60 cm

4
↕45 cm ↔ 30 cm

5
↕50 cm ↔ 40 cm

6
↕75 cm ↔ 60 cm

1 *R.* ANNA FORD 'Harpiccolo' 🏆 **2** *R.* 'Ballerina' 🏆 **3** *R.* 'Cecile Brunner' **4** *R.* CIDER CUP 'Dicladida' 🏆 **5** *R.* GENTLE TOUCH 'Diclulu' **6** *R.* 'Mevrouw Nathalie Nypels' 🏆

↕25 cm ↔30 cm

↕1,2 m ↔1 m

↕40 cm ↔60 cm

↕40 cm ↔35 cm

↕↔35 cm

↕↔60–90 cm

↕↔1–1,5 m

7 *R.* 'Perle d'Or' 🏆 **8** *R.* QUEEN MOTHER 'Korquemu' 🏆 **9** *R.* 'Stacey Sue'
10 *R.* SWEET DREAM 'Fryminicot' 🏆 **11** *R.* SWEET MAGIC 'Dicmagic' 🏆 **12** *R.* 'The Fairy' 🏆
13 *R.* 'Yesterday' 🏆

Rosa (Bodendeckende Rosen)

Bodendeckende Rosen sind niedrige, ausladende, laubabwerfende Sträucher, die sich ideal für den Vordergrund von Rabatten eignen. Sie tragen vom Sommer bis zum Herbst über lange Zeiträume hinweg schöne, duftende Blüten. Die zusammengesetzten, glänzenden, grünen Blätter stehen an stacheligen oder dornigen, manchmal kriechenden Trieben. Nur wirklich dicht wachsende Sorten wie SWANY 'Meiburenac' bedecken den Boden vollständig und das auch nur, wenn er von Anfang an unkrautfrei ist. Die meisten Bodendeckenden Rosen wirken am besten, wenn sie über Mauerkronen hängen oder auf steilen, sonst schwer zu bepflanzenden Böschungen stehen.

KULTUR: *In feuchtem, wasserdurchlässigem, relativ nährstoffreichem, humosem Boden in voller Sonne. Nach der Blütezeit alle Triebe kräftig auf die gewünschte Länge zurückschneiden und tote oder kranke Teile entfernen. Jährlicher Rückschnitt erhöht die Blühleistung.*

☼ ◊ ♦ ❄❄❄

↕85 cm ↔1,1 m

↕45 cm ↔1,2 m

↕75 cm ↔1,2 m

↕1 m ↔1,2 m

1 *R.* BONICA 'Meidomonac' 🏆 **2** *R.* 'Nozomi' 🏆 **3** *R.* RED BLANKET 'Intercell'
4 *R.* ROSY CUSHION 'Interall' 🏆

↕15 cm ↔45 cm

↕50 cm ↔1,5 m

↕80 cm ↔1,2 m

↕75 cm ↔1,2 m

↕bis 75 cm ↔1,7 m

5 *R.* SNOW CARPET 'Maccarpe' **6** *R.* SUMA 'Harsuma' **7** *R.* SURREY 'Korlanum' 🏆
8 *R.* SWANY 'Meiburenac' 🏆 **9** *R.* TALL STORY 'Dickooky' 🏆

Rosa (Alte Rosen)

Die Geschichte der Alten Rosen reicht zurück bis in die Römerzeit. Diese Kategorie laubabwerfender Sträucher ist sehr groß und wird in mehrere Gruppen wie Gallica-, Damaszener- und Moos-Rosen unterteilt. Fast alle Alten Rosen blühen im Frühsommer in einem einzigen Schub. Man sollte sie daher mit anderen Blütenpflanzen kombinieren, um ein dauerhaft schönes Arrangement zu erreichen. Unterpflanzen Sie nicht kletternde Formen nach Möglichkeit mit Frühjahrszwiebelblumen. Kletternde Sorten wiederum können z. B. mit spät blühenden *Clematis* verflochten werden.

KULTUR: *In frischen, durchlässigen Böden an vollsonnigen Standorten. Schnitt ist kaum erforderlich – es reicht, gelegentlich alte Triebe bis zur Basis zurückzuschneiden, um dichten Wuchs auszulichten und den Neuaustrieb zu fördern. Welke Blüten entfernen, falls man keine Hagebutten haben möchte.*

☼ ○ ◑ ❄❄❄

↕2,2 m ↔1,5 m

↕1,2 m ↔1 m

↕1 m ↔1,2 m

↕1,5 m ↔1,2 m

↕1,5 m ↔1,2 m

↕1,5 m ↔1,2 m

1 *R.* 'Alba Maxima' **2** *R.* 'Belle de Crécy' 🏆 **3** *R.* 'Cardinal de Richelieu' 🏆 **4** *R.* 'Céleste' 🏆 **5** *R.* x *centifolia* 'Cristata' 🏆 **6** *R.* x *centifolia* 'Muscosa' **7** *R.* 'Charles de Mills' 🏆 **8** *R.* 'De Rescht' 🏆 **9** *R.* 'Duc de Guiche' 🏆

↕↔ 1,2 m und mehr

↕↔ bis 2 m

↕↔ 1,2 m

↕ 1,5 m ↔ 1,2 m

↕ 1,3 m ↔ 1,2 m

↕ 1,5 m ↔ 1,2 m

↕ bis 2 m ↔ 1,2 m

↕ 1,5 m ↔ 1,2 m

↕ 1,5 m ↔ 1,2 m

↕ 1,5 m ↔ 1,2 m

↕↔ 1,2 m

↕↔ 1 m

10 *R.* 'Fantin-Latour' 🏆 **11** *R.* 'Félicité Parmentier' 🏆 **12** *R.* 'Ferdinand Pichard' 🏆
13 *R.* 'Henri Martin' **14** *R.* 'Ispahan' 🏆 **15** *R.* 'Königin von Dänemark' 🏆
16 *R.* 'Madame Hardy' 🏆 **17** *R.* 'Président de Sèze' 🏆 **18** *R.* 'Tuscany Superb' 🏆

Rosa (Moderne Strauchrosen)

Diese Strauchrosen sind etwas größer und ausladender als die meisten Rosen. Sie vereinen die Wuchsform alter Gartenrosen mit den Vorteilen einiger moderner Züchtungen. Sie sind im Allgemeinen gesund und wuchskräftig und einfach zu kultivieren. Sie blühen lange Zeit und sind deshalb ideal für den Hintergrund einer pflegeleichten Strauchrabatte in einem großen Garten. Die Auswahl an Blütenformen und -farben ist groß und manche Sorten duften herrlich. Vom Frühsommer bis in den Frühherbst öffnen sich mehrmals Blüten.

KULTUR: *In wasserdurchlässigem, feuchtem, nährstoffreichem, humosem Boden sonnig pflanzen. Jedes Jahr im zeitigen Frühjahr schneiden, um den Wuchs zu begrenzen. Unsachgemäßer Schnitt kann jedoch die Form der Pflanzen zerstören.*

☼ ◊ ◆ ❄❄❄

1
↕1,5 m ↔1,1 m

2
↕↔1,2 m

3
↕↔ bis 3,5 m

4
↕2 m ↔1,5 m

5
↕↔1,5 m

6
↕1,5 m ↔1,2 m

1 *R.* 'Blanche Double de Coubert' 🏆 **2** *R.* 'Buff Beauty' 🏆 **3** *R.* 'Cerise Bouquet' 🏆 **4** *R.* 'Constance Spry' 🏆 **5** *R.* 'Cornelia' 🏆 **6** *R.* 'Felicia' 🏆 **7** *R.* 'Fred Loads' 🏆 **8** *R.* GERTRUDE JEKYLL 'Ausbord' 🏆

7

↕2 m ↔1 m

8

↕1,5 m ↔1 m

9

↕1,2 m ↔1,5 m

10

↕1,5 m ↔1,2 m

11

↕↔2,2 m

12

↕↔2,2 m

15

↕2 m ↔1 m

13

↕↔1,1 m

14

↕ 2,2 m ↔2 m

16

↕↔1,1 m

17

↕2 m ↔1,2 m

9 *R.* GRAHAM THOMAS 'Ausmas' 🏆 **10** *R.* JACQUELINE DU PRÉ 'Harwanna' 🏆 **11** *R.* 'Marguerite Hilling' 🏆 **12** *R.* 'Nevada' 🏆 **13** *R.* 'Penelope' 🏆 **14** *R.* 'Roseraie de l'Häy' 🏆
15 *R.* 'Sally Holmes' 🏆 **16** *R.* 'The Lady' **17** *R.* WESTERLAND 'Korwest'

Rosa (Rosen für Hecken und Naturgärten)

Die besten Rosen für Heckenpflanzungen und naturnahe Gärten sind Rosenarten bzw. Wildrosen. Die meisten dieser Sträucher bzw. Kletterpflanzen zeichnen sich durch einen natürlichen spreizklimmenden oder übergebogenen Wuchs aus und tragen im Frühsommer einfache, fünfzählige, oft duftende Blüten an Trieben des Vorjahres. Die Hauptblütezeit ist zwar kurz, doch bilden die Sträucher oft Hagebutten, die ebenso dekorativ sind wie die Blüten. Das Farbspektrum der Früchte reicht von Orange bis Rot und sogar Schwarz. Sie halten oft bis in den Winter und liefern wertvolle Nahrung für hungrige Tiere.

KULTUR: *In feuchter, durchlässiger, mäßig nährstoffreicher, humoser Erde. In naturnahen Gärten ist kaum Schnitt erforderlich. Sträucher in Hecken kann man nach der Blüte schneiden und beschädigtes Holz entfernen. Weil Blüten am Vorjahrestrieb stehen, entfernt man ältere Zweige mit Bedacht.*

☼ ◊ ♦ ❄❄❄

↕1 m ↔1,2 m

↕2,2 m ↔2,5 m

↕80 cm ↔1 m

↕80 cm ↔1 m

↕2 m ↔1,5 m

1 *R.* 'Complicata' 🏆 **2** *R.* 'Fru Dagmar Hastrup' 🏆 **3** *R. gallica* var. *officinalis* 🏆
4 *R. gallica* 'Versicolor' 🏆 **5** *R. glauca* 🏆

6

↕1,1 m ↔1,3 m

7

↕1,5–2,5 m ↔1,2–2 m

8

↕bis 3 m ↔2 m

9

↕1,2 m ↔1 m

11

↕↔1–2,5 m

10

↕2 m ↔1 m

12

↕2 m ↔1 m

13

↕2,5 m ↔1 m

6 *R.* 'Golden Wings' 🏆 **7** *R. mulliganii* 🏆 **8** *R. nutkana* 'Plena' 🏆
9 *R.* x *odorata* 'Mutabilis' 🏆 **10** *R. primula* 🏆 **11** *R. rugosa* 'Rubra' 🏆
12 *R. xanthina* 'Canary Bird' 🏆 **13** *R. xanthina* fo. *hugonis* 🏆

Rosmarinus officinalis 'Miss Jessopp's Upright'

Ein wüchsiger, aufrechter, immergrüner Rosmarinstrauch mit aromatischem Laub, der als Küchenkraut verwendet werden kann. Von Mitte Frühjahr bis Frühsommer erscheinen zwischen schmalen, dunkelgrünen, weiß filzigen Blättern Wirtel kleiner, purpurblauer bis weißer Blüten, häufig werden im Herbst nochmals Blüten gebildet. Eine schöne Beetpflanze für Küchengärten.

KULTUR: *In wasserdurchlässigem, magerem bis mäßig nährstoffreichem Boden an einer geschützten, sonnigen Stelle pflanzen. Nach der Blüte störende Triebe entfernen.*

☼ ♢ 🏆 ❄ ↕↔ 2 m

Rosmarinus officinalis Prostratus-Gruppe

Diese niedrigen Sorten des Rosmarins sind aromatische, immergrüne Sträucher – ideal für Steingärten. Im Frühjahr, oft auch im Herbst, erscheinen Wirtel kleiner, zweilippiger, purpurblauer bis weißer Blüten. Die dunkelgrünen Blätter sind unten weiß behaart und können im Frühjahr als Küchenkraut geschnitten werden. An geschützten Stellen pflanzen und in kalten Wintern abdecken.

KULTUR: *In wasserdurchlässigem, magerem bis mäßig nährstoffreichem Boden sonnig pflanzen. Nach der Blüte leicht zurückschneiden und störende Zweige entfernen.*

☼ ♢ ❄ ↕ 15 cm ↔ 1,5 m

Rubus 'Benenden'

Diese Zierhimbeere ist ein hübscher, laubabwerfender Strauch, der ausladende, überhängende, unbedornte Zweige mit abblätternder Borke trägt. Er wird wegen der vielen, großen, schalenförmigen, rosenähnlichen Blüten mit glänzenden, reinweißen Blütenblättern geschätzt, die im späten Frühjahr und Frühsommer erscheinen. Die gelappten Blätter sind dunkelgrün. Für Strauchrabatten geeignet.

KULTUR: *In nährstoffreichem Boden in Sonne oder Halbschatten pflanzen. Nach der Blüte einige ältere Triebe bis zur Basis zurückschneiden, damit sich neue Zweige bilden und die Pflanze nicht zu dicht wächst.*

☼ ◑ ◊ 🏆 ❄❄❄ ↕↔ 3 m

Rubus thibetanus

Diese Tibet-Himbeere wird manchmal unter dem Sortennamen 'Silver Fern' verkauft und ist ein aufrechter, sommerblühender, laubabwerfender Strauch. Die Triebe sind im Winter auffällig weiß bereift. Die kleinen, schalenförmigen, purpurroten Blüten erscheinen zwischen dem farnartigen, weiß behaarten, dunkelgrünen Laub und reifen zu kugeligen, ebenfalls weiß bereiften, schwarzen Früchten.

KULTUR: *In nährstoffreichem Boden in der Sonne oder im Halbschatten pflanzen. Im Frühjahr alle abgeblühten Triebe zur Basis zurückschneiden und die vorjährigen, nicht abgeblühten Triebe nicht beschneiden.*

☼ ◑ ◊ 🏆 ❄❄❄ ↕↔ 2,5 m

Rudbeckia fulgida var. *sullivantii* 'Goldsturm'

Eine gruppenbildende Staude, die wegen ihres kräftigen, aufrechten Wuchses und der großen, margeritenähnlichen Blütenköpfchen mit goldgelben Zungenblüten und schwarzbraunen Röhrenblüten geschätzt wird. Die Blütenstände erscheinen im Spätsommer und Frühherbst über Büscheln lanzettlicher, mittelgrüner Blätter. Ein kräftiger Sonnenhut für Spätsommer-Rabatten. Die Blütenstände eignen sich als Schnittblumen.

KULTUR: *In feuchtem, wasserdurchlässigem, nicht austrocknendem Boden in voller Sonne oder im lichten Schatten pflanzen.*

↕ bis 60 cm ↔ 45 cm

Rudbeckia laciniata 'Goldquelle'

Diese hohe, aber kompakte Staude trägt von Hochsommer bis Mitte Herbst große, hell zitronengelbe Blütenköpfchen. Die Blüten dieses Sonnenhuts öffnen sich oberhalb lockerer Büschel tief gelappter, mittelgrüner Blätter. Die Blütenstände eignen sich gut als Schnittblumen.

KULTUR: *In feuchtem, wasserdurchlässigem Boden in voller Sonne oder im lichten Halbschatten pflanzen.*

↕ bis 90 cm ↔ 45 cm

Salix babylonica var. *pekinensis* 'Tortuosa'

Die Korkenzieherweide ist ein schnell wachsender, laubabwerfender Baum mit korkenzieherartigen Zweigen, die im Winter zur Geltung kommen. Im Frühjahr erscheinen mit den gedrehten, hellgrünen, unterseits graugrünen Blättern gelbgrüne Kätzchen. Nicht in die Nähe von Abflussrohren pflanzen, da die Wurzeln Wasser suchen. Auch als *S. matsudana* 'Tortuosa' bekannt.

KULTUR: *In jedem nicht sehr trockenen, flachen, kalkhaltigen Boden sonnig pflanzen. Gelegentlich im späten Winter ausdünnen, damit mehr Jungwuchs mit der typischen Form gebildet wird.*

☼ 💧 🏆 ❄❄❄ ↕15 m ↔ 8 m

Salix 'Boydii'

Kleiner, sehr langsam wachsender, aufrechter, laubabwerfender Weidenstrauch, der sich für Stein- und Troggärten eignet. Die kleinen, fast runden, rauen, auffällig geaderten Blätter sind graugrün. Kätzchen werden nur gelegentlich im zeitigen Frühjahr gebildet.

KULTUR: *In tiefem, feuchtem, wasserdurchlässigem Boden in voller Sonne pflanzen. Weiden vertragen keine flachen, kalkhaltigen Böden. Falls notwendig, im späten Winter beschneiden, um ein gesundes Astwerk zu erhalten.*

☼ ◯ 💧 🏆 ❄❄❄ ↕30 cm ↔ 20 cm

Salix caprea 'Kilmarnock'

Diese kleine Trauerweide ist ein idealer, laubabwerfender Baum für kleine Gärten. Sie bildet eine dichte, schirmartige Krone gelbbrauner Zweige, die Mitte bis Ende Frühjahr vor dem Laubaustrieb mit silbrigen Kätzchen bedeckt sind. Die breiten, gesägten Blätter sind oberseits dunkelgrün und unterseits graugrün.

KULTUR: *In tiefem, feuchtem, wasserdurchlässigem Boden in voller Sonne pflanzen. Jährlich im späten Winter beschneiden, damit die Krone nicht zu dicht wird. Am Stamm erscheinende Triebe entfernen.*

☼ ◊ ♦ ❄❄❄ ↕1,5–2 m ↔2 m

Salix hastata 'Wehrhahnii'

Kleine, langsam wachsende, aufrechte, strauchförmige, laubabwerfende Weide mit dunkel purpurbraunen Trieben und kontrastierenden, silbergrauen Kätzchen, die im zeitigen Frühjahr erscheinen. Diese Spieß-Weide eignet sich für Pflanzungen mit winterlichen Farbaspekten. Die Blätter sind oval und hellgrün.

KULTUR: *In feuchtem Boden sonnig pflanzen. Verträgt keine flachen, kalkhaltigen Böden. Im Frühjahr beschneiden, damit ein ausgewogenes Verhältnis von Jungtrieben, die sich im Winter am besten färben, und älteren Trieben – mit Kätzchen – entsteht.*

☼ ♦ 🏆 ❄❄❄ ↕↔1 m

Salix lanata

Diese Weide ist ein rundlicher, langsam wachsender, laubabwerfender Strauch mit kräftigen Zweigen, die anfangs eine wollige, weiße Behaarung tragen. Im späten Frühjahr erscheinen an älteren Trieben große, aufrechte, gold- bis graugelbe Kätzchen zwischen den dunkelgrünen, silbrig grau behaarten, ovalen Blättern.

KULTUR: *In feuchtem, wasserdurchlässigem Boden in voller Sonne pflanzen. Verträgt auch Halbschatten, aber keine flachen Kalkböden. Gelegentlich im späten Winter oder zeitigen Frühjahr beschneiden, um ein ausgewogenes Verhältnis alter und junger Triebe zu gewährleisten.*

☼ ◐ ◊ ◆ ♀ ❄❄❄ ↕1 m ↔ 1,5 m

Salix reticulata

Die kriechenden Zweige dieses kleinen Strauchs tragen rundliche, tief geäderte, dunkelgrüne, unterseits weiß behaarte Blätter. Im Frühjahr erscheinen aufrechte Kätzchen mit rosa Spitze, die den Hummeln als frühe Pollenquelle dienen. Die Netz-Weide eignet sich vor allem als Bodendecker im vorderen Rabattenbereich.

KULTUR: *In allen mageren bis nährstoffreichen, durchlässigen Böden in der Sonne.*

☼ ◊ ♀ ❄❄❄ ↕10 cm ↔ 30 cm

Salvia argentea

Der Silberblatt-Salbei ist eine kurzlebige Staude mit Büscheln weicher, filziger, grau behaarter, grundständiger Blätter. Im Hoch- und Spätsommer tragen kräftige, aufrechte Triebe Ähren mit helmförmigen, zweilippigen, weißen bis rosaweißen Blüten. Eignet sich für Rabatten im mediterranen Stil, ist aber nur in sehr milden Klimaten winterhart.

KULTUR: *In leichtem, sehr gut wasserdurchlässigem Boden an einer warmen, sonnigen Stelle pflanzen. Im Winter mit einer Haube oder einer Glasplatte vor übermäßiger Nässe und Kälte schützen.*

↕90 cm ↔ 60 cm

Salvia cacaliifolia

Die aufrechte, behaarte Staude wird in unseren Breiten einjährig gezogen. Sie trägt im Frühsommer über mittelgrünem Laub Stände aus dunkelblauen Blüten in Quirlen. Diese Salbei-Art fügt eine auffällige Blütenfarbe ein. Sie eignet sich für Beete, als Füllpflanze im Sommer oder für Gefäße.

KULTUR: *In leichter, mäßig nährstoffreicher, feuchter, durchlässiger, mit organischer Substanz angereicherter Erde. Für volle Sonne und Streuschatten.*

↕90 cm ↔ 30 cm

Salvia coccinea 'Pseudococcinea'

Die buschige, kurzlebige Staude wird in kühleren Regionen oft einjährig gezogen. Der Blut-Salbei trägt gezähnte, dunkelgrüne, behaarte Blätter und lockere, schlanke Rispen aus sanft kirschroten Blüten, die sich im Sommer und Herbst öffnen. Eine exotische Bereicherung für sommerliche Kombinationen. Auch für die Topfkultur geeignet.

KULTUR: *In leichten, mäßig nährstoffreichen, durchlässigen, mit organischer Substanz angereicherten Böden in der Sonne.*

☼ ♢ ❀ ↕60 cm ↔ 30 cm

Salvia discolor

In Mitteleuropa wird diese aufrechte Staude normalerweise wie eine Sommerblume behandelt und daher einjährig gezogen. Man schätzt das grüne, oberseits dicht weißwollig behaarte Laub, das mit seinem ungewöhnlichen Aussehen selbst einen hohen Zierwert hat, und die langen Ähren aus schwarzvioletten Blüten, die sich im September und Oktober über dem Laub öffnen.

KULTUR: *In leichten, mäßig nährstoffreichen, feuchten, aber durchlässigen, humusreichen Böden in voller Sonne oder im lichten Schatten.*

☼ ☀ ♢ ♦ ♀ ❀ ↕45 cm ↔ 30 cm

Salvia fulgens

Dieser Kardinals-Salbei ist ein aufrechter, immergrüner, sommerblühender Halbstrauch mit Trauben zweilippiger, roter Röhrenblüten. Die ovalen, gesägten oder gekerbten Blätter sind oberseits sattgrün und unterseits weiß behaart. Ein leuchtender Farbtupfer für Beete und Kübel. In frostgefährdeten Klimaten oft nicht winterhart.

KULTUR: *In leichtem, feuchtem, aber wasserdurchlässigem, mäßig nährstoffreichem, humosem Boden in Sonne oder Halbschatten pflanzen.*

↕ 15 cm ↔ 20 cm

Salvia guaranitica 'Blue Enigma'

Der Halbstrauch bietet sich in kühleren Regionen als Sommerblume für Blumenbeete an. Er erntet Bewunderung für seine dunkelblauen Blüten, die stärker duften als die der Art *S. guaranitica* und vom Sommerende bis zum Spätherbst hoch über dem mittelgrünen Laub aufragen.

KULTUR: *In leichten, mäßig nährstoffreichen, feuchten, aber durchlässigen, mit organischer Substanz angereicherten Böden in voller Sonne oder im lichten Streuschatten.*

↕ 1,5 m ↔ 90 cm

Salvia × jamensis 'Hot Lips'

Die Salbei-Hybride schmückt den Garten den ganzen Sommer über mit auffallenden roten und weißen Blüten. Im Gegensatz zu manchen anderen Salbei-Arten verträgt sie auch etwas Frost, muss aber trotzdem an einem geschützten Standort stehen. Man pflanzt sie im Frühsommer, damit die Wurzeln vor dem Winter gut einwachsen. Die aromatischen Blätter riechen beim Zerreiben nach Minze.

KULTUR: *Durchlässige Böden an vollsonnigen Plätzen.*

☼ ◊ ❄
↕ bis 75 cm ↔ 75 cm

Salvia leucantha

Der kleine, immergrüne Strauch muss unter Glas gezogen werden. Er trägt mittelgrünes, unterseits flaumig weiß behaartes Laub und lange Ähren aus weißen Blüten mit rot- bis blauviolettem Kelch, die sich im Winter und Frühjahr öffnen. Der Strauchige Salbei wertet Gewächshausbeete und große Gefäße das ganze Jahr über auf.

KULTUR: *Am besten unter Glas in Topferde. Braucht viel Licht, gleichzeitig aber auch Schutz vor praller Sonne. Während der Blüte nur mäßig gießen.*

☼ ◑ ◊ ♦ 🏆 ❀
↕ 60–100 cm ↔ 40–90 cm

Salvia microphylla 'Pink Blush'

Der Halbstrauch besitzt eine ungewöhnliche Blütenfarbe. Er trägt mittelgrüne Blätter und hohe, schlanke Ähren aus pinkfarbenen Blüten. Gut vor einer sonnigen, geschützten Mauer oder einem Zaun. Verträgt keine strengen Fröste. Ebenfalls empfehlenswert sind 'Kew Red' und 'Newby Hall', beide mit roten Blüten.

KULTUR: *In leichten, feuchten, aber durchlässigen, mäßig nährstoffreichen Böden mit viel organischer Substanz. Rückschnitt frostgeschädigter Exemplare möglich, aber nicht in altes Holz schneiden.*

☼ ◊ 🏆 ❄

↕ 90 cm ↔ 60 cm

Salvia officinalis 'Icterina'

Eine attraktive, gelb und grün panaschierte Form des Salbeis mit kissenförmigem, halbstrauchigem Wuchs. Die aromatischen, immergrünen, samtig behaarten Blätter können als Gewürz genutzt werden. Die wenig auffälligen Ähren kleiner, fliederblauer Blüten erscheinen im Frühsommer. Ideal für Kräuter- und Küchengärten.

KULTUR: *In feuchtem, wasserdurchlässigem, relativ nährstoffreichem, humosem Boden in voller Sonne oder im Halbschatten pflanzen.*

☼ ◊ 🏆 ❄ ❄

↕ bis 80 cm ↔ 1 m

Salvia officinalis Purpurascens-Gruppe

Der Purpur-Salbei ist ein aufrechter, immergrüner Halbstrauch für sonnige Rabatten. Der rotviolette Blattaustrieb und die blauvioletten, in der ersten Sommerhälfte erscheinenden Blüten wirken zusammen sehr dekorativ. Das aromatische Laub kann auch in der Küche verwendet werden. Ein wertvoller Farbgeber für den Kräutergarten.

KULTUR: *In leichten, mäßig nährstoffreichen, humusreichen, feuchten, durchlässigen Böden in der vollen Sonne oder im lichten Schatten. Nach der Blüte in Form bringen.*

↕ bis 80 cm ↔ 1 m

Salvia officinalis 'Tricolor'

Die aufrechte, immergrüne Staude zeichnet sich aus durch graugrün behaarte, aromatische Blätter mit cremefarbener und rosa bis dunkelrotvioletter Zeichnung. In der ersten Sommerhälfte erscheinen Ähren mit blauvioletten Blüten, die Schmetterlinge anlocken. Diese Sorte des Echten Salbeis ist nicht frosthart.

KULTUR: *In feuchter, aber durchlässiger, mäßig nährstoffreicher, mit organischer Substanz angereicherter Erde in der vollen Sonne oder im lichten Streuschatten. Vor Winternässe und kalten Winden schützen. Nach der Blüte bei Bedarf schneiden.*

↕ 80 cm ↔ 1 m

Salvia patens 'Cambridge Blue'

Aufrechte Staude mit hohen, lockeren Ähren blassblauer Blüten, die eine hübsche Bereicherung für Stauden- oder Mischrabatten, Beete oder Innenhofbepflanzungen darstellt. Die Blüten erscheinen von Hochsommer bis Mitte Herbst oberhalb der behaarten, ovalen, mittelgrünen Blätter. In frostgefährdeten Klimaten am Grund einer warmen Wand an einer geschützten Stelle pflanzen.

KULTUR: *In wasserdurchlässigem Boden in voller Sonne setzen. Jungpflanzen frostfrei überwintern.*

☼ ◊ 🏆 ❄ ↕ 45–60 cm ↔ 45 cm

Salvia pratensis Haematodes-Gruppe

Diese Form des Wiesensalbeis ist eine kurzlebige Staude, auch als *S. haematodes* bekannt, die dichte Gruppen großer, dunkelgrüner Blätter bildet. Im Früh- und Hochsommer tragen Triebe, die in der Mitte der Büschel entstehen, ausladende Ähren mit Massen blauvioletter Blüten, deren Röhren blasser gefärbt sind. Sorgt für Farbe in Beeten und kann in Rabatten, Beeten und Töpfen gehalten werden.

KULTUR: *In feuchtem, wasserdurchlässigem, mäßig nährstoffreichem, humosem Boden sonnig oder im lichten Schatten pflanzen.*

☼ ◊ 🏆 ❄❄❄ ↕ bis 90 cm ↔ 30 cm

Salvia × *sylvestris* 'Mainacht'

Hübsche, gruppenbildende, angenehm aromatische Staude mit hohen, dichten, aufrechten Ähren indigoblauer Blüten, die sich im Früh- und Hochsommer öffnen. Die schmalen, weich behaarten Blätter dieser Salbei-Art sind mittelgrün und an den Rändern gebuchtet. Bildet in Staudenrabatten einen schönen Kontrast zu silberblättrigen Pflanzen.

KULTUR: *In wasserdurchlässigem, nährstoffreichem Boden in der Sonne pflanzen. Verträgt Trockenheit. Nach der ersten Blütezeit zurückschneiden, um eine weitere Blühperiode anzuregen.*

☼ ◊ 🏆 ❄❄❄ ↕70 cm ↔ 45 cm

Salvia uliginosa

Der Sumpf-Salbei ist eine zierliche, aufrechte Staude, die von Spätsommer bis Mitte Herbst Ähren himmelblauer Blüten trägt. Die Ähren stehen an verzweigten Trieben über lanzettlichen, gesägten, mittelgrünen Blättern. Für feuchte Rabatten geeignet. In frostgefährdeten Gebieten muss die Art in Töpfen im kühlen Gewächshaus oder Wintergarten gehalten werden.

KULTUR: *Benötigt feuchten, wasserdurchlässigen, nährstoffreichen Boden oder Topferde. Geschützten, sonnigen Standort wählen. Hohe Exemplare müssen gestützt werden.*

☼ 💧 🏆 ❄❄ ↕bis 2 m ↔ 90 cm

Sanguisorba canadensis

Die laubabwerfende Staude mit gezähnten, geteilten, mittelgrünen Blättern reckt im Spätsommer prächtige flaumige Ähren aus dicht stehenden, kleinen, cremeweißen Blüten in die Höhe. In gemischten Staudenrabatten macht sich der Kanadische Wiesenknopf ebenso gut wie am Rand von Gewässern und in feuchten Wiesen, wo er verwildern darf.

KULTUR: *Mäßig nährstoffreiche, feuchte, aber durchlässige Böden an vollsonnigen bis halbschattigen Stellen. Bei Trockenheit während der Wachstumszeit regelmäßig gießen.*

☼ ☀ 💧 ❄❄❄ ↕ bis 2 m ↔ 60 cm

Sambucus nigra 'Guincho Purple'

Diese beliebte Form des Holunders ist ein aufrechter Strauch mit dunkelgrünen, später schwarzpurpurnen, geschlitzten Blättern, die sich im Herbst rot färben. Im Frühsommer können sich nach Moschus duftende, rosa überhauchte, weiße Blüten bilden, die zu kleinen, schwarzen Früchten reifen. Holunder wächst in neuen Gärten schnell an.

KULTUR: *In nährstoffreichem Boden in Sonne oder Halbschatten pflanzen. Die schönsten Blätter werden gebildet, wenn im Winter ältere Triebe an der Basis gekappt und jüngere auf die Hälfte gekürzt werden.*

☼ ☀ 💧 ❄❄❄ ↕↔ 6 m

Santolina chamaecyparissus

Rundlicher, immergrüner Strauch, der wegen seines Laubs kultiviert wird. Die kleinen, gelben Blütenköpfchen dieses Heiligenkrauts können im Sommer entfernt werden, damit sich das Laub entwickelt. Die schlanken, wollig behaarten Triebe sind dicht mit schmalen, grauweißen Blättern besetzt. Für Mischrabatten, Steingärten oder als niedrige Hecke geeignet.

KULTUR: *In wasserdurchlässigem, magerem bis nährstoffreichem Boden sonnig pflanzen. Im Herbst alte Blütenköpfchen entfernen und lange Triebe trimmen. Alte, lichte Pflanzen im Frühjahr kräftig zurückschneiden.*

☼ ◊ 🏆 ❄❄ ↕50 cm ↔ 1 m

Santolina rosmarinifolia 'Primrose Gem'

Dichtes, rundliches, immergrünes, strauchförmiges Heiligenkraut, das *S. chamaecyparissus* ähnelt, aber hellgrüne Blätter und blassere Blüten besitzt. Diese erscheinen im Hochsommer in Blütenköpfchen an der Spitze schlanker Triebe oberhalb der aromatischen Blätter. Ein hübscher Lückenfüller für Sommerrabatten.

KULTUR: *In wasserdurchlässigem, magerem bis nährstoffreichem Boden sonnig pflanzen. Im Herbst welke Blütenköpfchen entfernen, lange Triebe zurückschneiden. Alte, lichte Pflanzen im Frühjahr kräftig beschneiden.*

☼ ◊ 🏆 ❄❄❄ ↕60 cm ↔ 1 m

Saponaria ocymoides

Dieses Seifenkraut ist eine kriechende, mattenbildende Staude, die im Sommer üppige Mengen kleiner, flacher, rosa Blüten trägt. Die behaarten, hellgrünen Blätter sind klein und oval. Eine ausgezeichnete Pflanze für trockene Böschungen, Geröll- und Steingärten, allerdings kann sie kleinere Nachbarn überwuchern.

KULTUR: *In grusigem, sehr gut wasserdurchlässigem Boden in voller Sonne pflanzen. Nach der Blüte kräftig zurückschneiden, um den kompakten Wuchs zu erhalten.*

☼ ◊ ♀ ❄❄❄

↕ 8 cm ↔ 45 cm oder mehr

Sarcococca confusa

Diese Fleischbeeren-Art ist ein dichter, immergrüner Strauch, der im Winter unvergleichlich duftet. Die kleinen, weißen Blüten erscheinen im Winter in Gruppen und reifen zu glänzenden, schwarzen Früchten. Die kleinen, ovalen Blätter sind glänzend dunkelgrün. Gut für niedrige Hecken an Eingängen geeignet. Verträgt Luftverschmutzung, trockenen Schatten und braucht kaum Pflege.

KULTUR: *In feuchtem, wasserdurchlässigem, nährstoffreichem, humosem Boden geschützt im Schatten oder Halbschatten pflanzen. Jährlich im Frühjahr abgestorbene oder beschädigte Zweige entfernen.*

☀ ☀ ◊ ♀ ❄❄❄ ↕ 2 m ↔ 1 m

Sarcococca hookeriana var. *digyna*

Dieser duftende, immergrüne Strauch ähnelt *S. confusa*, hat aber einen kompakteren, ausladenderen Wuchs. Die kleinen, duftenden, weißen Blüten dieser Fleischbeere besitzen rosa Staubbeutel und stehen im Winter zwischen den schlanken, glänzenden Blättern. Nach der Blütezeit reifen die Blüten zu schwarzen oder blauschwarzen Früchten. Auch als Schnittblume geeignet.

KULTUR: *In feuchtem, wasserdurchlässigem, nährstoffreichem, humosem Boden schattig pflanzen. Im Frühjahr Wurzelausläufer ausgraben (beschränkt die Ausbreitung).*

↕ 1,5 m ↔ 2 m

Satureja montana

Allzu oft sieht man diese dekorativen Gewächse in unseren Gärten nicht, doch kann sich das kleine, halb immergrüne Winter-Bohnenkraut mit seinen zahllosen kleinen, dunkelgrünen, grau angehauchten Blättern durchaus sehen lassen. Die lilarosa bis violetten Lippenblüten bedecken den Halbstrauch den ganzen Sommer über und locken Insekten an. Mit den aromatischen Blättern kann man Fleisch würzen.

KULTUR: *Verlässlich durchlässige, neutrale bis leicht alkalische Böden an vollsonnigen Plätzen.*

↕ 40 cm ↔ 20 cm

Saxifraga 'Jenkinsiae'

Dieser hübsche, langsam wachsende Steinbrech ist eine immergrüne Staude, die sehr dichte Polster aus graugrünen Blattrosetten bildet. Im zeitigen Frühjahr erscheinen zahlreiche kurze, schlanke Triebe, die einzelne, becherförmige, blassrosa Blüten mit dunklem Zentrum tragen. Für Stein- und Troggärten geeignet.

KULTUR: *Am besten in feuchtem, sehr gut wasserdurchlässigem, mäßig nährstoffreichem, neutralem bis alkalischem Boden in voller Sonne pflanzen. Im Sommer vor allzu großer Sonneneinstrahlung schützen.*

↕5 cm ↔ 20 cm

Saxifraga 'Southside Seedling'

Mattenbildende, ausdauernde, immergrüne Steinbrech-Staude, die sich für Steingärten eignet. Lockere Büschel kleiner, becherförmiger, weißer Blüten mit kräftigen, roten Flecken erscheinen im späten Frühjahr und Frühsommer. Die länglichen bis spatelförmigen, blassgrünen Blätter bilden dichte, grundständige Rosetten.

KULTUR: *In sehr gut wasserdurchlässigem, mäßig nährstoffreichem, alkalischem Boden in voller Sonne pflanzen.*

↕30 cm ↔ 20 cm

Scabiosa caucasica 'Clive Greaves'

Zarte, ausdauernde Skabiose mit einzelnen, lavendelblauen Blütenköpfchen, die sich hervorragend für Landhausgärten eignet. Die Köpfchen besitzen ein nadelkissenartiges Zentrum und stehen im Hoch- und Spätsommer oberhalb der Büschel graugrüner Blätter. Auch als Schnittblumen geeignet.

KULTUR: *In wasserdurchlässigem, mäßig nährstoffreichem, neutralem bis schwach alkalischem Boden in voller Sonne pflanzen. Welke Blüten auskneifen, um die Blütezeit zu verlängern.*

☼ ◊ ✿✿✿ ↕↔ 60 cm

Scabiosa caucasica 'Miss Willmott'

Gruppenbildende Staude, die 'Clive Greaves' (siehe oben) ähnelt, aber weiße Blütenköpfchen bildet. Diese sind gut als Schnittblumen geeignet und erscheinen im Hoch- und Spätsommer. Die lanzettlichen Blätter sind grundständig und graugrün. In Landhausgärten pflanzen.

KULTUR: *In wasserdurchlässigem, mäßig nährstoffreichem, neutralem bis schwach alkalischem Boden in voller Sonne pflanzen. Welke Köpfchen auskneifen, um die Blütezeit zu verlängern.*

☼ ◊ ✿✿✿ ↕ 90 cm ↔ 60 cm

Schizostylis coccinea 'Sunrise'

Gruppenbildende, wüchsige Staude, die in Wuchs, Verwendung und Ansprüchen 'Major' ähnelt, aber im Herbst aufrechte Ähren mit lachsrosa Blüten trägt. Die langen Blätter sind schwertförmig und gerippt. Als Schnittblume recht lange haltbar.

KULTUR: *Am besten in feuchtem, wasserdurchlässigem, nährstoffreichem Boden in der Sonne pflanzen. Die Pflanzen bilden dichte Gruppen, die sich aber im Frühling leicht teilen lassen.*

☼ 💧🏆❄❄❄

↕ bis 60 cm ↔ 30 cm

Sciadopitys verticillata

Die Schirmtanne ist ein langsam wachsender, immergrüner Baum mit breiten Nadeln und abschälender, rotbrauner Borke. In seiner Jugend wächst er pyramidenförmig, doch mit der Zeit entwickelt er einen lockeren Wuchs mit hängenden, ausladenden Ästen. Mit seinen charakteristischen Nadelquirlen am Ende der Triebe eignet er sich als Solitär wie als Gruppenpflanze.

KULTUR: *Nährstoffreiche, feuchte, aber durchlässige, neutrale bis leicht saure Erde. Braucht volle Sonne mit etwas Schatten zur Mittagszeit oder halbschattige Standorte.*

☼ ◐ 💧🏆❄❄❄

↕ 10–20 m ↔ 6–8 m

Scilla bifolia

Der Zweiblättrige Blaustern ist eine kleine, im zeitigen Frühjahr blühende Zwiebelpflanze, die sich gut unter Bäumen und Sträuchern oder in Rasenflächen auswildern lässt. Die leicht einseitswendigen Trauben tragen zahlreiche sternförmige, blaue bis purpurblaue Blüten oberhalb der schmalen, grundständigen Blätter.

KULTUR: *In wasserdurchlässigem, mäßig nährstoffreichem, humosem Boden in voller Sonne oder im Halbschatten pflanzen.*

☼ ◊ 🏆 ❄❄❄

↕ 8–15 cm ↔ 5 cm

Scilla mischtschenkoana 'Tubergeniana'

Dieser kleine Blaustern ist eine Zwiebelpflanze und blüht etwas früher als *S. bifolia*. Die silberblauen Blüten besitzen einen dunkleren Streifen auf jedem Kronblatt. Sie stehen an sich verlängernden Ähren, die zusammen mit den halb aufrechten, schmalen, mittelgrünen Blättern erscheinen. Lässt sich in offenem Rasen auswildern. Auch als *S. tubergeniana* bekannt.

KULTUR: *In wasserdurchlässigem, mäßig nährstoffreichem, humosem Boden in voller Sonne pflanzen.*

☼ ◊ 🏆 ❄❄❄

↕ 10–15 cm ↔ 5 cm

Sedum kamtschaticum 'Variegatum'

Gruppenbildende, halb immergrüne, ausdauernde Fetthenne mit auffälligen, fleischigen, rosa getönten Blättern, deren Ränder cremefarben sind. Während des Spätsommers kontrastieren sie hübsch mit den flachen Blütenständen aus kleinen, sternförmigen, gelben Blüten, die sich später karminrot färben. Für Steingärten und Rabatten geeignet.

KULTUR: *In wasserdurchlässigem, grushaltigem, nährstoffreichem Boden pflanzen. Einen sonnigen Platz wählen, die Pflanzen vertragen aber auch etwas Schatten.*

☼ ◊ 🏆 ❄❄❄ ↕10 cm ↔ 25 cm

Sedum 'Ruby Glow'

Diese niedrige Staude ist eine ausgezeichnete Pflanze, um die Vorderkanten von Mischrabatten abzugrenzen. Von Hochsommer bis Frühherbst öffnen sich Massen kleiner, sternförmiger, rubinroter Blüten oberhalb der büschelig stehenden, fleischigen, purpurgrünen Blätter. Die nektarreichen Blüten locken Bienen, Schmetterlinge und andere nützliche Insekten an.

KULTUR: *In wasserdurchlässigem, nährstoffreichem, auch im Sommer feuchtem Boden sonnig pflanzen.*

☼ ◊ 🏆 ❄❄❄ ↕25 cm ↔ 45 cm

Sedum spathulifolium 'Cape Blanco'

Wüchsige, ausdauernde, immergrüne Fetthenne, die Polster silbergrauer, manchmal bronzepurpurn getönter Blätter bildet. Die inneren Blätter der Rosetten sind kräftig weiß bepudert. Im Sommer öffnen sich knapp oberhalb der Blätter kleine Gruppen sternförmiger, hellgelber Blüten. Eine sehr attraktive Bereicherung für Troggärten oder Hochbeete.

KULTUR: *In wasserdurchlässigem, mäßig nährstoffreichem, grushaltigem Boden sonnig pflanzen. Verträgt auch lichten Schatten.*

☼ ◊ 🏆 ❄❄❄ ↕ 10 cm ↔ 60 cm

Sedum spathulifolium 'Purpureum'

Diese wüchsige, sommerblühende Staude bildet dichte, immergrüne Matten aus Rosetten mit purpurnen Blättern. Die inneren Blätter der Rosetten tragen einen dicken, silbrigen Belag. Während des gesamten Sommers erscheinen kleine, sternförmige, hellgelbe Blüten in flachen Blütenständen. Für Steingärten oder den Vordergrund sonniger, wasserdurchlässiger Rabatten geeignet.

KULTUR: *In grusigem, mäßig nährstoffreichem, gut wasserdurchlässigem Boden sonnig oder halbschattig pflanzen. Gelegentliches Trimmen verhindert starke Ausbreitung.*

☼ ◑ ◊ 🏆 ❄❄❄ ↕ 10 cm ↔ 60 cm

Sedum spectabile 'Brilliant'

Gruppenbildende, im Winter einziehende Staude mit fleischigen, graugrünen Blättern und leuchtenden, rosa Blütenständen. Ausgezeichnet für den Vordergrund von Rabatten geeignet. Die kleinen, sternförmigen Blüten stehen im Spätsommer in dichten Büscheln an fleischigen Trieben. Sie locken Bienen und Schmetterlinge an und trocknen an der Pflanze oder als Schnittblume schön ein.

KULTUR: *In wasserdurchlässigem, nährstoffreichem Boden mit genügend Feuchtigkeit im Sommer sonnig pflanzen.*

☼ ◊ ♔ ❄❄❄ ↕↔ 45 cm

Sedum spurium 'Schorbuser Blut'

Wüchsige, immergrüne, ausdauernde Fetthenne, die Matten sukkulenter, mittelgrüner, später purpurn überhauchter Blätter bildet. Im Spätsommer erscheinen rundliche Gruppen sternförmiger, dunkel rosaroter Blüten. Für Steingärten geeignet.

KULTUR: *In wasserdurchlässigem, mäßig nährstoffreichem, neutralem bis leicht alkalischem Boden in voller Sonne pflanzen. Verträgt auch lichten Schatten. Die Matten alle drei bis vier Jahre teilen, um die Blühleistung zu erhöhen.*

☼ ◑ ◊ ♔ ❄❄❄
↕ 10 cm ↔ 60 cm

Sedum telephium Atropurpureum-Gruppe

Gruppenbildende, ausdauernde Fetthenne, die wegen ihrer dunkelpurpurnen Blätter geschätzt wird, die einen schönen Kontrast zu anderen Pflanzen bilden. Im Sommer und Frühherbst erscheinen Büschel attraktiver, rosa Blüten mit orangerotem Zentrum oberhalb der ovalen, schwach gebuchteten Blätter.

KULTUR: *In wasserdurchlässigem, nährstoffreichem, neutralem bis schwach alkalischem Boden in voller Sonne pflanzen. Alle drei bis vier Jahre die Gruppen teilen, um die Blütenbildung zu fördern.*

☼ ◊ 🏆 ❄❄❄ ↕45–60 cm ↔ 30 cm

Semiarundinaria fastuosa

Mit seinen sehr hohen, geraden, dicken Halmen wirkt der Narihirabambus recht stattlich. Kurz nach dem Austrieb tragen seine glatten, mittelgrünen Halme violette Streifen. Mit seinen glänzenden, grünen Blättern bietet er sich als Sicht- oder Windschutz sowie als Solitär an. Begrenzen Sie die Wurzeln mit einer robusten Sperre, um die Ausbreitung der Horste zu beschränken.

KULTUR: *Feuchte, durchlässige Böden in der Sonne oder im Halbschatten.*

☼ ◐ ◊ ◑ 🏆 ❄❄❄
↕bis 7 m ↔ 2 m und mehr

Sempervivum arachnoideum

Mattenbildende, immergrüne, sukkulente Staude, deren Blätter mit spinnwebenartigen, weißen Haaren bedeckt sind. Die kleinen, fleischigen, mittelgrünen bis roten Blätter der Spinnweben-Hauswurz stehen in dichten Rosetten. Im Sommer tragen belaubte Triebe flache Büschel sternförmiger, rosaroter Blüten. Für Geröllbeete, Mauerritzen oder Troggärten geeignet.

KULTUR: *In grushaltigem, sehr gut durchlässigem, magerem bis mäßig nährstoffreichem Boden in voller Sonne pflanzen.*

☼ ◊ 🏆 ❄❄❄ ↕8 cm ↔ 30 cm

Sempervivum ciliosum

Mattenbildende, immergrüne, sukkulente Staude mit stark behaarten, dichten Rosetten aus einwärts gebogenen, lanzettlichen, graugrünen Blättern. Diese Hauswurz trägt im Sommer kompakte Büschel sternförmiger, grünlich gelber Blüten. Nach der Blüte sterben die Rosetten ab, werden aber schnell ersetzt. In Regionen mit sehr feuchten Wintern am besten im Alpinhaus halten.

KULTUR: *In grusigem, sehr gut wasserdurchlässigem, magerem bis mäßig nährstoffreichem Boden in der Sonne halten. Verträgt Trockenheit, aber weder nasse Winter noch warm-feuchtes Klima.*

☼ ◊ 🏆 ❄❄❄ ↕8 cm ↔ 30 cm

Sempervivum tectorum

Die Dach-Hauswurz ist eine wüchsige, mattenbildende, immergrüne Sukkulente mit großen, offenen Rosetten aus dicken, ovalen, an der Spitze borstig behaarten, blaugrünen Blättern, die häufig purpurrot überhaucht sind. Im Sommer erscheinen an aufrechten, behaarten Trieben dichte Gruppen sternförmiger, purpurroter Blüten. Die Pflanze wirkt auf alten Dachziegeln oder zwischen Tonscherben besonders attraktiv.

KULTUR: *In grushaltigem, sehr wasserdurchlässigem, magerem bis mäßig nährstoffreichem Boden in voller Sonne pflanzen.*

↕15 cm ↔ 50 cm

Sidalcea 'Elsie Heugh'

Trauben aus seidigen, violettrosa Blüten zieren diese Sorte der staudigen Präriemalve. Sie erscheinen ab dem Hochsommer über einem Busch aus gelappten, glänzenden, kräftig grünen Blättern und halten sich lange. Ziehen Sie 'Elsie Heugh' in gemischten oder Staudenrabatten. Die Blüten werden gern als Schnittblumen genutzt. Man entfernt sie nach dem Verblühen, um den Flor zu fördern. Mitunter ist eine Stütze nötig.

KULTUR: *Am besten in durchlässiger Erde an sonnigen Standorten.*

↔ 90 cm ↔ 45 cm

Silene schafta

Gruppenbildendes, ausladendes, halb immergrünes, ausdauerndes Leinkraut mit biegsamen Trieben, die kleine, hellgrüne Blätter tragen. Von Spätsommer bis Herbst öffnen sich üppige Büschel langröhriger, magentafarbener Blüten mit gekerbten Kronblättern. Für Hochbeete oder Steingärten geeignet.

KULTUR: *In wasserdurchlässigem, neutralem bis schwach alkalischem Boden in Sonne oder lichtem Halbschatten pflanzen.*

☼ ◑ ◊ 🏆 ❄❄❄ ↕25 cm ↔30 cm

Silphium perfoliatum

Die Verwachsenblättrige Becherpflanze bildet einen hohen, imposanten Horst aus harzigen, aromatischen, dunkelgrünen Blättern, über denen vom Hochsommer bis zum Herbst verzweigte Stängel mit becherförmigen, gelben Körbchenblüten erscheinen. Sie locken eine Vielzahl bestäubender Insekten an und sind daher bestens für naturnahe Gärten geeignet. Die Staude verträgt auch schlecht dränierte Böden.

KULTUR: *Sonnige oder leicht schattige Plätze. Verlässlich feuchte Böden sind ideal.*

☼ ◑ ♦ 🏆 ❄❄❄ ↕2,5 m ↔1 m

Skimmia × *confusa* 'Kew Green' (männlich)

Kompakter, kuppelförmiger, immergrüner Strauch mit aromatischen, spitzen, mittelgrünen Blättern. Im Frühling öffnen sich an konischen Rispen duftende, cremeweiße Blüten. Die Pflanzen bilden keine Früchte, bestäuben aber in der Nähe gepflanzte, weibliche Individuen. In Rabatten oder Gehölzgärten pflanzen.

KULTUR: *In feuchtem, aber wasserdurchlässigem, mäßig nährstoffreichem, humosem Boden in voller Sonne oder tiefem Schatten pflanzen. Verträgt Luftverschmutzung und benötigt wenig Pflege oder Rückschnitt.*

☼ ☀ ♦ ♀ ✽✽✽ ↕0,5–3 m ↔ 1,5 m

Skimmia japonica 'Rubella' (männlich)

Ein widerstandsfähiger, kuppelförmiger, immergrüner Strauch mit dichtem Laub, der in Herbst und Winter rundliche Rispen dunkelroter Knospen trägt. Diese öffnen sich im Frühjahr zu kleinen, weißen Blüten. Die ovalen Blätter sind dunkelgrün mit rotem Rand. Bildet keine Früchte, kann aber weibliche Individuen bestäuben. Verträgt städtische Luftverschmutzung und Küstenbedingungen.

KULTUR: *In feuchtem, nährstoffreichem, neutralem bis schwach saurem Boden im Halbschatten oder Schatten pflanzen. Nur wenig Rückschnitt, störende Zweige entfernen.*

☼ ☀ ♦ ♀ ✽✽✽ ↕↔ bis 6 m

Solanum crispum 'Glasnevin'

Dieser Nachtschatten ist eine lang blühende, wüchsige, klimmende, verholzende, immergrüne Kletterpflanze. Die duftenden, dunkelblauen Blüten erscheinen im Sommer und Herbst an den Spitzen der Triebe und reifen zu gelbweißen Früchten. Die alten Blätter sind dunkelgrün. Frostempfindlich, sollte deshalb an einer warmen Wand gesetzt werden.

KULTUR: *In jedem feuchten, wasserdurchlässigen, nährstoffreichen Boden in Sonne oder Halbschatten pflanzen. Im Frühjahr schwache Triebe zurückschneiden. Mit dem Wachstum aufbinden.*

☼ ◑ ◊ ♦ 🏆 ❄ ↕6 m

Solanum laxum 'Album'

Der Jasmin-Nachtschatten ist ein verholzender, halb immergrüner Spreizklimmer mit fülligen Blütenständen aus duftenden, sternförmigen, milchweißen Blüten, aus denen zitronengelbe Staubblätter ragen. Blütezeit Sommer und Herbst. Schwarze Früchte. Die Kletterpflanze trägt dunkelgrünes, ovales Laub. Die Art ist nicht winterhart.

KULTUR: *In allen feuchten, aber durchlässigen, nährstoffreichen Böden an vollsonnigen bis halbschattigen Standorten. Triebe im Frühjahr ausdünnen. Stützen.*

☼ ◑ ◊ ♦ 🏆 ❄ ↕6 m

Solidago 'Goldenmosa'

Diese kompakte, wüchsige Goldrute ist eine buschige Staude, die im Spätsommer und Frühherbst an den Spitzen der Triebe goldgelbe Blütenköpfchen trägt. Die runzeligen Blätter sind mittelgrün. Eine wertvolle Pflanze für Wildblumengärten und im Spätsommer blühende Pflanzungen. Die Blütenstände sind als Schnittblumen geeignet. Goldrute kann wuchern.

KULTUR: *In wasserdurchlässigem, magerem bis mäßig nährstoffreichem, am besten sandigem Boden sonnig pflanzen. Abgeblühte Triebe entfernen, um eine Selbstaussaat zu verhindern.*

☼ ◊ ⚲ ❄❄❄ ↕ bis 75 cm ↔ 45 cm

Sophora SUN KING

Die strauchige, immergrüne Form des Schnurbaums trägt dunkelgrüne Blätter mit vielen kleinen Fiederblättchen, wird jedoch vor allem wegen ihrer sattgelben Blüten geschätzt. Sie erscheinen vom Spätwinter bis in das zeitige Frühjahr hinein, wenn wenig sonst blüht. Besonders blühfreudig zeigt sich das Gehölz nach einem langen, warmen Sommer. Man zieht es als Solitärstrauch oder in einer gemischten Rabatte.

KULTUR: *Am besten in gut wasserdurchlässigen Böden an sonnigen Standorten.*

☼ ◊ ⚲ ❄❄❄ ↕↔ 3 m

Sorbus aria 'Lutescens'

Diese Sorte der Mehlbeere ist ein breit säulenförmiger, laubabwerfender Baum mit ovalen, gesägten, silbergrauen Blättern, die sich im Herbst rostrot und golden färben. Im späten Frühjahr erscheinen Büschel weißer Blüten, die zu braun gefleckten, dunkelroten Beeren reifen. Ein wunderbarer Solitärbaum, der unter vielen Standortbedingungen gedeiht.

KULTUR: *In feuchtem, wasserdurchlässigem, nährstoffreichem Boden in der Sonne pflanzen. Verträgt schwere Lehmböden, Halbschatten, Luftverschmutzung und exponierte Standorte. Im Sommer tote Zweige entfernen.*

☼ ◐ ◊ ♦ 🏆 ❄❄❄ ↕10 m ↔8 m

Sorbus hupehensis var. *obtusa*

Offener, ausladender Baum mit attraktiver Herbstfärbung. Im späten Frühjahr erscheinen breite Büschel weißer Blüten, die zu runden, weißen, später dunkelrosa Beeren reifen. Die blaugrünen Blätter sind aus vielen Fiedern zusammengesetzt und färben sich scharlachrot, bevor sie abfallen.

KULTUR: *In jedem feuchten, wasserdurchlässigen Boden, am besten in voller Sonne pflanzen. Verträgt auch lichten Schatten. Im Sommer tote oder kranke Zweige entfernen.*

☼ ◐ ◊ ♦ 🏆 ❄❄❄ ↕↔ bis 8 m

Sorbus 'Joseph Rock'

Breit säulenförmiger, aufrechter, laubabwerfender Baum mit hellgrünen Blättern, die aus vielen scharf gesägten Fiedern zusammengesetzt sind. Im Herbst färben sich die Blätter orange, rot oder purpurn. Im späten Frühjahr erscheinen weiße Blüten in breiten Schirmrispen, die zu runden, anfangs blassgelben, später orangegelben Beeren reifen.

KULTUR: *In feuchtem, wasserdurchlässigem, nährstoffreichem Boden sonnig pflanzen. Anfällig für Feuerbrand, der an schwarzen Blättern zu erkennen ist. Befallene Bereiche müssen im Sommer 60 cm unterhalb der erkrankten Stelle gekappt werden.*

☼ 💧 💧 ❄❄❄ ↕10 m ↔ 7 m

Sorbus reducta

Laubabwerfender Strauch, der Dickichte aufrechter Zweige bildet. Diese Art wird vor allem wegen der dekorativen, dunkelgrünen Blätter geschätzt, die sich im Herbst rot färben. Im späten Frühjahr öffnen sich in kleinen, lockeren Gruppen stehende, weiße Blüten, die zu weißen, karminrot überhauchten Beeren heranreifen. Verträgt Luftverschmutzung.

KULTUR: *In wasserdurchlässigem, mäßig nährstoffreichem Boden an einer offenen, sonnigen Stelle pflanzen. Zum Ausdünnen der Pflanze werden grundständige Triebe entfernt, die noch jung und biegsam sind.*

☼ 💧 🏆 ❄❄❄ ↕1–1,5 m ↔ 2 m

Sorbus vilmorinii

Ausladender Strauch oder kleiner Baum mit eleganten, überhängenden Ästen, die aus vielen Fiedern zusammengesetzte, dunkelgrüne Blätter tragen. Das Laub färbt sich im Herbst vor dem Abwurf orange bis bronzerot. Im späten Frühjahr erscheinen Gruppen weißer Blüten, die später zu dunkelroten, dann rosa und weißen Beeren reifen.

KULTUR: *In wasserdurchlässigem, mäßig nährstoffreichem, humosem Boden in voller Sonne oder lichtem Schatten pflanzen. Totes oder krankes Holz im Sommer entfernen.*

☼ ◑ ◊ 🏆 ❄❄❄ ↕↔ 5m

Spigelia marilandica

Die ansehnliche horstbildende Indianer-Nelkenwurz trägt im Frühsommer knapp über dem Laub rote Röhrenblüten mit hellgelber Mitte. Die idealen Plätze der Waldstaude sind schattige Rabatten und Gehölzgruppen. Sie wird gern von Schmetterlingen angeflogen.

KULTUR: *Gedeiht in feuchten, durchlässigen, humusreichen Böden im Halbschatten. Pflanzen nach der Blüte zurückschneiden, um sie zu einer zweiten Blüte im Herbst anzuregen. Bei Verzehr giftig.*

◑ ♦ ❄ ↕30–60 cm ↔ 60 cm

Spiraea japonica 'Anthony Waterer'

Kompakter, laubabwerfender Spierstrauch, der sich für lockere, blühende Hecken eignet. Die lanzettlichen, dunkelgrünen Blätter sind meist cremeweiß gerandet und beim Laubaustrieb rot gefärbt. Im Hoch- und Spätsommer erscheinen dichte Gruppen winziger rosa Blüten.

KULTUR: *In jedem wasserdurchlässigen, relativ nährstoffreichen, nicht austrocknenden Boden in voller Sonne pflanzen. Beim Setzen die Stämme auf ein 15 cm hohes Astwerk zurückschneiden. Danach jährlich im Frühjahr bis fast zu diesem Astwerk stutzen. Alte Blüten entfernen.*

☼ ◊ ❄❄❄ ↕↔ bis 1,5 m

Spiraea japonica 'Goldflame'

Kompakter, laubabwerfender Spierstrauch mit hübschen, hellgelben Blättern, die beim Austrieb bronzerot gefärbt sind. Im Sommer erscheinen an den Spitzen der leicht überhängenden Triebe dichte, flache Blütenstände mit kleinen, dunkelrosa Blüten. Ideale Steingartenpflanze.

KULTUR: *In wasserdurchlässigem, nicht austrocknendem Boden in voller Sonne setzen. Nach dem Pflanzen die Stämme auf ein 15 cm hohes Astwerk kürzen und in jedem Frühjahr bis in die Nähe dieses Astwerks zurückschneiden. Nach der Blütezeit welke Blütentriebe entfernen.*

☼ ◊ ❄❄❄ ↕↔ 75 cm

Spiraea nipponica 'Snowmound'

Schnell wachsender, ausladender, laubabwerfender Spierstrauch mit überhängenden, rötlich grünen Zweigen. Die dichten Büschel kleiner, weißer Blüten erscheinen im Frühsommer und sind ein unentbehrlicher Bestandteil jeder Strauchrabatte. Die rundlichen Blätter sind anfangs hellgrün und dunkeln mit dem Alter nach.

KULTUR: *In jedem wasserdurchlässigen, nicht austrocknenden Boden in voller Sonne halten. Im Herbst abgeblühte Triebe zurückschneiden und schwache Zweige entfernen.*

☼ ◊ 🏆 ❄❄❄ ↕↔ 1,2–2,5 m

Spiraea × *vanhouttei*

Schnell wachsender, laubabwerfender Strauch, der einen kompakteren Wuchs als *S. nipponica* 'Snowmound' besitzt, aber im Frühsommer ähnliche Mengen weißer Blüten trägt. Die rhombischen Blätter sind oberseits dunkelgrün und unterseits blaugrün. Als lockere Hecke oder in Mischrabatten halten.

KULTUR: *In jedem wasserdurchlässigen, nicht austrocknenden, nährstoffreichen Boden in der Sonne pflanzen. Im Herbst abgeblühte Triebe zurückschneiden, schwache oder beschädigte Zweige entfernen.*

☼ ◊ ❄❄❄ ↕ 2 m ↔ 1,5 m

Stachyurus praecox

Die Schweifähre ist ein ausladender, laubabwerfender Strauch mit ovalen, mittelgrünen Blättern an überhängenden, purpurroten Trieben. Die hängenden Ähren winziger, glockenförmiger blass gelbgrüner Blüten erscheinen im späten Winter und zeitigen Frühjahr an kahlen Zweigen. In Strauchrabatten pflanzen oder als hübsches Glanzlicht in einem Gehölzgarten setzen.

KULTUR: *In feuchtem, wasserdurchlässigem, humosem, nährstoffreichem, neutralem bis saurem Boden pflanzen. Die Art bevorzugt Halbschatten, kann aber auf zuverlässig feuchten Böden auch volle Sonne vertragen.*

☼ ◑ ◊ ♦ 🏆 ❄ ❄ ↕1–4 m ↔ 3 m

Stipa gigantea

Dieses Federgras ist ein lockeres, immergrünes, ausdauerndes Gras, das dichte Büschel schmaler, mittelgrüner Blätter bildet. Im Sommer stehen oberhalb der Blätter silberne bis purpurgrüne Rispen, die goldgelb ausreifen und sich bis in den Winter hinein halten. Ein imposanter Blickfang für den Hintergrund von Rabatten.

KULTUR: *In wasserdurchlässigem, nährstoffreichem Boden sonnig pflanzen. Im zeitigen Frühjahr alte Blätter und Blütentriebe entfernen.*

☼ ◊ 🏆 ❄ ↕bis 2,5 m ↔ 1,2 m

Styrax japonicus

Ein eleganter, ausladender, laubabwerfender Storaxbaum, der hängende Gruppen duftender, glockenförmiger, weißer Blüten trägt, die manchmal rosa überhaucht sind. Die Blüten erscheinen im Früh- und Hochsommer zwischen ovalen, sattgrünen Blättern, die sich im Herbst gelb oder rot färben. In Gehölzgärten pflanzen.

KULTUR: *In feuchtem, wasserdurchlässigem, neutralem bis saurem Boden in voller Sonne pflanzen. Vor kaltem Wind schützen. Verträgt lichten Schatten. Die Pflanzen sollten sich ohne Beschneidung entwickeln können.*

☼ ◑ ◊ ◆ ♀ ❄❄❄ ↕10 m ↔ 8 m

Styrax obassia

Breit säulenförmiger, laubabwerfender Baum mit sehr schönen, rundlichen, dunkelgrünen Blättern, die sich im Herbst gelb färben. Im Früh- und Hochsommer öffnen sich an langen, abstehenden Büscheln duftende, glockenförmige, weiße Blüten.

KULTUR: *In feuchtem, wasserdurchlässigem, nährstoffreichem, humosem, neutralem bis saurem Boden in voller Sonne oder im Halbschatten pflanzen. Vor kaltem Wind schützen. Diese Art verträgt keinen Rückschnitt und sollte sich deshalb ungestört entwickeln dürfen.*

☼ ◑ ◊ ◆ ♀ ❄❄❄ ↕12 m ↔ 7 m

Symphytum × *uplandicum* 'Variegatum'

Dieser Beinwell ist eine aufrechte, gruppenbildende, borstige Staude mit großen, lanzettlichen, mittelgrünen, cremefarben gerandeten Blättern. Im Frühjahr und Frühsommer öffnen sich hängende Büschel rosablauer Knospen zu blauen Blüten. Für Wildblumengärten und schattige Rabatten geeignet. Wuchert nur wenig.

KULTUR: *In feuchtem Boden in Sonne oder Halbschatten pflanzen. Die Blätter sehen am besten aus, wenn Blütentriebe frühzeitig entfernt werden. Auf mageren Böden werden oft einfarbig grüne Blätter gebildet.*

☼ ◐ ♦ 🏆 ❄❄❄ ↕ 90 cm ↔ 60 cm

Syringa meyeri 'Palibin'

Dieser kompakte, langsam wachsende, laubabwerfende Fliederstrauch wird wegen seiner zahlreichen Rispen duftender, lavendelrosa Blüten geschätzt. Diese öffnen sich im Frühjahr und Frühsommer. Die ovalen Blätter sind dunkelgrün. Eine farbenfrohe Bereicherung für Strauchrabatten. Auch als *S. palibiniana* bekannt.

KULTUR: *In tiefem, feuchtem, wasserdurchlässigem, nährstoffreichem, am besten alkalischem Boden sonnig pflanzen. In den ersten Jahren welke Blütenstände entfernen. Im Winter schwache Triebe herausschneiden.*

☼ ◇ ♦ 🏆 ❄❄❄ ↕ 1,5–2 m ↔ 1,5 m

Syringa pubescens subsp. *microphylla* 'Superba'

Aufrechter bis ausladender, konischer, laubabwerfender Stauch mit Rispen stark duftender rosaroter Blüten. Die Rispen erscheinen in unregelmäßigen Abständen vom Frühjahr bis zum Herbst an den Zweigspitzen. Die ovalen, mittelgrünen Blätter sind anfangs rotgrün gefärbt. Ein schöner Sichtschutz oder als lockere Hecke.

KULTUR: *In feuchtem, wasserdurchlässigem, nährstoffreichem, humosem, neutralem bis alkalischem Boden sonnig pflanzen. Im Winter schwache oder beschädigte Zweige entfernen.*

↕ bis 6 m ↔ 6 m

Syringa vulgaris 'Charles Joly'

Dieser dunkelpurpurn blühende Flieder ist ein ausladender Strauch oder kleiner Baum. Die stark duftenden, gefüllten Blüten erscheinen im späten Frühjahr und Frühsommer in dichten, konischen Blütenständen. Die ovalen, dunkelgrünen Blätter werden im Winter abgeworfen. Als Hintergrund für Strauch- und Mischrabatten verwenden.

KULTUR: *In feuchtem, wasserdurchlässigem, nährstoffreichem, humosem, neutralem bis alkalischem Boden sonnig pflanzen. Jungpflanzen müssen wenig beschnitten werden. Alte Triebe im Winter kräftig stutzen.*

↕↔ 7 m

Syringa vulgaris 'Katherine Havemeyer'

Ausladender, großer Strauch oder kleiner Baum, der große Rispen stark duftender, gefüllter, lavendelblauer Blüten bildet. Diese öffnen sich im späten Frühjahr oder Frühsommer aus purpurnen Knospen. Die mittelgrünen, herzförmigen Blätter werden im Winter abgeworfen.

KULTUR: *In feuchtem, wasserdurchlässigem, nährstoffreichem, humusreichem, neutralem bis alkalischem Boden in der Sonne pflanzen. Regelmäßig Mulch ausbringen. Beschneidung ist kaum erforderlich. Verträgt aber einen kräftigen Verjüngungsschnitt.*

↕↔ 7 m

Syringa vulgaris 'Madame Lemoine'

Dieser Flieder wächst ähnlich wie 'Katherine Havemeyer', bildet aber weniger dichte Rispen mit großen, stark duftenden, gefüllten, weißen Blüten. Die Blütenstände erscheinen im späten Frühjahr und Frühsommer zwischen den herzförmigen bis ovalen, mittelgrünen Blättern, die im Winter abgeworfen werden.

KULTUR: *In tiefem, feuchtem, wasserdurchlässigem, nährstoffreichem, neutralem bis alkalischem Boden sonnig pflanzen. Jungpflanzen nicht beschneiden. Alte Sträucher vertragen einen kräftigen Verjüngungsschnitt im Winter.*

↕↔ 7 m

Tamarix tetrandra

Diese Tamariske ist ein großer, überhängender Strauch mit purpurbraunen Trieben, die von Mitte bis Ende Frühling hellrosa Blüten tragen. Die Blätter sind zu kleinen, nadelartigen Schuppen reduziert. Besonders nützlich für Strauchrabatten auf leichten, sandigen Böden. In warmen, exponierten Lagen, insbesondere in küstennahen Gärten, als Windschutz oder Hecke geeignet.

KULTUR: *In wasserdurchlässigem Boden sonnig pflanzen. Jungpflanzen nach dem Einsetzen auf fast die Hälfte zurückschneiden. Jährlich nach der Blüte kräftig beschneiden, damit der Strauch stabil bleibt.*

☼ ◊ 🏆 ❄❄❄ ↕↔ 3 m

Tanacetum coccineum 'Brenda'

Buschige Staude, die wegen ihrer margeritenähnlichen, hell magentarosa gefärbten Blütenköpfchen mit gelbem Zentrum kultiviert wird. Die Blütenköpfchen erscheinen im Frühsommer an aufrechten Trieben über aromatischen, fein zerteilten, graugrünen Blättern. Die Blütenstände ergeben langlebige Schnittblumen.

KULTUR: *In wasserdurchlässigem, nährstoffreichem, neutralem bis schwach saurem Boden offen und sonnig pflanzen. Nach der ersten Blühphase zurückschneiden.*

☼ ◊ ❄❄❄ ↕ 70–80 cm ↔ 45 cm

Taxus baccata

Die Eibe ist ein langsam wachsender, breit konischer, immergrüner Nadelbaum. Dunkelgrüne Nadeln stehen in zwei Zeilen an den Zweigen. Männliche Pflanzen tragen im Frühjahr gelbe Zapfen, auf weiblichen Pflanzen reifen im Herbst fleischige, hellrote Früchte. Gut als dichte Hecke oder Hintergrund für farbenfrohe Pflanzen. Eiben sind sehr giftig!

KULTUR: *In wasserdurchlässigem, nährstoffreichem Boden in Sonne oder Schatten pflanzen. Verträgt auch kalkhaltige oder saure Böden. Beeren werden nur gebildet, wenn beide Geschlechter zusammenwachsen. Im Sommer oder Frühherbst schneiden.*

☼ ☀ ◊ 🏆 ❄❄❄ ↕ bis 20 m ↔ 10 m

Taxus baccata 'Dovastonii Aurea' (weibl.)

Diese langsam wachsende, immergrüne Eibe besitzt ausladende, in waagerechten Lagen angeordnete Äste mit hängenden Spitzen. Diese Sorte bleibt kleiner als normale Eiben und bildet gelb gerandete bis goldgelbe Nadeln. Im Herbst reifen die fleischigen, hellroten Früchte. Die Pflanze ist sehr giftig!

KULTUR: *In wasserdurchlässigem, nährstoffreichem Boden in Sonne oder Halbschatten pflanzen. Verträgt kalkhaltigen oder sauren Boden. Männliche und weibliche Pflanzen zusammen setzen, damit sich Früchte bilden. Beschnitt im Sommer oder Frühherbst.*

☼ ☀ ◊ 🏆 ❄❄❄ ↕ 3–5 m ↔ 2 m

Taxus baccata 'Fastigiata' (weiblich)

Diese Sorte der Eibe ist ein dichter, steif aufrechter, immergrüner Nadelbaum, der mit dem Alter säulenförmig wird. Die dunkelgrünen Nadeln stehen im Gegensatz zu anderen Sorten rund um die Triebe. Die Pflanzen sind weiblich und tragen im Spätsommer fleischige, hellrote Früchte. Auch diese Eibe ist giftig!

KULTUR: *In feuchtem Boden sonnig bis schattig pflanzen. Verträgt auch andere Bedingungen, einschließlich trockener, kalkhaltiger Böden. Beeren werden nur in der Nähe männlicher Pflanzen gebildet. Im Sommer oder Frühherbst trimmen.*

↕ bis 10 m ↔ 4 m

Thalictrum delavayi 'Hewitt's Double'

Aufrechte, gruppenbildende Staude mit aufrechten Blütenständen aus langlebigen, pomponartigen, satt malvenfarbenen Blüten, die sich von Hochsommer bis Frühherbst öffnen. Die großen, fein zerteilten, mittelgrünen Blätter stehen an schlanken, dunkelpurpurn getönten Trieben. Diese Wiesenraute ist eine ausgezeichnete Ergänzung für Staudenrabatten mit kräftigeren Pflanzen.

KULTUR: *In feuchtem, wasserdurchlässigem, humosem Boden in Sonne oder lichtem Schatten pflanzen. Alle paar Jahre teilen, um die Wüchsigkeit zu fördern.*

↕ 1,2 m oder mehr ↔ 60 cm

Thalictrum flavum subsp. *glaucum*

Diese Gelbe Wiesenraute ist eine sommerblühende, gruppenbildende Staude, die große, aufrechte Rispen duftender, schwefelgelber Blüten bildet. Sie erscheinen oberhalb der mittelgrünen, zusammengesetzten Blätter. Für Gehölzränder geeignet.

KULTUR: *Am besten in feuchtem, humosem Boden im Halbschatten pflanzen. Verträgt auch volle Sonne und trockene Böden. Die Blütentriebe müssen manchmal gestützt werden.*

☼ ◐ ◊ ♦ 🍷 ❄❄❄ ↕ bis 1 m ↔ 60 cm

Thuja occidentalis 'Holmstrup'

Diese konische Konifere ist eine strauchförmige Sorte des Lebensbaums. Die dicht stehenden, mittelgrünen Nadeln sind in vertikalen Büscheln angeordnet und duften nach Äpfeln. Zwischen den Nadeln werden kleine, ovale Zapfen gebildet. Als Solitärstrauch oder als Hecke pflanzen.

KULTUR: *In tiefem, feuchtem, wasserdurchlässigem Boden in voller Sonne setzen. Vor kalten, austrocknenden Winden schützen. Falls notwendig, im Frühjahr oder Spätsommer trimmen.*

☼ ◊ ♦ 🍷 ❄❄❄ ↕ bis 4 m ↔ 3–5 m

Thuja occidentalis 'Rheingold'

Buschige, ausladende, langsam wachsende Konifere, die wegen ihrer goldgelben Nadeln geschätzt wird. Diese sind beim Austrieb rosa überhaucht und färben sich im Winter bronzefarben. Zwischen den überhängenden Büscheln duftender Nadeln erscheinen kleine, ovale Zapfen. Dieser Abendländische Lebensbaum ist eine schöne Solitärpflanze.

KULTUR: *In tiefem, feuchtem, wasserdurchlässigem Boden an einer geschützten, sonnigen Stelle pflanzen. Im Frühjahr oder Spätsommer trimmen, dabei aber vorsichtig vorgehen, um die Form nicht zu verderben.*

☼ ◊ ◑ 🏆 ❄❄❄ ↕1–2 m ↔ 3–5 m

Thuja orientalis 'Aurea Nana'

Dieser zwergige Orientalische Lebensbaum ist eine ovale Konifere mit faseriger, rotbrauner Borke. Die gelbgrünen, im Winter bronzefarbenen Nadeln stehen in flachen, vertikalen Büscheln. Zwischen den Nadeln werden flaschenförmige Zapfen gebildet. Für Steingärten geeignet.

KULTUR: *In tiefem, feuchtem, wasserdurchlässigem Boden sonnig pflanzen. Eine vor kalten, austrocknenden Winden geschützte Stelle wählen. Im Frühjahr und, falls notwendig, nochmals im Spätsommer trimmen.*

☼ ◊ ◑ ❄❄❄ ↕↔ bis 60 cm

Thuja plicata 'Stoneham Gold'

Diese langsam wachsende, zwergige Sorte des Lebensbaums ist eine konische Konifere mit rissiger, rotbrauner Borke und abgeflachten, unregelmäßig angeordneten Büscheln goldener, aromatischer Nadeln. Diese sind schuppenartig und im Inneren des Buschs dunkelgrün gefärbt. Die Zapfen sind klein und elliptisch. Ideal für Steingärten geeignet.

KULTUR: *In tiefem, feuchtem, wasserdurchlässigem Boden in voller Sonne pflanzen. Vor kalten, austrocknenden Winden schützen. Im Frühjahr und nochmals im Spätsommer trimmen.*

↕↔ bis 2 m

Thunbergia grandiflora

Wüchsige, verholzende, immergrüne Kletterpflanze, die in kalten Klimaten als Einjährige kultiviert werden kann. Im Sommer erscheinen hängende Gruppen lavendel- bis violettblauer, manchmal weißer Blüten mit gelbem Schlund. Die ovalen bis herzförmigen, dunkelgrünen Blätter sind weich behaart.

KULTUR: *In feuchtem, wasserdurchlässigem Boden oder Topferde in der Sonne pflanzen. Zur heißesten Tageszeit schattieren. Die klimmenden Triebe benötigen eine Stütze. Mindesttemperatur: 2 °C.*

↕ 5–10 m

Thymus pulegioides 'Bertram Anderson'

Niedriger, rundlicher, immergrüner Thymianstrauch mit kleinen, schmalen, graugrünen Blättern, die kräftig gelb überlaufen sind. Die sehr aromatischen Blätter können als Gewürz verwendet werden. Im Sommer erscheinen oberhalb der Blätter Köpfe mit blass lavendelrosa Blüten. Sehr hübsch für Kräutergärten. Auch als 'Anderson's Gold' bekannt.

KULTUR: *Am besten wasserdurchlässiger, neutraler bis alkalischer Boden in voller Sonne. Nach der Blüte trimmen und nach Bedarf Zweige für die Küche entfernen.*

☼ ◊ 🏆 ❄❄❄

↕ bis 30 cm ↔ bis 25 cm

Thymus serpyllum var. *coccineus*

Mattenbildender, immergrüner, halbstrauchiger Sand-Thymian mit weich behaarten, kriechenden Trieben, die kleine, aromatische, mittelgrüne Blätter tragen. Im Sommer erscheinen karminrosa Blüten in dicht gedrängten Wirteln. Kann in Wegritzen gepflanzt werden, die Blätter geben ihren Duft ab, wenn man auf die Pflanze tritt. Wird auch unter dem Namen *T. praecox* 'Coccineus' angeboten.

KULTUR: *In wasserdurchlässigem, neutralem bis alkalischem, grusigem Boden in voller Sonne pflanzen. Nach der Blüte trimmen, um die Pflanze formschön zu halten.*

☼ ◊ ❄❄❄ ↕ 25 cm ↔ 45 cm

Thymus 'Silver Queen'

Dieser rundliche, immergrüne Strauch ähnelt 'Bertram Anderson' (siehe linke Seite), trägt aber silberweißes Laub. Im Sommer erscheinen Massen länglicher, lavendelrosa Blütenstände. In Kräutergärten pflanzen. Die aromatischen Blätter eignen sich als Gewürz.

KULTUR: *In wasserdurchlässigem, neutralem bis alkalischem Boden in voller Sonne pflanzen. Nach der Blüte trimmen und jederzeit Zweige für die Küche abschneiden.*

☼ ♁ 🏆❄❄❄

↕ bis 30 cm ↔ bis 25 cm

Tiarella cordifolia

Die Herzblättrige Schaumblüte ist eine wüchsige, sommerblühende, immergrüne Staude, deren kleine, sternförmige, cremeweiße Blüten namengebend waren. Die Blüten stehen in üppigen Mengen an aufrechten Trieben oberhalb der gelappten, blassgrünen Blätter, die sich im Herbst bronzerot färben. Ein idealer Bodendecker für Gehölzgärten.

KULTUR: *Am besten in kühlem, feuchtem, humusreichem Boden im Schatten oder Halbschatten pflanzen. Verträgt viele verschiedene Bodenarten.*

◑ ● ♦ 🏆❄❄❄

↕ 10–30 cm ↔ bis 30 cm

Tilia 'Petiolaris'

Wegen ihres ausladenden Wuchses kommt diese hängende Silber-Linde nur in großen Gärten infrage. Ihre herzförmigen Blätter an eleganten Zweigen sind nach dem Austrieb im Frühjahr zunächst frischgrün, werden aber mit der Zeit dunkler, um sich schließlich im Herbst vor dem Laubfall in Gelb zu verabschieden. Bienen lieben die intensiv duftenden Blüten im Sommer, die jedoch keinen großen dekorativen Wert haben, weil sie zu klein sind.

KULTUR: *Feuchte, aber durchlässige Böden in der Sonne oder im lichten Schatten.*

☼ ☀ ♢ ♦ ♈ ❄❄❄ ↕30 m ↔ 20 m

Tolmiea menziesii 'Taff's Gold'

Sich ausbreitende, gruppenbildende, halb immergrüne Staude, die efeuähnliche, lang gestielte, blass lindgrüne Blätter mit cremefarbenen und blassgelben Flecken trägt. Im späten Frühjahr und Frühsommer erscheinen zahlreiche schlanke, aufrechte Ähren kleiner, nickender, schwach duftender, grünbrauner Blüten. In Gehölzgärten in Gruppen als Bodendecker einsetzen.

KULTUR: *In feuchtem, wasserdurchlässigem, humosem Boden im Halbschatten oder Schatten pflanzen. Direktes Sonnenlicht verbrennt die Blätter.*

☀ ● ♢ ♦ ♈ ❄❄ ↕30–60 cm ↔ 1 m

Trachelospermum jasminoides

Der Sternjasmin ist eine immergrüne, verholzende Kletterpflanze mit attraktiven, ovalen, glänzend dunkelgrünen Blättern. Die stark duftenden, cremeweißen Blüten altern gelblich und besitzen fünf gedrehte Kronzipfel. Sie erscheinen im Hoch- und Spätsommer und reifen zu langen Früchten. In frostgefährdeten Gebieten im Schutz einer warmen Wand und mit einer dicken Mulchschicht pflanzen.

KULTUR: *In wasserdurchlässigem, mäßig nährstoffreichem Boden in Sonne oder Halbschatten pflanzen. Jungtriebe festbinden.*

☼ ◑ ◊ 🏆 ❄ ↕ 9 m

Trachycarpus fortunei

Nur wenige Palmenarten vertragen mehr Frost als die Chinesische Hanfpalme. Sie entwickelt einen aufrechten Stamm mit einer Krone aus fächerförmigen, vielzähligen, dunkelgrünen Blättern. Im Frühsommer erscheinen kleine, gelbe Blüten in hängenden Büscheln, aus denen sich an weiblichen Exemplaren kleine, runde, schwarze Beeren entwickeln. Gute Kübelpflanze für warme, geschützte Höfe und Terrassen, kann in sehr milden Gegenden ausgepflanzt werden.

KULTUR: *Am besten an einem geschützten Standort mit durchlässigem Erdreich in der Sonne.*

☼ ◑ ◊ 🏆 ❄ ↕ 20 m ↔ 2,5 m

Tradescantia × *anderso-niana* 'J. C. Weguelin'

Büschelige, gruppenbildende, ausdauernde Dreimasterblume, die große, blassblaue Blüten mit drei ausgebreiteten, dreieckigen Kronblättern trägt. Die Blüten erscheinen von Frühsommer bis Frühherbst in paarigen Gruppen an der Spitze verzweigter Triebe. Die langen, fleischigen, spitzen, mittelgrünen Blätter hängen über. Effektvoll in Misch- und Staudenrabatten.

KULTUR: *In feuchtem, nährstoffreichem Boden in der Sonne oder im Halbschatten pflanzen. Welke Blüten auskneifen.*

☼ ◑ ♦ 🏆 ❄❄❄ ↕60 cm ↔ 45 cm

Tradescantia × *anderso-niana* 'Osprey'

Diese gruppenbildende, ausdauernde Garten-Tradeskantie bildet von Frühsommer bis Frühherbst an der Spitze aufrechter Triebe Gruppen großer, weißer Blüten. Jede Blüte besitzt drei dreieckige Kronblätter und zwei laubblattartige Tragblätter. Die schmalen, mittelgrünen Blätter sind häufig purpurn überhaucht. Eine lang blühende Pflanze für Misch- und Staudenrabatten.

KULTUR: *In feuchtem, wasserdurchlässigem, nährstoffreichem Boden in der Sonne oder im Halbschatten pflanzen. Welke Blüten entfernen, damit sich keine Samen bilden.*

☼ ◑ ◇ ♦ 🏆 ❄❄❄ ↕60 cm ↔ 45 cm

Tricyrtis formosana

Die Gewöhnliche Formosa-Krötenlilie ist eine aufrechte Staude, die wegen ihrer sternförmigen, weißen, purpurn gefleckten Blüten kultiviert wird, die an zickzackförmigen, weich behaarten Trieben stehen. Die Blüten erscheinen im Frühherbst über lanzettlichen, dunkelgrünen, stängelumfassenden Blättern. Attraktive Pflanze für schattige Rabatten oder lichte Gehölzgärten.

KULTUR: *In feuchtem, humosem Boden an einer geschützten Stelle im Schatten oder Halbschatten pflanzen. In kalten Gebieten mit geringen Schneemengen einen dicken Mulch für den Winter ausbringen.*

↕ bis 80 cm ↔ 45 cm

Trillium grandiflorum

Das Dreiblatt ist eine wüchsige, gruppenbildende Staude, die wegen ihrer großen, dreizähligen, weißen Blüten kultiviert wird, die häufig rosa verblassen. Die Blüten erscheinen im Frühjahr und Sommer an schlanken Trieben oberhalb der Wirtel mit drei großen, fast runden, dunkelgrünen Laubblättern. Besonders attraktiv in Kombination mit Funkien (*Hosta*).

KULTUR: *In feuchtem, wasserdurchlässigem, laubreichem, neutralem bis saurem Boden im Schatten oder Halbschatten pflanzen. Jährlich im Herbst Mulch aus Laubkompost ausbringen.*

↕ bis 40 cm ↔ 30 cm

Trollius × cultorum 'Orange Princess'

Diese Trollblume ist eine kräftige, gruppenbildende Staude mit orange-goldenen Blüten, die im späten Frühjahr und Frühsommer oberhalb des mittelgrünen Laubs stehen. Die Blätter sind tief in fünf rundliche Zipfel geteilt. Bringt leuchtende Farbe in Uferbereiche oder feuchte Rabatten.

KULTUR: *Am besten in schwerem, feuchtem, nährstoffreichem Boden in voller Sonne oder im Halbschatten pflanzen. Nach der ersten Blühphase die Triebe kräftig zurückschneiden, um weitere Blütenbildung zu erzielen.*

☼ ◑ ♦ 🏆 ❄❄❄ ↕ bis 90 cm ↔ 45 cm

Tropaeolum majus 'Hermine Grashoff'

Diese gefüllte Echte Kapuzinerkresse ist eine wüchsige, häufig klimmende, einjährige Kletterpflanze. Im Sommer und Herbst öffnen sich die lang gespornten, hellroten Blüten über hellgrünen, am Rand welligen Blättern. Ausgezeichnet für Ampeln und Kübel geeignet.

KULTUR: *In feuchtem, wasserdurchlässigem, recht magerem Boden in voller Sonne pflanzen. Die klimmenden Triebe brauchen eine Stütze. Mindesttemperatur: 2 °C.*

☼ ◊ 🏆 ❄ ↕ 1–3 m ↔ 1,5–5 m

Tropaeolum speciosum

Schlanke, krautige, kletternde Kapuzinerkresse, die von Sommer bis Herbst lang gespornte, zinnoberrote Blüten hervorbringt. Die Blüten reifen zu kleinen, hellblauen Früchten. Die mittelgrünen Blätter sind aus mehreren Fiedern zusammengesetzt. Hübsch als Kletterpflanze in dunklen Hecken, die schön mit den Blüten kontrastieren.

KULTUR: *In feuchtem, humosem, neutralem bis saurem Boden in Sonne oder Halbschatten pflanzen. Die Wurzeln im Schatten halten und klimmende Triebe stützen.*

☼ ◐ ◊ ♦ 🏆 ❄ ↕bis 3 m

Tsuga canadensis 'Jeddeloh'

Diese Zwergform der Hemlocktanne, ist eine kleine, vasenförmige Konifere mit tief rissiger, purpurgrauer Borke. Die hellgrünen Nadeln stehen in zwei Reihen an den Zweigen. Ausgezeichnet als kleine Solitärpflanze und beliebt als Bonsai.

KULTUR: *In feuchtem, aber wasserdurchlässigem, humosem Boden in voller Sonne oder im Halbschatten pflanzen. Vor kalten, austrocknenden Winden schützen. Im Sommer trimmen.*

☼ ◐ ◊ ♦ 🏆 ❄❄❄ ↕1,5 m ↔2 m

Tulipa clusiana var. *chrysantha*

Diese gelbe Tulpe ist eine Zwiebelpflanze, die im zeitigen bis mittleren Frühjahr blüht. Die schüssel- bis sternförmigen, außen rot oder bräunlich purpurn überhauchten Blüten erscheinen in Gruppen mit bis zu drei Blüten pro Trieb oberhalb der linealen, graugrünen Blätter. Für Hochbeete oder Steingärten geeignet.

KULTUR: *In wasserdurchlässigem, nährstoffreichem Boden in voller Sonne und vor starkem Wind geschützt pflanzen. Welke Blüten auskneifen und abgefallene Blütenblätter aufsammeln.*

☼ ◊ 🏆 ❄❄❄ ↕30 cm

Tulipa linifolia

Schlanke, vielgestaltige Zwiebelpflanze mit schüsselförmigen, roten Blüten, die im zeitigen und mittleren Frühjahr erscheinen. Die Blüten stehen oberhalb der linealen, graugrünen Blätter, die gewellte, rote Ränder besitzen. Die Blütenblätter haben gelbe Ränder und einen purpurschwarzen Fleck am Grund.

KULTUR: *In sehr gut wasserdurchlässigem, nährstoffreichem Boden in voller Sonne und vor starken Winden geschützt pflanzen. Welke Blüten und abgefallene Blütenblätter entfernen.*

☼ ◊ 🏆 ❄❄❄ ↕20 cm

Tulipa linifolia Batalinii-Gruppe

Schlanke Zwiebelpflanzen, auch als *T. batalinii* bekannt, die einzelne, schüsselförmige, blassgelbe Blüten mit dunkelgelben oder bronzefarbenen Saftmalen auf der Innenseite tragen. Die Blüten erscheinen von Anfang bis Mitte Frühjahr oberhalb der linealen, graugrünen Blätter mit gewellten, roten Rändern. Für Frühjahrsbeete verwenden, auch als Schnittblume geeignet.

KULTUR: *In sehr gut wasserdurchlässigem, nährstoffreichem Boden sonnig pflanzen. Vor starkem Wind schützen. Welke Blüten entfernen, abgefallene Blütenblätter auflesen.*

☼ ◊ 🏆 ❄❄❄ ↕35 cm

Tulipa turkestanica

Diese Tulpe bildet im zeitigen bis mittleren Frühjahr bis zu zwölf weiße Blüten pro Trieb. Die Blüten sind außen graugrün überhaucht und besitzen ein gelbes oder orangefarbenes Zentrum. Die linealen, graugrünen Blätter stehen unterhalb der Blüten. Diese Zwiebelpflanze in Steingärten oder sonnigen Rabatten in einiger Entfernung von Sitzecken oder Wegen pflanzen, weil sie unangenehm riecht.

KULTUR: *In wasserdurchlässigem, nährstoffreichem Boden in voller Sonne pflanzen. Vor starkem Wind schützen. Welke Blüten und abgefallene Blütenblätter entfernen.*

☼ ◊ 🏆 ❄❄❄ ↕30 cm

Tulipa (Tulpen-Kultivare)

Die Kulturformen der Tulpe sind frühjahrsblühende Zwiebelpflanzen, die eine viel breitere Farbpalette bieten als andere Frühjahrsblüher. Sie reicht von der gelben 'Hamilton' über die blauviolette 'Blue Heron' bis zur mehrfarbigen, rot-weiß-blauen 'Union Jack'. Durch diese Vielfalt können Tulpen Abwechslung in den Garten bringen, entweder als Gruppen in Töpfen oder Beeten oder in Mischrabatten gesetzt. Auch die Blütenform ist recht veränderlich: Neben den bekannten, becherförmigen Blüten, wie bei 'Dreamland', gibt es auch konische pokal- oder becherförmige Blüten. Alle Tulpen sind gute Schnittblumen.

KULTUR: *In wasserdurchlässigem, nährstoffreichem Boden an einer sonnigen, windgeschützten Stelle pflanzen. Im Winter vor übermäßiger Feuchtigkeit schützen. Abgewelkte Blüten entfernen. Zwiebeln herausnehmen, wenn die Blätter abgestorben sind, und in einem kühlen Gewächshaus nachreifen lassen. Die größten Zwiebeln im Herbst wieder einpflanzen.*

☼ 💧 ❄❄❄

1

↕15 cm

2

↕60 cm

3

↕50 cm

4

↕40 cm

5

↕50 cm

6

↕30 cm

1 *Tulipa* 'Ancilla' 🏆 **2** *T.* 'Blue Heron' 🏆 **3** *T.* 'China Pink' 🏆 **4** *T.* 'Don Quichotte' 🏆 **5** *T.* 'Hamilton' 🏆 **6** *T.* 'Oriental Splendour'

7
↕60 cm

8
↕30 cm

9
↕35 cm

10
↕60 cm

11
↕20 cm

12
↕40 cm

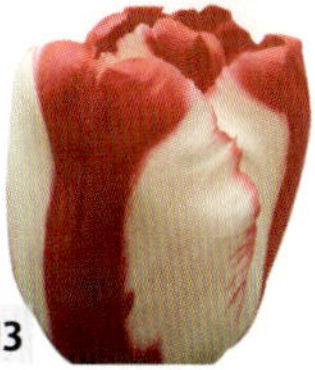
13
↕60 cm

14
↕50 cm

7 *T.* 'Dreamland' 🏆 **8** *T.* 'Keizerskroon' 🏆 **9** *T.* 'Prinses Irene' 🏆
10 *T.* 'Queen of Sheba' 🏆 **11** *T.* 'Red Riding Hood' 🏆 **12** *T.* 'Spring Green' 🏆
13 *T.* 'Union Jack' **14** 🏆 *T.* 'West Point' 🏆

Uvularia grandiflora

Sich langsam ausbreitende, gruppenbildende Staude mit einzelnen oder paarigen, hängenden, schmal glockenförmigen, gelben, manchmal grün überhauchten Blüten. Diese erscheinen von Mitte bis Ende Frühjahr an schlanken, aufrechten Trieben oberhalb der lanzettlichen, mittelgrünen, nach unten weisenden Blätter. Ausgezeichnet für schattige Rabatten und Gehölzgärten geeignet.

KULTUR: *In feuchtem, wasserdurchlässigem, nährstoffreichem, humusreichem Boden im Halbschatten oder Schatten pflanzen.*

↕bis 75 cm ↔ 30 cm

Vaccinium corymbosum

Die Amerikanische Heidelbeere ist ein dichter, laubabwerfender, säureliebender Strauch mit leicht überhängenden Trieben. Die ovalen, mittelgrünen Blätter färben sich im Herbst gelb oder rot. Im späten Frühjahr und Frühsommer erscheinen hängende Gruppen kleiner, rosa überhauchten weißer Blüten, die zu süßen, blauschwarzen Beeren reifen. Zahlreiche Formen, wie z. B. 'Duke' oder 'Spartan' eignen sich für die Topfkultur.

KULTUR: *Feuchte, aber durchlässige, saure Böden in der Sonne oder im lichten Schatten. Für eine optimale Bestäubung 2–3 Büsche pflanzen. Im Winter stutzen.*

↕↔ 1,5 m

Vaccinium glaucoalbum

Kuppenförmiger, dichter, immergrüner Strauch mit elliptischen, ledrigen, dunkelgrünen Blättern, deren Innenseiten bläulich weiß sind. Sehr kleine, weiße, rosa überhauchte Blüten öffnen sich im späten Frühjahr und Frühsommer an hängenden Trieben und reifen zu essbaren, blauschwarzen, weiß bereiften Beeren. Für Gehölzgärten auf kalkfreien Böden.

KULTUR: *In feuchtem, wasserdurchlässigem, torfhaltigem oder sandigem, saurem Boden in der Sonne oder im Halbschatten pflanzen. Im Frühjahr trimmen.*

☼ ◐ ◊ ♦ 🍷 ❄❄ – ❄❄❄
↕ 50–120 cm ↔ 1 m

Vaccinium vitis-idaea Koralle-Gruppe

Diese gut fruchtende Preiselbeere ist ein kriechender, immergrüner Strauch mit ovalen, glänzenden, dunkelgrünen Blättern, die an der Spitze leicht gekerbt sind. Im späten Frühjahr öffnen sich an hängenden Blütenständen kleine, glockenförmige, weiße bis dunkelrosa Blüten. Diese reifen zu kugeligen, hellroten Beeren, die essbar, aber sauer sind. Für Gehölzgärten auf kalkfreiem Boden.

KULTUR: *In torfhaltigem oder sandigem, feuchtem, wasserdurchlässigem, saurem Boden in Sonne oder Halbschatten pflanzen. Im Frühjahr trimmen.*

☼ ◐ ◊ ♦ 🍷 ❄❄❄
↕ 25 cm ↔ unbegrenzt

Veltheimia bracteata

Die Zwiebelblume bildet grundständige Rosetten aus dicken, wächsernen, riemenförmigen, glänzenden, dunkelgrünen Blättern. Aus den Rosetten treiben im Frühjahr aufrechte Blütenstängel mit einem endständigen Büschel aus röhrenförmigen, rosavioletten, gelb gefleckten Blüten aus. Eine ungewöhnliche Zimmerpflanze.

KULTUR: *Zwiebeln im Herbst in ton- und kieshaltiges Substrat pflanzen. Die Spitze muss aus dem Boden ragen. Braucht volle Sonne. Nach dem Welken der Blätter nur wenig gießen, während der Ruhephase gerade feucht halten. Mindesttemperatur: 2–5 °C.*

☼ ◊ ♕ ❀ ↕45 cm ↔ 30 cm

Veratrum nigrum

Die stattliche Staude treibt aus ihrem Rhizom eine grundständige Rosette gefältelter, mittelgrüner Blätter aus. Aus deren Mitte entspringen hohe, verzweigte Rispen mit kleinen, sternförmigen Blüten, die sich im Spätsommer öffnen. Weil sie unangenehm riechen, pflanzt man den Weißen Germer etwas abseits von Wegen oder Terrassen an feuchte, schattige Standorte.

KULTUR: *In tiefgründige, nährstoffreiche, feuchte, aber durchlässige Böden mit organischer Substanz. In voller Sonne muss das Erdreich stets feucht bleiben. Vor kalten Winden schützen. Verdichtete Horste im Herbst oder Frühjahr teilen.*

☼ ◑ ◊ ◆ ♕ ❄❄❄ ↕60–120 cm ↔ 60 cm

Verbascum bombyciferum

Die Seidenhaar-Königskerze bildet eine grundständige Rosette aus dicht gedrängten, seidig und silbrig behaarten Blättern. Nach dem Verblühen der hohen, silbrig behaarten Kerze mit schwefelgelben Blüten im Sommer zieht die sehr hohe, kurzlebige Staude ein. Man integriert sie in eine große Rabatte oder lässt sie durch Selbstaussaat im naturnahen Garten verwildern.

KULTUR: *In alkalischen, mageren, durchlässigen Böden an vollsonnigen Plätzen. Muss in nährstoffreichen Böden eventuell gestützt werden, weil sie so kräftig wächst. Im Frühjahr bei Bedarf teilen.*

☼ ◊ ❄❄❄
↕ 1,8 m ↔ bis 60 cm

Verbascum 'Cotswold Beauty'

Die hohe, immergrüne Staude bereichert jede große Rabatte mit ihren aufrechten Ähren aus tellerförmigen, pfirsichrosa Blüten mit dunkler Mitte, die sich den ganzen Sommer über zeigen. Das graugrüne Laub wächst größtenteils in Büscheln am Ansatz des Blütenstands. Man kann diese Sorte der Königskerze in naturnahen Gärten verwildern lassen.

KULTUR: *In durchlässigen, kargen, alkalischen Böden in voller Sonne. Wird in nährstoffreichen Böden höher und braucht dann eine Stütze. Im Frühjahr evtl. teilen.*

☼ ◊ 🏆 ❄❄❄
↕ 1,2 m ↔ 45 cm

Verbascum dumulosum

Dieser immergrüne Halbstrauch bildet kleine, breitwüchsige Büsche aus dicht gefältelten, grauen oder graugrünen Blättern an flaumig weiß behaarten Trieben. Im Juni und Juli erscheinen Blütenstände aus kleinen, tellerförmigen, gelben Blüten mit rotvioletter Mitte zwischen dem Laub. In warmen Gegenden in den Ritzen einer warmen, sonnigen Mauer ziehen, ansonsten im Alpinenhaus.

KULTUR: *In kiesigen, stark durchlässigen, mäßig nährstoffreichen, vorzugsweise alkalischen Böden in voller Sonne. Im Winter vor Nässe schützen.*

☼ ♁ 🏆 ❄

↕ bis 25 cm ↔ bis 40 cm

Verbascum 'Gainsborough'

Kurzlebige, sommerblühende, halb immergrüne, ausdauernde Königskerze, die wegen ihrer Blütenstände mit schalenförmigen, zartgelben Blüten geschätzt wird. Die meisten der ovalen, graugrünen Blätter stehen in grundständigen Rosetten an der Basis der Triebe. Eine sehr schöne, lange blühende Staude für Rabatten.

KULTUR: *In wasserdurchlässigem, nährstoffreichem Boden an einer offenen, sonnigen Stelle setzen. Häufig kurzlebig, aber durch Wurzelschnittlinge, die im Winter genommen werden, leicht zu vermehren.*

☼ ♁ 🏆 ❄❄❄

↕ bis 1,2 m ↔ 30 cm

Verbascum 'Letitia'

Dichter, rundlicher, immergrüner Halbstrauch, der während des ganzen Sommers üppige Mengen kleiner, gelber Blüten mit purpurrotem Zentrum bildet. Die lanzettlichen, unregelmäßig gekippten, graugrünen Blätter stehen unterhalb der Blütenstände. Für Hochbeete und Steingärten geeignet. In kalten Klimaten in den Fugen einer warmen, geschützten Trockenmauer halten.

KULTUR: *Am besten in sehr gut wasserdurchlässigem, relativ nährstoffreichem, alkalischem Boden in der Sonne pflanzen. Einen Standort wählen, der im Winter nicht übermäßig nass wird.*

↕ bis 25 cm ↔ bis 30 cm

Verbena bonariensis

Dieses Eisenkraut ist eine wertvolle, pflegeleichte Rabattenpflanze, weil sie einer Pflanzung Höhe verleiht. Ihre aufragenden, drahtigen Stängel schieben sich im Hochsommer über die meisten anderen Stauden, ohne sie zu verdecken. Sie tragen kleine Köpfe aus rotvioletten Blüten, die bis weit in den Herbst hinein halten und Bienen und Schmetterlinge anlocken.

KULTUR: *In feuchten, aber durchlässigen Böden an sonnigen Plätzen.*

↕ 1,5 m ↔ 50 cm

Verbena 'Sissinghurst'

Mattenbildendes, ausdauerndes Eisenkraut mit rundlichen Blütenständen kleiner, leuchtend magentarosa gefärbter Blüten, die vom späten Frühjahr bis zum Herbst erscheinen. Die meisten Blüten werden im Sommer gebildet. Die dunkelgrünen Blätter sind zerschlitzt und gesägt. Ausgezeichnete Pflanze für Wegeinfassungen oder Kübelpflanzungen. In kalten Gebieten unter Glas überwintern.

KULTUR: *In feuchtem, wasserdurchlässigem, mäßig nährstoffreichem Boden oder Topferde halten. Standort in voller Sonne wählen.*

☼ ◊ 🏆 ❀ – ❄

↕ bis 20 cm ↔ bis 1 m

Veronica gentianoides

Mattenbildender, ausdauernder Ehrenpreis, der im Frühsommer flach becherförmige, blassblaue oder weiße Blüten trägt. Diese sind in aufrechten Ähren angeordnet, die aus Rosetten glänzender, breit lanzettlicher, dunkelgrüner Blätter am Grund der Pflanze entspringen. Hervorragend zur Einfassung von Rabatten geeignet.

KULTUR: *In feuchtem, wasserdurchlässigem, mäßig nährstoffreichem Boden in Sonne oder Halbschatten pflanzen.*

☼ ◑ ◊ 🏆 ❄❄❄

↕↔ 45 cm

Veronica prostrata

Der Gewöhnliche Niederliegende Ehrenpreis ist eine dichte, mattenbildende Staude. Im Frühsommer erscheinen an der Spitze der kriechenden Triebe Ähren schalenförmiger, blass- bis dunkelblauer Blüten. Die kleinen, hell- bis mittelgrünen Blätter sind schmal und gesägt. In Steingärten pflanzen.

KULTUR: *Am besten in feuchtem, wasserdurchlässigem, magerem bis mäßig nährstoffreichem Boden pflanzen. Einen Platz in voller Sonne wählen.*

☼ ◊ 🏆 ❄❄❄

↕ bis 15 cm ↔ bis 40 cm

Veronica spicata subsp. *incana*

Eine vollständig silbrig behaarte Unterart des Ährigen Ehrenpreises. Die mattenbildende Staude trägt von Früh- bis Spätsommer aufrechte, hohe Ähren mit sternförmigen, purpurblauen Blüten. Die schmalen Blätter sind silbrig behaart und gesägt. Ideal für Steingärten.

KULTUR: *In wasserdurchlässigem, magerem bis mäßig nährstoffreichem Boden in voller Sonne pflanzen. Im Winter vor übermäßiger Feuchtigkeit schützen.*

☼ ◊ ❄❄❄ ↕↔ 30 cm

Viburnum × *bodnantense* 'Dawn'

Steif aufrechter, laubabwerfender Strauch mit gesägten, dunkelgrünen Blättern, die beim Austrieb bronzefarben sind. Von Spätherbst bis zum zeitigen Frühjahr erscheinen an der unbelaubten Pflanze kleine, stark duftende, dunkelrosa Röhrenblüten, die weiß verblassen und in dichten Gruppen stehen. Die Blüten reifen zu kleinen, blauschwarzen Früchten.

KULTUR: *In tiefem, feuchtem, wasserdurchlässigem, nährstoffreichem Boden sonnig pflanzen. Zu dichten Wuchs verhindern, indem die ältesten Triebe nach der Blüte bis zur Basis zurückgeschnitten werden.*

☼ ◊ ♦ 🏆 ❄❄ ↕3 m ↔2 m

Viburnum × *carlcephalum*

Dieser wüchsige, rundliche, strauchförmige, laubabwerfende Schneeball besitzt breit herzförmige, unregelmäßig gesägte, dunkelgrüne Blätter, die sich im Herbst rot färben. Im späten Frühjahr erscheinen zwischen dem Laub kugelige Gruppen kleiner, duftender, weißer Blüten. Für Strauchrabatten oder Gehölzgärten geeignet.

KULTUR: *In tiefem, feuchtigkeitsspeicherndem, nährstoffreichem Boden pflanzen. Verträgt Sonne und Halbschatten und muss fast nicht beschnitten werden.*

☼ ◐ ♦ 🏆 ❄❄❄ ↕↔3 m

Viburnum davidii

Kompakter, immergrüner, strauchförmiger Schneeball, der halbkugelig wächst und ovale, dunkelgrüne Blätter mit drei auffälligen Adern trägt. Im späten Frühjahr erscheinen flache Blütenstände mit kleinen, weißen Röhrenblüten. Auf weiblichen Pflanzen reifen später kleine, ovale, metallisch blaue Früchte heran. Wirkt in Gruppen gepflanzt besonders gut.

KULTUR: *In tiefem, feuchtem, wasserdurchlässigem, nährstoffreichem Boden sonnig oder im Halbschatten pflanzen. Männliche und weibliche Exemplare zusammen kultivieren (Fruchtbildung). Im Frühjahr störende Zweige bis zur Basis zurückschneiden.*

☼ ◑ ◇ ◆ ❄❄ ↕↔ 1–1,5 m

Viburnum farreri

Steif aufrechter, laubabwerfender Strauch mit ovalen, gesägten, dunkelgrünen Blättern, die bronzefarben austreiben und sich im Herbst purpurrot färben. Bei mildem Wetter erscheinen im Winter und zeitigen Frühjahr kleine, duftende, weiße oder rosa überhauchte Blüten, die in dichten Gruppen an den unbelaubten Trieben stehen. Gelegentlich reifen kleine rote Früchte heran.

KULTUR: *In jedem zuverlässig feuchten, wasserdurchlässigen, nährstoffreichen Boden in Sonne oder Halbschatten pflanzen. Nach der Blütezeit alte Triebe ausdünnen.*

☼ ◑ ◇ ◆ ❄❄❄ ↕3 m ↔ 2,5 m

Viburnum opulus 'Xanthocarpum'

Wüchsiger, laubabwerfender Strauch, der ahornähnliche, gelappte, mittelgrüne Blätter trägt, welche sich im Herbst gelb färben. Flache Blütenstände mit hübschen, weißen Blüten erscheinen im späten Frühjahr oder Frühsommer und reifen zu großen Schirmrispen mit kugeligen, hellgelben Beeren.

KULTUR: *In feuchtem, wasserdurchlässigem Boden in der Sonne oder im Halbschatten halten. Nach der Blütezeit ältere Triebe herausschneiden, um einen zu dichten Wuchs zu verhindern.*

☼ ☀ ◊ ♦ 🏆 ❄❄❄ ↕5 m ↔4 m

Viburnum plicatum 'Mariesii'

Ausladender, laubabwerfender, strauchförmiger Schneeball mit Zweigen, die in Lagen angeordnet sind. Die herzförmigen, gesägten, dunkelgrünen Blätter färben sich im Herbst purpurrot. Im späten Frühjahr öffnen sich an kugeligen Blütenständen weiße Blüten. Es werden nur wenige Früchte gebildet.

KULTUR: *In jedem wasserdurchlässigen, nährstoffreichen Boden in Sonne oder Halbschatten pflanzen. Wenig Rückschnitt, abgesehen vom Entfernen kranker Zweige. Nach der Blütezeit vorsichtig schneiden, um die Form nicht zu verderben.*

☼ ☀ ◊ 🏆 ❄❄❄ ↕3 m ↔4 m

Viburnum tinus 'Eve Price'

Sehr kompakter, immergrüner Schneeball-Strauch mit dichtem, dunkelgrünem Laub. Vom späten Winter bis zum Frühjahr öffnen sich über lange Zeit hinweg rosa Knospen zu kleinen, sternförmigen, weißen Blüten, die in flachen Blütenständen stehen. Die Blüten reifen zu kleinen, dunkel blauschwarzen Früchten. Eine schöne, lockere Heckenpflanze.

KULTUR: *In feuchtem, wasserdurchlässigem, mäßig nährstoffreichem Boden in der Sonne oder im Halbschatten pflanzen. Nach der Blütezeit aufbinden oder beschneiden, um die gewünschte Form zu erzielen.*

↕↔ 3 m

Vinca major 'Variegata'

Diese panaschierte Sorte des Großen Immergrüns ist auch als 'Elegantissima' bekannt. Der immergrüne Halbstrauch besitzt lange, schlanke Triebe, die ovale, dunkelgrüne Blätter mit cremeweißen Rändern tragen. Von Mitte Frühjahr bis zum Herbst erscheinen dunkelviolette Blüten. Ein schöner Bodendecker für schattige Böschungen, der allerdings wuchern kann.

KULTUR: *In feuchtem, wasserdurchlässigem Boden pflanzen. Verträgt Schatten, blüht aber besser, wenn er zeitweilig Sonne bekommt.*

↕ 45 cm ↔ unbegrenzt

Vinca minor 'Atropurpurea'

Dieses dunkelpurpurn blühende Kleine Immergrün ist ein mattenbildender, bodendeckender Halbstrauch mit langen, kriechenden Trieben. Die Blüten erscheinen über lange Zeit hinweg vom Hochsommer bis zum Herbst zwischen den ovalen, dunkelgrünen Blättern.

KULTUR: *In jedem nicht sehr trockenen Boden in voller Sonne halten, um die besten Blühergebnisse zu erzielen. Die Pflanzen vertragen auch Halbschatten. Durch einen kräftigen Rückschnitt im zeitigen Frühjahr das Wachstum begrenzen.*

↕ 10–20 cm ↔ unbegrenzt

Viola cornuta

Das Horn-Veilchen ist eine sich ausbreitende, immergrüne Staude, die im Frühjahr und Sommer zahlreiche schwach duftende, gespornte, violette bis fliederblaue Blüten bildet. Die Blütenblätter überlappen einander nicht und die unteren sind weiß gezeichnet. Die Blätter sind oval und mittelgrün. Für Steingärten geeignet.

KULTUR: *In feuchtem, wasserdurchlässigem, magerem bis mäßig nährstoffreichem Boden in der Sonne oder im Halbschatten pflanzen. Nach der Blüte zurückschneiden, um einen kompakten Wuchs zu erzielen.*

↕ bis 15 cm ↔ bis 40 cm

Viola 'Jackanapes'

Kräftiges, gruppenbildendes, immergrünes, ausdauerndes Veilchen, dessen kriechende Triebe ovale, gesägte, hellgrüne Blätter tragen. Die gespornten, goldgelben Blüten mit purpurnen Streifen erscheinen im späten Frühjahr und Sommer. Die beiden oberen Kronblätter sind bräunlich purpurn gefärbt. Gut als Topfpflanze und für Sommerbeete geeignet.

KULTUR: *In feuchtem, wasserdurchlässigem, relativ nährstoffreichem Boden in voller Sonne oder im Halbschatten pflanzen. Diese oft kurzlebigen Veilchen lassen sich durch Aussaat im Frühjahr vermehren.*

☼ ☀ ◊ ◑ ♈ ❄❄❄

↕ bis 12 cm ↔ bis 30 cm

Viola 'Nellie Britton'

Gruppenbildende, immergrüne Staude mit kriechenden Trieben und zahlreichen gespornten, malvenrosa Blüten, die im Sommer über lange Zeit hinweg gebildet werden. Die ovalen, mittelgrünen Blätter sind gesägt und glänzend. Für den Vordergrund von Rabatten geeignet.

KULTUR: *Am besten in wasserdurchlässigem, aber feuchtem, mäßig nährstoffreichem Boden in Sonne oder Halbschatten pflanzen. Häufig die welken Blüten auskneifen, um die Blütezeit zu verlängern.*

☼ ☀ ◊ ◑ ♈ ❄❄❄

↕ bis 15 cm ↔ bis 30 cm

Vitis coignetiae

Schnell wachsende, laubabwerfende Kletterpflanze mit großen, herzförmigen, schwach gelappten, dunkelgrünen Blättern, die sich im Herbst leuchtend rot färben. Die unscheinbaren Blüten reifen im Herbst zu kleinen, blauschwarzen Beeren. An einer Wand klettern lassen.

KULTUR: *In wasserdurchlässigem, neutralem bis alkalischem Boden in Sonne oder Halbschatten pflanzen. Auf mageren Böden entwickelt sich die beste Herbstfärbung. Nach dem Pflanzen die Triebspitzen auskneifen und mit den kräftigsten Trieben ein permanentes Astwerk aufbauen. Jährlich im Winter auf dieses Astwerk zurückschneiden.*

☼ ◑ ◊ 🏆 ❄❄❄ ↕15 m

Vitis vinifera 'Purpurea'

Dieser purpurblättrige Wein ist eine verholzende, laubabwerfende Kletterpflanze mit rundlichen, gelappten, gesägten Blättern. Diese sind beim Austrieb weiß behaart, im Sommer purpurn, im Herbst dunkelpurpurn. Im Sommer öffnen sich kleine, blassgrüne Blüten, die zu purpurnen Weintrauben reifen. An Zäunen oder in Bäumen klettern lassen.

KULTUR: *In durchlässigem, schwach alkalischem Boden in Sonne oder Halbschatten pflanzen. Die Herbstfärbung ist auf mageren Böden am schönsten. Jährlich im Winter auf dauerhaftes Astwerk zurückschneiden.*

☼ ◑ ◊ 🏆 ❄❄❄ ↕7 m

Weigela florida 'Foliis Purpureis'

Kompakter, laubabwerfender Strauch mit überhängenden Zweigen, die im späten Frühjahr und Frühsommer Büschel trichterförmiger, dunkelrosa Blüten mit blassem Schlund tragen. Die bronzegrünen Blätter sind oval und laufen spitz zu. Weigelien sind unempfindlich gegen Luftverschmutzung, deshalb ideal für Gärten in Innenstädten.

KULTUR: *Am besten in wasserdurchlässigem, nährstoffreichem, humosem Boden in voller Sonne pflanzen. Jährlich nach der Blüte einige ältere Äste bis zum Boden zurückschneiden.*

☼ ◊ 🏆 ❄❄❄ ↕1 m ↔1,5 m

Weigela 'Florida Variegata'

Dichter, laubabwerfender Strauch, der üppige Büschel trichterförmiger, dunkel rosaroter Blüten mit hellem Schlund bildet. Die Blüten erscheinen im späten Frühjahr und Frühsommer zwischen den attraktiven, graugrünen Blättern mit weißen Blatträndern. Diese Weigelie ist für Misch- und Strauchrabatten oder lichte Gehölzgärten geeignet. Sie verträgt Luftverschmutzung.

KULTUR: *In wasserdurchlässigem, nährstoffreichem, humosem Boden in voller Sonne pflanzen. Jährlich nach der Blütezeit einige der älteren Triebe an der Basis kappen.*

☼ ◊ 🏆 ❄❄❄ ↕↔ 2–2,5 m

Wisteria floribunda 'Alba'

Diese weiß blühende Glyzine ist eine schnell wachsende, verholzende Kletterpflanze mit hellgrünen, zusammengesetzten Blättern. Die duftenden, wickenartigen Blüten werden im Frühsommer an sehr langen, hängenden Trauben gebildet. Sie reifen meist zu bohnenartigen, samtgrünen Hülsen. An Wänden, Bäumen oder Bögen klettern lassen.

KULTUR: *In feuchtem, wasserdurchlässigem, nährstoffreichem Boden in Sonne oder Halbschatten pflanzen. Jungwuchs im Sommer und im Winter zurückschneiden: gegen die Ausbreitung, für bessere Blütenbildung.*

↕ 9 m oder mehr

Wisteria frutescens 'Amethyst Falls'

Diese amerikanische Sorte des Japanischen Blauregens wächst wesentlich weniger stark und passt damit gut in kleine Gärten. Die Kletterpflanze schmückt mit hängenden Trauben aus duftenden lila Blüten, die zur Frühjahrsmitte und manchmal ein weiteres Mal im Sommer erscheinen. Für tragfähige Stützen sorgen.

KULTUR: *Feuchtes, durchlässiges, nährstoffreiches Substrat an vollsonnigen bis halbschattigen Plätzen. Junge Pflanzen gut gießen, bis sie eingewachsen sind. Bei Bedarf im Spätwinter schneiden.*

↕ 3–6 m ↔ 1–2 m

Wisteria sinensis

Die Chinesische Glyzine ist eine wüchsige, laubabwerfende Mutterpflanze mit langen, hängenden Trauben duftender, wickenartiger, fliederblauer oder weißer Blüten. Diese erscheinen im späten Frühjahr und Frühsommer zwischen den hellgrünen, zusammengesetzten Blättern. Später reifen gewöhnlich samtgrüne, bohnenartige Früchte heran.

KULTUR: *In feuchtem, wasserdurchlässigem, nährstoffreichem Boden pflanzen. Einen geschützten Standort in der Sonne oder im Halbschatten wählen. Im späten Winter lange Triebe auf zwei oder drei Knospen zurückschneiden.*

☼ ◑ ◊ ♦ ♆ ❄❄❄ ↕ 9 m oder mehr

Yucca filamentosa 'Bright Edge'

Diese Palmlilie ist ein fast stammloser, büscheliger Strauch mit grundständigen Rosetten steifer, lanzettlicher, bis 75 cm langer, dunkelgrüner Blätter, die einen breiten, gelben Rand besitzen. Im Hoch- und Spätsommer tragen hohe, bis 2 m lange Blütenstände nickende, glockenförmige, weiße, grün oder cremefarben überhauchte Blüten. Eine Solitärpflanze mit attraktivem Aufbau.

KULTUR: *In wasserdurchlässigem Boden sonnig pflanzen. Welke Blütenstände am Ende der Blütezeit entfernen. In frostgefährdeten Gebieten im Winter mulchen.*

☼ ◊ ♆ ❄❄ ↕ 75 cm ↔ 1,5 m

Yucca flaccida 'Ivory'

Beinahe stammloser, immergrüner Strauch, der dichte, grundständige Büschel schwertförmiger Blätter bildet. Die bis zu 1,5 m langen Blütenstände dieser Palmlilie tragen im Sommer nickende, glockenförmige, weiße Blüten. Die dunkel blaugrünen Blätter besitzen am Rand gedrehte oder gerade Fasern und stehen in grundständigen Rosetten. Gedeiht auf sandigen Böden.

KULTUR: *In wasserdurchlässigem Boden pflanzen. Benötigt einen heißen, trockenen Standort in voller Sonne, um gut zu blühen. In frostgefährdeten Gebieten im Winter eine dicke Mulchschicht ausbringen.*

☼ ◊ 🏆❄❄ – ❄❄❄ ↕ 55 cm ↔ 1,5 m

Zantedeschia aethiopica

Die Zimmerkalla ist eine relativ kleinblütige, gruppenbildende Staude. Vom späten Frühjahr bis zum Hochsommer erscheinen nacheinander aufrechte, cremegelbe Blütenstände und lange, pfeilförmige Blätter. Kann in sehr milden Gebieten immergrün bleiben, in kalten Gebieten ist sie oft nicht winterhart.

KULTUR: *Am besten in feuchtem, nährstoffreichem, humosem Boden in voller Sonne oder im Halbschatten pflanzen. In frostgefährdeten Regionen im Winter eine dicke Mulchschicht ausbringen.*

☼ ◐ ◊ ♦ 🏆❄ ↕ 90 cm ↔ 60 cm

Zantedeschia aethiopica 'Green Goddess'

Diese kräftige, gruppenbildende Staude ist in milden Klimaten immergrün. Die aufrechten Blütenstände mit einer grün-weißen Spatha erscheinen vom späten Frühjahr bis zum Hochsommer über stumpfen, grünen, pfeilförmigen Blättern. Sollte vor starkem Frost geschützt in flachem Wasser gepflanzt werden.

KULTUR: *In feuchtem, humosem, nährstoffreichem Boden in Sonne oder Halbschatten pflanzen. In frostgefährdeten Gebieten im Winter eine dicke Mulchschicht ausbringen.*

☼ ◐ ◊ ♦ 🏆 ❄ ↕90 cm ↔ 60 cm

Zauschneria californica 'Dublin'

Diese laubabwerfende, gruppenbildende Staude wird manchmal als 'Glasnevin' verkauft und trägt im Spätsommer und Frühherbst röhrenförmige, hellrote Blüten. Die graugrünen Blätter sind lanzettlich und behaart. Diese Pflanze sorgt an Trockenmauern und Rabatten für einen spektakulären Farbtupfer am Ende der Vegetationsperiode. In kalten Regionen am Grund einer warmen Mauer pflanzen.

KULTUR: *Am besten in wasserdurchlässigem, mäßig nährstoffreichem Boden in voller Sonne pflanzen. Vor kalten, austrocknenden Winden schützen.*

☼ ◊ 🏆 ❄ ↕bis 25 cm ↔ bis 30 cm

PFLANZEN FÜR JEDEN STANDORT

Kübelpflanzen für Frühlingsflor

Ein Topf leuchtender Frühlingsblumen an der Eingangstür oder im Innenhof belebt die Stimmung. Das Substrat muss den Pflanzen entsprechend gewählt werden: Kamelien und Rhododendren sollten in Heidekrauttopferde gepflanzt werden. Um einen frühen Flor zu erzielen, platziert man die Kübel geschützt, gießt während des Winters, wenn nötig, und düngt mit dem Beginn des Wachstums im Frühling.

***Agapanthus campanulatus* 'Albovittatus'**
Staude, frosthart Zartblaue Blüten in Dolden über weiß gestreiften Blättern.
↕90 cm ↔ 45 cm

***Ajuga reptans* 'Catlin's Giant'**
🏆 **Staude** Büschel grüner Blätter und Ähren mit blauen Blüten.
↕20 cm ↔ 60–90 cm

***Bergenia* 'Ballawley'**
🏆 **Staude** s. Seite **120**

***Camellia japonica*, Kultivare**
Immergrüne Sträucher s. Seite **132–133**

***Camellia × williamsii* 'Donation'**
🏆 **Immergrüner Strauch** s. Seite **136**

***Chaenomeles speciosa* 'Geisha Girl'**
🏆 **Strauch** Orangefarben, halb gefüllte Blüten.
↕1 m ↔ 1,2 m

***Chamaecyparis lawsoniana* 'Minima Glauca'**
🏆 **Immergrüner Strauch** Eine kleine, zierliche Konifere mit blaugrünen Nadeln.
↕60 cm

***Chionodoxa forbesii* 'Pink Giant'**
Zwiebelpflanze Sternförmige, rosa Blüten mit weißem Saftmal.
↕10–20 cm ↔ 3 cm

Chionodoxa sardensis
🏆 **Zwiebelpflanze** Leuchtend blaue Sternblüten im Vorfrühling.
↕10–20 cm ↔ 3 cm

***Crocus chrysanthus* 'Ladykiller'**
Zwiebelpflanze Weiße, duftende Blüten mit purpurnen Streifen auf den Knospen.
↕7 cm ↔ 5 cm

***Erica carnea* 'Myretoun Ruby'**
🏆 **Immergrüner Strauch** Ausladender Wuchs, rosarote Blüten, die im Alter dunkler werden.
↕15 cm ↔ 45 cm

***Hedera helix* 'Kolibri'**
Immergrüner Strauch Kriechende bzw. überhängende Triebe mit panaschierten, weiß-grünen Blättern.
↕45 cm

***Hyacinthus orientalis* 'City of Haarlem'**
🏆 **Zwiebelpflanze** s. Seite **295**

***Hyacinthus orientalis* 'Gipsy Queen'**
🏆 **Zwiebelpflanze** Lachsfarbene, duftende Blüten.
↕25 cm

***Hyacinthus orientalis* 'Hollyhock'**
🏆 **Zwiebelpflanze** Dichte Trauben mit gefüllten, roten Blüten.
↕20 cm

***Hyacinthus orientalis* 'Violet Pearl'**
Zwiebelpflanze Trauben mit duftenden, amethystblauen, hellrandigen Blüten.
↕25 cm

***Ilex × altaclerensis* 'Golden King'**
🏆 **Immergrüner Strauch** Eine kompakte weibliche Stechpalme mit panaschierten Blättern, die einige Jahre im Topf stehen kann.
s. Seite **303**

***Myosotis* 'Blue Ball'**
🏆 **Zweijährige** Kompakte Pflanze mit azurblauen Blüten.
↕ 15 cm ↔ 20 cm

***Narcissus* 'Ceylon'**
🏆 **Zwiebelpflanze** s. Seite **380**

***Narcissus* 'Cheerfulness'**
🏆 **Zwiebelpflanze** s. Seite **380**

***Narcissus* (Kleine Narzissen)**
Zwiebelpflanze s. Seiten **378–379**

***Pieris* 'Forest Flame'**
🏆 **Immergrüner Strauch** Seite **434**

***Pieris formosa* var. *forrestii* 'Wakehurst'**
🏆 **Immergrüner Strauch** s. Seite **434**

***Pieris japonica* 'Purity'**
🏆 **Immergrüner Strauch** Eine kompakte Sorte mit weißen Blüten und hellem Austrieb.
↕↔ 1 m

***Primula* Gold-Laced-Gruppe**
🏆 **Staude** s. Seite **447**

***Primula* 'Guinevere'**
🏆 **Staude** s. Seite **447**

***Rhododendron* 'Cilpinense'**
Immergrüner Strauch s. Seite **476**

***Rhododendron* 'Curlew'**
🏆 **Immergrüner Strauch** Kleine Blütenstände mit leuchtend gelben Blüten.
↕↔ 60 cm

***Rhododendron* 'Doc'**
Immergrüner Strauch s. Seite **476**

***Rhododendron* 'Homebush'**
🏆 **Strauch** s. Seite **470**

***Rhododendron* 'Mother's Day'**
🏆 **Immergrüner Strauch** Leuchtend rot blühende, immergrüne Azalee.
↕↔ 1,5 m

***Rhododendron* 'Ptarmigan'**
🏆 **Immergrüner Strauch** s. Seite **476**

***Rhododendron* 'Susan' J. C. Williams**
🏆 **Immergrüner Strauch** s. Seite **473**

***Tulipa* 'Apricot Beauty'**
🏆 **Zwiebelpflanze** Sehr schöne, pastellfarbene, lachsrosa Blüten.
↕ 35 cm

***Tulipa* 'Cape Cod'**
Zwiebelpflanze Gelbe, rot gestreifte Blüten über schön gezeichnetem Laub.
↕ 20 cm

***Tulipa* 'Carnaval de Nice'**
🏆 **Zwiebelpflanze** Rot und weiß gestreifte Blüten wie gefüllte Pfingstrosen.
↕ 40 cm

Tulipa clusiana* var. *chrysantha
🏆 **Zwiebelpflanze** s. Seite **554**

***Tulipa praestans* 'Unicum'**
Zwiebelpflanze Cremefarben berandete Blätter und ein bis vier scharlachrote Blüten pro Trieb.
↕ 30 cm

***Tulipa* 'Toronto'**
🏆 **Zwiebelpflanze** Mehrblütige Tulpe mit drei bis fünf dunkel korallenroten Blüten.
↕ 25 cm

Tulpen-Kultivare
Zwiebelpflanzen s. Seite **556–557**

***Viola* Universal-Serie**
🏆 **Zweijährige** Große Farbenpalette, blüht den ganzen Frühling.
↕ 15 cm ↔ 30 cm

***Viola* 'Velour Blue'**
Zweijährige Kompakte Pflanze mit vielen kleinen, hellblauen Blüten.
↕ 15 cm ↔ 20 cm

Kübelpflanzen für Sommerflor

Kübel können Farbe auch an Orte ohne Bodenreich bringen, denn sie können mit ausdauernden Pflanzen bestückt werden. Zusätzliche Farbe ergibt sich durch Einjährige und frostempfindliche Stauden. In großen Kübeln kann man beides kombinieren, indem man zu einem Strauch niedrigere Saisonpflanzen setzt. Jeder Kübel benötigt regelmäßige Bewässerung und Düngung, wenn er stets gepflegt aussehen soll.

***Abutilon* 'Canary Bird'**
🏆 **Strauch, bedingt frosthart** Buschige Pflanzen mit hängenden, gelben Blüten.
↕↔ 3 m

Abutilon megapotamicum
🏆 **Strauch, bedingt frosthart** s. Seite **61**

Agapanthus campanulatus* subsp. *patens
🏆 **Staude, frosthart** s. Seite **79**

***Argyranthemum* 'Vancouver'**
🏆 **Staude, frostempfindlich** s. Seite **99**

***Aubrieta* 'Red Cascade'**
🏆 **Staude** s. Seite **109**

***Clematis* 'Doctor Ruppel'**
Kletterpflanze s. Seite **161**

***Crocosmia* 'Lucifer'**
🏆 **Staude** s. Seite **184**

***Diascia barberae* 'Blackthorn Apricot'**
🏆 **Staude, frosthart (Grenzfall)** s. Seite **206**

Diascia vigilis
🏆 **Staude, bedingt frosthart** Die kriechenden Triebe entwickeln lockere Trauben mit rosa Blüten, die gelbe Saftmale tragen.
↕ 30 cm ↔ 60 cm

***Fuchsia* 'Annabel'**
🏆 **Strauch, frostempfindlich** s. Seite **245**

***Fuchsia* 'Celia Smedley'**
🏆 **Strauch, frostempfindlich** s. Seite **246**

***Fuchsia* 'Display'**
🏆 **Strauch, frostempfindlich** Aufrechte Pflanze mit karmin- und rosaroten Blüten.
↕ 60–75 cm ↔ 45–60 cm

***Fuchsia* 'Nellie Nuttall'**
🏆 **Strauch, frostempfindlich** s. Seite **247**

***Fuchsia* 'Snowcap'**
🏆 **Strauch, frostempfindlich** s. Seite **247**

***Fuchsia* 'Swingtime'**
🏆 **Strauch, frostempfindlich** s. Seite **247**

***Fuchsia* 'Thalia'**
🏆 **Strauch, frostempfindlich** s. Seite **247**

***Fuchsia* 'Winston Churchill'**
🏆 **Strauch, frostempfindlich**
Rosalavendelfarbene, gefüllte Blüten.
↕↔ 45–75 cm

Gazanien
🏆 **Stauden, frostempfindlich** s. Seite **254**

***Hosta* 'Francee'**
🏆 **Staude** s. Seite **291**

***Hydrangea macrophylla* 'Ayesha'**
Strauch Ungewöhnlich durch die becherförmigen Blüten, die denen von *Syringa* (Flieder) ähneln.
↕ 1,5 m ↔ 2 m

Lilium formosanum* var. *pricei
Staude s. Seite **347**

Lilium longiflorum
🏆 **Staude, frosthart** s. Seite **348**

Lilium monadelphum
Staude s. Seite **349**

Lotus maculatus
Staude, frostempfindlich Schmale, silbrige Blätter kontrastieren mit orangefarbenen, hakenförmigen Blüten an kriechenden Trieben.
↕ 20 cm ↔ unbegrenzt

Nicotiana langsdorffii
🏆 **Einjährige** Blütenstand mit kleinen, grünen, röhrenförmigen Blüten mit glockigem Saum.
↕ 1,5 m ↔ 35 cm

***Osteospermum*-Kultivare**
Stauden, bedingt frosthart s. Seite **393**

***Pelargonium* 'Attar of Roses'**
🏆 **Staude, frostempfindlich** Nach Rosen duftende Blätter und kleine, blass malvenfarbene Blüten. s. Seite **404**

Pelargonium
Blütenstauden, frostempfindlich
s. Seite **406–408**

***Penstemon* 'Andenken an Friedrich Hahn'**
🏆 **Staude** s. Seite **410**

***Penstemon* 'Hewell Pink Bedder'**
🏆 **Staude, frosthart** Buschige Pflanze mit röhrenförmigen, rosa Blüten.
↕ 45 cm ↔ 30 cm

***Petunia* × *hybrida* 'Storm Lavender'**
🏆 **Einjährige** Kompakte, den Boden bedeckende Pflanze mit großen Blüten.
↕ 30 cm ↔ 40 cm

***Petunia* 'Million Bells Blue'**
Einjährige Sehr viele kleine Blüten an buschigen, kompakten Pflanzen.
↕ 25 cm

***Petunia* 'Prism Sunshine'**
Einjährige Die zuverlässigste Petunie mit großen, gelben Blüten.
↕ 38 cm

Plumbago auriculata
🏆 **Kletterstrauch, frostempfindlich**
s. Seite **439**

***Rosa* ANNA FORD 'Harpiccolo'**
🏆 **Patiorose** s. Seite **488**

***Rosa* GENTLE TOUCH 'Diclulu'**
Patiorose s. Seite **488**

***Rosa* QUEEN MOTHER 'Korquemu'**
🏆 **Patiorose** s. Seite **489**

***Rosa* SWEET MAGIC 'Dicmagic'**
🏆 **Patiorose** s. Seite **489**

***Rosa* 'The Fairy'**
🏆 **Patiorose** s. Seite **489**

***Salvia patens* 'Cambridge Blue'**
🏆 **Staude, bedingt frosthart** s. Seite **510**

***Scaevola aemula* 'Blue Wonder'**
Staude, frostempfindlich Blaue, fächerförmige Blüten an einem kriechenden, kräftigen Busch.
↕ 15 cm ↔ 1,5 m

***Tropaeolum majus* 'Hermine Grashoff'**
🏆 **Kletterpflanze, bedingt frosthart**
s. Seite **552**

***Verbena* 'Lawrence Johnston'**
🏆 **Staude, bedingt frosthart** Leuchtend grünes Laub und intensiv feuerrote Blüten.
↕ 45 cm ↔ 60 cm

***Verbena* 'Sissinghurst'**
🏆 **Einjährige** Ausladende Pflanze mit zarten Blättern und magentaroten Blüten.
↕ 20 cm ↔ 1 m

Kübelpflanzen für den Herbst

Der Herbst ist die Jahreszeit der großen Veränderungen. Die Blätter der laubabwerfenden Pflanzen färben sich leuchtend, bevor sie abfallen. Die Pracht der meisten Einjährigen ist vorüber, aber einige frostempfindliche Stauden wie Fuchsien, Zwergchrysanthemen und Dahlien erfreuen noch mit farbenfrohen Blüten. Immergrüne bilden einen klaren, dichten Hintergrund für alle Pflanzen im Garten.

Argyranthemum 'Jamaica Primrose'
Staude, frostempfindlich s. Seite **99**

***Canna* 'Lucifer'**
Staude Frostempfindliche Zwergkulturform mit grünen Blättern und roten, gelb gesäumten Blüten.
↕ 60 cm ↔ 50 cm

***Chamaecyparis lawsoniana* 'Ellwood's Gold'**
♀ **Konifere** s. Seite **149**

***Clematis* 'Madame Julia Correvon'**
♀ **Kletterpflanze** s. Seite **165**

***Escallonia laevis* 'Gold Brian'**
Immergrüner Strauch Die rosa Blüten kontrastieren mit den leuchtend gelben Blättern.
↕↔ 1 m

***Gaultheria mucronata* 'Crimsonia'**
♀ **Immergrüner Strauch** Strauch mit auffälligen, tief rosaroten Beeren, der sauren Boden liebt.
↕↔ 1,2 m

***Hibiscus syriacus* 'Woodbridge'**
♀ **Strauch** s. Seite **289**

***Hypericum × moserianum* 'Tricolor'**
Strauch Panaschierte, schmale Blätter, rosa und gelbe Blüten in verschwenderischer Fülle.
↕ 30 cm ↔ 60 cm

***Juniperus communis* 'Compressa'**
♀ **Konifere** s. Seite **325**

Myrtus communis
♀ **Immergrüner Strauch** s. Seite **376**

***Nandina domestica* 'Firepower'**
♀ **Strauch** Kompakte Pflanze mit roter Herbstfärbung und Beeren.
↕ 45 cm ↔ 60 cm

***Osmanthus heterophyllus* 'Variegatus'**
♀ **Immergrüner Strauch** Stechpalmenähnliche, cremefarben gesäumte Blätter und im Herbst duftende, weiße Blüten.
↕↔ 5 m

***Rudbeckia hirta* 'Toto'**
♀ **Einjährige** Orangefarbene Blütenstände mit schwarzem Zentrum an sehr kompakten Pflanzen.
↕↔ 20 cm

***Thuja orientalis* 'Aurea Nana'**
Konifere s. Seite **544**

***Viburnum tinus* 'Variegatum'**
Immergrüner Strauch Die Blätter sind breit cremegelb berandet.
↕↔ 3 m

Zierkohl 'Northern Lights'
Zweijährige Krauser Zierkohl in weißen, rosa und roten Schattierungen.
↕↔ 30 cm

Kübelpflanzen für den Winter

Wenige Pflanzen blühen während des Winters. Man sollte solche einsetzen, die in Töpfen gedeihen, und sie dort aufstellen, wo sie ins Auge fallen. Viele Immergrüne – besonders mit panaschierten Blättern – erfreuen nun, da andere Pflanzen kahl sind. Sträucher, die einige Jahre in Töpfen gestanden haben, sollte man auspflanzen. Um die Wurzeln vor Kälte zu schützen, packt man die Töpfe in Luftpolsterfolie.

***Aucuba japonica* 'Crotonifolia'**
♀ **Immergrüner Strauch** s. Seite **110**

Cyclamen coum
♀ **Knollenpflanze** Tiefgrüne, herzförmige Blätter und rosarote Blüten.
↕5–8 cm ↔ 10 cm

***Erica carnea* fo. 'Springwood White'**
♀ **Immergrüner Strauch** s. Seite **219**

***Erica* × *darleyensis* 'Arthur Johnson'**
♀ **Immergrüner Strauch** Die aufrechten Triebe haben tiefgrüne Blätter und tragen im Winter rosarote Blüten.
↕75 cm ↔ 60 cm

***Euonymus fortunei* 'Harlequin'**
Immergrüner Strauch Kompakter Strauch, die jungen Blätter sind kräftig weiß gefleckt.
↕↔ 40 cm

***Fatsia japonica* 'Variegata'**
♀ **Immergrüner Strauch** Große, gelappte Blätter, die weiß berandet sind, an ausgewachsenen Pflanzen cremeweiße Blüten.
↕↔ 2 m

***Festuca glauca* 'Blaufuchs'**
♀ **Ziergras** s. Seite **238**

***Gaultheria mucronata* 'Mulberry Wine'**
♀ **Immergrüner Strauch** s. Seite **252**

***Hedera helix* 'Eva'**
Immergrüne Kletterpflanze Kleine, graugrüne Blätter mit weißem Rand.
↕1,2 m

***Ilex aquifolium* 'Ferox Argentea'**
♀ **Immergrüner Strauch** s. Seite **305**

***Juniperus communis* 'Hibernica'**
♀ **Konifere** Kompakte, aufrechte Pflanze mit graugrünen Nadeln.
↕3–5 m ↔ 30 cm

***Lamium maculatum* 'Beacon Silver'**
Staude Leuchtend silbergraues Laub und magentarote Blüten.
↕20 cm ↔ 1 m

Laurus nobilis
♀ **Immergrüner Strauch oder kleiner Baum** s. Seite **336**

***Liriope muscari* 'John Burch'**
Staude Grasartige Pflanze mit goldfarben gestreiften Blättern und violetten Blüten.
↕30 cm ↔ 45 cm

***Skimmia japonica* 'Rubella'**
♀ **Immergrüner Strauch** s. Seite **527**

Viburnum davidii
♀ **Immergrüner Strauch** s. Seite **567**

***Viola* 'Floral Dance'**
Zweijährige Winter-Stiefmütterchen in verschiedenen Farben.
↕15 cm ↔ 30 cm

***Viola* 'Mello 21'**
Zweijährige Stiefmütterchen-Mischung in 21 Farben.
↕15 cm ↔ 30 cm

***Yucca gloriosa* 'Variegata'**
♀ **Immergrüner Strauch** Aufrechter Strauch mit scharf zugespitzten Blättern, die gelb berandet sind.
↕↔ 2 m

Pflanzen für Kübel an sonnigen Stellen

An sonnigen Standorten kann man eine große Palette an Pflanzen kultivieren. Anders als die meisten Beetpflanzen müssen frostempfindliche Pflanzen die kalten Monate unter Glas verbringen. Sie gedeihen an geschützten, sonnigen Stellen und verleihen dem Garten einen Hauch Exotik. Die einzelnen Pflanzen wachsen am besten im eigenen Topf, für Arrangements stellt man sie einfach in Gruppen.

***Brachyscome* 'Strawberry Mist'**
Staude, frostempfindlich Niedrige, ausladende Pflanze mit fedrigem Laub und rosaroten Blütenständen.
↕ 25 cm ↔ 45 cm

Correa backhousiana
🏆 **Immergrüner Strauch, bedingt frosthart** s. Seite **172**

***Erica erigena* 'Irish Dusk'**
🏆 **Immergrüner Strauch** Tief rosarote Blüten von Herbst bis Frühling an Pflanzen mit graugrünen Blättern.
↕ 60 cm ↔ 45 cm

***Felicia amelloides* 'Santa Anita'**
🏆 **Halbstrauch, frostempfindlich** s. Seite **40**

***Fuchsia* 'Madame Cornélissen'**
🏆 **Strauch** Aufrechter Wuchs mit zahlreichen rot-weißen Blüten.
↕↔ 60 cm

***Gazania* 'Daybreak Red Stripe'**
Staude, frostempfindlich Kann aus Samen gezogen werden. Auffällige, gelbe Blüten, die rot gestreift sind.
↕ 20 cm ↔ 25 cm

***Geranium* 'Ann Folkard'**
🏆 **Staude** s. Seite **258**

Geranium cinereum* var. *caulescens
Staude s. Seite **258**

Geranium palmatum
🏆 **Staude, frostempfindlich** Große, malvenfarbene Blüten.
↕↔ 1,2m

Hebe albicans
🏆 **Immergrüner Strauch** s. Seite **272**

***Hebe* 'Mrs. Winder'**
🏆 **Immergrüner Strauch** Dunkles Laub, das in Purpur übergeht. Trägt im Spätsommer violette Blüten.
↕ 1 m ↔ 1,2 m

***Hosta* 'Krossa Regal'**
🏆 **Staude** Eine prächtige Kulturform mit aufrechten, grauen Blättern und großen Ähren, die mit fliederfarbenen Blüten besetzt sind.
↕ 70 cm ↔ 75 cm

***Ipomoea* 'Heavenly Blue'**
🏆 **Einjährige Kletterpflanze** s. Seite **309**

Jasminum mesnyi
🏆 **Kletterpflanze, frosthart** s. Seite **323**

***Lathyrus odoratus* 'Patio Mixed'**
Einjährige Kletterpflanze s. Seite **335**

***Leptospermum scoparium* 'Red Damask'**
🏆 **Immergrüner Strauch** Frostempfindliche Pflanze mit winzigen Blättern und tiefen rosaroten, gefüllten Blüten.
↕↔ 3 m

***Lobelia erinus* 'Kathleen Mallard'**
Staude, frostempfindlich Zierliche Lobelie mit gefüllten, blauen Blüten.
↕ 10 cm ↔ 30 cm

Myrtus communis* subsp. *tarentina
🏆 **Immergrüner Strauch, bedingt frosthart** s. Seite **377**

***Osteospermum* 'Silver Sparkler'**
♀ **Staude, frostempfindlich** Weiße, gänseblümchenähnliche Blütenstände und leuchtende, panaschierte Blätter.
↕↔ 45 cm

***Passiflora* 'Amethyst'**
♀ **Kletterpflanze, frostempfindlich** Schnell wachsende Kletterpflanze, erfreut den ganzen Sommer mit schönen, lavendelfarbenen Blüten.
↕ 4 m

***Pelargonium* 'Clorinda'**
Staude, frostempfindlich Duftendes Laub und recht große, leuchtend rosarote Blüten.
↕ 45–50 cm ↔ 20–25 cm

***Pelargonium* 'Deacon Moonlight'**
Staude, frostempfindlich Blass fliederfarbene, gefüllte Blüten über zierlichem Laub an kompakten Pflanzen.
↕ 20 cm ↔ 25 cm

***Pelargonium* 'Dolly Varden'**
♀ **Staude, frostempfindlich** s. Seite **407**

***Pelargonium* 'Vista Deep Rose'**
Staude, frostempfindlich Nur eine Farbe in dieser aus Samen gezogenen F2-Generation.
↕↔ 30 cm

***Penstemon* 'Apple Blossom'**
♀ **Staude, frosthart** s. Seite **410**

***Penstemon* 'Osprey'**
♀ **Staude** Ähren mit weißen, rosa gesäumten Blüten an aufrechten Pflanzen.
↕↔ 45 cm

***Petunia* 'Duo Peppermint'**
♀ **Einjährige** Gefüllte, rosa Blüten, die auch in kühlen, verregneten Sommern beständig blühen.
↕ 20 cm ↔ 30 cm

***Phormium* 'Sundowner'**
♀ **Staude** s. Seite **425**

Rehmannia glutinosa
♀ **Staude** Etwas klebrige Blätter an großen Trieben, die blass rosarote, fingerhutförmige Blüten tragen.
↕ 15–30 cm ↔ 30 cm

Sempervivum arachnoideum
♀ **Sukkulente** s. Seite **524**

Solenopsis axillaris
Staude, frostempfindlich Kuppelförmig, fedrig, mit zarten, aber auffälligen, sternförmigen, blauen Blüten.
↕↔ 30 cm

***Thymus × citriodorus* 'Aureus'**
♀ **Immergrüner Strauch** Niedrig bleibender Busch, der nach Zitrone duftet, mit goldfarbenen Blättern und rosa Blüten.
↕ 30 cm ↔ 25 cm

***Tropaeolum majus* 'Margaret Long'**
Staude, bedingt frosthart Kompakte, kriechende bzw. überhängende Pflanze mit gefüllten, zart orangefarbenen Blüten.
↕↔ 30 cm

Tweedia caerulea
♀ **Staude, frostempfindlich** Eine windende, klimmende Pflanze mit grauen Blättern und himmelblauen Sternblüten.
↕ 60 cm–1 m

Pflanzen für Kübel an schattigen Stellen

Schattige Stellen können beim Heranziehen von Pflanzen Probleme bereiten, doch eine große Auswahl interessanter Pflanzen lässt sich in Kübel setzen. Zu bedenken ist, dass Pflanzen unter Bäumen keinen Regen erhalten. Regelmäßige Bewässerung ist notwendig, im Sommer zusätzlich Düngung. Zwiebelpflanzen schaffen im Frühling Farbtupfer. Pflanzen sind nach Gestalt, Beschaffenheit oder Farben zu kombinieren.

***Acer palmatum* var. *dissectum* 'Crimson Queen'**
♀ **Strauch** Bogenförmige Zweige mit fein gezähnten, purpurnen Blättern.
↕ 3 m ↔ 4 m

***Ageratum* 'Southern Cross'**
Einjährige Zierliche, buschige Pflanze mit weißen und blauen Blütenständen.
↕↔ 25 cm

***Ajuga reptans* 'Rainbow'**
Staude Bronzefarbene Blätter mit rosaroten und gelben Flecken. Blaue Blüten.
↕ 15 cm ↔ 45 cm

***Begonia* Nonstop-Serie**
♀ **Stauden, frostempfindlich** Kompakte Pflanze mit gefüllten Blüten in vielen Farben.
↕↔ 30 cm

***Camellia japonica* 'Lavinia Maggi'**
♀ **Immergrüner Strauch** s. Seite **133**

Dryopteris erythrosora
♀ **Bedingt frostharter Farn** Farbenprächtiger Farn mit kupferroten jungen Wedeln.
↕ 60 cm ↔ 38 cm

Dryopteris wallichiana
♀ **Frostharter Farn** s. Seite **212**

× *Fatshedera lizei* 'Annemieke'
♀ **Immergrüner Strauch** Niederliegende Zweige und Blätter mit leuchtend goldener Mitte. Manchmal als 'Lemon und Lime' abgeboten.
↕ 1,2–2 m oder mehr ↔ 3 m

Fatsia japonica
♀ **Immergrüner Strauch** s. Seite **238**

***Fuchsia* 'Dollar Princess'**
♀ **Frostempfindlicher Strauch** Eine kräftige Pflanze mit kleinen, gefüllten, roten und purpurnen Blüten.
↕ 30–45 cm ↔ 45–60 cm

***Hedera helix* 'Ivalace'**
♀ **Immergrüne Kletterpflanze** s. Seite **278**

***Hedera helix* 'Manda's Crested'**
♀ **Immergrüne Kletterpflanze** Ungleichmäßig gelockte und gedrehte, fingerförmige Blätter, die im Winter kupferfarben sind.
↕ 1,2 m

***Hosta* 'Royal Standard'**
♀ **Staude** s. Seite **292**

***Ilex crenata* 'Convexa'**
♀ **Immergrüner Strauch** s. Seite **306**

***Impatiens* 'Blackberry Ice'**
Einjährige Gefüllte, purpurne Blüten und weiß panaschiertes Laub.
↕ 70 cm

***Ipheion uniflorum* 'Wisley Blue'**
♀ **Zwiebelpflanze** s. Seite **308**

***Pieris japonica* 'Little Heath'**
♀ **Immergrüner Strauch** Kompakt, liebt sauren Boden, mit weißrandigen, im Frühling rosarot getönten Blättern.
↕↔ 60 cm

***Rhododendron* 'Vuyk's Scarlet'**
♀ **Immergrüner Strauch** s. Seite **469**

***Viola* 'Imperial Antique Shades'**
Zweijährige Große, rosa-, creme- und beigefarbene Blüten.
↕ 15 cm ↔ 25 cm

Grünpflanzen für Ampeln

Obwohl in Ampeln meist blühende Pflanzen eingesetzt werden, kann man durch attraktive Grünpflanzen ihr Aussehen noch verbessern. Silberblättrige Pflanzen werden als Hintergrund für Blüten bevorzugt, doch gibt es auch überhängende Pflanzen mit goldfarbenen, grünen und roten Blättern. Eine schöne Ampel erhält man leicht, wenn man Pflanzen mit farbigen und kontrastierenden Blättern wählt.

Blattbegonien
Stauden, frostempfindlich s. Seite **112–113**

Chlorophytum comosum **'Vittatum'**
🏆 **Staude, frostempfindlich** Panaschierte, schmale Blätter. Die überhängenden Triebe tragen kleine Pflanzen.
↕ 15–20 cm ↔ 15–30 cm

Glechoma hederacea **'Variegata'**
Staude Lange, hängende Triebe mit graugrünen, weiß berandeten Blättern.
↔ Kriechend bis 2 m

Hedera helix **'Goldchild'**
🏆 **Immergrüne Kletterpflanze** s. Seite **278**

Helichrysum petiolare **'Limelight'**
🏆 **Frostempfindlicher Strauch** Gebogene Triebe mit filzigen, blassgrünen, in der Sonne gelben Blättern.
↕ 1 m ↔ unbegrenzt

Helichrysum petiolare **'Variegatum'**
🏆 **Immergrüner Strauch, frostempfindlich** s. Seite **41**

Lamium maculatum **'Aureum'**
Staude Kriechend, mit leuchtend gelben, weiß gezeichneten Blättern und rosaroten Blüten.
↕ 20 cm ↔ 1 m

Lysimachia congestiflora **'Outback Sunset'**
Staude, frostempfindlich Überhängend, mit grünen, creme- und bronzefarbenen Blättern und Büscheln von gelben Blüten.
↕ 15 cm ↔ 30 cm

Lysimachia nummularia **'Aurea'**
🏆 **Staude** s. Seite **361**

Pelargonium **'Swanland Lace'**
Staude, frostempfindlich Überhängende Pflanze mit rosaroten Blüten und gelb geaderten Blättern.
↕↔ 30 cm

Plectranthus forsteri **'Marginatus'**
Staude, frostempfindlich Duftendes, weiß berandetes Laub. Neutriebe stark bogig wachsend.
↕ 25 cm ↔ 1 m

Saxifraga stolonifera **'Tricolor'**
Staude Runde, weißrandige Blätter, die rosarot werden. Bildet lange Ausläufer mit kleinen Pflanzen.
↕↔ 30 cm

Tropaeolum majus **Alaska-Serie**
🏆 **Einjährige** Einfach zu ziehende Kapuzinerkressen mit weißfleckigen Blättern.
↕ 30 cm ↔ 45 cm

Blütenpflanzen für Ampeln

Viele Gärten, aber auch Häuser und Wohnungen ohne Gärten, werden mit Ampeln attraktiver. Es gibt jede Menge Pflanzen, die sich für Ampeln eignen, mit langen Blühperioden und niedrigem oder hängendem Wuchs. Ampeln benötigen regelmäßige Bewässerung und Düngung, damit die Pflanzen wachsen und blühen. Automatische Bewässerungssysteme übernehmen das Gießen im Urlaub.

Abutilon megapotamicum
♀ **Strauch, bedingt frosthart** s. Seite **61**

Acalypha reptans
Staude, frostempfindlich Ausladend. Katzenschwanzähnliche, rote Blütenstände.
↕15 cm ↔ 60 cm

Anagallis monellii
♀ **Staude** Ausladende Pflanze mit kleinen Blättern und leuchtenden, intensiv tiefblauen Blüten.
↕10–20 cm ↔ 40 cm

***Antirrhinum* 'Candelabra Lemon Blush'**
Staude, frosthart Buschiger Wuchs mit hängenden Blütentrieben, die blassgelbe, rosa geflammte Blüten tragen.
↕↔ 38 cm

Begonia fuchsioides
Staude, frostempfindlich Bogenförmige Triebe, mit winzigen Blättern besetzt, tragen hängende, rosarote oder rote Blüten.
↕75 cm ↔ 45 cm

***Begonia* 'Illumination Orange'**
♀ **Staude, bedingt frosthart** s. Seite **114**

***Begonia* 'Irene Nuss'**
Staude, frostempfindlich s. Seite **115**

Begonia sutherlandii
♀ **Staude, frostempfindlich** s. Seite **115**

Convolvulus sabatius
♀ **Staude, bedingt frosthart** s. Seite **168**

***Diascia* 'Lilac Belle'**
♀ **Staude** Niedrig wachsende Pflanze. Lockere Ähren mit rosamalvenfarbenen Blüten.
↕20 cm ↔ 30 cm

***Fuchsia* 'Golden Marinka'**
♀ **Staude, frostempfindlich** s. Seite **248**

***Fuchsia* 'Jack Shahan'**
♀ **Staude, frostempfindlich** s. Seite **248**

***Fuchsia* 'La Campanella'**
♀ **Staude, frostempfindlich** s. Seite **248**

***Fuchsia* 'Lena'**
♀ **Staude, frostempfindlich** s. Seite **248**

***Lobelia erinus* 'Colour Cascade'**
♀ **Einjährige** Hängende Triebe mit Blüten in Blau-, Rosa- und Weißtönen.
↕15 cm ↔ 45 cm

Lobelia richardsonii
♀ **Staude, frostempfindlich** Buschig aber relativ dünne, überhängende Triebe mit kleinen Blättern und blauen Blüten.
↕15 cm ↔ 30 cm

Parochetus communis
Staude, frostempfindlich Schnell wachsend, mit überhängenden Trieben, kleeförmigen Blättern und blassblauen Blüten.
↕10 cm ↔ 30 cm

***Pelargonium* Amethyst 'Fisdel'**
♀ **Staude, frostempfindlich** s. Seite **406**

***Pelargonium* 'Lila Mini Cascade'**
Staude, frostempfindlich Einzelne, rosarote Blüten an einer kompakten, robusten Pflanze.
↕ 45–50 cm ↔ 15–20 cm

***Pelargonium* 'Madame Crousse'**
🏆 **Staude, frostempfindlich** Überhängende Pflanze mit halb gefüllten, rosaroten Blüten.
↕ 50–60 cm ↔ 15–20 cm

***Pelargonium* 'Oldbury Cascade'**
Staude, frostempfindlich Kompakte Pflanze, reich mit roten Blüten und mit cremefarben panaschierten Blättern besetzt.
↕ 45 cm ↔ 30 cm

***Pelargonium* 'Rouletta'**
Staude, frostempfindlich Gefüllte, weiße Blüten, die kräftig rot berandet sind.
↕ 50–60 cm ↔ 15–20 cm

***Pelargonium* 'The Boar'**
🏆 **Staude, frostempfindlich** s. Seite **408**

***Pelargonium* 'Ville de Paris'**
Staude, frostempfindlich Einzelne, rosarote Blüten in verschwenderischer Fülle an einer hängenden Pflanze.
↕ 60 cm ↔ 45 cm

***Pelargonium* 'Yale'**
🏆 **Staude, frostempfindlich** Die überhängenden Triebe tragen Blütenstände mit halb gefüllten, leuchtend roten Blüten.
↕ 20–25 cm ↔ 15–20 cm

***Petunia* Daddy-Serie**
Einjährige Große Blüten, die stark mit dunkleren Tönen geadert sind.
↕ bis 35 cm ↔ 30–90 cm

***Petunia* 'Marco Polo Adventurer'**
Einjährige Überhängende Pflanze mit großen, gefüllten, leuchtend rosaroten Blüten.
↕↔ 38 cm

***Petunia* 'Surfinia Pastel Pink'**
Einjährige Große, rosarote Blüten an kräftigen Pflanzen, die schön überhängen.
↕ 23–40 cm ↔ 30–90 cm

***Sutera cordata* 'Knysna Hills'**
Staude, bedingt frosthart Buschige Pflanze, zahlreiche Blütenstände mit winzigen, blassrosa Blüten.
↕ 20 cm ↔ 60 cm

***Sutera cordata* 'Snowflake'**
Staude, bedingt frosthart Ausladende, kleinblättrige Pflanze mit winzigen, fünfblättrigen, weißen Blüten.
↕ 10 cm ↔ 60 cm

***Verbena* 'Imagination'**
Staude, bedingt frosthart Aus Samen gezogene, locker verzweigte Pflanze mit kleinen, tiefvioletten Blüten.
↕↔ 40 cm

***Verbena* 'Tapien Pink'**
Staude, bedingt frosthart Überhängende Triebe mit kleinen, rosaroten Blüten.
↕↔ 40 cm

***Viola* 'Sunbeam'**
Zweijährige Halb überhängende Pflanze mit kleinen, gelben Blüten.
↕↔ 30 cm

Frühlingsblühende Zwiebelpflanzen

Die ersten Anzeichen, dass der Frühling naht, sind die Blüten der Frühlingszwiebelpflanzen. Von winzigen Winterlingen, die sich früh entfalten, bis zu majestätischen Kaiserkronen gibt es Zwiebelpflanzen für jeden Standort. Die meisten vertragen die unterschiedlichsten Bodenarten, und viele können auch im Schatten von Bäumen wachsen. In Töpfen gezogen, kann man sie auch ins Zimmer stellen.

Allium cristophii
🏆 **Frosthart (Grenzfall)** s. Seite **83**

***Anemone blanda* 'White Splendour'**
🏆 **Voll frosthart** s. Seite **90**

Camassia cuisickii
Voll frosthart Schmale Blätter und große Blütenstände mit blauen, sternförmigen Blüten.
↕ 60–80 cm ↔ 10 cm

Chionodoxa luciliae
🏆 **Frosthart** s. Seite **152**

Chionodoxa sardensis
🏆 **Frosthart** Tiefblaue Sternblüten an schlanken Trieben.
↕ 10–20 cm ↔ 3 cm

Corydalis flexuosa
🏆 **Voll frosthart** Feingliedrige Blätter und nickende, leuchtend blaue Blüten.
↕ 15–30 cm ↔ 20 cm

***Corydalis solida* 'George Baker'**
🏆 **Frosthart** s. Seite **174**

Crocus angustifolius
🏆 **Voll frosthart** Im Frühling büschelweise orangegelbe Blüten.
↕↔ 5 cm

***Crocus chrysanthus* 'Blue Pearl'**
Voll frosthart Fliederfarbene Blüten mit weißen und gelben Saftmalen.
↕ 8 cm ↔ 4 cm

***Crocus chrysanthus* 'E. A. Bowles'**
🏆 **Voll frosthart** s. Seite **185**

***Crocus sieberi* 'Hubert Edelstein'**
🏆 **Frosthart** s. Seite **185**

***Crocus sieberi* 'Tricolor'**
🏆 **Frosthart** s. Seite **185**

Crocus tommasinianus
🏆 **Voll frosthart** Ein früh blühender Krokus mit schlanken, silbrig fliederfarbenen Blüten.
↕ 8–10 cm ↔ 2,5 cm

Eranthis hyemalis
🏆 **Voll frosthart** s. Seite **217**

***Erythronium californicum* 'White Beauty'**
🏆 **Voll frosthart** Die weißen Blüten erheben sich über marmorierten Blättern.
↕ 15–35 cm ↔ 10 cm

***Erythronium* 'Pagoda'**
🏆 **Voll frosthart** s. Seite **226**

***Fritillaria imperialis* 'Aureomarginata'**
Voll frosthart Hohe Triebe tragen einen Schopf mit orangefarbenen Blüten, die Blätter sind gelb berandet.
↕ 1,5 m ↔ 25–30 cm

Fritillaria pallidiflora
🏆 **Voll frosthart** s. Seite **243**

Galanthus nivalis
🏆 **Voll frosthart** Das verbreitete Schneeglöckchen kann leicht gezogen werden. Die Zwiebeln sollten nicht gelagert werden, da sie sonst austrocknen.
↕↔ 10 cm

Hermodactylus tuberosus
Frosthart Die Blätter verdecken fast die lebhaft grünen und schwarzen, irisähnlichen Blüten.
↕ 20–40 cm ↔ 5 cm

***Hyacinthus orientalis* 'Blue Jacket'**
🏆 **Voll frosthart** s. Seite **295**

***Hyacinthus orientalis* 'Anna Marie'**
🏆 **Voll frosthart** Blütenstände mit duftenden, blassrosa Blüten.
↕ 20 cm ↔ 8 cm

***Ipheion uniflorum* 'Froyle Mill'**
🏆 **Frosthart** Gruppenbildende Pflanze mit nach Zwiebel riechenden Blättern und violetten, sternförmigen Blüten.
↕ 15–20 cm s. Seite **308**

Iris bucharica
🏆 **Frosthart (Grenzfall)** s. Seite **312**

***Iris reticulata* 'Cantab'**
Voll frosthart Blassblaue Blüten mit dunkleren Malen. Die langen Blätter entwickeln sich erst nach der Blüte.
↕ 10–15 cm

Muscari latifolium
🏆 **Voll frosthart** Breite Blätter und zweifarbige Blütenstände mit blass- und dunkelblauen Blüten.
↕ 20 cm ↔ 5 cm

***Narcissus* 'Actaea'**
🏆 **Voll frosthart** s. Seite **380**

Narcissus bulbocodium
🏆 **Voll frosthart** s. Seite **378**

***Narcissus* 'February Gold'**
🏆 **Voll frosthart** s. Seite **378**

***Narcissus* 'Hawera'**
🏆 **Voll frosthart** s. Seite **379**

***Narcissus* 'Ice Follies'**
🏆 **Voll frosthart** s. Seite **381**

***Narcissus* 'Little Witch'**
Voll frosthart Goldgelbe Blüten mit zurückgeschlagenen Petalen.
↕ 22 cm

Narcissus minor
🏆 **Voll frosthart** s. Seite **379**

***Narcissus* 'Passionale'**
🏆 **Voll frosthart** s. Seite **381**

Narcissus triandrus
🏆 **Frosthart** s. Seite **379**

Scilla bifolia
🏆 **Voll frosthart** s. Seite **519**

***Scilla mischtschenkoana* 'Tubergeniana'**
🏆 **Voll frosthart** s. Seite **519**

Scilla siberica
🏆 **Voll frosthart** Kobaltblaue Blüten über leuchtend grünen Blättern.
↕ 10–20 cm ↔ 5 cm

***Tulipa* 'Apeldoorn's Elite'**
🏆 **Voll frosthart** Sattgelbe Blüten, rot geflammt, ergeben einen prächtigen Effekt.
↕ 60 cm

***Tulipa* 'Ballade'**
🏆 **Voll frosthart** Elegante, sattrosa Blüten, deren Spitzen und Ränder weiß sind.
↕ 50 cm

***Tulipa* 'China Pink'**
🏆 **Voll frosthart** s. Seite **556**

***Tulipa* 'Maureen'**
🏆 **Voll frosthart** Ovale, elfenbeinweiße Blüten.
↕ 50 cm

***Tulipa* 'Mrs. John T. Scheepers'**
🏆 **Voll frosthart** Große, frisch blassgelbe Blüten.
↕ 60 cm

***Tulipa* 'Red Surprise'**
🏆 **Voll frosthart** Leuchtend rote Blüten, die sich sternförmig öffnen.
↕ 20 cm

Sommerblühende Zwiebelpflanzen

Sommerblühende Zwiebelpflanzen sind mit ihren leuchtenden Farben und exotischen Formen Glanzlichter des Gartens. Leider sind viele nicht frosthart, doch kann man sie im Herbst aus dem Boden nehmen und frostfrei überwintern. Dahlien und Gladiolen kennt wahrscheinlich jeder, aber die neuen Liliensorten sind ebenfalls leicht zu pflegen, und Tigerblumen und Hedychien sind sehr extravagant.

Allium giganteum
🏆 **Frosthart** s. Seite **83**

***Allium* × *hollandicum* 'Purple Sensation'**
🏆 **Frosthart** s. Seite **83**

Allium karataviense
🏆 **Frosthart (Grenzfall)** s. Seite **84**

Bletilla striata
Frostempfindlich Relativ empfindliche Erdorchidee. Beblätterte Pflanze mit Blütenständen aus einer bis sechs rosaroten Blüten.
↕↔ 30–60 cm

Crinum* × *powellii
🏆 **Frosthart** Große Zwiebeln entwickeln lange Blätter und große, rosarote Trompetenblüten.
↕ 1,5 m ↔ 30 cm

***Crocosmia* 'Emily McKenzie'**
Frosthart Schwertförmige Blätter und leuchtend orangefarbene Blüten, die bronzefarben gezeichnet sind.
↕ 60 cm ↔ 8 cm

***Dahlia* 'Glorie van Heemstede'**
🏆 **Knollenpflanze, frostempfindlich** Mittelgroße, leuchtend gelbe Blütenstände in der Form von Seerosen.
↕ 1,3 m ↔ 60 cm

***Dahlia* 'Jescot Julie'**
Knollenpflanze, frostempfindlich Orangefarbene und rote Blüten, lange Blütenblätter.
↕ 1 m ↔ 45 cm

***Dahlia* 'Pearl of Heemstede'**
🏆 **Knollenpflanze, frostempfindlich** Seerosen-Dahlie mit silbrig rosa Blüten.
↕ 1 m ↔ 45 cm

Dracunculus vulgaris
Frosthart Gefleckte Triebe mit interessanten Blättern. Riesige violette, unangenehm riechende Hochblätter.
↕ 1,5 m ↔ 60 cm

***Eremurus* 'Cleopatra'**
Frosthart Rosetten aus grasartigen Blättern, hohe Ähren aus kleinen, sanft orangefarbenen Blüten.
↕ 1,5 m ↔ 60 cm

Eucomis bicolor
🏆 **Frostempfindlich** Rosetten aus riemenförmigen Blättern, Ähren aus sternförmigen, cremefarbenen Blüten mit violettem Rand.
↕ 30–60 cm ↔ 20 cm

Gladiolus murielae
🏆 **Frostempfindlich** s. Seite **264**

Gladiolus communis* subsp. *byzantinus
🏆 **Frosthart** s. Seite **263**

***Gladiolus* 'Green Woodpecker'**
Frostempfindlich Grünlich gelbe Blüten mit roten Malen.
↕ 1,5 m ↔ 12 cm

Hedychium coccineum
🏆 **Frosthart** Eine exotisch aussehende Pflanze mit duftenden, röhrenförmigen, orange-, rosa- oder cremefarbenen Blüten.
↕3 m ↔1 m

Hedychium gardnerianum
🏆 **Staude, frostempfindlich** Große Blütenstände aus spinnenförmigen, süß duftenden, cremefarbenen Prachtblüten.
↕2–2,2 m

***Hedychium* 'Tara'**
🏆 **Frosthart** Eine Auslese von *H. coccineum* mit tiefer gefärbten Blüten.
↕3 m ↔1 m

Ixia viridiflora
Frostempfindlich Ungewöhnliche, blass türkisgrüne Blüten an hohen, drahtigen Trieben.
↕30–60 cm

***Leucojum aestivum* 'Gravetye Giant'**
🏆 **Frosthart** s. Seite **343**

***Lilium* 'Black Dragon'**
Frosthart Hohe Triebe tragen reinweiße, duftende Blüten, die in der Knospe tief kastanienbraun sind.
↕1,5 m

***Lilium* 'Everest'**
Frosthart Große, weiße, stark duftende Blüten, die in der Knospe tief kastanienbraun sind.
↕1,5 m

Lilium henryi
🏆 **Voll frosthart** s. Seite **347**

***Lilium* 'Karen North'**
Frosthart Elegante Blüten mit zurückgebogenen Spitzen in Orangerosa mit dunkleren Flecken.
↕1–1,3 m

Lilium martagon* var. *album
🏆 **Voll frosthart** s. Seite **348**

Lilium pyrenaicum
Frosthart s. Seite **350**

Lilium regale
🏆 **Voll frosthart** s. Seite **350**

Nectaroscordum siculum
Frosthart Pflanzen riechen stark nach Knoblauch und entwickeln lockere Dolden mit hängenden, cremefarbenen Blüten.
↕1,2 m ↔10 cm

***Rhodohypoxis baurii* 'Tetra Red'**
Bedingt frosthart Bildet Gruppen oder Matten mit leuchtenden, sitzenden, sternförmigen Blüten.
↕↔10 cm

Tigridia pavonia
Frostempfindlich Breite, gefleckte Blüten in Rot-, Gelb- und Weißtönen, die nur einen Tag geöffnet sind.
↕1,5 m ↔10 cm

Tropaeolum polyphyllum
Bedingt frosthart Kriechende bzw. überhängende Triebe mit feingliedrigen, grauen Blättern und leuchtend gelben Blüten.
↕5–8 cm ↔1 m

***Zantedeschia aethiopica* 'Green Goddess'**
🏆 **Bedingt frosthart** s. Seite **577**

Herbstblühende Zwiebelpflanzen

Frostharte Zwiebel- und Knollenpflanzen können noch Aufmerksamkeit erwecken, wenn andere Pflanzen schon absterben. Die meisten benötigen volle Sonne und gut durchlässigen Boden, wenn sie noch von den letzten schönen Tagen des Jahres profitieren sollen. Viele sind nicht leicht zu vermehren und blühen nicht üppig, bis sie sich im Garten eingewöhnt haben, sodass man schon einige Mühe aufwenden muss.

Allium callimischon* subsp. *haemostictum
Frostempfindlich Schlanke Triebe. Weiße oder blassrosa Blüten. Für trockene Böden.
↕ 8–35 cm ↔ 5 cm

× *Amarygia parkeri*
Frostempfindlich Selten, entwickelt in geschützten Gärten große, rosarote Trompetenblüten.
↕ 1 m ↔ 30 cm

Amaryllis bella-donna
♕ **Bedingt frosthart, Zweijährige**
↕ 60 cm ↔ 10 cm

***Colchicum speciosum* 'Album'**
♕ **Voll frosthart** s. Seite **167**

***Colchicum* 'Waterlily'**
♕ **Voll frosthart** Herrliche, weiße Kugelblüten, die ohne Blätter erscheinen.
↕ 18 cm ↔ 10 cm

***Crinum × powellii* 'Album'**
♕ **Bedingt frosthart** s. Seite **183**

Crocus banaticus
♕ **Voll frosthart** s. Seite **186**

Crocus boryi
Bedingt frosthart Entwickelt bis zu vier blass flieder- und cremefarbene Blüten.
↕ 8 cm ↔ 5 cm

Crocus goulimyi
♕ **Voll frosthart** s. Seite **186**

Crocus kotschyanus
♕ **Voll frosthart** s. Seite **186**

Crocus medius
♕ **Voll frosthart** s. Seite **186**

Crocus ochroleucus
♕ **Voll frosthart** s. Seite **186**

Crocus pulchellus
♕ **Voll frosthart** s. Seite **186**

Crocus speciosus
♕ **Voll frosthart** Violettblaue, duftende Blüten mit orangefarbenen Narben.
↕ 15 cm

Cyclamen hederifolium
♕ **Voll frosthart** s. Seite **190**

Leucojum autumnale
Bedingt frosthart s. Seite **343**

Merendera montana
Frosthart Sternförmige, fliederfarbene Blüten. Braucht gut wasserdurchlässigen Boden.
↕↔ 5 cm

Nerine bowdenii
♕ **Bedingt frosthart** s. Seite **382**

Sternbergia lutea
Frosthart Tiefgrüne Blätter und leuchtend gelbe, krokusähnliche Blüten.
↕ 15 cm ↔ 8 cm

***Tropaeolum tuberosum* 'Ken Aslet'**
♕ **Bedingt frosthart** Kletternde Triebe. Kleine Blätter, gelbe, haubenförmige Blüten.
↕ 2–4 m

Zephyranthes candida
Frostempfindlich Büschelig wachsende, schmale Blätter und weiße, krokusähnliche Blüten, die wochenlang blühen.
↕ 10–20 cm ↔ 8 cm

Frühlingsbeetpflanzen

Im Spätherbst wird es Zeit, Pflanzen einzusetzen, die den Winter überdauern und im Frühling blühen. Die meisten sind Zweijährige wie Marienglockenblumen, Bartnelken und Goldlack. Winterblühende Stiefmütterchen in Töpfen dazwischen, sind willkommene Farbtupfer. Außerdem lassen sich Frühlings-Zwiebelpflanzen zwischen die Beetpflanzen setzen, um besondere Effekte zu erzielen.

***Bellis perennis* 'Pomponette'**
Zweijährige s. Seite **116**

***Campanula medium* 'Calycanthema'**
Zweijährige Marienglockenblume mit rosaroten, blauen und weißen Blüten.
↕ 75 cm

***Dianthus barbatus* 'Auricula-Eyed Mixed'**
🏆 **Zweijährige** Herkömmliche Bartnelke mit Blüten, die weiß, rosarot und kastanienbraun gezeichnet sind.
↕ 60 cm

***Erysimum cheiri* 'Cloth of Gold'**
Zweijährige Leuchtend gelbe, duftende Blüten.
↕ 45 cm

***Erysimum cheiri* 'Fireking Improved'**
Zweijährige Gut eingeführter Goldlack mit orangeroten Blüten.
↕ 45 cm

***Erysimum cheiri* 'Prince Primrose Yellow'**
Zweijährige Zwergform mit großen Blüten.
↕ 30 cm

***Hyacinthus orientalis* 'Fondant'**
Zwiebelpflanze Klare, rein rosarote Blüten ohne Blaustich.
↕ 25 cm

***Hyacinthus orientalis* 'Pink Pearl'**
🏆 **Zwiebelpflanze** s. Seite **296**

***Hyacinthus orientalis* 'Violet Pearl'**
Zwiebelpflanze Amethystblaue Blüten.
↕ 25 cm

***Myosotis* 'Spring Symphony Blue'**
Zweijährige Die blauen Blüten harmonieren gut mit den meisten Frühlings-Zwiebelpflanzen.
↕ 15 cm

***Primula-eliator*-Hybriden**
Stauden s. Seite **448**

***Tulipa* 'Halcro'**
🏆 **Zwiebelpflanze** Große, tief lachsrote Blüten.
↕ 70 cm

***Tulipa* 'Oranje Nassau'**
🏆 **Zwiebelpflanze** Feurige Blüten in Rot- und Scharlachrottönen.
↕ 30 cm

***Tulipa* 'Spring Green'**
🏆 **Zwiebelpflanze** s. Seite **557**

***Viola* 'Felix'**
Zweijährige Gelbe und purpurne Blüten an buschigen Pflanzen.
↕ 15 cm

***Viola* 'Rippling Waters'**
Zweijährige Große, purpurne Blüten, die weiß gesäumt sind.
↕ 15 cm

***Viola* Ultima-Serie**
Zweijährige Große Farbpalette. Pflanzen blühen während milder Perioden auch im Winter.
↕ 15 cm

Sommerbeetpflanzen

Obwohl Beetpflanzen im großen Stil nie mehr so populär sein werden wie im Viktorianischen Zeitalter, finden Gärtner immer noch Platz für Pflanzen, die schnell wachsen und blühen, wenn sie einmal ausgepflanzt sind. Die meisten davon sind nicht frosthart, einige sind Einjährige, andere frostempfindliche Stauden. Sie haben lange Blühperioden und sind, auch wenn sie nur eine Saison blühen, sehr wertvoll.

***Ageratum houstonianum* 'Pacific'**
♀ **Einjährige** Kompakte Pflanzen mit dichten, purpurblauen Blütenständen.
↕ 20 cm

***Antirrhinum majus* Sonnet-Serie**
♀ **Einjährige** s. Seite **30**

***Begonia* 'Pin Up'**
♀ **Staude, bedingt frosthart** s. Seite **115**

***Begonia* Olympia-Serie**
♀ **Stauden, frostempfindlich** Kompakte, großblütige Beetbegonien.
↕↔ 20 cm

***Dahlia* 'Coltness Gem'**
Staude, frostempfindlich Zuverlässige Dahlie in kalten, leuchtenden Farben.
↕↔ 45 cm

Diascia rigescens
♀ **Staude, bedingt frosthart** s. Seite **206**

***Impatiens* Deco-Serie**
Einjährige Große, leuchtende Blüten an Pflanzen mit dunkelgrünen Blättern.
↕↔ bis 20 cm

***Lobelia* 'Compliment Scarlet'**
Staude Auffällige Pflanze mit grünem Laub und großen, scharlachroten Blüten an hohen Blütenständen.
↕ 75 cm ↔ 30 cm

***Lobelia* 'Crystal Palace'**
♀ **Einjährige** s. Seite **354**

***Lobelia erinus* 'Mrs. Clibran'**
♀ **Einjährige** Eine kompakte Pflanze mit leuchtend blauen Blüten mit weißem Saftmal.
↕ 10–15 cm

***Nicotiana* 'Lime Green'**
♀ **Einjährige** s. Seite **383**

***Nicotiana* × *sanderae* 'Domino Salmon Pink'**
Einjährige Aufwärts gerichtete, lachsrosa Blüten an kompakten Pflanzen.
↕ 30–45 cm

***Nigella damascena* 'Miss Jekyll'**
♀ **Einjährige** s. Seite **383**

***Pelargonium* Multibloom-Serie**
♀ **Stauden, frostempfindlich** s. Seite **408**

***Pelargonium* Video-Serie**
♀ **Stauden, frostempfindlich** s. Seite **408**

***Penstemon* 'Beech Park'**
♀ **Staude** Große, rosarote und weiße Trompetenblüten den ganzen Sommer. Manchmal als 'Barbara Barker' angeboten.
↕ 75 cm ↔ 45 cm

***Penstemon* 'Burgundy'**
Staude Tief weinrote Blüten über dunkelgrünen Blättern.
↕ 90 cm ↔ 45 cm

***Penstemon* 'Maurice Gibbs'**
♀ **Staude, frosthart** Die großblättrigen Pflanzen tragen Blütenstände mit kirschroten Blüten mit weißem Schlund.
↕ 75 cm ↔ 45 cm

***Penstemon* 'Myddelton Gem'**
Staude Lang blühende Pflanze mit blassgrünen Blättern und tief rosaroten, röhrigen Blüten.
↕ 75 cm ↔ 45 cm

***Petunia* 'Mirage Reflections'**
🏆 **Einjährige** Wetterbeständige, vielblütige Petunie mit pastellfarbenen Blüten, die dunkler geadert sind.
↕ 30 cm ↔ 60 cm

***Phlox drummondii* 'Tapestry'**
Einjährige Große Palette an Pastellfarben und Zweifarbigkeit. Buschige Pflanzen.
↕ 50 cm ↔ 38 cm

***Polemonium* 'Lambrook Mauve'**
🏆 **Staude** s. Seite **440**

***Portulaca grandiflora* Sundial-Serie**
Einjährige Sonnenliebende Pflanzen mit strahlenden, satinartigen Blüten.
↕ 10 cm ↔ 15 cm

***Rudbeckia hirta* 'Rustic Dwarfs'**
Einjährige Mischung von Herbstfarben. Blütenköpfchen mit dunkler Mitte.
↕ 60 cm

***Salpiglossis* Casino-Serie**
Einjährige s. Seite **52**

***Salvia coccinea* 'Lady in Red'**
🏆 **Einjährige** Buschige Pflanzen tragen schlanke Ähren mit kleinen, aber auffälligen, roten Blüten, die den ganzen Sommer blühen.
↕ 40 cm

***Salvia farinacea* 'Victoria'**
🏆 **Einjährige** Die kleinen, tiefblauen Blüten sind in Ähren zusammengefasst, die weit über den Blättern stehen.
↕ 60 cm ↔ 30 cm

Salvia fulgens
🏆 **Halbstrauch** s. Seite **506**

***Salvia pratensis* Haematodes-Gruppe**
🏆 **Staude, voll frosthart** s. Seite **510**

***Salvia splendens* Sizzler-Serie**
Einjährige, einige 🏆
Früh blühende Pflanzen mit Blütenfarben von Rot bis Lavendel und Weiß.
↕ 25–30 cm

***Tagetes patula* 'Disco Orange'**
🏆 **Einjährige** Wetterbeständige Blütenstände.
↕ 20–25 cm

***Tagetes patula* 'Safari Scarlet'**
🏆 **Einjährige** Große, leuchtende, gefüllte Blüten.
↕ 20–25 cm

***Tagetes* 'Zenith Red'**
Einjährige Studentenblume mit gefüllten, roten Blüten.
↕ 30 cm

***Verbena* 'Peaches and Cream'**
🏆 **Einjährige** Aus Samen gezogene, ausladende Pflanzen mit pfirsichfarbenen Blüten, die cremefarben verblassen.
↕ 30 cm ↔ 45 cm

***Verbena* 'Silver Anne'**
🏆 **Staude, bedingt frosthart** Süßlich duftende, rosarote Blüten, die fast weiß verblassen, über gefiederten Blättern.
↕ 30 cm ↔ 60 cm

Stauden mit panaschierten Blättern

Die Panaschierung kann auf einen schmalen Saum begrenzt oder spektakulärer sein. Eine regelmäßige Musterung in Weiß, Creme oder Gold betont die Umrisse großer Blätter, doch unregelmäßige Streifen und Flecken bewirken oft unsauberes Aussehen. Die Pflanzen können in ihre einfarbige Form zurückschlagen, deshalb alle Triebe mit einfarbigen grünen Blättern abschneiden.

***Aquilegia vulgaris* Vervaeneana-Gruppe**
Staude Die Blätter sind gelb und grün marmoriert und gefleckt, die Blüten sind rosarot und blau.
↕90 cm ↔ 45 cm

***Arabis procurrens* 'Variegata'**
🏆 **Staude, voll frosthart** s. Seite **95**

***Armoracia rusticana* 'Variegata'**
Staude Tief wurzelnde Pflanzen mit großen Blättern, die besonders im Frühling stark weiß gefleckt sind.
↕1 m ↔ 45 cm

***Astrantia major* 'Sunningdale Variegated'**
🏆 **Staude** s. Seite **108**

***Brunnera macrophylla* 'Hadspen Cream'**
🏆 **Staude** s. Seite **124**

***Coreopsis* 'Calypso'**
Staude Schmale, goldgesäumte Blätter und gelbe Blütenstände mit rotem Zentrum.
↕↔ 38 cm

***Gaura lindheimeri* 'Corrie's Gold'**
Staude Weiße Blüten auf zarten, dünnen Trieben und kleine, goldgesäumte Blätter.
↕1,5 m ↔ 90 cm

***Hemerocallis fulva* 'Kwanzo Variegata'**
Staude Übergebogene Blätter mit leuchtenden, weißen Streifen und gelegentlich gefüllte, orangefarbene Blüten.
↕75 cm

Hosta fortunei* var. *albopicta
🏆 **Staude** s. Seite **291**

***Hosta* 'Golden Tiara'**
🏆 **Staude** s. Seite **291**

***Hosta* 'Great Expectations'**
Staude Bereifte, grüne, gefaltete Blätter mit breiter, gelber Mitte und grauweißen Blüten.
↕55 cm ↔ 85 cm

***Hosta* 'Shade Fanfare'**
🏆 **Staude** s. Seite **292**

Hosta sieboldiana* var. *elegans
🏆 **Staude** s. Seite **292**

***Hosta* Tardiana-Gruppe 'Halcyon'**
🏆 **Staude** s. Seite **293**

Hosta undulata* var. *univittata
🏆 **Staude** s. Seite **293**

Hosta venusta
🏆 **Staude** s. Seite **293**

***Hosta* 'Wide Brim'**
🏆 **Staude** s. Seite **293**

***Houttuynia cordata* 'Chameleon'**
Staude Lebhaft grünliche, rötliche und cremefarbene Blätter. Kleine, weiße Blüten.
↕bis 15–30 cm oder mehr ↔ unbegrenzt

***Iris laevigata* 'Variegata'**
🏆 **Staude** s. Seite **310**

Iris pallida **'Variegata'**
♀ **Staude** s. Seite **320**

Iris variegata
♀ **Staude** s. Seite **322**

Lysimachia punctata **'Alexander'**
Staude Kriechende Pflanze mit spiralig angeordneten, gelben Blüten und weiß gesäumtem Laub, das im Frühjahr rosarot überlaufen ist.
↕ 1 m ↔ 60 cm

Mimulus luteus **'Variegatus'**
Staude Kriechende Pflanze mit gelben Blüten und blassgrünen, weiß gesäumten Blättern.
↕ 30 cm ↔ 45 cm

Molinia caerulea **'Variegata'**
♀ **Ziergras** s. Seite **374**

Persicaria virginiana **'Painter's Palette'**
Staude Glänzendes, weiß geflecktes und rot und braun gezeichnetes Laub an roten Trieben.
↕ 40–120 cm ↔ 60–140 cm

Phalaris arundinacea **'Picta'**
♀ **Ziergras** s. Seite **415**

Phlox paniculata **'Pink Posie'**
Staude Kompakter, stark wachsender Phlox mit weißrandigen Blättern und rosaroten Blüten.
↕ 75 cm ↔ 60 cm

Phormium cookianum **subsp.** ***hookeri*** **'Tricolor'**
♀ **Immergrüne Staude** s. Seite **424**

Physostegia virginiana **'Variegata'**
Staude Eine aufrechte Pflanze mit grauen, weißrandigen Blättern und tief rosaroten Blüten.
↕ 75 cm ↔ 60 cm

Pleioblastus viridiastriatus
♀ **Bambus** s. Seite **439**

Pulmonaria rubra **'David Ward'**
Staude Im Frühling korallenrote Blüten und große Blätter mit breitem, weißem Rand.
↕ 40 cm ↔ 90 cm

Saxifraga stolonifera **'Tricolor'**
♀ **Immergrüne Staude** Eine relativ frostempfindliche Pflanze mit runden, weiß und rosarot gesäumten Blättern.
↕↔ 30 cm

Sisyrinchium striatum **'Aunt May'**
Staude Aufrechte Fächer aus schmalen, grauen, cremefarben gesäumten Blättern und Blütenständen mit cremefarbenen Blüten.
↕↔ 50 cm

Symphytum × ***uplandicum*** **'Variegatum'**
♀ **Staude** s. Seite **537**

Veronica gentianoides **'Variegata'**
Staude Matten aus tiefgrünen, weiß berandeten Blättern und Blütenstände mit kleinen, blassblauen Blüten.
↕↔ 45 cm

Vinca major **'Variegata'**
♀ **Staude** s. Seite **569**

Panaschierte Sträucher

Blüten erscheinen nur kurz, Laub dagegen wenigstens ein halbes Jahr – oder das ganze Jahr bei Immergrünen. Panaschierte Sträucher erhöhen diesen Effekt durch ihre Farbigkeit, einige haben zudem Blüten, die diese Beblätterung ergänzen. Panaschierte Immergrüne können schattige Regionen aufhellen, wozu Kübelpflanzen bestens geeignet sind. Auch in Verbindung mit Blütenpflanzen sind sie beliebt.

Acer campestre **'Carnival'**
Baum Dieser Baum kann beschnitten werden, um ihn klein zu halten. Er schmückt sich mit rosa gefleckten Blättern.
↕8 m ↔5 m

Acer negundo **'Flamingo'**
Baum s. Seite **65**

Acer palmatum **'Butterfly'**
Strauch oder kleiner Baum s. Seite **66**

Acer platanoides **'Drummondii'**
Baum Die Blätter sind kräftig weiß gesäumt: Kann in einfarbig grüne Blätter zurückschlagen, diese Triebe sollten entfernt werden.
↕↔ 10–12 m s. Seite **69**

Acer pseudoplatanus **'Leopoldii'**
Baum Die Blätter sind im Frühjahr erst rosarot, dann gelb gesprenkelt.
↕↔ 10 m

Aralia elata **'Variegata'**
🏆 **Strauch** s. Seite **96**

Berberis thunbergii **'Rose Glow'**
🏆 **Strauch** s. Seite **118**

Buddleja davidii **'Harlequin'**
Strauch Auffällige, weißrandige Blätter und purpurne Blüten.
↕↔ 2,5 m

Buddleja davidii **'Santana'**
Strauch Er trägt marmorierte Blätter in hübschen Grün- und Gelbtönen und purpurne Blüten.
↕↔ 2,5 m

Buxus sempervirens **'Elegantissima'**
🏆 **Immergrüner Strauch** s. Seite **127**

Camellia × williamsii **'Golden Spangles'**
Immergrüner Strauch Kalk meidender Strauch mit leuchtend rosaroten Blüten und goldfleckigen Blättern.
↕↔ 2,5 m

Ceanothus **'Pershore Zanzibar'**
Immergrüner Strauch Schnell wachsender Strauch mit flaumigen, blauen Blütenständen im Spätfrühling und zitronengelbem, glänzend grünem Laub.
↕↔ 2,5 m

Cornus alba **'Elegantissima'**
🏆 **Strauch** Dunkelrote Triebe mit graugrünen, weißrandigen Blättern, die sich im Herbst rosarot verfärben.
↕↔ 3 m

Cornus alba **'Spaethii'**
🏆 **Strauch** s. Seite **170**

Cornus alternifolia **'Argentea'**
🏆 **Strauch** Reihen horizontaler Äste, die mit kleinen, weißrandigen Blättern besetzt sind.
↕3 m ↔2,5 m

Cornus mas **'Variegata'**
🏆 **Frostharter Strauch** Nach gelben Blüten im Frühjahr schmückt sich die Pflanze mit weiß gesäumten Blättern.
↕2,5 m ↔2 m

Cotoneaster atropurpureus **'Variegatus'**
♀ **Strauch** s. Seite **177**

Elaeagnus pungens **'Maculata'**
Immergrüner Strauch s. Seite **214**

Euonymus fortunei **'Silver Queen'**
Immergrüner Strauch s. Seite **232**

Fuchsia magellanica **var.** *gracilis* **'Variegata'**
♀ **Frostharter Strauch** Die Blätter sind in rauchigen Rosa- und Grautönen gefärbt, die Blüten sind klein und rot-purpurn.
↕3 m ↔ 2–3 m

Fuchsia magellanica **var.** *molinae* **'Sharpitor'**
Strauch Relativ frostempfindliche Pflanze mit hübschen, weißrandigen Blättern und blassrosa Blüten.
↕3 m ↔ 2–3 m

Hedera helix **'Glacier'**
♀ **Immergrüne Kletterpflanze** s. Seite **278**

Hibiscus syriacus **'Meehanii'**
♀ **Strauch** Sonnenliebend, mit purpurblauen Blüten. Blätter mit breitem, weißem Saum.
↕3 m ↔ 2 m

Hydrangea macrophylla **'Tricolor'**
Strauch Graugrüne, weiß gezeichnete Blätter und blassrosa Blüten.
↕1,5 m ↔ 1,2 m

Ilex × altaclerensis **'Lawsoniana'**
♀ **Immergrüner Strauch** s. Seite **303**

Ligustrum lucidum **'Excelsum Superbum'**
♀ **Immergrüner Strauch** s. Seite **346**

Osmanthus heterophyllus **'Variegatus'**
♀ **Immergrüner Strauch** Stechpalmenähnliche Blätter mit breiten, gelben Rändern und im Herbst duftenden, winzigen Blüten.
↕↔ 2,5 m

Philadelphus coronarius **'Variegatus'**
♀ **Strauch** s. Seite **417**

Philadelphus **'Innocence'**
Strauch Bogig wachsend, mit cremegelben Blättern und halb gefüllten, weißen Blüten.
↕3 m ↔ 2 m

Pieris **'Flaming Silver'**
♀ **Immergrüner Strauch** Bevorzugt sauren Boden, mit schmalem, weißrandigem Laub, das im Herbst rosarot wird.
↕↔ 2,5 m

Pittosporum tenuifolium **'Irene Paterson'**
♀ **Immergrüner Strauch** Langsam wachsender, relativ frostempfindlicher Strauch mit weiß gesprenkelten Blättern.
↕1,2 m ↔ 60 cm

Pseudopanax lessonii **'Gold Splash'**
♀ **Immergrüner Strauch, frostempfindlich** s. Seite **458**

Rhamnus alaternus **'Argenteovariegata'**
♀ **Immergrüner Strauch** s. Seite **466**

Rhododendron **'President Roosevelt'**
Immergrüner Strauch Verzweigt sich schwach, liebt sauren Boden. Mit goldgefleckten Blättern und roten Blüten.
↕↔ 2 m

Sambucus nigra **'Pulverulenta'**
Strauch Herrlicher, langsam wachsender Strauch für Halbschatten, dessen junge Blätter kräftig weiß gefleckt sind.
↕↔ 2 m

Weigela **'Florida Variegata'**
♀ **Strauch** s. Seite **573**

Goldblättrige Pflanzen

Goldblättrige Pflanzen bringen Licht in den Garten. Die meisten völlig goldblättrigen Pflanzen neigen dazu, in praller Sonne zu verbrennen: Sie gedeihen am besten im lichten Schatten (in dunklem Schatten werden die Blätter lindgrün). Einige Pflanzen sind nur in bestimmten Wachstumsperioden goldblättrig, denn die goldenen Spitzen der Blätter verblassen grün, aber auch das ist sehr attraktiv.

***Acer cappadocicum* 'Aureum'**
♀ **Baum** Die Blätter entfalten sich im Frühling gelb, werden im Sommer grün und im Herbst golden.
↕15 m ↔ 10 m

***Acer shirasawanum* 'Aureum'**
♀ **Baum** Die leuchtend gelben Blätter werden im Herbst rot.
↕↔ 6 m

***Begonia* 'Tiger Paws'**
♀ **Staude, frostempfindlich** s. Seite **113**

***Calluna vulgaris* 'Beoley Gold'**
♀ **Immergrüner Strauch** s. Seite **130**

***Carex elata* 'Aurea'**
♀ **Ziergras** s. Seite **141**

***Carex hachijoensis* 'Evergold'**
♀ **Ziergras** s. Seite **141**

***Chamaecyparis lawsoniana* 'Minima Aurea'**
♀ **Konifere** Kleiner, immergrüner, kegelförmiger Strauch mit lindgrünen und goldfarbenen Schuppenblättern.
↕1 m

***Chamaecyparis lawsoniana* 'Stardust'**
♀ **Konifere** Die gelben Schuppenblätter stehen in farnwedelähnlichen Gruppen.
↕15 m ↔ 8 m

***Chamaecyparis obtusa* 'Crippsii'**
♀ **Konifere** Ein langsam wachsender Baum mit goldfarbenen Schuppenblättern.
↕15 m ↔ 8 m

***Choisya ternata* SUNDANCE**
♀ **Immergrüner Strauch** s. Seite **153**

***Cornus alba* 'Aurea'**
♀ **Strauch** Schönes, zartgoldenes Laub, auf trockenen Böden anfällig für Sonnenbrand.
↕↔ 1 m

***Cortaderia selloana* 'Aureolineata'**
♀ **Ziergras** s. Seite **173**

***Erica arborea* 'Albert's Gold'**
♀ **Immergrüner Strauch** Attraktiver, aufrechter Wuchs mit goldfarbener Beblätterung, aber weniger Blüten.
↕2 m ↔ 80 cm

***Erica carnea* 'Foxhollow'**
♀ **Immergrüner Strauch** s. Seite **219**

***Erica carnea* 'Westwood Yellow'**
♀ **Immergrüner Strauch** Aufrechter Wuchs mit gelber Beblätterung und im Winter blassrosa Blüten.
↕20 cm ↔ 30 cm

***Erica × stuartii* 'Irish Lemon'**
♀ **Immergrüner Strauch** s. Seite **221**

***Fagus sylvatica* 'Dawyck Gold'**
♀ **Baum** Ein aufrechter, schmaler, kompakter Baum mit leuchtend gelben Blättern.
↕18 m ↔ 7 m

***Fraxinus excelsior* 'Jaspidea'**
♀ **Baum** Die Wintertriebe sind wie die Blätter im Frühling und Herbst gelb.
↕30 m ↔ 20 m

***Fuchsia* 'Genii'**
♀ **Strauch** s. Seite **244**

***Gleditsia triacanthos* 'Sunburst'**
♀ **Baum** s. Seite **264**

***Hakonechloa macra* 'Aureola'**
♀ **Ziergras** s. Seite **267**

***Hedera helix* 'Buttercup'**
Immergrüne Kletterpflanze s. Seite **278**

***Hosta* 'Sum and Substance'**
♀ **Staude** s. Seite **293**

***Humulus lupulus* 'Aureus'**
♀ **Kletternde Staude** s. Seite **294**

***Ilex crenata* 'Golden Gem'**
♀ **Immergrüner Strauch** Kompakter, kleinblättriger Strauch mit leuchtenden, goldenen Blättern und wenigen schwarzen Beeren.
↕ 1 m ↔ 1,2–1,5 m

***Iris pseudacorus* 'Variegata'**
♀ **Staude** s. Seite **310**

***Laurus nobilis* 'Aurea'**
♀ **Immergrüner Strauch** s. Seite **336**

***Lonicera nitida* 'Baggesen's Gold'**
♀ **Immergrüner Strauch** s. Seite **355**

***Origanum vulgare* 'Aureum'**
♀ **Staude** s. Seite **390**

***Pelargonium crispum* 'Variegatum'**
♀ **Staude** s. Seite **404**

***Philadelphus coronarius* 'Aureus'**
♀ **Strauch** Goldgelbes Laub, das in voller Sonne auf nährstoffarmen Böden zu Verbrennungen neigt. Hat duftende, weiße Blüten.
↕ 2,5 m ↔ 1,5 m

***Phormium* 'Yellow Wave'**
♀ **Staude, frostempfindlich** s. Seite **426**

***Ribes sanguineum* 'Brocklebankii'**
Strauch s. Seite **477**

***Robinia pseudoacacia* 'Frisia'**
♀ **Baum** s. Seite **479**

***Salvia officinalis* 'Kew Gold'**
Immergrüner Halbstrauch Aromatische, goldgelbe, mitunter grün gefleckte Blätter. Blauviolette Blüten im Sommer.
↕ 20–30 cm ↔ 30 cm

***Sambucus racemosa* 'Sutherland Gold'**
♀ **Strauch** Feinfiedriges, leuchtend gelbes Laub, das am besten aussieht, wenn die Pflanzen regelmäßig beschnitten werden.
↕↔ 2 m

***Spiraea japonica* 'Goldflame'**
Strauch s. Seite **533**

Dunkles und purpurnes Laub

Dunkellaubige Pflanzen werden im Garten hauptsächlich als Hintergrund für andere Pflanzen verwendet. Eine purpurblättrige Pflanze lässt goldene oder silbrige Pflanzen leuchtender erscheinen und ist eine perfekte Kulisse für helle bis orangefarbene Blüten. Viele purpurblättrige Pflanzen entwickeln nur in voller Sonne eine intensive Farbe und sehen im Schatten eher stumpf und grünlich aus.

***Acer platanoides* 'Crimson King'**
♥ **Baum** s. Seite **68**

***Actaea simplex* 'Brunette'**
♥ **Staude** Gefingerte, violette Blätter und dunkle Stängel mit weißen bauschigen Blüten im Herbst.
↕ 1–1,2 m ↔ 60 cm

***Aeonium* 'Zwartkop'**
♥ **Strauch, frostempfindlich** s. Seite **77**

***Ajuga reptans* 'Atropurpurea'**
Staude s. Seite **81**

Berberis thunbergii* fo. *atropurpurea
♥ **Strauch** Das tiefpurpurne Laub wird im Herbst, bevor es abfällt, leuchtend rot, dann zeigen sich die dornigen Äste.
↕ 2 m ↔ 2,5 m

***Berberis thunbergii* 'Red Chief'**
♥ **Strauch** Tief rötlich purpurnes Laub an einem aufrechten Strauch.
↕ 1,5 m ↔ 60 cm

***Cercis canadensis* 'Forest Pansy'**
♥ **Baum** Im zeitigen Frühjahr erscheinen die rosaroten Blüten an kahlen Ästen und werden von schönem, purpurnem Laub abgelöst.
↕↔ 10 m

***Clematis montana* var. *rubens* 'Tetrarose'**
♥ **Kletterpflanze** s. Seite **160**

***Corylus maxima* 'Purpurea'**
♥ **Strauch** s. Seite **175**

***Cotinus coggygria* 'Royal Purple'**
♥ **Strauch** s. Seite **176**

***Cotinus* 'Grace'**
Strauch s. Seite **177**

Cryptotaenia japonica* fo. *atropurpurea
Zweijährige Sowohl die dreilappigen Blätter, als auch die aufrechten Triebe sind purpurn gefärbt. Blüten sehr klein.
↕↔ 60 cm

***Erica carnea* 'Vivellii'**
♥ **Immergrüner Strauch** s. Seite **219**

***Euphorbia dulcis* 'Chameleon'**
Staude Purpurnes Laub an buschigen Pflanzen. Blütenstände mit lindgrün getönten Hochblättern.
↕↔ 30 cm

***Fagus sylvatica* 'Dawyck Purple'**
♥ **Baum** Dieser säulenförmige Baum trägt tiefpurpurne Blätter.
↕ 20m ↔ 5m

***Fagus sylvatica* 'Purpurea Pendula'**
Baum Die tiefpurpurnen Blätter sitzen an hängenden Ästen an diesem kleinen, kuppelförmigen Baum.
↕↔ 3 m

***Geranium sessiliflorum* subsp. *novae-zelandiae* 'Nigricans'**
Staude Kleine, polsterbildende Pflanze mit matt bronzeviolettem Laub und kleinen, weißen Blüten
↕ 8 cm ↔ 15 cm

***Hebe* 'Mrs. Winder'**
♀ **Immergrüner Strauch** Ein kompakter Strauch mit dunklen, in der Jugend purpurnen Blättern und violettblauen Blüten.
↕ 1 m ↔ 1,2 m

***Hedera helix* 'Atropurpurea'**
Immergrüne Kletterpflanze s. Seite **278**

***Heuchera micrantha* var. *diversifolia* 'Palace Purple'**
Staude s. Seite **287**

***Ophiopogon planiscapus* 'Nigrescens'**
♀ **Staude** s. Seite **389**

***Penstemon digitalis* 'Husker Red'**
Staude Halb immergrüne Staude mit roten und purpurnen Blättern und blassrosa Blüten.
↕ 50–75 cm ↔ 30 cm

***Physocarpus opulifolius* 'Diabolo'**
Strauch Auffallend attraktives, bronzerot gefärbtes Laub.
↕ 2 m ↔ 1 m s. Seite **431**

***Rheum palmatum* 'Atrosanguineum'**
♀ **Staude** Scharlachrote Knospen geben große, formschöne Blätter frei, die tiefgrün verblassen.
↕ 2m

Rosa
♀ **Rosen für Naturgärten** s. Seite **496**

***Salvia officinalis* Purpurascens-Gruppe**
♀ **Immergrüner Strauch** s. Seite **509**

***Sambucus nigra* 'Guincho Purple'**
Strauch s. Seite **512**

***Sedum telephium* Atropurpureum-Gruppe**
♀ **Staude** s. Seite **523**

***Tradescantia pallida* 'Purpurea'**
♀ **Staude, frostempfindlich** Diese kriechende Pflanze hat leuchtende, purpurne Blätter und kleine, rosarote Blüten.
↕ 20 cm ↔ 40 cm

***Viburnum sargentii* 'Onondaga'**
♀ **Strauch** Aufrecht wachsender Strauch mit blassrosa Blüten und purpurnen Blättern, die sich im Herbst rot verfärben.
↕ 2 m

***Viola riviniana* 'Purpurea'**
Staude Langsam wachsende Pflanze mit kleinen, purpurnen Blättern und Blüten, die reichlich Samen erzeugen.
↕ 10–20 cm ↔ 20–40 cm

***Vitis vinifera* 'Purpurea'**
♀ **Kletterpflanze** s. Seite **572**

***Weigela florida* 'Foliis Purpureis'**
♀ **Strauch** s. Seite **573**

Silbriges Laub

Pflanzen mit silbrigen Blättern sind an heiße Regionen angepasst, weshalb sie sich für vollsonnige Lagen eignen. Einige haben sich auch an geringe Niederschläge angepasst, sodass sie den Grundstock für einen Trocken- oder Kiesgarten bilden können. Ihre Farbe macht sie zu idealen Partnern für rosa- und weißblütige oder purpurblättrige Pflanzen. Viele Pflanzen haben außerdem duftende Blätter.

Acacia baileyana
♀ **Strauch, bedingt frosthart** Das Laub ist weniger fein als bei *A. dealbata*, aber stahlgrau, und die Blüten sind leuchtend gelb.
↕5–8 m ↔ 3–6 m

Acca sellowiana
Immergrüner Strauch Blätter oben grün, unterseits silbern, Blüten mit fleischigen, roten und weißen, essbaren Blütenblättern.
↕2 m ↔ 2,5 m

Anaphalis triplinervis
♀ **Staude** Gruppenbildende Pflanze mit silbergrauen Blättern und weißen Blüten im Spätsommer.
↕80–90 cm ↔ 45–60 cm

***Anaphalis triplinervis* 'Sommerschnee'**
♀ **Staude** s. Seite **88**

Antennaria microphylla
Staude s. Seite **93**

Anthemis punctata* subsp. *cupaniana
♀ **Staude** s. Seite **93**

***Artemisia alba* 'Canescens'**
♀ **Staude** Sehr fein gefiederte, graue Blätter, die ein fedriges Blattwerk bilden.
↕45 cm ↔ 30 cm

***Artemisia ludoviciana* 'Silver Queen'**
♀ **Staude** s. Seite **101**

Artemisia pontica
Immergrüne Staude Eine kriechende Pflanze mit zahlreichen, aufrechten Trieben und fedrigen Blättern, die massige Polster bilden.
↕40–80 cm ↔ unbegrenzt

Atriplex halimus
Strauch Eine relativ frostempfindliche, aber windbeständige, schnell wachsende Pflanze mit kleinen, glänzenden, silbernen Blättern.
↕2 m ↔ 2,5 m

***Brachyglottis* 'Sunshine'**
♀ **Immergrüner Strauch** s. Seite **123**

***Cedrus atlantica* Glauca-Gruppe**
♀ **Koniferen** Die Blaue Atlaszeder entwickelte sich zu einem großen Baum mit blaugrauen Nadeln.
↕40 m ↔ 10 m

Convolvulus cneorum
♀ **Immergrüner Strauch** s. Seite **168**

Cytisus battandieri
♀ **Strauch** s. Seite **191**

***Dianthus* 'Becky Robinson'**
♀ **Staude** s. Seite **204**

***Dianthus* 'Haytor White'**
♀ **Staude** s. Seite **204**

***Elaeagnus* 'Quicksilver'**
♀ **Immergrüner Strauch** s. Seite **215**

***Erica tetralix* 'Alba Mollis'**
♀ **Immergrüner Strauch** s. Seite **221**

Eucalyptus gunnii
♀ **Immergrüner Strauch** s. Seite **229**

Halimium **'Susan'**
♀ **Immergrüner Strauch** s. Seite **269**

Hebe pimeleoides **'Quicksilver'**
♀ **Immergrüner Strauch** Auf dem Boden aufliegender Strauch mit winzigen Silberblättern und blass fliederfarbenen Blüten.
↕ 30 cm ↔ 60 cm

Hebe pinguifolia **'Pagei'**
♀ **Immergrüner Strauch** s. Seite **274**

Hebe **'Red Edge'**
♀ **Immergrüner Strauch** Ausladender Strauch mit grauen, rotrandigen Blättern.
↕ 45 cm ↔ 60 cm

Helianthemum **'Wisley Primrose'**
♀ **Immergrüner Strauch** s. Seite **281**

Helichrysum splendidum
♀ **Staude** s. Seite **282**

Helictotrichon sempervirens
♀ **Ziergras** Eine buschförmige Staude, die Horste mit graublauen Blättern bildet. Mit hohen Blütenständen im Frühsommer.
↕ 1,4 m ↔ 60 cm

Lavandula × intermedia
Dutch-Gruppe
Strauch s. Seite **338**

Pyrus salicifolia **'Pendula'**
♀ **Baum** s. Seite **464**

Romneya coulteri
♀ **Staude** Robuste, ausläuferbildende Pflanze mit grob gesägten, silbernen Blättern und weißen Blüten mit gelber Mitte.
↕ 2 m ↔ unbegrenzt

Salix **'Boydii'**
♀ **Strauch** s. Seite **501**

Salix lanata
♀ **Strauch** s. Seite **503**

Salvia argentea
♀ **Staude** s. Seite **504**

Salvia discolor
♀ **Staude, frostempfindlich** s. Seite **505**

Santolina chamaecyparissus
♀ **Immergrüner Strauch** s. Seite **513**

Sedum spathulifolium **'Cape Blanco'**
♀ **Staude** s. Seite **521**

Senecio cineraria **'Silver Dust'**
♀ **Immergrüner Strauch** s. Seite **54**

Senecio cineraria **'White Diamond'**
Immergrüner Strauch Die nahezu weißen Blätter gleichen in ihrer Form Eichenblättern.
↕ 30–40 cm ↔ 30 cm

Senecio viravira
♀ **Strauch, bedingt frosthart** Die feinfiederigen Blätter sitzen an kriechenden Trieben, die schließlich cremefarbene, pomponförmige Blütenstände entwickeln.
↕ 60 cm ↔ 1 m

Verbascum bombyciferum
Staude s. Seite **561**

Bäume, Sträucher und Stauden für den Frühling

Der Frühling ist eine herrliche Zeit im Garten: Die frühesten Blüten erscheinen zögerlich und trotzen Schnee, Graupel und Wind. Im April werden die Blüten größer und kecker, und die gelben, weißen und blauen Blüten der Frühlings-Zwiebelpflanzen vereinigen sich mit rosa- und kirschroten Blüten, auffälligen Magnolien, Rhododendren, Waldreben und Glyzinen.

***Acer pseudoplatanus* 'Brilliantissimum'**
♀ **Baum** s. Seite **69**

Bergenia purpurascens
♀ **Staude** Die kräftigen Blätter verfärben sich bei Kälte rot. Im Frühjahr leuchtende, purpurne Blüten.
↕ 45 cm ↔ 30 cm

Caltha palustris
♀ **Staude** s. Seite **131**

***Camellia × williamsii*, Kultivare**
♀ **Staude** s. Seite **136–137**

***Chaenomeles speciosa* 'Moerloosei'**
♀ **Strauch** s. Seite **148**

Clematis alpina
♀ **Kletterpflanze** Die blauen, glockenförmigen Blüten mit weißer Mitte verwandeln sich in flaumige Samenstände.
↕ 2–3 m

***Clematis* 'Frances Rivis'**
♀ **Kletterpflanze** s. Seite **160**

***Clematis* 'Markham's Pink'**
♀ **Kletterpflanze** s. Seite **160**

Clematis montana* var. *rubens
Kletterpflanze s. Seite **160**

Corydalis solida
Knollenpflanze Röhrenförmige, rosarote Blüten stehen über fedrigem, grauem Laub.
↕ 25 cm ↔ 20 cm

Corylopsis pauciflora
♀ **Strauch** s. Seite **174**

Daphne tangutica
♀ **Immergrüner Strauch** An den Spitzen der Triebe drängen sich im Spätfrühling duftende, rosarote und weiße Blüten.
↕↔ 1 m

***Dicentra* 'Luxuriant'**
♀ **Staude** Tief gelappte Blätter und über eine große Zeitspanne hinweg rote Blüten.
↕ 30 cm ↔ 45 cm

Dodecatheon meadia
♀ **Staude** Eine gruppenbildende Pflanze mit magentaroten Blüten, die denen des Alpenveilchens gleichen.
↕ 40 cm ↔ 25 cm

Epimedium × rubrum
♀ **Staude** s. Seite **216**

***Epimedium × versicolor* 'Sulphureum'**
♀ **Staude** Immergrüne, gruppenbildende Pflanze mit gefiederten Blättern und hübschen, blassgelben Blüten.
↕↔ 30 cm

Euphorbia × martini
♀ **Immergrüner Halbstrauch** s. Seite **234**

Euphorbia polychroma
♀ **Staude** s. Seite **235**

***Forsythia × intermedia* 'Lynwood Variety'**
♀ **Strauch** s. Seite **240**

Fothergilla major
♀ **Strauch** s. Seite **241**

Hepatica nobilis
♀ **Staude** s. Seite **287**

Magnolia campbellii **'Charles Raffill'**
Strauch s. Seite **364**

Magnolia **'Elizabeth'**
♀ **Strauch** s. Seite **364**

Magnolia × loebneri **'Merrill'**
♀ **Strauch** s. Seite **364**

Magnolia × soulangeana **'Lennei'**
♀ **Baum** Herrlicher, ausladend wachsender Baum mit großen, tiefpurpurnen Blüten.
↕↔ 6 m

Magnolia stellata
♀ **Baum** s. Seite **365**

Malus floribunda
♀ **Baum** s. Seite **368**

Pieris japonica **'Mountain Fire'**
♀ **Immergrüner Strauch** Liebt saure Böden. Weiße Blüten und rote Neutriebe, die dann bronzefarben und später grün werden.
↕ 4 m ↔ 3 m

Primula veris
♀ **Staude** s. Seite **451**

Primula vialii
♀ **Staude** Eine kurzlebige Staude mit fliederfarbenen Blüten und roten Knospen.
↕ 30–60 cm ↔ 30 cm

Prunus avium **'Plena'**
♀ **Baum** s. Seite **456**

Prunus glandulosa **'Alba Plena'**
Strauch s. Seite **453**

Prunus **'Kanzan'**
♀ **Baum** s. Seite **456**

Prunus padus **'Colorata'**
♀ **Baum** s. Seite **456**

Prunus padus **'Watereri'**
♀ **Baum** s. Seite **457**

Prunus **'Pandora'**
♀ **Baum** s. Seite **456**

Prunus **'Pink Perfection'**
♀ **Baum** s. Seite **457**

Prunus **'Shirofugen'**
♀ **Baum** s. Seite **457**

Prunus **'Shôgetsu'**
♀ **Baum** s. Seite **457**

Prunus **'Spire'**
♀ **Baum** s. Seite **457**

Prunus × subhirtella **'Autumnalis Rosea'**
♀ **Baum** s. Seite **457**

Prunus **'Ukon'**
♀ **Baum** s. Seite **457**

Prunus × yedoensis
Baum s. Seite **457**

Pulmonaria rubra
♀ **Staude** s. Seite **459**

Rhododendron **Arten und Kultivare**
Sträucher s. Seite **470–476**

Saxifraga **'Tumbling Waters'**
♀ **Gebirgspflanze** Rosetten silbergrüner Blätter entwickeln gebogene Blütenstände mit Hunderten winziger, weißer Blüten.
↕ 45 cm ↔ 30 cm

Viola **'Maggie Mott'**
♀ **Staude** Hübsche, blaue und weiße Blüten an buschigen Pflanzen.
↕ 15 cm ↔ 25 cm

Wisteria floribunda **'Rosea'**
♀ **Kletterpflanze** Lange Blütenstände mit blassrosa Blüten ergießen sich von dieser kräftigen Pflanze.
↕ 9 m

Pflanzen für Sommerflor

Oft dominieren im Garten in den Sommermonaten die Beetpflanzen, doch es gibt auch viele leuchtend gefärbte Stauden, die sich von ihrer besten Seite zeigen. Im Hochsommer blühen zwar weniger Sträucher als im Frühling, eine große Ausnahme aber sind die Rosen, die jeden Garten wunderbar bereichern. Rosen gibt es für jede Gartensituation, von Kletterpflanzen bis hin zu Bodendeckern.

***Anchusa azurea* 'Loddon Royalist'**
🏆 **Staude** s. Seite **89**

***Aquilegia vulgaris* 'Nora Barlow'**
🏆 **Staude** s. Seite **95**

***Buddleja davidii* 'Dartmoor'**
🏆 **Strauch** Die schmalen Blätter sind tief gesägt und die Blüten satt rötlich purpurn.
↕ 3 m ↔ 5 m

Buddleja globosa
🏆 **Strauch** s. Seite **126**

***Campanula lactiflora* 'Loddon Anna'**
🏆 **Staude** s. Seite **139**

***Clematis* 'Bees' Jubilee'**
Kletterpflanze s. Seite **161**

Clematis × durandii
🏆 **Staude** Hybride, die nicht klettert, sich aber durch andere Pflanzen hangelt. Mit großen, blauen Blüten.
↕ 1–2 m

***Clematis* 'Gipsy Queen'**
🏆 **Kletterpflanze** Samtige, purpurne Blüten mit roten Staubblättern, blüht den ganzen Sommer.
↕ 3 m

***Clematis* 'Perle d'Azur'**
Kletterpflanze s. Seite **165**

***Dicentra formosa* 'Langtrees'**
🏆 **Staude** Blasse, perlmuttweiße Blüten hängen an glänzenden Trieben über fedrigem, grauem Laub.
↕ 30 cm ↔ 45 cm

Digitalis lanata
Staude Beblätterte Triebe, dicht mit kleinen, cremefarbenen oder rehbraunen Blüten besetzt.
↕ 60 cm ↔ 30 cm

***Erica cinerea* 'Velvet Night'**
🏆 **Immergrüner Strauch** Die außergewöhnlich dunkle Beblätterung wird durch tiefpurpurne Blüten gekrönt.
↕ 60 cm ↔ 80 cm

***Erica vagans* 'Lyonesse'**
🏆 **Immergrüner Strauch** s. Seite **221**

***Erica vagans* 'Mrs. D. F. Maxwell'**
🏆 **Immergrüner Strauch** s. Seite **221**

Euphorbia schillingii
🏆 **Staude** s. Seite **235**

Fuchsia
Sträucher, frostharte Formen s. Seite **244**

***Fuchsia* 'Phyllis'**
🏆 **Strauch** Die halb gefüllten, kirschroten Blüten hängen an aufrechten, frostharten Pflanzen.
↕ 1–1,5 m ↔ 75–90 cm

Geranium
Staude, voll frosthart s. Seite **260–261**

***Hebe* 'Great Orme'**
♀ **Immergrüner Strauch** s. Seite **273**

***Hemerocallis*, Kultivare**
Staude s. Seite **286**

***Hemerocallis* 'Pink Damask'**
♀ **Staude** Große, dunkel lachsrosa Blüten stehen über bogig überhängenden Blättern.
↕1 m

***Hydrangea serrata* 'Bluebird'**
♀ **Strauch** s. Seite **300**

***Hypericum* 'Hidcote'**
♀ **Strauch** s. Seite **301**

Bartiris
Stauden s. Seite **316–319**

***Iris* 'Arctic Fancy'**
♀ **Staude** Weiße Blütenblätter, kräftig tiefviolett gesäumt.
↕50 cm

***Iris* 'Blue-eyed Brunette'**
Staude Große, blassbraune Blüten mit einem fliederfarbenen Mal am Grund des Barts.
↕90 cm

Iris laevigata
♀ **Staude** s. Seite **310**

***Jasminum humile* 'Revolutum'**
♀ **Strauch** Duftende, leuchtend gelbe Blüten, die fast den ganzen Sommer blühen, bilden einen Gegensatz zu den gefiederten Blättern.
↕2,5 m ↔ 3 m

***Lathyrus latifolius* 'White Pearl'**
♀ **Kletterpflanze** Diese krautige Staude besitzt reinweiße, duftlose Blüten.
↕2 m

***Oenothera fruticosa* 'Fyrverkeri'**
♀ **Staude** s. Seite **386**

***Penstemon*-Kultivare**
Stauden s. Seite **410–411**

***Photinia* × *fraseri* 'Red Robin'**
♀ **Immergrüner Strauch** s. Seite **427**

***Phygelius aequalis* 'Yellow Trumpet'**
♀ **Immergrüner Strauch** s. Seite **428**

Platycodon grandiflorus
♀ **Staude** s. Seite **438**

***Potentilla* 'Gibson's Scarlet'**
♀ **Staude** s. Seite **443**

***Rosa* 'Just Joey'**
♀ **Teehybride** s. Seite **480**

Rosa MANY HAPPY RETURNS **'Harwanted'**
♀ **Floribunda-Rose** s. Seite **483**

Rosa MOUNTBATTEN **'Harmantelle'**
♀ **Floribunda-Rose** s. Seite **483**

Rosa SWEET DREAM **'Fryminicot'**
♀ **Patiorose** s. Seite **489**

***Rosa* 'Tequila Sunrise'**
♀ **Teehybride** Leuchtend gelbe Blüten, die kräftig scharlachrot gesäumt sind.
↕75 cm ↔ 60 cm

***Rosa* (Alte Rosen)**
Sträucher s. Seite **492–493**

Rosen, Rambler-
Halb immergrüne Kletterpflanze s. Seite **486–487**

***Salvia* × *sylvestris* 'Mainacht'**
♀ **Staude** s. Seite **511**

***Thalictrum delavayi* 'Hewitt's Double'**
♀ **Staude** s. Seite **542**

***Tradescantia* × *andersoniana* 'J. C. Weguelin'**
♀ **Staude** s. Seite **550**

***Tradescantia* × *andersoniana* 'Osprey'**
♀ **Staude** s. Seite **550**

Pflanzen für Herbstflor

Der Herbst ist die Jahreszeit großer Veränderungen im Garten. Obwohl viele Einjährige und Stauden weiterhin ihre Sommerpracht entfalten, sind es die Farben der Blätter und Früchte (s. S. 502–503), die die Aufmerksamkeit auf sich ziehen. Alles hat jetzt seinen Höhepunkt erreicht, auch die Rabatten erglühen noch einmal in Orange- und Rottönen, bevor die düstere Zeit des Winters die Oberhand gewinnt.

Acer grosseri* var. *hersii
🏆 **Baum** s. Seite **64**

***Acer palmatum* 'Bloodgood'**
🏆 **Kleiner Baum** s. Seite **66**

***Acer palmatum* 'Garnet'**
🏆 **Strauch** s. Seite **66**

***Acer palmatum* 'Osakazuki'**
🏆 **Strauch oder kleiner Baum** s. Seite **67**

***Acer rubrum* 'October Glory'**
🏆 **Baum** s. Seite **70**

Amelanchier lamarckii
🏆 **Großer Strauch** s. Seite **87**

***Anemone hupehensis* 'Hadspen Abundance'**
🏆 **Staude** s. Seite **91**

***Anemone hupehensis* 'September Charm'**
🏆 **Staude** Zierliche Wuchsform mit blassrosa Blüten.
↕ 60–90 cm ↔ 40 cm

***Aster amellus* 'King George'**
🏆 **Staude** s. Seite **104**

***Aster ericoides* 'Pink Cloud'**
🏆 **Staude** Die buschigen Pflanzen schmücken sich im Herbst mit kleinen, rosaroten Blüten.
↕ 1 m ↔ 30 cm

Aster lateriflorus* var. *horizontalis
🏆 **Staude** s. Seite **105**

Berberis wilsoniae
Strauch s. Seite **119**

***Ceanothus × delilianus* 'Gloire de Versailles'**
🏆 **Strauch** s. Seite **145**

***Clematis* 'Alba Luxurians'**
🏆 **Kletterpflanze** s. Seite **164**

***Clematis* 'Duchess of Albany'**
Kletterpflanze s. Seite **164**

***Clematis × triternata* 'Rubromarginata'**
🏆 **Kletterpflanze** Starke Triebe tragen zahlreiche kleine, kreuzförmige, tief rosarote und weiße Blüten.
↕ 5 m

Cornus kousa* var. *chinensis
🏆 **Baum** s. Seite **171**

***Cortaderia selloana* 'Sunningdale Silver'**
🏆 **Ziergras** s. Seite **173**

Cotoneaster microphyllus
Immergrüne Sträucher Ein bogig überhängender Strauch, im Herbst mit blass rosaroten Beeren.
↕ 1 m ↔ 1,5 m

***Dahlia*, Kultivare**
Stauden s. Seite **194–195**

***Eucryphia × nymansensis* 'Nymansay'**
🏆 **Immergrüner Baum** s. Seite **230**

Euonymus alatus
🏆 **Strauch** s. Seite **230**

***Euonymus europaeus* 'Red Cascade'**
🏆 **Strauch** s. Seite **231**

Fuchsia **'Mrs. Popple'**
♡ **Strauch** s. Seite **244**

Gentiana septemfida
♡ **Staude** s. Seite **257**

Ginkgo biloba
♡ **Baum, voll frosthart** Diese Konifere hat breite Blätter, die sich buttergelb färben, bevor sie im Herbst abgeworfen werden.
↕ bis 30 m ↔ 8 m

Helianthus **'Loddon Gold'**
♡ **Staude** s. Seite **281**

Hibiscus syriacus **'Oiseau Bleu'**
♡ **Strauch** s. Seite **288**

Indigofera amblyantha
♡ **Strauch** Schlanke Triebe tragen fedrige Blätter und aufrechte Blütenstände mit winzigen, rosaroten Blüten.
↕ 2 m ↔ 2,5 m

Liriodendron tulipifera
♡ **Baum** s. Seite **352**

Liriope muscari
♡ **Staude** s. Seite **353**

Malus **'John Downie'**
♡ **Baum** s. Seite **368**

Nandina domestica
♡ **Strauch** s. Seite **377**

Nyssa sinensis
♡ **Baum** s. Seite **385**

Nyssa sylvatica
♡ **Baum** s. Seite **385**

Parthenocissus tricuspidata
♡ **Kletterpflanze** s. Seite **401**

Phygelius capensis
♡ **Strauch, bedingt frosthart** s. Seite **428**

Prunus sargentii
♡ **Baum** s. Seite **457**

Prunus × subhirtella **'Autumnalis Rosea'**
♡ **Baum** s. Seite **457**

Pseudolarix amabilis
♡ **Baum** Eine nadelabwerfende Konifere, die wegen ihrer attraktiven, kegelförmigen Gestalt und der goldgelben Färbung im Herbst beliebt ist.
↕ 15–20 m ↔ 6–12 m

Rhus typhina **'Dissecta'**
♡ **Strauch** s. Seite **477**

Rudbeckia fulgida **var.** *deamii*
♡ **Staude** Orangefarbene Blütenstände mit schwarzem Zentrum, ähnlich denen von Margeriten.
↕ 60 cm ↔ 45 cm

Rudbeckia laciniata **'Goldquelle'**
♡ **Staude** s. Seite **500**

Salvia uliginosa
♡ **Staude** s. Seite **511**

Schizostylis coccinea **'Sunrise'**
♡ **Staude** s. Seite **518**

Sedum **'Ruby Glow'**
♡ **Staude** s. Seite **520**

Sedum spectabile **'Iceberg'**
Staude Pflanze mit fleischigen, bleichen Blättern und reinweißen Blüten.
↕ 30–45 cm ↔ 35 cm

Sorbus reducta
♡ **Strauch** s. Seite **531**

Sorbus vilmorinii
♡ **Strauch oder kleiner Baum** s. Seite **532**

Tricyrtis formosana
♡ **Staude** Aufrechte Triebe mit glänzenden Blättern und blassrosa, dunkler gefleckten Sternblüten.
↕ 80 cm ↔ 45 cm

Viburnum plicatum **'Mariesii'**
♡ **Strauch** s. Seite **568**

Vitis coignetiae
♡ **Kletterpflanze** s. Seite **572**

Pflanzen für den Winter

Gärtner, die denken, dass sich im Winter im Garten nichts ereignet, kennen einige interessante Pflanzen noch nicht. Düfte und Blüten erfreuen uns weiter, auch in kältesten Regionen. Viele dieser Pflanzen gedeihen an schattigen Stellen. Das ist der ideale Platz, um einen »Wintergarten« anzulegen, vorzugsweise in der Nähe einer Türe oder dort, wo er von einem Fenster aus eingesehen werden kann.

Acer griseum
🏆 **Baum** s. Seite **64**

Acer pensylvanicum **'Erythrocladum'**
Laubabwerfender Baum s. Seite **68**

Asplenium scolopendrium **Cristatum-Gruppe**
Immergrüner Farn Aufrechte, ledrige Wedel mit verbreiterten, unregelmäßigen Spitzen, die im Winter sehr keck aussehen.
↕45 cm ↔ 60 cm

Aucuba japonica **'Crotonifolia'**
🏆 **Immergrüner Strauch** s. Seite **110**

Bergenia **'Ballawley'**
🏆 **Staude** s. Seite **120**

Calluna vulgaris **'Robert Chapman'**
🏆 **Heidekraut** s. Seite **130**

Chamaecyparis obtusa **'Nana Aurea'**
🏆 **Konifere** Diese Zwergkonifere hat eine kugelige, oben abgeflachte Gestalt und gelbe Blätter.
↕2 m

Chimonanthus praecox **'Grandiflorus'**
🏆 **Strauch** s. Seite **152**

Clematis cirrhosa **var.** *balearica*
Kletterpflanze Diese immergrüne Kletterpflanze besitzt blass cremefarbene, glockenförmige, duftende Blüten.
↕2,5–3 m

Cornus alba **'Sibirica'**
🏆 **Strauch** s. Seite **169**

Cornus mas
Strauch oder kleiner Baum s. Seite **171**

Cornus mas **'Aurea'**
Strauch Im Winter erscheinen zahlreiche winzige, gelbe Blüten, die von gelbem Laub im Frühling abgelöst werden, das sich im Sommer grün verfärbt.
↕↔ 5 m

Cyclamen cilicium
🏆 **Staude, Knollenpflanze** s. Seite **189**

Cyclamen coum **Pewter-Gruppe**
🏆 **Frostharte Knollenpflanze** s. Seite **190**

Daphne bholua **'Gurkha'**
Strauch s. Seite **196**

Erica carnea **'Ann Sparkes'**
🏆 **Immergrüner Strauch** s. Seite **219**

Erica carnea **'Pink Spangles'**
🏆 **Immergrüner Strauch** Dieses prächtige Heidekraut besitzt rosarote Blüten, die, wenn sie sich erstmals öffnen, rosarot und weiß sind.
↕15 cm ↔ 45 cm

Erica carnea **'Vivellii'**
🏆 **Immergrüner Strauch** s. Seite **219**

Erica × *darleyensis* **'Furzey'**
🏆 **Immergrüner Strauch** Dieser kleine Strauch hat eine dunkle Beblätterung und tief rosarote Blüten.
↕30 cm ↔ 60 cm

***Erica* × *darleyensis* 'J.W. Porter'**
♀ **Immergrüner Strauch** Tiefgrüne Blätter, die im Frühling cremefarben und rot bespitzt sind. Trägt tief rosarote Blüten.
↕30 cm ↔ 60 cm

***Hamamelis* × *intermedia*, Kultivare**
Sträucher s. Seite **270–271**

Helleborus argutifolius
♀ **Staude** s. Seite **284**

Helleborus niger
♀ **Staude** s. Seite **285**

Helleborus* × *nigercors
♀ **Staude** Gruppenbildende Pflanze mit kurzen, verzweigten Blütenständen mit weißen Blüten, die grün und rosarot werden.
↕30 cm ↔ 1 m

***Ilex aquifolium* 'Golden Milkboy'**
Stechpalme s. Seite **305**

***Ilex* × *meserveae* 'Blue Princess'**
Stechpalme s. Seite **306**

Iris unguicularis
♀ **Staude** s. Seite **321**

***Juniperus communis* 'Repanda'**
♀ **Konifere** Die Nadeln dieser bodendeckenden Konifere sind im Winter oft bronzefarben.
↕20 cm ↔ 1 m

***Mahonia* × *media* 'Lionel Fortescue'**
♀ **Immergrüner Strauch** Gefiederte Blätter mit stechpalmenähnlichen Fiedern und aufrechten Blütenständen mit gelben Blüten.
↕5 m ↔ 4 m

***Mahonia* × *media* 'Winter Sun'**
♀ **Immergrüner Strauch** Der Reiz dieses stachligen, aufrecht wachsenden Strauchs sind seine gelben Blüten im Winter.
↕5 m ↔ 4 m

Pulmonaria rubra
♀ **Immergrüne Staude** s. Seite **459**

Rubus thibetanus
♀ **Strauch** s. Seite **499**

***Salix babylonica* var. *pekinensis* 'Tortuosa'**
♀ **Baum** s. Seite **501**

***Salix hastata* 'Wehrhahnii'**
♀ **Strauch** s. Seite **502**

***Skimmia japonica* 'Nymans'**
♀ **Immergrüner Strauch** Dieser ausladende Strauch ist weiblich und trägt büschelweise rote Beeren.
↕1 m ↔ 2 m

Stachyurus praecox
♀ **Strauch** s. Seite **535**

***Symphoricarpus* × *doorenbosii* 'White Hedge'**
Strauch Ausläuferbildender Strauch mit aufrechtem Wuchs und weißen Beeren.
↕2 m ↔ unbegrenzt

***Viburnum* × *bodnantense* 'Dawn'**
♀ **Strauch** s. Seite **566**

Viburnum farreri
♀ **Strauch** s. Seite **567**

***Viburnum tinus* 'Eve Price'**
♀ **Immergrüner Strauch** s. Seite **569**

Pflanzen mit Beerenfrüchten

Beeren können den Garten viele Monate bereichern, wenn sich Vögel nicht daran gütlich tun. Rote Beeren sind häufig, doch es gibt auch schwarze, weiße, gelbe, rosarote, blaue und sogar purpurne Beeren, die in fast jedem Garten wachsen können. Blasse Beeren wirken vor dunklen Hintergründen wie immergrünen Hecken, rote Beeren sind gegen einen winterlichen, sonnigen Himmel besonders attraktiv.

Actaea alba
Staude Gruppenbildende Pflanze mit gefiederten Blättern und flaumigen Blütenständen, die zu perlmuttweißen Beeren mit schwarzen Malen heranreifen.
↕ 90 cm ↔ 45–60 cm

Arbutus unedo* fo. *rubra
♈ **Immergrüner Baum** Sowohl die rosaroten Blüten als auch die roten, kugeligen Früchte haben im Herbst ihren Höhepunkt.
↕↔ 8 m

***Arum italicum* subsp. *italicum* 'Marmoratum'**
♈ **Staude** Immergrüne marmorierte Blätter. Im Herbst Fruchtstände mit roten Beeren, wenn die Blätter schon abgestorben sind.
↕ 30 cm ↔ 15 cm

Berberis dictyophylla
♈ **Strauch** Dieser laubabwerfende Strauch zeigt sich im Winter von seiner besten Seite, wenn die weißen Äste mit roten Beeren übersät sind.
↕ 2 m ↔ 1,5 m

***Berberis* × *stenophylla* 'Corallina Compacta'**
♈ **Immergrüner Strauch** s. Seite **117**

Berberis verruculosa
♈ **Immergrüner Strauch** s. Seite **119**

***Callicarpa bodinieri* var. *giraldii* 'Profusion'**
♈ **Strauch** s. Seite **128**

Celastrus orbiculatus
Kletterpflanze Stark wachsende Kletterpflanze mit gelber Herbstfarbe und gelben Früchten, die sich öffnen, um rote Samen zu entlassen.
↕ 14 m

Clerodendrum trichotomum* var. *fargesii
♈ **Strauch** Schnell wachsende Pflanze mit duftenden, weißen Blüten und türkisfarbenen Beeren, die sich von den roten Kelchen absetzen.
↕↔ 5 m

Coriaria terminalis* var. *anthocarpa
Strauch, bedingt frosthart Überhängender Halbstrauch mit kleinen Blättern und Büscheln mit durchscheinenden, gelben Beeren.
↕ 1 m ↔ 2 m

***Cornus* 'Norman Hadden'**
♈ **Immergrüner Baum** Einige Blätter verfärben sich gelb und fallen im Herbst ab, dann erscheinen auch die großen, roten Früchte, die aus cremefarbenen und rosaroten Blüten hervorgehen.
↕↔ 8 m

***Cotoneaster conspicuus* 'Decorus'**
♈ **Immergrüner Strauch** s. Seite **178**

***Cotoneaster* 'Rothschildianus'**
♈ **Immergrüner Strauch** Ein überhängender Strauch mit weißen Blüten und im Herbst goldgelben Beeren.
↕↔ 5 m

Euonymus planipes
♀ **Strauch** Das Laub ist im Herbst rot. Die roten Kapselfrüchte enthalten orangefarbene Samen.
↕↔ 3 m

***Gaultheria mucronata* 'Wintertime'**
♀ **Immergrüner Strauch** s. Seite **252**

Hippophae rhamnoides
♀ **Strauch** s. Seite **289**

Hypericum kouytchense
♀ **Strauch** s. Seite **302**

***Ilex aquifolium* und Kultivare**
Immergrüne Sträucher s. Seite **304–305**

***Ilex × meserveae* 'Blue Angel'**
Immergrüner Strauch Kompakter, langsam wachsender Strauch mit dunklen, bläulich grünen Blättern und roten Beeren.
↕ 4 m ↔ 2 m

***Ilex verticillata* 'Winter Red'**
Strauch Laubabwerfender Strauch, im Frühling mit weißen Blüten und im Winter mit unzähligen kleinen, roten Beeren.
↕ 2,5–3 m ↔ 3 m

Leycesteria formosa
♀ **Strauch** Große, überhängende Zweige mit weißen Blüten und braunen Hochblättern. Im Winter purpurne Beeren.
↕↔ 2 m

***Lonicera nitida* 'Baggesen's Gold'**
♀ **Immergrüner Strauch** s. Seite **355**

***Lonicera periclymenum* 'Graham Thomas'**
♀ **Kletterpflanze** s. Seite **356**

Physalis alkekengi
♀ **Staude** Kriechende Pflanze mit aufrechten Trieben. Aus weißen Blüten entstehen orangefarbene Lampione, die Beeren umschließen.
↕ 60–75 cm ↔ 90 cm

***Pyracantha* 'Cadrou'**
♀ **Immergrüner Strauch** Dorniger Strauch mit weißen Blüten und roten Beeren, der resistent gegen Rost ist.
↕↔ 2 m

***Rosa* 'Fru Dagmar Hastrup'**
♀ **Strauchrose** s. Seite **496**

***Rosa* 'Geranium'**
♀ **Strauchrose** Überhängende, stachelige Triebe mit zierlichen, roten Blüten und großen, roten Hagebutten.
↕ 2,5 m ↔ 1,5 m

***Rosa* 'Scharlachglut'**
♀ **Strauchrose** Kräftige, langtriebige Rose, die als Kletterpflanze gezogen werden kann. Mit prächtigen, scharlachroten Blüten und leuchtend, scharlachroten Hagebutten.
↕ 3 m ↔ 2 m

***Sambucus racemosa* 'Plumosa Aurea'**
Strauch Im Sommer mit gefiederten, gelben Blättern und Büscheln kleiner, roter Beeren.
↕↔ 3 m

***Skimmia japonica* 'Fructu Albo'**
Immergrüner Strauch Zierlicher Strauch mit weißen Blüten und leuchtenden, weißen Früchten.
↕ 60 cm ↔ 1 m

***Sorbus aria* 'Lutescens'**
♀ **Baum** s. Seite **530**

Sorbus hupehensis* var. *obtusa
♀ **Baum** s. Seite **530**

Tropaeolum speciosum
♀ **Kletternde Staude** s. Seite **553**

Viburnum davidii
♀ **Immergrüner Strauch** s. Seite **567**

***Viburnum opulus* 'Xanthocarpum'**
♀ **Strauch** s. Seite **568**

Koniferen für kleine Gärten

Koniferen bieten eine große Palette an Formen, Größen, Farben und Strukturen. Man kann sie verwenden, um eine Rabatte zu strukturieren, als dichten Sichtschutz und immergrüne Bodenbedeckung. Sie tolerieren verschiedenste Böden, aber die meisten, außer Eiben, benötigen Sonne. Viele sind im Frühsommer besonders attraktiv, wenn der Neuzuwachs mit den alten Nadeln kontrastiert.

***Abies balsamea* Hudsonia-Gruppe**
🏆 **Koniferen** Diese Zwergform wächst als kugeliger Strauch, entwickelt aber keine Zapfen.
↕60 cm ↔ 1 m

***Abies koreana* 'Silberlocke'**
🏆 **Konifere** Mit gedrehten Nadeln, sodass die silberne Rückseite der Nadeln sichtbar wird, und attraktiven Zapfen.
↕10 m ↔ 6 m

***Abies lasiocarpa* 'Compacta'**
🏆 **Konifere** Langsam wachsender, kegelförmiger Baum mit blaugrauen Nadeln.
↕3–5 m ↔ 2–3 m

***Abies nordmanniana* 'Golden Spreader'**
🏆 **Konifere** Kleine, langsam wachsende Pflanze mit leuchtenden, goldenen Nadeln.
↕1 m ↔ 1,5 m

***Chamaecyparis lawsoniana* 'Chilworth Silver'**
🏆 **Konifere** Langsam wachsender, kegelförmiger Strauch mit silbergrauen Nadeln.
↕1,5 m

***Chamaecyparis lawsoniana* 'Ellwood's Gold'**
🏆 **Konifere** s. Seite **149**

***Chamaecyparis obtusa* 'Nana Gracilis'**
🏆 **Konifere** s. Seite **150**

***Cryptomeria japonica* 'Elegans Compacta'**
🏆 **Konifere** s. Seite **187**

***Cryptomeria japonica* 'Vilmoriniana'**
🏆 **Konifere** Bildet ein dichtes Nadelknäuel, das im Sommer grün und im Winter bronzefarben ist.
↕↔ 45 cm

***Juniperus chinensis* 'Blaauw'**
🏆 **Konifere** Bildet einen dichten, aufrechten Strauch mit blaugrauen Nadeln.
↕1,2 m ↔ 1 m

***Juniperus chinensis* 'Obelisk'**
🏆 **Konifere** Wächst langsam zu einer interessanten, aufrechten Form mit bläulich grünen Nadeln heran.
↕2,5 m ↔ 60 cm

***Juniperus communis* 'Compressa'**
🏆 **Konifere** s. Seite **325**

***Juniperus × pfitzeriana* 'Wilhelm Pfitzer'**
Konifere s. Seite **325**

***Juniperus procumbens* 'Nana'**
🏆 **Konifere** s. Seite **326**

***Juniperus scopulorum* 'Blue Heaven'**
Konifere Zierlich im Wuchs, mit kegelförmiger Gestalt und blauen Nadeln.
↕2 m ↔ 60 cm

***Juniperus squamata* 'Blue Star'**
🏆 **Konifere** s. Seite **326**

***Juniperus squamata* 'Holger'**
🏆 **Konifere** Ausladende Immergrüne mit bläulichen Nadeln, die mit dem gelblichen Neuzuwuchs kontrastieren.

Microbiota decussata
♀ **Konifere** Ausladende Konifere mit feinen Nadeln, die im Winter bronzefarben werden.
↕1 m ↔ unbegrenzt

***Picea abies* 'Nidiformis'**
♀ **Konifere** Diese langsam wachsende Pflanze bildet in ihrem Zentrum ein sogenanntes »Nest« aus.
↕1,5 m ↔ 3–4 m

***Picea glauca* var. *albertiana* 'Conica'**
Konifere s. Seite **432**

***Picea mariana* 'Nana'**
♀ **Konifere** s. Seite **433**

***Picea pungens* 'Koster'**
♀ **Konifere** s. Seite **433**

***Pinus mugo* 'Mops'**
♀ **Konifere** s. Seite **436**

***Pinus parviflora* 'Adcock's Dwarf'**
♀ **Konifere** Eine Zwergform der Mädchen-Kiefer mit gräulichen Nadeln.
↕2 m

***Pinus sylvestris* 'Beuvronensis'**
♀ **Konifere** Eine rundliche Zwergform der Gewöhnlichen Kiefer.
↕1 m

***Taxus baccata* 'Dovastonii Aurea'**
♀ **Konifere** s. Seite **541**

Taxus baccata
'Fastigiata Aureomarginata'
♀ **Konifere** Betont aufrecht wachsende Pflanze mit gelbrandigen Nadeln und roten, beerenähnlichen Früchten.
↕3–5 m ↔ 1–2,5 m

***Taxus baccata* 'Fastigiata'**
♀ **Konifere** s. Seite **542**

***Taxus baccata* 'Repens Aurea'**
♀ **Konifere** Diese ausladende Form der Eibe besitzt goldfarbene Nadeln.
↕↔ 1–1,5 m

***Thuja occidentalis* 'Holmstrup'**
♀ **Konifere** s. Seite **543**

***Thuja occidentalis* 'Rheingold'**
♀ **Konifere** s. Seite **544**

***Thuja occidentalis* 'Smaragd'**
♀ **Konifere** Ein zwergiger, kegelförmiger Busch mit leuchtend grünen Nadeln.
↕1 m ↔ 80 cm

***Thuja orientalis* 'Aurea Nana'**
Konifere s. Seite **544**

***Thuja plicata* 'Stoneham Gold'**
♀ **Konifere** s. Seite **545**

***Tsuga canadensis* 'Jeddeloh'**
♀ **Konifere** s. Seite **553**

Bäume für kleine Gärten

Bäume spenden Schatten und sind in Gärten markante Pflanzen. Große Waldbäume sollten nie in kleine Gärten oder zu nahe am Haus gepflanzt werden. Kleine Bäume sind zu bevorzugen, die über einen langen Zeitraum hinweg Interessantes bieten. Die Schattenwirkung muss beachtet werden. Durch dichte Immergrüne entstehen Zonen, die trocken und dunkel sind, sodass kaum etwas wächst.

Acer davidii **'Ernest Wilson'**
Laubabwerfender Baum Ungelappte Blätter färben sich im Herbst orange.
↕8 m ↔ 10 m

***Acer palmatum*, Kultivare**
Laubabwerfender Bäume oder große Sträucher s. Seite **66–67**

Amelanchier × grandiflora **'Ballerina'**
🏆 **Laubabwerfender Baum** s. Seite **87**

Betula utilis* var. *jacquemontii
Laubabwerfender Baum s. Seite **122**

Cercis siliquastrum
🏆 **Laubabwerfender Baum** s. Seite **147**

Cornus **'Eddie's White Wonder'**
🏆 **Laubabwerfender Baum** Vielstämmiger Baum. Kleine, tiefpurpurne Blüten, die von großen, weißen Hochblättern umgeben sind.
↕6 m ↔ 5 m

Crataegus laevigata **'Paul's Scarlet'**
🏆 **Laubabwerfender Baum** s. Seite **181**

Genista aetnensis
🏆 **Laubabwerfender Baum oder großer Strauch** s. Seite **255**

Gleditsia triacanthos **'Rubylace'**
Laubabwerfender Baum Elegant gefiederte Blätter, die in der Jugend leuchtend weinrot sind und später bronzegrün verblassen.
↕12 m ↔ 10 m

Laburnum × watereri **'Vossii'**
🏆 **Laubabwerfender Baum** s. Seite **332**

Ligustrum lucidum
🏆 **Immergrüner Baum** s. Seite **345**

Magnolia **'Heaven Scent'**
🏆 **Laubabwerfender Baum** Im Frühling und Frühsommer erscheinen kugelförmige, rosarote Blüten mit weißem Zentrum.
↕↔ 10 m

Magnolia × loebneri **'Leonard Messel'**
🏆 **Laubabwerfender Baum** s. Seite **365**

Malus coronaria **'Charlottae'**
Baum Ausladender Baum, im Frühling mit duftenden, halb gefüllten, blassrosa Blüten.
↕↔ 9 m

Malus tschonoskii
🏆 **Laubabwerfender Baum** s. Seite **369**

Prunus serrula
🏆 **Laubabwerfender Baum** s. Seite **455**

Pyrus calleryana **'Chanticleer'**
🏆 **Laubabwerfender Baum** s. Seite **463**

Salix caprea **'Kilmarnock'**
Laubabwerfender Baum s. Seite **502**

Salix **'Erythroflexuosa'**
Laubabwerfender Baum Halbtrauerform mit gedrehten, orangegelben Zweigen.
↕↔ 5 m

Sorbus **'Joseph Rock'**
Laubabwerfender Baum s. Seite **531**

Styrax japonicus
🏆 **Laubabwerfender Baum** s. Seite **536**

Styrax obassia
🏆 **Laubabwerfender Baum** s. Seite **536**

Heckenpflanzen mit attraktivem Laub

Heckenpflanzen müssen einen regelmäßigen Schnitt vertragen. Eiben brauchen nur einen Schnitt, im Gegensatz zu Liguster, der zwei- bis dreimal beschnitten werden muss. Als Windschutz sind Immergrüne am beliebtesten, doch kann man auch laubabwerfende Pflanzen verwenden, die oft preisgünstiger sind. (Die Größenangaben sind die Maße für unbeschnittene Pflanzen.)

***Buxus sempervirens* 'Elegantissima'**
♡ **Immergrüner Strauch** s. Seite **127**

***Buxus sempervirens* 'Suffruticosa'**
♡ **Immergrüner Strauch** s. Seite **127**

***Chamaecyparis lawsoniana* 'Fletcheri'**
♡ **Konifere** Dichte, graue Nadeln an aufrechten, kompakten Sträuchern.
↕ 12 m

***Chamaecyparis lawsoniana* 'Lanei Aurea'**
♡ **Konifere** s. Seite **149**

***Chamaecyparis lawsoniana* 'Pembury Blue'**
♡ **Konifere** s. Seite **149**

× Cuprocyparis leylandii
Konifere Sehr kräftige Pflanze, die in Form gezogen werden kann, wenn sie früh und dann regelmäßig beschnitten wird.
↕ 35 m ↔ 5 m

***× Cuprocyparis leylandii* 'Haggerston Grey'**
Konifere s. Seite **188**

***× Cuprocyparis leylandii* 'Robinson's Gold'**
♡ **Konifere** Die beste goldfarbene Form mit Nadeln, die in der Jugend bronzefarben sind.
↕ 35 m ↔ 5 m

Fagus sylvatica
♡ **Laubabwerfender Baum** Die Gewöhnliche Buche und ihre purpurne Form behalten im Winter ihre abgestorbenen Blätter, wenn sie auf 2 m zurückgeschnitten werden.
↕ 25 m ↔ 15 m

***Ligustrum ovalifolium* 'Aureum'**
♡ **Immergrüner Strauch** Ist dort eine gute Wahl, wo eine leuchtend gelbe Hecke erwünscht und regelmäßiger Schnitt möglich ist.
↕↔ 4 m

Prunus × cistena
♡ **Laubabwerfender Strauch** s. Seite **453**

Prunus laurocerasus
♡ **Immergrüner Strauch** Die Lorbeer-Kirsche benötigt einen vorsichtigen Rückschnitt, kann aber auch einen starken Rückschnitt überstehen und attraktiv aussehen.
↕ 8 m ↔ 10 m

***Prunus laurocerasus* 'Otto Luyken'**
♡ **Immergrüner Strauch** s. Seite **454**

Prunus lusitanica
♡ **Immergrüner Strauch** Schöne Immergrüne mit dunkelgrünen Blättern, roten Ästen und unbeschnitten mit weißen Blüten.
↕↔ 20 m

Taxus baccata
♡ **Immergrüner Baum** s. Seite **541**

Blühende Hecken

Blühende Hecken sind viel mehr als nur gliedernde Elemente im Garten: Sie können zu einem attraktiven Anziehungspunkt werden. Viele blühende Sträucher, die einen Schnitt vertragen, können verwendet werden. Wenn sie aber geschnitten werden müssen, um gut zu blühen, sind sie untauglich für Hecken mit Formschnitt oder Rabattenhecken, wo ganzjähriger Sichtschutz erforderlich ist.

***Escallonia* 'Apple Blossom'**
♀ **Immergrüner Strauch** s. Seite **226**

***Forsythia* × *intermedia* 'Lynwood Variety'**
♀ **Strauch** s. Seite **240**

***Fuchsia* 'Riccartonii'**
♀ **Strauch** s. Seite **244**

***Hebe* 'Midsummer Beauty'**
♀ **Immergrüner Strauch** Leuchtend grüne Blätter und von Hoch- bis Spätsommer an kurzen Trieben purpurne Blüten, die weiß verblassen.
↕1 m ↔ 1,2 m

***Hypericum* 'Rowallane'**
♀ **Strauch** Halb immergrün, trägt im Sommer Büschel mit becherförmigen, gelben Blüten an überhängenden Trieben.
↕2 m ↔ 1 m

***Lavandula angustifolia* 'Hidcote'**
♀ **Immergrüner Strauch** s. Seite **337**

Osmanthus* × *burkwoodii
♀ **Immergrüner Strauch** s. Seite **391**

***Philadelphus coronarius* 'Aureus'**
♀ **Strauch** Goldgelbes Laub, das in voller Sonne auf nährstoffarmen Böden zu Verbrennungen neigt. Duftende, weiße Blüten.
↕2,5 m ↔ 1,5 m

***Potentilla fruticosa* 'Primrose Beauty'**
♀ **Strauch** s. Seite **442**

Prunus* × *cistena
♀ **Strauch** s. Seite **453**

Prunus lusitanica* subsp. *azorica
Strauch, frosthart (Grenzfall) s. Seite **455**

***Rhododendron* 'Hinomayo'**
♀ **Immergrüner Strauch** s. Seite **468**

***Ribes sanguineum* 'Pulborough Scarlet'**
♀ **Strauch** s. Seite **478**

***Rosa* 'Buff Beauty'**
♀ **Strauchrose** s. Seite **494**

***Rosa* 'Chinatown'**
♀ **Floribunda-Rose** s. Seite **482**

***Rosa* 'Felicia'**
♀ **Strauchrose** s. Seite **494**

Spiraea* × *vanhouttei
Strauch s. Seite **534**

***Syringa pubescens* subsp. *microphylla* 'Superba'**
♀ **Strauch** s. Seite **538**

***Viburnum tinus* 'Gwenllian'**
♀ **Immergrüner Strauch** Dichter Strauch mit blassrosa Blüten, die sich aus tief rosaroten Knospen entfalten.
↕↔ 3 m

Dornige Hecken

Es gibt im Garten Stellen, wo die natürliche Barriere einer Hecke nicht ausreicht und erst Pflanzen mit Dornen die Privatsphäre gewährleisten und den Zutritt von Tieren verhindern. Wenn diese Pflanzen auch viele Vorzüge haben, muss der Rückschnitt doch vorsichtig durchgeführt werden, und herunterfallende Äste können künftig mehr Verdruss bereiten, wenn Unkraut gejätet werden muss.

Berberis darwinii
♀ **Immergrüner Strauch** s. Seite **116**

***Berberis* × *ottawensis* 'Superba'**
♀ **Strauch** s. Seite **117**

Berberis* × *stenophylla
♀ **Immergrüner Strauch** Lange, überhängende Äste sind mit Dornen und im Frühling mit kleinen, orangefarbenen Blüten bedeckt.
↕3 m ↔5 m

Berberis thunbergii
♀ **Strauch** Dornige Äste mit purpurnen Blättern, die sich im Herbst rot färben, bevor sie abfallen.
↕1 m ↔2,5 m

Crataegus monogyna
Strauch Der Gewöhnliche Weißdorn ist eine schnell wachsende, dornige Heckenpflanze, deren Blätter sich im Herbst rot färben, bevor sie abfallen.
↕10 m ↔8 m

***Ilex aquifolium* und Kultivare**
Immergrüne Sträucher s. Seite **304–305**

Mahonia japonica
♀ **Immergrüner Strauch** s. Seite **366**

***Mahonia* × *media* 'Buckland'**
♀ **Immergrüner Strauch** s. Seite **367**

Poncirus trifoliata
Strauch Kantige, grüne Äste mit kräftigen Dornen, duftenden weißen Blüten und im Herbst orangenähnlichen Früchten.
↕↔5 m

Prunus spinosa
Baum Die Schlehe ist ein dichter Strauch, im Frühling mit weißen Blüten und im Herbst mit Schlehenfrüchten.
↕5 m ↔4 m

***Pyracantha* 'Orange Glow'**
♀ **Immergrüner Strauch** s. Seite **462**

***Pyracantha* 'Watereri'**
Immergrüner Strauch s. Seite **463**

Rosa glauca
♀ **Strauchrose** s. Seite **496**

***Rosa rugosa* 'Alba'**
♀ **Strauchrose** Entwickelt Dickichte dorniger Triebe und weiße Blüten, die zu großen, roten Hagebutten heranreifen.
↕↔1–2,5 m

***Rosa rugosa* 'Rubra'**
♀ **Strauchrose** s. Seite **497**

Bodendecker für sonnige Lagen

Viele Pflanzen mit kriechendem, hängendem oder buschigem Wuchs dienen als Bodendecker in sonnigen Gärten. Sehr wenige aber können sich gegen existierende Unkräuter durchsetzen, sodass der Boden vor der Pflanzung unkrautfrei sein sollte. Durch verschiedenartige Pflanzen erhält man interessante Aspekte, und ein paar höhere Pflanzen wirken der Eintönigkeit von ebenen Fläche entgegen.

Alchemilla mollis
♀ **Staude** s. Seite **81**

***Artemisia stelleriana* 'Boughton Silver'**
Staude Das gefiederte, immergrüne, silbrige Laub bildet dichte Matten.
↕15 cm ↔ 30–45 cm

***Campanula glomerata* 'Superba'**
♀ **Staude** s. Seite **138**

Ceanothus thyrsiflorus* var. *repens
♀ **Immergrüner Strauch, bedingt frosthart** s. Seite **145**

***Dicentra* 'Stuart Boothman'**
♀ **Staude** s. Seite **208**

***Erica × darleyensis* 'Jenny Porter'**
♀ **Immergrüner Strauch** s. Seite **219**

***Geranium* 'Johnson's Blue'**
♀ **Staude** s. Seite **259**

***Geranium × oxonianum* 'Wargrave Pink'**
♀ **Staude** s. Seite **261**

Hosta fortunei* var. *aureomarginata
♀ **Staude** s. Seite **291**

***Juniperus squamata* 'Blue Carpet'**
♀ **Konifere** Langsam wachsende Pflanze mit Trieben, die sanft ansteigen.
↕30–45 cm ↔ 1,5–1,8 m

***Lamium maculatum* 'White Nancy'**
♀ **Staude** s. Seite **333**

Osteospermum jucundum
Staude, frostempfindlich s. Seite **392**

Persicaria vacciniifolia
♀ **Staude** s. Seite **414**

***Phalaris arundinacea* 'Picta'**
♀ **Ziergras** s. Seite **415**

Phlomis russeliana
♀ **Staude** s. Seite **418**

***Phlox subulata* 'McDaniel's Cushion'**
♀ **Alpinpflanze** Das Laub wird im Spätfrühling von rosa Sternblüten überdeckt.
↕5–15 cm ↔ 50 cm

Potentilla megalantha
♀ **Staude** s. Seite **443**

***Rosa* (Bodendeckende Rosen)**
Sträucher s. Seite **490–491**

***Rosmarinus officinalis* 'Severn Sea'**
♀ **Immergrüner Strauch** Eine polsterbildende Pflanze mit bogig überhängenden Ästen und leuchtend blauen Blüten.
↕1 m ↔ 1,5 m

Sempervivum ciliosum
♀ **Alpinpflanze** s. Seite **524**

Veronica gentianoides
♀ **Staude** s. Seite **564**

***Viola* 'Nellie Britton'**
♀ **Staude** s. Seite **571**

Bodendecker für schattige Lagen

Schatten ist oft problematisch, doch es gibt eine Menge Pflanzen, die als Bodendecker verwendet werden können und keine volle Sonne benötigen. Die schlechtesten Bedingungen vertragen Immergrüne, wenn auch langsam wachsende. Bei weniger feindseligen Bedingungen breiten sich viele dieser Pflanzen schnell aus. Eine ausgezeichnete Alternative zum üblichen Gras unter Bäumen.

Adiantum venustum
🏆 **Farn** s. Seite **76**

***Ajuga reptans* 'Catlin's Giant'**
🏆 **Staude** Sehr lange, purpurne Blätter und hohe, blaublütige Ähren.
↕ 20 cm ↔ 60–90 cm

***Bergenia* 'Silberlicht'**
🏆 **Staude** s. Seite **120**

Convallaria majalis
🏆 **Staude** s. Seite **167**

Cotoneaster dammeri
🏆 **Immergrüner Strauch** Ausladend, mit weißen Blüten und später roten Beeren.
↕ 20 cm ↔ 2 m

Epimedium × perralchicum
🏆 **Staude** s. Seite **216**

***Euonymus fortunei* 'Emerald Gaiety'**
🏆 **Immergrüner Strauch** Buschig, mit weißrandigen, im Winter rosa getönten Blättern.
↕ 1 m ↔ 1,5 m

Euphorbia amygdaloides* var. *robbiae
🏆 **Staude** s. Seite **233**

Gaultheria procumbens
🏆 **Immergrüner Strauch** s. Seite **253**

***Geranium macrorrhizum* 'Czakor'**
Staude Matten duftenden Laubes, das im Herbst purpur getönt ist, und magentarote Blüten im Sommer.
↕ 50 cm ↔ 60 cm

***Geranium sylvaticum* 'Album'**
🏆 **Staude** Für feuchte Böden. Mit tief gelappten Blättern und weißen Blüten.
↕ 75 cm ↔ 60 cm

Hedera hibernica
🏆 **Immergrüne Kletterpflanze** s. Seite **277**

***Heuchera* 'Red Spangles'**
Staude s. Seite **288**

***Hosta* 'Frances Williams'**
🏆 **Staude** s. Seite **291**

Omphalodes cappadocica
🏆 **Staude** s. Seite **387**

Pachysandra terminalis
Staude s. Seite **394**

***Sanguinaria canadensis* 'Plena'**
🏆 **Staude** Für feuchte Böden. Mit bereiften Blättern und weißen, gefüllten Blüten.
↕ 15 cm ↔ 30 cm

Tiarella cordifolia
🏆 **Staude** s. Seite **547**

***Tolmiea menziesii* 'Taff's Gold'**
🏆 **Staude** s. Seite **548**

Trachystemon orientalis
Staude Große, raue, herzförmige Blätter und borretschähnliche Blüten.
↕ 30 cm ↔ 1 m

***Vinca minor* 'Argenteovariegata'**
🏆 **Staude** Blassblaue Blüten zwischen graugrünen und cremefarbenen Blättern.
↕ 15 cm ↔ 1 m

Pflanzen mit duftendem Laub

Im Gegensatz zu Blüten, die süßlich, fruchtige Düfte produzieren, riechen Blätter eher würzig oder harzig. Einige Pflanzen geben ihren Duft direkt in die Luft ab und andere benötigen dafür eine zarte Berührung. Es ist wahrscheinlich, dass diese Pflanzen ihre Düfte entwickelten, um schädliche Insekten abzuschrecken. Gärtner finden sie unwiderstehlich.

Amicia zygomeris
Staude Ungewöhnliche, wickenverwandte Pflanze mit graugrünen Blättern, die nach Gurke riechen, wenn sie zerrieben werden.
↕ 2,2 m ↔ 1,2 m

Calocedrus decurrens
🏆 **Konifere** Ein säulenförmiger Baum mit Nadeln, die zerrieben süßlich riechen.
↕ 20–40 m ↔ 2–9 m

Calycanthus occidentalis
Strauch Große Blätter mit würzigem Aroma und ziegelroten, nach Essig duftenden Blüten.
↕ 3 m ↔ 4 m

Cercidiphyllum japonicum
🏆 **Baum** Im Herbst verfärben sich die Blätter dieses reizvollen Baums orange und rot und duften nach Karamell.
↕ 20 m ↔ 15 m

***Chamaemelum nobile* 'Treneague'**
Staude Diese nicht blühende Form der Kamille wächst dicht über dem Boden, und das Laub duftet fruchtig, wenn man es berührt.
↕ 10 cm ↔ 45 cm

Cistus ladanifer
🏆 **Immergrüner Strauch** Die dunkelgrünen Blätter sind klebrig und wohlriechend, die Blüten sind weiß mit einem gelben Saftmal.
↕ 2 m ↔ 1,5 m

Helichrysum italicum
🏆 **Immergrüner Strauch** Schmales, silbriges, nach Curry duftendes Laub an einem kleinen Strauch.
↕ 60 cm ↔ 1 m

***Houttuynia cordata* 'Flore Pleno'**
Staude Eine wuchernde, kriechende Pflanze mit purpurnen Blättern, die bei Zerreiben stark nach Zitrone riechen.
↕ 15–30 cm ↔ unbegrenzt

***Lavandula angustifolia* 'Twickel Purple'**
Immergrüner Strauch s. Seite **337**

Lavandula stoechas
🏆 **Strauch** Purpurne Blütenstände werden von purpurnen Hochblättern gekrönt.
↕↔ 60 cm

***Melissa officinalis* 'Aurea'**
Staude Form der Zitronenmelisse mit gelben Flecken auf den Blättern.
↕ 1 m ↔ 45 cm

***Mentha suaveolens* 'Variegata'**
Staude Die panaschierte Apfelminze hat ein gutes Aroma und auffällige Blätter.
↕ 1 m ↔ unbegrenzt

***Monarda* 'Cambridge Scarlet'**
🏆 **Staude** s. Seite **374**

***Monarda* 'Scorpion'**
Staude Wirtel mit Hochblättern und violetten Blüten an hohen Stängeln.
↕ 1,5 m ↔ 1 m

Origanum laevigatum
♡ **Staude** s. Seite **389**

***Origanum laevigatum* 'Herrenhausen'**
♡ **Staude** s. Seite **390**

Pelargonium (Mit attraktivem Laub)
Stauden, frostempfindlich s. Seite **404–405**

Perilla frutescens
var. *crispa*
♡ **Einjährige** s. Seite **412**

Perovskia atriplicifolia
Strauch Die aufrechten Äste tragen im Herbst winzige, blaue Blüten, die grauen Blätter duften den ganzen Sommer.
↕1,2 m ↔ 1 m

Perovskia
'Blue Spire'
♡ **Halbstrauch** s. Seite **412**

Prostanthera cuneata
♡ **Immergrüner Strauch** Eine frostempfindliche Pflanze mit kleinen, nach Minze duftenden Blättern und weißen Blüten.
↕↔ 30–90 cm

Prostanthera rotundifolia
♡ **Strauch, frostempfindlich** Im Spätfrühling werden die nach Minze duftenden Blätter von den fliederfarbenen Blüten überdeckt.
↕2–4 m ↔ 1–3 m

Pseudotsuga menziesii
♡ **Konifere** Ein großer Baum mit harzigen Nadeln.
↕25–50 m ↔ 6–10 m

Ptelea trifoliata
'Aurea'
♡ **Baum** Sowohl das goldfarbene Laub als auch die Rinde duften stark.
↕5 m

Rosa eglanteria
Strauchrose Sehr stachelige, überhängende Triebe mit kleinen, rosaroten Blüten und Blättern, die nass nach Äpfeln riechen.
↕↔ 2,5 m

***Rosmarinus officinalis* 'Silver Spires'**
Immergrüner Strauch Eine Sorte des Küchen-Rosmarins, aber mit silbrig panaschierten Blättern an aufrechten Pflanzen.
↕1 m ↔ 60 cm

Salvia discolor
♡ **Strauch** s. Seite **505**

***Salvia officinalis* 'Icterina'**
♡ **Halbstrauch** s. Seite **508**

***Skimmia* × *confusa* 'Kew Green'**
♡ **Immergrüner Strauch** s. Seite **527**

Duftpflanzen

Duft wird bei der Anlage eines Gartens oft vergessen. Es gibt viele Nuancen von Düften: Sie können Stimmungen auslösen, den Betrachter in die Kindheit zurückversetzen oder in ein fernes Land entführen – nur mit einem einzigen Atemzug. Stark duftende Blüten sind oft weiß oder unscheinbar und so haben sich diese Pflanzen dahingehend entwickelt, sich auf andere Weise bemerkbar zu machen.

Abelia chinensis
Strauch Ausladend, im Spätsommer mit Blütenständen aus blassrosa Blüten.
↕1,5 m ↔ 2,5 m

Buddleja alternifolia
🏆 **Strauch** s. Seite **124**

***Camellia* 'Inspiration'**
🏆 **Immergrüner Strauch** s. Seite **131**

***Camellia japonica* 'Adolphe Audusson'**
🏆 **Immergrüner Strauch** s. Seite **132**

***Camellia japonica* 'Elegans'**
🏆 **Immergrüner Strauch** s. Seite **132**

***Chimonanthus praecox* 'Grandiflorus'**
🏆 **Strauch** s. Seite **152**

***Chimonanthus praecox* 'Luteus'**
🏆 **Strauch** Im Winter erfüllen blassgelbe Blüten die Luft mit ihrem Duft.
↕4 m ↔ 3 m

Choisya ternata
🏆 **Immergrüner Strauch** s. Seite **153**

***Choisya* × *dewitteana* 'Aztec Pearl'**
🏆 **Immergrüner Strauch** Schmal gefiederte, tiefgrüne Blätter und im Frühling und Herbst weiße, rosa getönte Blüten.
↕↔ 2,5 m

Clematis montana* var. *grandiflora
🏆 **Kletterpflanze** s. Seite **160**

***Daphne bholua* 'Gurkha'**
Strauch s. Seite **196**

***Daphne tangutica* Retusa-Gruppe**
🏆 **Immergrüner Strauch** s. Seite **196**

***Dianthus* 'Doris'**
🏆 **Staude** s. Seite **204**

***Erica erigena* 'Golden Lady'**
🏆 **Immergrüner Strauch** s. Seite **219**

***Hamamelis* (Zaubernuss)**
Strauch s. Seite **270–271**

***Hosta* 'Honeybells'**
🏆 **Staude** s. Seite **292**

Jasminum officinale
🏆 **Kletterpflanze** Eine wüchsige, windende Kletterpflanze, im Sommer mit weißen Blüten, die einen intensiven, süßen Geruch verströmen.
↕12 m

***Jasminum officinale* 'Argenteovariegatum'**
🏆 **Kletterpflanze** s. Seite **324**

***Lilium* Pink-Perfection-Gruppe**
🏆 **Zwiebelpflanzen** s. Seite **349**

Lonicera caprifolium
🏆 **Kletterpflanze** Das Jelängerjelieber besitzt im Sommer rosa- und cremefarbene, duftende Blüten.
↕6 m

***Lonicera periclymenum* 'Belgica'**
Kletterpflanze Bereits im Frühsommer entwickelt das Wald-Geißblatt cremegelbe, braun gestreifte Blüten.
↕7 m

***Lonicera periclymenum* 'Graham Thomas'**
♀ **Kletterpflanze** s. Seite **356**

***Magnolia grandiflora* 'Goliath'**
Immergrüner Baum s. Seite **363**

***Mahonia* × *media* 'Charity'**
Immergrüner Strauch s. Seite **367**

***Philadelphus* 'Beauclerk'**
♀ **Strauch** s. Seite **416**

***Philadelphus* 'Belle Etoile'**
♀ **Strauch** s. Seite **416**

***Phlox paniculata* 'White Admiral'**
♀ **Staude** Große Blütenstände mit reinweißen Blüten, die süßlich duften, erscheinen im Sommer.
↕ 1 m

Pittosporum tenuifolium
♀ **Immergrüner Strauch** s. Seite **437**

Primula florindae
♀ **Staude** s. Seite **446**

***Rosa* 'Albertine'**
♀ **Rambler-Rose** s. Seite **486**

***Rosa* 'Arthur Bell'**
♀ **Floribunda-Rose** s. Seite **482**

***Rosa* 'Blessings'**
♀ **Teehybride** s. Seite **480**

***Rosa* 'Climbing Iceberg'**
♀ **Kletterrose** Diese Rose blüht den ganzen Sommer mit reinweißen Blüten.
↕ 2,5 m

***Rosa* 'Compassion'**
♀ **Kletterrose** s. Seite **484**

***Rosa* GRAHAM THOMAS 'Ausmas'**
♀ **Moderne Strauchrose** s. Seite **495**

***Rosa* 'Just Joey'**
♀ **Teehybride** s. Seite **480**

***Rosa* MARGARET MERRIL 'Harkuly'**
♀ **Floribunda-Rose** s. Seite **483**

***Rosa* PEACE 'Madame A. Meilland'**
♀ **Teehybride** s. Seite **481**

***Rosa* 'Penelope'**
♀ **Strauchrose** s. Seite **495**

***Rosa* REMEMBER ME 'Cocdestin'**
♀ **Teehybride** s. Seite **481**

Sarcococca hookeriana* var. *digyna
♀ **Immergrüner Strauch** s. Seite **515**

***Skimmia japonica* 'Rubella'**
♀ **Immergrüner Strauch** s. Seite **527**

***Syringa meyeri* 'Palibin'**
♀ **Strauch** s. Seite **537**

***Syringa vulgaris* 'Madame Lemoine'**
♀ **Strauch** s. Seite **539**

***Ulex europaeus* 'Flore Pleno'**
♀ **Immergrüner Strauch** Die dornigen Büsche haben das Jahr über gefüllte Blüten, die nach Kokosnuss riechen.
↕ 2,5 m ↔ 2 m

***Viburnum* × *burkwoodii* 'Park Farm Hybrid'**
♀ **Immergrüner Strauch** Aufrechter Strauch mit im Spätfrühling rosaroten, duftenden Blüten.
↕ 3 m ↔ 2 m

***Viburnum carlesii* 'Aurora'**
♀ **Strauch** Buschig, im Spätfrühling mit rosaroten Blüten.
↕↔ 2 m

Fugenpflanzen

Mit Pflanzen kann man große Kiesflächen oder Pflasterungen unterbrechen. Die zarten Blüten der kleinen, sonnenliebenden Pflanzen werden vor Erdverschmutzung bewahrt. Nur wenige Pflanzen dulden das Betreten, deshalb sollte man für Bereiche, wo viel gelaufen wird, nur die widerstandsfähigsten aussuchen. Weniger frequentierte Stellen sind für Zwergsträucher und Alpinpflanzen geeignet.

***Acaena* 'Blue Haze'**
Staude Eine ausladende Staude mit gefiederten, graublauen Blättern und kugeligen, weißen Blütenköpfchen, die sich zu roten Klettfrüchten entwickeln.
↕ 10–15 cm ↔ 1 m

Acaena microphylla
🏆 **Staude** s. Seite **63**

Achillea ageratifolia
🏆 **Staude** s. Seite **71**

***Aethionema* 'Warley Rose'**
🏆 **Strauch** s. Seite **78**

***Ajuga reptans* 'Atropurpurea'**
Staude s. Seite **81**

Anthemis punctata* subsp. *cupaniana
🏆 **Staude** s. Seite **93**

Arenaria montana
🏆 **Staude** s. Seite **98**

Armeria juniperifolia
🏆 **Halbstrauch** s. Seite **100**

Campanula cochlearifolia
🏆 **Staude** s. Seite **138**

***Chamaemelum nobile* 'Treneague'**
Staude Diese nicht blühende Form der Kamille bedeckt den Boden. Das Laub duftet fruchtig, wenn daran gerieben wird.
↕ 10 cm ↔ 45 cm

***Dianthus* 'Pike's Pink'**
🏆 **Staude** Kleine Gebirgsnelke mit süßlich duftenden, rosaroten Blüten.
↕ 15 cm s. Seite **205**

***Diascia* 'Joyce's Choice'**
🏆 **Staude** Im Sommer blühende Pflanze mit langen Blütenständen blasser, aprikosenfarbener, rosa getönter Blüten.
↕ 30 cm ↔ 45 cm

Erigeron karvinskianus
🏆 **Staude** s. Seite **222**

Erinus alpinus
🏆 **Staude** s. Seite **222**

***Helianthemum* 'Rhodanthe Carneum'**
🏆 **Immergrüner Strauch** s. Seite **280**

***Lysimachia nummularia* 'Aurea'**
🏆 **Staude** s. Seite **361**

Penstemon rupicola
🏆 **Zwergstrauch** Winzig, verglichen mit den Rabatten-Bartfäden. Immergrün, mit ledrigen Blättern und im Sommer kleinen, röhrenförmigen, tiefrosa Blüten.
↕ 10 cm ↔ 45 cm

Pratia pedunculata
Staude Schwach wuchernde, kriechende Pflanze mit winzigen Blättern und im Sommer sternförmigen, blassblauen Blüten.
↕ 1,5 cm ↔ unbegrenzt

Saponaria ocymoides
🏆 **Staude** s. Seite **514**

***Sedum acre* 'Aureum'**
Staude Schwach wuchernde Sukkulente mit winzigen Trieben, in der Jugend gelben Blättern und gelben Blüten.
↕ 5 cm ↔ 60 cm

***Sedum kamtschaticum* 'Variegatum'**
🏆 **Staude** s. Seite **520**

***Sedum spathulifolium* 'Purpureum'**
🏆 **Staude** s. Seite **521**

***Sedum spurium* 'Schorbuser Blut'**
🏆 **Staude** s. Seite **522**

***Soleirolia soleirolii* 'Aurea'**
Staude Relativ frostempfindlich, aber stark wuchernde Pflanze mit leuchtend lindgrünen, winzigen Blättern, die Polster bilden.
↕ 5 cm ↔ 1 m

***Thymus pulegioides* 'Bertram Anderson'**
🏆 **Immergrüner Strauch** s. Seite **546**

***Thymus* 'Silver Queen'**
🏆 **Immergrüner Strauch** Die Blätter dieser Kulturpflanze sind panaschiert und haben mit den lavendelrosa Blüten eine gute Wirkung.
↕ 30 cm ↔ 25 cm

***Thymus* 'Pink Chintz'**
🏆 **Staude** Kriechende Triebe, die bewurzeln. Mit grauen Blättern und rosaroten Blüten, die Bienen anlocken.
↕ 25 cm ↔ 45 cm

***Thymus polytrichus* subsp. *britannicus* 'Albus'**
Halbstrauch Eine mattenbildende, holzige Pflanze mit behaarten Blättern und weißen Blüten.
↕ 5 cm ↔ 60 cm

Thymus serpyllum* var. *coccineus
Halbstrauch s. Seite **546**

***Viola* 'Jackanapes'**
🏆 **Staude** s. Seite **571**

Pflanzen mit interessantem Erscheinungsbild

Jeder Garten benötigt Pflanzen mit einer prägnanten Gestalt und Struktur. Zu viele dieser Pflanzen würden einen überladenen Eindruck vermitteln. Aber an ausgewählten Stellen, zwischen weniger außergewöhnliche Pflanzen gesetzt, sind sie ein Blickfang oder das i-Tüpfelchen in einer Rabatte. Man sollte den Effekt von Licht und Schatten nutzen, um klare Konturen hervorzuheben.

Acanthus spinosus
♀ **Staude** s. Seite **63**

Aesculus parviflora
♀ **Strauch** s. Seite **78**

Agave americana
♀ **Sukkulente** Gefährlich bedornte Pflanze mit stahlgrauen Blättern, die eine stattliche Rosette bilden.
↕2 m ↔ 3 m

Ailanthus altissima
Baum Kann hoch werden. Wenn man ihn jedes Jahr zurückschneidet, werden die gefiederten Blätter 1,2 m lang.
↕25 m ↔ 15 m

Araucaria heterophylla
♀ **Konifere** s. Seite **96**

Betula nigra
♀ **Baum** s. Seite **121**

***Betula pendula* 'Youngii'**
Baum s. Seite **121**

***Catalpa bignonioides* 'Aurea'**
♀ **Baum** Ein großer, ausladender Baum, der jährlich stark zurückgeschnitten werden kann, sodass er große, goldfarbene Blätter entwickelt.
↕↔ 10 m

***Chamaecyparis nootkatensis* 'Pendula'**
Konifere s. Seite **150**

***Chamaecyparis pisifera* 'Filifera Aurea'**
♀ **Konifere** Breit, überhängend wachsend, mit peitschenähnlichen, goldenen Trieben.
↕12 m ↔ 5 m

***Corylus avellana* 'Contorta'**
Strauch s. Seite **175**

Crocosmia masoniorum
♀ **Staude** s. Seite **184**

Eryngium giganteum
♀ **Zweijährige** Rosetten mit tiefgrünen Blättern und im zweiten Jahr mit dornigen, weißen Trieben und Blütenköpfchen.
↕90 cm ↔ 30 cm

Eucalyptus pauciflora* subsp. *niphophila
♀ **Immergrüner Baum** s. Seite **229**

***Fagus sylvatica* 'Pendula'**
♀ **Baum** Ein Baum von großen Ausmaßen mit horizontalen und überhängenden Ästen, die wasserfallähnlich herunterhängen.
↕15 m ↔ 20 m

Fargesia nitida
Ziergras s. Seite **237**

Gunnera manicata
♀ **Staude** s. Seite **265**

***Helianthus* 'Monarch'**
♀ **Staude** s. Seite **282**

Kniphofia caulescens
♀ **Staude** s. Seite **329**

***Macleaya × kewensis* 'Kelway's Coral Plume'**
♀ **Staude** s. Seite **362**

Melianthus major
♀ **Staude, frostempfindlich** s. Seite **372**

Paeonia delavayi
♀ **Strauch** s. Seite **395**

***Phormium cookianum* subsp. *hookeri* 'Cream Delight'**
♀ **Staude** s. Seite **424**

Phormium tenax
♀ **Staude** s. Seite **425**

***Phormium tenax* Purpureum-Gruppe**
♀ **Staude** s. Seite **426**

Phyllostachys aurea
♀ **Bambus** (Goldrohrbambus) Gelbbraune Halme und gelbgrüne Blätter.
↕ 2–10 m ↔ unbegrenzt

***Phyllostachys aureosulcata* 'Aureocaulis'**
Bambus Großer Bambus mit goldenen Trieben und schmalen Blättern.
↕ 3–6 m ↔ unbegrenzt

Phyllostachys nigra
♀ **Bambus** s. Seite **430**

Phyllostachys nigra* fo. *henonis
♀ **Bambus** s. Seite **431**

Pleioblastus variegatus
♀ **Bambus** s. Seite **438**

***Prunus* 'Amanogawa'**
♀ **Baum** Schmaler, aufrechter Wuchs, gleicht einer Pyramiden-Pappel. Im Frühling mit rosaroten Blüten.
↕ 8 m ↔ 4 m

***Prunus* 'Kiku-shidare-zakura'**
♀ **Baum** s. Seite **454**

Rodgersia aesculifolia
♀ **Staude** Kriechende Rhizome entwickeln Büschel großer Blätter und rosarote Blüten.
↕ 2 m ↔ 1 m

Sorbaria tomentosa* var. *angustifolia
♀ **Strauch** Ein ausladender Strauch mit fedrigen Blättern, roten Ästen und flaumigen, weißen Blütenständen.
↕↔ 3 m

Stipa gigantea
♀ **Ziergras** s. Seite **535**

Trachycarpus fortunei
♀ **Frostharte Palme** Langsam wachsende Palme mit fächerförmigen Blättern und einem mit zunehmendem Alter pelzigen Stamm.
↕ 20 m ↔ 2,5 m

***Viburnum plicatum* 'Pink Beauty'**
♀ **Strauch** Ein ausladender Strauch mit horizontalen Reihen von Ästen, die mit weißen, rosa werdenden Blüten bedeckt sind.
↕ 3 m ↔ 4 m

Woodwardia radicans
♀ **Frostharter Farn** Ein großer, immergrüner Farn mit riesigen, überhängenden Wedeln.
↕ 2 m ↔ 3 m

Yucca filamentosa
♀ **Immergrüner Strauch** Eine gruppenbildende, stammlose Pflanze mit weichen Blättern und spiralig angeordneten, cremefarbenen Blüten.
↕ 75 cm ↔ 1,5 m

***Yucca filamentosa* 'Bright Edge'**
♀ **Strauch** s. Seite **575**

***Yucca flaccida* 'Ivory'**
♀ **Strauch** s. Seite **576**

Yucca gloriosa
♀ **Immergrüner Strauch** Aufrechte Stämme mit graugrünen, schmalen, scharf zugespitzten Blättern und großen Büscheln weißer Blüten.
↕↔ 2 m

Sträucher und Kletterpflanzen für kalte Mauern

Die kältesten Mauern und Zäune sind fast ganzjährig ohne Sonne, aber die gleichmäßigen Temperaturen und der meist feuchte Boden sind für einige Pflanzen gut geeignet. Mauern, die nur Morgensonne erhalten, sind in frostgefährdeten Regionen problematisch: schnelles Erwärmen schädigt Triebe und Blüten. Aber sie sind der ideale Platz für Waldreben und Rosen, Chaenomeles und Geißblatt.

Akebia quinata
Halb immergrüne Kletterpflanze Windende Triebe mit dunkelgrünen, gefiederten Blättern und im Frühling duftenden, purpurnen Blüten.
↕ 10 m

***Camellia × williamsii* 'Francis Hanger'**
Immergrüner Strauch Glänzende Blätter bilden einen guten Hintergrund für die weißen Blüten mit goldenen Staubblättern.
↕↔ 1,5 m

***Chaenomeles speciosa* 'Geisha Girl'**
🏆 **Strauch** Buschige Pflanze mit halb gefüllten, blass aprikosenrosa Blüten.
↕↔ 1,5 m

***Clematis* 'Carnaby'**
Mittelfrüh blühende Waldrebe Kompakte Kletterpflanze mit großen, rosaroten Blüten, wobei jedes Blütenblatt zur Mitte hin dunkler wird.
↕ 2,5 m ↔ 1 m

***Clematis* 'Helsingborg'**
🏆 **Früh blühende Waldrebe** Unmengen zierlicher, tief purpurblauer Blüten, die sich in flaumige Fruchtstände verwandeln.
↕ 2–3 m ↔ 1,5 m

***Clematis* 'Henryi'**
🏆 **Mittelfrüh blühende Waldrebe** s. Seite **162**

***Clematis* 'Minuet'**
🏆 **Mittelfrüh blühende Waldrebe** s. Seite **165**

***Clematis* 'Nelly Moser'**
🏆 **Mittelfrüh blühende Waldrebe** s. Seite **162**

***Clematis* 'Niobe'**
🏆 **Mittelfrüh blühende Waldrebe** s. Seite **163**

***Clematis* 'Venosa Violacea'**
🏆 **Spät blühende Waldrebe** s. Seite **165**

Codonopsis convolvulacea
Staudenförmige Kletterpflanze s. Seite **166**

Corylopsis pauciflora
🏆 **Strauch** s. Seite **174**

Cotoneaster horizontalis
🏆 **Strauch** s. Seite **178**

***Daphne odora* 'Aureomarginata'**
🏆 **Immergrüner Strauch** Langsam wachsender, polsterförmiger Strauch mit goldrandigen Blättern und blassrosa, duftenden Blüten.
↕↔ 1,5 m

***Euonymus fortunei* 'Emerald 'n' Gold'**
🏆 **Immergrüner Strauch** s. Seite **231**

Forsythia suspensa
Strauch s. Seite **241**

***Garrya elliptica* 'James Roof'**
🏆 **Immergrüner Strauch** s. Seite **251**

***Hedera canariensis* 'Gloire de Marengo'**
Immergrüne Kletterpflanze Silbergrüne, weiß panaschierte Blätter, die im Winter rosa getönt sind.
↕ 4 m

***Hedera colchica* 'Dentata'**
🏆 **Immergrüne Kletterpflanze** s. Seite **276**

***Hedera colchica* 'Sulphur Heart'**
🏆 **Immergrüne Kletterpflanze** s. Seite **277**

***Hedera helix* 'Goldheart'**
Immergrüne Kletterpflanze Rote Triebe mit tiefgrünen Blättern, die in der Mitte golden gefleckt sind.
↕ 8 m

Hydrangea anomala* subsp. *petiolaris
🏆 **Kletterpflanze** s. Seite **296**

Jasminum humile
Immergrüner Strauch Wenig verzweigter, bogiger Strauch, im Sommer mit leuchtend gelben Blüten.
↕↔ 2,5 m

Jasminum nudiflorum
🏆 **Strauch** s. Seite **323**

***Kerria japonica* 'Pleniflora'**
🏆 **Strauch** Robuste, aufrechte Pflanze mit dünnen, grünen Trieben und gefüllten, orangegoldenen Blüten.
↕↔ 3 m

***Lonicera japonica* 'Halliana'**
🏆 **Immergrüne Kletterpflanze** Stark wachsende Kletterpflanze mit duftenden, weißen, später gelb werdenden Blüten.
↕ 10 m

Muehlenbeckia complexa
Kletterpflanze Zahlreiche faserartige, dunkle, gewundene Triebe mit winzigen, geigenförmigen Blättern.
↕ 3 m

Parthenocissus henryana
🏆 **Kletterpflanze** s. Seite **401**

Parthenocissus quinquefolia
🏆 **Kletterpflanze** Kräftige, laubabwerfende Kletterpflanze mit in fünf Fiedern geteilten Blättern, die im Herbst lebhaft rote Farbtöne annehmen.
↕ 15 m

Pileostegia viburnoides
🏆 **Immergrüne Kletterpflanze** Längliche dunkelgrüne Blätter und Büschel mit flaumigen, weißen Blüten.
↕ 6 m

***Pyracantha* 'Harlequin'**
Immergrüner Strauch Dorniger Strauch mit weißen panaschierten Blättern, weißen Blüten und roten Beeren.
↕ 1,5 m ↔ 2 m

***Rosa* 'Albéric Barbier'**
🏆 **Rambler-Rose** s. Seite **486**

***Rosa* DUBLIN BAY 'Macdub'**
🏆 **Kletterrose** s. Seite **484**

***Rosa* HÄNDEL**
🏆 **Kletterrose** s. Seite **485**

***Rosa* 'Mermaid'**
🏆 **Kletterrose** Kräftige, stachelige Kletterpflanze mit dunklen, glänzenden Blättern und einzelnen, primelgelben Blüten.
↕ 6 m

Schizophragma integrifolium
🏆 **Kletterpflanze** Große Kletterpflanze mit gesägten, dunkelgrünen Blättern und auffälligen, weißen Blüten.
↕ 12 m

Pflanzen für warme Mauern

Man sollte die wärmsten und sonnigsten Gartenmauern nutzen, um frostempfindliche Pflanzen zu kultivieren. Diese Stellen können sehr trocken sein, besonders wenn die Einfassung schmal ist oder im Schatten eines Dachs liegt. Dann kann es schwierig sein, Pflanzen einzugewöhnen. An Mauern, die nur am Nachmittag Sonne erhalten, wachsen Pflanzen schneller, weil mehr Feuchtigkeit vorhanden ist.

***Abelia* 'Edward Goucher'**
Halb immergrüner Strauch s. Seite **60**

Abelia floribunda
♀ **Immergrüner Strauch, frostempfindlich** s. Seite **60**

Abelia × grandiflora
♀ **Halb immergrüner Strauch** s. Seite **61**

***Abelia × grandiflora* 'Francis Mason'**
Immergrüner Strauch Gelbe und dunkelgrüne Blätter, im Sommer blassrosa Blüten.
↕↔ 1,5 m

Acacia dealbata
♀ **Immergrüner Baum** Bedingt frosthart, aber besonders schön, mit fedrigem, graugrünem Laub und im Frühling duftenden, gelben Blüten.
↕ 15–30 m ↔ 6–10 m

Actinidia kolomikta
♀ **Kletterpflanze** s. Seite **75**

Alonsoa warscewiczii
Staude, frostempfindlich s. Seite **86**

***Callistemon citrinus* 'Splendens'**
♀ **Immergr. Strauch, frostempf.** s. Seite **129**

***Campsis × tagliabuana* 'Madame Galen'**
♀ **Kletterpflanze** s. Seite **140**

Carpenteria californica
♀ **Immergrüner Strauch, bedingt frosthart** s. Seite **142**

***Ceanothus* 'Autumnal Blue'**
♀ **Immergrüner Strauch, bedingt frosthart** s. Seite **144**

***Ceanothus* 'Concha'**
♀ **Immergrüner Strauch** Dunkelblaue Blüten.
↕↔ 3 m

Cestrum parqui
♀ **Strauch** Im Sommer Büschel lindgrüner, röhrenförmiger, nachts duftender Blüten.
↕↔ 2 m

***Clematis cirrhosa* 'Freckles'**
♀ **Früh blühende Waldrebe** Purpurn getönte, cremefarben gefleckte Blätter, im Winter flockenförmige Blüten.
↕ 2,5–3 m ↔ 1,5 m

***Clematis* 'Etoile Violette'**
♀ **Spät blühende Waldrebe** s. Seite **165**

***Clematis* 'Jackmanii'**
♀ **Spät blühende Waldrebe** s. Seite **165**

***Clematis* 'Lasurstern'**
♀ **Mittelfrüh blühende Waldrebe** s. Seite **162**

Clematis rehderiana
♀ **Spät blühende Waldrebe** s. Seite **165**

***Clematis* 'The President'**
♀ **Mittelfrüh blühende Waldrebe** s. Seite **163**

***Clematis viticella* 'Purpurea Plena Elegans'**
♀ **Spät blühende Waldrebe** Seite **165**

Clianthus puniceus
♀ **Immergrüner Strauch, bedingt frosthart** s. Seite **166**

Cytisus battandieri
♀ **Halb immergrüner Strauch** s. Seite **191**

Eccremocarpus scaber
🏆 **Kletterpflanze, frostempf.** s. Seite **212**

***Escallonia* 'Langleyensis'**
🏆 **Immergrüner Strauch** s. Seite **227**

***Fremontodendron* 'California Glory'**
🏆 **Strauch, frostempfindlich** s. Seite **242**

Hedychium gardnerianum
🏆 **Staude** Große Blütenstände spinnenförmiger, auffälliger, süßlich duftender, cremefarbener Blüten.
↕↔ 2–2,2 m

Ipomoea indica
🏆 **Kletterpflanze, frostempf.** s. Seite **309**

Jasminum* × *stephanense
Kletterpflanze Schnell wachsend. Im Sommer Büschel rosaroter, duftender Blüten.
↕ 5 m

Jovellana violacea
🏆 **Halb immergrüner Strauch, frostempfindlich**. Blassviolette, glockige Blüten.
↕ 60 cm ↔ 1 m

Lapageria rosea
🏆 **Kletterpflanze, frostempf.** s. Seite **333**

Lonicera* × *americana
🏆 **Kletterpflanze** s. Seite **355**

Lonicera* × *tellmanniana
Kletterpflanze s. Seite **357**

***Magnolia grandiflora* 'Exmouth'**
🏆 **Immergrüner Strauch** s. Seite **362**

Passiflora caerulea
🏆 **Kletterpflanze, frosthart** s. Seite **402**

Phygelius
🏆 **Sträucher, frosthart (Grenzfall)** s. Seite **428–30**

***Pittosporum tenuifolium* 'Silver Queen'**
🏆 **Immergrüner Strauch** Drahtige Zweige tragen graugrüne, weißrandige Blätter und im Herbst purpurne, duftende Blüten.
↕ 1–4 m ↔ 2 m

Rhodanthemum hosmariense
🏆 **Halbstrauch** s. Seite **467**

Ribes speciosum
🏆 **Strauch** Dorniger Strauch mit borstigen Trieben und kleinen, glänzenden Blättern. Die hängenden, roten Blüten gleichen Fuchsien.
↕↔ 2 m

***Rosa*, Kletterrosen**
🏆 **Halb immergrün** Seite **484–485**

***Solanum crispum* 'Glasnevin'**
🏆 **Kletterpflanze, bedingt frosthart** s. Seite **528**

***Solanum laxum* 'Album'**
🏆 **Kletterpflanze, frostempf.** s. Seite **528**

Thunbergia grandiflora
🏆 **Kletterpflanze, frostempf.** s. Seite **545**

Trachelospermum jasminoides
🏆 **Immergrüne Kletterpflanze, bedingt frosthart** s. Seite **549**

Vestia foetida
🏆 **Strauch** Kurzlebig, frostempfindlich. Mit unangenehm riechenden Blättern und zahlreichen hängenden, gelben Blüten.
↕ 2 m ↔ 1,5 m

***Vitis* 'Brant'**
🏆 **Kletterpflanze** Eine Zierrebe mit grünen Blättern, die sich im Herbst rot verfärben, und schwarzen, essbaren Trauben.
↕ 7m

***Wisteria floribunda* 'Alba'**
🏆 **Kletterpflanze** s. Seite **574**

Wisteria sinensis
🏆 **Kletterpflanze** s. Seite **575**

***Wisteria sinensis* 'Sierra Madre'**
Immergrüner Strauch Attraktive Kulturform mit zweifarbigen, duftenden Blüten.
↕ 9 m

***Zauschneria californica* 'Dublin'**
🏆 **Staude, bedingt frosthart** s. Seite **577**

Pflanzen für Bienen und Schmetterlinge

Pflanzen, die diese Insekten anlocken, haben einfache, röhrenförmige Blüten oder margeritenähnliche Blütenstände, vor allem in Rosa- und Purpurtönen. Sorten mit gefüllten Blüten sind ungeeignet. Schmetterlinge bevorzugen fruchtige Düfte. Im Raupenstadium benötigen sie andere Futterpflanzen. Brennnesseln sind Futterpflanzen für Perlmutterfalter, doch hohes Gras und Unkräuter dienen anderen Arten.

***Ajuga reptans* 'Braunherz'**
Staude Kriechende Pflanze mit glänzenden, purpurnen Blättern und im Frühling blauen Blüten.
↕ 15 cm ↔ 90 cm

***Allium schoenoprasum* 'Forescate'**
Staude Eine Zierform des Schnittlauchs mit zahlreichen Blütenköpfchen rosaroter Blüten.
↕ 60 cm

Asclepias incarnata
Staude Dicke, aufrechte Triebe tragen kleine Blütenstände mit ungewöhnlichen, blassrosa Blüten, die zu interessanten Früchten heranreifen.
↕ 1,2 m ↔ 60 cm

***Aster amellus* 'Sonia'**
Staude Eine behaarte, beblätterte Pflanze, die sich mit blassrosa Blütenköpfchen mit gelber Mitte schmückt.
↕ 60 cm ↔ 45 cm

***Aster* 'Andenken an Alma Pötschke'**
Staude s. Seite **104**

***Aster × frikartii* 'Mönch'**
🏆 **Staude** s. Seite **105**

Aster turbinellus
🏆 **Staude** Drahtige, fast schwarze Triebe mit kleinen Blättern. Im Spätsommer erscheinen fliederfarbene Blütenköpfchen.
↕ 1,2 m ↔ 60 cm

Buddleja auriculata
Immergrüner Strauch Kleine Gruppen weißer und orangefarbener, duftender Blüten erscheinen im Herbst.
↕↔ 3 m

***Buddleja davidii*, Kultivare**
Sträucher s. Seite **125**

***Buddleja davidii* 'Black Knight'**
🏆 **Strauch** Große Blütenstände mit tiefpurpurnen Blüten. Wächst am besten nach starkem Rückschnitt zu Vegetationsbeginn.
↕ 3 m ↔ 5 m

***Buddleja* 'Lochinch'**
🏆 **Strauch, frosthart** s. Seite **126**

***Calluna vulgaris* 'Wickwar Flame'**
🏆 **Immergrüner Strauch** Matten goldener Blätter, die im Winter rot werden. Im Sommer rosarote Blüten.
↕ 50 cm ↔ 65 cm

***Caryopteris × clandonensis* 'Heavenly Blue'**
Strauch s. Seite **142**

***Ceanothus* 'Puget Blue'**
🏆 **Immergrüner Strauch** Sich auftürmende Massen feinen Laubs, mit mittelblauen Blüten bedeckt.
↕↔ 2,2 m

Cytisus × beanii
🏆 **Strauch** s. Seite **192**

Dahlia merckii
Staude, frostempfindlich Knollenpflanze mit dünnen Trieben und malvenfarbenen, nickenden Blütenständen.
↕ 2 m ↔ 1 m

***Digitalis purpurea* 'Sutton's Apricot'**
🏆 **Zweijährige** Hoher Fingerhut, im Sommer mit aprikosenrosa Blüten.
↕ 1–2 m

Echinacea purpurea
Staude Steife Triebe tragen große Blütenköpfchen mit rosa Randblüten und dunkler Mitte.
↕ 1m ↔ 45cm

***Echium vulgare* 'Blue Bedder'**
Einjährige Buschige Pflanze. Stachelige, graugrüne Blätter und zartblaue Blüten.
↕↔ 45cm

***Erica vagans* 'Birch Glow'**
🏆 **Immergrüner Strauch** s. Seite **221**

***Erica vagans* 'Valerie Proudley'**
🏆 **Immergrüner Strauch** Goldenes Laub und im Sommer weiße Blüten.
↕ 15cm ↔ 30cm

***Erica × veitchii* 'Exeter'**
🏆 **Immergrüner Strauch, bedingt frosthart** s. Seite **218**

Eryngium planum
Staude Verzweigte, stahlblaue Triebe mit kleinen, hellblauen Blütenköpfchen erheben sich aus immergrünen Blattrosetten.
↕ 90cm ↔ 45cm

Hoheria glabrata
Baum s. Seite **290**

Hyssopus officinalis
Immergrüner Strauch Grüne Blätter. Im Sommer Blütenstände mit blauen Blüten.
↕ 60cm ↔ 1m

Lamium orvala
Staude Eine gruppenbildende Pflanze, die nicht kriecht, mit großen Blättern und im Frühling purpurnen Blüten.
↕ 60cm ↔ 30cm

***Lavandula angustifolia* 'Loddon Pink'**
🏆 **Immergrüner Strauch** Kompakter Strauch mit grauen Blättern und Ähren mit blassrosa Blüten.
↕ 45cm ↔ 60cm

Lunaria rediviva
Staude Blass fliederfarbene, duftende Blüten. Flache, durchscheinende Früchte.
↕ 60–90cm ↔ 30cm

***Mentha longifolia* Buddleja-Mint-Gruppe**
Stauden Hohe Triebe mit grauen Blättern. Dicht mit rosa Blüten besetzte Blütenstände.
↕↔ 1m

***Monarda* 'Croftway Pink'**
🏆 **Staude** s. Seite **375**

***Origanum laevigatum* 'Herrenhausen'**
🏆 **Staude** s. Seite **390**

***Papaver orientale* 'Cedric Morris'**
🏆 **Staude** s. Seite **399**

***Papaver rhoeas* 'Mother of Pearl'**
Einjährige Eine unkomplizierte Einjährige, die im Frühling oder Herbst ausgesät wird, mit zarten Blüten in Pastelltönen.
↕ 90cm ↔ 30cm

***Penstemon* 'Sour Grapes'**
🏆 **Staude** Attraktive Blüten in Graublau-, Rosa- und Malventönen an Blütenständen über großen, grünen Blättern.
↕ 60cm ↔ 45cm

***Prunella grandiflora* 'Loveliness'**
🏆 **Staude** s. Seite **452**

***Rosmarinus officinalis* 'Miss Jessopp's Upright'**
🏆 **Immergrüner Strauch** s. Seite **498**

***Sedum* 'Herbstfreude'**
🏆 **Staude** Aufrechte, unverzweigte Triebe mit blassgrünen, fleischigen Blättern und im Spätsommer tief rosaroten Blüten in flachen Blütenständen.
↕↔ 60cm

***Tagetes* 'Naughty Marietta'**
Einjährige Buschige Pflanze mit gelben, rot gezeichneten Blütenköpfchen.
↕ 30–40cm

Trachelium caeruleum
🏆 **Staude** Als Einjährige gezogen entwickelt diese drahtige, aufrechte Pflanze im Sommer flache Blütenstände mit kleinen, purpurnen Blüten.
↕ 1m ↔ 30cm

Pflanzen, die Gartenvögel anlocken

Einheimische und Zugvögel nutzen eine breite Palette von Nahrungspflanzen, sodass Pflanzen mit Beeren und Samen viele verschiedene Vogelarten in den Garten locken. Leider bedeutet die Fütterung zwangsläufig, dass die Nahrungsquelle – und die attraktive Herbstdekoration – nicht lange vorhält, sodass es nötig ist, viele verschiedene Arten zu kultivieren, um zusätzliches Futter anbieten zu können.

Atriplex hortensis* var. *rubra
Einjährige Kräftige Pflanze mit tiefroten Blättern, die gut mit anderen Pflanzen kontrastieren. Vögel lieben die Samen dieser Pflanze.
↕ 1,2 m ↔ 30 cm

Berberis thunbergii
♀ **Strauch** Grüne Blätter und im Sommer kleine, gelbe Blüten, die sich im Herbst in rote Blätter und Beeren verwandeln.
↕ 2m ↔ 2,5 m

***Cortaderia selloana* 'Pumila'**
♀ **Ziergras** Ein kompaktes Pampasgras mit kurzen Blütenständen.
↕ 1,5 m ↔ 1,2 m

Cotoneaster lacteus
♀ **Immergrüner Strauch** s. Seite **179**

Cotoneaster simonsii
♀ **Strauch** s. Seite **179**

***Crataegus* × *lavallei* 'Carrierei'**
♀ **Baum** s. Seite **182**

Cynara cardunculus
♀ **Staude** s. Seite **191**

Daphne mezereum
Strauch Kleiner Strauch mit aufrechten Ästen, im Frühling duftenden, rosaroten Blüten und roten Beeren im Herbst.
↕ 1,2 m ↔ 1 m

***Hedera helix* und Kultivare**
Immergrüne Kletterpflanzen
Wenn der Efeu sein blühfähiges Stadium erreicht, sind die schwarzen Beeren für viele Vögel wertvoll.
↕ 3 m s. Seite **278–279**

***Helianthus annuus* 'Music Box'**
Einjährige Vielfarbige Sonnenblumen mit Fruchtständen, die geerntet werden können, um einige Monate später die Vögel damit zu füttern.
↕ 70 cm ↔ 60 cm

***Ilex aquifolium* 'Handsworth New Silver'**
♀ **Immergrüner Strauch** s. Seite **305**

***Lonicera periclymenum* 'Serotina'**
♀ **Kletterpflanze** s. Seite **356**

Mahonia aquifolium
Immergrüner Strauch Ein ausläuferbildender Strauch mit weichstacheligen Blättern und gelben Blüten, die zu schwarzen Beeren heranreifen.
↕ 1 m ↔ 1,5 m

***Malus* × *zumi* 'Golden Hornet'**
♀ **Baum** s. Seite **369**

Miscanthus sinensis
Ziergras Dieses Gras bildet Horste mit langen, überhängenden Blättern, und im Spätsommer erscheinen silbrige oder rosarote Blütenstände.
↕ 2,5 m ↔ 1,2 m

Onopordum nervosum
♀ **Zweijährige** Eine große, silbrige, stachelige Pflanze mit purpurnen Blüten in distelartigen Blütenständen.
↕ 2,5 m ↔ 1 m

***Papaver somniferum* 'White Cloud'**
Einjährige Weiße, gefüllte Blüten und hübsche Fruchtkapseln, deren Samen Vögel anlocken.
↕ 1 m ↔ 30 cm

Prunus padus
Baum Ein ausladender Baum mit hängenden Büscheln kleiner, weißer Blüten, aus denen schwarze Früchte hervorgehen.
↕ 15 m ↔ 10 m

***Pyracantha* 'Mohave'**
Immergrüner Strauch Dichter, dorniger Strauch mit dunkelgrünen Blättern und leuchtend roten Früchten.
↕ 4 m ↔ 5 m

Ribes odoratum
Strauch Wenig verzweigter Strauch mit frischgrünen Blättern, im Frühling gelben, duftenden Blüten und im Spätsommer schwarzen Beeren.
↕↔ 2 m

***Rosa filipes* 'Kiftsgate'**
♀ **Kletterrose** s. Seite **484**

Rosa pimpinellifolia
♀ **Solitär-Strauchrose** Die sehr stachelige Pflanze besitzt einzelne, weiße Blüten, die sich zu purpurschwarzen Hagebutten entwickeln.
↕ 1 m ↔ 1,2 m

***Rosa* 'Scabrosa'**
♀ **Rugosa-Strauchrose** Tief rosarote Blüten und leuchtend rote Hagebutten an einem polsterförmig wachsenden Busch mit tief geaderten Blättern.
↕↔ 1,7 m

***Sambucus nigra* 'Aureomarginata'**
Strauch Schnellwüchsige Pflanze für jeden Boden mit gelbrandigen Blättern, weißen Blüten und später schwarzen Holunderbeeren.
↕↔ 6 m

Silybum marianum
Zweijährige Rosetten stacheliger Blätter, die weiß geadert sind, und stachelige, malvenfarbene Fruchtstände mit Distelsamen.
↕ 1,5 m ↔ 60–90 cm

***Sorbus aucuparia* 'Fastigiata'**
Baum Aufrechter, schmaler Baum, im Spätsommer mit roten Früchten, die sich aus weißen Blüten entwickeln.
↕ 8 m ↔ 5 m

Viburnum betulifolium
Strauch Attraktives Wechselspiel von roten Beeren, die sich im Sommer aus weißen Blüten entwickeln. Mehrere Pflanzen sollten beisammen stehen.
↕↔ 3 m

Viburnum opulus
Strauch Starkwüchsiger Strauch, im Sommer mit weißen Blüten und im Herbst mit roten Beeren und leuchtender Laubfärbung.
↕ 5 m ↔ 4 m

***Vitis vinifera* 'Purpurea'**
♀ **Kletterpflanze** s. Seite **572**

Schnittblumen

Mit Blumen aus dem Garten bereitet man sich selbst wie auch anderen eine Freude. Viele Einjährige werden speziell als Schnittblumen kultiviert, aber auch andere Gartenpflanzen können Blüten für den Hausschmuck liefern, ohne das Gartenbild zu beeinträchtigen. Für eine gute Verzweigung muss man die Triebe, z. B. bei Astern und Rittersporn, im Frühsommer auskneifen.

***Achillea* 'Coronation Gold'**
🏆 **Staude** s. Seite **71**

***Aconitum* 'Bressingham Spire'**
🏆 **Staude** s. Seite **74**

***Aster* 'Little Carlow'**
🏆 **Staude** s. Seite **106**

***Aster pilosus* var. *pringlei* 'Monte Cassino'**
🏆 **Staude** Schmaler, aufrechter Wuchs und dünne Triebe. Bildet einen dichten Busch mit nadelförmiger Beblätterung und kleinen, weißen Blütenständen.
↕ 1 m ↔ 30 cm

***Astilbe* 'Fanal'**
🏆 **Staude** s. Seite **107**

***Astrantia major* 'Shaggy'**
🏆 **Staude** Die Hochblätter, die die Blütenstände umgeben, sind größer als gewöhnlich.
↕ 30–90 cm ↔ 45 cm

Baptisia australis
🏆 **Staude** s. Seite **111**

***Campanula lactiflora* 'Prichard's Variety'**
🏆 **Staude** Kompakte Kulturform, im Sommer mit violetten Blüten.
↕ 75 cm ↔ 45 cm

***Campanula persicifolia* 'Chettle Charm'**
Staude Matten tiefgrüner Blätter und dünne Triebe mit weißen, blau getönten Blüten.
↕ 1 m ↔ 30 cm

Chrysanthemum
Stauden, frosthart bis frostempfindlich s. Seite **154–157**

***Clematis* 'Vyvyan Pennell'**
Kletterpflanze s. Seite **163**

***Crocosmia* × *crocosmiiflora* 'Solfatare'**
🏆 **Staude** s. Seite **183**

***Delphinium* 'Bellamosum'**
Staude Reich verzweigte Triebe und schmale Trauben mit tiefblauen Blüten, die lange halten.
↕ 1–1,2 m ↔ 45 cm

***Delphinium* 'Bruce'**
🏆 **Staude** s. Seite **198**

***Delphinium* 'Sungleam'**
🏆 **Staude** s. Seite **201**

***Dianthus* (Sommerblühende Nelke)**
🏆 **Stauden** Seite **203**

***Dianthus* 'Coronation Ruby'**
🏆 **Staude** Gestreifte Nelke mit rosa- und rubinroten Blüten und Gewürznelkenduft.
↕ 38 cm ↔ 30 cm

Eryngium* × *tripartitum
🏆 **Staude** s. Seite **224**

***Geum* 'Mrs. J. Bradshaw'**
🏆 **Staude** Behaarte Grundblätter, drahtige, verzweigte Triebe und gefüllte, scharlachrote Blüten.
↕ 40–60 cm ↔ 60 cm

***Kniphofia* 'Royal Standard'**
🏆 **Staude** s. Seite **330**

***Lathyrus odoratus* (Duft-Wicke)**
Einjährige Kletterpflanze s. Seite **335**

***Leucanthemum* × *superbum* 'Wirral Supreme'**
♀ **Staude** s. Seite **342**

***Narcissus* 'Merlin'**
♀ **Zwiebelpflanze** s. Seite **381**

***Narcissus* 'White Lion'**
♀ **Zwiebelpflanze** Gefüllte, weiße Blüten, die zu schwer sind, um aufrecht zu stehen. Gut für den Schnitt.
↕ 40 cm

***Osteospermum* 'Whirlygig'**
♀ **Halbstrauch, bedingt frosthart bis frostempfindlich** s. Seite **393**

***Paeonia lactiflora* 'Sarah Bernhardt'**
♀ **Staude** s. Seite **396**

***Phlox maculata* 'Alpha'**
♀ **Staude** s. Seite **421**

***Phlox maculata* 'Omega'**
♀ **Staude** Kegelförmige Blütenstände mit duftenden, kleinen, weißen Blüten, die im Zentrum tief rosarot sind.
↕ 90 cm ↔ 45 cm

***Physostegia virginiana* 'Vivid'**
♀ **Staude** s. Seite **432**

***Rosa* ALEXANDER 'Harlex'**
♀ **Teehybride** s. Seite **480**

***Rosa* ICEBERG 'Korbin'**
♀ **Floribunda-Rose** s. Seite **482**

***Rosa* ROYAL WILLIAM 'Korzaun'**
♀ **Teehybride** s. Seite **481**

***Rosa* 'Silver Jubilee'**
♀ **Teehybride** s. Seite **481**

***Rosa*, Strauchrosen**
♀ **Halb immergrüne Sträucher** s. Seite **494–495**

***Rudbeckia fulgida* var. *sullivantii* 'Goldsturm'**
♀ **Staude** s. Seite **500**

***Rudbeckia laciniata* 'Goldquelle'**
♀ **Staude** s. Seite **500**

***Scabiosa caucasica* 'Clive Greaves'**
♀ **Staude** s. Seite **517**

***Schizostylis coccinea* 'Sunrise'**
♀ **Staude** s. Seite **518**

***Solidago* 'Goldenmosa'**
♀ **Staude** s. Seite **529**

***Solidago* × *luteus* 'Lemore'**
♀ **Staude** Diese Gattungshybride bildet gelbe, margeritenähnliche Blütenstände.
↕ 90 cm ↔ 30 cm

***Tanacetum coccineum* 'Brenda'**
Staude s. Seite **540**

***Tulipa* 'Sorbet'**
♀ **Zwiebelpflanze** Die spät erscheinenden Blüten sind blassrosa mit karminroten Streifen und Flammen.
↕ 60 cm

Veronica spicata* subsp. *incana
Staude s. Seite **565**

Blumen zum Trocknen

Getrocknete Blumen bewahren die Schönheit des Sommers das ganze Jahr über. Man hängt sie kopfüber an einen schattigen, luftigen Platz. In warmem Sand oder Kieselgel getrocknet, lassen sich fast alle Blumen verwenden, sie müssen aber trocken aufbewahrt werden. Man wählt junge, unbeschädigte Blumen aus, die noch nicht ganz geöffnet sind, und entfernt vor dem Bündeln die Blätter.

***Achillea filipendulina* 'Gold Plate'**
🏆 **Staude** s. Seite **72**

***Achillea* 'Moonshine'**
🏆 **Staude** s. Seite **73**

***Amaranthus hypochondriacus* 'Green Thumb'**
🏆 **Einjährige** Beblätterte Pflanzen bilden aufrechte, verzweigte Ähren mit blassgrünen Blüten.
↕ 60 cm ↔ 30 cm

Astrantia maxima
🏆 **Staude** s. Seite **108**

***Bracteantha* Bright-Bikini-Serie**
Einjährige s. Seite **123**

***Catananche caerulea* 'Major'**
🏆 **Staude** Kornblumenähnliche, papierartige Blütenstände an drahtigen Stielen über schmalen, grauen Blättern.
↕ 50–90 cm ↔ 30 cm

***Centaurea cyanus* 'Florence Pink'**
Einjährige Aufrecht wachsende, buschige Einjährige mit rosaroten Blütenköpfchen.
↕ 35 cm ↔ 45 cm

***Consolida ajacis* Giant-Imperial-Serie**
Einjährige Diese Rittersporne entwickeln elegante Blütenstände.
↕ 60–90 cm ↔ 35 cm

***Cortaderia selloana* 'Sunningdale Silver'**
🏆 **Ziergras** s. Seite **173**

Echinops ritro
🏆 **Staude** s. Seite **213**

***Hydrangea macrophylla*, Kultivare**
Strauch s. Seite **298**

***Hydrangea serrata* 'Bluebird'**
🏆 **Strauch** s. Seite **300**

***Limonium sinuatum* 'Art Shades'**
Staude Krause Blüten in Rosa-, Lachs-, Orange- und Blautönen.
↕ 60 cm ↔ 30 cm

***Limonium sinuatum* 'Forever Gold'**
Staude, frostempfindlich s. Seite **351**

***Nigella damascena* 'Mulberry Rose'**
Einjährige Fedriges Laub, Blüten in purpurrosa Tönen.
↕ 45 cm ↔ 23 cm

***Rhodanthe manglesii* 'Sutton's Rose'**
Einjährige Drahtige Pflanze mit grauen Blättern und weißen oder rosaroten Blüten von strohartiger Beschaffenheit.
↕ 60 cm ↔ 15 cm

***Sedum spectabile* 'Brilliant'**
🏆 **Staude** s. Seite **522**

Pflanzen mit attraktiven Samen oder Früchten

Es gibt viele Schönheiten unter den Samen und Früchten, obwohl sie die Leuchtkraft der Blüten vermissen lassen. Einige werden für Dekorationszwecke geschnitten, andere verbleiben im Garten, um der winterlichen Szenerie Stroh- und Bronzetöne zu verleihen, und sehen besonders gut aus, wenn Eiskristalle sie umhüllen, bis die Vögel, auf der Suche nach Nahrung, sie ernten.

Allium cristophii
♈ **Zwiebelpflanze** s. Seite **83**

Astilbe chinensis* var. *pumila
♈ **Staude** Kompakte, rosarote Blütenähren werden mit zunehmender Reife rostbraun.
↕25 cm ↔ 20 cm

***Clematis* 'Bill Mackenzie'**
♈ **Kletterpflanze** s. Seite **164**

***Clematis macropetala* 'White Swan'**
Kletterpflanze Eine sehr kompakte, früh blühende Waldrebe mit weißen Blüten und silbrigen Fruchtständen.
↕1 m

Cotinus coggygria
♈ **Strauch** Im Sommer grüne Blätter, die im Herbst scharlachrot werden, und duftige Fruchtstände.
↕↔ 5 m

***Hydrangea paniculata* 'Grandiflora'**
♈ **Strauch** s. Seite **299**

Hyoscyamus niger
Einjährige Giftige Pflanze mit geaderten Blüten und herrlichen Fruchtständen, die an Federbälle erinnern.
↕0,6–1,4 m ↔ 1 m

Iris foetidissima
♈ **Staude** Blassblaue und braune Blüten reifen zu grünen Kapseln, die sich im Herbst öffnen, um orangefarbene Samen zu entlassen.
↕30–90 cm ↔ 30 cm

***Iris foetidissima* 'Variegata'**
♈ **Staude** s. Seite **314**

***Iris* 'Shelford Giant'**
♈ **Staude** Lange, grüne Blätter, hohe Triebe mit gelben und weißen Blüten und deutlich gerippten Früchten.
↕1,8 m ↔ 60 cm

***Nigella orientalis* 'Transformer'**
Einjährige Buschige Einjährige mit fein gefiederten Blättern und kleinen, gelben Blüten, die zu schirmähnlichen Früchten reifen.
↕45 cm ↔ 22–30 cm

Paeonia ludlowii
♈ **Strauch** s. Seite **396**

***Papaver somniferum* 'Henne und Küken'**
Einjährige Die einzelnen Blüten reifen zu ungewöhnlichen Kapseln, die von einem Ring winziger Kapseln umgeben sind.
↕1,2 m ↔ 30 cm

Physalis alkekengi
♈ **Staude** Kräftige, ausläuferbildende Staude, die im Herbst leuchtend orangefarbene »Chinesische-Laternen«-Früchte bildet.
↕60–75 cm ↔ 90 cm

***Scabiosa stellata* 'Drumstick'**
♈ **Einjährige** Drahtige, behaarte Einjährige mit blass fliederfarbenen Blüten und kugeligen, krausen Fruchtständen.
↕30 cm ↔ 23 cm

Pflanzen für den Landhausgarten

Ein Bilderbuchsommertag in einem Landhausgarten, wie man sich ihn vorstellt: Bienen summen träge, fast lautlos um Rosen, Lilien, Stockrosen und Päonien. Tatsächlich war der ursprüngliche Landhausgarten eine gelungene Mischung, die auch alte, traditionelle Blütenpflanzen enthielt. Die Pflanzen des Landhausgartens duften oft, sind krautig und vermitteln den Eindruck von Natur pur.

***Alcea rosea* 'Nigra'**
Zweijährige »Schwarzblütige« Stockrose.
↕ 2 m ↔ 60 cm

***Calendula* 'Fiesta Gitana'**
🏆 **Einjährige** s. Seite **33**

***Campanula* 'Burghaltii'**
🏆 **Staude** Eine Hybride, die Polster mittelgrüner Blätter und große, röhrenförmige, graublaue Blüten bildet.
↕ 60 cm ↔ 30 cm

***Campanula persicifolia* 'White Cup and Saucer'**
Staude Die reinweißen Blüten sind glockenförmig mit einer weißen, kreisrunden Scheibe an der Basis der Blüte, die einer Untertasse gleicht.
↕ 90 cm ↔ 30 cm

Campanula portenschlagiana
🏆 **Staude** s. Seite **139**

Delphinium
Stauden s. Seite **198–201**

***Dianthus* 'Gran's Favourite'**
🏆 **Staude** s. Seite **204**

Dicentra spectabilis
Staude s. Seite **207**

Eryngium alpinum
🏆 **Staude** s. Seite **223**

Eschscholzia californica
🏆 **Einjährige** s. Seite **228**

***Geranium macrorrhizum* 'Album'**
🏆 **Staude** Duftende, immergrüne Blätter und im Sommer weiße Blüten.
↕ 50 cm ↔ 60 cm

***Geranium × oxonianum* 'A. T. Johnson'**
🏆 **Staude** Diese buschige Pflanze besitzt silberrosa Blüten.
↕↔ 30 cm

***Geranium sanguineum* 'Album'**
🏆 **Staude** Eine kompakte Pflanze mit gefiederten Blättern und weißen Blüten.
↕ 20 cm ↔ 30 cm

***Geranium sylvaticum* 'Mayflower'**
🏆 **Staude** s. Seite **261**

***Geum* 'Lady Stratheden'**
🏆 **Staude** s. Seite **262**

Lavatera trimestris
Einjährige Malve s. Seite **340**

Lilium candidum
🏆 **Zwiebelpflanze** s. Seite **346**

***Lupinus* (Band of Nobles-Serie)**
🏆 **Staude** Eine gute Samenmischung mit hohen Blütenständen und zweifarbigen Blüten.
↕ 1,5 m ↔ 75 cm

***Lupinus* 'The Chatelaine'**
Staude Hohe Blütenstände und zweifarbige, tief rosarote und weiße Blüten.
↕ 90 cm ↔ 75 cm

Lychnis chalcedonica
♡ **Staude** s. Seite **359**

***Paeonia lactiflora* 'Bowl of Beauty'**
♡ **Staude** s. Seite **395**

***Paeonia officinalis* 'Rubra Plena'**
♡ **Staude** s. Seite **397**

***Papaver orientale* 'Beauty of Livermere'**
Staude s. Seite **398**

***Papaver orientale* 'Mrs. Perry'**
Staude Lachsrosa Blüten mit satinartigen Blütenblättern über rauem Laub.
↕ 75 cm ↔ 60–90 cm

***Papaver rhoeas* Shirley Mixed**
Einjährige s. Seite **399**

***Phlox* 'Kelly's Eye'**
♡ **Staude** s. Seite **421**

***Phlox paniculata*, Kultivare**
♡ **Staude** s. Seite **422**

***Primula* 'Wanda'**
♡ **Staude** s. Seite **452**

***Rosa* 'Ballerina'**
♡ **Patiorose** s. Seite **488**

***Rosa* 'Fantin-Latour'**
♡ **Zentifolia-Rose** s. Seite **493**

Rosa GERTRUDE JEKYLL **'Ausbord'**
♡ **Englische Strauchrose** s. Seite **494**

***Rosa xanthina* 'Canary Bird'**
♡ **Strauchrose** s. Seite **497**

Saxifraga × urbium
♡ **Staude** Matten immergrüner Blattrosetten und im Spätfrühling Blütenstände mit zierlichen, weißen Blüten.
↕ 30 cm ↔ unbegrenzt

***Scabiosa caucasica* 'Miss Willmott'**
♡ **Staude** s. Seite **517**

***Schizostylis coccinea* 'Sunrise'**
♡ **Staude** s. Seite **518**

***Verbascum* 'Cotswold Beauty'**
♡ **Staude** s. Seite **561**

***Verbascum* 'Pink Domino'**
♡ **Staude** Dunkelgrüne Blätter, aus denen sich unverzweigte Triebe mit rundlichen, tief rosaroten Blüten erheben.
↕ 1,2 m ↔ 30 cm

Viola cornuta
♡ **Staude** s. Seite **570**

Pflanzen für den Steingarten

Steingärten sind ideale Plätze, um kleine Pflanzen zu kultivieren und dem Betrachter vor Augen zu führen. Die oberhalb des Erdbodens liegenden Beete erlauben es, den Boden individuell aufzubereiten. Die meisten der unten aufgeführten Pflanzen sind einfach zu kultivieren und verlangen keine besondere Behandlung, was sie noch empfehlenswerter macht. Steingärten sind ein Hobby, dem man verfallen kann.

Adiantum pedatum
♀ **Voll frostharter Farn** s. Seite **75**

Allium moly
Zwiebelpflanze s. Seite **84**

Anchusa cespitosa
Alpinpflanze Im Frühling erscheinen zwischen schmalen Blättern blaue Blüten mit weißem Zentrum.
↕5–10 cm ↔ 15–20 cm

Androsace carnea* subsp. *laggeri
♀ **Staude** s. Seite **90**

Androsace sempervivoides
♀ **Alpinpflanze** Blattrosetten bilden lockere Matten, und im Spätfrühling öffnen sich rosarote Blüten.
↕2,5–5 cm ↔ 15–20 cm

Arenaria montana
♀ **Staude** s. Seite **98**

***Armeria maritima* 'Vindictive'**
♀ **Staude** Die schmalen Blätter bilden kleine Erhebungen. Dünne Triebe mit tief rosaroten Blüten.
↕15 cm ↔ 20 cm

***Aubrieta × cultorum* 'Bresssingham Pink'**
Staude Polster grüner Blätter, die im Frühling mit gefüllten, rosaroten Blüten bedeckt sind.
↕5 cm ↔ 60 cm

Aurinia saxatilis
♀ **Staude** s. Seite **110**

***Berberis thunbergii* 'Bagatelle'**
♀ **Strauch** s. Seite **118**

***Campanula* 'Birch Hybrid'**
♀ **Staude** Eine starkwüchsige, ausladende Pflanze mit tiefblauen, glockenförmigen Blüten.
↕10 cm ↔ 50 cm

***Campanula chamissonis* 'Superba'**
♀ **Alpinpflanze** Die Rosetten aus blassgrünen Blättern verschwinden im Frühsommer unter der Fülle blassblauer Blüten.
↕5 cm ↔ 20 cm

Crocus corsicus
♀ **Frühlings-Zwiebelpflanze** s. Seite **185**

***Dianthus* 'La Bourboule'**
♀ **Staude** s. Seite **205**

***Diascia barberae* 'Ruby Field'**
♀ **Staude** Matten herzförmiger Blätter werden im Sommer mit tief lachsrosa Blüten bedeckt.
↕25 cm ↔ 60 cm

Dryas octopetala
♀ **Immergrüner Strauch** Bildet Matten aus tiefgrünen Blättern. Im Frühling erscheinen weiße Blüten und später dann flaumige Fruchtstände.
↕10 cm ↔ 1 m

Gentiana acaulis
♀ **Staude** s. Seite **256**

***Geranium* 'Ballerina'**
♀ **Staude** s. Seite **258**

Geum montanum
♀ **Staude** s. Seite **262**

Gypsophila **'Rosenschleier'**
♀ **Staude** s. Seite **267**

Helianthemum **'Henfield Brilliant'**
♀ **Strauch** s. Seite **280**

Iris cristata
♀ **Staude** In feuchtem Boden entwickeln die kriechenden Triebe hübsche Blattfächer und im Spätfrühling fliederblaue und weiße Blüten.
↕ 10 cm

Iris **'Katharine Hodgkin'**
♀ **Zwiebelpflanze** s. Seite **315**

Iris lacustris
♀ **Staude** s. Seite **320**

Leptospermum scoparium **'Kiwi'**
♀ **Strauch** s. Seite **342**

Lewisia cotyledon
♀ **Staude** s. Seite **344**

Muscari aucheri
♀ **Zwiebelpflanze** s. Seite **376**

Narcissus **'Hawera'**
♀ **Zwiebelpflanze** s. Seite **379**

Omphalodes cappadocica **'Cherry Ingram'**
♀ **Staude** s. Seite **388**

Oxalis adenophylla
♀ **Zwiebelpflanze** s. Seite **394**

Oxalis enneaphylla **'Rosea'**
Zwiebelpflanze Gruppen von gekräuselten, graugrünen Blättern. Im Frühsommer rosarote Blüten.
↕ 8 cm ↔ 15 cm

Phlox divaricata **subsp.** *laphamii* **'Chattahoochee'**
♀ **Staude** s. Seite **419**

Phlox douglasii **'Boothman's Variety'**
♀ **Staude** s. Seite **419**

Phlox nana **'Mary Maslin'**
Staude Ausladende Triebe, im Sommer mit leuchtenden, scharlachroten Blüten.
↕ 20 cm ↔ 30 cm

Pittosporum tenuifolium **'Tom Thumb'**
♀ **Immergrüner Strauch** s. Seite **437**

Pulsatilla halleri
♀ **Staude** s. Seite **461**

Ramonda myconi
♀ **Staude** s. Seite **465**

Ranunculus calandrinioides
♀ **Staude** s. Seite **466**

Rosmarinus officinalis **Prostratus-Gruppe**
Strauch s. Seite **498**

Saxifraga **'Jenkinsiae'**
♀ **Alpinpflanze** s. Seite **516**

Saxifraga **'Southside Seedling'**
♀ **Staude** s. Seite **516**

Sempervivum tectorum
♀ **Staude** s. Seite **525**

Silene schafta
♀ **Staude** s. Seite **526**

Tulipa linifolia **Batalinii-Gruppe**
♀ **Zwiebelpflanze** s. Seite **555**

Tulipa turkestanica
♀ **Zwiebelpflanze** s. Seite **555**

Verbascum **'Letitia'**
♀ **Halbstrauch** s. Seite **563**

Veronica prostrata
♀ **Staude** s. Seite **565**

Veronica spicata **subsp.** *incana*
Staude s. Seite **565**

Warme Farben

Eine Kombination warmer, lebhafter Farben sieht in der vollen Sonne am besten aus. Allerdings müssen die Pflanzen die Hitze vertragen. Bringen Sie ein paar Gewächse mit rotbraunem und violettem Laub (s. Seite 606) ins Spiel, dann wirken die Farben ihrer leuchtenden Nachbarn umso feuriger. Aber Vorsicht: Warme Töne machen Räume optisch kleiner.

Alonsoa warscewiczii
Staude, frostempfindlich s. Seite **86**

***Arctotis* × *hybrida* 'Flame'**
♀ **Staude, frostempfindlich** Rötlich goldgelbe Blütenkörbchen mit unterseits silbrigen Strahlenblüten. Silbrig graues Laub. Ebenfalls zu empfehlen sind 'Mahogany' und 'Red Magic'.
↕ 45–50 cm ↔ 30 cm

***Astilbe* 'Fanal'**
♀ **Staude** s. Seite **107**

Bassia scoparia* fo. *trichophylla
Einjährige Gefiedertes, anfangs grünes Laub, das im Lauf des Sommers feurig rot und schließlich violett wird.
↕ 0,3–1,5 m ↔ 30–45 cm

***Begonia* 'Illumination Orange'**
♀ **Staude, bedingt frosthart** s. Seite **114**

***Calendula* 'Fiesta Gitana'**
♀ **Einjährige** s. Seite **33**

***Callistemon citrinus* 'Splendens'**
♀ **Immergrüner Strauch, frostempfindlich** Seite **129**

***Campsis* × *tagliabuana* 'Madame Galen'**
♀ **Kletterpflanze** s. Seite **140**

***Carthamus tinctoria* 'Orange Gold'**
Einjährige Köpfchen aus leuchtenden, distelartigen Blüten. Gut zum Trocknen.
↕ 30–60 cm ↔ 30 cm

***Chrysanthemum* 'Amber Yvonne Arnaud'**
♀ **Staude, nicht ganz frosthart** s. Seite **154**

***Chrysanthemum* 'Wendy'**
♀ **Staude, frosthart** s. Seite **156**

***Coreopsis tinctoria* 'Sunrise'**
Einjährige Aufrechte Stängel zwischen Horsten aus mittelgrünen Blättern. Einzelne Körbchenblüten, die Bienen anlocken.
↕ 60 cm ↔ 30 cm

***Coreopsis verticillata* 'Grandiflora'**
♀ **Staude** Lockere Büschel aus dunkelgelben Blumen im Frühsommer.
↕ 60–80 cm ↔ 45 cm

***Crocosmia* 'Lucifer'**
♀ **Staude** s. Seite **184**

***Dahlia* 'Hamari Gold'**
♀ **Staude, nicht ganz frosthart** s. Seite **195**

***Dahlia* 'Zorro'**
♀ **Staude, nicht ganz frosthart** s. Seite **195**

***Diascia* 'Rupert Lambert'**
♀ **Staude, nicht ganz frosthart** Polsterbildend, mit Trauben aus gespornten Blüten in warmem Dunkelrosa vom Sommer bis zum Herbst.
↕ 20 cm ↔ 50 cm

***Embothrium coccineum* 'Norquinco'**
♀ **Strauch, bedingt frosthart** Aufrecht, mit spinnenartigen, hellroten Blüten im Frühsommer.
↕ 20 cm ↔ 30 cm

Eschscholzia californica
🏆 **Einjährige** s. Seite **228**

Fuchsia **'Coralle'**
bedingt frosthart s. Seite **246**

Gazanien
Stauden, frostempfindlich s. Seite **254**

Heliopsis helianthoides **var.** *scabra* **'Goldgefieder'**
🏆 **Staude** Gefüllte, goldgelbe Körbchenblüten mit grüner Scheibe an steifen Stängeln mit derben Blättern.
↕ 90 cm ↔ 60 cm

Iris **'Apricorange'**
🏆 **Staude** s. Seite **316**

Iris **'Sun Miracle'**
Staude s. Seite **319**

Kniphofia **'Bees' Sunset'**
🏆 **Staude** s. Seite **329**

Ligularia **'Gregynog Gold'**
🏆 **Immergrüner Strauch** s. Seite **345**

Lonicera etrusca **'Donald Waterer'**
🏆 **Kletterpflanze** Dunkle Stängel mit roten Blüten und Knospen. Kräftig orangefarbene Beeren.
↕ 4 m

Lychnis chalcedonica
🏆 **Staude** s. Seite **359**

Mimulus cupreus **'Whitecroft Scarlet'**
🏆 **Staude, frosthart** Breitwüchsige Triebe mit röhrenförmigen, hellroten Blüten im Sommer.
↕ 10 cm ↔ 15 cm

Papaver orientale **'Aglaja'**
🏆 **Staude** Lachsrosa Blüten, Ansatz der Blütenblätter kirschrosa.
↕ 45–90 cm ↔ 60–90 cm

Papaver orientale **'Leuchtfeuer'**
🏆 **Staude** Orangefarbene Blüten mit schwarzem Fleck am Ansatz der Blütenblätter, silbrige Blätter.
↕ 45–90 cm ↔ 60–90 cm

Pelargonium **'Voodoo'**
🏆 **Staude, frostempfindlich** s. Seite **408**

Penstemon **'Chester Scarlet'**
🏆 **Staude, frosthart** s. Seite **411**

Penstemon **'Schoenholzeri'**
🏆 **Staude** s. Seite **411**

Persicaria amplexicaulis **'Firetail'**
🏆 **Staude** Kräftige, rosettenbildene Pflanze mit leuchtend roten, glockenförmigen Blüten, die in langen Rispen angeordnet sind.
↕↔ bis 1,2 m

Phormium **'Sundowner'**
🏆 **Staude, bedingt frosthart** s. Seite **425**

Phygelius × *rectus* **'Devil's Tears'**
🏆 **Strauch** s. Seite **429**

Potentilla **'Gibson's Scarlet'**
🏆 **Staude** s. Seite **443**

Rhododendron **'Spek's Orange'**
🏆 **Laubabwerfender Strauch** s. Seite **471**

Rosa ALEXANDER **'Harlex'**
🏆 **Teehybrid** s. Seite **480**

Rudbeckia fulgida var. sullivantii **'Goldsturm'**
🏆 **Staude** s. Seite **500**

Salvia coccinea **'Pseudococcinea'**
Staude, frostempfindlich s. Seite **505**

Streptosolen jamesonii
🏆 **Kletterpflanze, frostempfindlich** Niederliegende Triebe mit kleinen, dunkelgrünen Blättern und rundlichen Blütenständen aus flachen, orangefarbenen Blüten.
↕ 2–3 m ↔ 1–2,5 m

Tropaeolum majus **'Hermine Grashoff'**
🏆 **Einjährige Kletterpflanze** s. Seite **552**

Veltheimia bracteata
🏆 **Zwiebelpflanze, frostempfindlich** s. Seite **560**

Kühle Farben

Kaltes Blau, Violett und Cremeweiß sehen immer elegant aus und vergrößern Räume optisch. In der Dämmerung scheinen kühle Farben zu leuchten, was besonders in Gärten wertvoll ist, in denen man abends gern Gäste empfängt. Mischen Sie üppiges Laub dazu, um die Sommerhitze zu lindern. Einige Gewächse mit grauem und silbrigem Laub machen alles leichter und heller.

Aeonium haworthii
♀ **Sukkulente Staude** s. Seite **76**

***Ageratum houstonianum* 'Blue Danube'**
♀ **Einjährige** Niedrige, buschige Pflanze mit vielen bauschigen, lilablauen Blüten. Ebenfalls zu empfehlen ist die dunklere Sorte 'Blue Horizon'.
↕ 20 cm ↔ 30 cm

Allium caeruleum
♀ **Zwiebelpflanze** s. Seite **82**

***Anchusa azurea* 'Loddon Royalist'**
♀ **Staude** s. Seite **89**

Aruncus dioicus
♀ **Staude** Braucht feuchte Böden. Bildet Horste aus farnartigen Blättern und fiedrige, cremefarbene Blütenrispen.
↕ 20 cm ↔ 30 cm

Baptisia australis
♀ **Staude** s. Seite **111**

Camassia leichtlinii
♀ **Zwiebelpflanze** Im späten Frühjahr erscheinen sternförmige, grünlich weiße Blüten in Trauben.
↕ 20 cm ↔ 30 cm

***Campanula glomerata* 'Superba'**
♀ **Staude** s. Seite **138**

***Centaurea cyanus* 'Blue Diadem'**
Einjährige Tiefblaue Kornblume.
↕ 20–80 cm ↔ 15 cm

Convolvulus sabatius
♀ **Kriechende Staude** s. Seite **168**

Cyananthus lobatus
♀ **Staude** s. Seite **189**

Cynara cardunculus
♀ **Staude** s. Seite **191**

***Delphinium* 'Giotto'**
♀ **Staude** s. Seite **199**

***Delphinium* 'Lord Butler'**
♀ **Staude** s. Seite **200**

***Delphinium* 'Thamesmead'**
Staude s. Seite **201**

Echinops ritro* subsp. *ruthenicus
♀ **Staude** Metallisch blaue Kugeldistel mit silbrigen, filzig behaarten Blättern.
↕ 60–90 cm ↔ 45 cm

***Eryngium bourgatii* 'Oxford Blue'**
♀ **Staude** Silbrig geäderte, stachelige Blätter und verzweigte Stängel mit blauen Distelblüten. Silbrige Hüllblätter.
↕ 15–45 cm ↔ 30 cm

Eryngium × tripartitum
♀ **Staude** s. Seite **224**

Galtonia viridiflora
Zwiebelpflanze Trägt im Spätsommer Trauben aus grünlich weißen Blüten zwischen graugrünen, riemenförmigen Blättern.
↕ bis 1 m ↔ 10 cm

Hebe albicans
♀ **Strauch** s. Seite **272**

***Hebe hulkeana* 'Lilac Hint'**
Strauch Grüne Blätter und lange Rispen aus lilablauen Blüten im Juni und Juli.
↕↔ 60 cm

***Heliotropium arborescens* 'Chatsworth'**
♀ **Staude, frostempfindlich** Beliebte Sommerblume mit dunkel lila-rosa, sehr stark duftenden Blüten.
↕ 60–100 cm ↔ 30–45 cm

***Hosta* 'Love Pat'**
♀ **Staude** s. Seite **292**

***Ipheion* 'Rolf Fiedler'**
♀ **Zwiebelpflanze, bedingt frosthart** Frühjahrsblüher mit sternförmigen, blauen Blüten und blaugrünen Blättern.
↕ 10–12 cm

***Iris* 'Orinoco Flow'**
♀ **Staude** s. Seite **317**

***Iris sibirica* 'Smudger's Gift'**
♀ **Staude** s. Seite **311**

***Iris sibirica* 'Über den Wolken'**
Staude s. Seite **311**

***Lavandula × intermedia* Dutch-Gruppe**
Strauch s. Seite **338**

***Linum narbonense* 'Heavenly Blue'**
Staude, frosthart Bildet Horste und flache, hellblaue Blüten, die nur einen Tag halten.
↕ 30–60 cm ↔ 45 cm

***Moluccella laevis* 'Pixie Bells'**
Einjährige Blassgrüne Blätter und Ähren aus winzigen Blüten mit auffälligen hellgrünen, muschelartigen Kelchen.
↕ 60–90 cm ↔ 23 cm

***Myosotis* 'Bouquet'**
Einjährige Reich blühende, kleine, blaue Vergissmeinnicht-Sorte. Ebenfalls zu empfehlen ist die zwergige Form 'Ultramarine'.
↕ 12–20 cm ↔ 15 cm

***Phlox paniculata* 'Le Mahdi'**
♀ **Staude** s. Seite **422**

***Pulmonaria saccharata* Argentea-Gruppe**
♀ **Immergrüne Staude** s. Seite **460**

***Ruta graveolens* 'Jackman's Blue'**
Strauch Intensiv graublaue, gefiederte Blätter und mattgelbe Blütenstände, die man zur Förderung der Laubbildung abschneiden kann. Handschuhe tragen: Kontakt mit dem Laub kann allergische Reaktionen hervorrufen.
↕↔ 60 cm

Salvia cacaliifolia
♀ **Staude, frostempfindlich** s. Seite **504**

***Salvia guaranitica* 'Blue Enigma'**
♀ **Staude, bedingt frosthart** s. Seite **506**

***Scabiosa caucasica* 'Clive Greaves'**
♀ **Staude** s. Seite **517**

***Teucrium fruticans* 'Azureum'**
♀ **Strauch, bedingt frosthart** Weißwollig behaarte Triebe. Graublaue Blätter, kurze Trauben aus quirlständigen, tiefblauen Blüten.
↕ 60–100 cm ↔ 2 m

***Thalictrum delavayi* 'Hewitt's Double'**
♀ **Staude** s. Seite **542**

***Veronica* 'Shirley Blue'**
♀ **Staude** Graugrüne, behaarte Blätter und tellerförmige, blaue Blüten in Trauben vom späten Frühjahr bis zum Hochsommer.
↕↔ 30 cm

Pflanzen für weiße Gärten

Bei einfarbig gehaltenen Gärten werden weiße Pflanzen bevorzugt, vielleicht weil viele weißblütige Pflanzen auch duften. Berücksichtigt wird auch die Laubfärbung, also panaschierte, silber- und graublättrige Pflanzen. Um der Gleichförmigkeit der Anlage entgegenzuwirken, ist es oft hilfreich, einige cremefarbene oder blassblaue Blütenpflanzen hinzuzufügen – das verstärkt den Effekt tatsächlich.

***Anemone blanda* 'White Splendour'**
🏆 **Zwiebelpflanze** s. Seite **90**

***Anemone × hybrida* 'Honorine Jobert'**
🏆 **Staude** s. Seite **91**

***Astilbe* 'Irrlicht'**
Staude Das grob eingeschnittene, dunkle Laub bildet einen schönen Kontrast zu den aufrechten, flaumigen Blütenständen.
↕↔ 50 cm

***Clematis* 'Marie Boisselot'**
🏆 **Kletterpflanze** s. Seite **162**

***Cosmos bipinnatus* 'Sonata White'**
🏆 **Einjährige** s. Seite **176**

Crambe cordifolia
🏆 **Staude** s. Seite **181**

***Crocus sieberi* 'Albus'**
🏆 **Zwiebelpflanze** s. Seite **185**

***Dahlia* 'Hamari Bride'**
🏆 **Staude, frostempfindlich** Diese halb kaktusförmige Dahlie hat reinweiße Blüten. Beliebte Ausstellungspflanze.
↕ 1,2 m ↔ 60 cm

***Delphinium* 'Sandpiper'**
🏆 **Staude** s. Seite **201**

Deutzia setchuenensis* var. *corymbiflora
🏆 **Strauch** Der Busch mit brauner, abblätternder Borke entwickelt große Mengen von weißen Blüten.
↕ 2 m ↔ 1,5 m

***Dicentra spectabilis* 'Alba'**
Staude s. Seite **207**

Digitalis purpurea* fo. *albiflora
🏆 **Zweijährige** s. Seite **210**

***Echinacea purpurea* 'White Lustre'**
Staude Die steifen Triebe tragen cremeweiße Blütenstände mit einer goldenen Mitte.
↕ 80 cm ↔ 45 cm

***Erica carnea* 'Springwood White'**
🏆 **Immergrüner Strauch** s. Seite **219**

***Erica tetralix* 'Alba Mollis'**
🏆 **Immergrüner Strauch** s. Seite **221**

Gillenia trifoliata
🏆 **Staude** s. Seite **263**

***Gypsophila paniculata* 'Bristol Fairy'**
🏆 **Staude** s. Seite **266**

Hoheria sexstylosa
Immergrüner Baum s. Seite **290**

***Hydrangea arborescens* 'Annabelle'**
🏆 **Strauch** s. Seite **297**

***Hydrangea paniculata* 'Floribunda'**
Strauch s. Seite **299**

Hydrangea quercifolia
🏆 **Strauch** s. Seite **300**

***Iris* 'Bewick Swan'**
Staude Die zerknitterten, weißen Blüten haben leuchtende, orangefarbene Bärte.
↕1 m ↔ 30 cm

Iris confusa
🏆 **Zwiebelpflanze** s. Seite **312**

***Iris sibirica* 'Crème Chantilly'**
🏆 **Staude** s. Seite **311**

***Iris sibirica* 'Harpswell Happiness'**
🏆 **Staude** s. Seite **311**

***Iris sibirica* 'Mikiko'**
🏆 **Staude** s. Seite **311**

Lunaria annua* var. *albiflora
🏆 **Zweijährige** Die weißblütige Form des herkömmlichen Judassilberlings.
↕90 cm ↔ 30 cm

Malva moschata* fo. *alba
🏆 **Staude** s. Seite **370**

***Narcissus* 'Empress of Ireland'**
🏆 **Zwiebelpflanze** s. Seite **380**

Paeonia obovata* var. *alba
🏆 **Staude** Eine vorzügliche Pflanze mit gerundeten, gräulichen Blattabschnitten und reinweißen Blüten, vor allem mit Knsopen attraktiv.
↕↔ 60–70 cm

***Papaver orientale* 'Black and White'**
🏆 **Staude** s. Seite **398**

***Physostegia virginiana* 'Summer Snow'**
🏆 **Staude** Ähren mit reinweißen Blüten an aufrechten Trieben über grünem Laub.
↕1,2 m ↔ 60 cm

***Pulmonaria* 'Sissinghurst White'**
🏆 **Staude** s. Seite **460**

***Pulsatilla vulgaris* 'Alba'**
🏆 **Staude** s. Seite **462**

***Ranunculus aconitifolius* 'Flore Pleno'**
🏆 **Staude** s. Seite **465**

***Rosa* ICEBERG 'Korbin'**
🏆 **Floribunda-Rose** s. Seite **482**

***Rosa* 'Madame Hardy'**
🏆 **Strauchrose** s. Seite **493**

***Rosa* MARGARET MERRIL 'Harkuly'**
🏆 **Floribunda-Rose** s. Seite **483**

***Rosa* 'Rambling Rector'**
🏆 **Rambler-Rose** s. Seite **487**

***Rubus* 'Benenden'**
🏆 **Strauch** s. Seite **499**

***Tulipa* 'Purissima'**
🏆 **Zwiebelpflanze** Die kompakten Triebe tragen im mittleren Frühjahr sehr lange, reinweiße Blüten.
↕35 cm

Zantedeschia aethiopica
🏆 **Staude** s. Seite **576**

Pflanzen für lehmhaltige Böden

Lehmiger Boden ist schlecht umzugraben, sowohl nass als auch trocken. Er bietet Schnecken Unterschlupf und erwärmt sich im Frühling nur langsam. Doch er ist reich an Nährstoffen, und wenn man viel organisches Material einbringt, kann er sehr fruchtbar sein. Ungeeignet sind Pflanzen aus Hochlagen wie etwa Alpinpflanzen oder nicht zuverlässig winterharte Pflanzen.

***Campanula latiloba* 'Hidcote Amethyst'**
🏆 **Staude** Im Hochsommer malvenpurpurne, becherförmige Blüten an stämmigen Trieben.
↕ 90 cm ↔ 45 cm

***Clematis* 'Polish Spirit'**
🏆 **Kletterpflanze** Spät blühend, mit kleinen, einzelnen, purpurnen Blüten und roten Staubblättern.
↕ 5 m ↔ 2 m

***Cornus sericea* 'Flaviramea'**
🏆 **Strauch** s. Seite **172**

***Cotoneaster × watereri* 'John Waterer'**
🏆 **Immergrüner Strauch** s. Seite **180**

***Deutzia × elegantissima* 'Rosealind'**
🏆 **Strauch** s. Seite **202**

Filipendula purpurea
🏆 **Staude** s. Seite **239**

Geranium psilostemon
🏆 **Staude** s. Seite **261**

***Hemerocallis* 'Stella de Oro'**
Staude s. Seite **286**

***Hydrangea paniculata* 'Kyushu'**
🏆 **Strauch** Aufrecht wachsende Kulturform mit glänzenden Blättern und großen, cremeweißen Blüten.
↕ 3–7 m ↔ 2,5 m

***Iris sibirica*, Kultivare**
Stauden s. Seite **311**

***Lonicera nitida* 'Silver Lining'**
Immergrüner Strauch Jedes kleine Blatt dieses hügelig geformten Strauchs hat einen schmalen, weißen Rand.
↕↔ 1,5 m

***Mahonia aquifolium* 'Apollo'**
🏆 **Immergrüner Strauch** s. Seite **366**

***Narcissus* 'Jumblie'**
🏆 **Zwiebelpflanze** s. Seite **379**

Persicaria campanulata
Staude Kleine Büschel rosaroter, glockenförmiger Blüten an ausladenden Trieben.
↕↔ 90 cm

***Philadelphus* 'Manteau d'Hermine'**
🏆 **Strauch** s. Seite **417**

***Potentilla fruticosa* 'Tangerine'**
Strauch Verzweigt. Den ganzen Sommer mit gelben, rot werdenden Blüten.
↕ 1 m ↔ 1,5 m

Rosa AMBER QUEEN
🏆 **Floribunda-Rose** s. Seite **482**

***Spiraea japonica* 'Anthony Waterer'**
Strauch s. Seite **533**

***Symphytum* 'Goldsmith'**
Staude Diese ausladende Pflanze hat herzförmige, goldrandige Blätter und blassblaue, cremefarbene und rosarote Blüten.
↕↔ 30 cm

***Syringa vulgaris* 'Katherine Havemeyer'**
🏆 **Strauch** s. Seite **539**

Pflanzen für sandige Böden

Die Vorteile sandiger Böden bestehen darin, dass man sie fast immer umgraben, hacken und bearbeiten kann. Das Wasser versickert schnell im Boden, nimmt aber Nährstoffe mit, sodass es wichtig ist, organisches Material einzubringen, um die Bodenstruktur und Fruchtbarkeit zu halten. Silberblättrige und frostempfindliche Pflanzen sind geeignet.

***Buddleja davidii* 'White Profusion'**
🏆 **Strauch** s. Seite **125**

***Calluna vulgaris* 'Darkness'**
🏆 **Immergrüner Strauch** s. Seite **130**

***Echinops bannaticus* 'Taplow Blue'**
🏆 **Staude** Eine robuste, distelähnliche Pflanze mit kugeligen, blauen Blütenköpfchen.
↕ 1,2 m ↔ 60 cm

***Erica cinerea* 'Eden Valley'**
🏆 **Immergrüner Strauch** s. Seite **220**

Eryngium* × *oliverianum
🏆 **Staude** s. Seite **223**

***Escallonia* 'Peach Blossom'**
🏆 **Immergrüner Strauch** Buschig, überhängend, im Spätfrühling mit pfirsichrosafarbenen und weißen Blüten.
↕↔ 2,5 m

Eucalyptus dalrympleana
🏆 **Immergrüner Baum** Schnellwüchsiger Baum. Grüne Blätter und weiße Borke.
↕ 20 m ↔ 8 m

Genista hispanica
Strauch Klein, dornig, im Frühsommer mit kleinen, gelben Blüten bedeckt.
↕ 75 cm ↔ 1,5 m

Gladiolus communis* subsp. *byzantinus
🏆 **Zwiebelpflanze** s. Seite **263**

***Kniphofia* 'Little Maid'**
Staude s. Seite **330**

***Lavatera arborea* 'Variegata'**
Zweijährige Eine immergrüne, frostempfindliche, kräftig panaschierte Pflanze, im zweiten Jahr mit purpurnen Blättern.
↕ 3 m ↔ 1,5 m

***Lavatera* × *clementii* 'Rosea'**
🏆 **Strauch** s. Seite **339**

Limnanthes douglasii
🏆 **Einjährige** s. Seite **351**

Oenothera macrocarpa
🏆 **Staude** s. Seite **386**

***Penstemon* 'Hidcote Pink'**
🏆 **Staude** Für Beete geeignet. Trauben mit kleinen, röhrenförmigen, rosaroten Blüten.
↕ 60–75 cm ↔ 45 cm

***Penstemon pinifolius* 'Mersea Yellow'**
Immergrüner Strauch Sehr klein, ausladend, im Sommer mit schmalen, gelben Blüten.
↕ 40 cm ↔ 25 cm

***Persicaria affinis* 'Superba'**
🏆 **Staude** s. Seite **413**

***Persicaria bistorta* 'Superba'**
🏆 **Staude** s. Seite **414**

***Potentilla fruticosa* 'Daydawn'**
Strauch s. Seite **442**

***Potentilla nepalensis* 'Miss Willmott'**
🏆 **Staude** s. Seite **444**

***Santolina rosmarinifolia* 'Primrose Gem'**
🏆 **Immergrüner Strauch** s. Seite **513**

Pflanzen für kalkhaltige Böden

Die meisten Pflanzen wachsen in Böden, die neutral oder etwas alkalisch sind, aber einige bevorzugen ganz entschieden kalk- oder kreidehaltige Böden. Zu Letzteren gehören Pflanzen wie Rittersporne, Waldreben und Nelken. Aber die Bodenqualität ist wichtig: Sie muss mit organischem Material verbessert werden, denn nährstoffarme, kalkhaltige Böden sind schwierig zu bepflanzen.

***Aquilegia vulgaris* 'Nivea'**
🏆 **Staude** s. Seite **94**

***Buddleja* 'Pink Delight'**
🏆 **Strauch** Leuchtende, rosarote Blüten drängen sich an dicken, kegelförmigen Blütenständen.
↕ 3 m ↔ 5 m

***Buddleja davidii* 'Royal Red'**
🏆 **Strauch** s. Seite **125**

***Buddleja × weyeriana* 'Sungold'**
🏆 **Strauch** Eine attraktive Hybride, im Sommer mit Blütenständen aus goldgelben Blüten.
↕ 4 m ↔ 3 m

Cercis siliquastrum
🏆 **Baum** s. Seite **147**

***Chaenomeles speciosa* 'Nivalis'**
Strauch Eine Form der Zierquitte, im Frühling mit reinweißen Blüten.
↕ 2,5 m ↔ 5 m

***Clematis* 'Comtesse de Bouchaud'**
🏆 **Kletterpflanze** s. Seite **165**

***Clematis* 'Praecox'**
🏆 **Kletterpflanze** Diese ungewöhnliche Hybride ist ein Kletterer mit einer duftigen Masse winziger, weißer und blauer Blüten.
↕ 2–3 m

***Clematis* 'Miss Bateman'**
🏆 **Kletterpflanze** Weiße Blüten mit kontrastierenden roten Staubblättern erscheinen im Frühsommer. s. Seite **162**

Convallaria majalis* var. *rosea
Staude Dieses Maiglöckchen hat dumpf rosarote Blüten mit dem bekannten, süßlichen Duft.
↕ 23 cm ↔ 30 cm

Cotoneaster sternianus
🏆 **Immergrüner Strauch** s. Seite **180**

***Delphinium* 'Blue Nile'**
🏆 **Staude** s. Seite **198**

***Deutzia scabra* 'Pride of Rochester'**
Strauch Die Äste haben eine auffällige, sich ablösende Borke, aber die Hauptattraktion sind die duftenden, gefüllten, blassrosa Blüten.
↕ 3 m ↔ 2 m

Dianthus alpinus
🏆 **Staude** Polsterförmige, graue Beblätterung und duftende Blüten in Rosatönen.
↕ 8 cm ↔ 10 cm

Dianthus deltoides
🏆 **Staude** Matten tiefgrüner Blätter sind für einige Wochen im Sommer mit kleinen, rosaroten Blüten bedeckt.
↕ 20 cm ↔ 30 cm

***Dianthus* 'Monica Wyatt'**
🏆 **Staude** s. Seite **205**

***Euonymus europaeus* 'Red Cascade'**
🏆 **Strauch** s. Seite **231**

Fraxinus ornus
🏆 **Baum** Buschiger, rundkroniger Baum mit auffälligen, weißen Blüten und leuchtender, purpurner Herbstfärbung.
↕↔ 15 m

***Fuchsia* 'Heidi Ann'**
♀ **Strauch, frosthart** Eine aufrechte, buschige Pflanze mit gefüllten, fliederfarbenen und kirschroten Blüten.
↕↔ 45 cm

***Fuchsia* 'Prosperity'**
♀ **Strauch** Eine kräftige, frostharte Pflanze mit karmin- und rosaroten, gefüllten Blüten.
↕↔ 45 cm

***Galanthus* 'Magnet'**
♀ **Zwiebelpflanze** s. Seite **250**

***Helianthemum* 'Jubilee'**
♀ **Strauch** Dieser kleine Strauch besitzt leuchtend grüne Blätter und gefüllte, gelbe Blüten.
↕ 20 cm ↔ 30 cm

Helleborus orientalis
Staude Im zeitigen Frühjahr entwickeln sich nickende Blüten in Rosa-, Weiß- und Grüntönen.
↕↔ 45 cm

***Ilex aquifolium* 'Silver Queen'**
♀ **Immergrüner Baum** s. Seite **305**

***Magnolia* 'Ricki'**
Strauch s. Seite **365**

Magnolia salicifolia
♀ **Strauch** s. Seite **365**

***Magnolia salicifolia* 'Wada's Memory'**
♀ **Strauch** s. Seite **365**

***Magnolia* × *soulangeana* 'Rustica Rubra'**
♀ **Strauch** s. Seite **365**

Magnolia wilsonii
♀ **Strauch** s. Seite **365**

Morus nigra
♀ **Baum** Der Schwarze Maulbeerbaum ist ein frostharter, langlebiger, malerischer Baum mit wohlschmeckenden Früchten.
↕ 12 m ↔ 15 m

***Philadelphus* 'Sybille'**
♀ **Strauch** Übergebogene Triebe mit becherförmigen, intensiv duftenden, weißen Blüten im Frühsommer
↕ 1,2 m ↔ 2 m

***Prunus* 'Okamé'**
♀ **Baum** s. Seite **456**

***Prunus* 'Taihaku'**
♀ **Baum** s. Seite **457**

***Prunus tenella* 'Fire Hill'**
Strauch Im Frühling bedecken tief rosarote, einzelne Blüten die aufrechten Zweige.
↕↔ 1,5 m

Pulsatilla vulgaris
♀ **Staude** s. Seite **461**

***Syringa vulgaris* 'Charles Joly'**
♀ **Strauch** s. Seite **538**

***Verbascum* 'Cotswold Beauty'**
♀ **Staude** s. Seite **561**

Pflanzen für saure Böden

Saure Böden enthalten wenig Kalzium, ein Pflanzennährstoff, der in Kalk und Kreide vorkommt. Aber z. B. Rhododendren, Heidekräuter und Pieris sind daran angepasst, nur in solchen kalziumarmen Böden gut zu gedeihen. Vorteilhaft ist auch lichter Schatten und nährstoffreicher Boden. Wo der Boden ungeeignet ist, setzt man die Pflanzen in große Töpfe oder Kübel mit Heidekrauttopferde.

Acer japonicum **'Aconitifolium'**
♀ **Strauch** s. Seite **65**

Acer palmatum **var.** ***dissectum***
♀ **Strauch** Hügelförmiger Strauch mit fein eingeschnittenen Blättern, die sich im Herbst gelb färben.
↕2 m ↔3 m

Acer palmatum **'Seiryu'**
♀ **Strauch** Ein aufrechter Strauch mit gefiederten Blättern, die im Herbst orangefarben werden.
↕2 m ↔1,2 m

Andromeda polifolia **'Compacta'**
♀ **Strauch** s. Seite **89**

Camellia **'Leonard Messel'**
♀ **Immergrüner Strauch** s. Seite **134**

Camellia sasanqua **'Narumigata'**
Immergrüner Strauch Die kleinen, duftenden, blassrosa Blüten öffnen sich im Herbst.
↕6 m ↔3 m s. Seite **135**

Camellia **×** ***williamsii*** **'Debbie'**
♀ **Immergrüner Strauch** Blüten halb gefüllt und tief rosarot.
↕2–5 m ↔1–3 m

Cassiope **'Edinburgh'**
♀ **Immergrüner Strauch** s. Seite **143**

Crinodendron hookerianum
♀ **Immergrüner Strauch** s. Seite **182**

Daboecia cantabrica **'Bicolor'**
♀ **Immergrüner Strauch** s. Seite **193**

Daboecia cantabrica **'William Buchanan'**
♀ **Immergrüner Strauch** s. Seite **193**

Enkianthus campanulatus
♀ **Strauch** s. Seite **215**

Erica arborea **var.** ***alpina***
♀ **Immergrüner Strauch** s. Seite **218**

Erica arborea **'Estrella Gold'**
♀ **Immergrüner Strauch** Duftende, weiße Blüten erscheinen zwischen den lindgrünen Blättern und gelben Triebspitzen.
↕1,2 m ↔75 cm

Erica ciliaris **'Corfe Castle'**
Strauch s. Seite **220**

Erica ciliaris **'David McLintock'**
Strauch s. Seite **220**

Erica cinerea **'C. D. Eason'**
♀ **Strauch** s. Seite **220**

Erica cinerea **'Fiddler's Gold'**
♀ **Strauch** s. Seite **220**

Erica cinerea **'Windlebrooke'**
♀ **Strauch** s. Seite **220**

Erica erigena **'W. T. Ratcliff'**
♀ **Immergrüner Strauch** Eine kompakte Pflanze mit grünen Blättern und weißen Blüten.
↕75 cm ↔55 cm

Eucryphia **×** ***nymansensis*** **'Nymansay'**
♀ **Immergrüner Strauch** s. Seite **230**

***Hamamelis* × *intermedia* 'Pallida'**
♀ **Strauch** s. Seite **271**

***Hydrangea macrophylla* 'Blue Wave'**
Strauch Diese Hortensie bietet ein dezentes, aber prächtiges Schauspiel mit großen und kleinen blauen Blüten in jedem Blütenstand.
↕1,5 m ↔ 2 m

Iris douglasiana
♀ **Staude** s. Seite **313**

Kalmia latifolia
♀ **Strauch** s. Seite **327**

Leiophyllum buxifolium
♀ **Staude** s. Seite **341**

***Lithodora diffusa* 'Heavenly Blue'**
♀ **Immergrüner Strauch** s. Seite **353**

***Magnolia liliiflora* 'Nigra'**
♀ **Strauch** s. Seite **363**

Meconopsis betonicifolia
♀ **Staude** s. Seite **371**

Meconopsis grandis
Staude s. Seite **371**

***Pieris* 'Forest Flame'**
♀ **Immergrüner Strauch** s. Seite **434**

***Pieris japonica* 'Blush'**
♀ **Immergrüner Strauch** s. Seite **435**

Primula pulverulenta
♀ **Staude** s. Seite **450**

***Rhododendron* 'Beethoven'**
♀ **Immergrüne Azalee** s. Seite **468**

***Rhododendron* 'Dora Amateis'**
♀ **Zwergrhododendron** s. Seite **476**

***Rhododendron* 'Ginny Gee'**
♀ **Zwergrhododendron** Eine kompakte Pflanze mit rosaroten Blüten, die mit zunehmendem Alter fast weiß verblassen.
↕↔ 60–90 cm

Rhododendron impeditum
Zwergrhododendron Die graugrünen Blätter werden im Frühling durch die lavendelblauen Blüten fast verdeckt.
↕↔ 60 cm

***Rhododendron* 'Palestrina'**
♀ **Immergrüne Azalee** s. Seite **469**

***Rhododendron* 'Rosebud'**
Immergrüne Azalee s. Seite **469**

***Rhododendron* 'Vuyk's Rosyred'**
♀ **Immergrüne Azalee** s. Seite **469**

***Skimmia japonica* 'Rubella'**
♀ **Immergrüner Strauch** s. Seite **527**

Trillium grandiflorum
♀ **Staude** s. Seite **551**

Vaccinium corymbosum
♀ **Strauch** s. Seite **558**

***Vaccinium vitis-idaea* Koralle-Gruppe**
♀ **Sträucher** s. Seite **559**

Pflanzen für nährstoffarme Böden

Obwohl die meisten Pflanzen in optimal vorbereiteten Böden besser wachsen, gibt es einige, die auch in nährstoffarmen Böden ohne Aufbereitung oder Pflege gut gedeihen. Viele Einjährige breiten sich an offenen Stellen aus und verschwinden, sobald der Boden sich verbessert hat und große Pflanzen vordringen. Sie sind also bestens geeignet, aber es gibt Sträucher und Stauden, die ebenso überleben.

***Achillea* 'Moonshine'**
🏆 **Staude** s. Seite **73**

Artemisia abrotanum
🏆 **Strauch** Dieser Strauch hat grüne, fein gefiederte, angenehm duftende Blätter.
↕↔ 1 m

***Buddleja davidii* 'Empire Blue'**
🏆 **Strauch** s. Seite **125**

***Ceanothus* 'Blue Mound'**
🏆 **Immergrüner Strauch** s. Seite **144**

***Cytisus* × *praecox* 'Allgold'**
🏆 **Strauch** s. Seite **192**

***Cytisus* × *praecox* 'Warminster'**
🏆 **Strauch** Überhängende Triebe, im Frühling dicht mit cremegelben Blüten besetzt.
↕ 1,2 m ↔ 1,5 m

Cistus* × *purpureus
🏆 **Immergrüner Strauch** s. Seite **159**

***Eschscholzia caespitosa* 'Sundew'**
Einjährige Zart, langsam wachsend, mit gefiederten, grauen Blättern und blassgelben Blüten.
↕↔ 15 cm

***Festuca glauca* 'Blaufuchs'**
🏆 **Ziergras** s. Seite **238**

***Gaillardia* 'Dazzler'**
🏆 **Staude** s. Seite **249**

Genista lydia
🏆 **Strauch** s. Seite **255**

***Hebe ochracea* 'James Stirling'**
🏆 **Immergrüner Strauch** s. Seite **274**

Iberis sempervirens
🏆 **Immergrüner Strauch** s. Seite **302**

***Kolkwitzia amabilis* 'Pink Cloud'**
🏆 **Strauch** s. Seite **331**

Lathyrus latifolius
🏆 **Kletterpflanze** s. Seite **334**

***Lavandula angustifolia* 'Twickel Purple'**
Immergrüner Strauch s. Seite **337**

Lavatera* × *clementii
🏆 **Sträucher** s. Seite **339**

Phlomis fruticosa
🏆 **Immergrüner Strauch** s. Seite **418**

***Potentilla fruticosa* 'Elizabeth'**
Strauch s. Seite **442**

Robinia hispida
Strauch s. Seite **478**

***Santolina chamaecyparissus* 'Lemon Queen'**
Immergrüner Strauch Silbrige, fedrige Beblätterung und kleine, runde, blassgelbe Blütenstände.
↕↔ 60 cm

***Thymus vulgaris* 'Silver Posie'**
Immergrüner Strauch Thymian mit panaschierten Blättern und rosaroten Blüten.
↕ 15–30 cm ↔ 40 cm

Pflanzen für nasse Böden

Sumpfige, schlecht wasserdurchlässige Böden sind für die meisten Pflanzen unwirtliche Plätze. Wenn die Luftzwischenräume im Boden mit Wasser gefüllt sind, sterben die meisten Wurzeln ab und nur Gewässerrand- oder Wasserpflanzen überleben. Wenn der Boden jedoch ständig feucht ist, gedeihen viele Pflanzen, die auch eine kurzfristige Überflutung überstehen.

Alnus glutinosa **'Imperialis'**
♀ **Baum** s. Seite **85**

Astilbe × *crispa* **'Perkeo'**
♀ **Staude** s. Seite **106**

Astilbe **'Sprite'**
♀ **Staude** s. Seite **107**

Cardamine pratense **'Flore Pleno'**
Staude Wiesenschaumkraut mit gefüllten, fliederrosa Blüten im Frühling.
↕↔ 20 cm

Chamaecyparis pisifera **'Boulevard'**
♀ **Konifere** s. Seite **151**

Cornus alba **'Sibirica'**
♀ **Strauch** s. Seite **169**

Darmera peltata
♀ **Staude** s. Seite **197**

Euphorbia griffithii **'Dixter'**
♀ **Staude** Im Herbst mit orangefarbenen Hochblättern.
↕75 cm ↔ 1 m

Filipendula rubra **'Venusta'**
♀ **Staude** s. Seite **240**

Fritillaria meleagris
♀ **Zwiebelpflanze** s. Seite **243**

Iris forrestii
♀ **Staude** s. Seite **314**

Iris pseudacorus
♀ **Staude** s. Seite **310**

Iris versicolor
♀ **Staude** s. Seite **311**

Ligularia **'Gregynog Gold'**
♀ **Staude** s. Seite **345**

Lobelia cardinalis **'Queen Victoria'**
♀ **Staude** s. Seite **354**

Lysichiton americanus
♀ **Staude** s. Seite **360**

Lysichiton camtschatcensis
♀ **Staude** s. Seite **360**

Lysimachia clethroides
♀ **Staude** s. Seite **361**

Lysimachia nummularia **'Aurea'**
♀ **Staude** s. Seite **361**

Matteuccia struthiopteris
♀ **Frostharter Farn** s. Seite **370**

Mimulus cardinalis
♀ **Staude** s. Seite **373**

Osmunda regalis
♀ **Frostharter Farn** s. Seite **392**

Primula, **Kandelaberprimeln**
♀ **Stauden** s. Seite **450**

Primula denticulata
♀ **Staude** s. Seite **444**

Primula rosea
♀ **Staude** s. Seite **451**

Rodgersia pinnata **'Superba'**
♀ **Staude** s. Seite **479**

Pflanzen für heiße, trockene Standorte

Wenn es deutliche Probleme mit der Wasserversorgung gibt, kommen Pflanzen in Betracht, die geringe Wasseransprüche haben. Oft besitzen diese silbrige oder kleine Blätter und einige duften. Sie sehen attraktiv aus, wenn sie in Kies wachsen – ein ausgezeichnetes Material, um die Feuchtigkeit zu halten. Außerdem gewöhnen sich viele schnell ein, sind immergrün und anspruchslos.

***Abutilon vitifolium* 'Veronica Tennant'**
♀ **Strauch** s. Seite **62**

***Agapanthus* 'Loch Hope'**
♀ **Staude** s. Seite **79**

Agave victoriae-reginae
♀ **Staude** s. Seite **80**

Allium hollandicum
Zwiebelpflanze Hohe Triebe tragen im Frühsommer kugelige Köpfchen aus kleinen, purpurnen Blüten.
↕1 m

***Armeria juniperifolia* 'Bevan's Variety'**
♀ **Staude** s. Seite **100**

***Artemisia* 'Powis Castle'**
♀ **Staude** s. Seite **101**

***Artemisia schmidtiana* 'Nana'**
♀ **Staude** Eine Immergrüne, die im Sommer einen fedrigen, silbrigen Teppich mit kleinen, gelben Blütenköpfchen bildet.
↕8 cm ↔ 30 cm

Ballota pseudodictamnus
♀ **Immergrüner Strauch** s. Seite **111**

***Ceanothus* 'Cascade'**
♀ **Immergrüner Strauch** Die überhängenden Äste tragen im Spätfrühling Unmengen rauchblauer Blüten.
↕↔ 4 m

Cedronella canariensis
Staude, bedingt frosthart Die etwas klebrigen Blätter sind aromatisch. Bildet im Spätsommer kleine Büschel malvenfarbener Blüten.
↕1,2 m ↔ 60 cm

Ceratostigma plumbaginoides
♀ **Staude** s. Seite **146**

***Cistus × aguilarii* 'Maculatus'**
♀ **Immergrüner Strauch** s. Seite **158**

Convolvulus cneorum
♀ **Immergrüner Strauch** s. Seite **168**

Cytisus battandieri
♀ **Strauch** s. Seite **191**

Cytisus × kewensis
♀ **Strauch** Überhängende Zweige, im Frühling mit cremefarbenen Blüten bedeckt.
↕30 cm ↔ 1,5 m

Cytisus multiflorus
♀ **Strauch** Zuerst ein aufrechter Strauch, dann ausladend, mit Unmengen kleiner, weißer Blüten.
↕3 m ↔ 2,5 m

***Dianthus* 'Haytor White'**
♀ **Staude** s. Seite **204**

Dictamnus albus* var. *purpureus
♀ **Staude** s. Seite **209**

Dierama pulcherrimum
Staude Gruppen grasähnlicher Blätter entwickeln überhängende Triebe mit hängenden, rosaroten, glockenförmigen Blüten.
↕1–1,5 m ↔ 60 cm

Eryngium bourgatii
Staude Silbrig geaderte, stachelige Blätter an kompakten, verzweigten Trieben mit stahlblauen, stacheligen Blütenköpfchen.
↕15–45 cm ↔ 30 cm

***Erysimum* 'Bowles' Mauve'**
🏆 **Immergrüner Strauch** s. Seite **224**

***Erysimum* 'Wenlock Beauty'**
🏆 **Staude** s. Seite **225**

Eschscholzia caespitosa
🏆 **Einjährige** s. Seite **228**

***Euphorbia characias* subsp. *wulfenii* 'John Tomlinson'**
🏆 **Staude** s. Seite **233**

Euphorbia myrsinites
🏆 **Staude** s. Seite **234**

Gaura lindheimeri
🏆 **Staude** s. Seite **253**

Geranium maderense
🏆 **Staude** Eine relativ frostempfindliche, große Pflanze mit gefiederten Blättern. Sie bietet im Sommer einen farbenprächtigen Anblick durch die malvenfarbenen Blüten.
↕↔ 60 cm

× *Halimiocistus sahucii*
🏆 **Immergrüner Strauch** s. Seite **268**

× *Halimiocistus wintonensis*
🏆 **Immergrüner Strauch** Blass cremefarbene Blüten, die eine kastanienbraune Mitte besitzen, stehen büschelweise über wolligen Blättern.
↕60 cm ↔ 90 cm

Halimium lasianthum
🏆 **Immergrüner Strauch** Der graugrüne Busch bildet blassgelbe Blüten mit purpurnen Flecken.
↕1 m ↔ 1,5 m s. Seite **269**

Hebe macrantha
🏆 **Immergrüner Strauch** s. Seite **273**

Hebe rakaiensis
🏆 **Immergrüner Strauch** s. Seite **275**

***Hibiscus syriacus* 'Woodbridge'**
🏆 **Strauch** s. Seite **289**

Lavandula pedunculata* subsp. *pedunculata
🏆 **Immergrüner Strauch** s. Seite **338**

Parahebe perfoliata
🏆 **Immergrüner Strauch** s. Seite **400**

***Rosmarinus officinalis* 'Benenden Blue'**
Immergrüner Strauch Aufrechte Zweige mit tiefgrünen Blättern und lebhaft blauen Blüten.
↕↔ 1,5 m

Tulipa linifolia
🏆 **Zwiebelpflanze** s. Seite **554**

Tulipa tarda
🏆 **Zwiebelpflanze** Jede Zwiebel bildet ein Büschel gelber und weißer Blüten an kurzen Trieben.
↕15 cm

***Verbascum* 'Gainsborough'**
🏆 **Staude** s. Seite **562**

Verbascum dumulosum
🏆 **Staude** s. Seite **562**

Pflanzen für feuchte, schattige Stellen

Eine schattige Rabatte mit feuchtem Boden ist ein guter Platz für Waldpflanzen, ohne dass man gleich einen Wald anpflanzen muss. Ohne den Trockeneffekt der Bäume können eine Reihe von Pflanzen an diesem Standort wachsen. Es gedeihen exotische Pflanzen aus dem Himalaja und Südamerika, besonders, wenn der Boden sauer ist. Es ist auch ein guter Platz für Nieswurz, Lilien und Farne.

***Anemone nemorosa* 'Robinsoniana'**
♀ **Staude** s. Seite **92**

Anemone ranunculoides
♀ **Staude** s. Seite **92**

Athyrium filix-femina
♀ **Frostharter Farn** s. Seite **109**

Cardiocrinum giganteum
♀ **Staude** s. Seite **140**

Digitalis* × *mertonensis
♀ **Staude** s. Seite **209**

Dodecatheon meadia* fo. *album
♀ **Staude** s. Seite **211**

***Epimedium* × *youngianum* 'Niveum'**
♀ **Staude** s. Seite **217**

***Galanthus* (Schneeglöckchen)**
♀ **Zwiebelpflanzen** s. Seite **249–251**

Gentiana asclepiadea
♀ **Staude** s. Seite **257**

Hacquetia epipactis
♀ **Staude** Waldpflanze. Kleine Kragen aus Blättern umgeben Gruppen gelber Blüten.
↕ 5 cm ↔ 15–30 cm

Hepatica transsilvanica
♀ **Staude** Frühlingsblüten in Pastelltönen.
↕ 15 cm ↔ 20 cm

***Hydrangea aspera* Villosa-Gruppe**
♀ **Strauch** s. Seite **297**

Iris graminea
♀ **Staude** s. Seite **315**

Mahonia japonica
♀ **Strauch** s. Seite **366**

Onoclea sensibilis
♀ **Frostharter Farn** s. Seite **388**

Polygonatum* × *hybridum
♀ **Staude** s. Seite **440**

Polystichum aculeatum
♀ **Farn** s. Seite **441**

Primula sieboldii
♀ **Staude** Rosarote oder weiße Blüten.
↕ 60 cm ↔ 1 m

***Pulmonaria* 'Lewis Palmer'**
♀ **Staude** s. Seite **459**

Sarcococca confusa
♀ **Immergrüner Strauch** s. Seite **514**

Thalictrum flavum* subsp. *glaucium
♀ **Staude** s. Seite **543**

Tiarella cordifolia
♀ **Staude** s. Seite **547**

***Tolmeia menziesii* 'Taff's Gold'**
♀ **Staude** s. Seite **548**

***Trollius* × *cultorum* 'Orange Princess'**
♀ **Staude** s. Seite **552**

Uvularia grandiflora
♀ **Staude** s. Seite **558**

Viburnum* × *carlcephalum
♀ **Strauch** s. Seite **566**

Pflanzen für trockene, schattige Stellen

Trockene Stellen im Schatten unter Bäumen sind für Pflanzen nicht sehr gastfreundlich. Am zuverlässigsten überleben frühjahrsblühende Zwiebelpflanzen, die sich, bevor der Boden austrocknet, in die Erde zurückziehen. Auch einige Immergrüne und Winterblüher überdauern. Sie benötigen eine gute Bodenaufbereitung, sorgfältiges Gießen und Nährstoffe, bis sie sich etabliert haben.

Asplenium scolopendrium
♕ **Voll frostharter Farn** s. Seite **103**

***Aucuba japonica* 'Rozannie'**
Immergrüner Strauch Sorte mit grünen Blättern. Die Blüten sind zwittrig und selbstbefruchtend, sodass viele rote Beeren entstehen.
↕↔ 1 m

Bergenia cordifolia
Staude Die großen, gerundeten, immergrünen Blätter bilden eine gute Bodenbedeckung. Die im Frühling erscheinenden Blüten sind auffällig.
↕ 60 cm ↔ 75 cm

Dryopteris filix-mas
♕ **Frostharter Farn** s. Seite **211**

***Euonymus fortunei* 'Emerald 'n' Gold'**
♕ **Immergrüner Strauch** s. Seite **231**

***Galanthus nivalis* 'Flore Pleno'**
♕ **Zwiebelpflanze** s. Seite **250**

***Hedera helix* 'Little Diamond'**
♕ **Immergrüne Kletterpflanze** s. Seite **278**

***Hedera hibernica* 'Sulphurea'**
Immergrüne Kletterpflanze Ein Efeu mit goldrandigen Blättern. Guter Bodendecker.
↕ 3 m

***Helleborus foetidus* 'Wester Flisk'**
Staude Eine der besten Sorten mit tiefroten Trieben, dunkelgrünen, fein gefiederten Blättern und rot gesäumten, grünen Blüten.
↕ 60 cm ↔ 1 m

Iris foetidissima
♕ **Staude** Immergrüne Blätter, purpurne und braune Blüten und im Winter orangefarbene Samen.
↕ 30–90 cm

***Iris foetidissima* 'Variegata'**
♕ **Staude** s. Seite **314**

***Kerria japonica* 'Golden Guinea'**
♕ **Strauch** s. Seite **328**

***Lamium galeobdolon* 'Hermann's Pride'**
Staude Kompakt, mit hängenden, silbrig gezeichneten Trieben und blassgelben Blüten.
↕ 45 cm ↔ 1 m

***Rhododendron* 'Cecile'**
♕ **Strauch** s. Seite **470**

Rubus tricolor
Immergrüner Strauch Die kriechenden Triebe sind mit dekorativen, roten Stacheln besetzt, und die Blätter sind tiefgrün.
↕ 60 cm ↔ 2 m

Ruscus aculeatus
Staude Abgeflachte, immergrüne, stachelige Triebe. Manchmal reifen rote Beeren.
↕ 75 cm ↔ 1 m

Ruscus hypoglossum
Staude Die überhängenden Triebe sind glänzend, immergrün und ohne Stacheln.
↕ 45 cm ↔ 1 m

***Vinca minor* 'Atropurpurea'**
♕ **Staude** s. Seite **570**

Pflanzen für exponierte Lagen

Gärten, die starken, kalten Winden ausgesetzt sind, sind nicht einfach zu pflegen. Man sollte kompakte Sorten wählen, die keine Stützen brauchen, und großblättrige Pflanzen meiden. Spät blühende Kulturformen verwenden, die durch Fröste im Frühling nicht zerstört werden können. Die Pflanzen nach dem Setzen und im Winter mit Netzen schützen. Hecken als Windschutz pflanzen.

Aster alpinus
🏆 **Staude** s. Seite **103**

***Berberis thunbergii* 'Golden Ring'**
Strauch Ein dorniger Strauch mit purpurnen Blättern, die mit einem schmalen, goldenen Band gesäumt sind.
↕ 1,5 m ↔ 2 m

***Calluna vulgaris* 'Kinlochruel'**
🏆 **Immergrüner Strauch** s. Seite **130**

Dianthus gratianopolitanus
🏆 **Staude** Langsam wachsende Matten aus grauem Laub und einzelne, rosarote Blüten.
↕ 15 cm ↔ 40 cm

***Erica carnea* 'Vivelli'**
🏆 **Immergrüner Strauch** s. Seite **219**

***Erica × watsonii* 'Dawn'**
🏆 **Immergrüner Strauch** s. Seite **221**

Hypericum olympicum
🏆 **Strauch** Dieser kompakte, laubabwerfende Strauch besitzt graue Blätter und große, gelbe Blüten.
↕ 25 cm ↔ 30 cm

***Philadelphus* 'Virginal'**
🏆 **Strauch** Duftende, gefüllte, weiße Blüten sitzen in Gruppen an aufrechten Ästen.
↕ 3 m ↔ 2,5 m

***Potentilla fruticosa* 'Abbotswood'**
🏆 **Strauch** s. Seite **442**

***Salix gracilistyla* 'Melanostachys'**
🏆 **Strauch** Ein aufrechter Strauch mit grauen Blättern und im zeitigen Frühling schwarzen Kätzchen mit roten Staubblättern.
↕ 3 m ↔ 4 m

Salix reticulata
🏆 **Strauch** Ein langsamwüchsiger Strauch mit glänzenden Blättern und im Frühling aufrechten, gelben und rosaroten Kätzchen.
↕ 8 cm ↔ 30 cm

***Sambucus nigra* 'Guincho Purple'**
🏆 **Strauch** s. Seite **512**

***Spiraea japonica* 'Shirobana'**
🏆 **Strauch** Der Strauch ist den ganzen Sommer hindurch mit rosaroten und weißen Blütenständen übersät.
↕ 60 cm ↔ 90 cm

***Spiraea nipponica* 'Snowmound'**
🏆 **Strauch** s. Seite **534**

Tamarix tetrandra
🏆 **Strauch** s. Seite **540**

***Viburnum opulus* 'Roseum'**
🏆 **Strauch** Aufrechter, schnellwüchsiger Strauch, im Sommer mit kugeligen Köpfchen aus weißen Blüten.
↕↔ 4 m

Pflanzen für Gärten an der Küste

Küstennahe Gärten sind windig und je näher das Ufer ist, desto mehr müssen die Pflanzen mit salzhaltigen Winden fertigwerden. Ein Vorteil ist, dass sie meist nicht frostgefährdet sind. Silbrige Pflanzen und Immergrüne gedeihen gut und auch andere Pflanzen, wenn der Windschutz verbessert werden kann. Besonders Hortensien sind der Stolz eines küstennahen Gartens.

Arbutus unedo
♀ **Immergrüner Baum** s. Seite **97**

Berberis darwinii
♀ **Immergrüner Strauch** s. Seite **116**

Buddleja globosa
♀ **Strauch** s. Seite **126**

Choisya ternata
♀ **Immergrüner Strauch** s. Seite **153**

Crambe maritima
Staude Silberblaue Blätter und verzweigte Blütenstände aus weißen Blüten.
↕↔ 60 cm

Elaeagnus × ebbingei **'Gilt Edge'**
♀ **Immergrüner Strauch** s. Seite **214**

Erica × williamsii **'P. D. Williams'**
♀ **Strauch** s. Seite **221**

Escallonia **'Donard Radiance'**
♀ **Immergrüner Strauch** Rosarote Blüten im Sommer.
↕↔ 2,5 m

Escallonia **'Iveyi'**
♀ **Immergrüner Strauch** s. Seite **227**

× Fatshedera lizei
♀ **Strauch** s. Seite **237**

Fuchsia **'Mrs. Popple'**
♀ **Strauch** s. Seite **244**

Fuchsia **'Tom Thumb'**
♀ **Strauch** s. Seite **244**

× Halimiocistus wintonensis **'Merrist Wood Cream'**
♀ **Immergrüner Strauch** s. Seite **268**

Hebe **'Alicia Amherst'**
♀ **Immergrüner Strauch** Starkwüchsig. Mittelgrüne Blätter, dunkelviolette Blüten.
↕↔ 1,2 m

Hebe cupressoides **'Boughton Dome'**
♀ **Strauch** s. Seite **272**

Hebe **'Silver Queen'**
♀ **Immergrüner Strauch** s. Seite **275**

Hebe **'La Séduisante'**
♀ **Immergrüner Strauch** Große, purpurn getönte Blätter und im Spätsommer purpurrote Blüten.
↕↔ 1 m

Hydrangea macrophylla **'Altona'**
♀ **Strauch** s. Seite **298**

Hydrangea macrophylla **'Geoffrey Chadbund'**
♀ **Strauch** Hortensie mit tiefroten Blüten.
↕1 m ↔ 1,5 m

Leptospermum rupestre
♀ **Strauch** s. Seite **341**

Lupinus arboreus
♀ **Strauch** s. Seite **358**

Olearia macrodonta
Immergrüner Strauch s. Seite **387**

Senecio cineraria **'Silver Dust'**
♀ **Zweijährige** s. Seite **54**

REGISTER

A

C

E

F

G

H

I

J

K

L

M

N

O

P

Q

R

T

U

V

DANK

Der Verlag dankt folgenden Fotografen und Agenturen für die Genehmigung, ihre Fotos verwenden zu dürfen:
(Abkürzungen: l = links, r = rechts, m = Mitte, o = oben, u = unten)

6 Marianne Majerus Garden Images. 12 GAP Photos: Marcus Harpur. 28 Unwins Seeds Ltd. (m). 29 Photos Horticultural (o); Garden Picture Library: Friedrich Strauss (u). 30 Garden World Images: Lee Thomas (u). 31 Thompson & Morgan (m); A–Z Botanical: Julia Hancock (u). 32 Thompson & Morgan (o). 33 A–Z Botanical: Malcolm Thomas (o). 34 Garden World Images (o); A–Z Botanical: Peter Etchells (m). 35 Thompson & Morgan (o) (m); A–Z Botanical: Christer Andreason (u). 36 Garden Picture Library: Jerry Pavia (m). 37 Garden Picture Library: J. S. Sira (o); Juliette Wade (u). 38 Unwins Seeds Ltd. (u); Thompson & Morgan (m). 39 Thompson & Morgan (o); Photos Horticultural (m); Garden World Images: Trevor Sims (u). 40 GAP Photos: Visions (o); Unwins Seeds Ltd. (o). 41 Garden World Images (o); Garden Picture Library: John Glover (m). 42 Suttons Seeds (m). 43 Garden World Images (o) (m). 45 Photos Horticultural (o). 46 Suttons Seeds (m). 47 Unwins Seeds Ltd. (u); Thompson & Morgan (m). 48 Unwins Seeds Ltd. (o); Thompson & Morgan (m); A–Z Botanical: Dan Sams (u). 49 Unwins Seeds Ltd. (m). 50 John Glover (o); Suttons Seeds (m). 51 Unwins Seeds Ltd. (u) (m). 52 Thompson & Morgan (m). 53 Thompson & Morgan (m). 55 Thompson & Morgan (u). 57 Suttons Seeds (o); Thompson & Morgan (u). 60 GAP Photos: Martin Hughes-Jones (u). 63 GAP Photos: Elke Borkowski (o). 64 Marianne Majerus Garden Images (o) (u). 79 GAP Photos: Richard Bloom (u); J.S. Sira (o). 80 Alamy Images: Steffen Hauser/botanikfoto (u). 85 Getty Images: Nacivet (u). 86 Alamy Images: Holmes Garden Photos (u). 87 GAP Photos: Christina Bollen (o). 88 GAP Photos: Richard Bloom (o). Marianne Majerus Garden Images (u). 97 GAP Photos: Maayke de Ridder (u). 100 GAP Photos: Geoff Kidd (u). 104 GAP Photos: Martin Hughes-Jones (o). 109 Garden World Images: Francoise Davis (u). Getty Images: Jayme Thornton (o). 110 GAP Photos: Jonathan Buckley (o). 114 GAP Photos: Visions (or). 115 Garden World Images: Gilles Delacroix (om). 129 Garden World Images: Gilles Delacroix (o). 132 GAP Photos: S&O (or). 142 GAP Photos: Mark Bolton (u). 145 GAP Photos: Dave Bevan (u). 146 Garden World Images: Gilles Delacroix (u). 149 The Garden Collection: Pedro Silmon (ul). 150 The Garden Collection: Derek Harris (u). 151 GAP Photos (o). 170 Garden World Images: MAP/ Arnaud Descat (u). 176 GAP Photos: Marcus Harpur (u); The Garden Collection: Liz Eddison (o). 180 Derek Gould (ul). 181 GAP Photos: Gerald Majumdar (u). 182 Harpur Garden Library (o). 187 GAP Photos: Martin Hughes-Jones (o). 188 Garden World Images: MAP/Frédéric Didillon (o). 194 Caroline Reed (ol). 195 Andrew Lawson (m). 202 Photolibrary: Andrea Jones (o). 210 Getty Images: Rob Whitworth (u); Elaine Hewson (o). 213 Caroline Reed (o). 225 Clive Nichols (o). 230 The Garden Collection: Torie Chugg (o). 232 GAP

Photos: Dave Bevan (o). **Garden World Images:** Gilles Delacroix (u). **237 Garden Exposures Photo Library** (o). **238 GAP Photos:** Visions (u). **244 A–Z Botanical:** Geoff Kidd (ur). **251 GAP Photos:** Geoff Kidd (u). **256 Garden World Images:** Glenn Harper (o). **259 Marianne Majerus Garden Images** (um). **261 Marianne Majerus Garden Images** (cr). **266 GAP Photos:** J. S. Sira (o). **269 Photolibrary:** J. S. Sira (o). **279 Caroline Reed** (o). **283 GAP Photos:** John Glover (u). **284 The Garden Collection:** Nicola Stocken Tomkins (u). **285 GAP Photos:** Martin Hughes-Jones (u). **294 Garden World Images:** MAP/Frédéric Tournay (u). **296 GAP Photos:** Howard Rice (o). **303 Clive Nichols** (or). **307 Garden World Images:** Trevor Sims (or). **311 GAP Photos:** J. S. Sira (tc). **321 GAP Photos:** J. S. Sira (u). **332 Garden World Images:** Gilles Delacroix (u). **336 GAP Photos:** Lee Avison (o). **344 GAP Photos:** Friedrich Strauss (o). **351 Photolibrary:** Paroli Galperti (u). **357 Garden World Images:** Gilles Delacroix (o). **358 Garden World Images:** Lee Thomas (o). **369 Marianne Majerus Garden Images** (u). **370 GAP Photos:** John Glover (o). **371 Marianne Majerus Garden Images** (u). **372 GAP Photos:** Ron Evans (u). **373 Getty Images:** Richard Bloom (u). **374 GAP Photos:** Jo Whitworth (o). **379 Harpur Garden Library** (ur). **380 Marianne Majerus Garden Images** (ml). **390 Photolibrary:** Chris Burrows (u). **397 GAP Photos:** Jo Whitworth (u). **399 Clive Nichols** (u). **403 Alamy Images:** William Tait. **416 GAP Photos:** Martin Hughes-Jones (u). **423 GAP Photos:** Adrian Bloom (o). **426 GAP Photos:** Neil Homes (o). **431 GAP Photos:** Martin Hughes-Jones (u). **434 GAP Photos:** J. S. Sira (o); **Garden Picture Library:** J. S. Sira (ol). **444 Marianne Majerus Garden Images** (u). **452 GAP Photos:** Visions (u). **454 GAP Photos:** Pernilla Bergdahl (o). **461 GAP Photos:** Martin Hughes-Jones (o). **464 GAP Photos:** Martin Hughes-Jones (u). **480 Photolibrary:** Dennis Davis (or). **484 GAP Photos:** Dave Bevan (l). **498 GAP Photos:** Neil Holmes (o). **503 Marianne Majerus Garden Images** (u). **508 GAP Photos:** Rob Whitworth (o). **513 GAP Photos:** Jo Whitworth (o). **Marianne Majerus Garden Images** (u). **515 Garden World Images:** Philip Smith (u). **526 GAP Photos:** Martin Hughes-Jones (u). **540 Marianne Majerus Garden Images** (o). **541 GAP Photos:** Richard Bloom (o). **543 Photolibrary:** John Glover (u). **547 GAP Photos:** Visions (o). **548 GAP Photos:** Howard Rice (o). **558 Garden World Images:** Ashley Biddle (u). **570 GAP Photos:** Martin Hughes-Jones (u). **574 Alamy Images:** Frank Paul (u). **561 Harry Smith Collection** (ur).

Coverfotos: Dorling Kindersley

Dorling Kindersley dankt außerdem:
Mitarbeiter für Text und Redaktionsassistenz Geoff Stebbings, Candida Frith-Macdonald, Simon Maughan, Andrew Mikolajski, Sarah Wilde, Tanis Smith und James Nugent. Bei der Royal Horticultural Society, unter Vincent Square: Susanne Mitchell, Karen Wilson und Barbara Haynes
Design-Assistenz Wendy Bartlet, Ann Thompson
DTP-Design-Assistenz Louise Paddick
Zusätzliche Bildrecherche
Charlotte Oster, Sean Hunter.
Ein besonderer Dank geht an Diana Miller, die das Herbarium von RHS Wisley pflegt.

Für die Erstausgabe
Art Director Lee Griffiths
DTP-Design Sonia Charbonnier
Herstellung Mandy Inness
Bildrecherche Sam Ruston, Neale Chamberlain

Für die Neuausgabe
RHS Redaktion Simon Maughan
RHS Beratung Leigh Hunt
Bildrecherche Sarah Hopper
Redaktion Fiona Wild

Redaktion der deutschen Neuausgabe Regine Gerst

DIE ROYAL HORTICULTURAL SOCIETY

Seit über 200 Jahren gilt die Royal Horticultural Society als die britische Institution, die sich um Gartenkunst kümmert und diese fördert. Zu den Aktivitäten der RHS gehören neben Blumenschauen und einer Reihe von Mustergärten auch das Erstellen von Expertisen.